AF311214

LES MEMOIRES

DE MESSIRE

PH. DE COMMINES,

CHEVALIER SEIGNEVR D'ARGENTON.

Sur les principaux faicts & gestes de Louys XI. & de Charles VIII. son fils, Rois de France.

EN CESTE DERNIERE EDITION ONT ESTE' corrigees plusieurs fautes notables, & quelques obmissions qui se trouuoient és precedentes Impressions.

A PARIS,

De l'Imprimerie de Pierre Le-Mur, prés la Porte sainct Victor.

M. DCXV.

ADVERTISSEMENT
AVX LECTEVRS,

AVEC VNE PREFACE SVR LA PRESENTE
Hiſtoire du Sieur de Commines.

Ombien que l'on ſe fuſt promis quelque contentement de l'edition precedente, pour l'amendemét que l'on auoiṭ eſſayé d'y apporter, ſelon le temps & la commodité d'alors ; toutesfois, à tout bien prendre, on a trouué en fin que le ſeul expedient, pour approcher du but auquel on deuoit tédre, c'eſtoit de ſe conformer abſolument à l'edition de Lyon, de l'an 1559. ſur la reueuë faite par Denys Sauuage, * comme eſtant l'edition de Sauuage le vray pourtrait qui nous reſte auiourd'huy de la verité du corps de la preſente Hiſtoire. C'eſt donc ce dont on ſe pourra apperceuoir que l'on ſ'eſt acquitté en l'edition preſente, l'ayant rapportee exactement à celle dudit Sauuage : horſmis que quelquesfois il a fallu paſſer, ou bien abbreger quelques collations cottees ſur les marges, à cauſe que la forme de ceſte edition ne les euſt peu toutes porter. Ce neantmoins, non ſeulement rien n'y a eſté obmis qui fuſt de conſequence, mais meſmes y ont eſté inſerez en certains endroits quelques eſclarciſſemés ſur les mots ou paſſages qui l'ont ſemblé requerir, & ſelon ce que l'on en a peu remarquer par les autres Hiſtoriés traittans de la meſme matiere. La veuë donc & lecture en peuuent faire foy ſuffiſamment : il reſte que le tout ſoit prins & recogneu ſelon la ſincerité que l'on ſ'eſt propoſé d'y teſmoigner, autát que la condition de l'homme (de laquelle eſt & ſera touſiours en ce monde inſeparable la defectuoſité) l'a peu permettre.

Quant à l'Autheur, à ſçauoir, le ſieur de Commines, ce qui s'eſt peu recueillir de la vie d'iceluy aſſez fidelement, comme il eſt à preſumer, par ce grand perſonnage Iean Sleidan, ſuffira pour le preſent pour le contentement des Lecteurs, comme il ſe trouuera auſſi inſeré en l'edition preſente expreſſément. Car quant à ce que aucuns attribuent à Commines, qu'il a tenu l'extremité de complaire au Roy ſon maiſtre, en lieu que Iean le Maire a tenu l'autre extremité, d'auoir grandement denigré le ſuſdit Roy : ce n'eſt icy le lieu à traitter ce poinct : entendu qu'il y a touſiours de l'homme en tous : & neantmoins la ſincerité & probité de Commines le gara ntit aſſez, en comparaiſon des autres Hiſtoriens, & d'alors & depuis encores par le teſmoignage de tous. Mais quant au ſujet du corps de l'Hiſtoire, dont les ſix premiers Liures traittent des faicts & geſtes de Louys XI.

Roy de France, & les deux fuiuans, à fçauoir, les vii. & viii. traittent du voyage & conquefte de Naples par le Roy Charles viii. fils de Louys, encores que le propre texte de l'Autheur conuie affez de foy-mefmes à s'y prendre, pour y profiter plus qu'il ne fe peut bonnement exprimer, fi ne fera-il mal prins, auec voftre bon fupport, d'en retracer quelque chofe comme en fommaire, pour rendre mefmes la lecture de cet excellent Oeuure, s'il fe peut dire, tant plus recommandable. Pour cet effect donc fe faut propofer en premier lieu, les fufmentionnez principaux tenans en la lice de cefte Hiftoire, à fçauoir, Louys pere, puis Charles, fils, comme ayans chacun la principale part à de grands remuemés aduenus à leur occafion en leur temps : mais auec vne diuerfité n'ayant rapport quelconque en forte que ce foit. Le pere eftant deuenu Roy en vn aage paffant defia celuy auquel le fils eft mort : le pere n'ayât remué que le fien, ou l'enuiron : le fils eftant allé remuer toute l'Italie. Le pere ayant arrefté en fin fon Eftat en quelque forte : le fils ayant laiffé la femence des voyages d'Italie malencôtreux, qui ont duré plus de foixante ans en la perfonne de trois de fes fucceffeurs. Le pere ayant prins de foy tout confeil en fes affaires : & ainfi, que bien, que mal, ayant heurté à l'efcueil de fon fens propre feulement : le fils, au contraire, ayant efté mené & manié par le fens d'autruy : & à peu pres fait naufrage de fa perfonne & de fon Eftat en pays eftrange, par la menee & temerité de certains qui le poffederent trop indignement. Ainfi, en fomme, Dieu a voulu monftrer comme il prend les peres, pour rufez qu'ils cuident eftre, par eux-mefmes ; & leur donne des enfans, qui monftrent la vengeance de Dieu fur la prefomption des peres, par vne confufion & fubuerfion, comme à leur efcient, de tout ce que les peres auoient penfé laiffer fi bien eftably. Et quant là deffus nous eftendrons aucunement noftre confideration fur les autres grands perfonnages, entrans en lice par ces Hiftoires auec lefdits Rois, nous ne fçaurons affez nous efmerueiller comment la prouidence de Dieu (laquelle auffi le bon Commines ne fe peut contenter de prefcher & recommander comme elle le merite) a tellement entremeflé tant de perfonnages à certaines occafions les vns parmy les autres ; comme chacun d'iceux a pretendu à fes fins & intentions particulieres, foubs pretexte de quelque fageffe, ou tiltre de droict, ou valeur de fa perfonne, ou deuoir de fa charge, ou de voifiné, ou d'alliance, ou d'honneur, ou de fon affeurance particuliere, ou de fon auancement en feruice : & le tout neantmoins, afin proprement de fe preualoir du dommage ou rabbaiffement, ou foule & diminution de fon prochain, en quoy fe defcouure vn naturel de l'homme plein d'injuftice & de toute defloyauté ; voire bien fouuent en ceux qui font ordonnez pour reprimer tels excez & concuffions és autres qui font fous eux. Et là deffus nous adioufterons (ce qui eft bien auffi le principal) affauoir, comme la main de Dieu s'eft donnee à cognoiftre comme vifiblement, foit és entreprinfes & remuemens & pratiques des vns à l'endroit des autres, foit en l'iffuë & fin laquelle a ferui de definitiue fentence fur les vns apres les autres ; entant que chacun ayant cherché le mal de fa partie, l'a attiré toft ou tard fur foy-mefmes : & au milieu de tant de iugemens du ciel, nul n'en auoit fçeu faire fon proffit, pour rendre gloire à Dieu, & fe defgager de l'importunité de la malice & iniquité du monde, mais eftre allé toufiours de mal en pis. Tous ces poincts donc aucunement confiderez, comme cefte admirable Hiftoire les

ptein

peint & graué à tous propos, alors deurons nous nous trouuer confus en noſtre ſens plus que iamais, quand nous voyons tant de grands & de ſages ſelon leur temps, s'eſtre ainſi troublez & gehennez en leur vie, & en leur conſcience: eux ſe rendans, tant qu'en eux a eſté, Commiſſaires & executeurs de la Iuſtice de Dieu dés ce monde meſme, les vns à l'encontre des autres. Et comme la choſe parle d'elle meſmes, Qui peut aſſez comprendre le trauail de ſens & d'eſprit auquel s'eſt & mis, & nourri, & cóme perdu en fin Louys, tout le premier, ayant autrement vn ſi bon & vif ſens naturel, & vne ſuffiſance telle, que Commines l'a bien ſceu remarquer, quand il a commencé quaſi l'entree de ſon Eſtat par toutes occaſions de contenter ſon naturel aux deſpés de ſon Eſtat meſmes : n'ayát ceſſé de remuer : comme auſſi pour le reſtabliſſement d'iceluy puis apres il n'a rien eſpargné: & en ſomme, n'a porté que malheur apparemment, premierement à autruy, puis à ſoy-meſme.

Charles ſon frere, au contraire, s'eſtant laiſſé embarquer au premier trouble *Charles de France.* de l'Eſtat contre le Roy ſon ſeigneur & frere, ne s'en eſtant iamais ſceu reſſourdre, mais eſtant demeuré le ſujet & amuſemét reciproque des premiers auĉteurs du trouble tant qu'il a veſcu: & ayant toſt quitté la place auec vne iſſuë en l'eſtat de ſon corps (comme quelques vns ont eſtimé) deſcouurant de la violence & maudite pratique contre la vie d'iceluy.

Charles Duc de Bourgongne, Prince en ſon eſgard de ſi grand valeur, & ſi *Charles Duc de Bourgongne.* haut en toutes qualitez honorables, ſi ſon cœur ne l'euſt rendu cóme vn Phaëton des Poëtes, qui ne ſe peut arreſter à ſa condition, iuſques à ce qu'il ſe perde par ſoy-meſmes.

Edoüard Roy d'Angleterre, ayant paſſé par des changemens ſi extraordi- *Edoüard Roy d'Angleterre.* naires, pour en remarquer les cauſes en ſon train voluptueux : & ne cerchant rien que le monde, s'eſt trouué propre à embroüiller ſon voiſin le Roy de Fráce, ſans occaſion particuliere, ſinon pour pratiquer pour ſoy, s'il euſt peu par le moyen de celuy qui le mettoit en beſongne: dont en fin ne s'eſt enſuiui que tout le rebours de ce qu'il s'en eſtoit laiſſé promettre à vn trop fin marchand pour luy.

François Duc de Bretagne, le moins mauuais de la troupe (à ce que les hiſtoi- *Frãçois Duc de Bretagne.* res en donnent à eſtimer en comparaiſon) a auſſi luy ſeul acheué ſa carriere auec quelque repos & contentement en ſa perſonne & en ſon Eſtat, ayát eſté aguetté par ſon voiſin en tant de ſortes, que c'eſt merueilles qu'il l'ait laiſſé ſuruiure à ſoy auec ſon eſtat, comme le luy donnant gagné ſur ſoy à la fin de ſes iours.

Louys de Luxembourg, Comte de S. Paul, eſtant aduancé par le Roy de *Louys de Luxembourg.* France au premier degré de la cheualerie & des armes, a ſi mal adiouſté le reſſort de ſon grand ſens auec celuy du Roy ſon maiſtre, qu'en fin il s'eſt dreſſé l'eſchafaut ſur lequel il a pleu à Dieu le faire produire pour le teſmoignage de ſa iuſtice en ce monde, contre ceux qui entortillent leurs voyes, & ne cheminent franchement en leur vocation: ſuiuant auſſi le dire (touchant iceluy de Sainĉt Paul) d'vn depuis nommé le Preſident de la Vaquerie, *il ne fait nien eſtre chi caut.*

Iean de *Bourbon*, Eueſque du Liege, ayant eſté cauſe & ſujet de l'eſmotion *Iean de Bourbon.* de ceux du Liege contre luy, pour n'auoir ni aage, ni ſuffiſance correſpondante à vne telle charge: dont leſdits Liegeois eſtans ſurpris à diuerſes fois de leur naturel ſans arreſt ni fermeté quelconque, ont auancé leur dernier malheur en fin

á iij

contre eux-mefmes : iceluy aufsi n'ayant euité la main de Dieu, quand il a efté honteufement tué & ietté en l'eau par vn de la Marche, dit le Sanglier d'Ardaigne, & lequel il auoit luy mefmes potté & auancé pour vn téps, à fa propre ruine.

Adolf. — Adolf, fils d'Arnoul Duc de Gueldres, vn autre Abfalon contre ledit Arnoul fon pere, n'ayant trouué en ce monde perfonne capable d'en faire iuftice, fe va rendre prifonnier fans y penfer (s'eftant cuidé defguifer, au paffage d'vne riuiere) puis en fin eftant mis en œuure pour repouffer quelques troupes de Fraçois, y eft attrapé, & mis à mort, pour ne prolonger plus longuement fes iours fur la terre, dont il portoit la fentence d'en deuoir eftre exterminé dés fi long temps auparauant.

Gantois. — Les Gantois ayans tiré à eux le gouuernemét abfolu de la maifon & Eftat de leur Princeffe deuenuë doublement orpheline entre leurs mains, & s'y eftans comportez tres-indignement, en ont laiffé la iuftice & reparation particuliere à en eftre faite fur leurs enfans & fucceffeurs, par vn, qui a efté petit fils de ladite Princeffe, lequel Dieu a fufcité en fon téps, à fçauoir, Charles d'Auftriche, Empereur : lequel a bien fçeu compter auec lefdits Gantois en fon temps, & non moins aufsi auec l'eftat de France.

Marie de Bourgougui. — Marie de Bourgongne, Princeffe loüee grandement pour le peu qu'elle a vefcu, fille & heritiere vnique de cefte grande maifon, deftituee de tout appuy apres le decez de fon pere, & par la diffimulation trop lógue d'iceluy felon fon humeur, a efté neantmoins fouftenuë, & aucunement releuee de l'oppreffion de fon voifin, courant à bride aualee à la deftruction de la maifon d'icelle, tant qu'en luy eftoit : iufques à ce qu'il a pleu à Dieu que tel foit venu d'icelle par Philippe fon fils aifné, qui ait fait paroir au monde, comme Dieu garantit les orphelins en leur temps.

Quant à l'autre partie de l'Hiftoire, fous Charles viii. tout ce qui fe peut remarquer d'vne entreprife de trefgrand' confequence, concluë, executee, & terminee en fin auec toute l'indifcretion, temerité, defectuofité & confufion qui fe foit iamais apperçeuë en affaire d'Eftat : nous eft tres-expreffement reprefenté par noftre Hiftorien, comme pour le parangonner nommément au train & deportemens du pere, lequel auoit efté fi couuert & fi prudent, & fi bien pourueu & fourni de tous moyens auec fon grand fens : pour conquerir, furprendre & conferuer où l'occafion le portoit. Et quant aux concurrens au dehors du *de Vers Briçonnet.* — Royaume, deux perfonnages y font remarquez cóme les principaux cherieurs de tout ce grand voyage là, gens de nulle fuffifance, finon qu'ils amufoient leur maiftre, & le poffedoient, à la ruine d'iceluy, & ne dónoient lieu à ceux aufquels il appartenoit, pour preuenir ou pour adouber leurs fautes. La nation que ce *Nation Italienne.* — ieune Roy en toutes fortes eft allé troubler fi mal à propos, icelle eftant fage en elle mefme, mais defunie, & propte à receuoir les occafiós de s'empefcher auec intention de fon profit particulier : icelle en a depuis payé la façon tout à loifir, par l'efpace de 40. ans durant. La maifon d'Arragon, regnant à Naples & Ceci*Maifon d'Arragon.* — le, fondee, appuyee, & inueteree en l'Eftat, a reçeu vne fecouffe extraordinaire, & de peu de duree, mais de grand effet, eftant rapportee aux excez & concufsiós dont elle s'eftoit renduë coulpable deflors, & dont elle a tant plus à penfer en ce qui en peut refter iufques à prefent.

Ludouic Sforce. — Mais fur tout eft à remarquer Ludouic Sforce, le motif du voyage du Roy en Italie,

Italie, póur s'impatroniser de l'Eſtat de ſon nepueu & pupille, par la mort d'iceluy, qui peut ſembler auoir eſté auancée en quelque façon à ceſte occaſion. Dót
iceluy Ludouic ſe voyant au deſſus de ſon intention, a commencé le premier à
payer le Roy de France, du bon tour qu'il luy auoit fait : ayant couuert de ſon
voyage ou paſſage en Italie l'vſurpation tyrannique d'iceluy Ludouic: iuſques
à ce que le temps a porté puis apres, que Louys XII. ſucceſſeur de Charles, ait
eſté Commiſſaire de la iuſtice de Dieu contre ledit Ludouic, ainſi que la verité
en eſt aſſez cogneuë : & meſmes a fallu que le fils dudit Ludouic, & par conſe-
quent la race en ait porté les marques apres iceluy pere, ſous le Roy François I.
de ce nom.

Or combien que ces exemples & pourtraicts ayent leurs particulari-
tez ſelon les temps , lieux, & perſonnes , ſi ne laiſſent-ils pas d'auoir leur
vſage & eſtenduë à la generalité de la prouidence de Dieu, laquelle ne ceſſe ny
ne chome iamais, quoy qu'elle ſoit pleine de merueilles en la diuerſité de ſes oc-
currences : pour nous ramenteuoir, en ſomme, comme il y a vne meſme reigle
de verité , droiture & iuſtice de par le Seigneur, pour tous aages , qualitez, &
lieux: & que ceux qui ferment les yeux, à leur eſcient, à telles leçons & actes qui
ſe preſentent ſur le theatre de la vie humaine de temps en temps , eſchaperont
tant moins, toſt ou tard, la meſme vengeance de Dieu par telles voyes qu'il luy
plaira, qu'ils ont moins d'excuſe de n'auoir appris , & profité aux deſpens de
ceux qui les ont precedé.

Sommaire du premier Liure.

L E premier liure traitte de l'occaſion des guerres , qui furent entre le Roy Loys onZieſme
& Charles Comte de Charolois, depuis Duc de Bourgongne : de la guerre en France, nō-
mee le Bien-public : de la iournee de Montl'hery : du traitté de Conflans , & comment , peu
apres , le Roy reprit , ſur ſon frere , la Duché de Normandie , qu'il auoit eſté contraint luy
laiſſer par le traitté ſuſdit.

Sommaire du ſecond.

Le ſecond parle des guerres, qu'eurent les Bourguignons contre les Liegeois, alliez du Roy,
ſous la conduite de Charles de Bourgongne : de quelque peu de guerre que le Roy fit auſſi au
Duc de Bretaigne , allié d'iceluy Charles : de la peine en laquelle fut le Roy eſtant arreſté au
chaſteau de Peronne, où il eſtoit allé, par ſaufconduict, voir iceluy Charles , pour lors Duc de
Bourgongne, afin d'appaiſer leurs differens : du traitté qu'il fut cōtraint accorder deuant qu'en
ſortir : par lequel luy alla meſmes ayder à prendre la ville de Liege : & , eſtant de retour en
France, comme il contenta ſon frere , pour Brie & Champaigne , de la Duché de Guyenne,
contre l'attente du Bourguignon.

Sommaire du troiſieſme.

Le troiſieſme contient l'aſſemblee des trois Eſtats de France à Tours: l'adiournement faict
au Duc de Bourgongne, par vn Huiſſier de Parlement : le renouuellement de guerre entre le
Roy & luy , à la ſuſcitation des Ducs de Guyenne & de Bretaigne, & du Conneſtable : la
ſupriſe d'Amiens & de S.Quentin, ſur le Duc de Bourgōgne, & trefues priſes apres, entre ces
deux grāds Princes, pour vn an. Puis entremeſle quelques guerres , qui furent en Angleterre
durant ce temps , & peu deuant, & peu apres, entre le Roy Edouard, ſouſtenu par le Duc,
& entre le Comte de Vuaruic, aidé du Roy. Apres il met vn autre renouuellement de guerre entre le Roy Loys & le Duc de Bourgongne: la mort du Duc de Guyenne, frere du Roy:

le siege de Beauuais par le Duc : l'appointement du Roy fait auec le Duc de Bretagne : trefues
nouuelles entre le Roy & le Duc de Bourgongne:la machinatiõ de ces deux à la mort de monsieur de Sainct-Paul, Connestable de France:& comme il l'euita pour ce coup , & parla au
Roy, y ayant vne barriere entr'eux deux.

Sommaire du quatriesme.

Le quatriesme racompte comment le Duc de Bourgongne s'empara de la Duché de Gueldres, & tint long temps le siege deuant la ville de Nuz,contre le secours de l'Empereur Federic, & des Allemans: & comment cependant le Roy luy suscitoit beaucoup d'autres ennemis,
prenant mesmes sur luy plusieurs villes de Picardie. Puis apres il parle de la descente du Roy
Edouard d'Angleterre contre le Roy Loys, à l'instigation du Duc de Bourgongne: du siege de
Nuz, leué par appointement à ceste occasion:de la trefue faite pour neuf ans, entre les deux
Rois, au grand desplaisir du Duc de Bourgongne, & du Connestable : de la veuë & paroles
qu'eurent ensemble ces deux Rois,pres Picquigny, & comment,peu apres, semblable trefue de
neuf ans fut accordee entre le Roy Loys & le Duc de Bourgongne, la mort du Connestable
iuree de tous poincts entre eux deux,luy liuré entre les mains du Roy par le Duc,pendãt qu'il
estoit en son premier siege de Nancy, & executé à mort par iustice.

Sommaire du cinquiesme.

Le cinquiesme deduit les guerres du Duc de Bourgongne auec les Suisses:sa desconfiture deuant Granson : la perte de ses alliez : sa grande & perilleuse deffaicte deuant Morat:le saisis-
sement qu'il fit de la Duchesse de Sauoye,sœur du Roy: le recouurement qu'en fit le Roy : les
grandes trahisons du Comte de Campobache, contre le Duc de Bourgongne son maistre. La
venuë du Roy de Portugal par deuers iceluy Duc: & cõment ce Duc de Bourgongne fut desconfit par le Duc de Lorraine,deuant Nancy,vne bataille,où il fut mesmement tué. Apres
il poursuit comment le Roy se saisit de plusieurs villes du feu Duc , tant en Picardie , Artois,
& Hainaut qu'en autres de ses pais : comment il se maintenoit enuers ceux de Gand , qui en-
treprirent le gouuernemët de leur Princesse,fille dudit Duc:& comment ils firent decapiter le
Chancelier de Bourgongne & le Seigneur d'Himbercourt. En fin il fait vn long discours
aucunement hors du propos principal : toutesfois plein de fort bonne doctrine , & de diuers
exemples pris des Histoires.

Sommaire du sixiesme.

Le sixiesme recite les moyens, desquels vsoit le Roy pour garder les Anglois de l'empescher
en ses entreprises sur la maison de Bourgongne : comment le mariage de Maximilian Archeduc d'Austriche fut fait & accomply auec la Damoiselle de Bourgongne,fille du feu Duc : &
comment le Gouuerneur de la Duché de Bourgongne,pour le Roy,prit quelques villes en la
Comté. Apres il entremesle certaine guerre d'entre les Florentins & le Pape , allié de quelques autres Potentats d'Italie. Puis reprend son propos,parlant de la iournee de Guinegate:de
la maladie du Roy : du Sainct-homme de Calabre : du mariage de monseigneur le Dauphin
auec Marguerite de Flandres , fille de Maximilian & de l'heritiere de Bourgongne. De là
poursuit sur plusieurs choses que le Roy faisoit durant sa maladie , tant pour crainte de perdre son authorité que pour crainte de mourir, & comment,neantmoins,il mourut.

Finalement il discourt sur le soucy qu'il auoit eu toute sa vie,& sur la vie & mort de plusieurs gros Princes de son temps.

Sommaire

POVR SCAVOIR SOMMAIREMENT QVI ESTOIT

l'Archeuesque de Vienne, auquel le Seigneur d'Argenton addresse ces presens Memoires. Ce que nous vous donnons de mot à mot, & en tel stile qu'il a esté trouué entre les papiers de quelque bon ancien personnage, studieux & curieux de nostre Histoire.

Sommaire de la vie de Messire Angelo Cattho, Archeuesque de Vienne: qui se peut adiouster aux Chroniques de Messire Philippe de Commines.

MEssire Philippe de Commines, Cheualier, Seigneur d'Argenton, Auteur du present liure, qui côtient les Memoires de la vie du Roy Loys onziesme (que Dieu absolue) dit, par son proeme, iceux auoir recolligez & compilez à la requeste d'vn Archeuesque de Vienne: duquel il a fait souuent mention en plusieurs endroicts de sesdites Memoires: sans toutesfois declarer, n'autrement exprimer, ce nom dudit Archeuesque, ne quel personnage c'estoit. Et, pource que ce ne peut estre aduenu qu'il n'ait esté hôme grãd & venerable, digne d'estre mis en plus grande lumiere, il sera icy recité ce qui a esté recueilly & entendu de luy, par le rapport de trois personnages de grande foy, prudence & authorité: l'vn desquels (qui est decedé) estoit messire Iean François de Cardonne, Cheualier, Seigneur de la Folaine & du Plessis de Ver en Bretaigne, Conseiller, & Maistre-d'Hostel des Rois Charles VIII. Loys XII. & François premier de ce nom, aussi *souuent allegué par ledit Seigneur d'Argentô, en la Chronique qu'il a faicte dudit Roy Charles: le deuxiesme est messire Iean Briçonnet, Cheualier, Seigneur du Plessis-Rideau, Conseiller, & second President des Comptes à Paris (qui est* encores viuant) & le tiers estoit vn Gentil-homme de Naples, partisan de la maison d'Anjou, appellé messire Renaldo d'Albiano, aussi Cheualier: qui a longuement demeuré en ce Royaume, & y est mort du regne du Roy François. Lesquels ont cognu, veu, & frequété ledit Seigneur Archeuesque: qui de son propre nom & surnom, s'appelloit messire Angelo Cattho: & estoit natif de Tarente au Royaume de Naples, & auoit suiuy la part de la maison d'Anjou: mesmes les Ducs Iean & Nicolas de Calabre, enfans & heritiers de ladite maison, qui auoient grand droit audit Royaume, & desquels mention est aussi faicte en plusieurs endroits desdits Memoires: &

estoit ledit Archeuesque personnage de bóne vie, grande litterature, modessie, & tresçauát és Mathematiques. Et, pource que lef dits Ducs Ieá & Nicolas pretendirét subsecutiuemét au mariage de la fille vnique du Duc Charles de Bourgongne (qui estoit lors le plus grand mariage de la Chrestienté) ils tindrét ledit messire Angelo Cattho pres de la persóne dudit Duc, pour códuire, de leur part, ledit mariage: lequel ne fut accóply ne pour l'vn ne pour l'autre, car ils vesquirét péu, & decederét tost l'vn après l'autre: &, après leur decez, ledit Duc, cognoissant le grand sens & vertu dudit messire Angelo, le retint en son seruice, & luy donna pension. Et estoit pareillemét au seruice dudit Duc, ledit Seigneur d'Argenton: auecques lequel il contracta gráde amitié & familiarité: &, pendát qu'il fut auecques ledit Duc, il luy predit plusieurs des fortunes bónes & mauuaises, qui luy aduindrent: mesmes des batailles de Granson & Morat. Et apres ladite bataille de Morat, cognoissant l'obstination dudit Duc, & (peut estre) les malheurs qui estoient à aduenir à luy & à sa maison, print congé de luy honnestement, cóme il pouuoit bien faire, sans pour ce estre reproché ou calomnié, car il estoit estranger & non subject dudit Duc. Et fut tost retiré par ledit Roy Loys, onziesme: duquel il estoit deuenu nouuellemét suject, au moyen que le Roy René, Duc d'Anjou, & Roy de Naples & de Sicile, auoit institué ledit Roy Loys, XI. son nepueu, son heritier esdits Royaumes & tous ses biens. Et, estant au seruice dudit Roy Loys (qui le fit tost Archeuesque de Viéne) suruint la tierce bataille, dónee à Nancy: en laquelle fut tué ledit Duc, la vigille des Rois, l'an 1476. & à l'heure que se donnoit ladite bataille, & à l'instant mesme que ledit Duc fut tué, ledit Roy * Loys oyoit la Messe en l'Eglise mósieur S. Martin à Tours, distát dudit lieu de Nancy de dix grandes iournees pour le moins: & à ladite Messe le seruoit d'aumosnier ledit Archeuesque de Viéne, lequel, en baillant la paix audit Seigneur, luy dit ces paroles, *Sire, Dieu vous donne la paix & le repos. Vous les auez si vous voulez*, quia consummatum est. *Vostre ennemy le Duc de Bourgongne est mort, & vient d'estre tué, & son armee desconfite.* Laquelle heure, cottee, fut trouuee estre celle en laquelle veritablement auoit esté tué ledit Duc. Et, oyát ledit Seigneur lesdites paroles, s'esbahit grandement: & demanda audit Archeuesque s'il estoit vray ce qu'il disoit, & comme il le sçauoit. A quoy ledit Archeuesque respondit qu'il le sçauoit comme les autres choses que Nostre-Seigneur auoit permis qu'il predist à luy & au feu Duc de Bourgongne: &, sans plus de paroles, ledit Seigneur fit vœu à Dieu & à monsieur S. Martin que, si les nouuelles qu'il disoit estoiét vrayes (cóme de fait elles se trouuerent bien tost apres) qu'il feroit faire le treillis de la chasse mósieur S. Martin, qui estoit de fer, tout d'argent. Lequel vœu ledit Seigneur accóplit depuis, & fit faire ledit treillis vallát cent mille Francs, ou peu pres. Semblablement ledit Archeuesque, estant au seruice dudit Roy Loys, rencótra, vn iour bien matin, messire Guillaume Briçonnet, pere dudit President cy deuant nómé, qui depuis fut Cardinal, comme sera dit cy apres, hóme ° grand & honorable, & de grande prudence & vertu, & pour lors estoit General de Láguedoc: lequel General estoit mádé par ledit Roy Loys XI. pour aller deuers luy au Plessis à Tours. Et, ayant ledit Archeuesque esté quelque téps sans parler, & regardé le ciel, & puis apres ledit General, luy dit en fin ces paroles, *Monsieur le General, ie vous ay plusieurs fois dit que le passage & frequentatió des eaües vous sont dangereux, & vous en aduiendroit quelque iour vn grand peril, & peut-estre la mort. Ie vien du Plessis, où vous allez. Les eaües sont grandes au Pont-sainct-Anne, & est le*

pont

pòt rompu, & y a vn mauuais bateau. Si vous m'en croyez, vous n'yrez point. Toutesfois
ledit General n'en fit rien, & ne le creut: dont veritablement il fut au plus grand
dãger du mõde d'eſtre noyé, & cheut en l'eau: &, ſans vn ſaule, qu'il empoigna,
c'eſtoit fait de luy: & fut ramené en ſon logis, où il fut longuement malade, tant
de la frayeur, que de la grande quãtité d'eau, qui luy eſtoit entree par la bouche,
par le nez & oreilles. Et depuis ledit Archeueſque viſita pluſieurs fois ledit General (qui eſtoit ſon amy) durant ſadite maladie: lequel General pour lors eſtoit
marié, & auoit ſa femme viuãte (qui eſtoit ieune) & auoit quelques enfãs ia nez:
entre leſquels eſtoit ledit Preſident : & luy predit derechef qu'il ſeroit quelque
iour vn grand perſonnage en l'Egliſe, & biẽ pres d'eſtre Pape. Choſe à quoy ledit General n'auoit oncques penſé, & n'y auoit aucune apparence. Et, oyãt cela
ſadite femme, qui ſappelloit Raoullette de *Beaune*, femme de grande chaſteté,
d'hõneur, & vertu, n'en fut trop cõtéte, car c'eſtoit à dire qu'elle ſen iroit la premiere, choſes que les femmes n'ayment pas volontiers, & veſquit neantmoins
ladite femme long temps depuis, & fit pluſieurs enfans: &, pour ceſte cauſe, elle
& pluſieurs autres diſoiét ſouuét que ledit Archeueſque ne diſoit pas touſiours
verité. Toutesfois en fin elle deſlogea la premiere, & la ſurueſquit ledit General
ſon mary: lequel ſe tint longuement en viduité, ſans parler de ſe faire Homme-
d'Egliſe : &, apres la mort dudit Roy Loys XI. demeura au ſeruice de Charles
VIII. ſon fils, auquel il auoit eſté ſpecialement recõmandé par ledit Roy Loys,
ſon pere, & fut de ſon Cõſeil Priué, & bien pres de ſa perſonne: & ayda & fauo-
riſa grandemét l'entrepriſe que fit ledit Roy Charles pour ſa conqueſte de Naples, tant pour le bon droiĉt qu'il cognoiſſoit que ledit Seigneur y aũoit, que
pour ſatisfaire aux requeſtes & pourſuites du * Pape Alexãdre & Duc de Milã, *"Il y peut biē tenir la main au commen- cement, pour donner crain- te aux Arra- gonnois Rois de Naples: mais il ne fut guerres en ce propos.*
appellé le Seigneur Ludouic: qui ſolicitoient fort ladite entrepriſe, plus toutes-
fois pour la haine mortelle & capitale, qu'ils portoient aux Rois de Naples Al-
phons & Ferrãd, que pour le bien & augmentation de l'Eſtat dudit Roy Charles, choſes qu'ils ne declairerent pas au cõmencement de ladite entrepriſe, audit
Seigneur n'à ſes ſeruiteurs: & leur ſembloit bien aduis que, quãd ils ſe ſeroient
aidez dudit Seigneur à deffaire leſdits Rois de Naples, qu'ils le chaſſeroiét bien
aiſement de l'Italie: cõme ils donnerent aſſez à cognoiſtre par la ligue qu'ils firent contre luy auecques les Venitiens, & la bataille qu'ils luy dõnerent à Fornouë, ſi toſt qu'il eut fait ſadite conqueſte. Et audit voyage de Naples fut auecques ledit Roy Charles ledit meſsire Guillaume *Briçonnet*, qui y fit de grands
ſeruices, & fut fait, à Rome, Homme-d'Egliſe & Eueſque de S. Malo , & Abbé
de S. Germain-des-prez, pres Paris: & depuis fut fait Cardinal par ledit Pape A-
lexandre: & par-apres fut Archeueſque de Reims & de Narbõne: & eut quelque
voix à l'eſlectión du Pape, apres la mort dudit Alexandre, ſuyuant ce que luy a-
uoit predit ledit Archeueſque: & depuis eſtant Cardinal, durant le regne dudit
Charles & celuy du Roy Loys XII. ſon ſucceſſeur, a tenu grand lieu & grands
eſtats en ce Royaume, iuſques à eſtre Lieutenant dudit Seigneur au gouuernement de Languedoc. Ledit meſsire Angelo Cattho, Archeueſque deſſuſdit, depuis toutes ces choſes & pluſieurs autres, qui ont par luy eſté predites long téps
auparauant qu'elles fuſſent aduenues, eſt decedé, ayant veſcu ſainĉtement &
auſterement : & giſt en ſon Egliſe de Vienne.

Michel de Montagne, liure 2. des Essais, chap. 10. Des Liures.

EN mon *Philippe de Commines il y a cecy (à sçauoir, du iugement dudit Montagne.) Vous y trouuerez le langage doux & agreable, d'vne naifue simplicité, la narration pure, & en laquelle la bonne foy de l'Autheur reluit euidemment, exempte de vanité (parlant de soy) & d'affection & enuie, parlant d'antruy. Ses discours & enhortemens accompagnez plus de bon zele & de verité, que d'aucune exquise suffisance: & par tout de l'authorité, representant son homme de bon lieu, & esleué aux grands affaires.*

Iustus Lipsius, en ses Notes sur le 1. liure de ses Politiques.

TAN T y a, *qu'il semble que l'Histoire se soit remise en train du temps de nos peres, tesmoin* PHILIPPE DE COMMINES, *lequel s'est mis à l'escrire depuis enuiron cent ans en ça, auec telle suffisance, que ie ne fay nulle difficulté de le parangonner à aucun des anciens. Il ne se peut croire combien cet Autheur void tout, penetre tout, descouure le fonds des conseils: & sur cela donne aux Lecteurs de tres-bonnes & diuerses instructions: & ce auec vn stile coulant & diffus, comme on diroit à la façon de Polybe. Cependant Commines ne veid onc ny Polybe, ny autre Historien de la sorte. Et c'est ce qui en augmente la louange, qu'vn tel personnage ait si bien addressé, luy estant homme sans aucunes lettres, mais bien duit seulement par vn certain maniement des affaires, & doué d'vn bon sens naturel. Qu'on ne me parle plus donc de ces Docteurs par liures, qui se font tant valoir. Mais le Prince, s'il m'en croit, s'adonnera à Commines, & le tiendra en sa pochette. C'est icy vn Philippe digne d'estre entre les mains des premiers qui tiennent rang en l'estat du monde.*

LIVRE PREMIER DES

Memoires du Seigneur d'Argenton, sur les principaux faicts & gestes de Louys XI. de ce nom, Roy de France.

PROLOGVE DE L'AVTHEVR.

MONSEIGNEVR l'*Archeuesque de Vienne, pour satisfaire à la requeste qu'il vous a pleu me faire, de vous escrire, & mettre par memoire ce que i'ay sceu & cogneu des faicts du Roy Louys vnziesme, à qui Dieu face pardon, nostre maistre & bien-faicteur, & Prince digne de tres-excellente memoire, ie l'ay fait le plus prés de la verité que i'ay peu & sceu auoir souuenance. Du temps de sa ieunesse ne sçauroye parler, sinon par ce que ie luy en ay ouy parler & dire: mais depuis le temps que ie vein à son seruice, iusques à l'heure de son trespas, où i'estoye present, ay fait plus continuelle residence auec luy que nul autre de l'estat à quoy ie seruoye: qui pour le moins ay tousiours esté des Chambellans, ou occupé à ses grands affaires. En luy & en tous autres Princes, que i'ay cognus ou seruis, ay cogneu du bien & du mal: car ils sont hômes comme nous: & à Dieu seul appartient la perfection. Mais, quand en vn Prince la vertu & bonnes conditions precedent les vices, il est digne de grand' loüange: veu que tels personnages sont plus enclins en toutes choses volontaires qu'autres hommes, tant pour la nourriture & petit chastiement qu'ils ont eu en leurs ieunesses, que pource que venans à l'aage d'homme, la plus-part des gens taschent à leur complaire, & à leurs complexions & conditions. Et pource que ie ne voudroye point mentir, se pourroit faire qu'en quelque endroit de cet escrit, se pourroit trouuer quelque chose, qui du tout ne seroit à sa loüange: mais i'ay esperance que ceux qui le liront, considereront les raisons dessusdites. Et tant osé-ie bien dire de luy, en sa commendation & loüange, qu'il ne me semble pas que iamais i'aye cogneu nul Prince, où il y eust moins de vice qu'en luy, à regarder le tout. Si ay-ie eu autant de cognoissance des grands Princes, & autant de communication auec eux, que nul homme qui ait esté en France de mon temps, tant de ceux qui ont * regné en ce Royaume, qu'en Bretaigne, & en ces parties de Flandres, Allemaigne, Angleterre, Espaigne, Portugal, & Italie, tant Seigneurs spirituels que temporels, & de plusieurs dont ie n'ay eu la veuë, mais congnoissance par communication de leurs Ambassades, par lettres, & par leurs instructiôs. * Parquoy on peut assez auoir d'information de leurs natures & conditions. Toutesfois ie ne preten en rien, le loüant en cet endroit, diminuer l'honneur & bonne renommee des autres: mais vous enuoye ce dont promptement m'est souuenu, esperant que vous le demandez pour mettre en quelque œuure, que vous auez intention de faire en langue Latine, dont vous estes bien vsité. Par laquelle œuure se pourra*

Commines Chambellan du Roy Louys XI.

*C'est à dire vescu.

*C'est à dire: Par lesquelles choses.

A

cognoistre la grandeur du Prince dont vous parleray, & aussi de vostre entendement, Et là ou ie faudroye, vous trouuerez Monseigneur du Bouchage, & autres, qui mieux en sçauront parler, & le coucher en meilleur langage que moy. Mais par obligation d'honneur, & grādes priuautez, & bienfaicts, sans iamais entrerompre, iusques à la mort, que l'vn ou l'autre n'y fust, nul n'en deuroit auoir meilleure souuenance que moy * & luy: & aussi pour les pertes & douleurs que i'ay reçeües depuis son trespas. Qui est bien pour faire reduire à ma memoire les graces, que i'ay reçeües de luy: combien que c'est chose assez accoustumee, que apres le decez de si grands & puissans Princes, les mutations sont grādes, & ont les vns pertes, & les autres gaing. Car les biens & les honneurs, ne se pariēt point à l'appetit de ceux qui les demandent. Et pour vous informer du temps, dont i'ay eu cognoissance dudict Seigneur, dont faictes demande, m'est force de commencer premierement auant le temps que ie vein à son seruice: & puis par ordre ie cōtinueray mon propos, iusques à l'heure que ie deuein son seruiteur, & continueray iusques à son trespas.

DE L'OCCASION DES GVERRES QVI FVRENT ENTRE LOVYS ONZIESME, ET LE COMTE de Charoloys, depuis Duc de Bourgongne.

CHAP. I.

AV saillir de mon enfance, & en l'aage de pouuoir monter à cheual, ie fus amené à l'Isle, vers le Duc Charles de Bourgōgne, lors appellé le Comte de Charoloys, lequel me print en son seruice, & fut l'an mil quatre cens soixante & quatre. Quelques trois iours apres arriuerēt audict lieu de l'Isle, les Ambassadeurs du Roy, où estoit le Comte d'Eu, le Chācelier de France, appellé Moruillier, & l'Archeuesque de Narbonne: & en la presence du Duc Philippe de Bourgongne, & dudict Comte de Charoloys, & de tout leur conseil, à huis ouuerts, furent ouys lesdicts Ambassadeurs: & parla ledit Moruillier fort arrogamment, disant que ledict Comte de Charoloys auoit fait prendre, luy estant en Hollande, vn petit nauire de guerre, qui estoit party de Dieppe, auquel estoit vn Bastard de Rubēpré, & l'auoit fait emprisonner, * luy donnant charge qu'il estoit là venu pour le prendre, & qu'ainsi l'auoit fait publier par tout, & par especial à Bruges, où hantent toutes nations de gens estranges, par vn Cheualier de Bourgongne, appellé messire Oliuier de la Marche. Pour lesquelles causes le Roy, soy trouuant chargé de ce cas, contre verité, comme il disoit, requeroit audict Duc Philippe, que ce messire Oliuier de la Marche luy fut enuoyé prisonnier à Paris, pour en faire la punition telle que le cas le requeroit. A ce point luy respondit le Duc Philippe, que messire Oliuier de la Marche estoit né de la Comté de Bourgongne, & son Maistre d'hostel, & n'estoit en rien subiect à la Couronne: toutesfois que s'il auoit dict, ne faict, chose qui fust contre l'honneur du Roy, & qu'ainsi le trouuast par information, qu'il en feroit la punition telle qu'au cas appartiēdroit: & qu'au regard du Bastard de Rubēpré, il est vray qu'il estoit prins pour les signes & contenances, qu'auoit ledit Bastard & ses gens à l'enuiron

de

1464.

de la Haye en Hollande, où pour lors estoit sondit fils le Comte de Charolois, & que si ledict Comte estoit soupçonneux, il ne le tenoit point de luy,
(car il ne le fut oncques) mais le tenoit de sa mere, qui auoit esté la plus
soupçonneuse Dame qu'il eust iamais cogneuë : mais nonobstant que luy
(comme dit est) n'eust iamais esté soupçonneux, s'il se fust trouué au lieu
de son fils, à l'heure que ce Bastard de Rubempré * regnoit és enuirons, *C'est à dire
l'eust fait prendre comme il auoit esté, & que si ledit Bastard ne se trouuoit hantoit.
point chargé d'auoir voulu prendre son fils (comme l'on disoit) qu'incontinent le feroit deliurer, & le renuoyeroit au Roy, comme ses Ambassadeurs le requeroiët. Apres recómença ledict Moruillier, en donnant grandes & deshonnestes charges au Duc de Bretaigne, appellé François : disant
que ledict Duc, & le Comte de Charolois, là present, estant ledict Comte de Charolois à Tours deuers le Roy, là où il l'estoit allé veoir, auoient
baillé seellez l'vn à l'autre en se faisans freres d'armes, & s'estoient baillé
lesdicts seellez par la main de messire Tanneguy du Chastel, qui depuis a
esté Gouuerneur de Roussillon, & a eu auctorité en ce Royaume, & faisoit le dessusdict Moruillier ce cas si enorme & si criminéux, que nulle chose qui se peust dire à ce propos, pour faire honte & vitupere à vn Prince,
ne fut qu'il ne dist. Aquoy ledict Comte de Charolois par plusieurs fois
voulut respódre, comme fort passionné de ceste iniure, qui se disoit de son
amy & allié : mais ledict Moruillier luy rompoit tousiours la parolle, disant
ces mots : Moseigneur de Charolois, ie ne suis pas venu pour parler à vous,
ains à monseigneur vostre pere. Ledit Comte supplia par plusieurs fois
à son pere qu'il peust respondre, lequel luy dit : I'ay respondu pour toy, cóme il me semble que pere doibt respondre pour fils : toutesfois si tu en as si
grande enuie, penses y auiourd'huy, & demain dis ce que tu voudras. Et encores disoit ledit Moruillier, qu'il ne pouuoit péser qui pourroit auoir meu
ledict Comte de prendre ceste alliance auec ledict Duc de Bretaigne, sinon
vne pension que le Roy luy auoit donnee, auec le Gouuernement de Normandie, qui depuis luy auoit esté osté.

Le lendemain en l'assemblee, & en la compagnie des dessusdits, le Comte de Charolois, le genoüil en terre, sus vn carreau de velours, parla à son pere premier, & commença de ce Bastard de Rubempré : disant les causes estre
iustes & raisonnables de sa prinse, & qu'il se monstreroit par le procés. Toutesfois ie croy qu'il ne s'en trouua iamais rien, mais estoient les soupçons
grands, & le vey deliurer d'vne prison où il y auoit esté cinq ans. Apres ce
propos commença à descharger le Duc de Bretaigne & luy aussi : disant qu'il
estoit vray que ledict Duc de Bretaigne & luy auoient prins alliance, & a-
mitié ensemble, & qu'ils s'estoiët faicts freres d'armes, mais en rien n'enté-
doient par ceste alliace au preiudice du Roy, ne de son Royaume, ains pour
le seruir & soustenir, si besoing en auoit : & que touchant la pension qui luy
auoit esté ostee, iamais n'en auoit eu qu'vn quartier mótát neuf mille frács,
& que iamais n'auoit requis ladicte pension, ne le Gouuernement de Normandie, & que moyennant qu'il eust la grace de son pere, il se pourroit bien
passer de tous autres biens-faicts. Et croy bien que si n'eust esté la crainte

de sondit pere, qui là estoit present, & auquel il addressoit sa parole, qu'il
eust beaucoup plus asprement parlé. La conclusion dudit Duc Philippe fut
fort humble & sage, suppliant au Roy ne vouloir legerement croire contre
luy ne son fils, & l'auoir tousiours en sa bonne grace. Apres fut apporté le
vin & les espices, & prindrent les Ambassadeurs congé du pere & du fils. Et
quand ce vint que le Comté d'Eu & le Chancelier eurent prins congé du
Comte de Charolois, qui estoit assez loin de son pere, il dit à l'Archeuesque
de Narbonne, qui vint le dernier: Recommandez moy tres-humblement à
la bonne grace du Roy, & luy dites qu'il m'a bien fait lauer icy par son Chácelier, mais qu'auant qu'il soit vn an il s'en repentira. Ledit Archeuesque de
Narbonne feit ce message au Roy, quand il fut de retour, comme vous entendrez cy apres. Ces paroles engendrerent grand'haine dudit Comte de
Charolois au Roy: auec ce qu'il n'y auoit gueres que le Roy auoit racheté
les villes de dessus la riuiere de Somme, comme Amiens, Abbeuille, Sainct
Quentin, & autres baillees par le Roy Charles septiesme au Duc Philippe
de Bourgongne, par le traitté qui fut fait à Arras, pour en ioüir par luy & ses
hoirs masles, au rachapt de quatre cens mille escus. Ie ne sçay bonnement
comment cela se mena, toutesfois ledit Duc estant en sa vieillesse, furent
tellement conduits toutes ses affaires par messeigneurs de Croy & de *Chimay, freres, & autres de leur maison, qu'il reprint son argent du Roy, & re-
stitua lesdites terres: dont le Comte son fils fut fort trouble, car c'estoient
les frontieres & limites de leurs Seigneuries, & y perdirent beaucoup de
bonnes gens pour la guerre. Il donnoit charge de ceste matiere à ceste maison de Croy: & quand son pere fut venu à l'extreme vieillesse(dont ja estoit
prés)il chassa hors du pais tous lesdits Seigneurs de Croy, & leur osta toutes
les places & choses qu'ils tenoient entre leurs mains.

Menaces du
Côte de Cha-
rolois au Roy.

* Le vieil e-
xéplaire dit
Chimoy &
Crouy,

---

*Comment le Comte de Charolois, auec plusieurs gros Seigneurs de France
dressa vne armee contre le Roy Louys vnZiesme
souz couleur du bien public.*
C H A P. II.

BIEN peu de iours apres le partement des Ambassadeurs dessusdits,
vint à l'Isle le Duc de Bourbon, Iean dernier mort, feignant venir
veoir son oncle le Duc Philippe de Bourgogne: lequel, entre toutes les maisons du monde, aimoit ceste maison de Bourbon. Cedit Duc de
Bourbon estoit fils de la sœur dudit Duc Philippe, laquelle estoit veufue
long temps auoit, & estoit là auec ledit Duc son frere, & plusieurs de ses
enfans, comme trois filles & vn fils. Toutesfois l'occasion de la venuë dudit
Duc de Bourbon, estoit pour gaigner & conduire ledit Duc de Bourgongne de consentir mettre sus vne armee en son pays: ce que semblablement
feroient tous les autres Princes de France, pour remonstrer au Roy le mauuais ordre & iniustice qu'il faisoit en son Royaume, & vouloient estre forts
pour le contraindre, s'il ne se vouloit renger. Et fut ceste guerre depuis appellee le bien public: pource qu'elle s'entreprenoit soubs couleur de dire

Pretension de
la guerre nô-
mee le bien
public.

que

que c'eſtoit pour le bien public du Royaume. Ledict Duc Philippe (qui
depuis ſa mort a eſté appellé le bon Duc Philippe) conſentit eſtre mis
ſus de ſes gens, mais le nœud de ceſte matiere ne luy fut iamais deſcouuert,
& il ne ſ'attendoit point que les choſes vinſſent iuſques à la voye de faict.
Incontinent ſe commencerent à mettre ſus ſes gens, & vint le Comte de
Sainct Paul, depuis Conneſtable de France, deuers le Comte de Charolois
à Cambray, où pour lors eſtoit le Duc Philippe : & luy venu audict lieu,
auec le Mareſchal de Bourgongne, qui eſtoit de la maiſon de Neuf-Chaſtel,
le Comte de Charolois feit vne grande aſſemblée de gens de conſeil, &
autres des gens de ſon pere, en l'hoſtel de l'Eueſque de Cambray : & là
declara tous ceux de la maiſon de Croy, ennemis mortels de ſon pere, &
de luy, nonobſtant que le Comte de Sainct Paul euſt donné ſa fille en mariage * au fils du ſeigneur de Croy, long temps auoit, * & diſoit y auoir dô-
mage. En ſomme, il fallut que tous ſ'enfuiſſent des ſeigneuries du Duc de
Bourgongne, & perdirent beaucoup de meubles. Tout cecy deſpleut
bien au Duc Philippe, lequel auoit pour premier Chambellan, vn qui depuis ſ'eſt appellé monſeigneur de * Chimay, homme ieune, & tresbien cô-
ditionné, nepueu du ſeigneur de Croy : lequel ſ'en alla ſans dire Adieu à
ſon maiſtre, pour la crainte de ſa perſonne : autrement il euſt eſté tué ou
prins, car ainſi luy auoit eſté declaré. L'ancien aage du Duc Philippe luy
feit ce endurer patiemment : & toute ceſte declaration, qui ſe feit contre ſes
gens, fut à cauſe de la reſtitution de ſes Seigneuries ſituées ſur la riuiere de
Somme, que ledict Duc Philippe auoit rendues au Roy Louys, pour la
ſomme de quatre cens mille eſcus : & chargeoit le Comte de Charolois les
gens de ceſte maiſon de Croy, d'auoir fait conſentir au Duc Philippe ceſte
reſtitution.

* L'exempl. vieil dit au Seigneur de Crouy, meſme.
* Il dit auſſi, mais il diſoit y auoir renoncé.
* L'exempl. Chanay, en ce lieu.

Ledict Comte de Charolois ſe radouba, & rapaiſa auec ſon pere, le mieux
qu'il peut, & incôtinét mit ſes Genſ-d'armes aux champs : & en ſa compaignie le Comte de Sainct Paul, principal conducteur de ſes affaires, & le plus
grand Chef de ſon armée, & pouuoit bien auoir trois cens Hommes d'armes, & quatre mille Archiers ſoubs ſa charge, & y auoit beaucoup de bons
cheualiers & Eſcuyers des païs d'Artois, de Henault, & de Flandres, ſoubs
ledict Comte, par le commandement du Comte de Charolois. Semblables
bandes & auſſi groſſes auoient monſeigneur de Rauaſtin, frere du Duc de
Cleues, & meſſire Antoine, baſtard de Bourgongne : leſquels auoient eſté
ordonnez pour les conduire. D'autres chefs y auoit, que ie ne nômeray pas,
pour ceſte heure, pour briefueté : & entre les autres y auoit deux cheualiers
qui auoient grand credit auec ledict Comte de Charolois. L'vn eſtoit le ſeigneur de * Hault-bourdin, ancien cheualier, frere baſtard dudict Comte de
Sainct Paul, nourry és anciennes guerres de France & d'Angleterre, au téps
que le Roy Henry cinquieſme Roy d'Angleterre de ce nom regnoit en
France, & que le Duc Philippe eſtoit ioinct auec luy, & ſon allié. L'autre a-
uoit nom le ſeigneur de Côtay, qui ſemblablement eſtoit du temps de l'autre. Ces deux eſtoient treſ-vaillans & ſages cheualiers, & auoiét la principale charge de l'armée. Des ieunes il y en auoit aſſez, & entre les autres vn fort

Comte de S. Paul le plus grãd chef de l'armee du Comte de Charolois.

* L'exẽp. vieil dit, Chambourdin par tout.

bien renommé, appellé messire Philippe de Lalain, qui estoit d'vne race,
dont peu s'en est trouué qui n'ayent esté vaillás & courageux, & quasi tous
morts en seruát leurs Seigneurs en la guerre. L'armee pouuoit estre de quatorze cens Hommes d'armes, mal armez & mal adroits : car lon téps auoiét
esté ces Seigneurs en paix, & depuis le traicté d'Arras auoient peu veu de
guerre qui eust duré : & à mon aduis qu'ils auoient esté en repos plus de
trente six ans, sauf quelques petites guerres contre ceux de Gand, qui n'a-
uoient gueres duré. Les Hommes d'armes estoient fort bien mótez & bien
accompaignez : car peu en eussiez veu, qui n'eussent cinq ou six grans cheuaux. D'Archiers y en pouuoit bien auoir huict ou neuf mille : & quand la
monstre fut faite, y eut plus à faire à les enuoyer qu'à les appeller, & furent
choisis tous les meilleurs.

Pour lors estoient les subiects de ceste maison de Bourgongne en grand
richesse, à cause de la longue paix qu'ils auoient eue, pour la bonté du Prince soubs qui ils y viuoient, lequel peu tailloit ses subiects : & me semble que
pour lors, ses terres se pouuoient mieux dire terres de promission, que nulles autres Seigneuries qui fussent sur la terre. Ils estoient comblez de richesses, & en grand repos, ce qu'ils ne furent onques puis : & y peut bien auoir
vingt & trois ans que cecy commença. Les despenses & habillemens d'hómes & de femmes, grands & superflus : les conuis & banquets, plus grands
& plus prodigues qu'en nul autre lieu, dont i'aye eu cognoissance. Les bai-
gnoiries, & autres festoyemens auec femmes, grands & desordonnez, & à
peu de honte : ie parle des femmes de basse condition. En somme ne sembloit pour lors aux subiects de ceste maison, que nul Prince fust suffisant
pour eux, au moins qu'il les sceust confondre : & en ce monde n'en cognoy
auiourd'huy vne si desolée, & doute que les pechez, du temps de la prosperité, leur facent porter ceste aduersité : & principalement qu'ils ne cognoissoient pas bien que toutes ces graces leur procedoient de Dieu, qui les depart là où il luy plaist.

Estant ceste armée ainsi preste (qui fut tout à vn instant) de toutes les choses dont i'ay icy deuant parlé, se mit le Comte de Charolois en chemin a-
uec toute ceste armée, qui estoient tous à cheual, sauf ceux qui conduy-
soient son artillerie, qui estoit belle & grande, selon le temps de lors, auec
fort grand nombre de chatroy : & tant qu'ils cloyoient la plus part de son
ost, seulement de ce qui estoit sien. Pour le commencemét tira son chemin
deuers Noyon, & assiegea vn petit chasteau ou il y auoit des gens de guerre,

appellé Nesle, lequel en peu de iours il print. Le Mareschal Ioachim, Mareschal de France, estoit tousiours enuiron de luy, estant party de Peronne :
mais il ne luy faisoit point de dommage : par ce qu'il auoit peu de gens, & se
mit dedans Paris quand ledict Cóte en approcha. Tout au long du chemin
ne faisoit ledict Cóte nulle guerre, ny ne prenoyét riens ses gens sans payer.
Aussi les villes de la riuiere de Somme, & toutes autres laissoyent entrer ses
gens en petit nombre, & leur bailloyét ce qu'ils vouloient pour leur argét :
& sembloit bié qu'ils escoutassent qui seroit le plus fort du Roy ou des Seigneurs. Tant chemina ledit Comte, qu'il vint à Sainct Denys prés Paris, ou
se deb-

ſe debuoient trouuer tous les Seigneurs du Royaume, comme ils auoyent
promis: mais ils ne s'y trouuerent pas. Pour le Duc de Bretaigne y auoit auec
ledict Comte, pour ambaſſadeur, le vice-Chácelier de Bretaigne, qui auoit
des blancs ſignez de ſon maiſtre, & s'en aydoit * de renouuellez & eſcrits,   *Le vieil exè-
comme le cas le requeroit. Il eſtoit Normand & tres-habile homme, & be-   plaire dit, en
ſoing luy en fut, pour le murmure des gens qui ſourdit contre luy. Ledict   nouuelles
Comte ſ'en alla monſtrer deuant Paris, & y eut treſgrand' eſcarmouche, &   & eſcrits.
iuſques aux portes, au deſauantage de ceux de dedans. De Genſd'armes il
n'y auoit que ledit Ioachim, & ſa compagnie, & mon ſeigneur de Nátoil-
let, depuis Grand Maiſtre: qui auſſi bien ſeruit le Roy en ceſte armée, que *   *L'exempl.
ieune ſubiect ſeruit Roy de France en ſon beſoing, & à la fin en fut mal re- vieil dit, ia-
compenſé, par la pourſuite de ſes ennemis, plus que par le deffault du Roy: mais, pour
mais les vns, ne les autres, ne ſ'en ſçauroient de tous poincts excuſer. Il y eut   ieune.
du menu peuple (comme i'ay depuis ſceu) fort eſpouuenté ce iour, iuſques à
crier: Ils ſont dedans (ainſi le m'ont compté pluſieurs depuis) mais c'eſtoit *
ſans propos. Toutesfois monſeigneur de *Haultbourdin (dót i'ay parlé cy   *C'eſt à dire.
deuát, & lequel y auoit eſté nourry, lors qu'elle n'eſtoit point ſi forte qu'elle   ſans raiſon.
eſt à preſent) euſt eſté aſſez d'opinion qu'on l'euſt aſſaillie, & les Géſd'armes   *Chábour-
l'euſſent bié voulu, tous meſpriſans le peuple: car iuſques à la porte eſtoiét   din comme
les eſcarmouches, toutesfois il eſt vray ſemblable qu'elle n'eſtoit point pre-   auparauant.
nable. Ledict Comte ſ'en retourna à ſainct Denis.

Le lendemain au matin ſe tint conſeil, ſçauoit ſi on iroit au deuant du
Duc de Berry, & du Duc de Bretaigne, qui eſtoyent pres, comme diſoit le
vice-Chancelier de Bretaigne, qui monſtroit lettres d'eux: mais il les auoit
faictes ſur des blancs, & autre choſe n'en ſçauoit. La concluſió fut, que l'on
paſſeroit la riuiere de Seine, combien que pluſieurs opinerét de retourner,
puis que les autres auoyent failly à leur iour : & qu'auoir paſſé la riuiere de
Somme & de Marne, c'eſtoit aſſez, & ſuffiſoit bien, ſans paſſer celle de Seine:
& y mettoient grandes doubtes aucuns, veu qu'à leur dos n'auoient nulles
places pour eux retirer, ſi beſoing en auoient. Fort murmuroit tout l'oſt ſur
le Comte de ſainct Paul, & ſur ce vice-Chácelier: toutes-fois ledict Comte
de Charolois alla paſſer la riuiere, & loger au Pont Sainct Clou. Le lendemain, dés qu'il fut arriué, luy vindrent nouuelles d'vne Dame de ce Royaume, qui luy eſcriuoit de ſa main, comme le Roy partoit de Bourbonnois, &
à grandes iournées alloit pour le trouuer.

Or faut vn peu parler comment le Roy eſtoit allé en Bourbonnois: Luy   Le Roy com-
donc congnoiſſant que tous les Seigneurs du Royaume ſe declaroyent có-   mēce la guer-
tre luy, au moins contre ſon gouuernemét, ſe delibera de courre ſus le pre-   re contre le
mier, au Duc de Bourbon, qui luy ſembloit s'eſtre plus declaré que les au-   Duc de Bour-
tres Princes: & pource que ſon pays eſtoit foible, tátoſt l'auroit *affolé. Si   bon.
luy print pluſieurs places, & euſt acheué le demeurant, n'euſt eſté le ſecours   *Le vieil exè-
qui vint de Bourgógne, que mena le Seigneur de *Coulches, le Marquis de   plaire dit, aſ-
Rottelin, le ſeigneur de Mótagu, & autres : & y eſtoit, portát le harnoys, le   foulé.
Chácelier de France (qui eſt auiourd'huy hóme bien eſtimé) appellé meſſire   *L'exép. vieil
Guillaume de Rochefort. Ceſte aſſemblée auoyent faicte en Bourgongne,   ne parle point
                                                                              de ce ſeigneur
                                                                              de Coulches,
                                                                              & me doute
                                                                              qu'il faille
                                                                              d: Cóches.

A iiij

le Comte de Beaujeu, & le Cardinal de Bourbõ, frere du Duc Iean de Bourbon: & mirent les Bourguignons dedans Molins. D'autre part vindrét à l'aide dudit Duc, le Duc de Nemouts, le Comte d'Armignac, & le Seigneur
d'Albret, auec grãd nombre de gens: où il y auoit aucuns bons Gésd'armes
de leurs païs, qui auoient laiffé les Ordonnances, & f'eftoient retirez à eux.
Le grand nombre eftoit affez mal en poinct, car ils n'auoiét point de payement, & falloit qu'ils véfeuffent fur le peuple: Nonobftant tout ce nombre,
le Roy leur dónoit beaucoup d'affaires. Si traicterét aucune forme de paix,

& par efpecial le Duc de Nemours, lequel feit ferment au Roy, luy promettant tenir fon party: toutesfois depuis feit le contraire: dont le Roy coceut
cefte longue haine qu'il auoit côtre luy, comme plufieurs fois il m'a dit. Or
voyant le Roy, que là ne pouuoit fi toft auoir fait, & que le Comte de Charolois f'approchoit de Paris, doubtant que les Parifiens ne feiffent ouuertures à luy, & à fon frere, & au Duc de Bretaigne, qui venoit du cofté de Bretaigne, à caufe que tous fe coulouroient fur le bien public du Royaume, & que
ce qu'euft fait la ville de Paris, doubtoit que toutes les autres villes ne feiffent au femblable, fe delibera à grandes iournees de fe venir mettre dedans
Paris, & de garder que ces deux groffes armees ne f'affemblaffent: & ne venoit point en intention de combatre, comme par plufieurs fois il m'a côté,
en parlant de ces matieres.

---

*Comment le Comte de Charolois vint planter fon Camp pres de Montl'hery, & de la
bataille qui fut faite audict lieu, entre le Roy de France & luy.*

CHAP. III.

ET comme i'ay dit cy deffus, quand le Comte de Charolois fceut le
departement du Roy, qui f'eftoit party du païs de Bourbonnois, &
qu'il venoit droict à luy (au moins il le cuydoit) fe delibera auffi de
matcher au deuant de luy: & dit alors le contenu de fes lettres, fans nómer*
le perfonnage qui les efcriuit, & qu'vn chacun fe deliberaft de bien faire, car
il deliberoit de tenter la fortune. Si f'en alla loger à vn village prés Paris,
appelle Longjumeau: & le Comte de Sainct Paul, à tout fon Auant-garde, à
Montl'hery, qui eft à deux lieuës outre, & enuoyerét efpies & cheuaucheurs
aux chãps pour fçauoir la venuë du Roy, & quel chemin il tenoit. En la prefence du Comte de fainct Paul fut choifi lieu & place, pour combatre, audict Longjumeau: & fut arrefté entre eux que ledict Comte de fainct Paul
fe retireroit à Longjumeau, au cas que le Roy vinft: & y eftoyét le Seigneur
de Hault-bourdin, & le Seigneur de Conray prefens.

Or faut il entendre que monfeigneur du Maine eftoit auec fept ou huict
cents Hommes d'armes au deuant des Ducs de Berry & de Bretaigne: qui
auoient en leur cópagnie de fages & notables cheualiers, que le Roy Louys

auoit tous defappointez, à l'heure qu'il vint à la couronne: nonobftãt qu'ils
euffent bien feruy fon pere, au recouurement & pacification du Royaume:
& maintesfois apres f'eft repenti de les auoir ainfi traittez, en recognoiffant
fon erreur. Entre les autres y eftoit le Comte de Dunois, fort eftimé en toutes chofes, le Marefchal de Loheac, le Comte de Dampmartin, le feigneur

de

de Bueil, & plusieurs autres: & estoient partis des Ordonnáces du Roy bien
cinq cens Hommes d'armes, qui tous s'estoiét retirez vers le Duc de Bretaigne, & tous estoient subiects & nez de son pays, qui estoyent de ceste armee
là. Le Comte du Maine, qui alloit au deuant (comme i'ay dit) ne se sentât assez fort pour les combatre, deslogeoit tousiours deuant eux, en s'approchát
du Roy : & cherchoient les Ducs de Berry & Bretaigne se ioindre aux Bourguignons. Aucuns ont voulu dire que ledict Comte du Maine auoit intelligence auec eux: mais ie ne le sceu oncques, & ne le croy pas.

Ledict Comte de Charolois, estát logé à Longjumeau, comme i'ay dit, &
son Auát-garde à Mótl'hery, fut aduerty par vn prisonnier, qu'on luy amena, que le Cóte du Maine s'estoit ioinct auec le Roy, & y estoiét toutes les
Ordonnances du Royaume, qui pouuoient bien estre enuiron deux mille
deux cens Hommes d'armes, & l'Arriereban du Daulphiné, à tout quarante
ou cinquante Gentils-hommes de Sauoye, gens de bien.

Cependant le Roy eut conseil auec ledict Comte du Maine, auec le Grand Seneschal de Normandie (qui s'appelloit de Brezey) auec l'Admiral de France, qui estoit de la maison de Montauban, & auec d'autres, & en
conclusió (quelque chose qui luy fust dicte & opinée) delibera de ne combatre point: mais seulement se mettre dedás Paris, sans soy approcher de là
où les Bourguignons estoient logez: & à mon aduis que son opinion estoit
bonne. Il se soupçonnoit de ce grand Seneschal de Normandie: & luy demanda, & pria qu'il luy dist s'il auoit baillé son scellé aux Princes, qui estoiét
contre luy, ou non. A quoy ledit grand Seneschal respondit que ouy, mais qu'il leur demourroit, & que le corps seroit sien : & le dit en gaudissant, car
ainsi estoit-il accoustumé de parler. Le Roy s'en contenta, & luy bailla char-
ge de conduire son Auant-garde, & aussi les Guydes, pource qu'il vouloit
euiter ceste bataille, comme dit est. Ledit Seneschal, vsant de volóté, dit lors
à quelcun de ses priuez : Ie les mettray auiourd'huy si pres l'vn de l'autre,
qu'il sera bien habile qui les pourra demesler: & ainsi le feit-il, & le premier
homme qui y mourut, ce fut luy & ses gens: & ces paroles m'a contees le
Roy, car pour lors i'estoye auec le Comte de Charolois.

En effect le vingt-septiesme iour de Iuillet, l'an mil quatre cents soixan- te & cinq, ceste Auant-garde se vint trouuer aupres de Montl'hery, où le
Comte de Sainct Paul estoit logé. Ledit Comte de Sainct Paul à toute di-
ligence signifia ceste venuë au Comte de Charolois (qui estoit à deux lieuës
prés, & au lieu qu'il auoit esté ordonné pour la bataille) luy requerant qu'il
le vint secourir à toute diligence: Car ja s'estoient mis à pied Hommes d'armes & Archiers, & clos de son charroy: & que de se retirer à luy (comme il
luy auoit esté ordonné) ne luy seroit possible. Car s'il se mettoit en chemin,
ce sembleroit estre fuitte, qui seroit grand danger pour toute la compagnie. Ledit Comte de Charolois enuoya ioindre auec luy le Bastard de
Bourgongne (qui se nommoit Antoine) auec grand nombre de gens,
qu'il auoit soubs sa charge, & à toute diligence: & se debattoit à soy-mesme s'il iroit ou non : mais à la fin marcha apres les autres, & y arriua enuiron sept heures de matin, & desia y auoit cinq ou six enseignes du Roy, qui

estoient arriuées le long d'vn grand fossé, qui estoit entre les deux bandes.

Encores estoit en l'ost du Comte de Charolois, le vice-Chancelier de Bre-taigne, appellé Rouuille, & vn vieil hōme d'armes appellé *Madetey, qui a-uoit baillé le Pont Sainct Maxéce, lesquels eurēt peur, pour le murmure qui estoit contre eux, voyans qu'on estoit en la bataille, & que les gens, dequoy ils s'estoient faicts forts n'y estoiēt point ioincts. Si se mirēt les dessusdicts à la fuyte, auāt qu'on combatist, par le chemin où ils pensoiēt trouuer les Bre-tons. Ledict Comte de Charolois trouua le Comte de Sainct Paul à pied, & tous les auttes se mettoient à la file comme ils venoiēt, & trouuasmes tous les Archiers deshoufez, chacun vn pal planté deuāt eux, & y auoit plusieurs pipes de vin defosées pour les faire boire: & de ce petit que i'ay veu, ne vey iamais gēs qui eussent meilleur vouloir de cōbatre, qui me sembloit vn bié bon signe & grād recōfort. De prime face fut aduisé que tout se mettroit à pied, sans nul excepter, & depuis muerēt propos: car presque tous les Hom-mes d'armes monterēt à cheual. Plusieurs bons Cheualiers & Escuyers fu-rent ordonnez à demourer à pied, dōt mōseigneur *des Cordes & son frere estoiēt du nōbre. Messire Philippe de Lalain s'estoit mis à pied (car entre les Bourguignons lors estoient les plus honnorez ceux qui descēdoiēt auec les Archiers) & tousiours s'y en mettoit grande quātité de gēs de bié, afin que le peuple en fust plus asseuré, & cōbatist mieux: & tenoiēt cela des Anglois, auec lesquels le Duc Philippe auoit fait la guerre en Frāce durāt sa ieunes-se, qui auoit duré 32. ans sans tréues: mais pour ce temps là le principal faix portoient les Anglois, qui estoient riches & puissans. Ils auoient aussi pour lors sage Roy, le Roy Henry le Bel, & tres-vaillāt, qui auoit sages hōmes & vaillans, & dē tres-grands Capitaines, comme le Comte de Salbery, Talbot & autres, dōt ie me tay, car ce n'est point de mon temps, combien que i'en aye veu des reliques: car quand Dieu fut las de leur bien faire, ce sage Roy mourut au Bois de Vincénes, & son fils insensé, fut couronné Roy de Frāce & d'Angleterre à Paris: & ainsi muerēt les autres dégrez d'Angleterre, & diuision se mit entre eux, qui a duré iusques auiourd'huy, ou peu s'en faut. Alors vsurperent ceux de la maison *d'Yorth ce Royaume, ou l'eurēt à bon tiltre. Ie ne sçay lequel, car de telles choses le partage s'en fait au ciel.

En retournant à ma matiere, de ce que les Bourguignons s'estoiēt mis à pied, & puis remontez à cheual, leur porta grande perte de temps & dōma-ge, & y mourut ce ieune & vaillāt Cheualier messire Philippe de Lalain, par estre mal armé. Les gens du Roy venoiēt à la file par la forest de Torfou, & n'estoient point quatre cens Hommes d'armes quand *nous les veismes: & qui eust marché incontinent, semble à beaucoup qu'il ne se fust point trou-ué de resistance: car ceux de derriere n'y pouuoient venir qu'à la file, comme i'ay dit, toutesfois tousiours croissoit leur nombre. Voyant cecy, vint ce sa-ge Cheualier, monseigneur de Contay, dire à son maistre monseigneur de Charolois, que s'il vouloit gaigner ceste bataille, il estoit temps qu'il mar-chast, disant les raisons pourquoy, & que si plus tost l'eust fait, desia ses en-nemis fussent descōfits: car il les auoit trouué en petit nombre, lequel crois-soit à veuë d'œil, & la verité estoit telle. Et lors se changea tout l'ordre

& tout

& tout le conseil: car chascun se mettoit à en dire son aduis. Et ja estoit commencée vne grosse & forte escarmouche au bout du village de Montl'hery, toute d'Archiers d'vn costé & d'autre.

Ceux de la part du Roy conduisoit Poncet de Riuiere: & estoyent tous Archiers d'Ordonnance, orfaueriséz, & bien en poinct. Ceux du costé des Bourguignons estoyent sans ordre & sans commandement * comme volontaires. Si commencerent les escarmouches, où estoit à pied, auec eux, monseigneur Philippe de Lalin, & Iacques * du Mas, homme bié renommé, depuis Grand-Escuyer du Duc Charles de Bourgongne. Le nombre des Bourguignons estoit le plus grand: & gaignerent vne maison, & prindrent deux ou trois huys, & s'en seruirent de pauoys. Si commencerét à entrer en la rue, & mirent le feu en vne maison. Le vent les seruoit, qui poussoit le feu contre ceux du Roy: lesquels commencerent à desemparer, & monter à cheual, & à fuyr: & sur ce bruit & cry, commença à marcher le Comte de Charolois, laissant, comme i'ay dit, tout ordre parauant deuisé.

Il auoit esté dict que l'on marcheroit trois fois: pource que la distance des deux batailles estoit longue. Ceux du Roy estoient deuers le chasteau de Montl'hery: & auoyent vne grande haye & vn fossé au deuant d'eux. Oultre estoient les champs pleins de bleds, & de febues, & d'autres grains tres-forts: car le territoire y estoit bon. Tous les Archiers dudict Comte marchoyent à pied deuant luy, & en mauuais ordre: combien que mon aduis est que la souueraine chose du monde és batailles, sont les Archiers: mais qu'ils soient à milliers (car en petit nombre ne vallent rien) & que ce soyent gens mal montez, à ce qu'ils n'ayent point de regret à perdre leurs cheuaux, ou que du tout n'en ayent point: & vallent mieux pour vn iour, en cest office, ceux, qui iamais ne virent rien, que les bien exercitez. Et aussi telle opinion tiennent les Anglois, qui sont la fleur des Archiers du monde. Il auoit esté dict que l'on se reposeroit deux fois en chemin, pour donner haleine aux Gens de pied: pource que le chemin estoit long, & les fruicts de la terre longs & forts, qui les empeschoit d'aller: toutesfois tout le contraire se feit, comme si on eust voulu perdre à son escient. Et en cela monstra Dieu que les batailles sont en sa main, & dispose de la victoire à son plaisir. Et ne m'est pas aduis que le sens d'vn hómme sceust porter & donner ordre à vn si grand nombre de gens: ne que les choses tinssent aux champs comme elles sont ordonnees en chambre: & que celuy, qui s'estimeroit iusques là, mesprendroit enuers Dieu, s'il estoit homme qui eust raison naturelle: combien qu'vn chascun y doibt faire ce qu'il peut, & ce qu'il doibt: & recognoistre que c'est vn des accomplissemens des œuures que Dieu a commencees aucunesfois par petites mouuetez & occasions, & en donnant la victoire aucunesfois à l'vn & aucunesfois à l'autre: & est ce-cy mystere si grand, que les Royaumes & grandes Seigneuries en prennent aucunesfois fins & desolations, & les autres accroissement & commencement de regner.

Pour reuenir à la declaration de cest article, ledit Comte marcha tout d'vne boutee, sans donner haleine à ses Archiers & Gens de pied. Ceux du Roy passerent ceste haye par deux bouts, tous Hommes d'armes: & comme ils furent si prés que de jetter les lances en arrest, les Hommes d'armes Bourguignons rompirent leurs propres Archiers, & passerent par dessus, sans leur donner loysir de tirer vn coup de flesche: qui estoit la fleur & esperance de leur armée. Car ie ne croy pas que de douze cens Hõmes-d'armes, ou enuiró, qui y estoient, y en eust cinquante qui eussent sceu coucher vne láce en arrest. Il n'y en auoit pas quatre cẽs armez de cuyraces, & si n'auoiét pas vn seul seruiteur armé. Et tout cecy, à cause de la longuë paix, & qu'en ceste maison de Bourgongne ne tenoient nulles gens de soulde, pour soulager le peuple des tailles: & oncques puis ce iour la, ce quartier de Bourgongne n'eut repos iusques à ceste heure: qui est pis que iamais. Ainsi rompirent eux-mesmes la fleur de leur armée, & esperance: toutesfois Dieu qui ordonne de tel mystere, voulut que le costé où se trouua ledit Comte (qui estoit à main dextre deuers le chasteau) vainquist, sans trouuer nulle defése: & me trouuay ce iour tousiours auec luy, ayant moins de crainte que n'eu iamais en lieu où ie me trouuasse depuis, pour la ieunesse en quoy i'estoye, & que ie n'auoye nulle cognoissance de peril: mais estoye esbahy comme nul s'osoit defendre contre tel Prince à qui estoye, estimant que ce fust le plus grand de tous les autres. Ainsi sont gens qui n'ont point d'experience, d'où vient qu'ils soustiennent assez d'argus, mal fondez & à peu de raison. Parquoy fait bon vser de l'opinion de celuy qui dit, que l'on ne se repent iamais pour parler peu, mais bien souuent de trop parler.

A la main senestre estoit le Seigneur de Rauastin, & messire Iaques de sainct Paul, & plusieurs autres, à qui il sembloit qu'ils n'auoient pas assez d'Hommes d'armes pour soustenir ce qu'ils auoient deuant eux: mais dés lors estoient si approchez, qu'il ne faloit plus parler d'ordre nouuelle. En effect ceux là furent rompus à plate cousture, & chassez iusques au charroy: & la plus-part fuit iusques en la forest, qui estoit prés de demie lieuë. Au charroy se r'allierent quelques Gens de pied Bourguignons. Les principaux de ceste chasse estoient les Nobles du Daulphiné, & Sauoysiens, & beaucoup de Gens-d'armes aussi, & s'attendoiét d'auoir gaigné la bataille: & de ce costé y eut vne grande fuite des Bourguignons, & de grands personnages: & fuyoiét la pluspart pour gaigner le * Pont Sainct Maxence, cuidans qu'il tint encores pour eux. En la forest en demoura beaucoup: & entre autres le Comte de Sainct Paul, qui estoit assez bien accompagné, s'y estoit retiré. Car il estoit assez pres de ladite forest: & monstra bien depuis qu'il ne tenoit pas encores la chose pour perduë.

Du danger, auquel fut le Comte de Charoloys: & comment il fut secouru.
CHAP. IIII.

LE Comte de Charoloys chassa de son costé demie lieuë, outre le Mõt-l'hery, & à bien peu de compagnie: toutesfois nul ne se defendoit, & trouuoit gens à grande quantité: & ia cuidoit auoir la victoire. Vn vieil Gentil-homme de Luxembourg, appellé Antoine le Breton, le vint querir: & luy dit que les François s'estoient r'alliez sur le champ, & que s'il chassoit plus gueres, il se perdroit. Il ne s'arresta point pour luy, nonobstant qu'il luy
dist

dist par deux ou trois fois. Incontinét arriua monseigneur de Côtay (dont cy
dessus est parlé) qui luy dit semblables paroles, cóme auoit fait le vieil Gentil-
hóme de Luxembourg, & si audacieusemét, qu'il estima sa parole & son sens,
& retourna tout court: & croy que s'il fust passé outre deux traicts d'arc, qu'il
eust esté prins, cóme aucuns autres qui chassoiét deuát luy: & en passant par le
village, trouua vne flote de gens à pied qui fuyoient. Il les chassa, & si n'auoit
pas cent cheuaux en tout. Il ne se retourna qu'vn hóme à pied, qui luy donna
d'vn vouge parmy l'estomach, & au soir sen veit l'enseigne. La plus-part des
autres se sauuerét par les iardins: mais celuy-là fut tué. Cóme il passoit rasibus
du chastel, visines les Archiers de la garde du Roy, deuát la porte, qui ne bougerent. Il en fut fort esbahy: car il ne cuidoit point qu'il y eust plus ame de defense. Si tourna à costé pour gaigner champ: ou luy vindrent courre sus quinze ou seize Hommes d'armes ou enuiron: (vne partie des siens s'estoient ia separez de luy) & d'entre tuerent son Escuyer trenchát, qui s'appelloit Philippe *d'Orgues, & portoit vn guidon de ses armes: & là ledit Comte fut en
tres-grand danger, & eut plusieurs coups: & entre les autres, vn en la gorge
d'vne espee, dont l'enseigne luy est demeuree toute sa vie, par faute de sa bauiere qui luy estoit cheute, & auoit esté mal attachee dés le matin, & luy a-
uoye veu cheoir: & luy fut mis les mains dessus, disant: Monseigneur, rendez
vous, ie vous cognoy bien, ne vous faites pas tuer. Tousiours se defendoit: &
sur ce debat le fils d'vn Medecin de Paris, nommé maistre Iean Cadet (qui e-
stoit à luy) gros & lourd & fort, môté sur vn gros cheual de ceste propre taille, dôna au trauers, & les departit. Tous ceux du Roy se retirerét sur le bord de
leur fosse, ou ils auoient esté le matin: (car ils auoient crainte d'aucuns qu'ils
voyoient marcher, qui s'approchoiét) & luy, fort sanglát, se retira vers eux cóme au milieu du champ: & estoit l'enseigne du Bastard de Bourgongne toute
despecee: tellement qu'elle n'auoit pas vn pied de longueur: & à l'enseigne
des Archiers du Comte, n'y auoit pas quarante hommes en tout, & nous y
ioignismes (qui n'estions pas trente) en tresgrande doubte. Il changea incontinent de cheual, & le luy bailla vn qui estoit lors son page, nommé Symon
de Quingy, qui depuis a esté bien cognu. Ledit Comte se mit par le champ,
pour rallier ses gens: mais ie vey telle demie heure, que nous, qui estions demourez là, n'auions l'œil qu'à fuir, s'il fust marché cent hommes. Ils venoyent
à nous dix hommes, vingt hommes des nostres, tant de pied que de cheual.
Les Gens de pied blessez & lassez, tant de l'outrage que leur auions fait le matin, qu'aussi des ennemis: *& vey l'heure qu'il n'y auoit pas cent hómes, mais
peu à peu en venoit. Les bleds estoyent grands, & la poudre la plus terrible
du monde, tout le champ seme de morts & de cheuaux, & ne se cognoissoit
nul homme mort pour la pouldre.

Incontinent veismes saillir du boys le Comte de Sainct Paul, qui auoit
bien quarante Hommes d'armes auec luy, & son enseigne marchoit droit à
nous, & croissoit de gens, mais il nous sembloit bien loing. On luy enuoya trois ou quatre fois prier qu'il se hastast, mais il ne se mua point, & ne
venoit que son pas, & feit prendre à ses gens des lances, qui estoyent à terre,
& venoit en ordre (qui donna grád reconfort à nos gens) & se ioignirent en-

B

Le Comte de
Char. frapé
d'vn vouge
par l'esto-
mac.

* Le vieil e-
xemplaire a
d'Orgins,
& celuy de
Lyon, impri-
mé, d'Or-
gues.

Le Comte de
Char. reçoit
vn coup à la
gorge.

Habileté da
Milean Ca-
det Parisien.

* L'exemp.
vieil faisant
vn point a-
prés enne-
mis, dit am-
sis. Luy re-
maint incon-
tinent, qui
n'amena
pas cent
hommes:
mais peu à
peu en ve-
noit. No-
stre champ
estoit ras:
& , demie
heure de-
uát le bled
y estoit si
grand, & à
l'heure la
pouldre,
&c.

semble auec grand nombre, & vindrent là où nous eſtions : & nous trouuaſmes bien huiĉt ĉens Hommes d'armes, de gens de pied peu ou nuls. Ce qui
garda bien le Comte qu'il n'euſt la viĉtoire entiere : car il y auoit vn foſſé, &
vne grande haye, entre les deux batailles deſſuſdiĉtes.

De la part du Roy s'enfuit le Comte du Maine, & pluſieurs autres, & bien
huiĉt ĉens Hommes d'armes. Aucuns ont voulu dire que le Comte du Maine
auoit intelligence auec les Bourguignons : mais à la verite dire, ie croy qu'il
n'en fut oncques rien. Iamais plus grande fuite ne fut dès deux coſtez : mais
par eſpecial demourerent les deux Princes aux champs. Du coſté du Roy fuit
vn homme d'eſtat qui s'enfuit iuſques à Luſignan, ſans repaiſtre : & du coſté
du Comte vn autre homme de biē iuſques au Queſnoy-le-Comte. Ces deux
n'auoient garde de ſe mordre l'vn l'autre.

Eſtans ainſi les deux batailles rengees l'vne deuāt l'autre, ſe tirerēt pluſieurs
coups de canōs, qui tuerēt des gens d'vn coſté & d'autre. Nul ne deſiroit plus
de combatre : & eſtoit noſtre bāde plus groſſe que celle du Roy, toutesfois ſa
preſence eſtoit grāde choſe, & la bōne parolle qu'il tenoit aux Gēs-d'armes :
& croy veritablemēt, à ce que i'en ay ſceu, que ſi n'euſt eſté luy ſeul, tout ſ'en
fuſt fuy. Aucūs de noſtre coſté deſiroyent qu'on recommençaſt, & par eſpecial mōſeigneur de Haultbourdin, qui diſoit qu'il voyoit vne file ou flote de
gens qui s'enfuyoient, & qui euſt peu trouuer Archiers au nombre de cent
pour tirer au trauers de ceſte haye, tout fuſt marché de noſtre coſté.

Eſtans ſur ce propos & ſur ces penſées, & ſans nulle eſcarmouche, ſuruint
l'entrec de la nuiĉt : & ſe retira le Roy à Corbeil, & nous cuidions qu'il ſe lo-
geaſt, & * paſſaſt là la nuiĉt au champ. D'auāture ſe mit le feu en vn caque de
poudre, là où le Roy auoit eſté, & ſe print à aucunes charrettes, & tout du lōg
de la grand haye : & * cuidoient les François que ce fuſſent leurs feux. Le
Comte de Sainĉt Paul, qui bien ſembloit chef de guerre, & mōſeigneur de
Haultbourdin, encores plus, commanderent qu'on amenaſt le charroy au
propre lieu là où nous eſtions : & qu'on nous cloiſt : & ainſi fut fait. Comme
nous eſtions là en bataille, & ralliez, reuindrent beaucoup des gens du Roy
qui auoient chaſſé, cuidans que tout fuſt gaigné pour eux : & furent cōtraints
de paſſer parmy nous. Aucuns eſchappétent, & pluſieurs ſe perdirēt. Des gēs
de nōm de ceux du Roy, mourut meſſire Geoffroy de Sainĉt Belin, le Grand
Seneſchal de Normādie, & Floquet Capitaine. Du party des Bourguignons
mourut meſſire Philippe de Lalain : & des gens à pied & menus gens, plus
que de ceux du Roy : mais de gens de cheual, en mourut plus du party du
Roy. De priſonniers, les gens du Roy en curent des meilleurs de ceux qui
fuyoient. Des deux parties il mourut deux mille hommes du moins : & fut
la choſe bien combatue : & ſe trouua des deux coſtez de gens de bien, * & biē
laſſez. Mais ce fut grand choſe, à mon aduis, de ſe r'allier ſur le champ, & eſtre
trois ou quatre heures en ceſt eſtat, l'vn deuant l'autre : & debuoient bien
eſtimer les deux Princes ceux qui leur tenoyent compagnie ſi bonne à ce beſoing : mais ils en feirent comme hommes, & non point comme Anges. Tel
perdit ſes offices & eſtats pour s'en eſtre fuy, & furent donnez à d'autres qui
auoient fuy dix lieues plus loing. Vn de noſtre coſté perdit anthorité, & fut
priué

priué de la preſence de ſon maiſtre : mais vn mois apres eut plus d'authorité
que deuant.

Quand nous fuſmes clos de ce charroy, chacun ſe logea le mieux qu'il
peut. Nous auions grand nombre de bleſſez, & la plus-part fort deſcoura-
gez & eſpouuentez, craignans que ceux de Paris, auec deux cents Hommes
d'armes qu'il y auoit auec eux, & le Mareſchal Ioachim, Lieutenant du Roy
en ladite cité, ſortiſſent, & que l'on euſt affaire des deux coſtez. Comme la
nuiꝗ fut toute cloſe, on ordonna cinquante lances, pour voir où le Roy e-
ſtoit logé. Il y en alla parauenture vingt, & y pouuoit auoit trois jeꝗs d'arc
de noſtre camp iuſques où nous cuydions que fuſt le Roy. Cependant monſeigneur de Charoloys beut & mangea vn peu, & chacun endroit ſoy : & luy
fut adoubee ſa playe qu'il auoit au col. Au lieu où il mangea, fálut oſter quatre ou cinq hommes morts, pour luy faire place : & y mit l'on deux boteaux
de paille, où il s'aſſit : & en remuant illec vn de ces pauures gens nuds commença à demander à boire. On luy jetta en la bouche vn peu de tiſane, dequoy ledict Seigneur auoit beu : dont le cœur luy reuint, & fut cognu : &   * Sauarot,
eſtoit vn Archier du corps dudict Seigneur, fort renommé, appellé * Sauarie,   exemp. vieil.
qui fut penſé & guery.

On eut en conſeil qu'il eſtoit de faire : le premier qui opina, fut le Comte   Trois diuers
de Sainct Paul : diſant que l'on eſtoit en peril, & conſeilloit tirer à l'aube du   aduis apres
iour, le chemin de Bourgongne : & qu'on bruſlaſt vne partie du charroy : &   la bataille dæ
qu'on ſauuaſt ſeulement l'artillerie : & que nul ne menaſt charroy, s'il n'a-   Montl'hery
uoit plus de dix Lances : & que de demourer là ſans viures entre Paris &   du coſté du
le Roy, n'eſtoit poſſible. Apres opina monſeigneur de Haultbourdin aſ-   Comte de
ſez en ceſte * ſentence, ſans ſçauoir auant que rapporteroyent ceux qui   Charolois.
eſtoyent dehors. Trois ou quatre autres ſemblablement opinerent de meſ-   * Subſtáce,
me. Le dernier qui opina, fut monſeigneur de Contay, qui dit que ſi   ſauf ſça-
toſt que ce bruit ſeroit en l'oſt, tout ſe mettroit en fuyte : & qu'ils ſeroient   uoir, exemp,
prins deuant qu'ils euſſent fait vingt lieuës, & dit pluſieurs raiſons bonnes :   vieil.
& que ſon aduis eſtoit, que chacun ſaiſaſt au mieux qu'il pourroit ceſte
nuiꝗ, & que le matin à l'aube du iour on aſſailliſt le Roy, & qu'il failloit là
viure ou mourir : & trouuoit ce chemin plus ſeur que de prendre la fuitte.
A l'opinió dudict de Contay conclud monſeigneur de Charolois : & dit que
chaſcun s'en allaſt repoſer deux heures, & que l'on fuſt preſt quand ſa trompette ſonneroit : & parla à pluſieurs particuliers, pour enuoyer reconforter
ſes gens.

Enuiron minuiꝗ reuindrent ceux qui auoyent eſté mis dehors : & pouuez
penſer qu'ils n'eſtoyent point allez loing : & rapporterent que le Roy eſtoit
logé à ces feux qu'ils auoyent veuz. Incontinent on y en renuoya d'autres :
& vne heure apres ſe remettoit chaſcun en eſtat de combatre : mais la pluſpart auoit mieux enuie de fuyr. Comme vint le iour, ceux qu'on auoit mis
hors du camp, rencontrerent vn chartier qui eſtoit à nous, & auoit eſté
prins le matin * qui apportoit vne cruche de vin du village : & leur dit que   * qu'il ap-
tout s'en eſtoit allé. Ils enuoyerent dire ces nouuelles en l'oſt : & allerent   portoit, e-
iuſques là. Ils trouuerent ce qu'il diſoit, & le reuindrent dire : dont la com-   xemp. vieil.

B ij

pagnie eut grand'ioye, & y auoit affez de gens qui difoyent lors qu'il failloit aller apres, lefquels faifoient bien maigre chere vne heure deuãt. I'auoye vn cheual extremement las & vieil : il beut plein vn feau de vin. Par aucun cas d'auenture il y mit le mufeau, & le laiffay acheuer. Iamais ne l'auoye trouué fi bon, ne fi frais.

Quand il fut grand iour, tout monta à cheual, & les batailles eftoyent bien efclarcies: toutesfois il reuenoit beaucoup de gens, qui auoient efte cachez és *Cordelier at-* boys. Ledict Seigneur de Charolois feit venir vn Cordelier, ordonné par *tiré à mentir* luy, à dire qu'il venoit de l'oft des Bretons, & que ce iour ils deuoyent eftre *par le Comte* là. Ce qui reconforta affez ceux de l'oft : mais chacun ne le creut pas. Incon- *de Charolois.* tinent apres enuiron dix heures du matin, arriua le vice-Chácelier de Bretaigne appellé Rouille, & Maderey auec luy, dont ay parlé cy deffus: & amenerent deux Archiers de la garde du Duc de Bretaigne, portans fes hocquetons (ce qui reconforta tresfort la compagnie.) & fut enquis, & loué de fa fuyte (confiderant le murmure qui eftoit contre luy) & plus encor de fon retour: & leur feit chacun bonne chere.

Cõditiõs re- Tout ce iour demoura encores monfeigneur de Charolois fur le champ, *marquables* fort ioyeux, eftimant la gloire eftre fiéne, ce qui depuis luy a coufté bien cher: *au Comte de* car oncques puis il n'vfa de confeil d'homme, mais du fien propre : & au lieu *Charolois.* qu'il eftoit tres-inutile pour la guerre parauant ce iour, & n'aimoit nulle chofe qui y appartint, depuis furent muees & changees fes penfees: Car il y a continué iufques à fa mort: & par là fut finie fa vie, & fa maifon deftruite: & fi elle ne l'eft du tout, fi eft-elle bien defolee. Trois grands & fages Princes fes predeceffeurs, l'auoient efleuee bien haut : & y auoit peu de Rois (fauf celuy de Fráce) plus puiffans que luy: & pour belles & groffes villes, nul ne l'en paffoit. L'on ne doit trop eftimer de foy, par efpecial vn grand Prince: mais doit cognoiftre que les graces & bonnes fortunes viennét de Dieu. Deux chofes *ne peut* diray-ie de luy: L'vne eft, que ie croy que iamais hóme * ne print plus de tra- *porter plus* uail que luy, en tous endroits où il faut exercer la perfonne: l'autre, qu'à mó *exemp. vieil.* aduis ie ne cognu oncques homme plus hardy. Ie ne luy ouy oncques dire qu'il fuft las, ny ne luy vey iamais faire femblant d'auoir paour : & fi ay efté fept annees de rang en la guerre auec luy, l'Efté pour le moins, & en aucunes l'Hyuer & l'efté. Ses penfees & conclufions eftoyent grandes: mais nul hóme ne les fçauoit mettre à fin, fi Dieu n'y euft adioufté de fa puiffance.

Comment le Duc de Berry, frere du Roy, & le Duc de Bretaigne fe vindrent ioindre auec le Comte de Charolois, contre iceluy Roy, à Eftampes.
CHAP. V.

Rondeur ex- LE lendemain, qui eftoit le tiers iour de la bataille, allafmes cou- *traordinaire* cher au village de Montl'hery : dont le peuple en partie s'en eftoit *en gens de* fuy au clocher de l'Eglife, & partie au chafteau. Il les feit reuenir, *guerre.* & ne perdirent pas vn denier vaillant : mais payoit chacun fon efcot, comme s'il euft efté en Flandres. Le chafteau tint, & ne fut point affailly. Le tiers iour paffé, partit ledict Seigneur, par le confeil du Seigneur de

Contay

Contay, pour aller gaigner Eſtampes (qui eſt bon & grand logis, & en bon pays & fertile) afin d'y eſtre plus toſt que les Bretons, qui prenoyent ce chemin : afin auſſi de mettre les gens las & bleſſez à couuert, & les autres aux champs : & fut cauſe ce bon logis, & le ſejour que l'on y feit, de ſauuer la vie à beaucoup de ſes gens. Là arriuerent meſſire Charles de France, lors Duc de Berry, ſeul frere du Roy, le Duc de Bretaigne, monſeigneur de Dunoys, móſeigneur de Dampmartin, monſeigneur de Loheac, monſeigneur de Bueil, monſeigneur de Chaumont, & meſſire Charles d'Amboiſe ſon fils (qui depuis a eſté grand homme en ce Royaume) tous leſquels deuant nommez le Roy auoit deſ-appointez, & deffaicts de leur eſtats, quand il vint à la couronne, nonobſtant qu'ils euſſent bien ſeruy le Roy ſon pere, & le Royaume, és conqueſtes de Normádie, & en pluſieurs autres guerres. Monſeigneur de Charoloys, & tous les plus grands de ſa compagnie, les recueillirent, & leur allerent au deuant, & amenerent leurs perſonnes loger en la ville d'Eſtanpes, où leur logis eſtoit fait : & les Gens-d'armes demeurerent aux champs. En leur compagnie auoit huict cens Hommes d'armes, de tres-bonne eſtoffe, dont il y en auoit tres-largement de Bretons, qui nouuellement auoyent laiſſé les Ordonnances (comme icy & ailleurs i'ay dit) qui amendoyent bien leur compagnie. D'Archiers, & d'autres hommes de guerre, armez de bónes brigandines, auoit en treſgrand nombre, & pouuoyent bien eſtre ſix mille hommes à cheual, tres-bien en poinct. Et ſembloit bien à voir la compagnie, que le Duc de Bretaigne fuſt vn treſgrand Seigneur : car toute ceſte compagnie viuoit ſur ſes coffres.

Le Roy qui s'eſtoit retiré à Corbeil (comme i'ay deuant dit) ne mettoit point en oubly ce qu'il auoit à faire. Il tira en Normandie, pour aſſembler ſes gens, & de paour qu'il n'y euſt quelque mutation au païs : & mit partie de ſes Gens-d'armes és enuirons de Paris, là où il voyoit qu'il eſtoit neceſſaire.

Le premier ſoir que furent arriuez tous ces Seigneurs deſſuſdicts à Eſtampes, ils conterent des nouuelles l'vn à l'autre. Les Bretons auoient prins quelques priſonniers de ceux qui fuyoient du party du Roy : & quand ils euſſent eſté vn peu plus auant, ils euſſent prins ou deſconfit le tiers de l'armée. Ils auoyent bié tenu cóſeil pour enuoyer gés dehors, iugeans que les oſts eſtoyét prés, toutesfois aucuns les deſtournerent : mais nonobſtant, meſſire Charles d'Amboiſe & quelques autres, ſe mirent plus auant que leur armée, pour voir s'ils rencontreroient rien : & prindrent pluſieurs priſonniers (comme i'ay dit) & de l'artillerie : leſquels priſonniers leur dirét que pour certain le Roy eſtoit mort : car ainſi le cuidoyent ils, parce qu'ils ſ'en eſtoient fuis dés le commencement de la bataille. Les deſſuſdicts rapporterent les nouuelles à l'oſt des Bretons, qui en eurent treſgrand'ioye, cuydans qu'ainſi fuſt, & eſperans les biens qui leur fuſſent aduenus, ſi ledict monſeigneur Charles euſt eſté Roy : & tindrent conſeil (comme il m'a eſté dit depuis par vn homme de bien, qui eſtoit preſent) à ſçauoir comme ils pourroient chaſſer ces Bourguignons, & eux en depeſcher : & eſtoient quaſi tous d'opinion qu'on les * deſconfiſt, qui pourroit. Ceſte ioye ne leur dura gueres : mais par cela vous pouuez voir & cognoiſtre quels ſont les brouillis * és Royaumes aux mutations.

Pour reuenir à mon propos de cefte armée d'Eftampes, comme tous euffent fouppé, & qu'il y auoit largement de gens qui fe pourmenoient par les
ruës, monfeigneur Charles de France, & monfeigneur de Charolois eftans
à vne feneftre, & parlans eux deux de trefgrande affection, en la compaignie des Bretons y auoit vn homme, qui prenoit plaifir à ietter en l'air des fu-
fées, qui courent parmy les gens, quand elles font tombées, & rendent vn
peu de flambe : & fappelloit maiftre Iean Boute-feu, ou maiftre Iean des
Serpens, ie ne fçay lequel. Ce folaftre, eftant caché en quelque maifon, afin
que les gens ne l'apperceuffent, en ietta deux ou trois en l'air, d'vn lieu haut
où il eftoit, tellement qu'vne vint donner contre la croifée de la feneftre où
ces deux Princes deffufdicts auoient les teftes, & fi pres l'vn de l'autre, qu'il

n'y auoit pas vn pied entre deux. Tous deux fe drefferent & furent esbahis,
& fe regardoient chafcun l'vn l'autre. Si eurent fufpition que cela n'euft efté
faict expreffement, pour leur mal faire. Le Seigneur de Contay vint parler
à monfeigneur de Charolois fon maiftre : & dés qu'il luy eut dit vn mot en
l'oreille, il defcendit en bas, & alla faire armer tous les Gens-d'armes de fa
maifon, & les Archers de fon corps, & autres. Incontinent le Seigneur de
Charolois dit au Duc de Berry, que femblablement il fift armer les Archers de fon corps : & y eut incontinent deux ou trois cens hommes d'armes armez deuant la porte, à pied, & grand nombre d'Archiers : & cherchoit

l'on partout, dont pouuoit venir ce *meffait. Ce pauure homme qui l'auoit
fait, fe vint ietter à genoux deuant eux : & leur dit que ç'auoit efté luy, & en
ietta trois ou quatre autres : & en ce faifant il ofta beaucoup de gens hors de
fufpition qu'on auoit les vns fur les autres, & s'en print l'on à rire, & s'en alla
chafcun def-armer & coucher.

Le lendemain au matin fut tenu vn tres-beau confeil, ou fe trouueréc tous
les Seigneurs & leurs principaux feruiteurs, & fut mis en deliberation ce
qui eftoit de faire : & cóme ils eftoiét de plufieurs pieces, & non pas obeiffans
à vn feul Seigneur (comme il eft bien requis en telles affemblées) auffi eurent
ils diuers propos : & entre les autres parolles qui furent bien recueillies & no-
tées, ce furent celles de monfeigneur de Berry, qui eftoit ieune & n'auoit iamais veu tels exploicts. Car il fembla par ces parolles, que ja en fuft ennuyé,

& allegua la grande quantité de gens blecez, qu'il auoit veus de ceux de
monfeigneur de Charolois : & monftrant par ces parolles en auoir pitié, vfoit
de ces mots : Qu'il euft mieux aymé que les chofes n'euffent iamais efté commencées, que de veoir tant de maux venir par luy, & par fa caufe. Ces chofes
defpleurent à monfeigneur de Charolois & à fes gens, comme ie diray cy a-
pres. Toutesfois à ce cófeil fut conclu qu'on tireroit vers Paris, pour effayer
fi on pourroit reduire la ville à vouloir entendre au bien public du Royaume, pour lequel difoient tous eftre affemblez : & leur fembloit bien, fi ceux
là leur preftoient l'oreille, que tout le refte des villes de ce Royaume feroient

le femblable. Comme i'ay dit, les parolles dictes par monfeigneur Charles
Duc de Berry, en ce confeil, mirent en telle doubte monfeigneur de Charolois & fes gens, qu'ils vindrent à dire : Auez vous ouy parler cét homme : il fe
trouue esbahi pour fept ou huict cens hommes qu'il voit par la ville allans

lans bleſſez,qui ne luy ſont rien, ne qu'il ne cognoiſt : il ſ'esbahiroit bien toſt
ſi le cas le touchoit de quelque choſe, & ſeroit homme pour appointer bien
legerement,& nous laiſſer en la fange : & pour les anciennes guerres qui ont
eſté le temps paſſé entre le Roy Charles ſon pere, & le Duc de Bourgongne
mon pere, aiſément toutes ces deux parties ſe conuertiroient contre nous,
parquoy eſt neceſſaire de ſe pourueoir d'amis. Et ſur ceſte ſeule imagination,
fut enuoyé Guillaume de Cluny, Prothonotaire (qui eſt mort depuis Eueſque de Poictiers)deuers le Roy Edoüard d'Angleterre,qui pour lors regnoit,
auquel monſeigneur de Charolois auoit touſiours eu inimitié, & portoit la
maiſon de Lanclaſtre contre luy,dont il eſtoit yſſu par ſa mere. Et pour l'in-
ſtruction dudit Cluny, luy eſtoit ordonné d'entrer en practique du mariage
à la ſœur du Roy d'Angleterre,appellee Marguerite,mais non pas de conclure le marché, ains ſeulement de l'entretenir. Car cognoiſſant que le Roy
d'Angleterre l'auoit fort deſiré,luy ſembloit bien que pour le moins il ne feroit rien contre luy:& s'il en auoit affaire,qu'il le gaigneroit des ſiens. Et cóbien qu'il n'euſt vn ſeul vouloir de conclurre ce marché, & que la choſe du
monde que plus il haiſſoit en ſon cœur, c'eſtoit la maiſon d'Yorth:ſi fut toutesfois tant demenee ceſte matiere,qu'apres pluſieurs annees elle fut cócluë,
& print d'auantage l'ordre de la Iarretiere,& la porta toute ſa vie.

    Or mainte œuure ſe fait en ce monde par imagination, telle que celle que
i'ay cy deſſus declaree: & par ſpecial entre les grás Princes,qui ſont beaucoup
plus ſoupçonneux qu'autres gens, pour les doutes & aduertiſſemens qu'on
leur fait,& tres-ſouuent par flaterie,ſans nul beſoin qu'il en ſoit.

*Comment le Comte de Charolois & ſes alliez auec leur armee paſſerent la riuiere de
Seine ,ſur vn pont portatif: & comment le Duc Iean de Calabre ſe
ioignit auec eux,puis ſe logerent tous à l'entour de Paris.*
CHAP. VI.

AINSI comme il auoit eſté conclu, tous ces Seigneurs ſe partirent
d'Eſtampes,apres y auoir ſejourné quelque peu de iours,& tirerent
à Sainct Mathurin de Larchant, & à Moret en Gaſtinois. Monſeigneur Charles & les Bretons demeurerét en ces deux petites villes,
& le Comte de Charolois ſ'en alla loger en vne grande prairie, ſur le bord de
la riuiere de Seine , & auoit fait crier que chacun portaſt crochets pour atta-
cher ſes cheuaux.Il faiſoit mener ſept ou huict petits baſteaux ſur charrois, &
pluſieurs pippes par pieces, en intentió de faire vn pót ſur la riuiere de Seine,
pource que ces Seigneurs n'y auoient point de paſſage. Monſeigneur de Dunois l'accompagna,luy eſtant en vne littiere(car pour la goutte qu'il auoit,ne
pouuoit monter à cheual)& portoit-l'on ſon enſeigne apres luy. Dés ce qu'ils
vindrét à la riuiere , ils y firent mettre des baſteaux qu'ils auoient apportez,&
gaignerent vne petite iſle,qui eſtoit comme au milieu: & deſcendirét des Archiers,qui ſ'eſcarmoucherét auec quelques gens de cheual, qui defendoiét le
paſſage de l'autre part:& eſtoiét illec le Mareſchal Ioachim & Salezard.Le lieu
eſtoit mal auátageux pour eux:parce qu'ils eſtoiét fort haut, & en païs de vi-
gnoble:& du coſté des Bourguig. y auoit largemét artillerie,conduite par vn

Canonnier fort renommé, qui auoit nom maistre Girauld, & auoit esté prins
en ceste bataille de Montl'hery, estant lors du party du Roy. Fin de compte,
il fallut que les dessusdicts abandonnassent le passage: & se retirerent à Paris.
Ce soir fut fait vn pont iusques en ceste isle, & incontinent feit le Comte de
Charolois tendre vn pauillon, & coucha la nuict dedans, & cinquante Hommes d'armes de sa maison. A l'aube du iour furent mis grand nombre de ton-
neliers en besongne, à faire pipes de mesrain, qui auoit esté apporté: & a-
uant qu'il fust midy, le pót fut dressé iusques a l'autre part de la riuiere: & incontinent passa ledict Seigneur de Charolois de l'autre costé:& y feit tendre
ses pauillons dont il auoit grand nombre, & feit passer tout son ost, & toute
son artillerie par dessus ledict pont: & se logea en vn coustau pendant deuers
ladicte riuiere, faisant tres-beau veoir son ost, pour ceux qui estoient encores
derriere.

Tout ce iour ne peurent passer que ses gens. Le lendemain à l'aube du iour
passerent les Ducs de Berry & de Bretaigne, & tout leur ost, qui trouuerent
ce pont tres-beau, & fait en grand'diligence: si passerent vn peu outre, & se
logerent sus le haut pareillement. Incontinent que la nuict fut venuë, com-
mençasmes à apperceuoir grand nombre de feux, bien loing de nous, autant
que la veuë pouuoit porter. Aucuns cuidoient que ce fust le Roy: toutesfois,
auant qu'il fust minuict, on fut aduerty que c'estoit le Duc Iean de Calabre,
seul fils du Roy René de *Cecile, & auec luy bien neuf cens Hommes d'armes de la Duché & Comté de Bourgongne. Bien fut accompaigné de Gens
de cheual: mais de Gens de pied, peu. Pour ce petit de gens, qu'auoit ledict
Duc, ie ne vey iamais si belle compagnie, ne qui semblassent mieux hommes exercitez au fait de la guerre.   Il pouuoit bien auoir quelques six vingts
Hommes d'armes bardez, tous Italiens, ou autres, nourris en ces guerres d'I-
talie: entre lesquels estoit Iacques Galeot, le Comte de *Campobache, le Seigneur de Baudricourt, pour le present Gouuerneur de Bourgógne, & autres:
& estoyent ses Hommes d'armes bien fort adroicts: & pour dire verité, quasi la fleur de nostre ost, au moins tant pour tant. Il auoit quatre cens *Crane-
quiniers, que luy auoit presté le Comte Palatin, gens fort bien mótez, & qui
sembloyent bien Gens de Guerre:& auoit cinq cens *Suysses à pied, qui furent les premiers qu'on veit en ce Royaume: & ont esté ceux qui ont donné
le bruit à ceux qui sont venus depuis, car ils se gouuernerét tref-vaillammét
en tous les lieux où ils se trouuerent. Ceste compagnie, que vous dy, s'approcha le matin, & passa ce iour par dessus nostre pont. Et ainsi se peut dire,
que toute la puissance du Royaume de France s'estoit veuë passer par dessus
ce pont, sauf ceux qui estoyent auec le Roy: & vous asseure que c'estoit
vne tres-grande & belle compagnie, & grand nombre de gens de bien, &
bien en poinct: & deburoit on vouloir que les amis & bien-vueillans du
Royaume l'eussent veuë, afin qu'ils en eussent eu estimation telle qu'il appartient, & semblablement les ennemis: car iamais il n'eust esté heure
qu'ils n'en eussent plus craint le Roy & le Royaume. Le chef des Bourguignons estoit monseigneur de Neuf-chastel, Mareschal de Bourgongne,
ioint auecques luy son frere le seigneur de Montagu, le Marquis de Rotelin,
                                                              & grand

& grand nombre de Cheüaliers & Efcuyers: dont les aucuns auoient efté en Bourbonnois, comme i'ay dit au commencement de ce propos. Le tout enfemble f'eftoit joint pour venir plus affeurément auec mondit feigneur de Calabre, comme i'ay dit: lequel fembloit auffi bien Prince & grand chef de guerre, comme nul autre que veiffe en la compagnie, & f'engendroit grande amitié entre luy & le Comte de Charolois.

Quand toute cefte compagnie fut paffee, que l'on eftimoit* cét mille cheuaux, tant bons que mauuais (ce que ie croy) fe delibererent lefdits Seigneurs de partir pour aller deuant Paris: & mirent toutes leurs Auät-gardes enfemble. Pour les Bourguignons, les conduifoit le Comte de Sainct Paul. Pour les Ducs de Berry & de Bretaigne, * Oudet de Rye, depuis Comte de Comminges, & le Marefchal de Loheac, comme il me femble: & ainfi f'achemineret. Tous les Princes demeurerent en la bataille. Ledit Comte de Charolois & le Duc de Calabre prenoient grand'peine de commander à faire tenir ordre à leurs batailles, & cheuaucherent bien armez: & fembloit bien qu'ils euffent bon vouloir de faire leurs offices. Les Ducs de Berry & de Bretaigne cheuaucherent fur petites hacquenees, à leur aife, armez de petites brigandines, fort legeres, pour le plus: encores difoient aucuns qu'il n'y auoit que petits cloux dorez par deffus le fatin, afin de moins leur pefer: toutesfois ie ne le fçay pas de vray. Ainfi cheuaucherent toutes ces compagnies iufques au pont de Charenton, prés Paris, à deux petites lieuës: lequel pont toft fut gaigné fur quelque peu de Francs-Archiers qu'il y auoit dedans: & paffa toute l'armee par deffus ce pont de Charenton: & f'alla loger le Comte de Charolois depuis ce pont de Charenton iufques en fa maifon de Conflans, prés de là, au long de la riuiere: & ferma ledict Comte vn grand païs de fon charroy & de fon artillerie, & mit tout fon oft dedans: & auec luy fe logea le Duc de Calabre: & à Sainct Mor des Foffez fe logerent les Ducs de Berry & de Bretaigne auec vn nombre de leurs gens: & tout le demourant enuoyerent loger à Sainct Denys, auffi à deux lieües de Paris: & là fut toute cefte compagnie vnze fepmaines, & aduindrent des chofes que ie diray cy-apres.

Le lendemain, au commencement, commencerent les efcarmouches iufques aux portes de Paris: où eftoient dedans monfeigneur de Nantoillet Grand Maiftre* de France (qui bien y feruit, comme i'ay dit ailleurs) & le Marefchal Ioachim. Le peuple fe veit efpouuanté: & d'aucuns autres eftats euffent voulu les Bourguignons, & les autres Seigneurs eftre dedans Paris, iugeans, à leur aduis, cefte entreprinfe bonne & profitable pour le Royaume. Autres y en auoit* adherens aufdicts Bourguignons, & fe meflans de leurs affaires, efperans que par leurs moyens, ils pourroiét paruenir à quelques offices ou eftats, qui font plus defirez en cefte cité là, qu'en nulle autre du monde: car ceux qui les ont, les font valoir ce qu'ils peuuent, & non pas ce qu'ils doiuent: & y a offices fans gages, qui fe vendét bien huict cens efcus: & d'autres où il y a gages bien petits, qui fe vendent plus que les gages ne fçauroiet valoir en quinze ans. * Parquoy aduient que fouuent nul ne fe defapoincte: & fouftient la Cour de Parlement ceft article. * C'eft la raifon: mais auffi il touche quaſi tous. Entre les Conſeillers, ſe trouuent touſiours largement de bons & notables perſonnages : & auſſi il y en a aucuns bien mal conditionnez. Ainſi eſt il en tous eſtats.

Digreſſion ſur les eſtats, offices, & ambitions, par l'exemple des Anglois.
CHAP. VII.

IE parle de ces offices & auctoritez, par ce qu'ils ſont à deſirer en mutations, & auſſi ſont cauſe d'icelles. Ce que l'on a veu, non pas ſeulement de noſtre temps, mais encores dés le temps du Roy Charles ſixieſme, quand les guerres, qui continuerét iuſques à la paix d'Arras, commécerent. Car cependant les Angloys ſe meſlerent parmy ce Royaume, ſi auát qu'en traictant ladicte paix d'Arras (où eſtoient de la part du Roy quatre ou cinq Ducs ou Comtes, cinq ou ſix Prelats, & dix ou douze Conſeillers de Parlement: Et, de la part du Duc Philippe grâds perſonnages à l'aduenant, & en beaucoup plus grand nombre : & pour le Pape, deux Cardinaux pour médiateurs, & de grands perſonnages pour les Angloys) pour lors eſtoit Regent en France, pour les Angloys, le Duc de Bethfort, frere du Roy Henry cinquieſme, marié auec la ſœur dudict Duc Philippe de Bourgongne, & demouroit iceluy Regent à Paris, ayant vingt mille eſcus parmoys, pour le moindre eſtat qu'il euſt iamais en ceſt office. Ce traicté dura par l'eſpace de deux moys, & deſiroit fort le Duc de Bourgongne ſ'acquiter enuers les Angloys auant que ſoy departir d'auec eux, pour les alliances & promeſſes qu'ils auoient faictes enſemble : & pour ces raiſons fut offert au Roy d'Angleterre, pour luy & les Seigneurs, les Duchez de Normandie & de Guienne, pourueu qu'il en fiſt hommage au Roy (comme auoient fait ſes predeceſſeurs) & qu'il rendiſt ce qu'il tenoit au Royaume, hors leſdictes Duchez. Ce qu'ils refuſerent, pourtant qu'ils ne voulurent faire ledict hommage, & mal leur en print apres: car abandonnez que furent de ceſte maiſon de Bourgongne, & ayans perdu leur temps, & les intelligences du Royaume, ſe prindrent à perdre & diminuer. Ils perdirent Paris, & puis petit à petit le demourant du Royaume. Apres qu'ils furent retournez en Angleterre, nul ne vouloit diminuer ſon eſtat: mais les biens n'eſtoient au Royaume pour ſatisfaire à tous. Ainſi guerre ſ'eſmeut entre eux, pour leurs authoritez, qui a duré par lógues années : & fut mis le Roy Henry ſixieſme (qui auoit eſté couróné Roy de France & d'Angleterre à Paris) en priſon, au chaſteau de Londres, & declaré traiſtre & crimineux de leze maieſté : & là dedans a vſé la plus-part de ſa vie : & à la fin a eſté tué. Le Duc d'Yorth, pere du Roy Edoüard dernier mort, ſ'intitula Roy. Et peu de iours apres fut deſconfit en bataille, & mort: & tous morts eurent les teſtes tranchées, luy & le Comte de Vvaruyc dernier mort, qui tant a eu de credit en Angleterre. Ceſtuy là emmena le Comte de la Marche (depuis appellé Roy Edoüard) par la mer à Calais, auec quelque peu de gens, fuyans de la bataille. Ledict Comte de Vvaruyc ſouſtenoit la maiſon d'Yorth: & le Duc de Sombreſſet la maiſon de Lanclaſtre. Tát ont duré ces guerres, que tous ceux de la maiſon de Vvaruyc & de Sombreſſet y ont eu les teſtes trenchees, ou morts en bataille.

Le Roy

Le Roy Edoüard feit mourir fon frere le Duc de Clarence en vne pippe de maluoyfie : poutce qu'il fe vouloit faire Roy comme on difoit. Apres que Edoüard fut mort, fon frere fecōd, à fçauoit Richard fufnōmé Duc de * Cloceftre, feit mourir les deux fils dudict Edoüard : & declara fes filles baftardes : & fe feit coutonner Roy.

Incontinēt apres paffa en Angleterre le Cōte de Richemont, à prefent Roy (qui par lōgues années auoit efté prifonnier en Bretaigne) & defcōfit, & tua en bataille, ce cruel Roy Richard, qui peu auāt auoit fait mourir fes nepueux. Et ainfi de ma fouuenance, font morts, en ces diuifions d'Angleterre, bien quatre vingts hommes de la lignee Royalle d'Angleterre : dont vne partie i'ay cogneus : des autres m'a efté compté par les Angloys demourans auec le Duc de Bourgongne, tandis que i'y eftoie. Ainfi ce n'eft pas à Paris, n'en Frāce feulement, qu'on s'entrebat pour les biens & honneurs de ce monde : & doiuent bien craindre les Princes, ou ceux qui regnent aux grandes Seigneuries, de laiffer engendrer vne partialité en leur maifon. Car de là ce feu court par la Prouince : mais mon aduis eft que cela ne fe fait pas que par difpofition diuine : car quand les Princes ou Royaumes, ont efté en grand' profperité ou richeffes, & ils ont mefcōgnoiffance dont procede telle grace, Dieu leur dreffe vn ennemy ou ennemie, dont nul ne fe douteroit : comme vous pourrez voir par les Rois nommez en la Bible, & par ce que puis peu de temps, en ce pays d'Angleterre, & en cefte maifon de Bourgongne, & autres lieux, auez veu, & voyez tous les iours.

Comment le Roy Louys entra dedans Paris, pendant que les Seigneurs de France y dreffoyent leurs pratiques.
CHAP. VIII.

I'AY efté long en ce propos : & eft temps que ie retourne au mien. Dés ce que ces Seigneurs furent arriuez deuāt Paris, ils cōmencerent tous à practiquer * leās, & promettre offices & biens, & ce qui pouuoit feruir à leur matiere. Au bout de trois iours on feit grand' affemblee en l'hoftel de la ville de Paris : & apres grandes & longues paroles, & oüies les requeftes & fommations que les Seigneurs leur faifoient en public, & pour le grand bien du Royaume (comme ils difoient) fut cōclu enuoyer deuers eux, & entendre à pacification. Ils vindrent en grand nombre de gēs de bien vers les Princes deffufdits, au lieu de Sainct Mor : & porta la parole maiftre Guillaume Chartier, lors Euefque de Paris, renōmé tres-grād homme. Et de la part des feigneurs, parloit le Comte de Dunois, ie Duc de Berry frere du Roy prefidoit affis en chaire, & tous les autres feigneurs debout. De l'vn des coftez eftoient les Ducs de Bretaigne & de Calabre, & de l'autre le Cōte de Charolois : qui eftoit armé de toutes pieces, fauf la tefte, & les garde-bras, & vne manteline fort riche fur fa cuirace : car il venoit de Cōflans, & le bois de Vincénes tenoit pour le Roy : & y auoit beaucoup de gēs, parquoy luy eftoit befoing d'eftre venu accōpaigné. Les requeftes & fins des Seigneurs eftoyēt, d'entrer dedās Paris, pour auoir cōuerfatiō & amitié auec eux, fur le faict de la reformatiō du

Royaume: lequel ils disoyent estre mal conduict, en donnant plusieurs grandes charges au Roy. Les responces estoyent fort douces, toutesfois ils prindrent quelque delay auãt que respondre: & neantmoins le Roy ne fut depuis content dudit Euesque, ne de ceux qui estoient auec luy. Ainsi s'en retournerent, demourant en grand' practique: car chacun parla a eux en particulier, & croy bien qu'en secret fut accordé par aucuns, que les Seigneurs en leur simple estat y entreroient: & leurs gens y pourroient passer outre (si bon leur sembloit) en petit nombre a la fois. Ceste conuersation n'eust point esté seulement ville gaignée, mais toute l'entreprinse: car aisement le peuple se fust tourné de leur part (pour plusieurs raisons) & par consequent toutes celles du Royaume, a l'exemple de ceste la. Dieu donna sage conseil au Roy, & il l'executa bien, estant ia aduerty de toutes ces choses.

Auant que ceux qui estoyent venus vers ces Seigneurs, eussent fait leur rapport, le Roy arriua en la ville de Paris, en l'estat qu'on doibt venir pour reconforter vn peuple: car il y vint en tresgrãde compagnie: & mit bien deux mille Hommes d'armes en la ville: tous les Nobles de Normandie, grand' force de Francs Archiers: les gens de sa maison, pensionnaires, & autres gens de bien, qui se trouuoiet auec tel Roy en semblables affaires. Et ainsi fut ceste *pratique rompue, & tout ce peuple bien mué des siens: ny ne se fust trouué homme de ceux qui parauant auoyent esté deuers nous, qui plus eust osé parler de la marchandise, & aux aucuns en print mal. Toutesfois le Roy n'vsa de nulle cruauté en ceste matiere: mais aucuns perdirent leurs offices, les autres enuoya demourer ailleurs: ce que ie luy repute a louange, n'ayant vsé d'autre vengeance. Car si cela, qui auoit esté commēcé, fust venu a effect, le meilleur qui luy pouuoit venir, c'estoit fuir hors du Royaume. Aussi plusieurs fois m'a il dit que s'il n'eust peu entrer dedans Paris, & qu'il eust trouué la ville muée il se fust retiré vers les Suisses, ou deuers le Duc de Milan, Francisque, qu'il reputoit son grand amy: & bien luy monstra ledict Francisque, par le secours qu'il luy enuoya: qui estoit de cinq cens hommes-d'armes, & trois mille Hommes de pied, soubs la conduicte de son fils aisné, appellé Galeas, depuis Duc: & vindrent iusques en Forests: & feirent guerre a monseigneur de Bourbon. Et a cause de la mort dudict Duc Francisque, ils s'en retournerent, & aussi par le conseil qu'il luy donna, en traictant la paix, appellee le traicté de Conflans: ou il luy manda qu'il ne refusast nulle chose qu'on luy demandast, pour separer ceste compagnie: mais que seulement ses gens luy demourassent.

A mon aduis, nous n'auions point esté plus de trois iours deuant Paris, quand le Roy y entra. Tantost nous commença la guerre tres-forte, & par especial sur nos fourrageurs: car l'on estoit contraint d'aller loing en fourrage, & faloit beaucoup de gens a les garder. Et faut bien dire qu'en ceste isle de France est bien assise ceste ville de Paris, de pouuoir fournir deux si puissans osts: car iamais nous n'eusmes faute de viures: & dedans Paris a grand peine s'appercceuoyent ils qu'il y eust iamais rien encheryque le pain, seulement d'vn denier sur le pain: car nous n'occupions point les riuieres d'audessus, qui sont trois, c'est a sçauoir Marne, Yonne, & Seine, & plusieurs petites

petites

*ou, de sens.

Le Roy mal content que l'on fust entré en traicté de l'estat sans luy.

Le Roy homme sailly, si pour luy eust failly.

Sage conseil du Duc de Milan au Roy.

Situation de Paris fort commode.

tites riuieres qui entrent en celle là. A tout prendre, c'est la Cité que iamais ie
vey enuironnee de meilleur pays & plantureux, & est chose quasi incredi-
ble que des biens qui y arriuent. I'ay esté depuis ce temps auec le Roy Louis,
demy an sans en bouger, logé és Tournelles, mangeant & couchant auec luy
ordinairement: & depuis son trespas, vingt moys (malgré moy) ay esté tenu
prisonnier en son Palais, où ie voyoye de mes fenestres arriuer ce qui montoit contre mont la riuiere de Seine du costé de la Normandie. Du dessus en
vient aussi sans comparaison plus que n'eusse iamais creu, si ie ne l'eusse veu.

    Ainsi donc tous les iours sailloit de Paris force gens, & y estoyent les escar-
mouches grosses. Nostre guet estoit de cinquante Lances, qui se tenoiét vers
la Grange aux merciers: & auoyent des cheuaucheurs le plus pres de Paris
qu'ils pouuoient, qui tressouuét estoient ramenez iusques à eux: & bien souuent faloit qu'ils reuinssent sur queuë iusques à nostre chariot, en se retirant
le pas, & aucunesfois le trot: & puis on leur renuoyoit des gens, qui aussi ren-
uoioiét les autres iusques bien pres les portes de Paris. Et cecy estoit à toutes
heures, car en la ville y auoit plus de deux mille cinq cens hommes d'armes
de bonne estoffe, & bien logez, grand' force de Nobles de Normandie, & de
Francs Archiers: & puis ils voyoient les Dames tous les iours, qui leur donnoient enuie de se monstrer. De nostre costé y auoit vn tres-grád nombre de
gens, mais non point tant de gens de cheual: car il n'y auoit que les Bourguignons (qui estoient enuiron quelque deux mille Lances, que bons que mauuais) qui n'estoient point si bien accoustrez que ceux de dedans Paris, pour la
longue paix qu'ils auoient euë, comme i'ay dit autresfois. Encore de ce nombre y en auoit à Laigny, bien deux cens hommes d'armes, & y estoit le Duc
de Calabre. De gens à pied nous en auions grand nombre & de bons. L'armée des Bretons estoit à Sainct Denys, qui faisoient la guerre là où ils pouuoyent : & les autres seigneurs espars pour les viures. Sur la fin y vindrent le
Duc de Nemours, le Comte d'Armignac, & le seigneur d'Albret. Leurs gens
demeurerent loin, pource qu'ils n'auoient point de payement, & qu'ils eussent affamé nostre ost, s'ils eussent prins sans payer: & sçay bien que le Comte
de Charolois leur donna de l'argent, iusques à cinq ou six mille francs: & fut
aduisé que leurs gens ne viendroient point plus auant. Ils estoient bien six
mille hommes de cheual, qui faisoient merueilleusement de maux.

Comment l'artillerie du Comte de Charolois, & celle du Roy tirerent l'une contre
l'autre prés Charenton: & comment le Comte de Charolois fit faire
derechef vn pont sur basteaux en la riuiere de Seine.

CHAP. IX.

EN retournant au faict de Paris, il ne faut douter que nul iour sans
perte & gain ne se passast tant d'vn costé que d'autre: mais de choses
grosses n'y auoit-il rien? Car le Roy ne vouloit point souffrir que ses
gens saillissent en grandes bandes, ny ne vouloit rien mettre en hazard de
bataille, & desiroit paix, & sagement departir ceste assemblee. Toutesfois vn

iour bien matin, vindrent loger droit vis-à-vis de l'hoſtel de Conſlans au long de la riuiere, & ſur le fin bord, quatre mille Francs-Archiers. Les Nobles de Normandie, & quelque peu de Gens-d'armes d'ordonnance, demourerent à vn quart de lieüe de là, en vn village, & depuis leurs gens de pied iuſques là, n'y auoit qu'vne belle plaine. La riuiere de Seine eſtoit entre nous & eux, & commencerent ceux du Roy vne trenchee à l'endroit de Charenton, où ils feirent vn Bouleuert de boys, & de terre, iuſques au bout de noſtre oſt: & paſſoit ledict foſſé par deuant Conſlans, la riuiere entre deux, comme dit eſt: & affuſterent grand nombre d'artillerie, qui d'entree chaſſa tous les gens du Duc de Calabre, hors du village de Charenton: & falloit qu'à grand' haſte ils veinſſent loger auec nous, & y eut des gens & des cheuaux tuez. Et logea le Duc Iehan en vn petit corps d'hoſtel, tout droit au deuant de celuy de monſeigneur de Charolois, à l'oppoſite de la riuiere.

Ceſte artillerie commença premierement à tirer par noſtre oſt, & eſpouuenta fort la compagnie: car elle tua des gens d'entree, & tira deux coups qui paſſerent par la chambre, où le ſeigneur de Charolois eſtoit logé, comme il diſnoit, & vint tuer vn Trompette, en apportant vn plat de viande, ſur le degré.

Apres le diſner ledict Comte de Charolois deſcendit en l'eſtage bas, & ſe delibera n'en bouger: & le matin vindrent les ſeigneurs tenir conſeil, & ne ſe tenoit point le conſeil ailleurs que chez le Comte de Charolois, & touſiours apres le conſeil diſnoient enſemble: & ſe mettoit le Duc de Berry & de Bretaigne au banc, le Comte de Charolois & le Duc de Calabre au deuant, & portoit ledict Comte honneur à tous, [*]comme à l'aſſiette: auſſi le deuoit bien faire à aucuns, & à tous, puis que c'eſtoit chez luy. Il fut aduiſé que toute l'artillerie de l'oſt ſeroit aſſortie encontre celle du Roy. Ledict ſeigneur de Charolois en auoit largement, & le Duc de Calabre, & auſſi auoit le Duc de Bretagne. L'on feit de grans trous és murailles, qui ſont au long de la riuiere derriere ledict hoſtel de Conſlans: & y aſſortit on toutes les meilleures pieces, exceptées les Bombardes & autres groſſes pieces, qui ne tirerent point, & le demourant, où elles pouuoient ſeruir. Ainſi en eut du coſté des ſeigneurs beaucoup plus que du coſté du Roy.

La trenchée, que les gens du Roy auoient faicte, eſtoit fort longue, tirant vers Paris, & touſiours la tiroient auant, & iettoient la terre de noſtre coſté, pour ſoy taudir de l'artillerie: car tous eſtoient dedans le foſſé, & nul n'euſt oſé monſtrer la teſte. Ils eſtoient en lieu plain comme la main, & en belle prairie. Ie n'ay iamais tant veu tirer pour peu de iours: car de noſtre coſté on ſ'attendoit de les chaſſer de là à force d'artillerie. Aux autres en venoit de Paris tous les iours, qui faiſoient bonne diligence de leur coſté, & n'eſpargnoient point la pouldre. Grand' quantité de ceux de noſtre oſt feirent des foſſez en terre à l'endroit de leurs logis. Encores d'auantage y en auoit beaucoup, pource que c'eſt lieu où l'on a tiré de la pierre. Ainſi ſe taudiſſoit chaſcun, & ſe paſſa trois ou quatre iours. La crainte fut plus grande que la perte des deux coſtez, car il ne ſe perdit nul hôme de nom.

Quand

Quand ces seigneurs veirent que ceux du Roy ne s'esmouuoient point, il
leur sembla honte & peril, & que ce seroit donner cœur à ceux de Paris : Car
par quelque iour de trefues, il vint tant de peuple, qu'il sembloit que rien ne
fust demouré en la ville. Il fut conclu en vn conseil, que l'on feroit vn fort
grand pont sus grands basteaux, & couperoit-on l'estroit du basteau, & ne
s'asserroit le bois que sur le large, & au dernier couplet y auroit de grandes
anchres pour ietter en terre. Auec cela furent amenez plusieurs grands basteaux de Seine, qui eussent peu passer la riuiere, & assaillir les gens du Roy.

A maistre Girauld, Canonnier, fut donnee la charge de cet ouurage : & luy
sembloit que pour les Bourguignons estoit grand aduantage de ce que les
autres auoient ietté les terres de nostre costé : pource que quand ils seroient
outre la riuiere, ceux du Roy trouueroient leur trenchée beaucoup au des-
soubz des assaillans, & qu'ilz n'oseroient saillir dudict fossé, pour crainte de
l'artillerie. Ces raisons donnerent grand cœur aux nostres de passer : & fut le
pont acheué & dressé, sauf le dernier couplet, qui tournoit de costé, prest à
dresser, & tous les basteaux arriuez. Incontinent qu'il fut dressé, vint vn officier d'armes du Roy, dire que c'estoit contre la trefue : Car pource que ce
iour, & le iour precedent, y auoit eu trefue, on venoit pour voir que c'estoit.
A l'auenture il trouua monsieur de *Bonillet, & plusieurs autres à qui il par-   *Bueil, en
la : ce soir passoit la trefue. Il pouuoit bien passer trois Hommes d'armes, la   l'exēpl. vieil.
lance sur la cuisse, de front, & y pouuoit bien auoit six grands basteaux, que
chascun eust bien passé mille hommes à la fois, & plusieurs petits *à couler   *& fut ac-
l'artillerie, pour les seruir à ce passage. Si furent faites les bandes, & les roolles   coustree, en
de ceux qui deuoient passer : & en estoient chefs le Comte de Sainct Paul, &   l'exēp. vieil.
le Seigneur de Hault-bourdin. Apres que minuict fut passé, commencerent
à s'armer ceux qui en estoient : & auant iour furent armez, & ouyrent les aucuns messe en attendant le iour : & faisoient ce que bons Chrestiens font en
tel cas. Ceste nuict ie me trouuay en vne grande tente, qui estoit au milieu de
l'ost, où l'on faisoit le guet : & estoye du guet ceste nuict, (car nul n'en estoit
excusé) & estoit chef de ce guet mōseigneur de Chastel-Guyon, qui mourut
à *Granson depuis : & s'attendoit l'heure de veoir cest esbat. Soudainement   *Morat, é-
nous ouismes ceux qui estoient en ces trenchées, qui commencerent à crier à   xempl. vieil.
haulte voix, Adieu voisins, Adieu : & incontinent mirent le feu en leurs logis, & retirerent leur artillerie. Le iour commença à venir : les ordonnez à
ceste entreprise estoient ia sur la riuiere, au moins partie, & veirent les autres
ia bien loing, lesquels se retiroient à Paris. Ainsi doncques chascun s'en alla
desarmer, tres-ioyeux de ce departement. Et à la verité ce que le Roy y auoit
mis de gens, n'estoit que pour batre nostre ost d'artillerie, & non pas en intention de combatre : car il ne vouloit rien mettre en hazard, comme i'ay dit
ailleurs : nonobstant que sa puissance fust tres-grāde pour tous tant qu'il y
auoit de Princes ensemble. Mais son intention (comme bien le monstra)
estoit de traicter paix, & departir la compagnie, sans mettre son estat (qui est
si grand & si bon, que d'estre Roy de ce grād & obeissant Royaume de France) en peril de chose si incertaine qu'vne bataille.

Chacun iour se menoit de petits marchez, pour soustraire gens l'vn à l'au-

tre: & y eut plusieurs iours de trefues & assemblees d'vne part & d'autre,
pour traicter paix: & se faisoit ladicte assemblee à la Grange aux Merciers, assez pres de nostre ost. De la part du Roy y venoit le Comte du Mainé, & plusieurs autres. De la part des seigneurs, le Comte de Sainct Paul, & plusieurs
autres aussi. Assez de tous les seigneurs furent assemblez par beaucoup de
fois sans rien faire, & cependant duroit la trefue: & s'entre-voyoient beaucoup de gens des deux armees, vn grand fossé entre deux, qui est comme mi-
chemin, les vns d'vn costé, les autres de l'autre: ne par la trefue nul ne pouuoit
passer. Il n'estoit iour qu'à cause de ces veües ne se vinst rendre dix ou douze
hómes du costé des seigneurs, & aucunesfois plus: vn autre iour s'en alloiét
autant des nostres. Et pour ceste cause s'appella ce lieu depuis le Marché,
pource que telles marchandises s'y faisoient. Et pour dire la verité, telles assemblees & communications sont bien dangereuses en telles façons: & par
» especial pour celuy qui est en grande apparence de cheoir. Naturellement
» la plus part des gens ont l'œil ou à s'accroistre, ou à se sauuer: ce qui aisément
» les fait tirer des plus forts. Autres en y a si bons & si fermes qu'ils n'ont nuls
» de ces regards: mais peu s'en trouue de tels. Et par especial est ce danger
» quand ils ont Prince qui cherche gaigner gens: qui est vne grand' grace que
» Dieu fait au Prince qui le sçait faire: & est signe qu'il n'est point entaché de
» ce fort vice & peché d'orgueil, qui procure haine enuers toutes personnes.
Parquoy, comme i'ay dit, quand on vient à tels marchez de traicter paix, il se
doibt faire par les gens & feables seruiteurs que les Princes ont, & gens d'aage moyen: afin que leur foiblesse ne les conduise à faire quelque marché deshonneste, n'a espouuenter leur maistre à leur retour plus que de besoing: &
plus tost y doibuent estre empeschez ceux qui ont receu quelque grace ou
bien faict de luy, que nuls autres: mais sur tous, sages gens, car d'vn fol ne feit
iamais homme son profit: & se doiuent plus tost conduire ces traictez loing
que prés. Et quand les Ambassadeurs retournent, les faut ouyr seuls, ou à peu
de compagnie: afin que si leurs paroles sont pour espouuenter les gens, qu'ils
leur dient les langages dont ils deuront vser à ceux qui les en requerront: car
chacun desire de sçauoir des nouuelles d'iceux quand ils viennét de tels traictez: & plusieurs dient: Tel ne me celera rien. Si feront, s'ils sont tels comme
ie dy, & qu'ils recognoissent qu'ils ayent maistres sages.

Grange aux
Merciers ap-
pellee, le
Marché.

Quelles gens
propres à trai
cter paix.

Digression sur quelques vices & vertus du Roy Louys XI.
CHAP. X.

E me suis mis en ce propos, parce que i'ay veu beaucoup de tromperies en ce monde, & de beaucoup de seruiteurs enuers leurs maistres,
& plus souuent tromper les Princes & Seigneurs orgueilleux, qui
peu veulent oüir parler les gens, que les humbles qui volontiers escoutent.
Et entre tous ceux que i'ay iamais cogneus, le plus sage pour soy tirer d'vn
mauuais pas, en ce temps d'aduersité, c'estoit le Roy Louys XI. nostre maistre, le plus humble en paroles & en habits, & qui plus trauailloit à gaigner
vn homme qui le pouuoit seruir, ou qui luy pouuoit nuire. Et ne s'ennuyoit

point

point d'estre refusé vne fois d'vn homme qu'il pretendoit gaigner : mais y
continuoit, en luy promettant largement, & donnant par effect argent & *Le Roy Louys sçauoit achetev les hommes de valeur.*
estats qu'il congnoissoit luy plaire. Et quant à ceux qu'il auoit chassez & de-
boutez en temps de paix & de prosperité, il les rachetoit bien cher, quand il
en auoit besoin, & s'en seruoit, & ne les auoit en nulle haine pour les choses
passees. Il estoit naturellement amy de gens de moyen estat, & ennemy de *Le Roy Louys curieux de cognoistre toutes sortes d'hommes.*
tous grans qui se pouuoient passer de luy. Nul homme ne presta iamais tant
l'oreille aux gens, n'y ne s'enquit de tant de choses, comme il faisoit, ne qui
vouluft iamais cognoistre tant de gens : car aussi veritablement il cognoissoit
toutes gens d'authorité, & de valeur, qui estoient en Angleterre, en Espagne,
en Portugal, en Italie, & és seigneuries du Duc de Bourgongne, & en Bretagne, ainsi comme il faisoit ses subiects. Et ses termes & façons qu'il tenoit,
dont i'ay parlé cy-dessus, luy ont sauué la couronne, veu les ennemis qu'il s'e-
stoit luy-mesme acquis à son aduenement au Royaume. Mais sur tout luy a
seruy sa grand' largesse : car ainsi comme sagement il conduisoit l'aduersité,
à l'opposite dés ce qu'il cuidoit estre à seur, ou seulement en vne trefue, se
mettoit à mescontenter ses gens, par petits moyens, qui peu luy seruoient,
& à grand' peine pouuoit endurer paix. Il estoit leger à parler des gens, & *Le Roy Louys leger à parler, & prompt à l'a-mender.*
aussi tost en leur presence qu'en leur absence, sauf de ceux qu'il craignoit,
qui estoit beaucoup : car il estoit assez craintif de sa propre nature. Et quand
pour parler il auoit receu quelque dommage, ou en auoit suspicion, & le
vouloit reparer, il vsoit de ceste parole au personnage propre : Ie sçay bien *Excuse no-table du Roy sur sa prom-ptitude à parler.*
que ma langue m'a porté grand dommage, aussi m'a elle fait quelquesfois du
plaisir beaucoup : toutesfois c'est raison que ie repare l'amende. Et n'vsoit
point de ces priuces paroles, qu'il ne feist quelque bien au personnage à qui il
parloit & n'en faisoit nuls petits. Encore fait Dieu grand grace à vn Prince,
quand il sçait bien & mal, & par especial quand le bien precede, comme au
Roy nostre maistre, dessusdict. Mais à mon aduis que le trauail qu'il eut en sa *Le Roy Louys profi-ta au tra-uail par où il passa du-rát la vie dè son pere.*
ieunesse, quád il fut fugitif de son pere, & fuit sous le Duc Philippe de Bour-
gongne, où il fut six ans, luy valut beaucoup, car il fut cótraint de complaire
à ceux dont il auoit besoin : & ce bien (qui n'est pas petit) luy apprint aduersité. Comme il se trouua grand & Roy couronné, d'entree ne pensa qu'aux vé-
geances : mais tost luy en vint le dommage, & quant & quant la repentance,
& repara ceste folie & cest erreur, en regaignant ceux ausquels il auoit fait
tort, comme vous entendrez cy apres. Et s'il n'eust eu la nourriture autre que
les seigneurs que i'ay veu nourrir en ce Royaume, ie ne croy pas que iamais
se fust ressours : car ils ne les nourrissent seulemét qu'à faire les fols en habil-
lemens & en paroles. De nulles lettres ils n'ont cognoissance : vn seul sage *Princes mal nourris ordi-nairement.*
homme on n'entremet à l'entour. Ils ont des Gouuerneurs à qui on parle de
leurs affaires, & à eux rion, & ceux-là disposent de leursdits affaires : & tels seigneurs y a qui n'ont que treize liures de rente, qui se glorifient de dire : Parlez à mes gens, cuidás par ceste parole contrefaire les tres-grands seigneurs.
Aussi ay-ie bien veu souuent leurs seruiteurs faire leur profit d'eux, en leur
donnant bien à cognoistre qu'ils estoient bestes. Et si d'auenture quelqu'vn
s'en reuient, & veut cognoistre ce qui luy appartient, c'est si tard qu'il ne sert

plus de gueres:car il faut noter que tous les hommes,qui iamais ont esté grás
& faict de grandes choses,ont commencé fort ieunes.Et cela gist à la nourriture,ou vient de la grace de Dieu.

Comment les Bourguignons, estans pres Paris,attendans la bataille, cuyderent de grands
Chardons qu'ils veirent de loin par vn temps obscur,que ce fussent lances debout.
CHAP. XI.

OR ay-ie lóg temps tenu ce propos, mais il est tel que ie n'en sors pas
bien quand ie veux.Or pour reuenir à la guerre,vous auez ouy comme ceux que le Roy auoit logez en ceste tranchée ,au long de ceste
riuiere de Seine, se deslogerent à l'heure que l'on les deuoit assaillir.La tresue
ne duroit iamais gueres qu'vn iour ou deux. Aux autres iours se faisoit la
guerre tant aspre qu'il estoit possible : & continuerent les escarmouches depuis le matin iusques au soir.Grosses bandes ne sailloient point de Paris,tou-
tesfois souuent nous remettoient nostre guet, & puis on le renforçoit. Ie ne
vey iamais vne seule iournée qu'il n'y eust escarmouche ,quelque petite que
ce feust : & croy bien que le Roy eust voulu qu'elles y eussent esté plus gros-
ses:mais il estoit en grand soupçon, & de beaucoup, qui estoit sans cause.Il
m'a autresfois dit qu'il trouua vne nuict la Bastille sainct Antoine ouuerte
(par la porte des champs)de nuict. Ce qui luy donna grád' suspicion de messire Charles de Melun,pource que só pere tenoit la place.Ie ne dy autre chose dudict messire Charles,que ce que i'enay dit,mais meilleur seruiteur n'eut
point le Roy pour ceste année là.

    Vn iour fut entrepris à Paris de nous venir combatre (& croy que le Roy
n'en delibera rien,mais les capitaines) & de nous assaillir de trois costez. Les
vns deuers Paris,qui deuoit estre la grand'cópagnie.Vne autre bande deuers
le Pont de Charenton, & ceux là n'eussent gueres sçeu nuire, & deux cens
Hommes d'armes qui deuoient venir par deuers le Boys de Vincennes.De
ceste conclusion fut aduerty l'ost énuiron la minuict, par vn Page, qui vint
crier de l'autre part de la riuiere:car aucuns bós amys des seigneurs les aduer-
tissoiét de l'entreprinse (& qui estoit telle qu'auez ouy) & en nomma aucuns,
& puis incontinent s'en alla. Sur la fine pointe du iour vint messire Poncet
de Riuiere, deuant ledict Pont de Charenton:& monseigneur du Lau d'autre-part , deuers le Boys de Vincennes, iusques à nostre artillerie, & tuerent
vn Canonnier.L'alarme fut fort grande, cuydant que ce fust ce dont le Page
auoit aduerty la nuict.Tost fust armé móseigneur de Charoloys, mais enco-
Chardons
prins pour
lances par
*les Bourg.*res plus tost Iehan Duc de Calabre: car à tous alarmes c'estoit le premier hóme armé,& de toutes pieces , & son cheual tousiours bardé. Il portoit vn ha-
billemét,que ces códucteurs portent en Italie, & sembloit bié Prince & chef
de guerre:& tiroit tousiours droit aux barrieres de nostre ost,pour garder les
gés de saillir: & y auoit d'obeissance autant que monseigneur de Charoloys,
& luy obeissoit tout l'ost de meilleur cœur:& à la verité,il estoit digne d'éstre
honoré.En vn moment tout l'ost fut en armes,& à pied, au lóg des charettes
par le dedans, sauf quelques deux cens cheuaux, qui estoyét dehors au guet:
& (excepté ce iour) ie ne cognu iamais que l'on eust esperance de combatre:

mais

mais à ceste fois chacun s'y attendoit. Et sur ce * poinct arriuerent les Ducs
de Berry & de Bretaigne, lesquels iamais ne vey armez que ce iour. Le Duc
de Berry estoit armé de toutes pieces, ils auoyent peu de gens ainsi. Ils passerent par le champ, & se mirent vn peu au dehors pour trouuer messeigneurs
de Charoloys & de Calabre : & là parloient ensemble. Les cheuaucheurs,
qui estoient enforcez allerent plus pres de Paris : & veirent plusieurs cheuaucheurs qui venoiét pour sçauoir ce bruit en l'ost. Nostre artillerie auoit fort
tiré, quand ceux de monseigneur du Lau s'en estoient approchez si pres. Le
Roy auoit bóne artillerie sur la muraille de Paris, laquelle tira plusieurs coups
iusques à nostre ost, qui est grand' chose (car il y a deux lieuës) mais ie croy
que l'on auoit leué le nez bien haut aux bastons. Ce bruit d'artillerie faisoit
croire de tous les deux costez quelque grand' entreprinse. Le téps estoit fort
obscur & trouble, & noz cheuaucheurs qui s'estoient approchez de Paris
voyoient plusieurs cheuaucheurs, & bien loing outre voyoient grande quátité de lances debout, ce leur sembloit, & iugeoient que c'estoient toutes les
batailles du Roy, qui estoient aux champs, & tout le peuple de Paris : & ceste
imagination leur donna l'obscurité du temps. Ils se reculerent droit vers ces
seigneurs qui estoient hors de nostre camp, & leur signifierent ces nouuelles
& les asseurerét de la bataille. Les cheuaucheurs saillis de Paris, s'approchoiét
tousiours, pour ce qu'ils voyoient reculer les nostres, qui encores les faisoit
mieux croire. Lors vint le Duc de Calabre là où estoit l'estendart du Comte
de Charoloys, & la pluspart des gens de bien de sa maison, pour l'accompaigner, & la baniere preste à desployer, & le guidon de ses armes, qui estoit l'v-
sance de ceste maison : & là nous dist à tous ledict Duc Ieá : Or ça nous sômes
à ce que nous auons tousiours desiré, voyla le Roy & tout ce peuple sailly de
la ville, & marchent, comme dient noz cheuaucheurs : & pource, que chacun
ait bon cœur. Tout ainsi qu'ils saillent de Paris nous aulnerons à l'aulne de la
ville, qui est à la grand'aulne. Ainsi alla reconfortant la compagnie. Nos cheuaucheurs auoyent vn petit reprins de cœur, voyans que les autres cheuaucheurs estoyent foibles. Si se rapprocherent de la ville, & trouuerent encores
ces batailles où ils les auoient laissées, qui leur donna nouueau pésement. Ils
s'en approcherent le plus qu'ils peurent : mais estant le iour vn peu haulsé &
esclarcy, ils trouuerent que c'estoient grands chardons. Ils furent iusques aupres des portes, & ne trouuerent rien dehors : & incontinent le mandetent à
ces seigneurs, qui s'en allerent ouyr Messe, & disner : & en furent hóteux ceux
qui auoient dit ces nouuelles, mais le temps les excusa, auec ce que le Page a-
uoit dit la nuict de deuant.

CHAP. XII.

LA pratique de paix continuoit tousiours plus estroite entre le Roy &
le Comte de Charoloys qu'ailleurs : pource que la force gisoit en
eux. Les demandes des Seigneurs estoient fort grandes, specialement pource que le Duc de Berry demandoit Normandie pour son partage,

ce que le Roy ne vouloit aucunement accorder. Le Comte de Charolois
vouloit auoir les villes assises sur la riuiere de Somme, comme Amiens, Abbeuille, Sainct Quentin, Peronne, & autres: lesquelles le Roy auoit rachetees de
quatre cens mille escus du Duc Philippe, n'y auoit pas trois mois: & les auoit
euës ledit Duc, par la paix d'Arras, du Roy Charles septiesme. Ledit Comte
de Charolois disoit, que de son viuant le Roy ne les deuoit racheter, luy ra-
Le Comte de *Charol. met* *en compte au* *Roy les bons* *offices de leur* *maison en-* *uers luy.* menteuant combien il estoit tenu à sa maison: car durant qu'il estoit fugitif
de son pere le Roy Charles, il y fut receu & nourry six ans, ayant deniers de
luy pour son viure: & puis fut amené par eux iusques à Reims & à Paris à son
Sacre. Ainsi auoit prins le Comte de Charolois en tres-grád despit ce rachapt
des terres dessusdites. Tant fut demenee ceste practique de paix, que le Roy
vint vn matin par eauë, iusques vis-à-vis de nostre ost, ayant largement de
cheuaux sur le bord de la riuiere: mais en son basteau n'estoient que quatre
ou cinq personnes, horsmis ceux qui le tiroient: & y auoit monseigneur du
Lau, monseigneur de Montauban, Admiral de France pour lors, monseigneur de Nantouillet, & autres. Les Comtes de Charolois & de Sainct Paul
estoient sur le bord de la riuiere de leur costé, attendant ledict seigneur. Le
Roy demanda à monseigneur de Charolois ces mots: Mon frere, m'asseurez
vous? (car autres-fois ledit Comte auoit espousé sa sœur.) Ledit Comte luy
Le vieil a- *xempl. dit,* *Monsieur* *ouy. Ie* *l'ouy, si fei-* *rent assez* *d'autres. Le* *Roy, &c.* *Mõsieur,* *exemp. vieil.* respondit: *Ouy, comme frere. Le Roy descendit à terre, auec les dessusdicts,
qui estoyent venus auec luy. Les Comtes dessusdicts luy feirent grand hon-
neur, comme raison estoit: & luy, qui n'en estoit chiche, commença la parolle, disant: Mon frere, ie congnois que vous estes Gentil'homme, & de la maison de France. Ledit Comte luy demanda, Pourquoy, *monseigneur; Pource (dit-il) que quand i'enuoyay mes Ambassadeurs à l'Isle, n'agueres, deuers
Sage abord *du Roy vers* *le Comte de* *Charolois.* mon oncle vostre pere & vous, & que ce fol Moruillier parla si bien à vous,
vous me mandastes par l'Archeuesque de Narbonne (qui est Gentil'homme,
& il le monstra bien, car chacun se contenta de luy) que ie me repetiroye des
parolles que vous auoit dit ledit Moruillier, auant qu'il fust le bout de l'an.
Vous m'auez tenu promesse, & encores beaucoup plustost que le bout de l'ã.
Moruillier *Ambassa-* *deur desad-* *voué de quel-* *ques paroles* *par le Roy.* Et dist le Roy ces parolles en bon visage, & riant, cognoissant la nature de celuy à qui il parloit, estre telle qu'il prendroit plaisir ausdictes parolles: & seure-
ment elles luy pleurent. Puis poursuyuit ainsi: Auec tels gens veux ie auoir à
besongner, qui tiennent ce qu'ils promettent. Et desauoüa ledit Moruilller,
disant ne luy auoir point donné de charge d'aucunes parolles qu'il auoit
dictes. En effect lõg temps se pourmena le Roy au milieu de ces deux Côtes.*
'y ayât lar- *gemét gés* *armez, exe-* *pl. vieil.* Du costé dudict Comte de Charolois auoit largement gens armez, qui les regardoient assez de pres. La fut demandé la Duché de Normandie, & la riuiere
de Somme, & plusieurs autres demandes pour chacun, & aucunes ouuertures, ja pieça faictes pour le bien du Royaume: mais c'estoit là le moins de la
question, car le bien public estoit cõuerty en bien particulier. De Normádie,
le Roy n'y vouloit entédre pour nulles choses: mais accorda audit Comte de
Charolois sa demande, & offrit audit Côte de Sainct Paul l'office de Connestable, en faueur dudit Comte de Charolois, & fut leur Adieu tres-gracieux:
& se remit le Roy en son basteau, & retourna à Paris, & les autres à Conflans.

Ainsi

Ainſi ſe paſſerét les iours, les vns en trefues, les autres en guerre : mais toutes paroles d'appoinctement ſ'eſtoient rompuës (i'enten au lieu où les deputez d'vn coſté & d'autre ſ'eſtoiét accouſtumez aſſembler, qui eſtoit à la Grange aux Merciers :) mais la practique deſſuſdite ſ'entretenoit entre le Roy &
ledit ſeigneur de Charolois, & alloient enuoyans gens de l'vn à l'autre, nonobſtant qu'il fuſt guerre : & y alloit vn nommé Guillaume de Biſche, & vn
autre appellé Guillot*Diuſie, eſtans au Comte de Charolois tous deux : tou-
resfois auoient autresfois receu bien du Roy, car le Duc Philippe les auoit
bannis, & le Roy les auoit recueillis, à la requeſte dudit ſeigneur de Charolois. Ces allees ne plaiſoient à tous, & commençoient ja ces ſeigneurs à ſe dé-
fier l'vn de l'autre, & à ſe*laſſer : & n'euſt eſté ce qui ſuruint peu de iours apres,
ils ſ'en fuſſent tous allez honteuſement. Ie les ay veu tenir trois conſeils en
vne chambre, où ils eſtóient tous aſſemblez : & vey vn iour qu'il en deſpleut
bien au Comte de Charolois : car il ſ'eſtoit ja fait deux fois en ſa preſence : &
il luy ſembloit bien que la plus grande*choſe, & toute, c'eſtoit que de parler
en ſa preſence, & que ſans l'appeller, ne ſe deuoit point faire. Et en parla au
ſeigneur de Contay, bien fort ſage homme (comme i'ay dit ailleurs) qui luy
dit qu'il le portaſt patiemment, car ſ'il les courrouçoit, ils trouueroiét mieux
leur appointement que luy : & que comme il eſtoit le plus fort, il falloit qu'il
fuſt le plus ſage, & qu'il les gardaſt de ſe diuiſer, & meiſt peine à les entretenir
ioincts de tout ſon pouuoir, & qu'il diſſimulaſt toutes ces choſes : mais qu'à
la verité l'on ſ'eſbahiſſoit aſſez, & meſmement chez luy, dequoy ſi petits perſonnages, comme les deux deſſuſdits, ſ'empeſchoient de ſi grande matiere,
& que c'eſtoit choſe dangereuſe, encores ayant affaire à Roy ſi liberal comme eſt ceſtuy-cy. Ledit de Contay haiſſoit ledit Guillaume de Biſche, toutesfois il diſoit ce que pluſieurs autres diſoient comme luy : & croy que ſon affection ne l'en faiſoit point parler, mais ſeulement la neceſſité de la matiere.
Audict ſeigneur de Charolois pleut ce conſeil, & ſe mit à faire plus de feſte
& de ioye auec ces ſeigneurs, que parauant, & auec meilleure chere : & eut
plus de communication auec eux, & leurs gens, qu'il n'auoit accouſtume : &
à mon aduis qu'il en eſtoit grand beſoin, & danger qu'ils ne ſe fuſſent ſe-
parez.

Vn ſage homme ſert bien en vne telle compagnie, mais qu'ón le vueille
croire, & ne ſe pourroit trop acheter : Mais iamais ie ne cogneu Prince, qui ait
ſceu cognoiſtre la difference entre les hommes, iuſques à ce qu'il ſe ſoit trouué en neceſſité, & en affaire : & ſ'ils le cognoiſſent, ſi ne leur en chaut-il : & de-
partent leur authorité à ceux qui plus leur ſont agreables, & pour l'aage qui
leur eſt plus ſortable, & pour eſtre*comprins en leurs opinions : ou aucunesfois ſont*menez par ceux qui ſçauent & conduiſent leurs petits plaiſirs.
Mais ceux qui ont entendement ſ'en reuiennent toſt, quand il en eſt beſoin.
Tel ay-ie veu le Roy, ledit Comte de Charolois, pour le temps de lors, & le
Roy Edouard d'Angleterre, & autres pluſieurs : & à telle heure i'ay veu ces
trois qu'il leur en eſtoit bon beſoing, & qu'ils auoient faulte de ceux qu'ils
auoient meſpriſez. Mais depuis que ledict Comte de Charolois eut eſté Duc
de Bourgongne, & que la fortune l'eut mis plus hault que ne fut iamais hom-

me de ſa maiſon, & ſi grand qu’il ne craignoit nul Prince pareil de luy. Dieu le ſouffrit cheoir en ceſte gloire: & tant luy diminua du ſens, qu’il meſpriſoit tout autre conſeil du monde, ſauf le ſien ſeul: & auſſi toſt finit ſa vie doulou-reuſement auec grand nombre de gens, & de ſes ſubieƈts, & deſola ſa mai-ſon, comme vous voyez.

---

*Comment la ville de Roüen fut miſe entre les mains du Duc de Bourbon, pour le
Duc de Berry, par quelques menees: & comment le traitté de
Conflans fut de tous poinƈts conclu.*

CHAP. XIII.

POurce qu’icy deſſus i’ay beaucoup parlé des dangers qui ſont entre les traittez, & que les Princes y doiuent eſtre bien ſages, & bien co-gnoiſtre quelles gens les meinent, & par eſpecial celuy qui n’a pas le plus apparent du jeu, maintenant ſ’entendra qui m’a meu de tenir ſi long compte de ceſte matiere. Cependant que ces traittez ſe menoient par voyes d’aſſemblees, & que l’on pouuoit communiquer les vns auec les autres: en lieu de traitter paix, ſe traitta par aucuns, que la Duché de Normandie ſe mettroit entre les mains du Duc de Berry, ſeul frere du Roy: & que là il pren-droit ſon partage, & laiſſeroit Berry au Roy: & tellement fut conduite ceſte

marchandiſe, que madame la grande Seneſchale de Normandie, & aucuns à ſon adueu, comme ſeruiteurs & parens, mirent le Duc Iehan de Bourbon au chaſteau de Roüen, & par là entra en la ville: laquelle ville toſt ſe conſentit à ceſte mutation, comme trop deſirant d’auoir Prince qui demouraſt au pays de Normandie: & le ſemblable feirent toutes les villes & places de Norman-die, ou peu ſ’en fallut. Et a touſiours bien ſemblé aux Normands, & fait en-cores, que ſi grande Duché, comme la leur, requiert bien vn Duc: & à la veri-té dire, elle eſt de grande eſtime, & ſ’y leue de grands deniers. I’en ay veu leuer neuf cents cinquante mille francs, aucuns diſent plus.

Apres que la ville fut tournee, tous les habitans feirent le ſerment audiƈt Duc de Bourbõ, pour ledit Duc de Berry, ſauf le baillif* (qui auoit eſté nour-ry du Roy pour vallet de chambre, luy eſtant en Flandres, & bien priué de luy) & vn appellé maiſtre Guillaume * Piquart, puis General de Normandie: & auſſi le Grand Seneſchal de Normandie (qui eſt auiourd’huy) ne voulut faire le ſerment: mais retourna vers le Roy, contre le vouloir de ſa mere, la-quelle auoit conduit ceſte reduƈtion, comme dit eſt.

Quand ceſte mutation fut venuë à la cognoiſſance du Roy, il ſe delibera d’auoir paix, voyant ne pouuoir donner remede à ce qui ja eſtoit aduenu. In-continent donc feit ſçauoir à mon-diƈt ſeigneur de Charolois, qui eſtoit à ſon oſt, qu’il vouloit parler à luy: & luy nomma l’heure, qu’il ſe rendroit aux champs, aupres dudiƈt oſt, eſtant pres Conflans: & ſaillit à l’heure diƈte, auec enuiron cent cheuaux, dont la pluſpart eſtoit des Eſcoſſois de ſa garde, d’au-tres gens peu. Lediƈt Comte de Charolois ne mena gueres de gens, & y alla ſans nulle ceremonie: toutesfois il en ſuruint beaucoup, & tát qu’il en auoit beaucoup plus qu’il n’en eſtoit ſailly auec le Roy. Si les feit demourer vn pe-tit loing, & ſe pourmenerent eux deux vne eſpace de temps: & luy diſt le

Roy,

Roy, que la paix eſtoit faicte: & luy compta ce cas, qui eſtoit aduenu à Roüen
(dont ledict Comte ne ſçauoit encores rien) diſant le Roy qu'en ce conſentement n'euſt iamais baillé tel partage à ſon frere: mais puis que d'eux meſmes les Normans en auoient faict ceſte nouuelleté, il en eſtoit content: &
paſſeroit le traicté en toutes telles formes, cóme il auoit eſté aduiſé par pluſieurs iournées precedentes, & peu d'autres choſes auoient à accorder. Ledict ſeigneur de Charolois en fut fort ioyeux: car ſon oſt eſtoit en treſ-gráde
neceſſité de viures, & principalement d'argent: & quand cecy ne fuſt aduenu
tout autant qu'il y auoit là de ſeigneurs ſ'en fuſſent tous allez honteuſement.
Toutes-fois audict Comte arriua ce iour, ou bien peu de iours apres, vn ren-
fort que ſon pere le Duc Philippe de Bourgongne luy enuoyoit, qu'amenoit
monſeigneur de Saueuſes: où il y auoit ſix vingts Hommes d'armes, & quinze cens Archiers, & ſix vingt mille eſcus contents ſur dix ſommiers, & grand'
quantité d'arcs & traicts, & cecy pourueut aſſez bien l'oſt des Bourguignós,
eſtans en deffiance que le demeurant ne ſ'accordaſt ſans eux.

　Ces parolles d'appoinctement plaiſoient tant au Roy, & audict Comte de
Charolois, que ie luy ay ouy compter depuis, que ſi affectueuſemét parloiét
d'acheuer le demeurant, qu'ils ne regardoient point où ils alloient, & tirerét
droit deuers Paris: & tant allerent qu'ils entrerent dedans vn grád Bouleuert
de terre & de boys, que le Roy auoit fait faire aſſez loing hors de la ville, au
bout d'vne trenchee, * & au long de ladicte trenchee on entroit dedás la ville. Auec ledict Comte eſtoient quatre ou cinq perſonnes ſeulement, & quád
ils furent dedans, ils ſe trouuerét tres-eſbahis: toutesfois ledict Comte tint la
meilleure contenance qu'il peut. Il eſt à croire que nul de ces deux ſeigneurs*
ne furent errans de foy depuis ce temps là, veu qu'à l'vn n'y à l'autre ne print
mal. Comme les nouuelles vindrent à l'oſt que ledict ſeigneur de Charolois
eſtoit entré dedans ledict bouleuert, il y eut tres-grand murmure: & ſe mirét
enſemble le Comte de ſainct Paul, le Mareſchal de Bourgongne, le ſeigneur
de Contay, le ſeigneur de Hault-bourdin, & pluſieurs autres, donnant grand'
charge audict ſeigneur de Charolois de ceſte folie, & aux autres qui eſtoient
de ſa compagnie: & alleguoient l'inconuenient aduenu à ſon grand-pere, à
Montereau-faut-Yonne, preſent le Roy Charles ſeptieſme. Incontinent ſci-
rent retirer dedans l'oſt ce qui eſtoit dehors pourmenant aux champs: & vſa
le Mareſchal de Bourgongne (appellé Neuf-chaſtel par ſon ſurnom) de ceſte
parole: Si ce ieune Prince, fol & enragé, ſ'eſt allé perdre, ne perdós pas ſa maiſon, ny le faict de ſon pere, ny le noſtre: & pource ie ſuis d'aduis que chacū ſe
retire en ſon logis, & ſe tienne preſt, ſans ſoy eſbahir de fortune qui aduienne: car nous ſommes ſuffiſans nous tenans enſemble, de nous retirer iuſques
és marches de Henault, ou de Picardie, ou de Bourgongne.
　Apres ces parolles monta à cheual auec le Comte de ſainct Paul, ſe pourmenant hors de l'oſt, & regardant s'il venoit rien deuers Paris. Apres y auoir
eſté vne eſpace de temps, veirent venir quarante ou cinquante cheuaux: & y
eſtoit le Comte de Charolois, & autres des gens du Roy qui le ramenoient,
tant Archiers qu'autres. Et quand il les veit approcher, il ſeit retourner ceux
qui l'accópaignoient: & addreſſa ſa parolle audict Mareſchal, qu'il craignoit,

car il vſoit de tres-aſpres paroles, & eſtoit bõ & loyal cheualier pour ſon party, & luy oſoit bien dire : Ie ne ſuis à vous que par emprunt, tant que voſtre
pere viura. Les paroles dudit Comte furent telles: Ne me tancez point, car ie
cognoy bien ma grande folie : mais ie m'en ſuis apperceu ſi tard que i'eſtoye
prés du Bouleuert. *Puis luy dit le Mareſchal, qu'il auoit fait cela en ſon abſence. Ledit ſeigneur baiſſa la teſte, ſans rien reſpondre, & ſ'en reuint dedans
ſon oſt, où tous eſtoiét ioyeux de le reuoir, & loüa chacun la foy du Roy, toutesfois ne retourna oncques puis ledit Comte en ſa puiſſance.

Du traicté de paix conclu entre le Roy & le Comte de Charolois & ſes alliez.
CHAP. XIIII.

Inalement toutes choſes furét accordees, & le lendemain fit le Comte de Charolois vne grande monſtre, pour ſçauoir quelles gens il a-
uoit, & ce qu'il pouuoit auoir perdu : & ſans dire gare y reuint le Roy,
auec trente ou quarante cheuaux, & alla voir toutes les compagnies l'vne a-
pres l'autre, ſauf celle de ce Mareſchal de Bourgongne : lequel ne l'aimoit pas,
à cauſe que dés pieça en Lorraine ledit ſeigneur luy auoit donné Pinal, & depuis oſté, pour la donner au Duc Iean de Calabre, dont grand dommage en
auoit eu ledit Mareſchal. Peu à peu reconcilioit le Roy auec luy les bons &
notables cheualiers, qui auoient ſeruy le Roy ſon pere : leſquels il auoit deſ-
appointez à ſon aduenemét à la couronne, & pour ceſte cauſe ſ'eſtoient trouuez en ceſte aſſemblee, & cognoiſſoit ledit ſeigneur ſon erreur. Il fut dit que
le lendemain ſe trouueroit le Roy au chaſteau de Vincennes, & tous les ſeigneurs qui auoient à luy faire hommage : & pour ſeureté de tous, bailleroit le
Roy ledit chaſteau de Vincennes au Comte de Charolois.

Le lendemain ſe trouua le Roy & tous les Princes, ſans en faillir vn, &
eſtoit le portail & la porte bien garnie des gens dudit Comte de Charolois
en armes. *Là fut leu le traicté de la paix. Monſeigneur Charles feit hommage de la Duché de Normandie au Roy : & le Comte de Charolois des terres
de Picardie, dont il a eſté parlé, & autres qui en auoient affaire. Le Comte de
Sainct Paul feit le ſerment de ſon office de Conneſtable. Il n'y eut iamais de ſi
bonnes nopces qu'il n'y en euſt de mal diſnez. Les vns feirent ce qu'ils vouloient, & les autres n'eurent rien. De moyens & bons perſonnages retira le
Roy, toutesfois la plus grand' part demeurerent auec le Duc de Bretaigne &
le Duc nouueau de Normandie, leſquels allerent à Roüen prendre leur poſſeſſion. Au partir du chaſteau du bois de Vincennes, prindtent tous congé
l'vn de l'autre, & ſe retira chacun en ſon logis : & furent faites toutes lettres,
pardons, & toutes autres choſes neceſſaires, ſeruans au faict de la paix. Tout
en vn iour partirent le Duc de Normandie, & le Duc de Bretaigne, pour eux
retirer, premierement audit païs de Normandie, & le Duc de Bretaigne puis
apres en ſon païs, & le Comte de Charolois pour ſe retirer en Flandres. Et
comme ledit Comte fut en train, le Roy vint à luy, & le conduit iuſques à
Villiers le Bel (qui eſt vn village à quatre lieües de Paris) monſtrant par effect auoir vn grand deſir de l'amitié dudict Comte, & tous deux y logerent
ce ſoir. Le Roy auoit peu de gens, mais il auoit fait venir deux cens Hom-

mes

mes d'armes pour le reconduire : dont fut aduerty le Comte de Charolois en
se couchant, & entra en vne tref-grand' suspiçion, & feit armer largement de
gens. Ainsi pouuez veoir qu'il est quasi impossible que deux grāds seigneurs «
se puissent accorder, pour les rapports & suspicions qu'ils ont à chascune «
heure : & deux grands Princes, qui se voudroient bien entr'aimer, ne se deb- «
uroient iamais veoir, mais enuoyer bonnes gens & sages l'vn vers l'autre, & «
ceux les entretiendroient ou amenderoient les fautes. «

Lendemain au matin, les deux seigneurs dessusdits prindrent congé l'vn de
l'autre, auec bonnes & sages parolles : & retourna le Roy à Paris, en la compaignie de ceux qui l'estoient allé querir : & cela osta la suspicion qu'on pouuoit auoir euë de luy, & de leur venuë. Et ledict Comte de Charoloys print
le chemin de Compiegne & de Noyon, & par tout luy fut faicte ouuerture
par le commandement du Roy. De là tira vers Amiens, où il receut leur hom- *Le Comte de*
mage, & de ceux de la riuiere de Somme, & des terres de Picardie, qui luy e- *Char. en pos-*
stoient restituees par ceste paix : desquelles le Roy auoit payé quatre cens mil- *session des ter-*
res de sur la
le escus d'or, n'y auoit pas neuf moys, comme i'ay dit ailleurs cy dessus. Et in- *riuiere de Sō-*
continent passa outre, & tira au pays du Liege : pource qu'ils auoient desia *me.*
fait la guerre par l'espace de cinq ou six mois à son pere (luy estant dehors) és
pays de Namur & Brabant : & auoient desia lesdicts * Liegeois fait vne de- *Liegeois*
strousse contre eux. Toutesfois à cause de l'hyuer*ils ne peurent pas faire *vne de-*
strousse en-
grand' chose, nonobstant y eut grand' quantité de villages bruslez, & de pe- *tre eux, exē-*
tites destrousses furent faictes sur les Liegeois, & feirent vne paix : & s'oblige- *plaire vieil.*
Il ne peut
rent lesdicts Liegeois de la tenir, sur peine de grand' somme de deniers, puis *pas, exempl.*
s'en retourna ledict Comte en Brabant. *vieil.*

Comment par la diuision des Ducs de Bretaigne & de Normandie, le Roy
reprint en ses mains ce qu'il auoit baillé à son frere.
CHAP. XV.

EN retournant aux Ducs de Normandie & de Bretagne, qui estoient
allez prendre la possession de la Duché de Normandie, incontinent
que leur entree fut faite à Roüen, ils commencerent à auoir diuision
ensemble, quand ce fut à departir le butin : car encores estoient auec eux ces
cheualiers, que i'ay deuant nommez : lesquels auoient accoustumé d'auoir de
grands honneurs, & de grands estats du Roy Charles : & leur sembloit bien
qu'ils estoient à la fin de leur entreprise, & qu'au Roy ne se pouuoient fier, &
vouloit chacun en auoir du meilleur endroit * soy. *Le vieil é-*
xempl. n'a
D'autre-part le Duc de Bretaigne en vouloit disposer en partie : car c'estoit *point soy.*
celuy qui auoit porté la plus grand' mise, & les plus grāds frais en toutes choses. Tellement se porta leur discord, qu'il fallut que le Duc de Bretaigne (pour
crainte de sa personne) se retirast au mont Saincte Catherine, prés Roüen : &
fut leur question iusques là, que les gens dudit Duc de Normandie, auec ceux
de la ville de Rouën, furét prests à aller assaillir ledit Duc de Bretaigne iusques
au lieu dessusdit : & en effect il falut qu'il s'en retirast, & prist le droit chemin
vers Bretaigne. Et sur ceste diuision, marcha le Roy prés du pays, & pouuez

D

penser * qu'il pensoit bien à se conduire à cet affaire: car il estoit maistre en ceste science. Vne partie de ceux qui tenoient les bonnes places, commencerent à les luy bailler, & en faire leur appointement auec luy. Ie ne sçay de ces choses que ce qu'il m'en a dit & conté: car ie n'estoye point sur les lieux. Il print vn parlement auec le Duc de Bretaigne, qui tenoit vne partie des places de la basse Normandie, esperant de luy faire abandonner son frere de tous poincts. Ils furét quelque peu de iours ensemble à Caen, & feirent vn traicté, par lequel la ville de Caen & autres demeurerent és mains de monseigneur de * Lescut, auec quelque nóbre de gens payez: mais ce traicté estoit si troublé que ie croy que l'vn ne l'autre ne l'entendit iamais bien. Ainsi s'en alla le Duc de Bretaigne en son pays, & le Roy s'en retourna tirant le chemin vers son frere.

Voyant ledict Duc de Normandie qu'il ne pouuoit resister, & que le Roy auoit prins le Pont de L'arche, & autres places sur luy, se delibera prendre la fuite, & de tirer en Flandres. Le Comte de Charolois estoit encores à * Sainct Oen, en vne petite ville, au pays du Liege, lequel estoit assez empesche: & fut son armee toute rompue & deffaicte, & en temps d'hyuer, partie empeschee contre les Liegeois: & luy douloit bien de ceste diuision, car la chose du mó-de qu'il desiroit le plus, c'estoit à veoir vn Duc en Normádie: car par ce moyé il luy sembloit le Roy estre affoibly de la tierce partie. Il faisoit amasser gens sur la Picardie, pour mettre dedans Dieppe: mais auant qu'ils fussent prests, celuy qui tenoit ladicte ville, en feit son appointement auec le Roy. Ainsi retourna au Roy toute la Duché de Normandie, sauf les places qui demeure-rent à monseigneur de * Lescut, par l'appointement faict à Caen.

Comment le nouueau Duc de Normandie se retira en Bretaigne, fort pauure
& desolé de ce qu'il estoit frustré de son intention.

CHAP. XVI.

» L Edict Duc de Normandie (comme i'ay dict) s'estoit deliberé vn coup
» de fuir en Flandres, mais sur l'heure se reconcilierent le Duc de Bré-
» taigne & luy, congnoissans tous deux leurs erreurs, & que par diui-
» sion se perdent toutes les bonnes choses du monde: & si est quasi impossible
» que beaucoup de gráds seigneurs ensemble, & de semblable estat se puissent
» longuement entretenir, sinon qu'il y ait chef par dessus tous: & si seroit be-
» soing que celuy là fust sage, & bien estimé, pour auoir l'obeissance de tous.
» I'ay veu beaucoup d'exemples de ceste matiere à l'œil, & ne parle pas par ouyr
» dire: & sommes bien subiects à nous diuiser ainsi à nostre dommage, sans a-
» uoir grand regard à la consequence qui en aduient: & presque ainsi en ay veu
» aduenir par tout le monde, * ou l'ay ouy dire. Et me semble qu'vn sage * personnage, qui aura pouuoir de dix mille hommes, & façon de les entretenir, est
plus à craindre & estimer que ne seroyent dix, qui en auroyent chascun * six
mille tous alliez & confederez ensemble: pour autant qu'ils ont tant de choses à demesler & accorder entre eux, que la moitié du temps se perd auát qu'il
y ait rien conclu, n'accordé.

Or ainsi se retira le Duc de Normandie en Bretaigne, pauure & deffait, &
abandonné

abandonné de tous ces cheualiers qui auoient esté au Roy Charles son pere,
& auoient fait leur appointemét auec le Roy, & mieux appointez de luy que
iamais n'auoient esté de son pere. Ces deux Ducs dessusdits estoient sages a-
pres le coup (comme l'on dit des Bretons) & se tenoit en Bretaigne, & ledit
Seigneur de Lescur, principal de tous leurs seruiteurs. Et y auoit maintes ambassades allans & venans au Roy de par eux, & de par luy a eux: & de par eux
au Comte de Charolois, & de luy à eux: du Roy audit Duc de Bourgongne, &
de luy au Roy: les vns pour sçauoir des nouuelles: les autres pour souftraire
gens, & pour toutes mauuaises marchandises, soubs ombre de bonne foy.

Aucuns y allerent par bonne intention, pour cuyder pacifier les choses:
mais c'estoit grand folie à ceux qui l'estimoient si bons & si sages, que de péser que leur presence peust pacifier si grands Princes, & si subtils comme e-
stoient ceux cy, & tant entenduz à leurs fins: & veu specialement que de l'vn
des costez, ne de l'autre, ne s'offroit nulle raison. Mais il y a de bonnes gens ” *conduirôt
qui ont ceste gloire qu'il leur semble qu'ils * vuideront des choses là où ils   exemp. vieil.
n'entendent rien : car aucunesfois leurs maistres ne leur descouurent point ”
leurs plus secrettes pensées. A la compagnie de tels, que ie dy, aduient que ”
le plus souuent ne vont que pour parer la feste, & souuent à leurs despens: & ”
va tousiours quelque humblet, qui a tousiours quelque marché à part. Ainsi ”
au moins l'ay-ie veu par toutes ces saisons, dont ie parle, & de tous les costez. ”
Et aussi bié, cóme i'ay dit, que les Princes doiuét estre sages à regarder à quels ”
gens ils baillent leurs besongnes entre mains, aussi bien deburoient penser ”
ceux, qui vont dehors pour eux, de s'entremettre de telles matieres: & qui ”
s'en pourroit excuser, & ne s'en empescher point, sinon qu'on veist qu'eux ”
mesmes y entendissent bien, & eussent affection à la matiere, seroit bien sa- ”
ge: car i'ay cognu beaucoup de gens de bien s'y trouuer bien empeschez & ”   Princes de
troublez. l'ay veu Princes de deux natures, les vns si subtils & soupçonneux,   deux natures
que l'on ne sçauoit commét viure auec eux, & leur sembloit tousiours qu'on   diuerses &
les trompoit: les autres se fioyent en leurs seruiteurs assez, mais ils estoyent si   contraires.
lourds, & si mal entendans à leurs besongnes, qu'ils ne sçauoient cognoistre
qui leur faisoit bien ou mal : & ceux là sont incontinent muez d'amour en
hayne, & de hayne en amour. Et combien que de toutes les deux sortes s'en
trouue bien peu de bons, ne là où il y ait ne grande fermeté ne grande seure-   *Le vieil exē-
té: toutesfois i'aymeroye tousiours mieux viure souz les sages que souz les   plair. raye ces
fols, car il y a plus de moyen de s'en pouuoir eschaper, & d'acquerir leur grâ-   quatre mots,
ce: mais auec les ignorans ne sçait-on trouuer nul expedient, pource qu'auec   voire cinq
eux ne fait-l'on rien, ains auec leurs seruiteurs faut auoir affaire, * lesquels fait   ainsi escrits,
que plusieurs eschapent souuent. Toutesfois il faut que chacun les serue &   lesquels fait
obeisse aux contrees là où ils se trouuent : car on y est tenu, & aussi contraint.   que plu-
Mais tout bien regardé, nostre seule esperance doibt estre en Dieu: car en ce-   sieurs es-
stuy là gist toute nostre fermeté, & toute bonté : qui en nulle chose du mon-   chapét sou-
de ne se pourroit trouuer: mais chascun de nous la cognoist tard, & apres ce   uent: mais
que nous en auós eu besoing: toutesfois vaut encore mieux tard que iamais.   possible seroit
                                                                              bię ainsi: les-
                                                                              quels serui-
                                                                              teurs plu-
                                                                              sieurs Prin-
                                                                              ces eschā-
                                                                              gent sou-
                                                                              uent.

D ij

SECOND LIVRE DES
MEMOIRES DV SEIGNEVR D'ARGENTON,
SVR LES PRINCIPAVX FAICTS ET GESTES DE
Louys XI. de ce nom, Roy de France.

*Des guerres qui furent entre les Bourguignons & les Liegeois : & comme
la ville de Dinand fut prise, pillee & rasee.*

CHAP. I.

Le Roy espie l'occasion de troubler.

1466.

Liegeois n'estoient proprement subiects que de leur Euesque, duquel pour la ieunesse d'iceluy ils ne se contentoient pour lors. Le Duc Philippe sur le bord de sa fosse transporté de cholere côtre Dinand.

Dinand & Bouuines voisines alliez, & ennemies l'vne contre l'autre.

Signe de destruction, separation des alliez.

DEPVIS le temps que dessus, se passerent aucunes années, durant lesquelles le Duc de Bourgongne auoit chascun an guerre auec les Liegeois : & lors quäd le Roy le voyoit empesché, il essayoit faire quelque nouuelleté contre les Bretons, en faisant quelque peu de côfort aux Liegeois : & aussi tost, le Duc de Bourgongne se tournoit contre luy pour secourir ses alliez : ou eux mesmes faisoient quelque traicté, ou quelque trefue. En l'an mil quatre cens soixante & six fut prins Dinand, assise au pays du Liege, ville tres-forte de sa grandeur, & tref-riche, à cause d'vne marchandise qu'ils faisoient de ces ouurages de cuyure, qu'on appelle Dinanderie : qui sont en effect pots & poisles, & choses semblables. Le Duc de Bourgongne, Philippe (lequel trespassa au mois de Iuin, l'an mil quatre cens soixante & sept) s'y feit mener en sa grande vieillesse en vne litiere, tant auoit de haine contre eux, pour les grädes cruautez, dont ils vsoient contre ses subiects, en la Comté de Namur, & par especial en vne petite ville, nommee Bouuines, assise à vn quart de lieüe pres dudict lieu de Dinand, & n'y auoit que la riuiere de Meuse entre deux : & n'y auoit gueres que ceux de Dinand y auoient tenu le siege, la riuiere entredeux, l'espace de huict mois, & fait plusieurs cruautez és enuirons, & tiroient de deux Bombardes, & d'autres pieces de grosse artillerie, continuellement durant ce temps, au trauers des maisons de ladicte ville de Bouuines, & contraignoient les pauures gés d'eux cacher en leurs caues, & y demourer. Il n'est quasi croyable la hayne qu'auoient ces deux villes l'vne contre l'autre : & si ne faisoient gueres de mariages de leurs enfans, sinon les vns auec les autres, car ils estoient loing de toutes autres bonnes villes.

L'an precedent de la destruction dudict Dinand (qui fut la saison que le Comte de Charolois estoit venu deuät Paris, où auoit esté auec les seigneurs de France, comme auez ouy) ils auoient fait vn appointement & paix auec ledict seigneur, & luy donnerent certaine somme de deniers, & s'estoient separez de la cité du Liege, & fait leur faict à part : qui est le vray signe de la destruction d'vn pays, quand ceux qui se doyuent tenir ensemble, se separent & s'abandonnent. Ie le dy aussi bien pour les Princes & Seigneurs alliez ensemble, comme ie fay pour les villes & communautez. Mais pource qu'il me semble que chascun peut auoir veu & leu beaucoup de ces exemples, ie m'en

tay,

tay, difant feulement que le Roy Louys noftre maiftre, a mieux fçeu entendre ceft art de feparer les gens, que nul autre Prince que i'aye iamais con-
gneu:& n'efpargnoit l'argent,ne fes biens,ne fa peine : & non point feulement enuers les maiftres,mais auffi bien enuers les feruiteurs. Ainfi ceux de
Dinand fe commencerent toft à repentir de ceft appointement deffufdict:&
feirent cruellement mourir quatre de leurs Bourgeois principaux,qui auoiét
fait ledict traicté : & recommencerent la guerre en cefte Comté de Namur,
tant que pour ces raifons,& pour la folicitation que faifoient ceux deBouui-
nes,le fiege y fut mis par le Duc Philippe,mais la conduicte de l'armee eftoit
à fon fils:& y vint le Comte de fainct Paul,Conneftable de France,à leur * fecours,partát de fa maifon,& nó pas par l'auctorité du Roy,ny auec fes Gens-
d'armes:mais amena de ceux qu'il auoit amaffez és marches de Picardie. Or-
gueilleufement feirent vne faillie ceux de dedans,à leur grand * dommage le
huictiefme iour d'apres qu'ils auoiét efté fort batus:&n'auoiét leurs amis loifir de penfer fils leur ayderoiét. Ladicte ville fut prinfe &rafée,& les prifonniers,iufques à huict cens noyez deuant Bouuines.Ie ne fçay fi Dieu l'auoit
ainfi permis,pour leur grand'mauuaiftie,mais la vengeáce fut cruelle fur eux.

* Entendez au fecours des Bourg.
* Le vieil exempl. met ainfi, dommage. Le huictiefme iour d'apres furent prins d'affault apres auoir efté fort batus, &c. Puis au lieu de ville prinfe, met bruflee.

Le lendemain que la ville fut prinfe,arriuerét les Liegeois en grand'cópagnie,pour les fecourir,contre leur promeffe:car ils f'eftóiét feparez d'eux par
appointement,comme ceux de Dinand f'eftoient feparez de la cité du Liege.
Le Duc Philippe fe retira pour fon ancien aage, & fon filz, & toute fon armée,fe retira au deuant des Liegeois: & les récontrafmes plus toft que ne pé-
fions:car par cas d'auenture,noftreAuant-garde f'efgara,par faute de fes guides,& les rencontrafmes auec la bataille,où eftoient les principauxChefs de
l'armée.Il eftoit ja fur le tard,toutesfois on f'appreftoit de les affaillir.Sur celle heure vindrent gens deputez de par eux auCôte deCharolois:qui requirét
qu'en l'honneur de la vierge Marie (dont il eftoit la veille) il voufift auoir pitié de ce peuple,en excufant leur faute au mieux qu'ils peurent.Lefdicts Liegeois tenoient contenáce de gens qui défiroiét la bataille * & n'auoiét point
la parolle de leurs Ambaffadeutrs.Toutesfois, apres qu'ils furent allez & retournez deux ou trois fois,fut accordé par eux entretenir la paix de l'an precedent,& bailler certaine fomme d'argent: & pour feureté,pour tenir cecy
mieux que ce qui eftoit paffé,ils promirent bailler trois cens oftages, nommez en vn roolle par l'Euefque du Liege,& par autres fes feruiteurs,eftás en
l'armee,&les bailler dedans le lendemain huict heures.Cefte nuict eftoit l'oft
des Bourguignons en grand trouble & doubte:car il n'eftoit en rien clos ny
fort:&eftoient feparez,& en lieu propice pour les Liegeois, qui tous eftoiét
gés de pied,& cognoiffoient le pays mieux que nous.Aucuns d'eux eurét defir de nous affaillir,& mon aduis eft qu'ils en euffent eu le meilleur. Ceux qui
auoient traicté l'accord,rompirent cefte entreprinfe.

* & toute oppofite de la parolle,&c. exép. vieil.

Incontinent que le iour apparut,tout noftre oft s'affembla,& les batailles
furent bié ordónees,& le nóbre grand, cóme de trois mille Hómes d'armes,
que bons que mauuais,& douze ou * quatorze mille Archiers,& d'autres gés
de pied beaucoup du pays voifin. On tira droit à eux,pour receuoir les oftages,ou pour les cóbatre,fil y auoit faute.Nous les troûuafmes feparez,&jafe

* treze, exép. vieil.

D iij

departoient par bandes, & en defordre, comme peuple mal côduict. Il eftoit
ja pres d'heure de midy, & n'auoient point baillé les oftages. Le Comte de
Charolois demanda au Marefchal de Bourgongne, qui eftoit là, s'il leur deuoit courre fus, ou non. Ledict Marefchal refpondit qu'ouy, & qu'ils les pouuoient deffaire fans peril, à quoy ne deuoit diffimuler, veu que la faulte venoit d'eux. Apres on en demanda au feigneur de Contay (que plufieurs fois
ay nommé) qui fut de cefte opinion, difant que iamais n'auroit fi beau party:
& les luy monftra ja feparez par bandes comme ils s'en alloient: & loüa fort

*Sage aduis
du Cônfta-
ble touchant
les oftages
promis par
les Liegeois.*

de ne tarder plus. Apres on en demanda au Conneftable, Comte de S. Paul:
qui fut d'opinion contraire, difant qu'il feroit contre fon honneur & promeffe d'ainfi le faire: & que tant de gens ne peuuent eftre fi toft accordez en
telle matiere, comme eft de bailler oftages, & en fi grand nombre: & loüoit
de renuoyer deuers eux fçauoir leur intention. L'argu de ces trois nommez,
auec ledict Comte, fut grand & long fur ce different: de l'vn cofté il voyoit
fes grands & anciés ennemis deffaicts, & les voyoit fans nulle refiftáce: d'autre cofté on l'argueroit de fa promeffe. La fin fut qu'on enuoya vn Trompette vers eux, lequel rencontra les oftages qu'on luy amenoit. Ainfi paffa la
chofe, & s'en retourna chafcun en fon lieu: mais aux gens-d'armes defpleut
fort le confeil qu'auoit donné ledict Conneftable: car ils voyoient le beau

*Infolence des
Liegeois.*

butin deuant leurs yeux. On enuoya incontinent vne Ambaffade au Liege
pour confermer cefte paix. Le peuple, qui eft inconftant, leur difoit à toute
heure qu'on ne les auoit ofé combatre: & leur tirerent couleurines à la tefte,

*La mort du
Duc Philip-
pe de Bourg.
toft apres la
deftrucctiõ de
Dinand.*

& leur firent plufieurs rudeffes. Le Comte de Charolois f'en retourna en
Flandres. En cefte faifon mourut fon pere, auquel il feit tres-grand & folennel obfeque à Bruges, & fignifia la mort dudict Seigneur au Roy.

---

*Comment les Liegeois rompirent la paix au Duc de Bourgongne, parauant Comte de
Charolois, & comment il les deffeit en bataille.*

CHAP. II.

*trouuiét,
exempl. vieil.*

Ependant & toufiours depuis fe *traictoient chofes fecrettes &
nouuelles entre ces Princes. Le Roy eftoit fi iré contre le Duc de
Bretaigne & le Duc de Bourgongne que merueilles: & auoient
lefdits Ducs grand' peine pour auoir nouuelles les vns des autres:
car fouuent leurs meffagers auoient empefchement: & en temps de guerre
falloit qu'ils vinffent par mer, & pour le moins, falloit que de Bretaigne paf-
faffent en Angleterre, & puis par terre iufques à Douures, & paffer à Calais:
& où ils venoient par terre le droit chemin, ils venoient en grand peril.

En toutes ces annees de differens, & en autres fubfequentes qui ont duré
iufques à vingt, ou plus, les vnes en guerre, les autres en trefues & diffimula-
tions, & que chafcun des Princes comprenoit par la trefue fes alliez, Dieu
feit ce bien au Royaume de France que les guerres & diuifions au pays d'Angleterre eftoient encores en nature, & fi pouuoient eftre commencées quinze ans parauant, en grandes & cruelles batailles, où maint homme de bien
fut occis. Et tous difoiét qu'ils eftoiét traiftres, à caufe qu'il y auoit deux maifons qui pretendoient à la couróne d'Angleterre: c'eft à fçauoir la maifon de
Lanclaftre

Lanclaftre & la maifon d'Yorth. Et ne faut pas doubter, fi les Angloys euffent efté en l'eftat qu'ils auoient efté autres-fois, que ce Royaume de France n'euft eu beaucoup d'affaires. Toufiours tafchoit le Roy venir à fin de Bretaigne:car il luy fembloit que c'eftoit chofe plus aifee à cóquerir, & de moindre deffence que n'eftoit cefte maifon de Bourgongne:&auffi que c'eftoient ceux qui recueilloient tous fes malueillans, comme fon frere & autres, qui auoient intelligence dedans le Royaume. Et pour cefte caufe, pratiquoit fort le Duc de Bourgongne, pour luy faire confentir, par plufieurs offres , & par plufieurs marchez, qu'il les voulfift abandonner:& par ce moyen auffi luy abandóneroit les Liegeois, & autres fes malueillás, ce qui ne fe peut accorder:

Le Roy tafche à desfaire la maifon de Bretagne.

mais alla ledict Duc de Bourgongne de nouueau fur les Liegeois , qui luy auoiét rompu la paix, & prins vne ville appellee * Ligny, & chaffé fes gens dehors, & pillé ladicte ville, nonobftát les oftages qu'ils auoiét baillez l'an precedent, en peine capitale , au cas qu'ils rompiffent le traicté, & auffi fur peine de grande fomme d'argent. Il affembla fon armee enuiró Louuain qui eft au pays de Brabant, & fur les marches * du Liege. Là arriua deuers luy le Comte de fainct Paul, Connestable de France (qui pour lors s'eftoit de tous poincts reduict au Roy, & fe tenoit auec luy) & le * Cardinal Balue & autres:lefquels fignifierent au Duc de Bourgongne comme les Liegeois eftoient alliez du Roy, & comprins en fa trefue, l'aduertiffant qu'il les fecourroit, en cas que ledict Duc de Bourgongne les affaillift. Toutesfois ils offrirent s'il vouloit cófétir que le Roy peuft faire la guerre en Bretaigne, que ledict feigneur fe laifferoit faire auec les Liegeois. Leur audience fut courte, & en public, & ne demeurerent qu'vn iour. Ledit Duc de Bourgógne difoit pour excufe, que lefdicts Liegeois l'auoient affailly, & que la rupture de la trefue venoit d'eux, & non pas de luy, & que pour telles raifons, ne deuoit abandonner fes alliez. Les deffufdicts Ambaffadeurs furent defpefchez, comme il vouloit móter à cheual(qui eftoit le lédemain de leur venüe)leur difant tout hault, qu'il fupplioit au Roy ne vouloir rien entreprendre fur le pays de Bretaigne.

Huy, pour Ligny, exëp. vieil, commë fimble vouloir Guag. & fes fuiuans. fi Huyum en luy, & Liniü en Paul Emile, fur les Liegeois , ne font deux.

* *du Liege, la riuiere deuers luy. Le Comte, &c. exempl. vieil. * auec le Cardinal Balue & autres enuoyez fignifia au Duc, &c. exemp. vieil.*

Ledict Connestable le preffa, en luy difant : Monfeigneur, vous ne choififfez point : car vous prenez tout, & voulez faire la guerre à voftre plaifir à nos amys,& nous tenir en repos fans ofer courre fus à nos ennemys, comme vous faictes aux voftres, il ne fe peut faire , ne le Roy ne le fouftrira point. Ledict Duc print congé d'eux, en leur difant : les Liegeois font affemblez, & m'atten d'auoir la bataille auant qu'il foit trois iours: fi ie la perds, ie croy bien que vous en ferez à voftre guife:mais auffi, fi ie la gaigne, vous laifferez en paix les Bretons. Et apres monta à cheual, & lefdicts Ambaffadeurs allerent en leur logis s'apprefter pour eux en aller. Et luy party dudict lieu de Louuain en armes & tref-groffe cópaignie, alla mettre le fiege deuát vne ville, appellée * Sainéton:fon armée eftoit tref-groffe, car tout ce qui eftoit peu venir de Bourgógne, s'eftoit venu ioindre auec luy : & ne luy vey iamais tant de gens enfemble, à beaucoup pres.

Refpõfe qu'il fait ne du Duc de Bourg. aux Ambaffadeurs du Roy.

Vn peu auant fon partement auoit mis en deliberation s'il feroit mourir fes oftages, ou qu'il en feroit. Aucuns opinerent qu'il les feit mourir tous : & par efpecial le feigneur de Contay (dont plufieurs fois i'ay palé) tint cefte

Le vieil exëpl. dit Sainéton & Sleidan trãflateur en Latin dit: Centrones:mais ie n'ofe affeurer que ce foit S. Oen, qui eft parauant.

» opinion, & iamais ne l'ouy parler si mal, ne si cruellement que ceste fois. Et
» pour ce est bien necessaire à vn Prince d'auoir plusieurs gens à son conseil:
» car les plus sages errent aucunefois, & tres-souuent, ou pour estre passiónez
» aux matieres dequoy l'on parle, ou par amour, ou par haine, ou pour vou-
» loir dire l'opposite d'vn autre, & aucunefois *par l'indisposition des person-
» nes: car on ne doibt point tenir pour conseil ce qui se fait apres disner. Au-
» cuns pourroient dire que gens faisans aucunes de ces fautes ne deuroient e-
» stre au conseil d'vn Prince. A quoy faut respondre que nous sommes tous
» hommes, & qui les voudroit chercher tels que iamais ne failliffent à parler sa-
» gement, ne que iamais ne s'esmeuffent plus vne fois que l'autre, il les faudroit
» chercher au ciel, car on ne les trouueroit pas entre les hommes: mais en recompense aussi, il y aura tel au conseil, qui parlera tres-sagement & *trop
mieux qu'il n'aura accoustumé d'ainsi faire souuent, & aussi les vns radres-
sent les autres.

*par la disposition, exemp. vieil.

*tresbien, qui n'aura accoustumé d'ainsi le faire souuet, exempl. vieil.

Retournons à nos opinions. Deux ou trois furent de cest aduis, estimans
la grandeur ou le sens dudit de Contay: car en tel conseil se trouue beaucoup
» de gens, & en y a affez qui ne parlent qu'apres les autres, sans gueres enten-
» dre aux matieres, & desirent de complaire à quelqu'vn qui aura parlé, qui sera
» homme *estimé en auctorité. Apres en fut demandé à monseigneur d'Himbercourt natif d'aupres d'Amiens, vn des plus sages cheualiers, & des plus entendus, que ie cognu iamais: lequel dist que son opinion estoit, pour mettre Dieu de sa part de tous poincts, & pour donner à cognoistre à tout le
monde qu'il n'estoit cruél ne vindicatif, qu'il deliuraft tous les trois cens ostages: veu encores qu'ils s'y estoient mis en bonne intention, & esperans que la
paix se tint: mais qu'on leur dist au departir, la grace que ledict Duc leur faisoit, leur priant qu'ils taschaffent à reduire ce peuple en bonne paix: & au cas
qu'il n'y vouluft entendre, qu'au moins eux recongnoiffans la bonté qu'on
leur faisoit, ne se trouuaffent plus en guerre côtre luy, ne côtre leur Euefque
qui estoit en sa compagnie. Ceste opinion fut tenuë, & feirent les promeffes
deffufdictes lefdicts oftages, en les deliurant. Auffi leur fut dict, que si nul
d'eux se declaroit en guerre, & fuffét prins, qu'il leur coufteroit la teste, & ainsi s'en allerent.

*estât pour estimé, exé-pl. vieil.

Aduis moderé & tendât à clemëce du sieur d'Hymbercourt.

Il me semble bon de dire qu'apres que ledict Seigneur de Côtay eut dóné
ceste cruelle sentence contre ces pauures oftages (côme auez ouy) dont vne
partie d'eux s'y estoient mis par vraye bonté: vn estant en ce côseil, me dit en
l'oreille: Voyez vous bien cest hôme? combien qu'il soit bien vieil, si est-il de
sa personne bien sain: mais i'oseroye bien mettre grand chose, qu'il ne sera
point vif d'huy en vn an, & le dy pour ceste terrible opinion qu'il a dicte. Et
ainsi en aduint, car il ne vesquit gueres: mais auant qu'il mouruft il seruit bié
son maistre pour vn iour en vne bataille, dont ie parleray cy apres.

Aduis notable sur le seigneur de Côtay, pour auoir donné vne sentence cruelle.

En retournant donc à nostre propos: vous auez ouy comme au partir de
Louuain ledict Duc mit le siege deuant Sainéton, & là affufta son artillérie.
Dedans la ville estoyent quelques trois mille Liegeois, & vn tres-bón cheualier qui les conduisoit: & estoit celuy qui auoit traicté la paix, quând nous
les trouuafmes au deuant de nous en bataille, l'an precedent. Le troisiefme

Siege de Sainéton.

iour

iour apres que le siege y fut mis, les Liegeois en tres-grand nombre (comme
de trente mille personnes & plus tant de bons que mauuais, gés de pied, sauf
enuiron cinq cens cheuaux) & grand nombre d'artillerie, vindrent pour leuer nostre siege, sur l'heure de dix heures du matin: & se trouuerent en vn village fort, & clos de marais vne partie: lequel s'appelloit * Bretá, à demye lieüe   *Brustan,
de nous: & en leur compagnie estoit François *Royet, Baillif de Lion, lors   *exempl.vieil.
Ambassadeur pour le Roy vers lesdits Liegeois. L'alarme vint tantost en no-   *Rayer,exê,
stre ost: & faut dire vray, qu'il auoit esté donné mauuais ordre de n'auoir mis   pl.vieil.
les bons cheuaucheurs aux champs: car l'on n'en fut aduerty que par les fourrageurs qui fuyoient. Ie ne me trouuay oncques en lieu, auec ledict Duc de
Bourgongne, où ie veisse donner bon ordre de soy, excepté ce iour. Incontinent feit tirer toutes les batailles aux champs, sauf aucuns qu'il ordóna pour
demourer au siege: & entre les autres il y laissa cinq ou six cés Anglois. Il mit
sur les deux costez du village, bien douze cens hommes d'armes, & quant
à luy, il demoura vis à vis, plus loing dudit village que les autres, auec bien
huict cens hommes d'armes: & y auoit grand nombre de gens de bien à pied
auec les Archiers, & grand nombre d'hommes d'armes. Et marcha monseigneur de Rauastin, auec l'auant-garde dudict Duc, tous gens à pied, tant
hommes d'armes qu'Archiers, & certaines pieces d'artillerie, iusques sur le
bord de leurs fossez, qui estoient grás & profonds, & pleins d'eau: & à coups
de flesches & de canons furent reculez, & leurs fossez gaignez, & leur artillerie aussi. Quád le traict fut failly aux nostres, le cœur reuint ausdicts Liegeois
qui auoient leurs piques longues (qui sont bastons auantageux) & charge-
rent sur noz Archiers & sur ceux qui les conduisoient, & en vne troupe tuerent quatre ou cinq cens hommes en vn moment & branloient toutes noz
enseignes, comme gens presque desconfits. Et sur ce pas feit le Duc marcher
les Archiers de sa bataille, que conduisoit messire Philippe de Creuecœur,
seigneur des Cordes, homme sage, & plusieurs autres gens de bien: qui d'vn
ardant & grand courage, assaillirent lesdicts Liegeois, lesquels en vn momét   *Liegeois des-
furent desconfits. Les gens de cheual (dont i'ay parlé) qui estoient sur les   confits.
deux costez du village, ne pouuoient mal faire aux Liegeois, n'aussi le Duc de
Bourgongne de là où il estoit, à cause des marais, mais seulement y estoient
à l'aduenture, afin que si lesdicts Liegeois eussent rompu ceste auant-garde, & passé les fossez iusques au païs plain, les peust rencontrer. Ces Liegeois
se mirent à la fuite tout au long de ces marais, & n'estoient chassez que de
gens à pied. Des gens de cheual qui estoient auec le Duc de Bourgongne,
y en enuoya vne partie pour donner la chasse, mais il falloit qu'ils prinssent
bien deux lieuës de torse pour trouuer passage: & la nuict les surprint, qui
sauua la vie à beaucoup de Liegeois. Autres renuoya deuant ladicte ville,
pource qu'il y ouit grand bruit, & doubtoit leur saillie. A la verité ils faillirent trois fois: mais tousiours furent reboutez, & s'y gouuernerent bien les
* Liegeois qui y estoient demourez. Lesdicts Liegeois, apres qu'ils furét rompus, se rallierent vn petit à l'entour de leur charroy, & y tindrent bien peu.   *Anglois,
Bien mourut quelque * neuf mille hommes, qui semble beaucoup à toutes   *exempl.vieil.
gens qui ne veulent point mentir: mais depuis que ie suis né, i'ay veu en beau-   *six,exempl.
                                                                                  vieil.

coup de lieux où l'on difoit, pour vn homme, qu'on en auoit tué cent, pour cuider complaire : & auec telles menfonges, s'abufent bien, aucunesfois les Maiftres : fi ce n'euft efté la nuiét, il en fuft mort plus de quinze mille. Cefte befongne acheuee, & que ja il eftoit fort tard, le Duc de Bourgongne fe retira en fon oft, & toute l'armee, fauf mille ou douze cents cheuaux qui eftoient allez paffer à deux lieües de là pour chaffer les fuyans : car autremét ne les euffent peu joindre, à caufe d'vne petite riuiere. Ils ne feirent pas grand exploiét pour la nuiét : toutesfois aucuns en tuerent, & prindrent le demeurant, & la *Mort du fi-* plus grand' côpaignie fe fauua en la cité. Ce iour ayda bien à donner l'ordre *gneur de Cô-* le feigneur de Contay : lequel peu de iours apres mourut en la ville *de Huz : *tay.* & eut affez bonne fin : & auoit efté vaillant & fage, mais il dura peu, apres ce- **d'Eu, exép.* fte cruelle opinion qu'il auoit donnee contre les Liegeois oftagers, dôt auez *vieil.* ouy parler cy deffus. Tantoft apres que le Duc fut defarmé, il appella vn fien Secretaire, & efcriuit vne lettre au Conneftable & aux autres (qui eftoiét partis d'auec luy, & n'y auoit que quatre iours, à Louuain, où ils eftoient venus Ambaffadeurs, comme dict eft) & leur fignifia cefte victoire, priant qu'aux Bretons ne fuft rien demandé.

Digreffion   Deux iours apres cefte bataille changea bien ceft orgueil de ce fol peuple, *fur le confeil* & pour peu de perte : mais à qui que foit, eft bien à craindre de mettre fon e- *de liurer ou* ftat en hazard d'vne bataille, qui s'en peut paffer. Car pour vn petit nombre *nô liurer ba-* de gens que l'on y perd, fe muent & changent les courages des gens de celuy *taille.* qui perd, plus qu'il n'eft à croire, tant en efpouuentement de leurs ennemis,
» qu'en mefpris de leur Maiftre, & de fes priuez feruiteurs : & entrent en mur-
» mures & machinatiôs, demandans plus hardiment qu'ils ne foulioient, & fe
» courroucent quand on les refufe. Vn efcu luy feruoit plus parauant que ne
» feroient trois : & fi celuy qui a perdu, eftoit fage, il ne mettroit de cefte faifon
» rien en hazard auec ceux qui ont fuy : mais feulement fe tiendroit fur fes gar-
» des, & effayeroit de trouuer quelque chofe de leger à vaincre, où ils peuffent
eftre les maiftres, pour leur faire reuenir le cœur & ofter la crainte. En toutes façons vne bataille perdue a toufiours grand' queüe, & mauuaife pour le perdant. Vray eft que les conquerans les doiuent cercher, pour abreger leur œuure, & ceux qui ont les bonnes gens de pied, & meilleurs que leurs voi- *Suiffes &* fins, comme nous pourrions auiourd'huy dire Anglois, ou Suiffes. Ie ne le dy *Anglois bô-* pas pour defprifer les autres nations : mais ceux-là ont eu de grandes victoi- *nes gens de* res, & leurs gens ne font point pour longuement tenir les champs, fans *pied.* eftre exploictez, comme feroient François ou Italiens, qui font plus fages, **L'exép. vieil* ou plus aifez à conduire. Au contraire, celuy qui gaigne deuient en reputa- *raye tout ce-* tion & eftime plus grande de fes gens que deuant. Son obeiffance accroift *la iufques à* entre tous fes fubiects, on luy accorde en cefte eftime ce qu'il demande, fes *Voyans: &* gens en font plus courageux & plus hardis. Auffi lefdicts Princes s'en met- *met ainfi par* tent aucunesfois en fi grand' gloire, & en fi grand orgueil, qu'il leur en mef- *deffus : Tou-* chet par apres : * & de cecy ie parle de veüe, & vient telle grace de Dieu feule- *tes telles* ment. *difpofitiôs*
viennêt de
Dieu, qui   Voyans ceux qui eftoient dedans Saincton, la bataille perdue pour eux, & *donne mu-* qu'ils eftoient enfermez tout à l'enuiron, cuydans la defconfiture eftre trop *tation aux*
chofes, fe-
lon le me-
rite ou de-
merite des
gens.

plus

plus grande qu'elle n'auoit esté, rendirent la ville, laisserent les armes, & baillerent dix hommes à volonté, tels que le Duc de Bourgógne voudroit eslire,
lesquels il feit decapiter : & y en auoit six de ce nombre des ostages que peu
de iours auant auoit deliurez, auec les conditions qu'auez entendues cy des- *Tongres
sus. Il leua son ost & tira à Tongres, qui attendirent le siege. Toutefois la vil- *rendue.*
le ne valoit gueres : & aussi, sans se laisser batre, feirent semblable compositió,
& baillerent dix hommes, entre lesquels se trouua encores cinq ou six desdits
ostages. Tous dix moururent comme les autres.

---

*Comment apres qu'aucuns des Liegeois eurent composé de rendre leur ville, & les autres
refusé de ce faire, le seigneur d'Hymbercourt trouua moyen d'y entrer
pour le Duc de Bourgongne.*

CHAP. III.

D E là tira ledict Duc deuant la cité de Liege, en laquelle ils estoient en
grád murmure. Les vns vouloiét tenir & defendre la cité, disant qu'ils
estoient assez de peuple : & par special estoit de cet aduis vn cheualier,
appellé messire Raz de *Laitre. D'autres au contraire, qui voyoient brusler & *de Luitre,*
destruire tout le pays, voulurent paix à quelque dommage que ce fust. Ainsi *examp. vieil,*
s'approchant ledit Duc de la cité, quelque peu d'ouuerture de paix y auoit par *& les plus*
menuës gens, comme prisonniers : & fut conduite ceste matiere par aucuns *vieux impri-*
des dessusdits ostages, qui faisoient au contraire des premiers, dont i'ay par- *mez aussi.*
lé : & recogneurent la grace qu'on leur auoit faite. Ils y menerent trois cents *Liegeois en*
hommes des plus gráds de la ville en chemise, les jambes nuës & la teste : les- *chemise de-*
quels apporterent au Duc les clefs de la cité, & se rendirent à luy & à son plai- *uant le Duc*
sir, sans rien reseruer, sauf le feu & le pillage. Et ce iour s'y trouua present pour *de Bourg.*
Ambassadeur monseigneur de Mouy, & vn Secretaire du Roy, appellé mai-
stre Iean Preuost, qui venoient pour faire semblables requestes & demandes
qu'auoit fait le Connestable peu de iours auparauant. Cedit iour que la composition fut faite, cuidant ledit Duc entrer en la cité, y enuoya monseigneur
d'Hymbercourt, pour entrer le premier, pource qu'il auoit cognoissance en la
cité, à cause qu'il y auoit eu administration par les annees qu'ils auoient esté
en paix. Toutesfois l'entree luy fut refusee pour ce iour, & se logea en vne
Abbaye, qui est aupres d'vne des portes, & auoit auec luy enuiron cinquante
hommes d'armes. En tout pouuoit auoir quelque deux cens combatás : & i'y
estoye. Le Duc de Bourgongne luy fit sçauoir qu'il ne partist point de là, s'il se
sentoit estre seurement : mais aussi, si ce lieu n'estoit fort, qu'il se retirast deuers
luy : car le chemin estoit trop mal-aisé pour le secourir, pource qu'en ce quar- *Sage proce-*
tier là sót tous rochers. Ledit d'Hymbercourt se delibera de n'en partir point, *dure du Sei-*
car le lieu estoit tres-fort, & retint auec soy cinq ou six hommes de bien de la *gneur d'Him-*
ville, de ceux qui estoiét venus rendre les clefs de la cité, pour s'en aider, com- *bercourt.*
me vous entendrez. Quand vindrét les neuf heures au soir, nous ouismes sonner la cloche : au son de laquelle ils s'assemblerent, & douta ledit d'Hym- *Luitre, cõ-*
bercourt que ce fust pour nous venir assaillir : car il estoit bien informé que *me tousiours,*
messire Raz de *Laitre, & plusieurs auttes ne vouloient consentir ceste paix, *exempl. vieil,*
& sa suspicion estoit bonne & vraye : car en ce propos estoyent ils prests *ainsi que le*
semble vou-
loir aussi
Sleidan peu
apres disant.
Lutrius.

à faillir. Ledict seigneur d'Hymbercourt disoit : Si nous les pouuons amuser iusques à minuict, nous sommes eschappez : car ils seront las, & leur prendra enuie de dormir, & ceux qui sont mauuais contre nous, prendront dés lors la fuyte, voyans qu'ils auront failly à leur entreprinse. Et pour paruenir à cest expedient, il despescha deux de ces Bourgeois, qu'il auoit retenus, comme ie vous ay dit : & leur bailla certains articles assez amiables par escrit. Il le faisoit seulement pour leur donner occasion de parler ensemble, & de gaigner temps : car ils auoyent de coustume, & ont encores, d'aller tout le peuple ensemble au Palais de l'Euesque, quand il suruenoit matieres nouuelles : & y sont appellez au son d'vne cloche qui est leás. Ainsi noz deux Bourgeois, qui auoient esté des ostagers, & des bons, vindrent à la porte (car le chemin n'estoit pas loing de deux iects d'arc) & trouuerent largement peuple armé. Les vns vouloient qu'on assaillist, les autres non. *Ils disoyent au Maire de la cité tout haut, qu'ils apportoyent aucunes choses bonnes par escrit, de par le seigneur d'Hymbercourt, Lieutenant du Duc de Bourgongne en celle marche : & qu'il seroit bon de les aller veoir au palais. Et ainsi le feirent, & incontinent ouïsmes sonner la cloche dudict Palais : à quoy nous cogneusmes bien qu'ils estoiét embesongnez. Noz deux Bourgeois ne vindrent point, mais au bout d'vne heure, ouïsmes plus grand bruit à la porte que parauant : & y vint beaucoup plus largement gens, & crioyent par dessus les murailles, & nous disoient vilennies. Lors cognut ledict seigneur d'Hymbercourt que le peril estoit plus grand pour nous que deuant : & depescha arriere ces quatre autres ostagers qu'il auoit, portans par escrit comme luy estant gouuerneur de la cité, pour le Duc de Bourgongne, les auoit amiablement traictez : & que pour rien ne voudroit consentir à leur perdition, car il n'y auoit gueres encores qu'il auoit esté *de leur mestier (qui estoit des mareschaux & des *orfeures) & en auoit porté robbe de liurée : parquoy mieux pouuoient adiouster foy à ce qu'il leur disoit. En somme s'ils vouloient paruenir au bien de paix, & de sauuer leur pays, il falloit qu'ils feissent, apres auoir baillé l'ouuerture de la ville, comme ils auoient promis, des choses contenües en certain memoire. Et instruisit bien ces quatre hommes, qui allerent à la porte comme auoient fait les autres, & la trouuerent toute ouuerte. Les vns les recueilloient auec grosses paroles & grosses menaces : les autres furent cótens d'ouyr leur charge, & retournerent arriere au Palais : & tout incontinent ouïsmes sonner la cloche dudict Palais, dont nous eusmes tres-grand'ioye, & s'estaignit le bruit que nous auions ouy à la porte, & en effect furent long temps en ce Palais, & iusques à bien deux heures apres minuict, & là conclurent qu'ils tiendroient l'appointement qu'ils auoient fait, & que le matin bailleroiét vne des portes audict seigneur d'Hymbercourt : & tout incontinent s'en fuit de la ville ledict messire Raz de Laitre, & toute sa sequelle.

Ie n'eusse pas si long temps parlé de ce propos (veu que la matiere n'est gueres grande) si ce n'eust esté pour móstrer qu'aucunesfois auec tels expediens & habilitez, qui procedent d e grand sens, on euite de grands perils, dommages & pertes. Le lendemain, au point du iour, vindrent plusieurs des ostages dire audict seigneur d'Hymbercourt, qu'ils luy prioient qu'il voulsist venir

nir

nir au Palais, où tout le peuple estoit assemblé: & que là il voulsist iurer les deux points, dont le peuple estoit en doubte, qui estoit le feu & le pillage, & qu'apres luy bailleroient vn portail. Il le manda au Duc de Bourgongne, & alla vers eux : & le serment faict, retourna à la porte, d'où ils firent descendre ceux qui estoient dessus, & y mit douze Hommes d'armes, & des Archiers, & vne banniere du Duc de Bourgongne sur ladicte porte. Et puis alla à vne autre porte qui estoit murée, & la bailla entre les mains du Bastard de Bourgongne, qui estoit logé en ces quartiers: & vne autre au Mareschal de Bourgongne, & vne autre à des Gentils-hommes, qui estoient encores auec luy. Ainsi furent quatre portaux bien garnis des gens du Duc de Bourgongne, & ses bannieres dessus.

Or faut-il entédre qu'en ce temps là le Liege estoit vne des plus puissantes villes de la contrée (apres quatre ou cinq) & des plus peuplées: & y auoit grád peuple retiré du pays d'enuiron, parquoy n'y apparoissoit en rien de la perte de la bataille. Ils n'auoient aucune necessité de nuls biens, & si estoit en fin cœur d'hyuer, & les plus grandes pluyes qu'il est possible de dire: & le pays de soy tant fangeux & mol qu'à merueilles, & si estions en grand' necessité de viures & d'argent, & l'armee comme toute rópue: & si n'auoit ledict seigneur Duc de Bourgongne nulle volonté de les assieger, & aussi n'eust il sçeu : & quand ils eussent attendu deux iours à eux rendre, par ceste voye il s'en fust retourné. Et pource ie veux conclurre que c'est grand 'gloire & honneur *audict Hymbercourt qu'il receut en ce voyage : & luy proceda de la grace de Dieu seulement contre toute raison humaine : & ne luy eust osé demander le bien qui luy aduint. Et au iugemét des hommes, reçout tous ces honneurs & „ biens, pour la grace & bonté dót il auoit vsé enuers les ostages, dont vous a- „ uez ouy parler cy dessus. Et le dy volontiers, pource que les Princes & autres „ se plaignent aucunesfois comme par desconfort, quand ils ont fait bien ou „ plaisir à quelqu'vn, disás que cela leur procede de malheur, & que pour le téps „ aduenir ne seront si legers à pardóner, ou à faire quelque liberalité, ou autre „ chose de grace, qui toutes sont choses appartenátes à leurs offices. A mon ad- „ uis c'est mal parlé, & procede de lasche cœur à ceux qui ainsi le font : car vn „ Prince ou autre hóme qui ne fut iamais trompé, ne sçauroit estre qu'vne be- „ ste, ny auoir congnoissance du bien & du mal, ne quelle difference il y a. Et „ d'auantage les gens ne sont pas tous d'vne complexion: parquoy, par la mau- „ uaistié d'vn ou deux, ne se doit laisser à faire plaisir à plusieurs, quand on en „ a le temps & opportunité. Bien seroye-ie d'aduis qu'on eust bon iugement à „ veoir quelles sont les personnes, car tous ne sont pas dignes de semblables „ merites: & à moy est presque estráge de croire, qu'vne personne sage sçeut e- „ stre ingrat d'vn grand benefice, quand il l'a reçeu de quelqu'vn: & là s'egare- „ roient bien les Princes, car l'accointance d'vn fol, iamais ne profita à la lógue. „ Et me semble que l'vn des plus grans sens que puisse monstrer vn Seigneur, „ c'est de s'accointer, & approcher de luy gens vertueux & honnestes: car il se- „ ra iugé, à l'opinion des gens, d'estre de la condition & nature de ceux qu'il „ tiendra les plus prochains de luy. Et pour conclure cest article, me semble „ que l'on ne se doit iamais lasser de bien faire. Car vn seul & le moindre „

E

de tous ceux aufquels l'on peut auoir fait quelque bien, fera à l'aduenture vn
tel feruice, & aura telle recognoiſſance, qu'il recópenſera toutes les laſchetez
& meſchancetez qu'auoyent fait tous les autres en ceſt endroit. Et ainſi auez
vous veu de ces oſtages, comme il y en eut aucuns bons & recognoiſſans, &
les autres & la pluſpart, mauuais & ingrats: car cinq ou ſix ſeulemét conduiſoient cet œuure aux fins & intentions du Duc de Bourgongne.

Comment le Duc de Bourgongne feit ſon entree en la ville du Liege: & comment
ceux de Gand, qui parauant l'auoient aſſez mal reçeu s'humilierent
enuers luy. CHAP. IIII.

E lendemain que les portes eurent eſté baillees, entra le Duc en la cité
du Liege, en grand trióphe: & luy fut abbatu 20. braſſees de mur, &
vny le foſſé du long de la grád' *breſche. A l'enuiró de luy entrerent à
pied bié deux mil' hommes d'armes armez de toutes pieces, & deux mil Archiers: & ſi demoura largement gens en l'oſt. Luy eſtát à cheual, entra auec
les gens de ſa maiſon, & les plus grans de l'oſt, les mieux parez & mieux accouſtrez que pourroient eſtre, & ainſi alla deſcendre à la grand'Egliſe. Et
pour le vous faire court, il ſejourna aucuns iours en la cité, & y feit mourir
cinq ou ſix hommes de ceux qui auoiét eſté ſes oſtages: & entre les autres, le
meſſager de la ville, lequel il auoit en grád'haine. Il leur ordóna aucunes loix
& couſtumes nouuelles: il impoſa grans deniers ſur eux, leſquels il diſoit luy
eſtre deuz, à cauſe de paix & appointemés rompus les ans precedés. Il emporta toute leur artillerie & armeures, & feit raſer toutes les tours & murailles de
la cité.

*rue, exemp.
vi.il.

Apres qu'il eut fait tout cela, il s'en retourna en ſon pays: où il fut recueilly
à grand gloire & grand'obeiſſance: & par eſpecial de ceux de Gand, qui parauant qu'il entraſt au pays du Liege, eſtoient comme en rebellió auec aucunes
des autres villes: mais à ceſte heure le recueillirét cóme vainqueur: & furét apportees toutes les bannieres, par les plus notables de la ville, au deuát de luy,
iuſques à Brucelles, & ceux qui les apportoient, vindrent à pied. Ce qu'ils feirét à cauſe qu'à l'heure du treſpas de ſon pere, lors qu'il feit ſon entree à Gád,
premier qu'en nulle autre ville de ſon pays, ayant ceſte opinion que c'eſtoit
la ville de ſon pays, où il eſtoit le plus aymé, & qu'à l'exemple de ceſte là ſe ré-
geroient les autres (comme il diſoit vray en ce ce cas dernier) le lendemain
qu'il y eût fait ſon entrée, ils ſe meirent en armes ſur le marché & y porterent
vn ſainct, qu'ils nóment ſainct Lieuin, & heurterét de la chaſſe dudiíct Sainct
contre vne petite maiſon, appellee la maiſon de la Cueillette, où l'on leuoit
aucunes gabelles ſur le bled, pour payer aucunes debtes de la ville, qu'ils a-
uoient faictes pour payer le Duc Philippe de Bourgongne, quand ils feirent*
paix de la guerre auec luy (car ils auoient eſté en guerre deux ans cótre lediíct
Duc) & en effect ils dirent que lediíct ſainct vouloit paſſer par la maiſon, ſans
ſe tordre: & en vn moment l'abbatirent. Quoy voyant lediíct Duc alla ſur le
marché, & móta en vne maiſon pour parler à eux: & lors grád partie de notables hómes, tous armez, l'attédirét: & en paſſant luy offrirent d'aller auec luy.

Gantois en
train de re-
bellion.

*la paix de
Gand auec
luy, exemp.
luy.

Il les

Il les feit demourer deuant l'hoftel de la ville, & qu'ils l'attendiffent: mais peu à peu, le menu peuple*le contraignit d'aller fur le marché. Le Duc eftant illec, il leur commanda qu'ils leuaffent cefte chaffe, & qu'ils la raportaffent en l'Eglife. Aucuns la leuoient pour luy obeïr, & d'autres la remettoient. Ils luy feirent des demandes contre aucuns particuliers de la ville, touchant aucuns deniers. Il leur promit faire iuftice. Et quand il veit qu'il ne les pouuoit departir, il s'en retourna en fon logis, & eux demeurerent fur le marché, par l'efpace de huiĉt iours. Le lendemain luy apporterent articles, par lefquels ils luy demandoient tout ce que le Duc Philippe leur auoit ofté par * cefte guerre: & entre autres chofes, que chafcun meftier peuft auoir fa banniere, comme ils auoient accouftumé, qui font feptante deux. Pour la doubte en quoy il fe veit, il fut contrainĉt de leur accorder toutes leurs demádes, & tels priuileges qu'ils vouloient, & incontinent qu'il eut dit le mot, apres plufieurs allees & venuës, ils planterent fur le marché toutes les bánieres qui ja eftoiét faiĉtes. Parquoy ils monftrerét bien qu'ils les euffent prinfes oultre fon vouloir, quand il ne les euft accordees. Il auoit bonne opinion de dire que les autres villes prendroient exemple à fon entree, quand il la feit premier à Gand: car plufieurs feirent rebellion à fon exemple, comme de tuér officiers, & autres excez. Et s'il euft creu le prouerbe de fon * peuple (lequel difoit que ceux de Gand aymoient bien le fils de leur Prince, mais le Prince non iamais) il n'euft point efté deceu. Et à la verité dire, apres le peuple de Liege, il n'en eft nul plus inconftant que ceux de Gand. Vne chofe ont ils affez hónefte, felon leur mauuaiftié: car à la perfonne de leur Prince ne toucherent iamais, & les Bourgeois, & les notables hommes, font trefbonnes gens, & tres-defplaifans de la folíe du peuple.

Il auoit efté de neceffité que lediĉt Duc euft diffimulé toutes ces defobeiffances, afin de non auoir guerre à fes fubieĉts, & aux Liegeois enfemble: mais il faifoit bien fon compte que s'il luy prenoit bié au voyage qu'il faifoit, il les rameneroit bien à la raifon, & ainfi en aduint. Car comme i'ay defia dit, ils apporterent au deuant de luy toutes les bannieres à pied, iufques à Brucelles, & toûs les priuileges, & les lettres qu'ils luy auoiét fait figner au partir qu'il feit de Gand. Et en vne grand' affemblée qu'il feit en la grand' falle de Brucelles (où il y auoit beaucoup d'Ambaffadeurs) luy prefenterent lefdiĉtes banniercs, & femblablement tous leurs priuileges, pour en faire à fon plaifir: & lors fes officiers d'armes, par fon commandement, ofterent lefdites bannieres des lances en quoy elles eftoiét attachees, & furét toutes enuoyees à Boulongne fur la mer, à*huiĉt lieuës de Calais: (là où eftoiét encores celles qui leur furét oftees durant le temps de fon pere le Duc Philippe, apres les guerres qu'il auoit euës auec eux, où il les auoit vaincus & fubiuguez) & le Chancelier dudiĉt Duc print tous leurs priuileges, & en caffa vn qu'ils auoient, qui eftoit touchant leur loy. Car en toutes les autres villes de Fládres, le Prince renouuelle tous ceux de la loy, chafcun an, & fait ouïr leurs comptes: mais à Gand, par ce priuilege, il ne pouuoit creer que quatre hommes : & ceux là faifoient le demourant, qui font vingt & deux: car en tout font vingt & fix Efcheuins de la ville. Quand ceux qui font de la loy des villes, font bons pour le Com-

E ij

te de Flandres, il est ceste annee là en paix, & luy accordent volontiers ses requestes: & au contraire, quand lesdicts de la loy ne luy sont bons, il y suruiét volontiers des nouuelletez. Outre ils payerét trente mille florins au Duc, & six mille à ceux qui estoiét à l'étour de luy: & bannirét aucuns de leur ville, & tous leurs autres priuileges furent rédus. Toutes les autres villes se pacifierét pour argent, car ils n'auoiét en rien entrepris contre luy. Et à toutes ces choses on peut bien veoir le bié qui aduiét d'estre vainqueur, & aussi le dommage d'estre vaincu. Parquoy on doit bié craindre de se mettre en hazard d'vne bataille, qui n'y est contraint: & si force est qu'on y viéne, faut mettre auát le coup toutes les doubtes dont on se peut aduiser. Car volótiers ceux qui font les choses en crainte, y donnét les bonnes prouisiós, & plus souuét gaignét, que ceux qui y procedent auec grand orgueil: combien que quand Dieu y veut mettre la main, rien n'y vault.

Or estoient les Liegeois, desquels auons parlé cy dessus, excómuniez cinq ans auoit, pour le different de leur Euesque, dont ne faisoient nulle estime: mais continuoient en leur folie & mauuaise opinió, sans qu'ils eussent sceu dire qui les mouuoit, fors trop de bié & grád orgueil. Et à ce propos vsoit le Roy Louis d'vn mot à mon gré bien sage, où il disoit: que quád orgueil cheuauche deuant, hóte & dommage le suiuent de bien pres: & de ce peché n'estoit-il point entaché.

Comment le Roy, voyant ce qui estoit aduenu aux Liegeois, feit quelque peu de guerre en Bretagne, contre les alliez du Duc de Bourgongne: & comment ils se veirent & parlerent ensemble eux deux à Peronne.

CHAP. V.

ET comme ces choses furét faictes, se retira ledict Duc à Gád, où il luy fut faicte vne bien venue de grád despéce: & y entra en armes: & luy fut faicte par ceux de la ville, vne sortie aux cháps, pour mettre hors de la ville, ou dedás gés à son plaisir. Plusieurs Ambassadeurs du Roy y vindrét, & de luy au Roy. Semblablemét luy en venoit de Bretaigne, & aussi y enuoyoit. Ainsi se passa cest hyuer, & taschoit tousiours fort le Roy de faire cósentir ledict Duc qu'il peust faire à son plaisir de ce qui estoit en Bretaigne, & faire audict Duc aucuns partis en recópése. Cela ne pouuoit accorder, dót desplaisoit au Roy, veu encores ce qui estoit aduenu aux Liegeois ses alliez. Et finalemét si tost que l'Esté fut venu, ne peut le Roy auoir plus de patience, & entra en Bretaigne, ou ses gens pour luy, & y print deux petits chasteaux: l'vn appellé Chantósse, & l'autre *Anceny. Incótinent vindrent ces nouuelles au Duc de Bourgongne, qui fut fort pressé & sollicité des Ducs de Normandie & de Bretaigne: tant qu'à toute diligéce feit son armée, & escriuit au Roy, luy suppliant qu'il se voulust deporter de ceste entreprinse, veu qu'ils estoiét compris en la trefue, & ses alliez: & voyant qu'il n'auoit response à son plaisir, se mit aux champs pres de la ville de Peronne, auec grand nombre de gens. Le Roy estoit à Compiegne, & son armee tousiours en Bretaigne. Cóme le Duc eut seiourné là trois ou quatre iours, vint de par le Roy le Cardinal

Balue

Balue Ambaſſadeur(qui peu y arreſta)& feit aucunes ouuertures, diſant audict
Duc que ceux qui eſtoient en Bretaigne, pourroient bien accorder ſans luy.
Touſiours eſtoiét les fins du Roy de les ſeparer. Toſt fut depeſché ledict Cardinal,& luy fut fait honneur & bonne chere:& s'en retourna auec telles paroles, c'eſt que ledict Duc ne s'eſtoit point mis aux champs pour greuer le Roy,
ny luy faire guerre, mais ſeulement pour ſecourir ſes alliez : & n'y auoit que
doulces paroles d'vn coſté & d'autre.

Incontinent apres le partement dudict Cardinal, arriua deuers ledict Duc
vn heraut, appellé Bretaigne, & luy apporta lettres des Ducs de Normandie
& de Bretaigne, contenans comme ils auoient fait paix auec le Roy, & renoncé à toutes alliances, & nommément à la ſienne : & que pour tous partages, le-   *Charles Duc
dict Duc de Normandie deuoit auoir ſoixante mille liures de rente, & renon-   *de Norman-
cer au partage de Normandie, qui n'agueres luy auoit eſté baillé. De cecy n'e-   *die contrainte
ſtoit point trop content ledict monſeigneur Charles de France : mais il eſtoit   *de chāger ſon
forcé qu'il diſſimulaſt. Bien fort eſbahy fut le Duc de Bourgógne de ces nou-   *Duché en v-
uelles, veu qu'il ne s'eſtoit mis aux champs que pour ſecourir leſdicts Ducs :   *ne penſion.
& fut en treſgrand danger le heraut : & penſoit ledict Duc(pource qu'il eſtoit
paſſé par le Roy)qu'il euſt côtrefait ſes lettres, toutesfois il eut ſemblables lettres par ailleurs. Il ſembla bien lors au Roy qu'il eſtoit à la fin de ſon intention,   *Le Roy dōne
& qu'aiſement il gaigneroit ledict Duc à ſemblablement abandóner les Ducs   *au Duc de
deſſus nommez, & commencerent à aller meſſagers ſecrets de l'vn à l'autre : &   *Bourg. les de-
finalement donna le Roy audict Duc de Bourgógne ſix vingts mil eſcus d'or,   *ſpēs de la le-
dont il en paya la moitié content, auant ſe leuer du Champ, pour les deſpens   *uée de ſon ar-
qu'il auoit fait à mettre ſus l'armée.   *mée côtre luy.

Ledict Duc enuoya audict ſeigneur vn ſien valet de chambre appellé Iean
*Vobriſſet, homme fort priué de luy. Le Roy y print grand' fiance, & eut vou-   *Boſtiſe,
loir de parler audict Duc, eſperant de le gaigner de tous poincts à ſa volonté,   *exemp. vieil.
veu les mauuais tours que les deux Ducs deſſuſdicts luy auoient faicts, & veu
auſſi ceſte grand' ſomme d'argent qu'il luy auoit donnee, & en mandoit quelque choſe audict Duc par ledict *Vobriſſet, & enuoya auec luy derechef le   *Exem. vieil
Cardinal Balue, & meſſire Tanneguy du Chaſtel, gouuerneur de Rouſſillon,   *en ce lieu,
monſtrans par leurs paroles que le Roy auoit treſgrand deſir que ceſte veuë ſe   *Dabobuſe.
feiſt. Ils trouueren le ledict Duc à Peronne, lequel n'en auoit point trop d'enuie, pource qu'encores les Liegeois faiſoiét ſigne de ſe vouloir rebeller, à cauſe
de deux Ambaſſadeurs que le Roy leur auoit enuoyez (pour les ſoliciter de ce   *Le Roy ſolici-
faire)auant ceſte trefue, qui eſtoit prinſe, pour peu de iours, entre le Roy & le   *te les Liegeois
Duc & tous autres leurs alliez. A quoy reſpondit ledict Balue, & autres de ſa   *à ſe reuolter,
compaignie, que leſdicts Liegeois ne l'oſeroient faire, veu que ledict Duc de   *derechef.
Bourgongne les auoit deſtruits l'an paſſé, & abbatu leurs murailles : & quād ils
verroient ceſt appointement, ſi leur en paſſeroit le vouloir, ſi aucun en auoiét
eu. Ainſi fut conclu que le Roy viendroit à Peronne (car tel eſtoit ſon plaiſir)   *Le Duc de
& luy eſcriuit ledict Duc vne lettre de ſa main, portāt ſeureté d'aller & retour-   *Bourg. enuoie
ner, bien ample. Ainſi partirét leſdicts Ambaſſadeurs, & allerét deuers le Roy,   *lettres de ſeu-
qui eſtoit à Noyon.   *reté au Roy
                                                                               *pour venir à
Ledict Duc cuidoit donner ordre au faict du Liege, & y enuoya l'Eueſque   *Peronne.

pour lequel estoit ce debat audict païs:& se retira auec luy le seigneur d'Hymbercourt, Lieutenant dudict Duc, audict païs, & plusieurs autres compagnies.

Vous auez entendu par quelle maniere auoit esté conclu que le Roy viendroit à Peronne. Ainsi le feit, & n'amena nulle garde : mais voulut venir de tous
poincts à la garde & seureté dudict Duc:& voulut que monseigneur des Cordes luy vinst au deuant auec les Archiers dudict Duc (à qui il estoit pour lors)
pour le conduire. Ainsi fut fait. Peu de gens vindrent auec luy, toutesfois il y
vint de grands personnages, comme le Duc de Bourbō, son frere le Cardinal,
& le Comte de sainct Paul, Connestable de France, qui en rien ne s'estoit meslé
de ceste veüe, mais luy en desplaisoit: car pour lors le cœur luy estoit creu,
& ne se trouuoit point humble enuers ledict Duc comme autresfois, &
pour ceste cause n'y auoit nulle amour entre les deux. Aussi y vint le Cardinal
Balue, le Gouuerneur de Roussillon, & plusieurs autres. Comme le Roy approcha de la ville de Peronne, ledict Duc luy alla au deuant, fort bien accompagné, & le mena en la ville, & le logea chez le Receueur (qui auoit belle
maison & pres du chasteau) car le logis du chasteau ne valoit rien, & y auoit
petit logis.

La guerre entre deux grans Princes est bien aisee à commencer, mais tres-
mauuaise à appaiser, pour les choses qui y aduiennent, & qui en descendent.
Car maintes diligences se font de chascun costé pour greuer son ennemy, qui
en si soudain moment ne se peuuent r'appeller:comme il se voit par ces deux
Princes, qui auoient entreprins ceste veüe si soudainement, sans aduertir leurs
gés qui estoient loing:lesquels de tous les deux costez accoplissoient les charges que leurs maistres leur auoient baillees. Le Duc de Bourgongne auoit mā-
dé l'armee de Bourgongne, où pour ce temps là auoit grand' Noblesse:& auec
eux venoiét monseigneur de Bresse, l'Euesque de Geneue, le Côte de Romōt,
tous freres & enfans de la maison de Sauoye(car Sauoisiens & Bourguignons
de tout temps s'entr'aymoiét tres-fort)& aussi aucuns Allemans(qui confinét
tant en Sauoye qu'en la Comté de Bourgongne)estoiét en ceste bande. Et faut
entédre que le Roy auoit autresfois tenu le seigneur de Bresse en prison, à cause de deux cheualiers qu'il auoit fait tuer en Sauoye : parquoy n'y auoit pas
grand' amour entre eux deux.

En ceste compagnie estoit encores monseigneur du Lau (que le Roy semblablement auoit long temps tenu prisonnier, apres auoir esté tres-prochain
de sa personne: & puis s'estoit eschappé de la prison, & retiré en Bourgongne)
& messire Poncet de Riuiere, & le seigneur d'Vrfé, depuis Grand Escuyer de
France. Et toute ceste bande, dont i'ay parlé, arriua aupres de Peronne, comme le Roy entroit:& entra ledict de Bresse, & les trois dont i'ay parlé, en la
ville de Peronne, portans la Croix sainct André: & cuydoient venir à temps
pour accompagner ledict Duc de Bourgongne, quand il iroit au deuant du
Roy: mais ils arriuerent vn peu trop tard. Ils vindrét tout droit en la chambre
du Duc luy faire reuerence: & porta monseigneur de Bresse la parolle, suppliant au Duc que les trois dessus nommez vinssent là en sa seureté, nonobstāt
la venüe du Roy, ainsi comme il leur auoit esté accordé en Bourgongne, &
promis à l'heure qu'ils y arriuerent: & aussi qu'ils estoient prests à le seruir

enures

enuers tous & côtre tous,Laquelle requeste ledict Duc leur octroya de bouche,& les remercia. Le demeurant de ceste armée qu'auoit conduict le Mareschal de Bourgongne,se logea aux champs,comme il fut ordonné. Ledict
Mareschal ne vouloit point moins de mal au Roy , que les autres dont i'ay
parlé:à cause de la ville de Pinal,assise en Lorraine,qu'il auoit autresfois donnée audict Mareschal,& puis la luy osta pour la donner au Duc Iean de Calabre,duquel assez de fois a esté parlé en ces presens memoires. Tost fut le Roy
aduerty de l'arriuée de tous ces gens dessus nommez , & des habillemens en
quoy estoient arriuez : Si entra en grand' paour , & enuoya prier au Duc de
Bourgongne qu'il peust loger au chasteau,& que tous ceux là qui estoiét venus,estoient ses mal veillans. Ledict Duc en fut tres-ioyeux , & luy feit faire
son logis,& l'asseura fort de n'auoir nulle doubte.

*Digression , sur l'auantage que les lettres,& principalement en histoires,
font aux Princes & grands Seigneurs.*

CHAP. VI.

IE trouue que c'est grand' folie à vn Prince de soy soubs-mettre à la
puissãce d'vn autre,par especial quãd ils sont en guerre, * où par especial quãd ils ont esté en tous endroits : & est grãd aduãtage aux Princes d'auoir veu des histoires en leur ieunesse,esquelles se voyent largement
de telles assemblees & de grandes fraudes , tromperies , & pariuremens,
qu'aucuns des anciens ont fait les vns vers les autres : & prins & tuez ceux
qui en telles seuretez s'estoient fiez. . Il n'est pas dict que tous en ayent
vsé: mais l'exemple d'vn est assez pour en faire sages plusieurs , & leur donner vouloir de se garder:& est,ce me semble (à ce que i'ay veu plusieurs fois
par experience de ce móde,où i'ay esté autour des Princes l'espace de dixhuict
ans ou plus,ayant claire cógnoissance des plus grandes & secrettes matieres qui se soyent traictees en ce Royaume de France & Seigneuries voisines)
l'vn des grãds moyens de rédre vn hóme sage, est d'auoir leu les histoires anciennes,& apprendre à se conduire & garder, & entreprendre sagement par
icelles & par les exemples de nos predecesseurs. Car nostre vie est si briefue
qu'elle ne suffist à auoir de tant de choses experiéce. Ioint aussi que nous sommes diminuez d'aage, & que la vie des hommes n'est si longue comme elle
souloit,ny les corps si puissans. Semblablement que nous sommes affoiblis
de toute foy & loyauté les vns enuers les autres : & ne sçaurois dire par quel
lieu on se puisse asseurer les vns des autres:& par especial des grands,qui sont
assez enclins à leur volonté,sans regarder autre raison:& qui pis vault,sont le
plus souuent enuironnez de gens qui n'ont l'œil à autre chose qu'à complaire à leurs maistres,& à leur loüer toutes leurs œuures,soient bonnes ou mauuaises : & si quelqu'vn se trouue qui vueille mieux faire , tout se trouuera
brouillé.

Encores ne me puis-je tenir de blasmer les seigneurs ignorans. Enuiron
tous seigneurs se trouuent volontiers quelques Clercs & gens de robbes
longues(comme raison est)& y sont bien seans, quand ils sont bons : & bien
dangereux, quand ils sont mauuais. A tous propos ont vne loy au bec,ou

E iiij

* Le vieil exempl. raye cela iusques à, & quand.

vne histoire: & la meilleure qui se puisse trouuer, se tourneroit bien à maulluais sens: mais les sages & qui auroyent leu, n'en seroyent iamais abusez: ny
,, ne seroyent les gens si hardis, de leur faire entendre mensonges. Et croyez
,, que Dieu n'a point estably l'office de Roy ny d'autre Prince, pour estre exer-
,, cé par les bestes, ne par ceux qui par gloire dient: Ie ne suis pas Clerc, ie laisse
,, faire à mon côseil, ie me fie en eux: Et puis, sans assigner autre raison, s'en vot
,, en leurs esbats. S'ils auoient esté bien nourris en la ieunesse, leurs raisons se-
,, roient autres, & auroyêt enuie qu'on estimast leurs personnes & leurs vertus.
Ie ne veux point dire que tous les Princes se seruent de gens mal conditionnez: mais bien la pluspart de ceux que i'ay cognus, n'en ont pas tousiours e-
sté garnis. En temps de necessité ay-ie bien veu que les aucuns sages se sont
bien sceu seruir des plus apparens, & les chercher sans y rien plaindre: & en-

tre tous les Princes, dont i'ay eu la cognoissance, le Roy nostre maistre l'a
mieux sceu faire, & plus honorer & estimer les gens de bien & de valeur. Il

estoit assez lettré, il aymoit à demander, & à entêdre de toutes choses: & auoit
le sens naturel parfaictement bon, lequel precede toutes autres sciêces, qu'ô
sçauroit apprendre en ce monde: & tous les liures qui sont faits ne seruiroyêt
de rié, si n'estoit pour ramener en memoire les choses passees: & qu'aussi plus
on voit de choses en vn seul liure en trois moys, que n'en sçauroyent veoir à
l'œil & entendre par experience, vingt hommes de rang, viuâs l'vn apres l'autre. Ainsi pour conclurre cest article, me semble que Dieu ne peut enuoyer
,, plus grand playe en vn pays, que d'vn Prince peu entendu: car de là procedêt
,, tous autres maux. Premierement en vient diuision & guerre: car il met tous-
,, iours en main d'auttuy son authorité, qu'il deuroit plus vouloir garder que
,, nulle autre chose: & de ceste diuision procede la famine & mortalité, & les
,, autres maux qui dependent de la guerre. Or regardez doncques, si les sub-
,, iects d'vn Prince ne se doibuent point bien douloir, quand ils voyent ses
,, enfans mal nourris, & entre mains de gens mal conditionnez.
,,

---

*Comment, & pourquoy le Roy Louys fut arresté, & enfermé dedans le chasteau de
Peronne, par le Duc de Bourgongne.* CHAP. VII.

O R auez vous ouy de l'arriuée de ceste armée de Bourgongne: laquelle fut à Peronne presque aussi tost que le Roy: car ledict Duc ne les
eust sceu contremander à temps, pour ce que bien auant estoyent en
campaigne, quand la venuë du Roy se traictoit: & troublerent assez la feste,
auec les suspicions qui aduindrent apres. Toutesfois ces deux Princes com-
mirent de leurs gens à estre ensemble, & traicter de leurs affaires le plus
amiablement que faire se pourroit: & comme ils estoyent bien auant en
besongne, & ia y auoyent esté par trois ou quatre iours, suruindrent
de tres-grandes nouuelles du Liege, lesquelles ie vous diray. Le Roy,

en venant à Peronne, ne s'estoit point aduisé qu'il auoit enuoyé deux
Ambassadeurs au Liege, pour les solliciter contre ledict Duc: & neantmoins lesdicts Ambassadeurs auoyent si bien diligenté qu'ils auoyent
ia faict vn grand amas: & vindrent d'emblée les Liegeois surprendre
la ville

la ville de Tongres,où eſtoit l'Eueſque du Liege, & le ſeigneur d'Hymber- *Tongres re-*
court bien accompaigné,iuſques à deux mille hommes & plus:& prindrent *priſe par les*
Liegeois.
lediCt Eueſque,& lediCt d'Hymbercourt,mais peu de gens y furent tuez, & *Himbercourt*
pris des Lie-
n'en prindrent nuls que ces deux,& aucuns particuliers de l'Eueſque.Les au- *geois,&ſau-*
né d'iceux.
tres s'enfuirent & laiſſerent tout ce qu'ils auoient, comme gens deſconfits.
Apres cela leſdiCts Liegeois ſe mirent en chemin vers la cité de Liege, aſſiſe
aſſez pres de ladiCte ville de Tongres.   En chemin compoſa lediCt ſeigneur
d'Hymbercourt auec vn cheualier,appellé meſſire Guillaume de Ville, autrement diCt entre les François,le Sauuage. CediCt cheualier ſauua lediCt
d'Hymbercourt,craignant que ce fol peuple ne le tuaſt:& retint ſa foy,qu'il
ne garda gueres,car peu apres il fut tué luy meſme. Ce peuple eſtoit ſort *Eueſque du*
Liege par
ioyeux de la prinſe de leur ſeigneur Eueſque du Liege. Ils auoient en haine *eux pris.*
pluſieurs Chanoines,qu'ils auoient prins ce iour,& à la premiere repeüe, en
tuerent cinq ou ſix. Entre les autres en y auoit vn, appellé maiſtre Robert,
fort priué dudiCt Eueſque,que pluſieurs fois i'auoye veu armé de toutes pieces apres ſon maiſtre:car telle eſt l'vſance des Prelats d'Allemaigne. Ils tue- *Cruauté des*
rent lediCt maiſtre Robert, preſent lediCt Eueſque, & en feirent pluſieurs *Liegeois.*
pieces qu'ils ſe iettoient à la teſte l'vn de l'autre,par grand deriſion. Auant
qu'ils euſſent fait ſept ou huiCt lieuës,qu'ils auoient à faire, ils tuerent iuſ- *Chanoines*
mal accou-
ques à ſeize perſonnes Chanoines,ou autres gens de bien,quaſi tous ſerui- *ſtrez par les*
teurs dudiCt Eueſque.Faiſans ces œuures laſcherent aucuns Bourguignons: *Liegeois.*
car ja ſentoient le traiCté de paix encommencé:& euſſent eſté *cotraints de *contens,*
exemp.vieil.
dire que ce n'eſtoit que contre leur Eueſque : lequel ils menerent priſonnier
en leur cité. De ceux qui fuyoient, dont i'ay parlé, s'effraya tout le quartier
par où ils paſſoient:& vindrent toſt ces nouuelles au Duc. Les vns diſoient
que tout eſtoit mort,les autres le contraire.De telles matieres ne vient point
volontiers vn meſſager ſeul:mais en vindrent aucuns,qui auoient ainſi veu
habiller ces Chanoines, qui cuydoient que lediCt Eueſque fuſt de ce nombre,& lediCt ſeigneur d'Hymbercourt, & que tout le demeurant fuſt mort:
& certifioient auoir veu les Ambaſſadeurs du Roy en ceſte compagnie, &
les nommoient.Et fut compté tout cecy audiCt Duc, qui ſoudainement y
adiouſta foy : & entra en vne grand colere, diſant que le Roy eſtoit venu là *Le Roy Loys*
enfermé à
pour le tromper,& ſoudainement enuoya fermer les portes de la ville,& du- *Peronne.*
chaſteau,& feit ſemer vne aſſez mauuaiſe raiſon : c'eſtoit qu'ó le faiſoit pour
vne boeſte qui eſtoit perdue,où il y auoit de bonnes bagues & de l'argent.
Le Roy qui ſe veit enfermé en ce chaſteau (qui eſt petit) & force Archiers à
la porte,n'eſtoit point ſans doubte : & ſe voyoit logé raſibus d'vne groſſe
tour,où vn Comte de Vermãdois auoit fait mourir vn ſié predeceſſeür Roy
de France.Pour lors eſtoys encores auec ledit Duc, & le ſeruoys de Chambellã,& *couchois en ſa chambre quãd ie voulois:car telle eſtoit l'vſance de *entrois,*
exemp.vieil.
ceſte maiſon.LediCt Duc,quand il veit les portes fermees,feit ſaillir les gens *Commines*
chambellan
de ſa chambre, & dit à aucuns que nous eſtions, que le Roy eſtoit venu là *du Duc de*
pour le trahir, & qu'il auoit diſſimulé ladiCte venuë de toute ſa puiſſance, & *Bourgongne.*
qu'elle s'eſtoit faiCte cõtre ſon vouloir: & va compter les nouuelles du Liege, & comme le Roy l'auoit fait conduire par ſes Ambaſſadeurs, & comme

tous les gens auoient esté tuez: & estoit terriblement esmeu côtre le Roy, &
le menaßoit fort: & croy veritablement, que si à ceste heure là il eust trouué
ceux à qui il s'adreßoit, prests à le conforter ou côseiller de faire au Roy vne
mauuaise côpagnie, il eust esté ainsi fait: & pour le moins, eust esté mis en ceste grosse tour.   Auec moy n'y auoit à ces parolles que deux valets de chambre, l'vn appellé Charles *de Visin, natif de Dijon, home honneste, & qui a-
uoit credit enuers son maistre. Nous n'aigrismes rien, mais adoulcismes à nostre pouuoir. Tost apres tint aucunes de ces parolles à plusieurs, & coururent
par toute la ville, & iusques en la châbre ou estoit le Roy: lequel fut fort ef-
frayé, & si estoit generalement chascun, voyant grand' apparence de mal, &
regardant quantes choses y a à considerer, pour pacifier vn differed, quand
il est comencé entre si grands Princes, & les erreurs qu'ils feirent tous deux
de n'aduertir leurs seruiteurs, qui estoiét loing d'eux, empeschez en leurs affaires, & ce qui soudainement en cuydâ aduenir.

Digreßion sur ce que quand deux grands Princes s'entre-voyent pour cuider appaiser
differends, telle veuë est plus dommageable que profitable.

CHAP. VIII.

Rand' folie est à deux grands Princes, qui sont comme esgaux en
puissance, de s'entre-voir, sinô qu'ils fussent en grâd' ieunesse: qui est
le téps qu'ils n'ôt autres pésees qu'à leurs plaisirs, mais depuis le téps
que l'enuie leur est venuë d'accroistre les vns sur les autres, encores qu'il n'y
eust nuls perils de personnes (ce qui est quasi impossible) si accroist leur mal-
ueilláce, & leur enuie. Parquoy vaudroit mieux qu'ils pacifiassent leurs differéds par sages & bôs seruiteurs, côme i'ay dit ailleurs plus au long en ces Memoires: mais encor en veux-je dire quelques experiences que i'ay veuës &
sceuës de mô téps. Peu d'annees apres que nostre Roy fut couroné, & auât le
bien public, se feit vne veuë du Roy de France & du Roy de Castille, qui
sont les plus alliez Princes qui soient en la Chrestienté: car ils sont alliez de
Roy à Roy, & de royaume à royaume, & d'homme à homme, & obligez sur
grandes maledictions de les bien garder. A ceste venuë vint le Roy Henry de
Castille bien accompagné, iusques à Fontarabie, & le Roy estoit à Saint Iean
de Luz, qui est à quatre lieües: chacun d'eux estoit aux confins de son royaume. Ie n'y estois pas: mais le Roy m'en a compté, & monseigneur du Lau.
Aussi m'en a esté dit en Castille par aucuns seigneurs qui y estoient auec le
Roy de Castille: & y estoit le Grand maistre de sainct Iaques, & l'Archeuesque de Tolledo, les plus grands de Castille pour lors. Aussi y estoit le Comte
de Lodesme, son mignon, en grand triomphe, & toute sa garde, qui estoient
quelques trois cens cheuaux de Maures de Grenade, dont y en auoit plusieurs Negrins. Vray est que le Roy Henry valoit peu de sa personne, & donnoit tout son heritage, ou se le laissoit oster à qui le vouloit ou pouuoit prédre. Nostre Roy estoit aussi fort accôpagné, cômme aués veu qu'il en auoit
bien de coustume: & par especial sa garde estoit belle. A ceste veuë se trouua
la Royne d'Arragon, pour quelque differend qu'elle auoit auec le Roy de
Castille, pour Estelle, & quelques autres places assises en Nauarre. De ce
differend

differend fut le Roy iuge. Pour continuer ce propos que la veuë des grands
Princes n'eſt point neceſſaire: ces deux icy n'auoient iamais eu differend, ne
rien à departir: & ſe veirent vne fois ou deux ſeulement, ſur le bord de la riuiere, qui depart les deux royaumes à l'endroit d'vn petit Chaſteau, appellé
Heurtebiſe: & paſſa le Roy de Caſtille du coſté de deça. Ils * n'arreſterét gueres, ſinon autant qu'il plaiſoit à ce grand Maiſtre de ſainct Iaques, & à ceſt
Archeueſque de Tolledo. Parquoy le Roy chercha leur accointance, & vindrent deuers luy à ſainct Iean de Luz, & print grand' intelligence & amitié auec eux, & peu eſtima leur Roy. La plus part des gens des deux Roys
eſtoient logez à Bayonne, qui d'entrée ſe batirent treſbien, quelque alliance qu'il y euſt. Auſſi ſont-ce langues differentes. Le Comte de Lodeſme paſſa la riuiere en vn baſteau, dont la voile eſtoit de drap d'or: & auoit des bro-
dequins fort chargez de pierreries, & vint vers le Roy. Il auoit largement de
biens, & depuis ie le vey duc d'Albourg, & tenir grand terre en Caſtille. Ainſi ſe dreſſoient moqueries entre ces deux nations ſi alliees. Le Roy de Caſtille
eſtoit laid, & ſes habillemens deſplaiſans aux François, qui s'en moquerent.
Noſtre Roy s'habilloit fort court, & ſi mal que pis ne pouuoit: & aſſez mauuais drap portoit aucunefois: & portoit vn mauuais chapeau, differant des
autres, & vne image de plomb deſſus. Les Caſtillans s'en moquoient, & diſoiét que c'eſtoit par chicheté. En effect ainſi ſe departit ceſte aſſemblée pleine de moquerie & de pique: & onques puis ces deux Roys ne s'entr'aymerét:
& ſe dreſſa de grands broüillis entre les ſeruiteurs du Roy de Caſtille qui ont
duré iuſques à ſa mort, & long temps apres: & l'ay veu le plus pauure Roy,
abandonné de ſes ſeruiteurs, que ie vey iamais: la Royne d'Arragon ſe dou-
lut de la ſentence que le Roy donna au profit du Roy de Caſtille. Elle en eut
le Roy en grand' haine, & le Roy d'Arragon auſſi: combien qu'vn peu s'aiderent de luy contre ceux de Barcelonne en leur neceſſité: mais peu dura ceſte a-
mitié, & y eut dure guerre entre le Roy & le Roy d'Arragon plus de ſeize ans,
& encores dure ce differend.

Il faut parler d'autres. Le Duc de Bourgongne Charles s'eſt depuis veu (à
ſa grand' requeſte) auec l'Empereur Federic, qui lors eſtoit viuant: & y feit
merueilleuſe deſpence, pour monſtrer ſon triomphe, & traicterent de pluſieurs choſes à Treues, où ceſte veuë ſe feit: & entre autres choſes, du mariage de leurs enfans, qui depuis eſt aduenu. Comme ils eurent eſté pluſieurs
iours enſemble l'Empereur s'en alla ſans dire Adieu, à la grand' honte & folie dudit Duc. Onecques puis ne s'entr'aimerent, ne eux ne leurs gens: les Allemans meſpriſoient la pompe & la parole dudit Duc, l'attribuant à orgueil.
Les Bourguignons meſpriſoient la petite compagnie de l'Empereur, & les
pauures habillemens. Tant ſe demena la queſtion, que la guerre qui fut à
Nuz en aduint. Ie vey auſſi ledit Duc de Bourgongne, qui ſe veit à Sainct
Paul en Artois auec le Roy Edoüard d'Angleterre, dont il auoit eſpouſé la
ſœur, & eſtoient freres d'ordre. Ils furent deux iours enſemble, les ſeruiteurs du Roy eſtans fort bandez. Les deux parties ſe plaignoient audit Duc,
lequel preſta l'aureille aux vns plus qu'aux autres, dont leur haine s'accreut.
Toutesfois il aida audit Roy à recouurer ſon Royaume, & luy bailla gens,

* Ils ne ſe
gouſterent
pas fort:
mais par
eſpecial
cogneut
noſtre Roy
que le Roy
de Caſtille
ne pouuoit
gueres, ſi-
non, &c.
exemp. vieil.

*Habillemés
du Roy Loys
quelquefois
mechaniques*

*Entreueuüe
de l'Empe-
reur & du
Duc de Bour-
gongne.*

*Entreueüe
du Roy d'An-
gleterre &
du Duc de
Bourgongne.*

argent, & nauires (car il en estoit chassé par le Comte de Vvaruich.) Et nonobstant ce seruice (dont il recouura ledit Royaume) iamais depuis ils ne s'aymerent, ne dirent bien l'vn de l'autre. Ie vey venir vers ledict Duc, le Comte
Palatin du Rhin, pour le voir, lequel fut plusieurs iours à Bruxelles fort fe-
stoyé, recueilly, honoré, & logé en chambre richement tendue. Les gens dudict Duc disoient que ces Allemans estoient ords, & qu'ils iettoient leurs
houseaux sur ces licts si richement parez, & qu'ils n'estoient point honnestes
comme nous, & l'estimerent moins qu'auant le cognoistre : & les Allemans,
comme enuieux parloient & mesdisoient de ceste grande pompe. En effect
oncques puis ne s'aymerent, ny ne firent seruice l'vn à l'autre. Ie vey aussi venir vers ledict Duc, le Duc Sigismond d'Austriche, qui luy vendit la Comté
de Ferrette, assise pres la Comté de Bourgongne, cent mil florins d'or, pource qu'il ne la pouuoit deffendre des Suisses. Ces deux Seigneurs ne pleurent
gueres l'vn à l'autre, & depuis se pacifia ce Duc Sigismond auec les Suisses, &
osta audict Duc ladicte Comté de Ferrette, & retint son argent : & en aduint
des maux infinis audict Duc de Bourgongne. En ce temps propre y vint le
Comte de Vvaruich, qui oncques-puis semblablement ne fut amy du Duc
de Bourgongne, ne ledict Duc le sien.

Ie me trouuay present à l'assemblée qui se feit au lieu de Picquiny (pres la
ville d'Amiens) entre nostre Roy & le Roy Edoüart d'Angleterre: & en parleray plus au long où il seruira. Il se tint bien peu de choses entre eux qui y furent promises. Ils besongneret en dissimulatiõs, vray est qu'ils n'euret plus de
guerre (aussi la mer estoit entre eux deux) mais parfaicte amitié n'y eut iamais.
Et pour * conclusion, me semble que les grands Princes ne se doiuent iamais
veoir, s'ils veulent demourer amis, comme ie l'ay dit : & voicy les occasions
qui font les troubles. Les seruiteurs ne se peuuent tenir de parler des choses
passees, les vns ou les autres le prennent en despit : il ne peut estre que les gens
& le train de l'vn ne soit mieux accoustré que celuy de l'autre, dont s'engen-
drent moqueries : qui sont choses qui desplaisent merueilleusement à ceux
qui sont moquez. Et quand ce sont deux nations differentes, leurs langages
& habillemens sont differents : & ce qui plaist à l'vn ne plaist pas à l'autre. Des
deux Princes, il aduient souuét que l'vn a le personnage plus honneste & plus
aggreable aux gens que l'autre, dont il a gloire & prend plaisir qu'on le loüe :
& ne se fait point cela sans blasmer l'autre. Les premiers iours qu'ils se sot departis, tous ces bons comptes se dient en l'oreille & bas : & apres par * inad-
uertence s'en parle en * disant, en frappát, & puis est rapporté des deux costez.
Car peu de choses y a secrettes en ce monde, par special de celles qui sont
dictes. Icy sont parties de mes raisons, que i'ay veuës & sçeües, touchant ce
propos de dessus.

Comment le Roy renonça à l'alliance des Liegeois, pour sortir
hors du Chasteau de Peronne.

CHAP. IX.

I'ay

I'Ay beaucoup mis, auant que retourner à mon propos de l'arrest, en quoy estimoit le Roy estre à Peronne, dót i'ay parlé ci deuát, & en suis sorty, pour dire aux Princes mon aduis de telles assemblées. Ces portes ainsi fermées, & gardées par ceux qui y estoient commis, furent ainsi deux ou trois iours : & cependant ledict Duc de Bourgongne ne veit point le Roy, ny n'entroit des gens du Roy au Chasteau, que peu, & par le guichet de la porte. Nuls des gens dudict seigneur ne furent ostez d'auprés luy : mais peu, ou nuls de ceux du Duc alloient parler à luy, n'en sa chambre, au moins de ceux qui auoient authorité auec luy. Le premier iour, ce fut tout effroy & murmure par la ville. Le second iour ledict Duc fut vn peu refroidy : il tint conseil la plus part du iour, & partie de la nuict. Le Roy faisoit parler à tous ceux qu'il pouuoit penser qui luy pourroient aider, & ne failloit pas à promettre, & ordóna distribuer quinze mille escus : mais celuy qui en eut la charge en retint vne partie, & s'en acquitta mal, comme le Roy sceut depuis. Le Roy craignoit fort ceux qui autres-fois l'auoient seruy : lesquels estoient venus auec ceste armée de Bourgongne, dont i'ay parlé, qui ia se disoient au Duc de Normandie son frere. A ce conseil, dont i'ay parlé, y eut plusieurs opinions : la plus part louërent & furent d'aduis que la seureté qu'auoit le Roy luy fust gardée : veu qu'il accordoit assez la paix en la forme qu'elle auoit esté couchée par escrit. Autres vouloient sa prinse rudement, sans ceremonie : aucuns autres disoient qu'à diligence on feist venir monseigneur de Normandie son frere, & qu'on feist vne paix bien auantageuse pour tous les Princes de France. Et sembloit bien à ceux qui faisoient ceste ouuerture, que si elle s'accordoit, le Roy seroit restrainct, & qu'on luy bailleroit gardes : & qu'vn si grand seigneur prins, ne se deliure iamais ou à peine, quand on luy a fait si grand' offence. Et en vey les choses si aspres, que ie vey vn homme housé & prest à partir, qui ia auoit plusieurs lettres adressantes à monseigneur de Normandie estant en Bretaigne : & n'attendoit que les lettres du Duc, toutes-fois cecy fut rompu. Le Roy feit faire des ouuertures, & offrit de bailler en ostage le Duc de Bourbon, & le Cardinal son frere, le Connestable, & plusieurs autres : & qu'aprés la paix conclue, il peust retourner iusques à Compiegne : & qu'incontinent il feroit que les Liegeois repareroient tout, ou se declareroit contre eux. Ceux que le Roy nommoit pour estre ostages, s'offrirent fort, au moins en public. Ie ne sçay s'ils disoient ainsi à part, ie me doute que nó : & à la verité ie croy, qui les y eust laissez, ils ne fussent pas reuenus.

Ceste nuict, qui fut la tierce, ledict Duc ne se despouilla onc, seulement se coucha par deux ou trois fois sur son lict, & puis se pourmenoit : car telle estoit sa façon, quand il estoit trouble. Ie couchay ceste nuict en sa chambre, & me pourmenay auec luy plusieurs fois. Sur le matin se trouua en plus grand colere que iamais, vsant de menaces, & prest à executer grand chose : toutesfois il se reduisit en sorte, que si le Roy iuroit la paix, & vouloit aller auec luy au Liege, pour luy ayder à se venger, & monseigneur du Liege, qui estoit son parent, il se contenteroit : & soudainement partit pour aller en la chambre du Roy, & luy porter ces paroles. Le Roy eut quelque amy qui

l'en aduertit, l'asseurãt de n'auoir nul mal, s'il accordoit ces deux poincts : mais
s'il faisoit le contraire, il se mettroit en si grand peril, que nul plus grãd ne luy
pourroit aduenir.

Comme le Duc arriua en sa presence, la voix luy trembloit, tant il estoit esmeu, & prest de se courroucer. Il feit humble contenance de corps, mais sa ge-
ste & parolle estoit aspre, demandãt au Roy s'il vouloit tenir le traicté de paix,
qui auoit esté escript & accordé, & si ainsi le vouloit iurer : & le Roy luy respondit que ouy. A la verité il n'y auoit rien esté renouuellé de ce qui auoit e-
sté fait deuant Paris, touchant le Duc de Bourgongne, ou peu, ou moins : &
touchant le Duc de Normandie, *luy estoit beaucoup amendé : car il estoit
dict qu'il renonceroit à la Duché de Normandie, & auroit Champaigne &
Brie, & autres places voisines pour son partage. Apres luy demanda ledit Duc
s'il ne vouloit point venir auec luy au Liege, pour ayder à reuãcher la trahison
que les Liegeois luy auoient faicte, à cause de luy & de sa venuë, & aussi luy dit
la prochaineté du lignage, qui estoit entre le Roy & l'Euesque du Liege : car il
estoit de la maison de Bourbon. A ceste parole le Roy respõdit, qu'apres que la
paix seroit iurée (ce qu'il desiroit) il estoit contét d'aller auec luy au Liege, & de
mener des gens, si petit ou si grand nombre que bon luy sembleroit. Ces paroles esiouirent fort le Duc, & incontinent fut apporté le traicté de paix : & fut
tirée des coffres du Roy la vraye croix, que sainct Charlemagne portoit, qui
s'appelle la croix de Victoire : & iureret la paix, & tantost furét sonnees les cloches par la ville : & tout le monde fut fort esiouy. Autresfois a pleu au Roy me
faire cest honneur de dire, que i'auois bien serui à ceste pacification. Incontinent escriuit ledict Duc en Bretaigne ces nouuelles : & enuoya le double du
traicté, par lequel ne se desioignoit, ne se deslioit d'eux : & si auoit ledict monseigneur Charles bõ partage, veu le traicté qu'ils auoient fait en Bretaigne, par
lequel ne luy demouroit qu'vne pension, comme vous auez ouy.

---

*Comment le Roy accompagna le Duc de Bourgongne, faisant la guerre aux
Liegeois, par-auant ses alliez.*   CHAP. X.

INcontinent que ceste paix fut ainsi faicte & concluë, le lendemain
partirent le Roy & le Duc, & tirerent vers Cambray, & de là au pays
du Liege : & estoit à l'entrée de l'hyuer, & le temps estoit tresmauuais.
Le Roy auoit auec luy les Escossois de sa garde, & gensd'armes peu, mais il feit
venir iusques à trois cés hommes d'armes. L'armée dudict Duc estoit en deux
parties : l'vne menoit monseigneur le Mareschal de Bourgongne, (dont
vous auez ouy parler cy dessus) & y estoient tous les Bourguignons, &
ces Seigneurs de Sauoye, desquels vous auez ouy parler : & auec eux grand
nombre de gens du pays de Hainault, de Luxembourg, de Namur, & de
Lambourg. L'autre partie estoit auec ledict Duc. Et quand ils approcherent de la cité du Liege, on tint conseil present le Duc, où aucuns aduise-
rent qu'il seroit bon de renuoyer partie de l'armée : veu que ceste cité auoit
les portes & murailles rasées, dés l'an precedent, & que de nul costé n'auoient
esperance de secours : & aussi que le Roy estoit là en personne contre eux :

lequel

lequel ouuroit aucuns partis pour eux, quaſi tels qu'on les demādoit. Ceſte o-
pinion ne pleut pas au Duc, dont bien luy en print : car iamais homme ne fut
ſi preſt de perdre le tout : & la ſuſpiçion, qu'il auoit du Roy, luy feit choiſir ce
ſage party : & eſtoit tref-mal aduiſé à ceux qui en parloient de penſer eſtre
trop forts. C'eſtoit vne grande eſpece d'orgueil ou de folie, & maintesfois, »
i'ay ouy de telles opinions, & le font aucunesfois les capitaines pour eſtre e-»
ſtimez de hardieſſe, ou pour n'auoir aſſez de cognoiſſance de ce qu'ils ont à »
faire : mais quand les Princes ſont ſages, ils ne s'y arreſtent point.   Cet article »
entendoit bien le Roy noſtre maiſtre (à qui Dieu face pardon) car il eſtoit tar-
dif & craintif à entreprendre : mais à ce qu'il entreprenoit, il y pouruoyoit ſi
bien, qu'à grand peine euſt-il ſçeu faillir à eſtre le plus fort, & que la maiſtriſe
ne luy en fuſt demeurée.

   Ainſi fut ordonné que ledit Mareſchal de Bourgongne, & tous ceux dont
i'ay parlé, qui eſtoient en ſa compagnie, iroient loger en la cité : & ſi on ſa leur
refuſoit, ils y entreroient par force, s'ils pouuoient : car ja y auoit gens de la ci-
te allans & venans pour appointer : & vindrent les deſſuſdicts à Namur, & le
lendemain le Roy & le Duc y arriuerent, & les autres en partirent. Approchás
de la cité, ce fol peuple ſortit au deuant d'eux, & aiſément fut deſconfit, au
moins vn bon nóbre. Le demeurát ſe retira, & eſchappa leur Eueſque, lequel
vint deuers nous. Il y auoit vn Legat du Pape enuoyé pour pacifier, & pour
cognoiſtre du different de l'Eueſque & du peuple : car touſiours eſtoit en ſentence d'excommuniment, pour les offenſes & raiſons deuant dites.   Cedit
Legat excedant ſa puiſſance, & ſur eſperance de ſoy faire Eueſque de la cité,
fauoriſoit ce peuple, & leur commanda prendre les armes, & ſe deffendre, &
d'autres folies aſſez. Ledict Legat voyát le peril où eſtoit ceſte cité, ſortit pour
fuir. Il fut prins, & tous ſes gens, qui eſtoient bien vingt cinq, bien montez. Si
toſt que le Duc le ſçeut, il feit dire à ceux qui l'auoient, qu'ils le tranſportaſ-
ſent ſans luy en rié dire, & qu'ils en feiſſent leur proffit comme d'vn marchád :
car ſi publiquement il venoit* en ſa compagnie, il ne leur pourroit retenir,
mais le feroit rendre pour l'honneur du ſiege Apoſtolique. Ils ne le ſçeurent
faire, mais en eurent debat : & publiquement à l'heure du diſner, luy en vindrent parler ceux qui y diſoient auoir part : & incontinent l'enuoya mettre en
ſa main, & le leur oſta, & luy feit rendre toutes choſes, & l'honora. Ce grand
nombre de gens, qui eſtoient en ceſte auant-garde, conduits par le Mareſchal de Bourgongne, & le ſeigneur d'Hymbercourt, tirerent droit en la cité,
eſtimans y entrer, & meuz de grand auarice, aymoient mieux la piller, qu'accepter appointement qui leur fuſt offert : & leur ſembloit n'eſtre ja beſoin
d'attendre le Roy & le Duc de Bourgongne, qui eſtoient ſept ou huict lieuës
derrriere eux : & s'auancerent tant qu'ils arriuerét dedans vn faux bourg à l'entree de la nuict : & entrerent à l'endroit de la porte qu'ils auoient quelque peu
reparee. En quelque parlement, ils ne s'accorderét point : la nuict bien obſcu-
re les ſurprint. Ils n'auoient point fait de logis, & auſſi n'auoyent aucun
lieu ſuffiſant, & eſtoient en grand deſordre. Les vns ſe pourmenoient, les autres appelloient leurs maiſtres, leurs compagnons, & les noms de leurs capitaines. Meſſire Iean de * Villette, & autres des capitaines de ces Liegeois,

F ij

voyans ceste folie, & ce mauuais ordre, prindrent cœur, & leur seruit bien leur
inconuenient, c'est à sçauoir la ruine de leurs murailles: car ils sortoient par où
ils vouloient, & sortirent par les bresches de leurs murailles, & vindrent de
front aux premiers: mais par les vignes & petites montagnes, couroient sus
aux pages & valets, qui estoient au bout des faux-bourgs, par où ils estoient
entrez, où ils pourmenoient grand nombre de cheuaux: & en tuerent tres-largement, & grand nombre de gens se mirent en fuite (car la nuict n'a point de
honte) & tant exploiterent qu'ils tuerent plus de huict cés hommes, dont y en
eut cent hommes d'armes. Les hommes de bien & vertueux de ceste auant-
garde se tindrent ensemble: & estoient quasi tous hommes d'armes, & gés de
bonne maison, & tirerent auec leurs enseignes, droit à la porte, de peur qu'ils
ne sortissent par là. Les boües y estoient grandes, pour la continuelle pluye
qu'il faisoit, & y estoient les hommes-d'armes iusques par dessus les cheuil-
les des pieds, & tous à pied. Vn coup tout le demeurant du peuple cuida sortir par la porte, auec grands fallots & grandes clartez. Les nostres, qui en e-
stoient fort pres, auoient quatre bonnes pieces d'artillerie, qu'ils tireret deux
ou trois beaux coups, du long de la grand' rüe, & en tuerent beaucoup de
gens. Cela les seit retirer de ce faux-bourg, & fermer leurs portes: toutesfois
durant le debat du long de ce faux-bourg, gagnerent ceux qui estoient sortis,
aucuns chariots, & s'en taudirent: (car ils estoiét pres de la ville) là où ils repo-
serent assez malement: car ils demeurerent hors la ville depuis deux heures
apres minuict iusques à six heures du matin. Toutesfois quád le iour fut clair,
& qu'on se veit l'vn l'autre, ils furent reboutez, & y fut blecé ce messire Iean
de *Villete, & mourut deux iours apres en la ville, & vn ou deux autres de
leurs chefs.

Comment le Roy arriua en personne deuant la cité du Liege,
auec ledit Duc de Bourgongne.

CHAP. XI.

Ombien qu'aucunesfois les sorties soient bien necessaires, si sont elles bien dangereuses pour ceux de dedás vne place: car ce leur est plus
de perte de dix hómes qu'à ceux de dehors de cét: car leur nóbre n'est
point pareil, & si n'en peuuent point recouurer quand ils veulent: & si peuuent perdre vn Chef ou vn conducteur, qui est cause bien souuent que le demeurant des compagnies & gens de guerre ne demandent qu'à abandonner
les places. Ce tres-grand effroy courut iusques au Duc, qui estoit logé iusques
à quatre ou cinq lieués de la ville: & de prime face luy fust dit que tout estoit
desconfit. Toutesfois il monta à cheual, & toute l'armee, & commanda
qu'il n'en fust rien dict au Roy. En approchant de la cité, par vn autre endroit, luy vindrent nouuelles que tout se portoit bien, & qu'il n'y auoit
point tant de morts qu'on auoit pensé, & n'y estoit mort nul homme de nom,
qu'vn Cheualier de Flandres, apppellé monseigneur de *Sergine: mais que
les gens de bien, qui y estoient, s'y trouuoient en grand' necessité & trauail:
car toute la nuict passée auoient esté tout debout en la fange, rasibus de

la porte

la porte de leurs ennemis: & auec ce aucuns des fuyans qui estoient retournez
(ie parle des gens de pied) estoient si descouragez qu'ils sembloient mal prests
à faire grádes armes:& que pour Dieu ils se hastassent de marcher, afin qu'vne
partie de ceux de la ville, fussent cótraincts de se retirer à leurs deffences, chascun en son endroit:& aussi qu'il luy pleust leur enuoyer des viures, car ils n'en
auoient point vn seul morceau. Le Duc à diligence feit partir deux ou trois
cens hommes, tant que cheuaux les pouuoient porter, pour les reconforter &
donner cœur, & leur feit mener ce petit de viures qu'il peut finer. Il y auoit
presque deux iours & vne nuict, qu'ils n'auoient mangé ne beu, sinó ceux qui
auoient porté quelque bouteille:& si auoient le plus mauuais temps du móde,& de ce costé là ne leur estoit possible d'entrer, si le Duc n'empeschoit les
ennemis par ailleurs. Ils auoyent largement gens blecez:& entre les autres le
Prince d'Orenge (que i'auois oublié à nommer) qui se monstra homme de
vertu: car onques ne se voulut bouger. Mószeigneur du Lau & d'Vrfé s'y gouuernerent bien tous deux. Il s'en estoit fuy ceste nuict precedéte plus de *deux   *dix.
mille hommes.   Exép. vieil.

    Ia estoit assez pres de la nuict, quand ledict Duc eut ceste nouuelle:& apres
auoir depesché les choses dessusdictes, il alla là ou estoit son enseigne conter
le tout au Roy: lequel en fut tres-ioyeux, car le contraire luy eust peu porter
dommage. Incontinent on s'approcha du faux-bourg, & descendit largemét
de gens de bien, & hommes d'armes-auec les Archiers, pour aller gagner le
faux-bourg.* & prindrent le logis, le Bastard de Bourgongne, (lequel auoit   *& pren-
fort grand' charge sous ledict Duc) le seigneur de Rauastin, le Comte de   dre le lo-
Roussi, fils du Connestable,& plusieurs autres gens de bien. Aisément fut fait   gis. Le Ba-
le logis en ces faux-bourgs, iusques rasibus de la porte, laquelle ils auoiét *ró-   stard de
pué comme l'autre:& se logea ledict Duc au milieu du faux-bourg, & le Roy   Bourgon-
demeura ceste nuict en vne grand' cense ou metayrie fort grande & bien mai-   gne auoit
sonnee, à vn quart de lieue de la ville, & gens largement logez à l'enuiron de   &c.
luy, tant des siens que des nostres.   Exép. vieil.
    *reparce,
    Exép. vieil.

    La situation de la cité, sont montagnes & vallees, pays fort fertile, & y   Situation
passe la riuiere de Meuze au trauers, & peut bien estre de la grandeur de   du Liege.
Rouen: & pour lors estoit vne cité merueilleusement peuplee. De la-por-
te où nous estions logez, iusques à celle ou estoit nostre auant-garde, y auoit
peu de chemin par dedans la ville: mais par dehors y auoit bien trois lieües,
tant y à de baricaues & de mauuais chemins, aussi c'estoit au fin cœur d'hyuer.
Leurs murs estoient tous rasez, & pouuoient sortir par où ils vouloient, &
y auoit seulement vn peu de douue, ne iamais n'y eut fossez, car le fond est
de roc tres-aspre & tres-dur. Ce premier soir que le Duc de Bourgongne fut
logé en leur fauxbourg, furent fort soulagez ceux qui estoient de nostre a-
uant-garde, car la puissance qui estoit dedans, estoit alors ia departie en deux.
Il nous vint enuiron minuict vne alarme bien aspre. Incontinent sortit le Duc
de Bourgongne en la rue, & peu apres y arriua le Roy & le Connestable, qui
feirent vne grand' diligence à venir de si loing. Les vns crioyent: Ils sortent
par vne telle porte. D'autres disoient autres paroles affrayees, & le temps e-
stoit si obscur & mauuais, qu'il ay doit bien à espouuenter les gens. Le Duc de

Bourgongne n'auoit point fauté de hardieſſe : mais bien aucunes-fois faute
d'ordre, & à la verité, il ne tint point, à l'heure que i'ay parlé, ſi bonne contenance, que beaucoup de gens euſſent bien voulu, pource que le Roy y eſtoit
preſent, & print le Roy parole & authorité de commander, & dit à monſeigneur le Conneſtable : Tirez auec ce que vous auez de gens en tel endroit, car
s'ils doiuent venir, c'eſt leur chemin : & à ouïr ſa parole & veoir ſa contenance,
ſembloit bien Roy de grand vertu & de grand ſens, & qu'autres-fois ſe fuſt
trouué en tel affaire. Toutesfois ce ne fut rien : & retourna le Roy en ſon logis,
& le Duc de Bourgongne au ſien.

Le lendemain au matin vint loger dedans les faulx-bourgs, en vne petite
maiſonnette, raſibus de celle où eſtoit logé le Duc de Bourgongne : & a-
uoit auec luy ſa garde de cent Eſcoſſoys, & des gens-d'armes logez aſſez pres
de luy en quelque village. Le Duc de Bourgongne eſtoit en grand ſuſpiçion,
ou que le Roy n'entraſt dedans la cité, ou qu'il ne s'enfuit auāt qu'il euſt prinſe la cité, ou qu'à luy meſme ne feiſt quelque outrage, eſtāt ſi pres : toutesfois
entre les deux maiſons y auoit vne grande grange, en laquelle il ſerra trois cés
hommes d'armes : & y eſtoit toute la fleur de ſa maiſon : & rompirét les parois
de ladicte grange pour plus ſeurement ſortir : & ceux là auoiér l'œil ſur la maiſon du Roy, qui eſtoit raſibus. Ceſte feſte dura huict iours : car au huictieſme
iour la ville fut prinſe, que nul ne ſe deſarma, ne ledict Duc, ny autre. Le ſoir a-
uant la prinſe, auoit eſté deliberé les aſſaillir le lendemain au matin (qui eſtoit
à vn iour de Dimanche, trentieſme d'Octobre, l'an mille quatre cens ſoixante
& huict) & prins & baillé enſeigne auec ceux de noſtre auant-garde, que quád
ils orroient tirer vn coup de Bombarde, & deux groſſes Serpentines, incontinent apres, ſans autres coups, ils aſſailliſſent hardiment : car ledict Duc aſſailli-
roit de ſon coſté, & deuoit eſtre ſur les huict heures du matin. La veille, cóme
cecy auoit eſté conclu, le Duc de Bourgongne ſe deſ-arma (ce qu'encores n'a-
uoit fait) & feit deſ-armer tous ſes gens pour ſe rafreſchir, & par eſpecial tous
ceux qui eſtoient en ceſte grange.

Bien toſt apres, comme ſi ceux de la ville en euſſent eſté aduertis, ils
delibererent faire vne ſortie de ce coſté, auſſi bien qu'ils auoient faict de
l'autre.

*Comment les Liegeois feirent vne merueilleuſe ſortie ſur les gens du Duc
de Bourgongne, là ou luy & le Roy furent en grand danger.*

CHAP. XII.

OR notez comme vn bien grand Prince & puiſſant peut treſſoudaine-
ment tomber en inconuenient, & par bien peu d'ennemis : parquoy
toutes entreprinſes ſe doiuent bien peſer & bié debatté, auant que les
mettre en effect. En tout celle cité n'y auoit vn ſeul homme de guerre, ſinó de
leur territoire. Ils n'auoient plus ne Cheualiers ne Gentils-hommes auec eux :
car ſi petit qu'ils en auoient, au parauant deux ou trois iours auoient eſté tuez
ou bleſſez. Ils n'auoient porte, ne murailles, ne foſſez, ny vne ſeule piece d'artillerie, qui rien valuſt : & n'y auoit rien que le peuple de la ville, &

ſept

sept ou huict cens hommes de pied: qui sont d'vne petite montaigne au derriere du Liege, appellée le pays de Franchemont: & à la * verité, ont tousiours
esté tres-renommez ceux de ce quartier. Or se voyans desesperez de secours
(veu que le Roy estoit là en personne contre eux) se delibererét de faire vne
grosse sortie, & de mettre toutes choses en aduenture, car aussi bien ils sçauoient bien qu'ils estoient perdus. Leur conclusion fut, que par les trous
de leurs murailles, qui estoient sur le derriere du logis du Duc de Bourgongne, ils sortiroient tous les meilleurs qu'ils eussent, qui estoient six cens hommes du pays de Franchemont: & auoient pour guyde l'hoste de la maison où
estoit logé le Roy, & aussi l'hoste de la maison où estoit logé le Duc de
Bourgongne: & pouuoient venir par vn creux d'vn rocher, assez pres de la
maison des deux Princes, auant qu'on les apperceust, moyennant qu'ils ne
feissent point de bruit. Et combien qu'il y eust quelques escoutes au chemin,
si leur sembloit il bien qu'ils les tueroient, ou qu'ils seroient aussi tost au logis comme eux: & faisoient leur compte que ces deux hostes les meneroient
tout droit en leurs maisons, où ces deux Princes estoient logez, & qu'ils ne
s'amuseroient point ailleuts: parquoy les surprendroient de si pres, qu'ils les
tueroient ou prendroient, auant que leurs gens fussent assemblez: & qu'ils
n'auoient point loing à se retirer, & qu'au fort s'il falloit qu'ils mourussent
pour executer vne telle entreprinse, qu'ils prendroient la mort bien en gré:
car aussi bien ils se voyoient de tous points destruits, comme dict est. Ils ordonnerent outre, que tout le peuple de la ville sortiroit par la porte, laquelle
respond du long de la grand'rue de nostre faux-bourg, auec vn grand hu,
esperant desconfire tout ce qui estoit logé en cedict faux bourg, & n'estoient
point hors d'esperance d'auoir vne bien grand' victoire, ou à tout le moins,
& au pis aller, vne bien glorieuse fin. Quand ils eussent eu mille hommes
d'armes auec eux, de bonne estoffe, si estoit leur entreprinse bien grande:
toutesfois il s'en falut bien peu qu'ils n'en vinssent à leur intention. Et comme ils auoient conclu, sortirent ces six cens hommes de Franchemont, par les
brosches de leurs murailles: & croy qu'il n'estoit point encores dix heures du
soir: & attraperent la plus-part des escoutes, & les tuerent: & entre les autres
y moururent trois Gentils-hommes de la maison du Duc de Bourgongne:
& s'ils eussent tiré tout droit, sans qu'on les ouïst, iusques à ce qu'ils eussent e-
sté là où ils vouloient aller, sans nulle difficulté, ils eussent tuez ces deux Princes, couchez sur leurs licts. Derriere l'hostel du Duc de Bourgongne, y auoit
vn Pauillon, où estoit logé le Duc d'Allençon, qui est auiourd'huy, & monseigneur de Cran auec luy. Ils s'y arresterét vn peu, & donnerent des coups de
piques au trauers, & y tuerent quelque valet. Il en sortit bruit en l'armee: qui
fut occasion que quelque peu de gens s'armerent, au moins se mirent debout.
Ils laisserent ces pauillons, & vindrent tout droit aux deux maisons du Roy
& du Duc de Bourgongne. La grange (dont i'ay parlé) où ledict Duc auoit mis
trois cens hommes d'armes, estoit rasibus desdictes deux maisons, où ils s'a-
muserent, & à grands coups de piques donnerent par ces trous qui auoient
esté faicts pour sortir. Tous ces Gentils-hommes s'estoient desarmez, n'a-
uoit pas deux heures (comme i'ay dit) pour eux rafreschir pour l'assaut du

Franchemöt
nation veil-
lante.
* ville.
Exēp. vieil.
Liegeois de-
sesperez font
saillie mal-
encontreuse

lendemain:&ainsi les trouuerét tous,ou peu s'en faloit,desarmez : toutesfois
aucuns auoiét ietté leurs cuyraces sur eux, pour le bruit qu'ils auoient ouy au
pauillon de monseigneur d'Alençon:& combatoient iceux à ces trous , & à
l'huis:qui fut totalement la sauuete de ces deux grands Princes. Car ce delay
donna espace à plusieurs gens de s'armer,& de sortir en la rué. I'estois couché
en la chambre du Duc de BOVRGONGNE(qui estoit bien petite)& deux gentils
hommes qui estoient de sa chambre,& au dessus y auoit douze Archiers seulement qui faisoient le guet, & estoient en habillements,& ioüoyent aux dez.
Son grand guet estoit loing de luy,& vers la porte de la ville. En effect l'hoste
de sa maison attira vne bande de ces Liegeois,& vint assaillir sa maison ou ledict Duc estoit dedans. Et fut tout ceci tát soudain,qu'à grand' peine peusmes
nous mettre audict Duc sa cuyrace sur luy,& vne sallade en la teste:&inconti-
nent descédismes le degré pour cuyder sortir en la rué. Nous trouuasmes nos
Archiers empeschez à deffendre l'huis,& les fenestres contre les Liegeois:& y
auoit vn merueilleux cry en la rué. Les vns crioient,viue le Roy:les autres,vi-
ue BOVRGONGNE:& les autres viue le Roy & tuez: & fusmes l'espace de plus de
deux patenostres auant que ces Archiets peussent sortir de la maison, & nous
auec eux. Nous ne sçauiós en quel estat estoit le Roy,ne desquels il estoit,qui
nous estoit grand doute. Et incontinét que nous fusmes hors de la maison,a-
uec deux ou trois torches,en trouuasmes aucunes autres,& veismes gens qui
se côbatoient tout à l'enuiró de nous:mais peu dura,car il sortoit gés de tous
costez venans au logis du Duc. Le premier homme des leurs,qui fut tué , fut
l'hoste du Duc:lequel ne mourut pas si tost, & l'ouy parler. Ils furent tous
morts,ou bien peu s'en falut.

Aussi bien assaillirent la maison du Roy,& entra son hoste dedans,& y fut
tué par les Escossois,qui se monstrerent bien bonnes gens. Ils ne bougerent
du pied de leur maistre,& tirerent largement flesches,desquelles ils blecerent
plus de Bourguignons que de Liegeois. Ceux qui estoient ordonnez à sortir
par la porte,sortirent: mais ils trouuerent largement gens au guet, qui ja e-
stoient assemblez,qui tost les rebouterent , & ne se monstrerent pas si exper-
pers que les autres. Incontinent que ces gens furent ainsi reboutez,le Roy &
ledit Duc parlerent ensemble : & pource qu'on voyoit beaucoup de gens
morts,ils eurent doute que ce ne fussent des leurs:toutesfois peu s'y en trouua, mais de blecez beaucoup. Et ne faut point douter que s'ils ne se fussent
amusez en ces deux lieux(dont i'ay parlé)& par especial à la grâge,oú ils trouuerent resistance,& eussent suiuy ces deux hostes, qui estoient leurs guides,
ils eussent tué le Roy & le Duc de BOVRGONGNE:& croy qu'ils eussent aussi desconfit le demeurant de l'Ost. Chascun de ces deux seigneurs se retira en son
logis, tref-esbahy de ceste hardie entreprinse: & tost se mirent en conseil
à sçauoir qu'il seroit à faire le lendemain , touchant cest assaut qui estoit deliberé: & entra le Roy en grand doute : & en estoit la cause qu'il auoit peur
que si ledict Duc failloit à prendre ceste cité d'assaut, le mal en tomberoit sur
luy,& qu'il seroit en danger d'estre arresté,ou prins de tous points, car ledict
Duc auroit peur, s'il partoit, qu'il ne luy feist la guerre d'autre costé. Icy
pouuez veoir la miserable condition de ces deux Princes , qui par nulle voye
ne se

ne se sceurent asseurer l'vn de l'autre. Ces deux icy auoient fait paix finale, n'y *Fiance com-*
auoit pas quinze iours, & iuré si solennellement, de loyaument l'entretenir, *me impossi-*
toutesfois la fiance ne s'y pouuoit tourner par nulle voye. *ble entre*
Princes.

Comment la cité du Liege fut assaillie, prinse &
pillee, & les Eglises aussi.

Chap. XIII.

E Roy pour s'oster de ces doutes, vne heure apres qu'il se fut retiré en
son logis, & apres ceste sortie, dont i'ay parlé, manda aucuns des prochains seruiteurs dudict Duc, & qui s'estoient ja trouuez au conseil,
& leur demanda de la conclusion. Ils luy dirent qu'il estoit arresté dés le lendemain assaillir la ville, en la forme & maniere qu'il auoit esté conclu. Le
Roy leur feit de grandes doutes & tres-sages, & qui furent tres-agreables aux
gens dudict Duc: car chascun craignoit tres-fort cest assaut, pour le grand
nombre de peuple qui estoit dans la ville, & aussi pour la grand' hardiesse
qu'ils leur auoient veu faire n'y auoit pas deux heures. Et eussent esté trescon-
tens attendre encores aucuns iours, ou les receuoir à quelque composition:
& vindrent deuers le Duc luy faire ce rapport, & y estois present: & luy dirent
toutes les doutes que le Roy faisoit, & les leurs: mais tous disoiét venir du Roy
craignans qu'il ne l'eust prins mal d'eux. A quoy respondit ledict Duc, que le
Roy le faisoit pour les sauuer, & le print en mauuais sens, & que la chose * n'i- *n'estoit*
roit pas ainsi, veu qu'on n'y pouuoit faire nulle baterie, & qu'il n'y auoit point *pas dou-*
de muraille, & que ce qu'ils auoient réparé aux portes, estoit ja abbatu, & qu'il *teuse, veu*
ne falloit ja plus attendre, & qu'il ne delaisseroit point l'assaut du matin, com- *que lö ne*
me il auoit esté conclu: mais que s'il plaisoit au Roy aller à Namur, iusques à ce *pouuoit*
que la ville fust prinse, qu'il en estoit bien contét, mais qu'il ne partiroit point *faire nul-*
de là iusques à ce qu'on veist l'issue de ceste matinee, & ce qu'il en pourroit ad- *le baterie*
uenir. Ceste responce ne pleut à nul qui fust present, car chascun auoit eu peur *de la part*
de ceste sortie. La response fut faicte au Roy, non point si griefue, mais la plus *de ceux*
honneste que l'on peut. Il l'entendit sagement, & dit qu'il ne vouloit point al- *de dedans,*
ler à Namur, mais que le lendemain se trouueroit auec les autres. Mó aduis est *& qu'il*
que s'il eust voulu s'en aller ceste nuict, il l'eust bié faict: car il auoit cét archiers *n'y auoit,*
de sa garde, & aucuns gentils-hommes de sa maison, & prés de là trois cens *&c.*
hommes-d'armes: mais sans nulle doute, là où il y alloit de l'honneur, il n'eust *Le Roy Louis*
point voulu estre reprins de coüardise. *faisoit estat*
de l'hon-
neur.

Chacun se reposa quelque peu, en attendant le iour, tous armez, & disposerent les aucuns de leurs consciences, car l'entreprinse estoit bien dangereuse. Quand le iour fut clair, & que l'heure approcha, qui estoit de huict heures
du matin, comme i'ay dit, que lon deuoit assaillir, feit ledict Duc tirer la Bombarde, & les deux coups de Serpentine, pour aduertir ceux de l'auant garde,
qui estoiét à l'autre part bien loing de nous (comme i'ay dit) par dehors: mais
par dedans la ville, il n'y auoit point grand chemin. Ils entendirent l'enseigne, & incontinent se disposerent à l'assault. Les trompettes du Duc commencerent à sonner, & les enseignes d'approcher la muraille, accompagnez
de ceux qui les deuoient suiure. Le Roy estoit emmy la rüe bien accom-

pagne: car tous ces trois cens hommes-d'armes y estoient & sa garde, & aucũs seigneurs & gétils-hommes de sa maison. Comme l'on vint pour cuyder ioindre au poinct, on ne trouua vne seule deffence, & n'y auoit que deux ou trois hommes à leur guet: car tous estoient allez disner: & estimoient, pource qu'il estoit Dimáche, qu'on ne les assailliroit point: & en chascune maison trouuasmes la nappe mise. C'est peu de chose que du peuple, s'il n'est cõduict par quelque chef qu'ils ayent en reuerence & en crainte, sauf qu'il est des heures & des temps, qu'en leur fureur sont bien à craindre.

Ia estoient parauant l'assault ces Liegeois fort mats, tant pour leurs gens qu'ils auoient perdus à ces deux sorties où estoient morts tous leurs Chefs, qu'aussi pour le grand trauail qu'ils auoient porté par huict iournees. Car il failloit que tout fust au guet, pource que de tous costez ils estoient deffermez, comme auez ouy: & à mon aduis qu'ils cuidoient auoir ce iour de repos pour la feste du Dimanche: mais le contraire leur aduint, & comme i'ay dit, ne se trouua nul à deffendre la ville de nostre costé, & moins encores du costé des Bourguignons, qui estoient nostre auant-garde, auec les autres que i'ay nommez, & y entrerent ceux là premiers que nous. Ils tuerent peu de gens, car tout le peuple s'enfuit outre le pont de Meuze, tirant aux Ardenes, & de là aux lieux où ils pensoient estre à seureté. Ie ne vey par là où nous estions que trois hommes morts, & vne femme: & croy qu'il n'y mourut point deux cens personnes en tout, que tout le reste ne fuist, ou se cachast aux Eglises, ou aux maisons. Le Roy marchoit à loisir: car il voyoit bien qu'il n'y auoit nul qui resistast, & que toute l'armee entra dedans par deux bouts, & croy qu'il y auoit quarante mille hommes. Ledict Duc, estant plus auant en la cité, tourna tout court au deuant du Roy, & le conduisit iusques au Palais, & incontinent retourna ledict Duc à la grand' Eglise de Sainct *Lambert, où ses gens vouloient entrer par force, pour prendre des prisonniers, & des biens: & combien que ia il eust commis des gens de sa maison pour garder ladicte Eglise, si n'en pouuoit-il auoir la maistrise, & assailloient les deux portes. Ie sçay qu'à son arriuee il tua vn homme de sa *maison, & le vey. Tout se departit, & ne fut point ladicte Eglise pillee, mais bien en la fin furent prins les hommes qui estoient dedans, & tous leurs biens. Des autres Eglises qui estoient en grand nombre (car i'ay ouy dire à monseigneur d'Hymbercourt, qui cognoissoit bien la cité, qu'il s'y disoit autant de Messes par iour, comme il faisoit à Rome) la pluspart furent pillees sous ombre & couleur de prendre des prisonniers. Ie n'entray en nulle Eglise qu'en la grande: mais ainsi me fut il dict, & en vey les enseignes: & aussi, long temps apres, le Pape prononça grandes censures contre tous ceux qui auoient aucunes choses appartenantes aux Eglises de la cité, s'ils ne les rendoient: & ledict Duc deputa commissaires pour aller par tout son pays, pour faire executer le commandement du Pape. Ainsi la cité prinse & pillee enuiron le midy, retourna le Duc au Palais. Le Roy auoit ja disné, lequel monstroit signe de grand' ioye de ceste prinse, & loüoit fort le grand courage & hardiesse dudict Duc: & entendoit bien qu'il luy seroit rapporté, & n'auoit en son cœur autre desir que s'en retourner en son Royaume. Apres disner ledict Duc & luy se veirent en grand' chere, & si le Roy auoit loué

ses

ses œuures en derriere, encores le loüa il mieux en sa presence, & y prenoit ledict Duc plaisir.

Ie retourne vn peu à parler de ce pauure peuple qui fuyoit de la cité, pour
confermer quelques paroles que i'ay dictes au commencement de ces Memoires, où i'ay parlé des mal-heurs que i'ay veu suyure les gens, apres vne bataille perdue par vn Roy, ou Duc, ou autre personne beaucoup moindre.

Ces miserables gens fuyoient par le pays d'Ardene, auec femmes & enfans.
Vn cheualier, demourat au pays, qui auoit tenu leur party iusques à celle heure, en destroussa vne bien grad'bande: & pour acquerir la grace du vainqueur,
l'escriuit au Duc de Bourgógne, faisant encores le nombre des morts & prins,
plus grand qu'il n'estoit (toutesfois en y auoit largement) & par là feit son appointement. Autres fuyoiét à Mezieres sur Meuze, qui est au royaume. Deux
ou trois de leurs chefs de bandes y furent prins (dont l'vn auoit nom Madou-   Miseres des
Liegeois.
let) & furent amenez audict Duc, lesquels il feit mourir. Aucuns de ce peuple
moururent de faim, de froid, & de sommeil.

Comment le Roy Louys s'en retourna en France, du consentement du Duc de
Bourgongne: & comment ce Duc acheua de traicter les
Liegeois, & ceux de Franchemont.

CHAP. XIIII.

Vatre ou cinq iours apres ceste prinse, commença le Roy à embeson-
gner ceux qu'il tenoit pour ses amis, enuers ledit Duc, pour s'en pouuoir aller: & aussi en parla au Duc en sage sorte, disant que s'il auoit
plus affaire de luy, qu'il ne l'espargnast point: mais s'il n'y a plus rié a faire, qu'il
desiroit aller à Paris, faire publier leurs appointemens en la court de Parle-
ment (pource que c'est la coustume de France d'y publier tous accords, ou   Accords se
publient en
Parlement.
autrement ne seroient de nulle valeur: toutesfois les Roys y peuuent tous-
iours beaucoup :) & d'auantage prioit audict Duc qu'à l'Esté prochain ils se
peussent entre-veoir en Bourgongne, & estre vn moys ensemble, faisant bóne chere. Finalement ledit Duc s'y accorda, tousiours vn petit murmurant:
& voulut que le traicte de paix fust releu deuant le Roy, sçauoit s'il y auoit rié
dont il se repentist, offrant le mettre à son chois, de faire ou de laisser, & feit
quelque peu d'excuse au Roy de l'auoir amené là. Oultre requit au Roy,
consentir qu'audict traicté se mist vn article, en faueur de monseigneur du
Lau, d'Vrfé, & Poncet de Riuiere, & qu'il fust dit que leurs terres & estats leur
seroient rendus, comme ils auoient auant la guerre. Ceste requeste despleut
au Roy: car ils n'estoient point de son party, parquoy deussent estre comprins
en ceste paix, & aussi seruoient ils monseigneur Charles son frere, & non
point luy: & à ceste requeste respondit le Roy estre content, pourueu qu'il
luy en accordast autant pour monseigneur de Neuers & de Croy. Ainsi le-   * tenoit
tant du
leur que
iamais.
Exép. vieil.
dit Duc se teut, & sembla ceste responce bien sage: car ledict Duc auoit tant
de haine aux autres, & *les tenoit tant à cœur, que iamais ne s'y fust consen-
ti. A tous les autres poincts respondit le Roy ne vouloir rien y *diminuer, mais   * muer
Exép. vieil.
confermer tout ce qui auoit esté iuré à Peronne. Et ainsi fut accordé ce parte-
ment, & print congé le Roy dudict Duc, lequel le conduisir enuiron demie

lieuë:& au departement d'ensemble,luy feist le Roy ceste demāde: Si d'aduē-
ture mō frere qui est en Bretaigne,ne se cōtentoit du partage que ie luy baille
pour l'amour de vous,que voudriez vous que ie feisse ?Ledict Duc luy respōdit soubdainement,sans y penser:S'il ne le veult prédre,mais que vous faciez
qu'il soit content,ie m'en rapporte à vous deux.De ceste demande & response
sortit depuis grand' chose,comme vous orrez cy apres.

Ainsi s'en alla le Roy à son plaisir,& le conduisit monseigneur des Cordes
& * des Murs,Grand baillif de Henault,iusques hors des terres dudict Duc.
Ledict Duc demoura en la cité.Il est vray qu'en tous endroits elle fut cruellement traictée:aussi elle auoit cruellemēt vsé de tous excez contre les subiects
dudict Duc : & dés le temps de son grand pere,sans rien tenir stable de promesse qu'ils feissent,ne de nul appoinctement qui fut faict entre eux:& estoit
la cinquiesme annee que le Duc y estoit venu en sa personne , & tousiours
faict paix,& rompue par eux l'an apres : & ja auoient esté excommuniez par
longues annees,pour les choses cruelles qu'ils auoient commises contre leur
Euesque:à tous lesquels commandemens de l'Eglise, touchant lesdicts differends,n'eurent iamais reuerence,n'obeissance.Incontinent que le Roy fut
party,ledict Duc,auec peu de gens,se delibera d'aller à Franchemont, qui est
vn peu oultre le Liege,pays de montagnes tres-aspres, pleines de boys:& de
là venoient les meilleurs combatans qu'ils eussent, & en estoient partis ceux
qui auoient fait les sorties dont i'ay parlé cy deuant. Auant qu'il partist de
ladicte cité,furent noyez en grād nombre les pauures gens prisonniers qui a-
uoyēt esté trouuez cachez és maisons, à l'heure que ceste cité fut prinse. Oultre fut deliberé de faire brusler ladicte cité:laquelle en tout temps a esté fort
peuplee:& fut dit qu'on la brusleroit à trois fois:& furent ordonnez trois ou
quatre mille hommes de pied, du pays de * Luxembourg (qui estoienr leurs
voysins & assez d'vn habit & d'vn langage)pour faire ceste desolation,& pour
deffendre les Eglises. Premierement fut abbatu vn grand pont,qui estoit au
trauers de la riuiere de Meuze : & puis fut ordonné grand nombre de gens
pour deffendre les maisons des Chanoines:& à l'enuiron de la grand' Eglise,
afin qu'il peust demourer logis pour faire le diuin seruice. Semblablement
en fut ordonné pour deffendre les autres Eglises. Et cela faict,partit le Duc
pour aller audict pays de Franchemont , dont i'ay parlé:& incontinent qu'il
fut dehors de la cité, il veit le feu en grand nombre de maisons * du costé de
la riuiere. Il alla loger à quatre lieuës : mais nous oyons le bruit comme si
nous eussions esté sur le lieu. Ie ne sçay ou si le vent y seruoit, ou si c'estoit
à cause que nous estions logez sur la riuiere. Le lendemain le Duc partit:&
ceux qui estoient demourez en la ville,continuerent la desolation, comme il
leur auoit esté commandé,mais toutes les Eglises furent sauuees,ou peu s'en
fallut,& plus de trois cens maisons pour loger les gens d'Eglise: & cela a esté
cause que si tost a esté repeuplee,car grand peuple reuint demeurer auec ces
Prestres.

A cause des grandes gelees & froidures,fut force que la plus part des gens
dudict Duc,allassent à pied audict pays de Franchemont,qui ne sont que villages,& n'y a point de villes fermees:& logea cinq ou six iours en vne petite
vallée

vallée, en vn village qui s’appelloit * Pollenée. Son armée estoit en deux ban-des, pour plustost destruire le païs, & feit brusler toutes les maisons, & rompre tous les moulins à fer qui estoient au païs (qui est la plus grand’ façon de viure qu’ils ayent) & chercherent le peuple parmy les grandes forests, où ils estoiét cachez auec leurs biens, & y en eut beaucoup de morts & de prins: & y gagne-rent les gens-d’armes de l’argent. I’y vey choses incroyables du froid. Il y eut vn Gentil-homme qui perdit vn pied, dont oncques-puis ne s’aida : & y eut vn page à qui il tomba deux doigts de la main. Ie vey vne femme morte, & son enfant dont elle estoit accouchee de nouueau. Par trois iours fut de-party le vin qu’on donnoit chez le Duc pour les gens de bien, qui en deman-doiét, à coups de coignee: car il estoit gelé dedans les pippes, & faloit rópre le glaçon qui estoit entier, & en faire des pieces, que les gens mettoient en vn chappeau ou en vn pannier, ainsi qu’ils vouloient. I’en dirois assez d’estranges choses, longues à escrire: mais la faim nous feit fuir à grand’ haste, apres y a-uoir seiourné huict iours: & tira ledict Duc à Namur, & de là en Brabant, où il fut bien reçeu.

*Pollure.
Exep. vnil.

Froid estran-
ge en Fran-
chemont.

Comment le Roy feit tant par subtils moyens, que monseigneur Charles son frere,
se contenta de la Duché de Guyenne, pour Brie & Champaigne,
contre l’entente du Duc de Bourgongne.

CHAP. XV.

LE Roy apres estre departy d’auec ledict Duc, à grand’ ioye s’en retira en son Royaume : & en rien ne se meut contre ledict Duc, à cause des termes qui luy auoient esté tenus à Peronne & au Liege, & sem-bloit que patiemment le portast : mais depuis suruint grand’ guerre entre eux, toutesfois non pas si tost: & n’en fut point la cause ce dont i’ay parlé cy deuant, combien qu’il y peust bien ayder: car la paix eust esté quasi telle qu’el-le estoit, quand le Roy l’eust faicte estant à Paris : mais ledict Duc par con-seil de ses officiers voulut eslargir ses limites : & puis quelques habilitez fu-rent faictes, pour y remettre la noyse, dont ie parleray quand il en sera temps. Monseigneur Charles de France, seul frere du Roy, & n’agueres Duc de Normandie (lequel estoit informé de ce traicté faict à Peronne, & du parta-ge que par iceluy deuoit auoir) enuoya incontinent deuers le Roy luy sup-plier qu’il luy pleust accomplir ledict traicté, & luy bailler ce qu’il auoit pro-mis. Le Roy enuoya deuers luy sur ces matieres, & y eut plusieurs allees & ve-nuës. Aussi ledict Duc de Bourgongne enuoya ses Ambassadeurs vers ledict monseigneur Charles, luy prier ne vouloir accepter autre partage que celui de Champagne & Brie: lequel lui estoit accordé par son moyen, lui remon-strant l’amour qu’il luy auoit monstre, là où il l’auoit abandonné: & le Duc en-cores n’auoit voulu faire le semblable, comme il auoit veu: & si auoit mis le-dit Duc de Bretaigne en ladite paix, comme son allié. Oultre luy faisoit dire comme l’assiette de Champaigne & Brie leur estoit propice à tous deux: & que si le Roy d’auanture les vouloit fouler du iour au lendemain, il pouuoit auoir le secours de Bourgongne (car les deux pays se ioignent ensemble) & si auoit son partage en assez bonne valeur, car il y prenoit tailles & aydes, & n’y auoit

G

le Roy rien, que son hommage & ressort.

Cestuy monseigneur Charles estoit homme qui peu ou rien faisoit de luy: mais en toutes choses estoit manié & conduit par autruy; combien qu'il fust aagé de *vingt ans ou plus. Ainsi se passa l'hyuer, qui ja estoit auancé, quand le Roy partit de nous. Il y eut incessammēt gens allans & venans sur ce partage: car le Roy pour rien ne deliberoit bailler celuy qu'il auoit promis à son frere, à raison qu'il ne vouloit point sondict frere & le Duc estre si pres voisins: & traictoit le Roy auec son dit frere de luy faire prendre Guyenne, auec la Rochelle (qui estoit quasi toute Aquitaine)* plustost que celuy de Brie & de Champaigne. Ledict monseigneur Charles craignoit desplaire audict Duc de Bourgongne: & auoit peur aussi que s'il s'accordoit, & le Roy ne luy tinst verité, il n'eust perdu son amy & son partage, & qu'il ne demourast en mauuais party. Le Roy qui estoit plus sage à conduire tels traictez, que nuls autres Princes qui ayent esté de son temps, voyant qu'il perdoit tēps, s'il ne gagnoit ceux qui auoiēt le credit enuers son frere, s'adressa à Oudet de Rye, seigneur de Lescut, & depuis Comte de Comminges (lequel estoit né, & marié audict pays de Guyenne) luy priant qu'il tinst la main que son maistre acceptast ce party (lequel estoit trop plus grād que celuy qu'il demandoit) & qu'ils fussent bons amis, & vesquissent comme freres, & que luy & ses seruiteurs y auroient profit, & specialement luy: & les asseuroit bien le Roy, qu'il n'y auroit point de faute qu'il ne baillast la possession dudict pays. En ceste façō monseigneur Charles y fut gagné: & print ledict partage de Guyenne, au grand desplaisir du Duc de Bourgongne & de ses Ambassadeurs qui estoient sur le lieu. Et la cause pourquoy le Cardinal Balue, Euesque d'Angers, & l'Euesque de Verdū furent prins, fut pource que le Cardinal escriuoit à mōseigneur de Guyenne, l'enhortāt de ne prendre nul autre partage, que celuy que ledict Duc de Bourgongne luy auoit procuré par la paix faicte à Peronne, laquelle auoit esté promise & iuree entre ses mains: & luy faisoit remonstrances touchant ce cas, qui luy sembloient necessaires, lesquelles estoient contre le vouloir & intention du Roy. Ainsi ledict monseigneur Charles deuint Duc de Guyenne, l'an mil quatre cens soixante & neuf, & eut bonne possession du pais, auec le gouuernement de la Rochelle: & se veirent le Roy & luy ensemble, & y furent longuement.

TROI-

TROISIESME LIVRE DES
MEMOIRES DV SEIGNEVR D'ARGENTON,
SVR LES PRINCIPAVX FAICTS ET GESTES DE
Louys onziesme de ce nom, Roy de France.

Comment le Roy print nouuelle occasion de faire guerre au Duc de Bourgongne:
& comment il l'enuoya adiourner iusques dedans Gand,
par vn Huissier de Parlement.
CHAP. I.

'An mil quatre cens septante, print vouloir au Roy de se venger du Duc de Bourgongne: & lui sembla qu'il en estoit heure, & secrettement traictoit & souffroit traicter, que les villes seans sur la riuiere de Somme, comme Amiens, sainct Quentin, & Abbeuille, se tournassent contre ledict Duc, & qu'ils appellassent ses Gens-d'armes & les meissent dedans. Car tousiours les grands seigneurs (au moins les sages) veulent chercher quelque bonne couleur, & vn peu apparente. Et afin qu'on cognoisse les habilitez dequoy on vse en France, veux conter comme ceci fut guidé: car le Roy & ledict Duc y furent deçeus tous deux, & en recommença la guerre, qui dura bien treize ou quatorze ans, & qui depuis fut bien dure & aspre. Il est vray que le Roy desiroit fort que ces villes feissent nouuelleté: & print ses couleurs, disant que le Duc de Bourgongne estendroit ses limites plus auant que le traicté ne portoit: & sur ceste occasion, alloient & venoient Ambassadeurs de l'vn à l'autre, & passoient & repassoient par ces villes, pratiquans ces marchez: esquelles n'y auoit nulles garnisós, mais y auoit paix par tout le royaume, tant du costé du Duc, comme du Duc de Bretaigne: & estoit monseigneur de Guyenne en bonne amitié auec le Roy, comme il sembloit. Toutesfois le Roy n'eust pas voulu recómençer la guerre, pour prendre vne ou deux de ces villes là seulement: mais taschoit de pouuoir mettre vne grand' rebelliõ par tout le païs du Duc de Bourgongne: & esperoit de tous points en venir au dessus par ce moyen. Beaucoup de gens pour luy complaire, se mesloient de ces marchez, & luy rapportoient les choses, beaucoup plus auant qu'ils ne trouuoient, & se vantoient l'vn d'vne ville, & les autres disoiét qu'ils luy soustrairoiét l'autre: & de tout estoit vne partie. Mais quand le Roy n'eust pensé que ce qui aduint, il n'eust pas rópu la paix, ne recómencé la guerre (combien qu'il eust cause de se douloir des termes qui lui auoiét esté tenus à Peronne) car il auoit fait publier la paix à Paris, trois mois apres qu'il fut de retour en son royaume, & recóméçoit ceste noyse vn peu à crainte: mais l'affection qu'il y auoit le feit tirer outre, & voicy les habilitez qui y furét tenues. Le Cóte de sainct Paul, Connestable de Fráce, homme tref-sage, & autres seruiteurs du Duc de Guyéne, & aucuns autres, desiroiét plustost la guerre entre ces deux grands Princes, que paix, pour deux regards. Le premier, craignoient que ces

Le Roy cherche occasion de rompre la paix.

Le Roy recommence la guerre vn peu à crainte. La guerre plus desiree que la paix entre les seruiteurs du Roy & du Duc de Bourgongne.

G ij

tref-grands eſtats qu'ils auoient ne fuſſent diminuez,ſi la paix continuoit:car ledict Conneſtable auoit quatre cens hômes d'armes,ou quatre cens Lances, payez à la monſtre,& n'auoit point de Contrerolleur,& plus de trente mille fracs tous les ans outre les gaiges de ſon office,& les proffits de pluſieurs belles places qu'il tenoit.L'autre,ils vouloient mettre ſus au Roy,& diſoiét entre eux,ſa condition eſtre telle,que s'il n'auoit debat par le dehors, & contre les gráds,qu'il faloit qu'il l'euſt auecques ſes ſeruiteurs domeſtiques & officiers, & que ſon eſprit ne pouuoit eſtre en repos, & par ces raiſons alleguees, taſchoient fort de remettre le Roy en ceſte guerre.Et offrit ledict Conneſtable prendre ſainct Quentin tous les iours qu'on voudroit:car ſes terres eſtoient à l'enuiron:& diſoit encores auoir treſ-grand intelligence en Flandres, & en Brabant,& qu'il feroit rebeller pluſieurs villes contre le Duc.

Le Duc de Guyenne,qui eſtoit ſur le lieu, & tous ſes principaux Gouuerneurs,offroiét fort ſeruir le Roy en ceſte querelle,& d'amener quatre ou cinq cens hommes d'armes que ledict Duc tenoit d'ordonnance:mais leur fin n'eſtoit pas telle que le Roy entendoit,mais tout à l'oppoſite,comme verrez.

Le Roy vouloit touſiours proceder en grand ſolennité,parquoy feit tenir les trois eſtats à Tours,és moys de Mars & d'Auril,mil quatre cens ſeptante, ce que iamais n'auoit fait,ne feit depuis:mais il n'y appella que gés nommez, & qu'il penſoit qu'ils ne contrediroient point à ſon vouloir.Et là feit remonſtrer pluſieurs choſes & entreprinſes,que ledict Duc de Bourgongne faiſoit contre la couronne:& y feit venir plaintif môſeigneur le Comte d'Eu,lequel diſoit que ledict Duc luy empeſchoit Sainct Vallery,& autres terres qu'il tenoit de luy à cauſe d'Abbeuille,& de la Côté de Ponthieu,& qu'il n'é vouloit faire nulle raiſon audict Comte d'Eu.Et le faiſoit ledict Duc,pource qu'vn petit nauire de guerre,de la ville d'Eu ,auoit prins vn autre nauire marchand du païs de Flàdres,dont ledict Comte d'Eu offroit faire la reparatió.Oultre vouloit ledit Duc côtraindre ledit Comte d'Eu,de luy faire hômage enuers tous & contre tous:ce que pour rien ne vouldroit faire : car ce ſeroit contre l'authorité du Roy.A ceſte aſſemblee y auoit pluſieurs gens de iuſtice,tát de Parlement que d'ailleurs,& fut conclu,ſelon l'intention du Roy,que ledict Duc ſeroit adiourné à comparoir en Parlement à Paris.Bien ſçauoit le Roy qu'il reſpondroit orgueilleuſement,ou feroit quelque autre choſe côtre l'autorité de la Court:parquoy ſon occaſion de luy faire guerre en ſeroit touſiours plus grande.Le Duc fut adiourné par vn Huiſſier de Parlemét en la ville de Gand,

comme il alloit ouïr Meſſe.Il en fut fort eſbahy & mal-content. Incontinent feit prendre ledict Huiſſier,& fut pluſieurs iours gardé:à la fin on le laiſſa courir.Or vous voyez les choſes qui ſe dreſſoient pour courir ſus audict Duc de Bourgongne,lequel en fut aduerty,&mit ſus vn grand nombre de gés payez

à gages meſnagers:ainſi l'appelloit-on. C'eſtoit quelque peu de choſe qu'ils auoient pour ſe tenir preſts en leurs maiſons:toutesfois ils faiſoient monſtre tous les mois,ſur les lieux,& receuoient argent.

Cecy dura trois ou quatre moys,& s'ennuya de ceſte miſe, & rompit ceſte aſſemblee,& s'oſta de toute crainte:car ſouuent le Roy enuoyoit deuers luy. Si s'en alla le Duc en Hollande. Il n'auoit nulles gens d'ordonnance,

qui

qui fussent touliours prests, ne garnison es villes de frontieres: dont mal
luy en print, pource qu'on pratiquoit Amiens, Abbeuille, & Sainct Quentin,
pour les remettre en la main du Roy. Luy estant en Hollande fut aduerti par
le feu Duc Iean de Bourbon, que de brief la guerre luy seroit commencée,
tant en Bourgongne qu'en la Picardie, & que le Roy y auoit de grandes intelligences, & aussi en sa maison. Ledict Duc qui se trouuoit despourueu de
gés (car il auoit departy ceste assemblée, dōt i'ay parlé n'agueres, & renuoyez
tous chez eux) fut bien esbahy de ces nouuelles: parquoy incontinent passa la
mer, & tira en Artois, & tout droit à Hesdin. La entra en aucune suspicion,
tant * des seigneurs, que des traictez qu'on menoit en ces villes dont i'ay par-   * de ses
lé: & fut vn peu long à s'apprester, ne croyant point tout ce qu'on luy disoit: serviteurs
& enuoya querir à Amiens deux des principaux de la ville, lesquels il soup-   *Exēp. vieil.*
çonnoit de ces traictez. Ils s'excuserent neantmoins si bié, qu'il les laissa aller.
Incontinent partirent de sa maison aucuns de ses seruiteurs, qui se tournerent
au seruice du Roy (cōme le bastard Baudouin & autres) qui luy feirent peur,
qu'il n'y eust plus grand queüe. Il feit crier que chascun se mist sus, & peu s'ap-
prestoient: car c'estoit au commencement de l'hyuer, & y auoit encores peu
de iours qu'il estoit arriué de Hollande.

---

*Comment la ville de sainct Quentin, & celle d'Amiens, furent renduës entre les mains du
Roy: & pour quelles causes le Connestable, & autres entretenoient la guerre entre
le Roy & le Duc de Bourgongne.*   CHAP. II.

Eux iours apres la fuite de ses seruiteurs, qui s'en estoient allez (qui e-
stoit au mois de Decembre l'an mil quatre cens septante) entra monseigneur le Connestable dedans Sainct Quentin, & leur feit faire le
fermé pour le Roy. Lors cogneut ledict Duc que ses besongnes alloient mal:
car il n'auoit * armé auec luy, mais auoit enuoyé ses seruiteurs pour mettre sus   * armée
les gens de son pays. Toutesfois, auec si peu de gens qu'il peut amasser, il   *Exēp. vieil.*
tira à Dourlans, auec quatre ou cinq cens cheuaux seulement, en intention
de garder Amiens de se tourner: & là fut cinq ou six iours. Ceux d'Amiens
marchandoient: car l'armée du Roy estoit aupres, qui se presenta deuant la   *Amiens se*
ville, & vn coup la refuserent, car vne partie de la ville tenoit pour ledict Duc,   *rend au Roy*
lequel y enuoya * faire son logis: & s'il eust eu gens pour y oser entrer en per-   * son Ma-
sone, il ne l'eust iamais perduë: mais il n'y osoit entrer mal accompagné, com-   reschal
bien qu'il en fust requis de plusieurs de la ville. Quand ceux qui estoient con-   des logis.
tre luy, veirent sa dissimulation, & qu'il n'estoit assez fort, ils executerent   *Exēp. vieil.*
leurs entreprinses, & mirent ceux du Roy dedans. Ceux d'Abbeuille cuide-
rent faire le semblable: mais monseigneur des Cordes y entra pour le Duc,
& y pourueut. D'Amiés à Dourlans n'y a que cinq petites lieues, parquoy fut
forcé audict Duc de se retirer, dés ce qu'il fut aduerty que les gens du Roy e-
stoient entrez à Amiens, & alla à Arras en grand' diligence & grand' peur,
craignant que beaucoup de choses semblables se feissent: car il se voyoit enuironné des parens & amis du Connestable. D'autre part à cause du bastard
Baudoüin, qui s'en estoit allé, il soupçonnoit le grand bastard de Bourgongne

son frere: toutesfois gens luy vindrent peu à peu. Or sembloit il bien au Roy
estre au dessus de ses affaires, & se fioit en ce que le Connestable & autres, luy
disoient de ces intelligences qu'ils auoient, & quand n'eust esté ceste esperance, il eust voulu auoir à commencer.

Or est il temps que i'acheue à declarer qui mouuoit ledict Connestable, le
Duc de Guyenne, & de ses principaux seruiteurs (veu les bons tours, secours,
& grandes honnestetez que ledict Duc de Guyenne auoit receuz dudict Duc
de Bourgongne) & quel gaing ils pouuoient auoir à mettre ces deux grands
Princes en guerre, qui estoiét en repos * en leurs seigneuries. Ia en ay dit quelque chose, & que c'estoit pour maintenir plus seurement leurs estats, & afin
que le Roy ne se broüillast parmy eux, s'il estoit en repos: mais cela n'estoit
point encores la principale occasion: mais estoit que le Duc de Guyenne &
eux auoiét fort desiré le mariage dudict Duc de Guyenne auec la seule fille &
heritiere du Duc de Bourgongne, car il n'auoit point de filz: & plusieurs fois
auoit esté requis ledict Duc de Bourgongne de ce mariage, & tousiours s'y e-
stoit accordé: mais iamais ne voulut conclure, & en tenoit encores paroles à
d'autres. Or regardez quel tour ces gens prenoiét, pour cuider paruenir à leur
intention, & contraindre ledict Duc de bailler sa fille: car incontinent que ces
deux villes furent prinses, & le Duc de Bourgongne retourné à Arras, où il a-
massoit gens tant qu'il pouuoit, le Duc de Guyenne luy enuoya vn homme
secret, lequel luy apporta trois lignes de sa main en vn loppin * de papier, &
ployé bien menu, contenant ces mots: Mettez peine de cótenter vos subiects,
& ne vous souciez: car vous trouuerez des amis.

Le Duc de Bourgongne, qui estoit en crainte tres-grande du commencement, ennoya vn homme deuers le Connestable, luy prier ne luy vouloir faire le pis qu'il pourroit bien, & ne presser point asprement ceste guerre, qui
luy estoit encommencée, sans l'auoir deffié ny semons de rien. Ledict Connestable fut fort aise de ces paroles, & luy sembla bien qu'il tenoit ledict Duc
en la sorte qu'il demandoit: c'est à sçauoir en grand doute. Si luy manda pour
toute responce, qu'il voyoit son faict en bien grand peril, & qu'il ne cognoissoit remede qu'vn, pour en eschapper: c'estoit qu'il donnast sa fille en mariage
au Duc de Guyenne, & qu'en ce faisant il seroit secouru de grand nombre de
gens: & se declareroit ledict Duc de Guyenne pour luy, & plusieurs autres
seigneurs, & que lors luy rendroit Sainct Quentin, & qu'il se mettroit des
leurs: mais que sans ce mariage, & veoir ceste declaration, il ne s'y oseroit mettre: car le Roy estoit trop puissant, & auoit son faict bien accoustré, & grandes
intelligéces es pays dudict Duc, & toutes parolles semblables de gráds espou-
uentemens. Ie ne cognu onc bonne yssuë d'homme qui ait voulu espouuenter son maistre, & le tenir en * suspicion, ou vn grand Prince de qui on a affaire, comme vous entendrez de ce Connestable. Car combien que le Roy fust
lors son maistre, si auoit il la pluspart de son vaillant, & ses enfans, sous ledict Duc de Bourgongne: mais tousiours a vsé de ces termes de les vouloir
tenir en crainte, tous deux, & l'vn par l'autre: dont mal luy en print. Et
combien que toute personne cherche à se mettre hors de subiection & crainte, & que chascun haye ceux qui l'y tiennent, si n'y en a il nul qui en cest article

ticle approche les Princes: car ie n'é cognu oncques nuls qui de mortelle haine ne haïssent ceux qui les y ont voulu tenir.

Apres que le Duc de Bourgongne eut ouy la response du Connestable, il
cognut bien qu'on luy ne trouueroit nulle amitié, & qu'il estoit principal cō-
ducteur de ceste guerre, & conceut vne tres-merueilleuse haine contre luy,
qui iamais depuis ne luy partit du cœur, & principalement que pour telles
doutes le vouloit contraindre à marier sa fille. Ia lui estoit reuenu vn peut
le cœur, & auoit recueilli beaucoup de gens. Vous entendez bien maintenant, par ce que manda le Duc de Guyenne, & puis le Connestable, que ceste
chose estoit deliberee entre-eux: car toutes semblables paroles, ou plus espou-
uentables encores manda le Duc de Bretaigne apres: & laissa amener à monseigneur de Lescut cent hommes-d'armes Bretons au seruice du Roy. Ainsi
concluez, que toute ceste guerre se faisoit pour contraindre ledict Duc à se
consentir à ce mariage: & que l'on abusoit le Roy, quand on lui conseilloit
d'entreprendre ceste guerre, & que de ses intelligences, qu'on lui disoit auoir
au pays dudict Duc, n'estoit point vray, mais toute mésonge, ou peu s'en failloit. Toutesfois tout ce voyage fut seruy le Roy dudict Connestable tres-
bien, & en grand haine contre ledict Duc, cognoissant que telle haine auoit il
conceuë contre luy. Semblablement seruit le Duc de Guyenne en ceste guerre fort bien accompaigné, & furent les choses fort perilleuses pour le Duc de
Bourgongne: mais quand dés le commencement que ce differend commença (dont i'ay parlé) il eust voulu asseurer dudict mariage le Duc de Guyenne,
luy & le Connestable & plusieurs autres, & leurs sequelles se fussent tournez
des siens contre le Roy, & essayez à faire le Roy bien foible, s'il leur eust esté
possible: mais quelque chose que sçauent deliberer les hommes en telles matieres, Dieu en conclud à son plaisir.

---

*Comment le Duc de Bourgongne gaigna Piquigny, & apres trouua moyen d'a-
uoir trefue au Roy pour vn an, au grand regret du Connestable.*

CHAP. III.

Ous deuez auoir entendu au long, dont mouuoit ceste guerre, & que
les deux Princes au cōmencement y furent aueuglez: & se faisoient la
guerre sans entendre le motif ne l'vn ne l'autre. Qui estoit vne merueilleuse habilité à ceux qui cōduisoiét l'œuure: & leur pouuoit on bien dire,
que l'vne des parties du monde ne sçait point cōme l'autre vit & se gouuerne.
Or toutes ces choses dont i'ay parlé en tous ces articles precedens, aduindrét
en bien peu de temps. Car aprés la prinse d'Amiens, en moins de quinze
iours, ledit Duc se mit aux champs aupres d'Arras (car il ne se retira point plus
loing) & puis tira vers la riuiere de Somme, & droit à Piquigny. En chemin
luy vint vn messager du Duc de Bretaigne, qui n'estoit qu'vn homme à pied, Le Duc de
& dit audit Duc, de par son maistre, comme le Roy lui auoit fait sçauoir   *Bretagne*
plusieurs choses, & entre autres les intelligences qu'il auoit en plusieurs gros- *pense intimi-*
ses villes, dont entre les autres, nommoit Anuers, Bruges, & Bruxelles. Aussi *des le Duc de*
l'aduertissoit ledit Duc comme le Roy estoit deliberé de l'assieger en quelque *Bourgongne*
ville qu'il le trouuast, & fust il dedās Gād. & croy que ledit Duc de Bretaigne

G iiij

mandoit tout cecy en faueur du Duc de Guyenne, & pour mieux le faire ioindre à ce mariage: mais le Duc de Bourgongne print tref-mal en gré ces aduer-
tiffemens que le Duc de Bretaigne lui faifoit : & refpondit au meffager, incontinent & fur l'heure, que fon maiftre eftoit mal aduerti , & que c'eftoient
aucuns mauuais feruiteurs qu'il auoit, qui lui vouloient donner ce courroux
& ces craintes , afin qu'il ne feift fon deuoir de le fecourir, comme il y eftoit
obligé par fes alliances : & qu'il eftoit mal informé quelles villes eftoient
Gand, ne les villes, où il difoit que le Roy l'affiegeroit, & qu'elles eftoient
trop grandes pour affieger : mais qu'il dift à fon maiftre la compaignie en
quoy il le trouuoit , & que les chofes eftoient autrement: car de luy, il deliberoit de paffer la riuiere de Somme , & de combatre le Roy , s'il le trouuoit en fon chemin pour l'en garder, & qu'il vouloit prier audict Duc fon
maiftre de par luy, qu'il fe vouluft declarer en fa faueur contre le Roy, & lui
eftre tel comme le Duc de Bourgongne auoit efté en faifant le traicté de
Péronne.

  Le lendemain s'approcha le Duc de Bourgongne d'vn lieu fur la riuiere de
Somme, qui s'appelle Piquigny, vne affiette tresforte, & là aupres deliberoit
de faire vn pont deffus la riuiere, pour paffer Somme: mais par cas d'aduenture y auoit dedans la ville de Piquigny logé quatre ou cinq cens Francs-
archiers, & vn peu de nobles. Ceux là, quand ils veirent paffer le Duc de
Bourgongne, fortirent à l'efcarmouche , du long d'vne chauffee, qui eftoit
longue, & fe mirent fi auant hors de leur place, qu'ils donnerent occafion aux
gens du Duc de les chaffer: & les fuyuirent de fi pres qu'ils en tuerent vne partie deuant qu'ils fceuffent gaigner la ville , & gaignerent le faulx bourg de
cefte chauffee, & puis on amena quatre ou cinq pieces d'artillerie, combien
que par ce cofté la ville fuft imprenable , par ce qu'il y auoit riuiere entre-
deux : toutesfois ces Francs-archiers eurent peur (pource qu'on faifoit vn
pont) qu'on ne les affiegeaft de l'autre cofté. Ainfi ils defemparerent la place, & s'enfuyrent. Le chafteau tinft deux ou trois iours, & puis s'en allerent
tous en pourpoint. Ce petit exploit donna quelque coutage au Duc de
Bourgongne, & fe logea és enuirons d'Amiens, & y feit deux ou trois logis,
difant qu'il tenoit les champs pour veoir fi le Roy le voudroit venir combatre:
& à la fin , s'approcha fort pres de la ville, & fi pres que fon artillerie tiroit
à coup perdu par deffus & dedans la ville, & là fe tint bien fix fepmaines.
En la ville y auoit bien quatorze cens hommes d'armes de par le Roy , &
quatre mille francs-archiers : & y eftoient monfeigneur le Connestable, &
tous les grands Chefs de ce Royaume, comme Grand-maiftre, Admiral, Marefchal, Senefchaux , & largement gens de bien. Le Roy fut cependant à
Beauuais, où il feit vne bien grand affemblee, & eftoit auec luy le Duc de
Guyenne fon frere, & le Duc Nicolas de Calabre , fils aifné du Duc Iean de
Calabre & de Lorraine, & feul heritier de la maifon d'Anjou. Auec le Roy
eftoient les nobles du Royaume affemblez par maniere d'arrierebap : & ne
faut point douter , à ce que depuis i'ay entendu, que ceux qui eftoient a-
uec le Roy, n'euffent grande & bonne volonté de cognoiftre defia la malice de cefte entreprinfe , & voyoient bien qu'il n'auoit point encores fait,
mais

mais eſtoit en guerre plus que iamais. Ceux qui eſtoient en la ville d'Amiens, feirent vne entreprinſe pour aſſaillir le Duc de Bourgongne & ſon oſt, pour-ueu que le Roy vouluſt enuoyer ioindre auec eux l'armee qu'il auoit auec lui à Beauuais.

Le Roy aduerty de ceſte entreprinſe, la leur enuoya deffendre, & de tous poinčts la rompre: car combien qu'elle ſemblaſt aduantageuſe pour le Roy, toutesfois y auoit du hazard, pour ceux qui ſortoient de la ville, par eſpecial: car tous ſortoient par deux portes, dont l'vne eſtoit pres de l'oſt dudičt Duc de Bourgongne: & s'ils euſſent *eſté contrainčts de ſe retourner, veu que leur ſortie euſt eſté à pied, ils euſſent eſté en danger de ſe perdre, & de perdre la vil-le. En ces entrefaičtes, enuoya le Duc de Bourgógne vn page, nommé Simon dé *Quincy (qui depuis a eſté Baillif de Troye) & eſcriuit au Roy ſix lignes de ſa main, s'humiliant enuers lui, & ſe douloit dequoy il lui auoit ainſi couru ſus à l'appetit d'autrui: & qu'il croyoit que s'il euſt eſté bien informé de toutes choſes qu'il ne l'euſt pas fait.

*failly à la deſconfire d'entree, & qu'ils euſ-ſent eſté à pied. Exép. vieil. *l'Exemp. vieil a Quinge, en ce lieu.

Or *l'armee que le Roy auoit enuoyee en Bourgongne, auoit deſconfit toute la puiſſance de Bourgongne, qui eſtoit ſortie aux champs, & prins plu-ſieurs priſonniers. Le nombre des morts n'eſtoit pas grand: mais la deſcon-fiture y eſtoit, & ſi auoient deſia aſſiegé & prins des places, qui eſbahiſſoit vn peu ledičt Duc: toutesfois il faiſoit ſemer en ſon oſt tout le contraire, & que les ſiens auoient eu du meilleur. Quand le Roy eut veu ces lettres que le Duc de Bourgongne luy auoit eſcrites, il en fut treſioyeux, pour la raiſon qu'auez ouy cy deſſus, & auſſi que les choſes longues luy ennuyoient: & lui feit reſponſe, & enuoya pouuoir à aucuns, qui eſtoient à Amiens, pour en-trer en vne trefue, & ſi en feit deux ou trois de quatre ou de cinq iours: & à la fin finale s'y en feit vne d'vn an, comme il me ſemble: dont le Conneſtable, Comte de ſainčt Paul, monſtroit ſigne de deſplaiſir. Car ſans nulle dou-te (quelque choſe que les gens ayent penſé, ou ſceuſſent penſer au contraire) ledičt Comte de ſainčt Paul eſtoit lors ennemy capital du Duc de Bourgon-gne: *& eurent pluſieurs parolles, & onques puis n'y eut amitié de l'vn à l'au-tre, comme auez veu par l'iſſue: mais bien ont enuoyé les vns vers les autres, pour ſe pratiquer, & chaſcun pour s'ayder de ſon compaignon: & ce que le Duc en faiſoit, c'eſtoit touſiours pour cuyder rauoir ſainčt Quentin. Sem-blablement, quand le Conneſtable auoit peur ou crainte du Roy, il la luy promettoit rendre: & y eut des entreprinſes, où les gens du Duc de Bour-gongne, par le vouloir dudičt Conneſtable, en approcherent, & les faiſoit venir deux ou trois lieuës pres, pour les mettre dedans: & quand ce venoit à ioindre, ledičt Conneſtable ſe repentoit, & les contremandoit, dont à la fin mal luy en print. Car il cuydoit, pour la ſituation où il eſtoit, & le grand nombre de gens que le Roy luy payoit, les tenir tous deux en crainte, par le moyen du diſcord où ils eſtoient, auquel il les entretenoit: mais ſon entre-prinſe eſtoit treſ-dangereuſe, car ils eſtoient trop grands, trop forts, & trop habiles tous deux.

*Il en a vn peu parlé en l'aduertiſſe-ment que le Duc de Bour-bon enuoya au Duc de Bourgongne.

*& pour pluſieurs paroles: l'exepl. vieil, mais il eſt rayé.

Diſſimula-tions du Cõ-neſtable en-uers le Duc de Bourg.

Apres ces armees departies, le Roy s'en alla en Touraine, & le Duc de Guyenne en ſon païs, & le Duc de Bourgongne au ſien: & demeurerent vne

piece les choses en cest estat : & tint le Duc de Bourgongne grand' assemblee
d'estats en son païs, pour leur remóstrer le dommage qu'il auoit eu, de n'auoir
des gens d'armes prests comme le Roy : & que s'il eust eu le nóbre de cinq cés
hommes prests, pour garder les frotieres, que iamais le Roy n'eust entrepris
ceste guerre, & fussent demeurez en paix : & leur mettoit au deuant les dommages qui estoiét prests de leur en aduenir, & les pressoit fort qu'ils luy voulussent donner le payement de huict cens Lances. Finalement ils luy dónerét
six vingts mille escus, outre & par dessus ce qu'ils luy dónoient : & en cecy n'e-
stoit pas comprinse Bourgongne : mais grand' doute faisoient ses subiects,
pour plusieurs raisons, de se mettre en ceste subiection, où ils voyoiét le Royaume de France, à cause de ces gens-d'armes. Et à la verité, leur grád doute n'e-
stoit pas sans cause : car quand il se trouua cinq ou six cens hommes d'armes, la
volonté luy vint d'en auoir plus, & de plus hardiment entreprendre contre
tous ses voisins. Et de six vingts mille escus, les feit móter iusques à cinq cens
mille, & creut de gens-d'armes en tres-grand' quantité, & en ont ses subiects
bien eu à souffrir. Et croy bien que les gens-d'armes de soulde sont bien em-
ployez, sous l'autorité d'vn sage Roy ou Prince : mais quád il est autre, ou qu'il
laisse enfans petits, l'vsage, à quoy les employent leurs Gouuerneurs, n'est pas
tousiours proffitable, ne pour le Roy, ne pour ses subiects.

Dissimula-
tion du Duc
de Bourgon-
gne touchant
le mariage
de sa fille.

    La haine ne diminuoit point entre le Roy & le Duc de Bourgongne, mais
tousiours continua. Et le Duc de Guyenne, estant retourné en son pays, renuoyoit souuent vers ledict Duc de Bourgongne, pour le mariage de sa fille, &
cótinuoit ceste poutsuite : & ledict Duc l'entretenoit, aussi faisoit il tout homme qui la demandoit : & croy qu'il n'eust point voulu veoir de fils, ne que iamais il n'eust marié sa fille tant qu'il eust vescu : mais tousiours l'eust gardee,
pour entretenir gens pour s'en seruir & ayder, car il taschoit à tant de choses
grandes, qu'il n'auoit point le téps à viure pour les mettre à fin, & estoiét choses quasi impossibles : car la moitié d'Europe ne l'eust sçeu contenter. Il auoit
assez de hardiesse, pour entreprendre toutes choses. Sa personne pouuoit as-

Puissance du
Duc de Bour-
gongne.

sez porter le trauail, qui luy estoit necessaire. Il estoit assez puissant de gens &
d'argent : mais il n'auoit point assez de sens & malice pour conduire ses entreprinses. Car auec les autres choses propices à faire conquestes, si le tres-grand
sens n'y est, tout le demeurant n'est rien, & croy qu'il faut que cela vienne de la
grace de Dieu. Qui eust peu prendre partie des conditiós du Roy nostre maistre, & partie des siennes, on en eust bien faict vn prince parfaict : car sans nulle
doute le Roy en sens le passoit de trop, & la fin l'a monstré par ses œuures.

Des guerres qui furent entre les Princes d'Angleterre pendant les
differends du Roy Louys & de Charles de Bourgongne.

CHAP: IIII.

IE me suis oublié, parlant de ces matieres precedétes, de parler du Roy
Edouard d'Angleterre : car ces trois seigneurs ont vescu d'vn temps,
gráds : c'est à sçauoir nostre Roy, le Roy d'Angl. & le Duc de Bourgóg.
Ie ne vous garderay point l'ordre d'escrire que font les Histories, ny nómeray

les

les années, ny proprement le temps que les choses sont aduenuës, ny ne vous allegueray rien des Histoires passées pour exemple (car vous en sçauez assez, & seroit parler Latin deuant les Cordeliers) mais seulement vous diray grossement ce que i'ay veu & sçeu, & ouy dire aux Princes que ie vous nomme. Vous estes du temps que toutes ces choses sont aduenuës, parquoy n'est ja besoing de si tres-iustement vous dire les heures ny les saisons, comme il me peut sembler.

Ailleurs ay parlé de l'occasion qui meut le Duc de Bourgongne d'espou- Sus liure 1. chap. 5. sur la fin. ser la sœur du Roy Edouard, qui principalement estoit pour se fortifier contre le Roy: car autrement ne l'eust iamais faict, pour la grand' amour qu'il portoit à la maison de Lanclastre, dont il estoit prochain parent, à cause de sa mere, laquelle estoit fille de Portugal, mais la mere d'elle estoit fille du Duc de Lanclastre: & autant qu'il aymoit parfaictement cestedicte maison de Lanclastre, il hayssoit celle d'Yorth. Or à l'heure de ce mariage, celle de Lanclastre estoit du tout destruite: & de celle d'Yorth, ne se parloit plus: car le Roy Edouard estoit Roy & Duc d'Yorth, & estoit tout pacifique: & durant les guerres de ces deux maisons, y auoit eu en Angleterre sept ou huict grosses batailles, & morts cruellement soixante ou quatre vingts Princes ou seigneurs de maison Royalle, comme i'ay cy deuant dit en ces Memoires: & ce qui n'estoit mort, estoit fugitif en la maison dudict Duc de Bourgongne, tous Seigneurs ieunes, car leurs peres estoyent morts en Angleterre: & les auoit recueillis le Duc de Bourgongne en sa maison (comme ses parens de Lanclastre) auant le mariage. Lesquels i'ay veuz en si grand' pauureté, auant Pauureté extreme d'vn Prince d'Angleterre ne se nommant point. Duc de Ceste al-ler à pied. Exep. vieil. que ledict Duc eust cognoissance d'eux, que ceux, qui demandent l'aumosne, ne sont pas si pauures. Car i'ay veu vn Duc estre allé à pied sans chausses, apres le train dudict Duc, pourchassant sa vie de maison en maison, sans se nommer. C'estoit le plus prochain de la lignee de Lanclastre, & auoit espousé la sœur du Roy Edouard. Apres fut congnu, & eut vne petite pension pour s'entretenir. Ceux de Sombresset, & autres y estoyent. Tous sont morts depuis ces batailles. Leurs peres & leurs parens, auoyent pillé & destruit le Royaume de France, & possedé la pluspart par maintes annees. Tous s'entretuerent. Ceux qui estoyent en vie en Angleterre & leurs enfans, sont finis comme vous voyez. Et puis on dit: Dieu ne punit plus les gens, comme il souloit du temps des enfans d'Israel, & endure les mauuais Princes & mauuaises gens. Ie croy bien qu'il ne parle plus aux gens, comme il souloit: car il a laissé assez d'exemples en ce monde, pour estre creu: mais vous Princes subjets à la punition de Dieu, comme le temps passé. pouuez veoir, en lisant ces choses, auecques ce que vous en sçauez d'auantage, que de ces mauuais Princes & autres ayans authorité en ce monde, & qui en vsent cruellement & tyranniquemét, nuls ou peu en demeurent impunis: mais ce n'est pas tousiours à iour nommé, n'a l'heure que ceux qui souffrent, le desirent.

En reuenant à ce Roy Edouard d'Angleterre, le principal homme d'An- Le Comte de Vuaruic possede le Roy d'Angleterre gleterre qui eust soustenu la maison d'Yorth, estoit le Comte de Vuaruic: & le Duc de Sombresset, au contraire, celle de Lanclastre: & se pouuoit ledict Comte de Vuaruic, quasi dire pere du Roy Edouard, quant à seruices & nour-

ritures, & aussi s'estoit fait fort grand: car outre ce qu'il estoit grand Seigneur
de soy, il tenoit grandes seigneuries par don du Roy, tát de la couronne que de
confiscation: & puis estoit Capitaine de Calais, & tenoit autres grosses offices:
& ay ouy estimer quatre vingts mille escus l'an, ce qu'il tenoit en ces choses
alleguées, sans son patrimoine. Ce Comte de Vvaruic entra en differend auec
son maistre, par aduenture vn an auant que le Duc de Bourgógne vint deuát
Amiens, & y aida bien le Duc: car il luy desplaisoit de ceste grand'authorité
que le Comte de Vvaruic auoit en Angleterre: & ne s'accordoient point bié:
pource que ledict seigneur de Vvaruic s'entendoit tousiours auec le Roy nostre maistre. En effect i'ay veu en ce temps, ou peu auant, le Comte de Vvaruic
si fort qu'il mist le Roy son maistre, entre ses mains: & feit mourir le seigneur
de Scalles, pere de la Royne, & deux de ses enfans, & le tiers en grand danger
(lesquels personnages le Roy Edouard aimoit fort) & feit mourir encores aucuns cheualiers d'Angleterre: & garda le Roy son maistre vne espace de téps
honnestemét, & luy mit nouueaux seruiteurs à l'étour, pour luy faire oublier
les autres: & lui sébloit que son maistre estoit vn peu simple. Le Duc de Bourgongne eut grand doute de ceste aduenture, & pratiquoit secrettement que
le Roy Edouard peust eschapper, & qu'il eust moyen & façon de parler à luy:
& tant allerent les choses, que ledit Roy Edouard eschappa, & assembla gés,
& detroussa quelques bandes de ceux dudict Comte de Vvaruic. Il a esté Roy
bié fortuné en ses batailles: car neuf grosses batailles pour le moins a gaignées
& tout à pied. Ledict Comte de Vvaruic, se trouuant le plus foible, aduertit
bié ses amis secrets de ce qu'ils auoient à faire, & se mit en la mer à son beau
loisir, auec le Duc de Clarence, qui auoit espousé sa fille, & tenoit son party,
nonobstant qu'il fust frere du Roy Edouard: & menerent femmes & enfans,
& grand nombre de gens, & se vint trouuer dedans Calais: & dedans estoit
son Lieutenant en ladicte ville de Calais, appellé monseigneur de Vaucler,
& plusieurs de ses seruiteurs domestiques: qui en lieu de le recueillir, luy tirerent de grands coups de Canon: & estant à l'ancre là deuant, accoucha la
Duchesse de Clarence, fille dudict Comte de Vvaruic, d'vn filz. A grand'peine voulurent ils consentir, ne le seigneur de Vaucler, qu'on luy portast
deux flascons de vin. C'estoit grád rigueur d'vn seruiteur enuers son maistre:
car il est à penser qu'il pensoit bien auoir pourueu en ceste place: qui est le
plus grand thresor d'Angleterre, & la plus belle Capitainerie du monde, à
mon aduis, au moins de la Chrestienté. Ce que ie sçay, par ce que i'y fuz plusieurs fois, durant ces differends, & pour certain me fut dict par le Maire de
Lestape, que de la Capitainerie de Calais feroit donner au Roy d'Angleterre, quinze mille escus de ferme. Car le Capitaine prend tout le profit de
ce qu'ils ont deça la mer, & des sauf-conduicts, & met la plus part de la garnison à la poste.

   Le Roy d'Angleterre fut fort content dudict seigneur de Vaucler, de ce
refus qu'il auoit fait à son Capitaine, & luy enuoya lettres pour tenir l'office
en Chef: car il estoit sage cheualier & ancien: & portoit l'ordre de la Iartiere. Monseigneur de Bourgongne fut fort content de luy aussi, qui pour lors
estoit à sainct Omer: & m'enuoya deuers ledict Seigneur de Vaucler, & luy
                                                                          donna

donna mille eſcus de penſion, luy priant de vouloir cõtinuer en l'amour qu'il auoit monſtree au Roy d'Angleterre. Ie le trouuay treſ-deliberé de ce faire, & feit ſerment en l'hoſtel dé * l'Eſcalle à Calais, entre mes mains, audict Roy d'Angleterre enuers & contre tous, & ſemblablement tous ceux de la garniſon, & de la ville: & fut l'eſpace de deux moys, allant & venant vers luy, pour l'entretenir, & preſque me tins ce temps auec luy: & le Duc de Bourgõgne ne bougeoit de Boulongne, & feit vne groſſe armee par mer contre le Comte de Vvaruic: qui print pluſieurs nauires des ſubiects dudict Duc de Bourgõgne au partir qu'il feit de deuant Calais, & aida bien ceſte prinſe à nous remettre en guerre: car ſes gens en vendirent le butin en Normandie, à l'occaſion dequoy le Duc de Bourgongne print tous les marchands François venus à la foire d'Anuers.

* Leſtaple
Exẽp. vieil.

Pource qu'il eſt beſoing d'eſtre informé auſſi bien des tromperies & mauuaiſtiez de ce monde, comme du bien (non pour en vſer, mais pour s'en garder) ie veux declairer vne tromperie, ou habilité (ainſi qu'on la voudra nommer, car elle fut ſagement conduicte) & auſſi veux qu'on entende les tromperies de nos voiſins comme les noſtres, & que par tout il y a du bien & du mal. Quand ce Comte de Vvaruic vint deuant Calais, eſperant y entrer, comme en ſon principal refuge, monſeigneur de Vaucler, qui eſtoit treſ-ſage, luy mãda que s'il y entroit, il ſeroit perdu: car il auoit toute Angleterre contre lui, & le Duc de Bourgongne: & que le peuple de la ville de Calais ſeroit contre lui, & pluſieurs de la garniſon: comme monſeigneur de Duras, qui eſtoit Mareſchal pour le Roy d'Angleterre, & pluſieurs autres, qui tous auoient gens en la ville : & que le meilleur pour lui eſtoit, qu'il ſe retiraſt en France : & que de la place de Calais il ne s'en ſouciaſt, & qu'il lui en rendroit bon conte, quand il ſeroit temps. Il ſeruſt treſ-bien ſon Capitaine, lui donnant ce conſeil, mais treſ-mal ſon Roy, quant à ce poinct dudit ſeigneur de Vvaruic. Iamais homme ne tint plus grand'deſloyauté que ce Vaucler: veu que le Roy d'Angleterre l'auoit fait Capitaine en chef, auec ce que le Duc de Bourgongne lui donnoit.

Ruſe de Vaucler Angloiſ
pour le Coſte
de Vvaruic

Comment le Roy Louys ayda ſi bien le Comte de Vvaruic, qu'il chaſſá le Roy
Edouard hors d'Angleterre, au grand deſplaiſir du Duc de
Bourgongne, qui le reçeut en ſes pays.

CHAP. V.

A Ce conſeil ſe tint le Comte de Vvaruic, & alla deſcendre en Normandie, où il fut fort bien recueilly du Roy, & le fournit d'argent treſlargement, pour la deſpence de ſes gens : & ordonna le Baſtard de Bourbon, Admiral de France, bien accompaigné, pour ayder à garder ces Anglois & leurs nauires contre l'armee de mer, qu'auoit le Duc de Bourgongne, qui eſtoit treſ-groſſe, & telle que nul ne ſe fuſt oſé trouuer en ceſte mer au deuant d'elle : & faiſoit la guerre aux ſubiects du Roy, par mer & par terre, & ſe menaſſoient. Tout cecy aduint la ſaiſon auant que le Roy prinſt Sainct Quentin & Amiens, comme i'ay dit, & fut ladicte prinſe de ces deux places l'an mil quatre cens ſeptante. L'armee du Duc de Bourgongne eſtoit

H

plus forte par mer que celle du Roy, & dudiçt Comte enfemble. Car il auoit prins au port de l'Efclufe largement groffes nauires d'Efpaigne & de Portugal, *des nauires de Gennes, & plufieurs Hurques d'Allemaigne. Le Roy Edouard n'eftoit point homme de grand ordre, mais fort beau, plus que nul Prince que i'aye iamais veu en ce temps là, & tref-vaillant. Il ne fe foucioit point tant de la defcente dudiçt Comte de Vvaruic, comme faifoit le Duc de Bourgongne, lequel fentoit des mouuemens par Angleterre en faueur dudiçt Comte de Vvaruic, & en aduertiffoit fouuent le Roy: mais il n'auoit nulle peur (qui me femble vne folie de ne craindre fon ennemi, & ne vouloir craindre rien) veu l'appareil qu'il *auoit : car le Roy arma tout ce qu'il auoit & peut finer de nauires, & mit largement gens dedans : & foit faire parement aux Anglois. Il auoit fait le mariage du Prince de Galles, auec la feconde fille dudiçt Comte de Vvaruic. Lediçt Prince eftoit feul fils du Roy Henry d'Angleterre (lequel eftoit encores vif, & prifonnier en la Tour de Londres) & tout ce mefnage eftoit preft à defcendre en Angleterre: C'eftoit eftrange mariage d'auoir deffaiçt & deftruit le pere dudiçt Prince, & luy faire efpoufer fa fille : & puis vouloir entretenir le Duc de Clarence, frere du Roy oppofite : qui bien deuoit craindre que cefte lignee de Lanclaftre ne riuint fur fes pieds. Auffi tels ouurages ne fe fçauoiét paffer fans diffimulation.

Or i'eftois à Calais, pour entretenir monfeigneur de Vaucler, à l'heure de ceft appareil, & iufques lors n'entendy fa diffimulation, qui auoit ja duré trois mois: car ie luy requis (veu ces nouuelles qu'il oyoit) qu'il voufift mettre hors de la ville vingt ou trente des feruiteurs domeftiques dudiçt Comte de Vvaruic, & que i'eftois affeuré que l'armee dudiçt Roy, & dudiçt Comte eftoit prefte à partir de Normandie où ja elle eftoit : & que fi foudainement il prenoit terre en Angleterre, par aduenture viendroit mutation à Calais, à caufe des feruiteurs dudiçt Comte de Vvaruic, & qu'il n'en feroit à l'aduenture point le maiftre : & luy priay fort que des cefte heure il les mit dehors. Toufiours le m'auoit accordé iufques à celle heure, dont ie parle, qu'il me tira à part : & me dit qu'il demeureroit bien le maiftre en la ville, mais qu'il ne vouloit dire autre chofe, pour aduertir monfeigneur de Bourgongne. C'eftoit, qu'il luy confeilloit, s'il vouloit eftre amy d'Angleterre, qu'il meift peine de mettre la paix, non point la guerre: & le difoit pour cefte armee, qui eftoit contre monfeigneur de Vvaruic. Me dit d'auantage qu'il feroit aifé à appointer: car ce iour eftoit paffé vne Damoifelle par Calais, qui alloit en France vers madame de Clarence, qui portoit ouuerture de paix de par le Roy Edouard. Il difoit vray, mais comme il abufoit les autres, il fut deçeu de cefte Damoifelle: car elle alloit pour conduire vn grand marché, & le mit à fin, au preiudice dudiçt Comte de Vvaruic, & de toute fa fequelle. De ces fecrettes habilitez ou tromperies, qui fe font faites en nos contrees de deça, n'entendrez vous plus veritablement de nulle autre perfonne, au moins de celles qui font aduenuës depuis vingt ans.

Le fecret que portoit cefte femme, eftoit, remonftrer à monfeigneur de Clarence, qu'il ne voufift point eftre caufe de deftruire fa lignee, pour

aider

aider à remettre en authorité celle de Lanclaftre, & qu'il confideraft leurs anciennes haines & offenfes: & qu'il pouuoit bien penfer, puis que ledict Comte auoit fait efpoufer fa fille au Prince de Galles, qu'il tafcheroit de le faire Roy
d'Angleterre, & ja luy auoit fait hommage.

Si bien exploicta cefte femme, qu'elle gaigna le feigneur de Clarence, qui
promut fe tourner de la part du Roy fon frere, mais qu'il fuft en Angleterre.
Cefte femme n'eftoit pas folle ne trop legere de parler. Elle eut loifir d'aller
vers fa maiftreffe: & pour cefte caufe, elle y alla pluftoft qu'vn hôme : & quelque habile homme que fuft monfeigneur de Vaucler, cefte femme le trompa,
& conduifit ce myftere, dont fut deffait à mort le Comte de Vvaruic, & toute
fa fequelle. Et pour telles raifons n'eft pas hôte d'eftre fufpicionneux, & auoir
l'œil fur ceux qui vont & viennent: mais c'eft grand' honte d'eftre trompé, &
de perdre par fa faulte : toutesfois les fufpicions fe doyuent prendre par
moyen, car l'eftre trop, n'eft pas bon.

Ie vous ay dit deuant comment cefte armee de monfeigneur de Vvaruic,
& ce que le Roy auoit apprefté pour le conduire, eftoit preft à monter, & celle
de monfeigneur de Bourgongne prefte à combatre, qui eftoit * au havre au   * à Hancie
Exép. vieil.
deuant d'eux. Dieu voulut ainfi difpofer des chofes, que cefte nuict fourdit
vne grande tourmente, & telle qu'il falut que l'armée dudict Duc de Bourgongne fuift: & coururét les vns des nauires en Efcoffe, les autres en Hollande: & à peu d'heure apres, fe trouua le vent bon pour le Comte, lequel paffa
fans peril en Angleterre.   Ledict Duc de Bourgongne auoit bien aduerty le
Roy Edouard du port, où ledict Comte deuoit defcendre, & tenoit gens ex-
pres auec luy pour le foliciter de fon profit: mais il ne luy en chaloit, & ne faifoit que chaffer, & n'auoit nulles gens fi prochains de luy que l'Archeuefque
d'Yorth, & le Marquis de Montagu, freres dudict Comte de Vvaruic, qui lui
auoient fait vn grand & folennel ferment de le feruir contre leur frere & tous
autres, & il s'y fioit.

Apres que le Comte de Vvaruic fut defcendu, grand nombre de gens fe
ioignirent à luy, & fe trouua le Roy Edouard fort efbahy. Incontinent qu'il
le fçeut, il commença lors à penfer à fes befongnes, (qui eftoit bien tard) &
manda au Duc de Bourgongne qu'il luy prioit qu'il euft toufiours fon nauire
preft en la mer, afin que le Comte ne peuft retourner en France: & * d'Angle-   * de la
terre.
Exép. vieil.
terre il en cheuroit bien. Ces parolles ne pleurent gueres là où elles furent
dites : car il fembloit qu'il euft mieux valu ne luy laiffer prendre terre en Angleterre, que d'eftre contrainct de venir en vne bataille. Cinq ou fix iours a-
pres la defcente dudit Comte de Vvaruic, il fe trouua trefpuiffant, logé à trois
lieues du Roy Edouard : lequel auoit encor plus largement gens, mais qu'ils
euffent efté tous bons, & s'attendoit à combatre ledict Comte. Il eftoit bien
logé, en vn village fortifié, au moins en vn logis où on ne pouuoit entrer que
par pont (comme luy mefmes propre m'a compté) dont bien luy print, & le
demourant de fes gens eftoient logez en d'autres villages prochains. Comme il difnoit on luy vint dire foudainement que le Marquis de Montagu, frere dudict Comte, & quelques autres eftoient montez à cheual, & auoient fait
crier: Viue le Roy Henry, à tous leurs gens. De prime-face ne le creut pas,

H ij

mais incontinent y enuoya plusieurs messagers, & s'arma : & mit des gens aux barrieres de son logis, pour le deffendre. Il auoit là auec luy vn sage Cheualier, appellé monseigneur de Hastingues, grand Chambellan d'Angleterre, le plus grand en authorité d'auec luy. Il auoit pour femme la sœur dudict Comte de Vuaruic, toutesfois il estoit bon pour son maistre. Il auoit en ceste armee trois mille hommes à cheual, comme luy mesmes m'a compté. Vn autre y auoit, appellé monseigneur de Scalles, frere de la femme dudict Roy Edouard, & plusieurs bons cheualiers & Escuyers, qui tous cognurent que la besongne n'alloit pas bien : car les messagers rapporterent que ce qui auoit esté rapporté & dict au Roy, estoit veritable : & s'assembloient pour luy venir courir sus.

Dieu voulut tant de bié à ce Roy Edouard, qu'il estoit logé pres de la mer : & y auoit quelque nauire, qui le suyuoit menant viures, & deux Hurques de Hollande, nauires marchands. Il n'eut autre loisir que de s'en aller fourrer dedans. Son Chambellan demoura vn peu apres, qui dit au Chef de ses gens, & à plusieurs particuliers de cest Ost, qu'ils allassent deuers les autres : mais qu'il leur prioit que leur volonté fust de demourer bonne & loyale enuers le Roy & luy : & puis s'en alla mettre dedans la nauire auec les autres, qui estoient prests à partir. Leur coustume d'Angleterre est, que quad ils sont au dessus de la bataille, ils ne tuent rien, & par especial du peuple (car ils cognoissent que chascun quiert leur complaire, parce qu'ils sont les plus forts) & ne mettent nuls à finance. Parquoy tous les gens n'eurent nul mal dés que le Roy fut party. Mais encores m'a compté le Roy Edouard, qu'en toutes les batailles qu'il auoit gaignees, que dés ce qu'il venoit au dessus, il montoit à cheual, & crioit qu'on sauuast le peuple, & qu'on tuast les seigneurs : car d'iceux n'eschappoit nul, ou bien peu.

Ainsi fut ce Roy Edouard, l'an mil quatre cens soixante & dix, auec ses deux Hurques, & vn petit nauire sien, & quelque sept ou huict cens personnes auec luy, qui n'auoient autres habillemens que leurs habillemens de guerre : & si n'auoient ne croix ne pille : ny ne sçauoient à grand' peine où ils alloient. Bien estoit estrange à ce pauure Roy (car ainsi se pouuoit il bien appeller) d'ainsi s'enfuir, & estre persecuté de ses propres seruiteurs. Il auoit ja accoustumé ses aises & ses plaisirs douze ou treize ans, plus que Prince qui ait vescu de son temps : car nulle autre chose n'auoit en pensee qu'aux Dames, & trop plus que de raison, & aux chasses, & à bien traicter sa personne. Quand il alloit à la saison à ces chasses, il faisoit mener plusieurs pauillons pour les Dames : & en effect, il y auoit fait grand' chere : & aussi il auoit le personnage aussi propice à ce faire qu'homme que iamais ie veisse : car il estoit ieune & beau, autant que nul homme qui ait vescu en son temps, ie dy à l'heure de ceste aduersité : car depuis s'est fait fort gras. Or voyez cy comment il entre maintenant aux aduersitez de ce monde, il fuit le droit chemin vers Hollande. Pour ce temps les Ostrelins estoient ennemis des Anglois, & aussi des François : & auoient plusieurs nauires de guerre sur la mer, & estoient

forterains des Anglois : & non sans cause (car ils sont fort bons combatans) & leur auoient porté grand dommage en ceste annee la, & prins plusieurs nauires,

nauires. Lesdicts Ostrelins apperceurent de loing ces nauires, où estoit ce Roy
fuyant: & commencerent à luy donner la chasse sept ou huict nauires qu'ils e-
stoient. Il estoit loing deuant eux, & gaigna la coste de Hollande, ou encores
plus bas : car il arriua en Frize, pres d'vne petite ville, appellee Alquemare, &
ancrerent son nauire, pource que la mer s'en estoit retirée, & ils ne pouuoient
entrer au havre, & se meirent au plus pres de la ville qu'ils peurent. Les Ostrelins vindrent semblablement ancrer assez pres de luy, en intention de le ioindre à la maree prochaine.

Vn mal & vn peril ne vient iamais seul : la fortune de ce Roy estoit bien
changée, & ses pensées. Il n'y auoit que quinze iours qu'il eust esté bien esbahy, qui luy eust dict: Le Comte de Vvaruic vous chassera d'Angleterre, & en
onze iours en aura la domination: car non plus ne mit-il à en auoir l'obeissance. Et auec ce il se mocquoit du Duc de Bourgongne, qui despendoit son argent à vouloir deffendre la mer, disant que ja le vouldroit en Angleterre. Et
quelle excuse eust-il sceu trouuer d'auoir fait ceste grand' perte, & par sa faulte? sinon dire: Ie ne pensois que telle chose aduinst. Bien deuroit songer vn
Prince s'il auoit aage, de faire telle excuse : car elle n'a point de lieu. Bel
exemple est en cestuy-cy pour les Princes, qui iamais n'ont doute ne crainte ”
de leurs ennemis, & le tiendroient à honte : & la pluspart de leurs serui- ”
teurs soustiennent leurs opinions, pour leur complaire, & leur semble qu'ils ”
en soient prisez & estimez, & qu'on dira qu'ils auront courageusement par- ”
lé. Ie ne sçay que l'on dira deuant eux, mais les sages tiendront telles pa- ”
rolles à grand folie : & est honneur de craindre ce que l'on doit, & d'y bien ”
pouruoir. C'est grand' richesse à vn Prince d'auoir vn sage homme en sa ”
compagnie, & bien seur pour luy, de le croire; & que cestuy là ait loy de di- ”
re verité.

D'auenture monseigneur de la * Gruture Gouuerneur pour lors du Duc
de Bourgongne en Hollande, estoit lors au lieu où le Roy Edouard voulut
descendre, lequel incontinent en fut aduerty (car ils mirét gens à terre) & aussi
du peril en quoy il estoit pour les Ostrelins: lequel enuoya incontinent deffendre aux Ostrelins de ne luy toucher. Et alla en la nef où ledict Roy estoit,
& le recueillit, & descendit en terre, & bien quinze cens hommes auec luy: &
y estoit le Duc de Cloceltre son frere, qui depuis s'est fait appeller le Roy Richard. Ledict Roy n'auoit ne croix ne pille, & donna vne robbe fourree de
belles martres au maistre de la nauire, promettant lui mieux faire le temps aduenir. Si pauure compaignie ne fut iamais, mais ledict seigneur de la Gruture seit honorablement : car il donna plusieurs robbes, & deffraya tout iusques à la Haye en Hollande, où il le mena : & puis aduertit monseigneur de
Bourgongne de ceste aduenture, lequel fut merueilleusement effroyé de ces
nouuelles, & eust beaucoup mieux aymé sa mort: car il estoit en grand soucy
du Comte de Vvaruic, qui estoit son ennemy, & auoit la maistrise en Angleterre. Lequel tost apres la descente, trouua nombre de gens infiny pour luy:
car cest ost, qu'auoit laissé le Roy Edouard, par amour & par crainte se mit
tout des siens, & chascun iour luy en venoit. Ainsi s'en alla à Londres. Grand'
nombre de bons Cheualiers & Escuyers s'en allerent, & se mirent és franchi-

---

Marginal notes:

A vne petite digression sur la fortune de ce Roy, auec vne belle remonstrance à tous Princes.

* rougir Exep. vieil.

* Gruture, Exep. vieil. por tous ce passage:

ſes qui ſont à Londres, qui depuis ſeruirent bien le Roy Edouard : & auſſi ſeit la Royne ſa femme, qui accoucha d'vn filz en grande pauureté.

Comment le Comte de Vuaruic tira hors de priſon le Roy Henry d'Angleterre. CHAP. VI.

Henry v. tiré de priſon & eſtably par le Comte de Vuaruic Roy d'Angleterre.

Vand ledict Comte de Vuaruic fut arriué en la ville de Londres, il alla en la Tour (qui eſt le Chaſteau) & en tira le Roy Henry, que autresfois (il y auoit bien long temps) auoit mis luy meſmes là dedans, criant deuant luy qu'il eſtoit traiſtre & criminel de leze maieſte : & à ceſte heure l'appelloit le Roy & le mena en ſon Palais à Vueſtmôtier, & le mit en ſon eſtat royal, en la preſence du Duc de Clarence, à qui ce cas ne plaiſoit pas. Et incontinent enuoya à Calais trois ou quatre cens hommes, qui coururent tout le païs de Boulenois : leſquels furent bien reçeus par le ſeigneur de Vaucler, dont i'ay tât parlé : & ſe peut lors congnoiſtre le bon vouloir, qu'il auoit touſiours enuers ſon maiſtre le Comte de Vuaruic. Le iour que le Duc de Bourgongne eut les nouuelles que le Roy Edouard eſtoit arriué en Hollâde, i'eſtois arriué deuers luy de Calais, & le trouuay à Boulongne, & ne ſçauois encore rien de cecy, ne de la fuite du Roy Edouard. Le Duc de Bourgongne eut les premieres nouuelles qu'il eſtoit mort. De cela ne luy chaloit gueres : car il aymoit mieux ceſte lignee de Lanclaſtre que celle d'Yorth : & puis il auoit en ſa maiſon les Ducs de *Cloceſtre & de Sombreſſet, & pluſieurs autres du party du Roy Héry : pourquoy luy ſembloit bien qu'ils l'appointeroient bien auec ceſte lignee : mais il craignoit fort le Comte de Vuaruic : & ſi ne ſçauoit comment il pourroit* traiſter celuy qui s'eſtoit retiré chez luy, à ſçauoir le Roy Edouard, dont il auoit eſpouſé ſa ſœur, & s'eſtoient faicts freres d'ordre : car il portoit la Toiſon, & ledict Duc portoit la Iartiere.

** Mal en tous, mais il eſt mal-aiſé de l'amender : car le vieil exempl. a parauant de Ceſtré, & en ce lieu cy, Deſeſtre, & d'Exceſtre par apres : & ne peut on iuger de Pol. Ver. que ce ſoit Ceſtria ou Exceſtria ou Leceſtria. Sleidan ayme mieux ſe taire qu'en mal parler. * côtenter. * Exép. vieil.*

Ledict Duc me renuoya incontinent à Calais, & vn Gentil-homme ou deux auec moy, qui eſtoient de ceſte partialité nouuelle de Henry : & me commanda ce qu'il vouloit que ie feiſſe auec ce monde neuf, & encores me pria bien fort d'y aller, diſant qu'il auoit beſoing d'eſtre ſeruy en ceſte matiere. Ie m'en allay iuſques à Tournellan (qui eſt vn Chaſteau pres de Guynes) & n'oſay paſſer oultre : pource que ie trouuay le peuple fuyant pour les Anglois, qui eſtoient ſur les champs, & couroient le pays. I'enuoyay incontinent à Calais demander vn ſauf-conduict à monſeigneur de Vaucler : car i'eſtois ja accouſtumé d'y aller ſans congé, & y eſtois honnorablement reçeu : car les Anglois ſont fort honnorables. Tout cecy m'eſtoit bien nouueau : car iamais ie n'auois ſi auant veu des mutations de ce monde. I'auois encores ceſte nuict là aduerty le Duc de la crainte que i'auois de paſſer, ſans luy mander que i'euſſe enuoyé querir ſeureté : car ie me doutois bien de la reſponſe que i'eu.

Il m'enuoya vne verge qu'il portoit au doigt pour enſeigne, & me mâda que ie paſſaſſe oultre, & me deuſſent ils prendre, car il me racheteroit. Il ne craignoit point fort à mettre en peril vn ſien ſeruiteur, pour s'en ayder, quand il en auoit beſoing : mais i'y auois bien pourueu par le moyen de ceſte ſeureté, que i'eu, auec tres-gracieuſes lettres de monſeigneur de Vaucler, diſant que

Le Duc de Bourg. hazardoit ſes ſeruiteurs.

ie pou-

ie pouuois aller comme i'auois accouftumé. Ie paffay à Guynes, & trouuay
le Capitaine hors du Chafteau qui me prefenta à boire, fans m'offrir le Chafteau, comme il auoit accouftumé, & feit tref-grand honneur & bonne chere
à ces Gentils-hommes qui eftoient auec moy des partifans du Roy Héry. I'allay à Calais, & nul ne vint au deuant de moy, comme on auoit accouftumé.
Tout homme portoit la liuree de monfeigneur de Vvaruic. A la porte de
mon logis, & de ma chambre me feirent plus de cent croix blanches, & des
rymes, contenans que le Roy de France, & le Comte de Vvaruic eftoient tout
vn: ie trouuay tout cecy bien eftrange. I'enuoyé d'aduenture à * Graueli-
gnes (qui eft à cinq lieuës de Calais) & manday qu'on arreftaft tous marchands & marchandiffes d'Angleterre, à caufe de ce qu'ils auoient ainfi couru. Ledict de Vaucler me manda à difner, qui eftoit bien accompaigné: &
auoit le Reuaftre d'or fur le bonnet (qui eftoit la liuree dudict Comte, qui e-
ftoit vn bafton noir) & tous les autres femblablement: & qui ne le pouuoit
auoir d'or l'auoit de drap. Et me fut dit à ce difner, qu'incontinent que le
* meffager fut arriué d'Angleterre, qui leur auoit porté cefte nouuelle, qu'en
moins d'vn quart d'heure chafcun portoit ladicte liuree, tant fut cefte mutation haftiue & foudaine. Ce fut la premiere fois que i'eu iamais cognoiffance que les chofes de ce monde font peu ftables. Ledict de Vaucler ne me
dit que paroles honneftes, & quelque peu d'excufes en la faueur du Comte
fon Capitaine, & les biens qu'il luy auoit faits: & quant aux autres, qui eftoiét
auec luy, iamais ne furent fi desbordez: car ceux que ie penfois des meilleurs pour le Roy, eftoient ceux qui plus le menaffoient: & croy bien qu'aucuns le faifoient pour crainte, & d'autres le faifoient à bon efcient. Ceux que
i'auois voulu mettre hors de la ville le temps paffé (qui eftoient feruiteurs domeftiques dudict Comte) auoient à cefte heure là bon credit: toutesfois ils
n'auoient iamais rien fçeu que i'euffe parlé d'eux audict Vaucler. Ie leur ref-
pondois à tous propos, que le Roy Edouard eftoit mort, & que i'en eftois
bien affeuré, nonobftant que ie fçauois bien le contraire: & difois auffi que
quand il ne le feroit, fi eftoient les alliances que monfeigneur de Bourgongne
auoit auec le Roy & le royaume d'Angleterre, telles qu'elles ne fe pouuoient
eftaindre pour ce qui eftoit aduenu, & que celui qu'ils prendroient pour Roy,
& nous auffi: & que pour les mutations paffées, y auoient efté mis ces mots,
AVEC LE ROY ET LE ROYAVME: & nous eftoient pleges les quatre principales
villes d'Angleterre pour l'entretenement de ces alliances.

Les marchands voulurét fort que ie fuffe arrefté, pource qu'on auoit prins
plufieurs de leurs biens à Grauelines, & par mon commandement, comme ils
difoient. Tellement fut appointé entre eux & moy, qu'ils payeroient tout le
beftail qu'ils auoient prins, ou qu'ils le rendiffent: car ils auoient appointement auec la maifon de Bourgongne, de pouuoir courir certains pafturages
qui y eftoient, & prendre le beftail pour la prouifion de la ville, en payant certain pris, lequel ils payerent: & n'auoient prins nuls prifonniers. Parquoy fut
accordé entre nous, que les alliances demoureroient entieres, que nous auiós
faictes auec le royaume d'Angleterre, fauf que nous nommions Héry au lieu
d'Edouard.

* Graueli-
nes par tout
exepl. vieil.
les autres,
Grauelin-
gues &
Graueli-
gnes.

* Paffaget
Exép. vieil.

Commines
fait le Roy
Edouard,
mort, pour
feruir à fa
commiffion.

* enfrain-
dre.
Exép. vieil.

Ceſt appointement fut bien aggreable au Duc de Bourgongne: car le Comte de Vvaruic enuoyoit quatre mille Anglois à Calais, pour luy faire la guerre à bon eſcient, & ne pouuoit l'on trouuer façon de l'adoucir. Touteſfois les gros marchands de Lôdres, dont pluſieurs en y auoit à Calais, l'en deſtournerent, pource que c'eſt l'eſtappe de leurs laines: & eſt choſe preſque incroyable pour combien d'argent il y en vient deux fois l'an, & ſont là attendans que les marchands viennent: & leur principale deſcharge eſt en Flandres, & en Hollande. Et ainſi ces marchands aiderent bien à conduire ceſt appointement, & à faire demeurer ces gens que monſieur de Vvaruic auoit. Cecy vint bien à propos au Duc de Bourgongne, pource que c'eſtoit propremét à l'heure que le Roy auoit prins Amiens & ſainct Quentin: & ſi ledict Duc euſt eu guerre auec les deux royaumes à vne fois, il eſtoit deſtruict. Il trauailloit d'adoucir monſeigneur de Vvaruic, tant qu'il pouuoit, diſant qu'il ne vouloit rien faire contre le Roy Henry, & qu'il eſtoit de ceſte lignee de Lanclaſtre, & toutes telles paroles ſeruantes à ſa matiere.

Or pour retourner au Roy Edouard, il vint deuers ledict Duc de Bourgongne à ſainct Paul, & le preſſa fort de ſon aide, pour s'en pouuoir retourner, l'aſſeurant d'auoir grandes intelligences dedans le royaume d'Angleterre: & que pour Dieu il ne le vouſſiſt abandonner, veu qu'il auoit eſpouſé ſa ſœur, & qu'ils eſtoient freres d'ordre. Le Duc de Sombreſſet & de * Cloceſtre preſſoient tout le contraire, & pour le party du Roy Henry ledict Duc ne ſçauoit auſquels complaire: & enuers les deux parties craignoit à meſprendre, & ſi auoit la guerre encommencee bien aſprement à ſon viſage. Finalement il creut pour lors ledict Duc de Sombreſſet, & les autres deſſuſdicts, prenant certaines promeſſes d'eux contre le Comte de Vvaruic, dont ils eſtoient anciés ennemis. Voyant cecy le Roy Edouard, qui eſtoit ſur le lieu, n'eſtoit pas à ſon aiſe: touteſfois on luy donnoit les meilleures raiſons qu'on pouuoit, diſant qu'on faiſoit ces diſſimulations pour n'auoir point la guerre aux deux royaumes à vn coup: car ſi ledict Duc eſtoit deſtruict, il ne luy pourroit pas bien ayder apres, ſi bien à ſon aiſe. Touteſfois ledict Duc, voyant qu'il ne pouuoit plus retenir le Roy Edouard, qu'il ne s'é allaſt en Angleterre, & pour pluſieurs raiſons, ne l'oſoit de tous poincts courroucer. Il faignit en public, de ne luy bailler nul ſecours, & feit crier que nul n'allaſt à ſon aide: mais ſous main, & ſecrettement, il luy feit bailler cinquante mille Florins à la croix ſainct André: & luy feit faire finance de trois ou quatre groſſes nefs, qu'il luy feit accouſtrer au port de la Vere en Hollāde, qui eſt vn port où chaſcun eſt reçeu, & lui ſouldoya ſecrettement quatorze nauires d'Oſtrelins, bien armez, qui promettoiét le ſeruir iuſques à ce qu'il fuſt paſſé en Angleterre, & quinze iours apres. Ce ſecours fut treſ-grand ſelon le temps.

<hr>

Comment le Roy Edouard retourna en Angleterre, où il deffeit en bataille
le Comte de Vvaruic, & le Prince de Galles apres.
CHAP. VII.

Le

LE Roy Edouard partit l'an mil quatre cens septante & vn, ainsi comme le Duc de Bourgongne alloit contre le Roy à Amiens : & sembloit bien audict Duc, que le faict d'Angleterre ne pourroit aller
mal pour pour luy, & qu'il auoit amys aux deux costez. Incontinent que le
Roy Edouard fut à terre, il tira droit à Londres : car il y auoit plus de deux
mil hommes tenans son party dedans les franchises, dont il y auoit trois ou
quatre cens Cheualiers & Escuyers, qui luy fut grand'faueur : car il ne descen-
doit pas à grands gens. Tantost apres que le Comte de Vvaruic (lequel e-
stoit au North auec grand'puissance) sentit ces nouuelles, il se hasta de tourner vers Londres, esperant y arriuer le premier : toutesfois luy sembloit-il
bien que la ville tiendroit pour luy : mais autrement en aduint. Car le Roy
Edouard y fut receu le * Lundy sainct, à grand'ioye de toute la ville, qui estoit
contre l'opinion de la pluspart des gens, car chascun le tenoit pour tout perdu : & s'ils luy eussent fermé les portes, en son faict n'y auoit nul remede :
veu que le Comte de Vvaruic n'estoit qu'à vne iournee de luy. A ce qui m'a
esté compté, trois choses furent causes que la ville se tourna des siens. La pre-
miere, les gens qu'il auoit és franchises, & la Royne sa femme qui auoit fait
vn fils. La seconde, les grandes debtes qu'il deuoit en la ville, pourquoy les
marchands, à qui il deuoit, tindrent pour luy. La tierce, plusieurs femmes
d'estat & riches Bourgeoises de la ville, dont autresfois il auoit eu grand'pri-
uauté, & grand'accointance, luy gaignerent leurs maris, & leurs parens. Il
ne seiourna que deux iours dedans la ville : car il partit la vigile de Pasques, a-
uec ce qu'il peut amasser de gens, & tira au deuant du Comte de Vvaruic, lequel il rencontra le lendemain au matin, qui fut le iour de Pasques : & comme
ils se trouuerent l'vn deuant l'autre, se tourna le Duc de Clarence frere dudict
Edouard auec luy, auec bien douze mille hommes, qui fut grand esbahisse-
ment au Comte de Vvaruic, & grand reconfort audict Roy, lequel auoit peu
de gens.

Vous auez bien entendu par cy deuant, comme ceste marchandise du Duc
de Clarence auoit esté menée : & nonobstant tout ce, si fut la bataille tres-aspre & tres-forte. Tout estoit à pied, d'vn costé & d'autre. L'auant garde du
Roy fut fort endommagee : & ioignit la bataille du Comte de Vvaruic iusques à la sienne, & de si pres, que le Roy d'Angleterre combatit en sa personne autant ou plus que nul homme qui fust des deux costez. Ledict Comte de
Vvaruic n'estoit iamais accoustumé de descendre à pied : mais auoit de coustume, quand il auoit mis ses gens en besongne, de monter à cheual : & si la besongne alloit bien pour luy, il se trouuoit à la meslee : & si elle alloit mal, il se
deslogeoit de bonne heure. A ceste fois il fut contraint par son frere le Marquis de Montagu, lequel estoit tres-vaillant cheualier, de descendre à pied,
& d'enuoyer les cheuaux. Tellemét se porta ceste iournee, que ledict Comte
mourut, & son frere le Marquis de Montagu, & grand nombre de gens de
bien : & fut la desconfiture tres-grande : car la deliberation du Roy Edouard
estoit quand il partit de Flandres, qu'il n'vseroit plus de ceste façon de crier
qu'on sauuast le peuple, & qu'on tuast les gens de bien : comme il auoit autresfois fait en ces batailles precedentes : car il auoit conçeu vne tres-grande

haine contre le peuple d'Angleterre, pour la faueur qu'il voyoit qu'il portoit au Comte de Vvaruic, & aussi pour autres raisons, pourquoy à ceste fois ils ne furent point espargnez. Du costé du Roy Edouard mourut quinze cés hommes, & fut ceste bataille fort combatue.

Autour de ladicte bataille estoit le Duc de Bourgongne deuant Amiens: & eut lettres de la Duchesse sa femme, que le Roy Edouard n'estoit pas content de luy, & que l'ayde qui luy auoit esté faicte, auoit esté faicte en mauuaise sorte, & a grand regret, & qu'à peu tint qu'il ne l'eust abandonné. Et pour dire la verité, l'amitié ne fut iamais grande depuis : toutesfois il en feit son profit, & feit fort publier ceste nouuelle. I'ay oublié à dire comment le Roy Henry fut mené en ceste bataille. * Le Roy Edouard le trouua à Londres. Ledict Roy Henry estoit homme fort ignorant, & quasi insensé : & si ie n'en ay ouy mentir, incontinent apres ceste bataille, le Duc de Clocestre frere dudict Roy Edouard (lequel depuis a esté Roy nommé Richard) tua de sa main, ou feit tuer en sa presence, quelque lieu à part, ce bon homme le Roy Henry.

Le Prince de Galles, dont i'ay parlé, à l'heure de ceste bataille estoit ia descendu en Angleterre : & estoient ioincts auec luy les Ducs de * Clocestre & de Sombresset, & plusieurs de sa lignee, & des anciens partisans : & y estoient plus de quarante mille personnes, comme m'ont dit ceux qui y estoient : & quand le Comte de Vvaruic l'eust voulu attendre, il y a grande apparence qu'ils fussent demourez les seigneurs & maistres : mais la crainte qu'il auoit dudict de Sombresset, dont il auoit fait mourir pere & frere, & aussi de la Royne Marguerite, mere dudict Prince, qu'il craignoit, fut cause de la faire combatre tout à part soy, sans les attendre. Regardez doncques combien durent ces anciennes partialitez, & combien elles sont à craindre, & les grans dommages qui en aduiennent. Incontinent que le Roy Edouard eut gaigné ceste bataille, il tira au deuant dudict Prince de Galles, & là eut vne tres-grosse bataille : car ledict Prince de Galles auoit plus de gens que le Roy : toutesfois ledict Roy Edouard en eut la victoire, & fut le Prince de Galles tué sur le champ, & plusieurs autres grans seigneurs, & tres-grand nombre de peuple : & le Duc de Sombresset prins, lequel eut le lendemain la teste tranchee. En onze iours gaigna le Comte de Vvaruic tout le royaume d'Angleterre, au moins le mit en son obeissance. Le Roy Edouard le regaigna en * vingt iours : mais il y eut deux grosses batailles & aspres. Ainsi voyez qu'elles sont les mutations d'Angleterre. Ledict Roy Edouard feit mourir beaucoup de peuple en plusieurs lieux, par especial de ceux qui auoient faict les assemblees contre luy.

De tous les peuples du monde, celuy d'Angleterre est le plus enclin en ses batailles. Apres ceste iournee est demouré le Roy Edouard pacifique en Angleterre, iusques à sa mort : mais non pas sans grand trauail d'esprit & grandes pensees. Ie me veux cesser de plus vous aduertir de ces faicts d'Angleterre, iusques à ce qu'ils seruent à propos en quelque autre lieu.

Comment la guerre se renouuella entre le Roy Louys, & le Duc Charles de Bourgongne, à la solicitation des Ducs de Guyenne & de Bretaigne. CHAP. VIII.

Le

E dernier endroit où ie me suis teu de nos affaires de par deça, a esté
au partement que feit le Duc de Bourgongne de deuant Amiens, &
aussi du Roy, qui de son costé se retira en Touraine, & le Duc de
Guyenne son frere en Guyenne : lequel ne cessoit de continuer la poursuite du mariage, où il pretendoit, auec la fille du Duc de Bourgongne, comme iay dit cy deuant. Ledict Duc de Bourgongne monstroit tousiours y vouloir entendre, mais iamais n'en eut le vouloir, ains en vouloit entretenir chascun, comme i'ay dit : & puis luy souuenoit des termes qu'on luy auoit tenus
pour le contraindre à faire ce mariage: & vouloit tousiours le Comte de sainct
Paul, Connestable de France, estre moyenneur de ce mariage.   D'autre costé le Duc de Bretaigne vouloit que ce fust par le sien. Le Roy estoit d'autre
part, pour le rompre tres-embesongné : mais il n'en estoit point de besoing,
pour deux raisons que i'ay dites ailleurs: & aussi que le Duc de Bourgongne
n'eust point voulu de si grand gendre : car il vouloit marchander de ce mariage, par tout, comme i'ay dit.   Ainsi le Roy se mettoit en peine pour
neant, mais il ne pouuoit sçauoir les pensees d'autruy: & n'estoit point de
merueilles si le Roy en auoit crainte, par ce que son frere eust esté bien grand,
si ce mariage eust esté faict : car le Duc de Bretaigne ioint auec luy, l'estat du
Roy, & de ses enfans eust esté en peril.   Et sur ces propres entrefaictes alloient & venoient maints Ambassadeurs des vns aux autres, tant secrets que
publics.

  Ce n'est pas chose trop seure de tant d'allees ne de venuës d'Ambassades,
car bien souuent s'y traictent de mauuaises choses: toutesfois il est necessaire
d'en enuoyer & d'en receuoir.   Et pourroient demander ceux qui liront cest
article, les remedes que ie vouldrois qu'on y donnast, & que c'est chose impossible d'y pouruoir.   Ie sçay bien qu'assez en y a, qui mieux en sçauroient
parler que moy: mais voicy que ie ferois : Ceux qui viennent des vrais amis,
& où il n'y a point de matiere de suspicion, ie serois d'aduis qu'on leur feist
bonne chere: & eussent permission de veoir le Prince assez souuent, selon la
qualité dont seroit la personne dudit Prince : i'entends qu'il soit sage & honneste: car quand il est au contraire, le moins le monstrer est le meilleur.   Et
quand il le faut veoir, qu'il soit bien vestu, & bien informé de ce qu'il doit dire, & l'en retirer tost: car l'amitié qui est entre les Princes, ne dure point tousiours. Si les Ambassadeurs secrets ou publiques, viennent de par Prince où la
haine soit telle que l'ay veuë continuelle entre tous ces seigneurs dont i'ay
parlé cy deuant (lesquels i'ay cognus & hantez en mon temps) il n'y a pas
grand' seureté selon mon aduis. On les doit bien traicter & honorablement
recueillir: comme enuoyer au deuant d'eux, & les faire bien loger, & ordonner gens seurs & sages pour les accompaigner, qui est chose seure & honeste:
pource que par là on sçait ceux qui vot vers eux, & garde on les gens legers &
mal contens, de leur porter nouuelles: car en nulle maison tout n'est content.
D'auantage ie les vouldrois tost ouïr & depescher: car ce me semble tres-mauuaise chose que tenir ses ennemis chez soy: & de les faire festoyer, deffrayer,
faire presens, cela n'est qu'honneste. Encores me semble que quand la guerre
seroit ja commencee, si ne doit l'on rompre nulle pratique ny ouuerture

qu'on face paix(car on ne fçait l'heure qu'on a affaire)mais les entretenir toutes,& ouyr tous meſſagers,faiſans les choſes deſſuſdictes, & faire faire bon
guet,quels gens iroyent parler à eux, & qui leur ſeroyent enuoyez tant de
iour que de nuiĉt,mais le plus ſecrettement que l'on peut.Et pour vn meſſage ou Ambaſſadeur,qu'ils m'enuoiroyent,ie leur en enuoyerois deux : & encores qu'ils s'en ennuyaſſent,diſans qu'on n'y renuoyaſt plus, ſi vouldrois-ie
y enuoyer quand i'en aurois opportunité & le moyen. Car vous ne ſçauriez
enuoyer eſpie ſi bonne ne ſi ſeure,ne qui euſt ſi bien loy de veoir & d'entendre:& ſi vos gens ſont deux ou trois, il n'eſt poſſible qu'on ſe ſceuſt ſi bien
donner garde,que l'vn ou l'autre n'ait quelques parolles * ou ſentiment de
quelqu'vn.I'entends tenans termes honneſtes, comme on tient à Ambaſſa-
deurs.Et eſt de croire qu'vn ſage Prince met touſiours peine d'auoir quelque
amy ou amis auecques partie aduerſe, & s'en garde comme il peut : car en
telles choſes on ne fait point comme l'on veut. On pourra dire que voſtre
ennemi en ſera plus orgueilleux:il ne m'en chault: car auſſi ie ſçauray plus de
ſes nouuelles:& à la fin du compte, * i'en auray le profit & honneur. Et combien que les autres pourroyent faire le ſemblable chez moy, ſi ne laiſſerois-ie
point à y enuoyer.Et à ceſte fin entretiendrois toutes pratiques,ſans en rompre nulles,pour touſiours trouuer matieres:& puis les vns ne ſont point touſiours ſi habiles que les autres,ne ſi entendus,ne n'ont tant veu d'experience
de ces matieres,ny auſſi n'ont tant de beſoing.Et en ce cas ici,les plus ſages le
gaignent touſiours. Ie vous en veux monſtrer exemple manifeſte.Iamais ne
ſe mena traiĉté entre les François & Anglois,que le ſens des François & leur
habilité ne ſe monſtraſt par deſſus celle des Anglois : & ont les Anglois vn
mot commun,qu'autresfois m'ont diĉt traiĉtant auec eux:c'eſt qu'aux batailles,qu'ils ont euës auec les François,touſiours ou le plus ſouuét, ils ont eu le
gaing:mais en tous traiĉtez qu'ils ont eu à códuire auecques eux, ils y ont eu
perte & dómage.Et ſeurement,à ce qu'il m'a touſiours ſemblé,i'ay cognu gés
en ce royaume auſſi dignes de conduire vn grand accord,que nuls autres que
i'aye cognus en ce monde,& par eſpecial de la nourriture de noſtre Roy. Car
en telles choſes faut gens complaiſans, & qui paſſent toutes choſes & toutes parolles,pour venir à la fin de leur maiſtre,& tels les vouloit il,comme i'ay
dit. I'ay eſté vn peu long à parler de ces Ambaſſadeurs, & comme on y doit
auoir l'œil:mais ce n'a point eſté ſans cauſe , car i'ay veu & ſceu faire tant de
tromperies & mauuaiſtiez,ſous telles couleurs,que ie ne m'en ſuis peu taire
ne paſſer à moins.

Tant fut demené le mariage(dont i'ay parlé cy deſſus) du Duc de Guyenne & de la fille du Duc de Bourgongne, qu'il s'en feit quelque promeſſe de
bouche,& encores quelques mots de lettres : mais autant en áy-ie veu faire
auec le Duc Nicolas de Calabre,& de Lorraine , fils du Duc Iean de Calabre,
dont a eſté parlé cy deuant. Semblablement s'en feit auec le Duc de Sauoye
Philibert,dernier mort,& puis auec le Duc Maximilian d'Auſtriche, Roy des
Romains aujourd'huy,& ſeul filz de l'Empereur Federic.Ceſtuy là eut lettres
eſcrites de la main de la fille , par le commandement du pere,& vn diamant.
Toutes ces promeſſes ſe feirent en moins de trois ans de diſtance.Et ſuis bien
ſeur

feur qu'auecques luy, nul ne l'euft accomply tant qu'il euft vefcu, au moins de
fon confentement: mais le Duc Maximilian, puis Roy des Romains, s'eft aydé de cefte promeffe, cóme ie diray ci apres. Et ne conte pas ces chofes pour
donner charge à celui ou à ceux dont i'ay parlé, mais feulement pour dire les
chofes comme ie les ay veués aduenir. Auffi fay-ie mon conte que beftes, ne
fimples gens ne s'amuferont point à lire ces Memoires: mais Princes ou autres gens de Court, y trouueront des bons aduertiffemés, à mon aduis. Toufiours en parlant de ce mariage, fe parloit d'entreprinfes nouuelles contre le
Roy: & eftoient auec le Duc de Bourgongne le feigneur d'Vrfé, Poncet de Riuiere, & plufieurs autres petits perfonnages, lefquels alloient & venoiét pour
le Duc de Guyenne: & eftoit *l'Abbé de Begard, puis Euefque de Lyon, pour
le Duc de Bretaigne: & remonftroit audict Duc de Bourgongne, que le Roy
pratiquoit les feruiteurs dudict Duc de Guyenne, & en vouloit retirer les vns
par amour, les autres par force : & qu'il auoit ja fait abbatre vne place qui e-
ftoit à monfeigneur *d'Eftiffac, feruiteur du Duc de Guyenne: & plufieurs autres voyes de faict eftoient ja commencées: & auoit le Roy foubftrait aucuns
feruiteurs de fa maifon, parquoy concluoient qu'il vouloit recouurer Guyenne, comme il auoit fait Normandie autresfois, apres qu'il l'eut baillee en partage, comme auez ouy. Le Duc de Bourgongne enuoyoit fouuent deuers le
Roy, pour ces matieres. Le Roy refpondoit que c'eftoit le Duc de Guyenne
fon frere, qui vouloit eflargir fes limites, & qui commençoit toutes ces bri-
gues: & qu'au partage de fon frere ne vouloit point toucher. Or voyez vn peu
comme les affaires & brouillis de ce Royaume font grands, ainfi qu'ils fe peuuent bien apparoir, par aucuns temps, quand il eft en difcord, & cóme ils font
pefans & mal-aifez à conduire, & loing de fin, quand ils font commencez: car
encores qu'ils ne foient au cómencement que deux ou trois Princes, ou moindres perfonnages, auant que cefte fefte ait duré deux ans , tous les voifins y
font conuiez. Toutesfois, quand les chofes commencent, chafcun en penfe
veoir la fin en peu de temps: mais elles font bien à craindre, pour les raifons
que verrez en continuant ce propos.

A l'heure dont ie parle, le Duc de Guyenne, ou fes gens , & le Duc de Bretaigne prioient au Duc de Bourgongne qu'en rien il ne le vouluft ayder des
Anglois, qui eftoient ennemis du Royaume (car tout ce qu'ils faifoient eftoit
pour le bien & foulagement du Royaume) & que, quand lui feroit preft, ils e-
ftoient affez forts, & qu'ils auoient de tref-grandes intelligéces auecques plufieurs capitaines & autres. Vn coup me trouuay prefent, que le feigneur d'Vrfé difoit ces paroles audict Duc, lui priant faire diligence, & mettre fus fon armée: & ledict Duc m'appella à vne feneftre, & me dit: Voila le feigneur d'Vrfé, qui me preffe faire mon armee la plus groffe que ie puis, & me dit que nous
ferons le grand bien du Royaume: vous femble-il que fi i'y entre auecques la
compaignie que i'y meneray, que i'y face gueres de bien? Ie lui refpondi en
riant, qu'il me fembloit que non. Et il me dit ces mots: I'ayme mieux le bié du
Royaume de France que monfeigneur d'Vrfé ne penfe: car pour vn Roy,
qu'il y à, i'y en voudrois fix.

En cefte faifon, dont nous parlons, Le Roy Edouard d'Angleterre (qui cuidoit veritablement que ce mariage, dont i'ay parlé, fe deuft traicter, & en eftoit deçeu comme le Roy) trauailloit fort auecques ledict Duc de Bourgongne pour le rompre: alleguant que le Roy n'auoit point de fils, & que s'il mouroit, ledict Duc de Guyenne s'attendoit à la couronne: & par ainfi, fi ce mariage fe faifoit, toute Angleterre feroit en grand peril d'eftre deftruitte (veu tant de feigneuries iointés à la couronne) & prenoit merueilleufement cefte matiere à cœur, fans qu'il en fuft befoing, & fi faifoit tout le côfeil d'Angleterre: ne pour excufe qu'en fçeuft faire le Duc de Bourgongne, les Anglois ne l'en vouloiét croire. Le Duc de Bourgongne vouloit (nonobftant les requeftes que faifoiét les gens des Ducs de Guyenne & de Bretaigne) qu'il n'appellaft nuls eftrangers) que neantmoins le Roy d'Angleterre feift la guerre par quelque bout: & il euft fait volontiers femblant de n'en fçauoir rien, & de ne s'en empefcher point. Iamais les Anglois ne l'euffent fait, pluftoft euffent aidé au Roy, pour cefte heure là, tant craignoient que cefte maifon de Bourgôgne ne fe ioignift à la couronne de France par ce mariage. Vous voyez (felon mon propos) tous ces feigneurs ici bien empefchez: & auoient de tous coftez tant de fages gés, & qui voioiét de fi loing, que leur vie n'eftoit point fuffifante à veoir la moitié des chofes qu'ils preuoyoiét: & bien y parut: car tous font finis en ce trauail & mifere, en bien peu d'efpace de temps, les vns apres les autres. Chafcun a eu grand' ioye de la mort de fon compaignon, quand le cas eft aduenu (côme chofe tref-defiree) & puis leurs maiftres font allez toft apres, & ont laiffé leurs fucceffeurs bié empefchez: fauf noftre Roy qui regne de prefent: lequel a trouué fon Royaume en paix auec tous fes voifins & fubiects: & lui auoit le Roy fon pere, fait mieux que iamais n'auoit voulu ou fçeu faire pour lui: car de mon temps ne le vey iamais fans guerre, fauf bien péu de temps auant fon trefpas.

En ce temps (dont ie parle) eftoit le Duc de Guyenne vn peu malade. Les vns le difoient en grand danger de mort, les autres que ce n'eftoit rien. Ses gés preffoient le Duc de Bourgongne de fe mettre aux cháps, car la faifon y eftoit propre. Ils difoient que le Roy auoit armee aux champs, & eftoient fes gens deuant fainct Iean d'Angely, ou à Xainctes, ou és enuirons. Tant feirent que le Duc de Bourgongne tira à Arras, & l'à s'amaffoit l'armee: & puis paffoit oultre, vers Peronne, Roye, & Mondidier: & eftoit l'armee puiffante, & plus belle qu'il euft iamais euë: car il y auoit douze cens Lances d'Ordonnance, qui auoient trois Archiers pour Hommes d'armes, & le tout bien en poinct, & bien montez. Car il y auoit en chafcune compaignie dix hommes d'armes *d'auantage, fans le Lieutenant, & ceux qui portoient les enfeignes. Les nobles de fes pays trefbien en poinct: car ils eftoient bien payez & conduicts par notables Cheualiers & Efcuyers: & eftoient fes pays fort riches en cç téps.

---

*Comment la paix finale, qui fe traictoit entre le Roy & le Duc de Bourgon-
gne, fut rompue, au moyen de la mort du Duc de Guyenne:
& comment ces deux grands Princes tafchoyent
à fe tromper l'vn l'autre.*

CHAP. IX.

E N faisant ceste armee (dont ie parle) vindrent deux ou trois fois deuers *Craon,
luy le seigneur de *Cran, & le Chancelier de France, appellé messire *Exep. vieil.
Pierre Doriole, & secretemét se traicta entr'eux paix finale, qui iamais *par tont, &
ne s'estoit peu trouuer: pource que ledict Duc vouloit r'auoir Amiens & sainct *la Mer des
Quentin dessus nommées, & le Roy ne les vouloit pas rendre. Or mainte- *Hist. Ansi.
nant s'y accorda, voyant cest appareil, & esperant venir aux fins que vous
entendrez. Les conditions de ceste paix estoient que le Roy rendroit au- *Nouuelle
dict Duc, Amiens & sainct Quentin, auec ce dont estoit question, & luy a- *paix frau-
bandonneroit les Comtes de Neuers & de Sainct Paul, Connestable de Fran- *duleuse entre
ce, & toutes leurs terres pour en faire a son plaisir, & les prendre comme *le Roy & le
siennes, s'il pouuoit: & ledict Duc luy abandonneroit semblablement les *Duc de
Ducs de Guyenne & de Bretaigne, & leurs seigneuries, pour faire ce qu'il *Bourgongne
pourroit. Ceste paix iura le Duc de Bourgongne, & y estois present: &
aussi la iurerent le seigneur de Cran & le Chancelier de France pour le Roy: *Le Chance-
lesquels partirent d'auecques ledict Duc, & si luy conseillerent de ne rom- *lier de Frāce
pre point son armee, mais l'auancer, afin que le Roy, leur maistre, fust plus *conseille con-
enclin de bailler promptement la possession des deux places dessus nommées: *tre le Roy.
& emmenerent auecques eux Simon de *Quinchy pour veoir iurer le Roy, *Quingy
& confermer ce qu'auoient fait ses Ambassadeurs. Le Roy delaya ceste con- *en ce lieu,
firmation par aucuns iours, & cependant suruint la mort de son frere le Duc *& par tout
de Guyenne. Sur ces entrefaictes, & comme ledict Duc estoit prest a partir *aprés,
d'Arras, luy suruint deux nouuelles. L'vne que le Duc Nicolas de Calabre & *Exep. vieil.
de Lorraine, heritier de la maison d'Anjou, fils du Duc Iean de Calabre,
venoit là deuers luy, touchant le mariage de ceste fille: & le recueillit ledict
Duc tresbien, & luy donna bonne esperance de la conclusion. Le lendemain
(qui fut le quinziesme iour de May, mil quatre cens septante deux, comme 1472.
il me semble) vindrent lettres dudict Simon de Quinchy (lequel estoit deuers le Roy Ambassadeur pour iceluy Duc de Bourgongne) contenant que le
Duc de Guyenne estoit trespassé, & que ja le Roy auoit prins vne grand'partie
de ses places.

Incontinent en vindrent aussi messagers de diuers lieux, & parloyent de ce- *Le Roy en
ste mort differemment. Peu de temps apres s'en retourna mesmement ledict *mauuaise
Simon, renuoyé par le Roy, auecques tres-maigres paroles, sans rien vouloir *bouche de ses
iurer: dont ledict Duc se tint fort moqué, & mesprisé, & en eut tres-grand des- *seruiteurs
pit. Semblablemét ses gens, en faisant la guerre, tant pour ceste cause que pour *mesmes, à
autres que pouuez auoir assez entédues, disoient paroles vilaines & incroya- *l'occasion de
bles du Roy: & ceux du Roy ne s'y faignoient de gueres. *la mort de
*son frere.

Ledict Duc, estant fort desesperé de ceste mort, & luy enhorté par aucuns,
dolens pour icelle, escriuit lettres à plusieurs villes à la charge du Roy. A quoy
profita peu, car rien ne s'en meut, mais croy bien que si ledict Duc de Guyenne ne fust point mort, que le Roy eust eu beaucoup d'affaires. Car les Bretons
estoient prests, & auoyent beaucoup d'intelligences dedans le Royaume, &
plus que iamais n'auoient eu, lesquelles failloient toutes à cause de ceste
mort.

Sur ce courroux se mit aux champs ledict Duc, & print son chemin vers

Le Duc de
Bourg. fait
mauuaise
guerre cõtre
sa coustume.

Nesle en Vermandois : & commença exploit de guerre ord & mauuais, &
dont il n'auoit iamais vsé : c'estoit de faire mettre le feu partout où il arriuoit.
Son auant-garde alla mettre le siege deuant ledict Nesle, qui gueres ne valoit : & y auoit vn nombre de Francs Archiers. Ledict Duc demoura logé à
trois lieuës pres de là. Ceux de dedans tuerent vn Herault, on les allant som-
mer. Leur Capitaine sortit dehors à seureté, pour cuider composer : il ne peut
accorder : & comme il r'entra dedans la place, ils estoient en trefue, à cause de
la saillie, & estoient ceux de dedans tous descouuerts sur la muraille, sans ce
qu'on leur tirast : toutesfois ils tuerent encores deux hommes. Pour ceste cause fut desdite la trefue : & manda à madame de Nesle, qui estoit dedans, qu'elle
sortist & ses seruiteurs domestiques, auec ses biens. Ainsi le feit : & incontinét
fut la place assaillie, & prinse, & la plus part tuez. Ceux qui furent prins vifs,
furent pendus, sauf aucuns que les gens-d'armes laisserent courir par pitié. Vn
nóbre assez grand eurét les poings coupez. Il me desplaist à dire ceste cruauté : mais i'estois sur le lieu, & en faut dire quelque chose. il faut dire que le Duc
estoit passionné de faire si cruel acte, ou que grand' cause le mouuoit. Il en alleguoit deux : l'vne il parloit (apres autruy) estrangemét de ceste mort du Duc
de Guyenne. Oultre auoit vn autre desplaisir, que vous auez peu entédre : c'est
qu'il auoit vn merueilleux despit d'auoir perdu Amiens & sainct Quentin,
dont auez ouy parler.

Il pourra sembler au temps aduenir à ceux qui verront cecy, qu'en ces
deux Princes n'y eust pas grand' foy, ou que ie parle mal d'eux. De l'vn ne de
l'autre ne vouldrois mal parler : & à nostre Roy suis tenu, comme chascun
sçait : mais pour continuer ce que vous, monseigneur l'Archeuesque de Vienne, m'auez requis, est force que ie die partie de ce que ie sçay, en quelque sorte qu'il soit aduenu. Mais quand on pensera aux autres Princes, on trouuera
ceux cy grands & nobles, & notables, & le nostre tres-sage : lequel a laissé son

Le Roy &
le Duc de
Bourg. cher-
chent à s'en-
tre-tromper.

royaume accreu, & en paix auec tous ses ennemis. Or voyons donc lequel
de ces deux seigneurs vouloit tromper son compaignon, afin que si pour le
temps aduenir cecy tomboit entre les mains de quelque ieune Prince, qui
eust à conduire semblables affaires, il eust meilleure cognoissance, pour l'auoir
veu, & se garder d'estre trompé. Car combien que les ennemis ne les Princes,
ne soient point toūsiours semblables, encores que les matieres le feussent, si
fait il bon d'estre informé des choses passees. Pour en declarer mon aduis, ie
cuide estre certain que ces deux Princes icy alloient tous deux en intention
de tromper son compaignon : & que leurs fins estoient assez semblables,
comme vous orrez. Tous deux auoient leurs armees prestes, & aux champs.
Le Roy auoit ia prins plusieurs places : & en traictant ceste paix, pressoit fort

* Cutton
* Patris
Exép. vieil.
Les deux
imprimez,
Conty, &c
* ou pres
de là, ou
que son,
&c.
Exép. vieil.

son frere. Ia estoient venus vers le Roy le seigneur de * Contay, * Patus, Fou-
cart, & plusieurs autres : & auoient laissé le Duc de Guyenne. L'armée du Roy
estoit enuiron la Rochelle, & auoit grande intelligence dedans, & marchandoient fort ceux de la ville, tant pour ce bruit de paix que pour la maladie
qu'auoit ce Duc. Et cuyde l'intention du Roy telle, que s'il eust acheué son
entreprise * aupres de là, & que son frere vinst à mourir, qu'il ne iureroit
point ceste paix : mais aussi que s'il trouuoit forte partie, il la iureroit & execu-
teroit

teroit ſes promeſſes pour s'oſter de peril. Si compaſſa fort bien ſon temps , &
faiſoit vne merueilleuſe diligence:& auez bien entendu comme il diſſimula à
Simon de Quinchy bien l'eſpace de huict iours,& que cependant aduint ceſte mort. Or ſçauoit-il bien que ledict Duc de Bourgongne deſiroit tant la
poſſeſſion de ces deux villes,qu'il ne l'oſeroit courroucer, & qu'il luy feroit
couler doucement quinze ou vingt iours(comme il feit) & que cependant il
verroit quelle œuure il feroit.

Puis que nous auons parlé du Roy,& des moyés qu'il auoit en penſee pour
tromper le Duc,faut dire quelle eſtoit la penſee du Duc enuers le Roy, & ce
qu'il lui gardoit,ſi la mort deſſuſdicte ne fuſt ſuruenuë. Simon de Quinchy
auoit commiſſion de lui (& à la requeſte du Roy) d'aller en Bretaigne , apres
qu'il auroit veu iurer la paix,& reçeu les lettres de confirmation de ce que les
Ambaſſadeurs du Roy auroient fait, & ſignifier audict Duc de Bretaigne, le
contenu de la paix,& auſſi aux Ambaſſadeurs du Duc de Guyéne, qui eſtoiét
là,pour en aduertir leur maiſtre,lequel eſtoit à Bordeaux. Et le vouloit ainſi
le Roy,pour faire plus grand eſpouuentement aux Bretons, de ſe veoir ainſi
abandonnez de celuy où eſtoit leur principale eſperance. En la compagnie
dudict Simon de Quinchy, y auoit vn Cheuaucheur d'Eſcurie dudict Duc,
qui auoit nom Henry,natif de Paris,vn ſage compaignon, & bien entendu:
lequel auoit vne lettre de creance,adreſſante audict Simon,eſcrite de la main
dudict Duc:mais il auoit commiſſion de ne la bailler point audict Simon,iuſ-
ques à ce qu'il fuſt party d'auec le Roy,& arriué à Nantes deuers le Duc : & à
l'heure lui deuoit bailler ladite lettre,& dire ſa creance: qui eſtoit qu'il deuſt
dire au Duc de Bretaigne qu'il n'euſt nulle doute ne crainte que ſon maiſtre
abandonnaſt le Duc de Guyenne , ne luy,mais les ſecourroit du corps & des
biens:& que ce qu'il auoit fait, eſtoit pour euiter la guerre,& pour recouurer
ces deux villes, Amiens & Sainct Quentin , que le Roy luy auoit oſtees en
temps de paix & contre ſa promeſſe. Et luy deuoit dire auſſi comme ledict
Duc ſon maiſtre enuoyeroit de notables Ambaſſadeurs deuers le Roy,inçon-
tinent qu'il ſeroit ſaiſi de ce qu'il demandoit: ce qu'il euſt fait ſans difficulté,
pour lui demander & ſupplier ſe vouloir deporter de la guerre & entrepriſe
qu'il auoit contre ces deux Ducs,& ne ſe vouloir arreſter aux ſermens qu'il a-
uoit faicts:car il n'eſtoit deliberé de les tenir , non plus qu'il luy auoit tenu le
traicté qui auoit eſté faict deuant Paris(qu'on appelle le traicté de Conflans)
ne celui qu'il iura à Peronne,& que long téps apres il auoit conferme:& qu'il
ſçauoit bien qu'il auoit prins ces deux villes contre ſa foy &en temps de paix:
parquoy deuoit auoir patience qu'en ſemblable façon il les euſt recouurees.
Et en tant que touchoit les Comtes de Sainct Paul, Conneſtable de France,
& de Neuers,que le Roy lui auoit abandonnez,il declaroit que nonobſtant
qu'il les haïſt, & en euſt bien cauſe,ſi vouloit-il remettre ces iniures,& les laiſſer en leur entier,ſuppliant au Roy qu'il vouluſt faire le ſemblable de ces deux
Ducs,que le Duc de Bourgongne lui auoit abandónez:& qu'il luiſpleuſt que
chaſcun veſquiſt en paix & en ſeureté,& en la maniere qu'il auoit eſté iuré &
promis à Conflans,où tous eſtoient aſſemblez :en luy declarát qu'au cas qu'il
ne vouluſt ainſi le faire,il ſecourroit ſes alliez , & deuroit deſia eſtre logé en

champ, à l'heure qu'il manderoit ses parolles. Or autrement en aduint. Ainsi l'homme propose, & Dieu dispose : car la mort qui depart toutes choses, & change toutes conclusions, en feit venir autre ouurage, comme auez entédu & entendrez: car le Roy ne bailla point ces deux villes, & si eut la Duché de Guyenne, par la mort de son frere, comme raison estoit.

L'homme propose, & Dieu dispose.

Comment le Duc de Bourgongne voyant qu'il ne pouuoit se saisir de Beauuais,
deuant laquelle il auoit planté son Camp, s'en alla deuant Roüen.

CHAP. X.

POur retourner à la guerre, dont cy deuant ay parlé, & comme furent traictez vn tas de pauures francs-archiers qui auoient esté prins dedans Nesle, au partir de là, s'en alla loger le Duc deuant Roye, où il y auoit quinze cens francs-Archiers, & vn nombre d'hommes d'armes d'arriere-ban. Si belle armee n'eut iamais le Duc de Bourgongne que lors. Le lendemain qu'il fut arriué, commencerent à auoir peur ces francs-archiers, & se ietterent par les murailles, & se vindrent rendre à luy. Le lendemain ceux qui estoient encores dedans, composerét & laisserent cheuaux & harnois, sauf que les hommes d'armes en emmenerent chascun vn courtault. Le Duc laissa gés en la ville, & voulut faire desemparer Mondidier ; Mais pour l'affection qu'il veit que le peuple de ces Chastelenies luy portoit, il la feit reparer, & y laissa gens. Partant de là feit son conte de tirer en Normandie: mais passant pres de Beauuais, y alla courre deuant monseigneur des Cordes : lequel menoit son auant-garde. D'entree ils prindrent ce faux bourg, qui est deuant l'Euesché: & le print vn Bourguignon tres-auaricieux, appellé Messire Iaques de Montmartin, qui auoit cent Lances, & trois cens Archiers de l'Ordonnáce dudict Duc. Monseigneur des Cordes assaillit d'vn autre costé, mais ses eschelles estoient courtes & n'en auoit gueres. Il auoit deux canons qui tirerent au trauers de la porte, deux coups seulement, & y feirent vn grád trou: & s'il eust eu *pieces pour côtinuer, il y fust entré sás doute: mais il n'estoit point venu fourni pour tel exploit: parquoy estoit mal pourueu. Dedás n'y auoit que ceux de la ville au cómencement, sauf Loyset de *Balligny, qui auoit quelque peu de gés d'Arriere-ban, lequel estoit Capitaine de la ville, mais cela ne pouuoit sauuer la ville: mais Dieu voulut qu'elle ne se perdist pas ainsi, & en móstra grandes enseignes. Car ceux de monseigneur des Cordes cóbatoient main à main par le trou, qui auoit esté faict en la porte: & sur cela máda au Duc de Bourgógne par plusieurs messagers, qu'il vint, & qu'il pouuoit estre seur que la ville estoit siéne. Cependant que ledict Duc mit à venir, quelqu'vn de ceux de dedás s'aduisa, & apporta des fagots allumez pour ietter au visage de ceux qui s'efforçoient à rompre la porte. Tant en y mirent, que le feu se print au portail, & qu'il falut que les assaillans se retirassent, iusques à ce que le feu fust esteinct.

Ledict Duc arriua, qui semblablement tenoit la ville prinse, pourueu que ce feu fust esteint, qui estoit tres-grand: car tout le portail estoit en feu. Et quand ledict Duc eust voulu loger vne partie de l'armee du costé de Paris, la ville n'eust peu eschapper de ses mains: pource que nul n'y eust peu entrer:

mais

Roye rendue au Duc de Bourgongne.

Beauuais assiegé par le Duc de Bourgongne.

**pierres: Exépl. vieil.*

**Les suyuans de Guag. Balaguy.*

Mais Dieu voulut qu'il feift doute là où il n'y en auoit point: car pour vn petit ruiffeau, qui eftoit à paffer, il feit cefte difficulté. Et depuis qu'il y eut largemét gens-d'armes, il le voulut faire: qui euft efté mettre tout fon Oft en peril,
& à grand' peine l'en peut on defmouuoir, & fut le vingthuictiefme iour de
Iuin, l'an mil quatre cens feptante deux. Ce feu, dont i'ay parlé, dura tout le
iour, & y entrerent deuers le foir dix Lances d'ordonnance feulement, côme
m'a efté compté (car i'eftois encores auec le Duc de Bougongne) mais ils ne
furent point veuz, pource que chafcun eftoit empefché à fe loger, & auffi n'y
auoit nul de ce cofté. A l'aube du iour commença à approcher l'artillerie dudict Duc: & toft apres veifmes entrer gens largement, au moins enuirô deux
cens hommes d'armes: & croy que s'ils ne fuffent venus, que la ville euft mis
peu à foy compofer. Mais en la colere où eftoit le Duc de Bourgongne (côme
auez peu entendre cy deffus) il defiroit à la prendre d'affault: & fans doute, il
l'euft bruflee, fi ainfi fuft aduenu, qui euft efté tref-grand dommage : & me
femble qu'elle fut preferuee par vray miracle, & non autrement. Depuis que
ces gens y furent entrez, l'artillerie dudict Duc tira continuellement, l'efpace
de quinze iours ou enuiron : & fut la place auffi bien batue que iamais place
fut, & iufques en l'eftat d'affaillir. Toutesfois aux foffez y auoit de l'eaue:
& falut faire vn pont de l'vn des deux coftez de la porte bruflee : & de l'autre cofté de ladicte porte on pouuoit ioindre iufques aux murs, fans danger:
fauf d'vne feule canonniere, qu'on ne fceut batre, pource qu'elle eftoit
fort baffe.

C'eft bien grand peril, & grande folie d'affaillir fi grandes gens : & encores, par deffus tout, y eftoit le Conneftable (comme ie croy) ou logé pres de
la ville (ie ne fçay lequel) le Marefchal Ioachim, le Marefchal de Loheac,
monfeigneur de Cruffol, Guillaume de * Valleu, Mery de * Croy, Sallezard,
Theuenot de Vignoles, tous anciens, cent Lances pour le moins d'hommes
d'armes de l'ordonnance, & largement gens de pied, & beaucoup de gens
de bien, qui fe trouuerent auec ces Capitaines. Toutesfois delibera le Duc
donner l'affault, mais ce fut tout feul: car nul ne fe trouua de cefte opiniô que
luy : & le foir, quand il fe coucha fur fon lict de camp, veftu comme il auoit
accouftumé, ou peu s'en falloit, il demanda à aucuns s'il leur fembloit biê que
ceux de dedans attendiffent l'affault. Il luy fut refpondu qu'ouy : veu le
grand nombre de gens qui y eftoient, & qu'ils eftoient encores fuffifans pour
la deffendre * comme haye. Il le print en môquerie, & dit : Vous n'y trouue-
rez demain perfonne. A l'aube du iour fut l'affault trefbien affailly, & tref-
hardiment, & encores mieux deffendu: Grand nombre de gens pafferent
par deffus ce pont, & y fut eftouffé monfeigneur Defpiris, vn vieil Cheualier
de Bourgongne, qui fut le plus homme de bien qui y mourut. De l'autre cofté y en eut qui monterent iufques deffus le mur, mais tous ne reuindrent
pas. Ils combatirent main à main longuement, & fut l'affault affez long.
Autres bandes eftoient ordonnees pour affaillir apres les premiers : mais
voyant qu'ils perdoient leur temps, ledict Duc les feit retirer. Ceux de dedans ne fortirent point : auffi ils pouuoyent veoir largement gens prefts à
les * recueillir, s'ils fuffent fortis. A ceft affault moururent enuiron fix vingts

I iiij

hommes. Le plus grand fut monseigneur Despiris: aucuns en cuidoient beaucoup plus, & y eut bien mille hommes blecez. La nuict d'apres feirent ceux de
dedans, vne sortie: mais ils estoient peu de gés, & la pluspart estoient à cheual,
qui se mirent par le cordail des pauillons. Ils ne feirent rien de leur profit, &
perdirent deux ou trois Gentils-hommes, Ils blecerent vn fort hôme de bien
nommé messire Iaques d'Orson, maistre de l'artillerie dudict Duc, qui peu de
iours apres mourut de ladicte bleçeure.

Sept ou huict iours apres cest assault, voulut ledict Duc aller loger à la porte
vers Paris, & departir son ost en deux. Il ne trouua nul de ceste opinion, veu les
gens qui estoient dedans. C'estoit au commencement qu'il le deuoit faire, car
à ceste heure n'en estoit pas temps. Voyát qu'il n'y auoit autre remede, il se leua, & en bel ordre. Il s'attendoit bien que ceux de dedans saillissent aspremét,
& par ce moyen leur porter quelque dommage: toutes-fois ils ne saillirent
point. Il print de là son chemin en Normandie: pource qu'il auoit promis au
Duc de Bretaigne aller iusques deuát Roüé, lequel auoit promis de s'y trouuer:
mais il changea propos, voyant que le Duc de Guyenne estoit mort, & ne
bougea de son païs. Ledict Duc de Bourgógne vint deuant Eu, qui lui fut ré-
due, & Sainct Vallery: & feit mettre le feu par tout ce quartier iusques aux
portes de Dieppe. Il print le Neuf-chastel, & le feit brusler, & tout le pais de
Caux, ou la plus part, iusques aux portes de Roüé: & tira en personne iusques
deuant ladicte ville de Roüen. Il perdoit souuent de ses Fourageurs, & en endura son ost tres-grand' faim, puis se tira pour l'hyuer, qui estoit venu. Dés ce
qu'il eust le dos tourné, ceux du Roy reprindrent Eu & Sainct-Vallery: & eurent pour prisonniers sept ou huict de ceux qui estoient dedans, par les com-
positions.

Comment le Roy feit appointement auec le Duc de Bretaigne & trefue auec le Duc de
Bourgongne: & comment le Comte de Sainct Paul eschapa pour lors vne
machination faicte contre luy par ces deux grands-Princes.

CHAP. XI.

En quel téps Commines vint au seruice du Roy.

ENuiron ce temps ie veins au seruice du Roy (& fut l'an mil quatre cés
septante & deux) lequel auoit recueilly des seruiteurs de son frere le
Duc de Guyenne la plus grande part: & estoit au pont de See, là où il
s'estoit tiré contre le Duc de Bretaigne, & lui faisoit guerre, & là vindrent deuers lui aucuns Ambassadeurs ḍ Bretaigne: & aussi y en alloit des siens. Entre
les autres y vint Philippe des Essars seruiteur du Duc, & Guillaume de Soubs-
plenuille, seruiteur de monseigneur de Lescut: lequel seigneur de Lescut s'e-

Escuyer soupçonné de la mort du Duc de Guyenne.

stoit retiré en Bretaigne, quand il veit son maistre le Duc de Guyenne pres de
la mort: & partit de Bordeaux & se mit sur la mer, craignant de tomber entre
les mains du Roy. Paquoy partit de bonne heure, & emmena quand & lui le
confesseur du Duc de Guyenne, & vn Escuyer d'Escurie, ausquels on impu-
toit la mort du Duc de Guyenne: lesquels ont esté prisonniers en Bretaigne
par longues annees. Vn peu durerent ces allees & venuës de Bretaigne:

Le Seigneur de L'escut gaigné par le Roy.

& à la fin se delibera le Roy d'auoir paix de ce costé, & de tant donner audict
seigneur de Lescut, qu'il le retireroit son seruiteur; & lui osteroit l'enuie de

luy

lui pourchasser mal, pour autant qu'il n'y auoit ne sens ne vertu au Duc de
Bretagne que ce qui procedoit de lui:mais vn si puissant Duc manié par vn tel
homme, estoit à craindre:& mais qu'il eust fait auec lui, les Bretons tascheroiēt
à viure en paix. Et à la verité, la generalité du pays ne quiert iamais autre chose: car tousiours y en a en ce royaume de bien traictez & honnorez: & ils y
ont bien seruy le temps passé. Aussi ie trouue ce traicté, que nostre Roy feit,
tres-sage, combien qu'aucuns le blasmoient, qui ne consideroient point si
auant que lui. Il eut bon iugement de la personne du seigneur de Lescut,
disant qu'il ne viendroit nul peril de lui mettre entre ses mains ce qu'il y mit:
& l'estimoit homme d'honneur, & que iamais durant ces diuisions passees, il
n'auoit voulu auoir intelligence auec les Anglois, ne consentir que les places
de Normandie leur fussent baillees:qui fut cause de tout le bien qu'il eut, car
cela ne tint qu'à lui seul. Pour toutes ces raisons, il dit audict de Soubs plenuille qu'il mist par escrit tout ce que ledict seigneur de Lescut, son maistre,
demandoit, tant pour le Duc que pour lui: ce qu'il feit, & tout lui accorda
nostre Roy. Et furent ses demandes quatre vingts mille francs de pension
pour le Duc. Pour son maistre six mille francs de pension, *la moitié de
Guyenne, les deux Seneschaucees de *Vannes & de Bordeloys, la Capitainerie de l'vn des Chasteaux de Bordeaux, la Capitainerie de Blaye, les deux
Chasteaux de Bayonne, de Dax & de sainct Seuer, & vingt & quatre mille escus d'or content, & l'ordre du Roy, & la Comté de Comminges. Tout fut
accordé & accompli, sauf la pension du Duc, dont ne se payoit que la moytié: & dura deux ans. D'auantage donna le Roy audict de Soubs-plenuille
six mille escus. I'entens cest argent content, tant de lui que de son maistre,
payé en quatre annees. Et ledict de Soubs-plenuille eut douze cens francs
de pension, Maire de Bayonne, Baillif de Montargis, & d'autres petits estats
en Guyenne. Le tout dura à son maistre & à lui iusques au trespas du Roy.
Philippe des Essars fut Baillif de Meaux, Maistre des eaux & des forests de la
France, douze cens francs de pension, & quatre mille escus. Depuis ce
temps iusques au trespas du Roy nostre maistre, leur ont duré ces estats : &
aussi monseigneur de Comminges lui est tousiours demouré bon & loyal seruiteur.

Tantost apres que le Roy eut appaisé ce *Duc de Bretaigne, il se tira vers
la Picardie. Tousiours auoient de coustume le Roy & le Duc de Bourgongne, incontinent que l'hyuer venoit, de faire trefues pour six mois, ou pour
vn an, au plus. Ainsi en ensuyuant leur coustume, en feirent vne : & la vint
faire le Chancelier de Bourgongne, & autres en sa compaignie. Là fut mon-
strée la paix finale que le Roy auoit auec le Duc de Bretaigne: par laquelle ledict Duc renonçoit à l'alliance qu'il auoit faicte auec les Anglois, & le Duc
de Bourgongne : & pource vouloit le Roy que les Ambassadeurs du Duc de
Bourgongne ne le nommassent point au nombre de leurs alliez. A quoy ne
voulurent entendre, & disoient qu'il seroit à son chois de se declarer de la
partie du Roy ou de la leur, dedans le temps accoustumé: & disoient qu'autresfois les auoit ledict Duc de Bretaigne abandonnez par lettres : mais
que partant ne s'estoit point departy de leur amitié. Ils tenoient le Duc de

Bretaigne pour Prince manié par autre fens que par le fien : mais qu'il fe reuenoit toufiours à la fin à ce qui lui eftoit plus neceffaire. Et fut l'an feptante

1473.
& trois.

Le Comte de
Sainct Paul
hay des deux
coftez.

En menant ce traicté on murmuroit des deux coftez contre le Comte de
fainct Paul, Conneftable de France: & l'auoit le Roy prins à grand' haine, &
les plus prochains de luy femblablement. Le Duc de Bourgongne le haiffoit
encore plus, & en auoit meilleure caufe (car ie fuis informé à la verité des raifons des deux coftez) & n'auoit point oublié ledict Duc que le Conneftable
auoit efté occafion de la prinfe d'Amiés & de fainct Quentin: & lui fembloit
qu'il eftoit caufe & vraye nourrice de cefte guerre, qui eftoit entre le Roy &
lui : car en temps de trefues, luy tenoit les meilleures parolles du monde:
mais dés que le debat commençoit, il lui eftoit ennemy capital, & le Comte l'auoit voulu contraindre à marier fa fille, comme auez veu cy deuant. Encores y auoit vne autre pique: car durât que ledict Duc eftoit deuant Amiens,
ledict Conneftable feit vne courfe en Hainault : & entre les autres exploicts
qu'il feit, il brufla vn Chafteau, nommé Seure, qui eftoit à vn cheualier, nommé meffire Baudouin de Launay. Pour le temps de lors on n'auoit point accouftumé de mettre feu ne d'vn cofté ne d'autre: & print le Duc fon occafion
fur cela des feux qu'il mettoit, & qu'il auoit en cefte faifon mis. Ainfi fe commença à pratiquer la maniere de deffaire ledict Conneftable : & du cofté du
Roy en furent ouuertes quelques parolles, par gens qui s'addreffoient à ceux
qui eftoient ennemis dudict Conneftable, eftans au feruice dudict Duc : &
n'auoient point moins de fufpicion fur ledict Conneftable que ledict Duc, &
chafcun le difoit occafion de la guerre: & fe commencerent à defcouurir toutes parolles & tous traictez, menez par lui, tant d'vn cofté que d'autre, pour
mettre en auant fa deftruction.

Quelqu'vn pourra demander cy apres, fi le Roy ne l'euft fceu faire feul. A
quoy ie refponds que non: car il eftoit affis iuftement entre le Roy & le Duc.
Il tenoit fainct Quentin en Vermandois, groffe ville & forte. Il auoit Han &
Bohain, & autres tresfortes places fiennes, toutes pres dudict fainct Quentin:
& y pouuoit mettre gens à toute heure, & de tels païs qu'il lui plaifoit. Il a-
uoit du Roy quatre cens hommes d'armes, bié payez: dont lui mefmes eftoit
commiffaire, & en faifoit la monftre. Sur quoy il pouuoit pratiquer grand argent: car il ne tenoit point le nombre. Oultre il auoit d'eftat ordinaire quara-

* Francs
Exēpl. vieil.

cinq mille * Florins : & fi prenoit vn efcu pour pipe de vin qui paffoit parmy
fes limites, pour aller en Flandres ou en Hainault : & fi auoit de tref-grandes
feigneuries fiennes, & grandes intelligences au Royaume de France, & auffi
au païs dudict Duc, où il eftoit fort apparenté.

Toute cefte annee que dura cefte trefue, s'entretenoit cefte marchandife:
& s'addreffoient ceux du Roy à vn Cheualier dudict Duc, appellé monfeigneur d'Hymbercourt (dont ailleurs auez ouy parler en ce liure) lequel de

Himbercourt
ennemy du
Conneftable.

long temps haiffoit tresfort ledict Conneftable, & la haine eftoit renouuel-
lee n'y auoit gueres. Car en vne affemblee qui s'eftoit tenuë à Roye, où ledict
Conneftable & autres eftoient pour le Roy, le Chancelier de Bourgongne,
& le feigneur d'Hymbercourt, & autres pour ledict Duc, en parlant de leurs

matieres

maticres enfemble, le Conneftable defmentit vilainement ledict feigneur
d'Hymbercourt. A quoy ne feit autre refponfe,* finon qu'il n'attribuoit point
cefte iniure à luy, mais au Roy, à la feureté duquel il eftoit venu là pour Ambaffadeur: & auffi à fon maiftre, duquel il reprefentoit la perfonne, & qu'il luy
en feroit rapport. Cefte feule vilenie & outrage, bien toft dicte, coufta depuis la vie audict Conneftable, & fes biés perdus, comme vous orrez cy apres.
Et pource ceux qui font aux grandes authoritez, & les Princes, doiuent beaucoup craindre à faire, ne dire tels oultrages, & regarder à qui ils les difent : car
de tant qu'ils font plus grands, portent les outrages à plus grand defplaifir & „
dueil: car il femble aux oultragez qu'ils en feront plus notez, pour la gran- „
deur & authorité du perfonnage qui les oultrage : & s'il eft leur maiftre ou „
leur feigneur, ils en font defefperez d'auoir honneur ne bien de luy: & plus de „
gens feruent pour l'efperance des biens aduenir, que pour les biens qu'ils ont „
ja receus.

Pour reuenir à mon propos, on s'addreffoit toufiours audict feigneur
d'Hymbercourt, & audict Chancelier (pource qu'il auoit eu quelque part à
ces parolles dites à Roye: & auffi il eftoit fort amy dudit feigneur d'Hymbercourt) & tant fe demena cefte matiere qu'on tint vne iournee à Bouuines, (qui
eft pres de Namur) fur ce propos : & y eftoient pour le Roy le feigneur de
Courton, Gouuerneur de Lymofin, & maiftre Iean Heberge, depuis E-
uefque d'Eureux : & pour ledict Duc de Bourgongne, y eftoient le Chancelier, dont i'ay parlé, & ledict feigneur d'Hymbercourt, & fut en l'an feptante & quatre.

Ledict Conneftable fut aduerty que l'on y marchandoit à fes defpens, &
feit grand'diligence d'enuoyer vers ces deux Princes. A chafcun donnoit à
congnoiftre qu'il entendoit le tout : & feit tant pour cefte fois, qu'il mit en
fufpiçion au Roy que ledict Duc le vouloit tromper, & tirer ledict Conneftable des fiens. Et pource à grand'diligence enuoya le Roy deuers fes Ambaffadeurs, eftans à Bouuines, leur mandant ne conclurre rien contre ledict
Conneftable, pour les raifons qu'il leur diroit, mais qu'ils allongeaffent la
trefue, felon leur inftruction, qui fut d'vn an ou fix mois, ie ne fçay lequel.
Comme le meffager arriua, il trouua que tout eftoit ja conclu, & les feellez
baillez dés le foir de deuant : mais les Ambaffadeurs s'entr'entendoient fi
bien, & eftoient fi bons amis, qu'ils rendirent lefdicts feellez: qui contenoient
que ledict Conneftable eftoit pour les raifons, qu'ils difoient, declaré*
ennemy & crimineux vers tous les deux Princes: & promettoient, & iuroient
l'vn à l'autre, que le premier des deux, qui luy pourroit mettre la main
deffus, le feroit mourir dedans huict iours apres, ou le bailleroit à fon compaignon pour en faire à fon plaifir:* & à fon de trompe il feroit declaré ennemy des deux Princes & parties, & tous ceux qui le feruiroient & porte-
royent faueur ny ayde. Et d'auantage promettoit le Roy bailler audict Duc
la ville de fainct Quentin, dont affez a efté parlé : & luy donnoit tout l'argent, & autres meubles dudict Conneftable, qui fe pourroient trouuer dedans le Royaume, auec toutes feigneuries tenans dudict Duc: & entre les autres, luy donna Han & Bohain (qui font places tres-fortes) & à vn iour nom-

Demeur
cher achté.

* l'Exemp.
vieil. dit, fi
non que
s'il endu-
roit cefte
iniure, il
n'attri-
buaft
point
c'eft hon-
neur à luy.

1474

* ou à fon
Exép. vieil.

mé, deuoient le Roy & le Duc auoir leurs Gens-d'armes deuant Han, & assieger ledict Connestable. Toutesfois, pour les raisons que ie vous ay dictes, fut
rompue ceste conclusion: & fut entreprinse vne iournee & lieu où ledict Connestable se deuoit trouuer, pour pouuoir parler au Roy en bonne seureté: car
il doutoit de sa personne, comme celuy qui sçauoit toute la conclusion qui a-
uoit esté prinse à Bouuines. Le lieu fut à trois lieuës de Noyon, tirant vers la
Fere, sur vne petite riuiere, & auoient du costé dudict Connestable releué les
guez. Sur vne chaussee, qui y estoit, fut faicte vne forte barriere. Ledict Connestable y estoit le premier, & auec luy tous ses Gens-d'armes, ou peu s'en failloit: car il auoit trois cens Gentils-hommes d'armes passez, & auoit sa cuyrace sous vne robbe desceinte. Auec le Roy y auoit bien six cens hommes d'armes: & entre les autres y estoit monseigneur de Dampmartin Grand Maistre
d'hostel de France, lequel estoit ennemi capital dudict Connestable. Le Roy
m'enuoya deuant faire excuse audict Connestable, dequoy il l'auoit tant fait
attendre. Tost apres il vint, & parlerent ensemble, & estoient cinq ou six presens de ceux du Roy, & des siens aussi. Ledict Connestable s'excusa dequoy il
estoit venu en armes, disant l'auoir fait pour crainte dudict Comte de Dampmartin. Il fut dit, en effect, que toutes choses passees seroient oubliees, & que
iamais ne s'en parleroit: & passa ledict Connestable du costé du Roy, & fut
faict l'appointemét du Comte de Dampmartin & de lui, & vint au giste auec
le Roy à Noyon: & puis le lendemain s'en retourna à sainct Quentin bien reconcilié, comme il disoit. Quãd le Roy eut bien pensé & ouy le murmure des
gens, il lui sembla folie d'auoir esté parler à son seruiteur, & auoir ainsi trouué
vne barriere fermee au deuant de lui, & accompaigné de Gens-d'armes, tous
ses subiects, & payez à ses despens. Et si la haine y auoit esté parauant' grande,
elle l'estoit encores plus: & du costé du Connestable, le cœur ne lui estoit
point appetissé.

Le Connesta-
ble vient par
ler au Roy y
ayant vne
barriere en-
tre deux.

Digression, fort bien appropriee en ce lieu, sur la sagesse du Roy & du Con-
nestable, auec bons aduertissemens pour ceux qui sont en
authorité enuers leurs Princes.

CHAP. XII.

À Bien prendre le faict du Roy, il lui procedoit de grand sens, de faire ce
qu'il en feit: car ie croy que ledict Connestable eust esté reçeu dudict Duc de Bourgongne, en lui baillant sainct Quentin, quelques
promesses qu'il y eust eu au contraire: mais pour vn si sage seigneur, comme
estoit ce Connestable, il prenoit mal son faict, ou Dieu lui ostoit la cognoissance de ce qu'il auoit à faire, de se trouuer en telle sorte, ainsi desguisé au deuant de son Roy & de son maistre, & à qui estoient tous ces Gens-d'armes,
dont il s'accompaignoit. Et aussi il sembloit bien à son visage qu'il en fust e-
stonné & esbahy: & quand il se trouua en sa personne, & qu'il n'y auoit qu'v-
ne petite barriere entre deux, il ne tarda gueres qu'il ne la feist ouurir, & passa
du costé du Roy. Il fut ce iour en grand danger.

Ie fay mon compte que lui, & aucuns de ses priuez, estimoient ceste
œuure,

œuure, & la tenoient à loüange dequoy le Roy le craignoit, & le reputoient pour homme craintif:& estoit vray que par temps il l'estoit,mais il faloit bien qu'il y eust cause.Il s'estoit demeslé de grandes guerres qu'il auoit eués contre les seigneurs de son Royaume,par largemét donner,& encores plus promettre, * & cognoissoit lors qu'il auoit erré en beaucoup de passages.Il a semblé à beaucoup de gés que peur & crainte luy faisoiét faire ces choses:& s'en sont beaucoup trouuez trompez,ayans ceste imaginatió,qui s'enhardissoiét d'entreprendre des folies contre luy , estans iceux foiblement appuyez:comme le Cóte d'Armignac, & autres, à qui il est mal prins: car il cognoissoit s'il estoit temps de craindre ou non.Ie luy ose bien porter ceste loüange(& ne sçay si ie l'ay dit ailleurs, & quád ie laurois dit,si vaut-il bien estre dit deux foys)que iamais ie ne cognu si sage homme en aduersité. Pour continuer mon propos de monseigneur le Cónestable,qui parauéture desiroit que le Roy le craignist, & au moins ie le cuide(car ie ne le voudrois pas charger,& n'é parle sinó pour aduertir ceux qui sont au seruice des grands Princes, qui n'entédent pas tous d'vne sorte les affaires de ce monde)ie conseillerois à vn mien amy,si ie l'auois, qu'il mist peine que son maistre l'aymast, mais non pas qu'il le craignist: car ie ne vey onques homme ayant grand· authorité auec son seigneur, par le moyé de le tenir en crainte,à qui il n'en mescheust,& du consentement de son maistre mesme.Il s'en est veu assez de nostre temps,ou peu deuant, en ce Royaume,comme monseigneur de la Trimoüille & autres.Au pays d'Angleterre, le Cóte de Vvaruic, & toute sa sequelle. I'en nómerois en Espaigne, & ailleurs, mais parauéture que ceux qui verront cest article, le sçauent mieux que moy. Et aduient tres-souuét que ceste audace vient d'auoir bien seruy, & qu'il semble à ceux qui en vsent, que leurs merites sont tels que l'on doit beaucoup endurer d'eux,& qu'on ne s'en peut passer. Mais les Princes au contraire,sont d'opinion qu'on est tenu à les bien seruir:& le tiennent bien en leur dict,& ne desirent qu'à se despescher de ceux qui les rudoyét. Encores en ce pas me faut alleguer nostre maistre en deux choses,qui vne fois me dist,parlát de ceux qui font grád seruice (& m'en allegua son autheur, & de qui il le tenoit) qu'auoir trop bien seruy pert aucunesfois les gens,& que le plus souuent les gráds seruices sont recompésez par gráde ingratitude : mais qu'il peut aussi bien aduenir par le deffaut de ceux qui ont fait lesdicts seruices, qui trop arrogamment veulent vser de leur bóne fortune, tant enuers leurs maistres , que leurs compaignons,comme de la mescognoissance du Prince. Me dit d'auantage qu'à son aduis pour auoir bien en court,c'est plus grand heur à vn homme, quand le Prince qu'il sert,luy a fait quelque grand bien,à peu de desserte, parquoy il luy demeure fort obligé, que ce ne seroit s'il luy auoit fait si grand seruice que ledict Prince luy en fust tres-fort obligé:&qu'il ayme plus naturellemét ceux qui lui sont tenus,qu'il ne fait ceux à qui il est tenu. Ainsi en tous estats y a bié à faire à viure en ce monde:& fait Dieu grand' grace à ceux à qui il donne bon sens naturel.Ceste veué du Roy & de monsieur le Connestable, fut l'an mille quatre cens septante & quatre.

K

Marginal notes:

* & ne vouloit rien hazarder, s'il pouuoit trouuer autres voyes. Exép.visil.

Le Roy louys siege en aduersité.

Les Princes tiennent qu'on leur doit seruice.

Bien seruy pourquoy souuent mal recompensé.

QVATRIESME LIVRE DES
MEMOIRES DV SEIGNEVR D'ARGENTON,
SVR LES PRINCIPAVX FAICTS ET GESTES DE
Louys onziesme de ce nom, Roy de France.

*Comment le Duc de Bourgongne s'estant saisi de la Duché de Gueldres, eut enuie
d'entreprendre plus oultre sur les Allemaignes, & comment il mit le
siege deuant la ville de Nuz.* CHAP. I.

EN la saison de ceste veuë (comme il me semble) le Duc de Bourgongne estoit allé prendre le pays de Gueldres, fondé sur vne querelle, qui est digne d'estre racomptee, pour veoir les œuures & la puissance de Dieu. Il y auoit vn ieune Duc de Gueldres, appellé Adolf, lequel
auoit pour femme vne des filles de Bourbon, sœur de monseigneur de Bourbó *pere, qui regne au jourdhuy, & l'auoit espousee en ceste maison de Bourgongne, & pour ceste cause en auoit quelques faueùrs. Il auoit commis vn cas
tres-horrible: car il auoit prins son pere prisonnier, à vn soir, cóme il se vouloit
aller coucher, & mené cinq lieües d'Allemaigne à pied, sans chausses, par vn
temps tresfroid, & le mit au fond d'vne tour, où il n'y auoit nulle clarté, que
par vne bien petite lucarne: & là le tint six mois, dont fut grand' guerre entre
le Duc de Cleues (dont ledict Duc prisonnier auoit espousé la sœur) & ce ieune Duc Adolf. Le Duc de Bourgongne plusieurs fois les vouloit appointer,
mais il ne peut. Le Pape & l'Empereur à la fin y mirent fort la main: & sur
grandes peines, fut commandé audict Duc de Bourgongne de tirer ledict
Duc Arnoul hors de prison. Ainsi le feit, car le ieune Duc n'osa dénier le luy
bailler: pource qu'il voyoit tant de gens de bien qui s'en empeschoient, & si
craignoit la force dudict Duc. Ie les vey tous deux en la chambre du Duc de
Bourgongne par plusieurs fois, & en grande assemblee de conseil, où ils plai-
doyoient leurs causes: & vey le bon homme vieil presenter le gage de bataille
à son filz. Le Duc de Bourgongne desiroit fort les appointer, & fauorisoit le
ieune, * & luy offroit le tiltre de Gouuerneur en Bourgógne: le pays de Gueldres luy demoureroit auec tout le reuenu, sauf vne petite ville, assise aupres de
Brabant (qui a nó Graue) qui deuoit demeurer au pere, auec le reuenu de trois
mille Florins & autant de pension. Ainsi le tout luy eust valu six mille Florins,
auec le tiltre de Duc, comme raison estoit. Auec d'autres plus sages ie fus commis à porter ceste parolle à ce ieune Duc: lequel feit response, qu'il aymeroit
mieux auoir ietté son pere la teste deuát, en vn puis, & de s'estre ietté apres,
que d'auoir fait cest appointemét: & qu'il y auoit quarante & quatre ans que
son pere estoit Duc, & qu'il estoit bié téps qu'il le fust: mais que tres-volótiers
il luy laisseroit trois mille Florins par an, par códition qu'il n'entreroit iamais
dedás la Duché: & assez d'autres paroles tres-mal sages. Cecy aduint iustement
comme le Roy print Amiens sur le Duc de Bourgógne, lequel estoit auec ces

deux

deux(dont ie parle)à Dourlans, où il se trouuoit tres-empesché:& partit soudainement pour se retirer à Hedin,& oublia ceste matiere.   Et ce ieune Duc
print vn habillement de François,& partit lui deuxiesme seulemét pour se retirer en son païs. En passant vn port, aupres de Namur, il paya vn florin pour
son passage. Vn prestre le veit, qui en print suspiçion,&en parla au passager:&
regarda au visage celuy qui auoit payé ledict florin,&le cognut,& là fut prins
& amené à Namur: & y est demeuré prisonnier, iusques au trespas du Duc
de Bourgongne, que les Gantois le mirent dehors, & auoient vouloir de luy
faire espouser celle qui depuis a esté Duchesse d'Austriche, par force:& le menerent auec eux deuant Tournay, où il fut tué mescháment,& mal accompai-
gné:cóme si Dieu n'eust pas esté saoul de venger ceste outrage qu'il auoit fait
à son pere. Le pere estoit mort auant le trespas duDuc de Bourgongne, estant
encores son filz en prison:& à son trespas laissa audictDuc sa succession, à cause de l'ingratitude de son fils:& sur ceste querelle conquit le Duc de Bourgógne, au temps que ie dy, la Duché de Gueldres, où il trouua resistance : mais il
estoit puissant,& en trefue auec le Roy,& la posseda iusques à la mort: & encores la possede auiourd'huy ce qui est descendu de lui, & tant qu'il plaira à
Dieu.   Et comme i'ay dit au commencement, ie n'ay compté cecy que pour
monstrer que telles cruautez,& tels maux ne demeurent iamais impunis.

    Le Duc de Bourgongne estoit retourné en son pais, & auoit le cœur tres-
esleué pour ceste Duché, qu'il auoit ioincte à sa crosse: & trouua goust en ces
choses d'Allemaigne:pource que l'Empereur estoit de tres-petit cœur, & en-
duroit toutes choses pour ne despendre rien:& aussi de soy, sans l'aide des autres seigneurs d'Allemaigne, ne pouuoit-il pas grand' chose.   Parquoy ledit
Duc ralongea sa trefue auec le Roy:&sembla à aucuns des seruiteurs du Roy,
que ledict seigneur ne deuoit point r'alonger sa trefue, ne laisser venir audict
Duc si grand bien. Bon sens leur faisoit dire cela, mais par faute d'experience
& d'auoir veu, ils n'entendoient point ceste matiere. Il y en eut quelques autres mieux entendans ce cas qu'eux, & qui auoient plus grande cognoissance,
pour auoir esté sur les lieux, qui dirent au Roy que hardimét prinst ceste trefue, & qu'il souffrist audit Duc s'aller heurter contre les Allemaignes, (qui est
chose si grande & si puissante qu'il est presque incroyable) disans que quand
ledict Duc auroit prins vne place, ou mené à fin vne querelle, il en entreprendroit vne autre,& qu'il n'estoit pas homme pour iamais se saouler d'vne en-
treprinse(en quoy il estoit à l'opposite au Roy: car estant*embrouillé, plus
s'embrouilloit)& que mieux ne se pourroit venger de lui que de le laisser faire:& auant lui faire vn petit d'aide, & ne luy donner nulle suspiçion de luy rópre ceste trefue:Car à la grandeur d'Allemaigne, & à la puissance qui y est, n'e-
stoit pas possible que toít ne se consommast, & ne se perdist de tous points.
Car les Princes de l'Empire, encores que l'Empereur fust homme de peu de
vertus, y donneroient ordre,& à la fin finale audict seigneur en aduint ainsi.

    A la querelle de deux pretendans à l'Euesché de Coulongne, dót l'vn estoit
frere du Lantgraue de Hessen,& l'autre parét du Cóte Palatin du Rhin, ledit
Duc de Bourgongne tint le party dudict Palatin , & entreprint de le mettre
par force en ceste dignité, esperát en auoir quelques places:& mit le siege de-

K ij

uant Nuz, pres Coulongne, l'an mille quatre cens septante & quatre. Il mit tãt de choses en son imagination & si grandes, qu'il demoura sous le faix. Car il vouloit en ceste saison propre faire passer le Roy Edouard d'Angleterre (lequel auoit grande armee preste, à la poursuite dudict Duc) & acheuer ceste entreprinse d'Allemaigne: qui estoit, s'il eust prins Nuz, la garnir bien, & vne autre place ou deux, au dessus de Coulógne: pourquoy ladicte cité de Coulógne diroit le mot: & que partant il monteroit cõtremont le Rhin iusques à la Cóté de Ferrette, qu'il tenoit lors: & ainsi tout le Rhin seroit sien iusques en Hollande, où il fine, & où il y a plus de fortes villes & chasteaux qu'en nul royaume de la Chrestienté, si ce n'est en France. La trefue qu'il auoit auec le Roy, auoit esté alongee de six moys, & desia la plus part estoient passez. Le Roy sollicitoit fort de l'allóger, & qu'il feit à son aise en Allemaigne. Ce que ledit Duc ne voulut faire, pour la promesse qu'il auoit faicte aux Anglois.

Ie me passerois bien de parler de ce faict de Nuz, pource que ce n'est pas le train de ma matiere (car ie n'y estois pas) mais ie suis forcé d'en parler pour les matieres qui en dependent. Dedans la ville de Nuz (laquelle est tres-forte) s'estoiét mis le Lantgraue de Hessen, & plusieurs de ses parés & amis, iusques au nombre de dixhuict cens hommes de cheual, comme il m'a esté dict, & tresgens de bien (& aussi ils le monstrerent) & de gens de pied ce qui leur en faisoit besoing. Ledict Lantgraue, comme nous auons dit, estoit frere de l'Euesque, qui auoit esté esleu: & qui estoit la partie aduerse de celuy que soustenoit le Duc de *Bourgongne*. Et ainsi le Duc de *Bourgongne* mit le siege deuant Nuz, l'an mil quatre cens septante & quatre.

Il auoit la plus belle armee qu'il eut iamais, & specialement pour gens de cheual: car pour aucunes fins qu'il pretédoit és Italies, il auoit retiré quelques mille Hommes d'armes Italiens, que bons que mauuais. Il auoit pour Chef d'entr'eux vn appellé le Comte de Campobache, du royaume de Naples, partisan de la maison d'Anjou, homme de tres-mauuaise foy, & tres-perilleux. Il auoit aussi Iacques Galeot, Gentil-hóme de Naples, tres-hóme de bié, & plusieurs autres que ie passe pour briefueté. Semblablemét auoit bien le nombre de trois mille Anglois, tres-gens de bié, & de ses subiects en tres-grand nombre bien montez & bien armez, & qui ja long temps auoiét exercé le faict de la guerre, & vne tres-grande & puissante artillerie. Et tout cecy auoit-il tenu prest, pour se ioindre auec les Anglois à leur venüe, lesquels faisoient toute diligence en Angleterre. Mais les choses y sont longues: car le Roy ne peut entreprédre vne telle œuure, sans assembler son Parlemét, qui vaut autant cóme les trois Estats, & qui est chose iuste & saincte, & en sont les Roys plus forts & mieux seruis, quand ainsi le font en semblables matieres:* car l'yssue volontiers n'en est pas briefue. Quand les Estats sont assemblez, il declare son intention, & demande aide sur ses subiects: car il ne se leue nul aide en Angleterre, si ce n'est pour passer en France, ou aller en Escosse, ou en frais semblables: & tres-volontiers & bien liberalement ils les octroyent, & specialemét pour passer en France. Et est bien vne pratique que ces Roys d'Angleterre font, quád ils veulent amasser argent, que faire semblant d'aller en Escosse ou en France, & faire armee: & pour leuer grand argent, ils font vn payemẽt de trois

moys,

moys, & puis rompent leur armee, & s'en retournent à l'hostel, ayans reçeu l'argent pour vn an. Et estoit ce Roy Edouard tout plein de ceste pratique, & souuent le feit.

Ceste armee d'Angleterre mit bien vn an à estre preste, & le feit sçauoir à monseigneur de Bourgógne, lequel au cómencement de l'Esté estoit allé iusques deuant Nuz: & luy sembla qu'en peu de iours il auroit mis son homme en possession, & qu'il luy pourroit demeurer aucunes places, cóme Nuz & autres, pour paruenir aux fins que vous ay dictes. I'estime que cecy vint de Dieu qui regarda en pitié ce Royaume: car ce Duc estoit pour y faire grãd dommage, ayant l'armee telle qu'il auoit, & gens tous accoustumez par plusieurs annees à tenir les cháps par ce royaume, sans que nul luy presentast bataille, ou se trouuast aux champs en puissance contre luy, si ce n'estoit en gardãt les villes. Mais bien est vray que cela procedoit du Roy, qui ne vouloit rien mettre en hazard: & ne le faisoit pas seulement pour la crainte du Duc de Bourgongne: mais pour doute des desobeissances qui pourroiét aduenir en ce Royaume, s'il aduenoit qu'il perdist vne bataille: car il estimoit n'estre pas bien de ses subiects, & par especial des grãds. Et si i'osois tout dire, il m'a maintesfois dit qu'il cognoissoit biẽ ses subiects,* & qu'il les trouueroit biẽ, si ses besongnes se portoient mal. Et pource quand le Duc de Bourgongne entroit, il ne faisoit que fort bien garnir ses places, au deuãt de luy: & ainsi en peu de temps, l'armee du Duc de Bourgógne se deffaisoit d'elle mesme, sans que le Roy mist son estat en peril aucun, ce qui me sembloit proceder par grãd sens. Toutesfois ayant le Duc la puissance telle, que vous ay dicte(si l'armee du Roy d'Angleterre fust venüe au fin commencement de la saison, comme elle eust fait, sans nulle doute, n'eust esté l'erreur du Duc de Bourgongne de se mettre si obstinémẽt deuant Nuz) il ne faut pas douter que ce royaume eust porté de tres-grands affaires. Car iamais Roy d'Angleterre ne passa à si puissante armee pour vn coup, que fut ceste cy, dont ie parle, ne si biẽ disposee pour combatre. Tous les grands seigneurs d'Angleterre y estoient, sans en faillir vn. Ils pouuoient bien estre quinze cens hommes d'armes (qui estoit grand chose pour les Anglois) tous fort bien en poinct, & biẽ accompaignez, & quatorze mille Archiers, portans arcs & flesches, & tous à cheual, & assez autres gens à pied seruans à leur Ost: & en toute l'armee n'y auoit pas vn page. En oultre deuoit le Roy d'Angleterre enuoyer trois mille hommes descẽdre en Bretaigne, pour se ioindre auec l'armee du Duc: & vey deux lettres escrites de la main de monseigneur d'Vrfé, grand Escuyer de France (qui pour lors estoit seruiteur du Duc de Bretaigne) l'vne adressante au Roy d'Angleterre, & l'autre à monseigneur de Hastingues, grãd Chambellan d'Angleterre, qui entre autres paroles, disoiét que le Duc de Bretaigne feroit plus d'exploit en vn mois, par intelligence, que l'armee des Anglois & celle du Duc de Bourgongne ne feroiét en six, quelque force qu'ils eussét: & croy qu'il disoit vray, si les choses fussent tirees oultre: mais Dieu qui tousiours a aymé ce Royaume, conduisit les choses comme ie diray cy apres. Et les lettres dont i'ay parlé, furent acheptees d'vn secretaire d'Angletetre, soixante marcs d'argent par le Roy, à qui face Dieu pardon.

K iij

Le Roy se deffioit de ses subiects, & sur tout des grands.

* & qui le trouueroit si ses Exép. vieil.

Armee d'Angleterres pour quó descend it eñ France.

Lettres achetees d'vn secretaire d'Angleterre par le Roy.

*Comment ceux de la ville de Nuz furent secourus par les Allemans, & par l'Empereur,
contre le Duc de Bourgongne: & des autres ennemis que le Roy luy suscita.*

CHAP. II.

A Insi comme ie vous ay dit, estoit le Duc de Bourgongne ia bien empesché deuant Nuz, & trouua les choses plus dures qu'il ne pensoit.
Ceux de Coulongne, qui estoiét quatre lieües plus hault sur le Rhin,
frayerent chascun mois cent mille Florins d'or, pour la crainte qu'ils auoient
du Duc de Bourgongne: & eux, & les autres villes au dessus d'eux, sur le Rhin,
auoient desia mis quinze ou seize mille hómes de pied sur les champs, & e-
stoient logez sur le bord de la riuiere du Rhin, auec grand' artillerie, du costé
opposite du Duc de Bourgongne, & taschoient à lui rompre ses viures, qui
venoient par eauë du païs de Gueldres, contremont la riuiere, & à rompre les
basteaux à coups de canon. L'Empereur, & les Princes Electeurs de l'Empire
s'assemblerent sur ceste matiere, & delibererét de faire armee. Le Roy les auoit
ja enuoyez solliciter par plusieurs messagers. Aussi renuoyerent vers luy vn
Chanoine de Coulógne, de la maison * de móseigneur de Bauiere, & vn autre
Ambassadeur auecques luy: & apporterét au Roy par roolle l'armee que l'Em-
percur auoit intention de faire, au cas que le Roy de son costé se voulust employer. Ils ne faillirent point à auoir bonne responce, & promesse de tout ce
qu'ils demandoient: & d'auátage promettoit le Roy par seellez, tát à l'Empereur qu'à plusieurs des Princes & villes, qu'incontinent que l'Empereur seroit
à Coulógne, & mis aux champs, que le Roy enuoyeroit ioindre auecques luy
vingt mille hómes, sous la conduicte de monseigneur de Cran & de Sallezard.
Et ainsi ceste armee d'Allemaigne s'appresta, qui fut merueilleusement gráde,
& tant qu'elle est presque incroyable. Car tous les Princes d'Allemaigne, tant
spirituels que temporels, & les Euesques y eurent gens, & toutes les communautez, & en grand nombre. Il me fut dict que l'Euesque * Ministre, qui n'est
point des grands, y mena six mille hommes de pied, quatorze cés hommes de
cheual, & douze cens chariots, & tous vestus de verd. Il est vray que son Euesché est pres de Nuz. L'Empereur mit bié sept mois à faire l'armee: & au bout
du terme, se vint loger à demie lieuë pres du Duc de Bourgongne (à ce que
m'ont conté plusieurs gens dudict Duc) l'armee du Roy d'Angleterre, ne celle
du Duc de Bourgongne ensemble, ne montoient point plus du tiers que celle
dont ie parle, tant en gens qu'en tantes & pauillons. Outre l'armée de l'Empereur estoit ceste armee de l'autre part de la riuiere, vis à vis du Duc de Bourgongne, qui donnoit grand trauail à son ost & à ses viures.

Incontinent que l'Empereur fut deuant Nuz, & ces Princes de l'Empire,
ils enuoierent deuers le Roy vn Docteur qui estoit de grand' authorité auec
eux, & s'appelloit le Docteur * Heseuare, qui depuis a esté Cardinal: lequel vint
solliciter le Roy de tenir sa promesse, & d'enuoyer les vingt mille hómes ainsi qu'il auoit promis, ou autrement que les Allemans appointeroient.

Le Roy lui donna tresbonne esperance, & lui feit donner quatre cés escus:
& enuoya quand & lui, deuers l'Empereur, vn appellé Iean Tiercelin, seigneur * de la Brosse. Toutesfois ledict Docteur ne s'en alla pas content: & se

condui-

conduifoient de merueilleux marchez, durant ce fiege. Car le Roy trauailloit
de faire paix auecques le Duc de Bourgongne: ou quoy que ce foit, d'allonger
la trefue, afin que les Anglois ne vinffent point. Le Roy d'Angleterre d'autre
cofté trauailloit de toute fa puiffance à faire partir le Duc de Bourgongne de
deuant Nuz, & qu'il lui vint tenir promeffe, & ayder à faire la guerre en ce
Royaume, difant que la faifon fe cómençoit à perdre: & fut Ambaffadeur, par
deux fois, de cefte matiere, le feigneur de Scalles, nepueu du Conneftable, vn
tres-gentil Cheualier, & plufieurs autres. Le Duc de Bourgógne fe trouua obftiné, & lui auoit Dieu troublé le fens & l'entendemét: car toute fa vie il auoit
trauaillé pour faire paffer les Anglois, & à cefte heure, qu'ils eftoient prefts, &
toutes chofes bié difpofees pour eux, tant en Bretaigne qu'ailleurs, il demouroit obftiné à vne chofe impoffible de prendre. Auec l'Empereur auoit vn Legat Apoftolique, qui chafcun iour alloit de l'vn oft à l'autre, pour traicter paix:
& femblablement y eftoit le Roy de Dannemarc, logé en vn petite ville, prés
des deux armees, qui trauailloit pour ladicte paix: & ainfi le Duc de Bourgógne euft bien peu prendre party honorable pour fe retirer vers le Roy d'Angleterre. Il ne le fçeut faire, & s'excufoit enuers les Anglois fur fon honneur,
qu'il feroit foulé s'il fe leuoit, & autres maigres excufes. Car ce n'eftoient pas
les Anglois qui auoient regné du temps de fon pere, & aux anciennes guerres
de France: mais eftoient ceux-cy tous neufs, & ignorans, quant aux chofes de
France: parquoy ledict Duc procedoit mal fagement, s'il s'en vouloit ayder
pour le temps aduenir. Car il euft efté befoing qu'il les euft guydez pas à pas,
pour la premiere faifon.

Eftant le Duc de Bourgongne en cefte obftination, lui fourdit guerre par
deux ou trois bouts. L'vne fut que le Duc de Lorraine, qui eftoit en paix auec
lui,* & encores auoit prins quelques intelligences apres la mort du Duc Nicolas de Calabre, l'enuoya deffier deuant Nuz, par le * more de monfeigneur
de Cran, lequel s'en vouloit aider pour le feruice du Roy: & ne faillit pas à luy
promettre qu'on en feroit vn tres-grand homme: & incontinent fe mirét aux
champs * enfemble, & feirét grand dommage en la Duché de Luxembourg,
& raferent vne place, appellee Pietre-forte, affife à deux lieuës pres de Nancy,
qui eftoit de la Duché de Luxembourg. D'auantage fut conduict par le Roy,
& aucuns de fes feruiteurs, qu'il conuint qu'vne alliance fuft faicte pour dix
ans, entre les Suiffes & les villes de deffus le Rhin, comme Bafle, Strafbourg, &
autres qui parauant auoient efté en inimitié.

Encores fut faicte vne paix entre le Duc Sigifmód d'Auftriche & les Suiffes,
tendant à cefte fin que ledict Duc Sigifmód vouluft reprendre la Comté de
Ferrette, laquelle il auoit engagée au Duc de Bourgongne pour la fomme de
cét mille florins de Rhin: & ainfi fut accordé. Il demeura vn differéd entre lui
& les Suiffes, qui vouloient auoir paffage par quatre villes de la Côté de Ferrette, forts & foibles, quand il leur plairoit. Ce point fut foubmis fur le Roy,
qui le iugea à l'intétion des Suiffes: & par ce qui eft ci deffus recité, pouuez entédre les querelles que le Roy fufcitoit fecrettemét audit Duc de Bourgógne.

Tout ainfi cóme cecy auoit efté cóclu, il fut executé: car en vne belle nuict
fut prins meffire Pierre Archábault, Gouuerneur du païs de Ferrette pour le

K iiij

* Depuis &
encores
iufques à
l'enuoya
eftrayé au
vieil exépl.
* moyen
Exép. vieil.
* Le vieil
exemp rayé
ce mot en-
femble:

Le Roy fufci-
te querelles
au Duc dé
Bourg.

Duc de Bourgongne, auec huict cens hommes de guerre qu'il auoit auec lui:
lesquels furent tous deliurez frács & quittes, excepté luy qui fut mené à Basle,
où ils lui feirent vn procez sur certains excez & violences , qu'il auoit faicts
audict païs de Ferrette: & en fin de conte lui trencherent la teste. Or fut mis
tout le païs de Ferrette en la main dudict Duc Sigismond d'Austriche: & commencerent les Suisses la guerre en Bourgongne, & prindrent Blasmond, (qui
estoit au Mareschal de Bourgongne, qui estoit de la maison de Neufchastel)
& assiegerent le chasteau de Herycourt, qui estoit de ladicte maison de Neuf-
chastel, où les Bourguignons allerent pour le secourir : mais ils furét desconfits deuant vn bon nombre d'iceux. Lesdicts Suisses feirent vn grád dommage au pais, & puis se retirerent pour ceste boutee.

Comment le Roy print le chasteau du Tronquoy, les villes de Mondidier, Roye, & Cor-
bie, sur le Duc de Bourgongne, & comment il voulut induire l'Empereur Federic
à se saisir des terres que ledict Duc tenoit de l'Empire.
CHAP. III.

L A trefue faillit entre le Roy & le Duc de Bourgongne, parquoy le
Roy eut tref-grand regret : car il eust mieux aymé vn allongement de
trefue : toutesfois voyant qu'il ne la pouuoit auoir, il alla mettre le
siege deuant vn petit chasteau appellé le Tronquoy : & estoit ja commencé

1475. l'an septante cinq : & estoit au plus beau, & au commencement de la saison.
Il fut en peu d'heure prins d'assault. Le lendemain le Roy m'enuoya parler
à ceux qui estoient dedans Mondidier, lesquels s'en allerent leurs bagues sauues, & laisserent la place. Le lendemain allay parler à ceux qui estoient dedans
Roye, en la compagnie de monseigneur l'Admiral, Bastard de Bourbon, &
semblablement me fut rendue la place : car ils n'esperoient nul secours. Ils ne
l'eussent pas rendue, si ledict Duc eust esté au pais : toutesfois côtre nostre promesse, ces deux villes furent bruslees. De là s'en alla le Roy mettre le siege deuant Corbie, & l'attendirent : & y furent faictes de tres-belles approches : & y
tira l'artillerie du Roy trois iours. Il y auoit dedans monseigneur de *Contay,

* C'estoit le
successeur de
celuy duquel
il a tant par-
lé aux propos
des Liegeois. & plusieurs autres qui la rendirent, & s'en allerent leurs bagues sauues. Deux
iours apres la pauure ville fut pillee : & mit on le feu dedás, tout ainsi comme
aux deux autres. Lors le Roy cuida retirer só armee, & esperoit gaigner le Duc
de Bourgógne à ceste trefue, veuë la necessité en quoy il estoit : mais vne fem-

Conseil mau-
uais d'vne
femme au
Roy contre
le Duc de
Bourg. me, que ie cognoy bié, & ne la nommeray point, pource qu'elle est encores vi-
uante, escriuit vne lettre au Roy, qu'il feist tourner ses gens deuant Arras : &
és enuirons : & le Roy y adiousta foy, car elle estoit femme d'estat. Ie ne loüe
point son œuure, pource qu'elle n'y estoit point tenuë : mais le Roy y enuoya
monseigneur l'Admiral, Bastard de Bourbon, accompaigné de bon nombre
de gens : lesquels bruslerent grande quantité de leurs villes, commençans vers
Abbeuille iusques à Arras. Ceux de ladicte ville d'Arras, qui de long temps
n'auoiét eu nulle aduersité, & estoient pleins de grand orgueil, contraigñirent
les gens de guerre, qui estoient en leur ville de sortir. Le nombre n'estoit pas
suffisant pour les gens du Roy : en façon qu'ils furent remis de si pres, que largement

gement en y eut de tuez, & de prins, & mesmes tous leurs Chefs : qui furent
messire Iacques de sainct Paul, frere du Connestable, le seigneur de Cotay, le *Messire Ia-*
seigneur de Carency, & autres : dont il s'en trouua des plus prochains de la *ques de S.*
Dame, qui auoit esté cause de cest exploict : & y eut ladicte Dame grand'per- *Paul pris.*
te, mais le Roy en faueur d'elle, repara le tout par temps.

Pour lors auoit enuoyé le Roy, deuers l'Empereur, Iean Tiercelin, seigneur
de la Brosse, pour trauailler qu'il ne s'appointast auec le Duc de Bourgongne, & pour faire excuse de ce qu'il n'auoit enuoyé ses gens-d'armes, comme il auoit promis, asseurant tousiours le faire, & de continuer les exploicts
& dommages, qu'il faisoit audict Duc, bien grands, tant au pays & marches
de Bourgongne, que de Picardie. Et oultre luy ouurit vn party nouueau, qui
estoit qu'ils asseurassent bié l'vn l'autre de ne faire paix l'vn sans l'autre : & que
l'Empereur print toutes les seigneuries que ledict Duc tenoit de l'Empire, &
qui par raison en deuoyent estre tenuës, & qu'il les feist declarer confis-
quees à luy : & que le Roy prendroit celles qui estoient tenuës de la couronne
de France, comme Flandres, Artois, Bourgongne, & plusieurs autres.
Combien que cest Empereur eust esté toute sa vie homme de tres-peu de *Federic Em-*
vertu, si estoit il bien entendu, & pour le long temps qu'il auoit vescu, il a- *pereur bien*
uoit beaucoup d'experience : & puis ces partis, d'entre nous & luy, auoient *entendu.*
beaucoup duré, parquoy estoit las de la guerre, combien qu'elle ne luy cou-
stast rien : car tous ces seigneurs d'Allemaigne y estoient à leurs despens, comme il est de coustume, quand il touche le faict de l'Empire. Ledict Empereur *De ne mar-*
respondit aux Ambassadeurs du Roy, qu'aupres d'vne ville d'Allemaigne y *chander la*
auoit vn grand Ours, qui faisoit beaucoup de mal. Trois compaignons de la- *peau de*
dicte ville, qui hantoient les tauernes, vindrent à vn tauernier, à qui ils de- *l'Ours, de-*
uoient prier qu'il leur accreust encor vn escot, & qu'auant deux iours le paye- *uant que la*
roient du tout : car ils prendroient cest Ours, qui faisoit tant de mal, & dont *beste soit*
la peau valoit beaucoup d'argent, sans les presens qui leur seroient faicts des *prinse, &*
bonnes gens. Ledict hoste accomplit leur demande. Et quand ils eurent dis- *morte.*
né, ils allerent au lieu où hantoit cest Ours : & comme ils approcherent de la
cauerne, ils le trouuerent plus pres d'eux qu'ils ne pensoient. Ils eurent peur,
si se mirét en fuite. L'vn gaigna vn arbre, l'autre fuit vers la ville : le tiers l'Ours
le print, & le foula fort soubs luy, en luy approchant le museau fort pres de
l'oreille. Le pauure homme estoit couché tout plat contre terre, & faisoit le
mort. Or ceste beste est de telle nature que ce qu'elle tient, soit homme ou beste, quand elle veoit qu'il ne se remue plus, elle le laisse là, cuidant qu'il soit
mort : & ainsi ledict Ours laissa le pauure homme, sans luy auoir fait gueres
de mal : & se retira en sa cauerne. Et quand le pauure homme se veit deliuré,
il se leua tirant vers la ville. Son compaignon qui estoit sur l'arbre, ayant veu
ce mystere, descend, court, & cria apres l'autre, qui estoit deuant, qu'il l'attendist : lequel se retourna, & l'attendit. Quand ils furent ioincts, celuy qui e-
stoit dessus l'arbre, demanda à son compaignon, par serment, ce que l'Ours
luy auoit dit en conseil, qui si long temps luy auoit tenu le museau contre l'o-
reille. A quoy son compaignon luy respondit : Il me disoit que iamais ie
ne marchandasse de la peau de l'Ours, iusques à ce que la beste fut morte.

* Ces trois mots suyuans sont rayez au vieil exépl.

Et auec ceste fable paya l'Empereur nostre Roy, sans faire autre response à son homme, * sinon en côseil: comme s'il vouloit dire: Venez ici côme vous auez promis, & tenons cest homme si nous pouuons, & puis departons ses biens.

Comment le Connestable commença à r'entrer en suspicion tant du costé du Roy que du Duc de Bourgongne.

CHAP. IIII.

Vous auez ouy comme messire Iacques de sainct Paul, & autres auoiét esté prins deüant Arras. Laquelle prinse despleut fort au Cônestable: car ledict messire Iacques lui estoit bon frere. Ceste mal aduéture ne lui aduint pas seule: car tout en vn téps fut prins le Comte de Roussi son filz, gouuerneur de Bourgógne pour ledict Duc: & aussi mourut la femme dudict Connestable, Dame de bié: laquelle estoit sœur de la Royne, qui lui estoit support & faueur: car tousiours s'entretenoit la marchandise encômencee côtre lui (côme vous auez ouy) laquelle tint à peu, à l'assemblee qui fut faicte à Bouuines pour ceste matiere. Oncques puis ne fut asseuré ledict Cônestable, mais en suspicion de deux costez, & par especial en doute du Roy: & luy sembloit bien que le Roy se repentoit d'auoir retiré son seellé à Bouuines. Le Comte de Dampmartin & autres estoient logez auec les gens-d'armes, pres de Sainct Quentin. Le Connestable en grand craint̃r̃, se rend maistre de S. Quentin. Ledict Connestable les craignoit comme ses ennemis, & se tenoit dedans sainct Quentin: où il auoit mis quelques trois cés hommes de pied de ses terres, pource que de tous poincts ne se fioit de ses gens-d'armes. Il viuoit en grand trauail: car le Roy le sollicitoit par plusieurs messagers, qu'il se mist aux champs, pour le seruir du costé de Henault: & qu'il mist le siege deuant Auennes, à l'heure que monseigneur l'Admiral, & ceste autre bande, allerent brusler en Artois, comme i'ay dit. Ce qu'il feit en grád' crainte: car il craignoit fort. Il fut deuant peu de iours, faisant faire grand guet sur sa personne, puis se retira en ses placés, & manda au Roy (& ouy moy mesme son homme par le commandement du Roy) qu'il s'estoit leué, parce qu'il estoit certainemét informé qu'il y auoit deux hommes en l'armee, qui auoiét prins charge du Roy de le tuer: & dit tant d'enseignes apparentes, qu'il ne s'en faloit gueres qu'il ne fust creu: & que l'vn des deux ne fust suspicionné d'auoir dit au Connesta-Finesses du Connestable ble quelque chose qu'il deuoit taire. Ie n'en veux nul nommer, ne plus auant parler de ceste matiere. Ledict Connestable enuoyoit souuent en l'ost du Duc de Bourgongne. Ie croy bien que la fin estoit de le retirer de ceste folie: & quand ses gens estoient reuenus, il mandoit quelque chose au Roy, dequoy il pensoit lui complaire, & aussi l'occasion pourquoy il y auoit enuoyé: & pensoit entretenir le Roy par ce moyen. Aucunesfois aussi mandoit audict seigneur que les affaires dudict Duc de Bourgongne se portoyent bien, pour luy donner quelque crainte: car il auoit tant de peur qu'on ne lui courust sus, qu'il requit audict Duc qu'il luy enuoyast son frere messire Iacques de sainct Paul, auant sa prinse (car il estoit deüant Nuz) & aussi le seigneur de Fiénes, & autres ses parens, & qu'il les peust mettre dedans sainct Quentin, auecques leurs gens, sans porter la Croix sainct André. Et promettoit audict

DVC

Duc de tenir ſainct Quentin pour lui, & luy reſtituer quelque temps apres: & de ce faire luy bailleroit ſon ſcellé. Ce que le Duc feit, & quand ledict meſ- *Feintes du Conneſtable.* ſire Iacques, le ſeigneur de Fiennes, & autres de ſes patens ſe trouuerent par deux fois, à vne lieüe ou deux pres de la ville de ſainct Quentin, & preſts à y entrer, il ſe trouua que la doute luy eſtoit paſſee, & ſe repentoit, & les renuoyoit: & feit cecy par trois fois, tant deſiroit demourer en ceſt eſtat, nageant entre les deux: car il les craignoit tous deux merueilleuſement. I'ay ſçeu ces choſes par pluſieurs, & par eſpecial par la bouche de meſſire Iacques de Sainct Paul, qui ainſi le compta au Roy quand il fut amené priſonnier, où il *Iaques de S. Paul reſpond franchement au Roy.* n'y auoit que moy preſent, & luy valut beaucoup dequoy il reſpondit franchement des choſes que le Roy lui demandoit. Ledict ſeigneur lui demanda, combien il auoit de gens pour y entrer: il reſpondit qu'à la troiſieſme fois il auoit trois mille hommes. Ledict ſeigneur lui demanda auſſi, s'il ſe fuſt trouué le plus fort, s'il euſt tenu pour le Roy * ou pour ledict Conneſtable. Ledict *Ie lirois volontiers icy, ou pour ledict Duc de Bourgongne.* meſſire Iacques de ſainct Paul reſpondit, que les deux premiers voyages il ne venoit que pour reconforter ſon frere: mais à la troiſieſme, veu que ledit Conneſtable auoit trompé ſon maiſtre & lui par deux fois, que s'il ſe fuſt trouué le plus fort il euſt gardé la place pour ſon maiſtre, ſans faire violence audict Conneſtable, n'a rien qui euſt eſté à ſon preiudice, ſinon qu'il n'en fuſt point ſorty à ſon commandement. Depuis & peu de temps apres, ledict ſeigneur deliura de priſon ledict meſſire Iacques de ſainct Paul, & luy donna des gensd'armes, & bel & grand eſtat, & s'en ſeruit iuſques à la mort. Et ſes reſponſes en furent cauſe.

Comment le Duc de Bourgongne leua ſon ſiege de Nuz, par appointement: & comment le Roy d'Angleterre, ſon allié, enuoya deſier le Roy Louys.

CHAP. V.

Epuis que i'ay commencé à parler de Nuz, ie ſuis entré en beaucoup de matieres l'vne ſur l'autre, auſſi ſuruindrét elles en ce téps: car ledict ſiege dura vn an. Deux choſes preſſoient extrememét ledict Duc de Bourgongne de ſe leuer, c'eſtoit la guerre que le Roy lui faiſoit en Picardie, qui luy auoit bruſlé trois belles petites villes, & vn quartier de plat païs d'Artois & de Ponthieu. La ſeconde, eſtoit la belle & grand armée que faiſoit le Roy d'Angleterre à ſa requeſte & pourſuite, à quoy il auoit trauaillé toute ſa vie pour le faire paſſer deça, & iamais n'en eſtoit peu venir à bout iuſques à ceſte heure. Ledict Roy d'Angleterre, & tous les ſeigneurs de ſon royaume, ſe mal contéterent merueilleuſement dequoy le Duc de Bourgongne le faiſoit ſi long, & oultre les prieres qu'ils lui faiſoient, vſoient de menaces, conſideré leur grád' deſpenſe, & que la ſaiſon ſe paſſoit. Ledict Duc tenoit à grand' gloire ceſte grand' armee d'Allemaigne, tant de Princes que de Prelatz, & de communautez, qui eſtoit la plus grande qui ayt eſté depuis mémoire * d'homme, ne de *Il entend de ceux qui viuent alors.* long temps parauant, & tous enſemble ne le ſçauoient leuer de là où il eſtoit. Ceſte gloire luy couſtoit bien cher : car qui a le profit de la guerre, il en a l'honneur. Touſiours ce Legat dont i'ay parlé, alloit & venoit d'vn oſt à l'au-

Paix entre
l'Empereur
& le Duc
de Bourg.

tre,& finalement feit la paix entre l'Empereur & ledict Duc de Bourgongne
Et fut mife cefte place de Nuz entre les mains dudict Legat,pour en faire ce
que par le S.fiege Apoftolique en feroit ordonné.En quelle extremité fe pouuoit trouuer ledict Duc de fe veoir ainfi preffé par la guerre que luy faifoit le
Roy,& preffé & menaffé de fon amy le Roy d'Angleterre : & d'autre cofté
veoir la ville de Nuz en tel eftat qu'en moins de quinze iours il les pouuoit a-
uoir la corde au col,par famine:& l'euft euë en dix iours,comme m'a côpté vn
des Capitaines qui eftoit dedans,lequel le Roy print à fon feruice.Ainfi pour
ces raifons fe leua ledict Duc de Bourgongne l'an feptante cinq.

　　Or faut parler du Roy d'Angleterre, lequel tiroit fon armee vers Douures
pour paffer la mer à Calais,& eftoit cefte armee la plus grande(que paffa oncques Roy d'Angleterre) & toute de gens à cheual, & les mieux en poinct, &
mieux armez qui vindrent iamais en France, & y eftoient tous les feigneurs
d'Angleterre,ou bien peu s'en falloit. Il y auoit quinze cens hommes d'armes
bien montez,& la plufpart bardez,& richemét accouftrez à la guize de deça,
qui auoient beaucoup de cheuaux de fuite.Ils eftoient bien quinze mille Archiers portans arcs & flefches,& tous à cheual, & largement gens de pied en
leur oft, & autres,tant pour tendre leurs tentes & pauillons qu'ils auoient en
grand quantité,qu'auffi pour feruir à leur artillerie, & clorre leur camp. En
toute l'armee n'y auoit vn feul page, & fi auoient ordonné les Anglois trois
mille hommes,pour enuoyer en Bretaigne.I'ay cecy dit par cy deuant,mais il
fert bié encores à ce propos:c'eft que fi Dieu n'euft voulu troubler le fens audict Duc de Bourgongne,& preferuer ce royaume,à qui il a fait plus de grace
iufques icy qu'à nul autre,eft il de croire que ledict Duc fe fuft allé amufer ob-
ftinémét deuant cefte forte place de Nuz ainfi deffendue?veu que toute fa vie
n'auoit fçeu trouuer le royaume d'Angleterre difpofé à faire armee deça la
mer?& veu encores qu'il cognoiffoit clairement qu'ils eftoient comme inutiles aux guerres de France ? car s'il s'en euft voulu ayder, il euft efté befoing
que toute vne faifon il ne les euft perdus de veüe,pour leur ayder à dreffer &
conduire leur armee aux chofes neceffaires felon noz guerres de deça. Car il
n'eft rien plus fot,ne plus mal adroit,quand ils paffent premierement:mais en

Anglois bon-
nes gens de
guerre par
deça,quand
ils font fa-
çonnez.

bien peu d'efpace,ils font tres-bónes gés de guerre,fages & hardis.Il feit tout
le contraire:car entre les autres maux il leur feit quafi perdre la faifon:& au regard de lui,il auoit fon armee fi rompue,fi mal en poinct,& fi pauure,qu'il ne
l'ofoit monftrer deuant eux:car il auoit perdu deuant Nuz,quatre mille hommes,prenans fouldes , entre lefquels y mourut des meilleures gens qu'il euft.
Et ainfi verrez que Dieu le difpofa de tous poincts à faire côtre la raifon de ce
que fon affaire requeroit, & contre ce qu'il fçauoit, & entendoit mieux que
nul autre,dix ans auoit.

　　Le Roy Edouard eftant à Douures,pour fon paffage luy enuoya ledit Duc
de Bourgongne bien cinq cens bafteaux de Hollande & Zelande : qui font
plats,& bas de bord,& bien propices à porter cheuaux:& s'appellent *Sertes:

* Sentes.
Exépl.vieil.

& nonobftant ce grád nombre,& tout ce que le Roy d'Angleterre fçeuft faire,il mit plus de trois fepmaines à paffer entre Douures & Calais, & n'y a que
fept licuës.Or regardez donques à quelle difficulté vnRoy d'Angleterre peut

paffer

paſſer en France : & quand le Roy noſtre maiſtre euſt entendu le faiſt de la
mer, auſſi bien qu'il entendoit le faiſt de la terre, iamais le Roy Edoüard ne
fuſt paſſé, au moins en ceſte ſaiſon:mais il ne l'entendoit point, & ceux à qui
il donnoit authorité, ſur le faiſt de ſa guerre, y entendoient encores moins.
Le Roy d'Angleterre mit trois ſepmaines à paſſer. Vn ſeul nauire d'Eu print
deux ou trois de ſes petits paſſagers.

Auant que le Roy Edoüard montaſt ni partiſt de Douures, il enuoya deuers le Roy vn ſeul Herault appellé Iartiere, lequel eſtoit natif de Normandie. Il apporta au Roy vne lettre de deffiance, de par le Roy d'Angleterre, en
beau lágage & en beau ſtile: & croy que iamais Anglois n'y auoit mis la main.

Il requeroit au Roy qu'il lui rendiſt le Royaume de France, qui lui appartenoit, afin qu'il peuſt remettre l'Egliſe & les nobles, & le peuple en leur liberté ancienne, & les oſter des grandes charges, & trauaux en quoy ils eſtoient:
& en cas de refus, il proteſtoit des maulx qui en enſuiuroient en la forme &
maniere qu'il eſt accouſtumé de faire en tel cas. Le Roy leut la lettre ſeul, &
puis ſe retira en vne garde-robbe tout fin ſeul : & feit appeller ce Herault, &
lui diſt qu'il ſçauoit bien que le Roy d'Angleterre ne venoit point à ſa requeſte, mais y eſtoit contrainſt, tant par le Duc de Bourgongne, que par le commun d'Angleterre: & qu'ils pouuoient bié voir que ja la ſaiſon eſtoit preſque
paſſée : & que le Duc de Bourgongne s'en reuenoit de Nuz , comme homme
deſconfit, & pauure en toutes choſes : & que au regard du Cóneſtable, il ſçauoit bien qu'il auoit prins quelques intelligences auec le Roy d'Angleterre,
pource qu'il auoit eſpouſé ſa niepce, mais qu'il le tromperoit : & lui compta
les biens qu'il auoit de lui, diſant:Il ne veult ſinon viure en ſes diſſimulations,
& entretenir chacun, & faire ſon profit : & dit audiſt Herault pluſieurs autres raiſons pour admonneſter le Roy d'Angleterre de prendre appointemét
auec lui. Et donna audiſt Herault trois cens eſcus de ſa main contant : & lui
en promit mille, ſi l'appointement ſe faiſoit : & en public lui feit donner vne
belle piece de veloux cramoiſi, contenant trente aulnes.

Ledict Herault reſpondit qu'il trauailleroit à ceſt appointement, & qu'il
croioit que ſon maiſtre y trauailleroit volontiers:mais qu'il n'en falloit point
parler iuſques à ce que le Roy d'Angleterre fuſt deça la mer : & quand il y ſé-
roit, qu'on enuoyaſt vn Herault pour demáder ſauf-conduiſt, pour enuoyer
des Ambaſſadeurs deuers lui, & qu'on s'adreſſaſt à monſeigneur de Hauart,
ou à monſeigneur de Stanley, & auſſi à lui pour ayder à conduire le Herault.

Il y auoit beaucoup de gens en la ſalle , cependant que le Roy parloit audiſt Herault, qui attendoiér, & auoient grand'enuie d'ouïr ce que le Roy diſoit, & quel viſage il feroit, quand il ſortiroit déleans. Quand il eut acheué, il
m'appella, & me diſt que i'entretinſſe touſiours le Herault, iuſques à ce qu'on
lui eut baillé compaignie pour le conduire, afin que nul ne parlaſt à lui, &
que ie lui feiſſe deliurer vne piece de velours cramoiſy , contenant trente aulnes. Ainſi le feit, & le Roy ſe mit à parler à pluſieurs , & compter de ſes lettres
de deffiance & en appella ſept ou huiſt à part:& la feit lire:& monſtra bon viſage, & bien aſſeuré, ſans monſtrer nulle crainte:car il eſtoit bien ioyeux de ce
qu'il auoit trouué audiſt Herault.

L

De la peine,en laquelle estoit le Connestable: & comment il enuoya lettres de
creance au Roy d'Angleterre & au Duc de Bourgongne,qui apres
furent en partie cause de sa mort.

CHAP. VI.

Vr ce passage fault encores dire vn mot de monseigneur le Connestable : lequel estoit en grand' pensée du tour qu'il auoit faict au Duc
de Bourgongne, touchant sainct Quentin,& se tenoit desia comme
deffié du Roy : car ses principaux seruiteurs l'auoient laissé, comme monseigneur de Genli, & monseigneur de Mouy:lesquels le Roy auoit desia recueillis,combien que monseigneur de Mouy alloit & venoit encores deuers lui:&
le Roy pressoit fort que ledict Connestable vinst deuers lui:& lui offroit certaines recompenses qu'il demandoit pour la Comté de Guyse,comme autres
fois lui auoit promis. Ledict Connestable estoit bien content de venir, pourueu que le Roy feist serment sur la croix sainct Loup d'Angiers, de ne faire
nul mal à sa personne,ne consentir qu'autre le feist:& alleguoit qu'aussi bien
lui pourroit il faire ledict serment comme il auoit fait autresfois au seigneur
de Lescut:& à cela lui respondit le Roy , que iamais ne feroit ce serment à hôme : mais tout autre serment que ledict Connestable lui vouldroit demander,qu'il estoit content de le faire. Vous pouuez bien entendre qu'en grand
trauail d'esprit estoit le Roy, & aussi ledict Connestable:car il ne passoit vn seul
iour,pour vne espace de temps,qu'il n'allast quelqu'vn de l'vn à l'autre , sur le
faict de ce serment. Et qui bien y penseroit, c'est miserable vie que la nostre,
de tant prendre de peine & de trauail pour s'abbreger sa vie,en disant & escri-
uant tant de choses,presque opposites à leurs pensées.Et si ces deux, dont ie
parle,estoient en grand trauail, le Roy d'Angleterre & le Duc de Bourgongne,n'en auoient pas moins de leur part.

Ce fut enuiron tout en vn temps ou peu s'en falut, que fut le passage du
Roy d'Angleterre à Calais , & le departement du Duc de Bourgongne de deuant Nuz,lequel à grandes iournées s'en retira droit à Calais , deuers le Roy
d'Angleterre,à bien petite compagnie:& enuoya son armée ainsi dépecée(cóme auez ouy)pour piller le pais de Barrois & de Lorraine, & pour les faire viure & se rafreschir.Et le feit à cause de ce que ledictDuc de Lorraine lui comméça la guerre,& l'auoit deffié lui estant deuantNuz:qui estoit bien vne grád
faute à lui,auec les autres que ia auoit faictes auec les Anglois:lesquels s'atté-
doient à le trouuer à leur descente,auec pour le moins deux mille cinq cens
Hommes-d'armes bien en poinct,& autre grand nombre de gens de cheual,
& de pied(car ainsi leur auoit promis le Duc de Bourgongne,pour les faire venir)& qu'il auroit cómencé la guerre en France trois moys auant leur descéte,
afin qu'ils trouuassent leRoy plus las & plus foulé:maisDieu pourueut à tout,
comme auez ouy.Le Roy d'Angleterre partit de Calais,& ledict Duc en sa cópaignie:& passerent par Boulongne,& tirerent à Peronne, où ledict Duc recueillit les Anglois assez mal:car il faisoit garder les portes,& n'y entroient sinon en petit nombre:& logerent aux champs,& le pouuoient bien faire : car
ils estoient bien pourueus de ce qu'il leur faloit pour ce mestier.

Apres qu'ils furent venus à Peronne, ledict Connestable enuoya deuers

ledict

Le Roy refu-
se iurer par
la croix S.
Lou, desceu-
urant par là
son intention

ledict Duc de Bourgógne vn de ses gés appellé Louis de Creuille, pour s'excuser enuers le Duc de Bourgongne dequoy il ne luy auoit baillé sainct
Quétin, disant que si ainsi l'eust faict, il ne luy eust peu plus de rien seruir dedans le royaume de France: car de tous poincts il eust perdu son credit, & la
communication des gens: mais qu'à ceste heure, veu qu'il voyoit le Roy
d'Angleterre, cy apres feroit tout ce que ledict Duc de Bourgongne vouldroit. Et pour en estre plus certain, bailla audict Duc vne lettre de creance,
adressante au Roy d'Angleterre: & mettoit ledit Connestable la creance sur
ledict Duc de Bourgongne. Oultre & d'auantage, enuoya vn seellé audict
Duc, par lequel il luy promettoit de le seruir & secourir, & tous ses amis &
alliez, tant le Roy d'Angleterre, qu'autres, enuers tous & côtre tous ceux qui
pourroient viure & mourir sans nul en excepter. Ledict Duc de Bourgongne bailla au Roy d'Angleterré sa lettre: & dit sa creance, & la feit vn peu
plus grasse qu'elle n'estoit: car il asseuroit le Roy d'Angleterre que ledit Cónestable le mettroit dedãs sainct Quétin, & dedans toutes ses autres places.

　Le Roy le creut assez tost: car il auoit espousé la niepce dudict Connestable, & si luy sembloit en si grád crainte du Roy de Fráce, qu'il n'oseroit faillir à ce qu'il promettoit audict Duc de Bourgongne, & à luy. Séblablement
le croyoit ledict Duc de Bourgongne. Mais les pésées dudict Connestable,
ne la peur qu'il auoit du Roy, ne le côduisoient pas encores iusques là: mais
luy sembloit encores qu'il vseroit de dissimulàtions, comme il auoit accoustumé, pour les contenter: & qu'il leur mettroit si cuidentes raisons en auát,
qu'ils auroient encores patience, sans le contraindre à se declarer. Le Roy E-
douard ne ses gens, n'auoiét fort pratiqué les faicts de ce royaume, & alloiét
plus grossement en besongne: parquoy ne peurent si tost entendre les dissimulations dont on vse deça & ailleurs: car naturellement les Anglois, qui ne
sont iamais partis d'Angleterre, sont fort choleriques, côme aussi sont toutes les natiós du pais froid. * La nostre (comme vous voyez) est situee entre
les vns & les autres, & est enuirónée de l'Italie, & de l'Espaigne, & de Cathe-
loigne du costé de Leuant: & d'Angleterre, & de ces parties de Flãdres & de
Hollande, vers le Ponãt: & encores nous viét ioindre Allemaigne par tout
vers la Chápaigne. Ainsi nous tenós de region fort chaulde, & aussi de la
froide: parquoy nous auós gés de deux complexiós: mais mó aduis est, qu'en
tout le monde n'y a region mieux située que celle de France.

　Le Roy d'Angleterre, qui auoit eu grand' ioye de ces nouuelles de monseigneur le Cónestable (combien que desia parauant en pouuoit bien auoir
eu quelque sentimét, mais non pas si ample) se partit de Peronne, & le Duc
de Bourgongne en sa compagnie, qui n'auoit nulles gens : car tous estoient
tirez en Barrois & Lorraine, comme ie vous ay dit, & s'approcherent de
sainct Quentin : & allerent courir vn grand tas d'Anglois deuant, lesquels,
côme i'ouy dire peu de iours apres, s'attendoient qu'on sonnast les cloches
à leur venüe, & qu'on portast la croix & l'eaüe beniste au deuant. Comme ils
s'approcherent pres de la ville, l'artillerie cómença à tirer : & saillit des escarmouches à pied & à cheual, & y eut deux ou trois Anglois tuez, & quelques vns prins. Ils eurent vn tres-mauuais iour de pluye, & en cest estat s'en

* Il fait ce-
ste descri-
ptiõ, suyuãt
les mers, &
faisant ve-
nir, leuant
iusques au
grãd Occeã,
& Ponant
par toutes
ces mers
Occidétales
& Germa-
niques.

retournerent en leur oft, bien fort mal contens, murmurans côtre le Cône-
ftable, & l'appelloient traiftre. Le lendemain au matin le Duc de Bourgôgne
voulut prendre congé du Roy d'Angleterre (qui eftoit chofe bien eftrange,
veu qu'il les auoit fait ainfi paffer) & vouloit tirer vers fon armee en Barrois,
difant qu'il feroit beaucoup de chofes en leur faueur. Les Anglois, qui font
fufpiçionneux, & qui eftoient tous neufs par deça & efbahis, ne fe pouuoiét
contenter de fon allee, ne croire qu'il euft nulles gens aux champs: & fi ne
fçauoit le Duc de Bourgongne adouber auec eux le fait du Conneftable,
nonobftant qu'il euft dit que tout ce qu'il en auoit fait, eftoit pour toutes
bonnes fins:& fi les efbahiffoit l'hyuer qui s'approchoit, & fembloit bien à
les ouyr parler, que leur cœur tiraft plus à la paix qu'à la guerre.

---

*Comment le Roy feit veftir vn fimple feruiteur d'vne cotte d'armes d'efmail, & l'en-
uoya parler au Roy de Angleterre en fon oft, où il eut tres-bonne refponce.*
CHAP. VII.

Vr ces propres paroles, & comme ledit Duc vouloit partir, fut
prins des Anglois vn varlet d'vn Gentilhomme de la maifon du
Roy, qui eftoit des vingt efcuiers, appellé Iacques de Graffe: & fut

incontinent ledict varlet amené deuant le Roy d'Angleterre & le Duc de
Bourgongne, qui eftoient enfemble: & puis fut mis en vne tente. Apres
qu'ils l'eurent interrogé, ledict Duc de Bourgongne print congé du Roy
d'Angleterre, & fe retira en Brabant, pour aller à * Maifons, où il auoit
partie de fes gens. Le Roy d'Angleterre commanda qu'on donnaft con-

gé à ce varlet, veu que c'eftoit leur premier prifonnier : & au departir,
monfeigneur de Hauart & monfeigneur de Stanley luy donnerent vn Noble, & luy dirent, Recommandez nous à la bonne grace du Roy voftre maiftre, fi vous pouuez parler à luy. Ledict varlet vint en grand' diligence deuers le Roy, qui eftoit à Compiegne, & vint pour dire ces parolles. Le Roy
entra en grand' fufpiçion de luy, doubtant que ce ne fuft vne efpie, à caufe
que Gilbert de Graffe, frere du maiftre dudict varlet, eftoit pour lors en
Bretaigne, fort bien traicté du Duc. Ledict varlet fut enfermé, & eftroicte-
ment gardé cefte nuict: toutesfois beaucoup de gens parlerent à luy, par cô-
mandemét du Roy: & fembloit à leur rapport qu'il parlaft bien affeurément,
& que le Roy le deuoit ouyr. Le lendemain bien matin le Roy parla à luy.
Apres qu'il l'eut ouy, il le feit defferrer (mais encores demeura gardé) & alla
le Roy pour fe mettre à table, ayant plufieurs imaginations, pour fçauoir s'il
enuoyroit vers les Anglois ou non : & auant que fe feoir à table, m'en dit
quelques parolles. Car (comme vous fçauez monfeigneur de Vienne) noftre
Roy parloit fort priuement, & fouuent à ceux qui eftoient plus prochains
de lui, côme i'eftoye lors, & d'autres depuis : & aymoit à parler en l'oreille.
Il lui vint en memoire les parolles que le Herault d'Angleterre lui auoit di-
ctes:qui fut qu'il ne faillift point à enuoyer querir vn fauf-conduit pour enuoyer deuers le Roy d'Angleterre, dés qu'il feroit paffé la mer, & qu'on s'ad-

dreffaft aux deffufdicts feigneurs de Hauart & de Stanley. Incontinent qu'il
fut affis à table, & eut vn peu imaginé, côme vous fçauez qu'il faifoit(qui e-
ftoit biē eftráge à ceux qui ne le cognoiffoiét : car fans le cognoiftre l'euffent

iugé

iugé malfage, mais les œuures refmoignent bié le contraire) il me dit en l'o-
reille que ie me leuaffe, & que i'allaffe manger en ma chābre, & que i'enuoyaf-
fe querir vn varlet (qui eftoit à mōfeigneur de * Halles, filz de Merichon de la
Rochelle) & que ie parlaffe à lui, fçauoir s'il oferoit entreprédre d'aller en l'oft
du Roy d'Angleterre en habit de Herault. Ie fey incontinent ce que m'auoit
commandé, & fuz tres-esbahy quand ie vey ledit feruiteur: car il ne me fembloit, ny de taille ny de façon propice à vne telle œuure: toutesfois auoit bon
fens (comme i'ay cognu depuis) & la parolle douce & amiable. Iamais le Roy
n'auoit parlé à luy qu'vne feule fois. Ledit feruiteur fut fort esbahy quand il
m'oüit parler: & fe jetta à deux genoux deuant moy, comme celui qui cuidoit
defia eftre mort. Ie l'affeuroye le mieux que ie pouuoye: & luy promis vne e-
lection en l'Ifle de Ré, & de l'argent: & pour le plus affeurer, lui dy que ceci venoit des Anglois: & puis le fey māger auec moy, où n'eftions que nous deux
& vn varlet: & petit à petit le mettoye en ce qu'il auoit affaire. Ie n'y eu gueres
efté que le Roy m'enuoya querir: & luy contay de noftre homme, & luy en
nommay d'autres plus propres à mon entendement: mais il n'en voulut point
d'autre, & vint luy mefme parler à lui: & l'affeura plus en vne parolle que ie
n'auoye fait en cent.   Auec ledict Seigneur n'entra en ladicte chambre que
monfeigneur de Villiers, lors Grand Efcuyer, & depuis Baillif de Caen. Et
quand il fembla au Roy que noftre homme fut en bon propos, il enuoya
par le Grand Efcuyer, querir vne baniere de Trompette, pour luy faire vne
cotte d'armes: car ledict Seigneur n'eftoit point conuoiteux, ny accompagné
de Herault ne de Trompette, comme font plufieurs Princes. Et ainfi ledict
Grand Efcuyer, & vn de mes gens, firent cefte cotte d'armes, le mieux qu'ils
peurent: & alla ledict Grand Efcuyer querir vn efmail d'vn petit Herault, qui
eftoit à monfeigneur l'Admiral, appellé Plin-chemin, qui fut attaché à noftre
homme: & luy apporta l'on fecrettement fes houfeaux & fon habillement:
& luy fut amené fon cheual, & mis deffus, fans que perfonne en fceuft rien:
& luy mit on vne belle bougette à l'arfon de fa felle, pour mettre fa cotte d'armes: & bien inftruict de ce quil auoit à dire, s'en alla tout droit à l'oft
des Anglois. Apres que noftre homme fut arriué à l'oft des Anglois, auec fa
cotte d'armes fur le dos, tantoft fut arrefté, & mené deuant la tente du Roy
d'Angleterre. Il luy fut demandé qu'il y venoit faire. Il dit qu'il venoit de par
le Roy, pour parler au Roy d'Angleterre, & qu'il auoit charge de s'adreffer
à meffeigneurs de Hauard & de Stanley. On le mena en vne tente pour difner, & lui feit on tres-bonne chere.   Au leuer de la table du Roy d'Angleterre, qui difnoit à l'heure que le Herault arriua, on mena ledict Herault deuers luy: & l'ouit. Sa creāce eftoit fondée fur le defir que le Roy auoit, dés lōg
temps d'auoir bonne amitié auec luy, & que les deux royaumes peuffent viure en paix: & que iamais depuis qu'il auoit efté Roy de France, il n'auoit fait
guerre ny entreprinfe contre le Roy ne le royaume d'Angleterre, s'excufant
de ce qu'autresfois auoit recueilly monfeigneur de Vvaruic: & difoit que ce
n'auoit efté feulement que contre le Duc de Bourgongne, & non point contre luy.   Auffi lui faifoit remonftrer que ledict Duc de Bourgongne ne l'a-
uoit point appellé, finon pour en faire vn meilleur appointement auec le

Roy, sut l'occasion de sa venuë: & si autres en auoit, qui y tinssent la main, que ce n'estoit sinon pour en amander leurs *offences, & tascher à leurs fins particuliers: & du faict du Roy d'Angleterre ne leur chaloit au demeurant, comment il en allast: mais qu'ils en feissent leurs besongnes bonnes. Aussi luy faisoit remóstrer le temps, & que ja s'approchoit l'hyuer: & qu'il sçauoit bien qu'il auoit fait grand despence, & qu'il y auoit plusieurs gens en Angleterre qui desiroient la guerre par deça, tant nobles que marchands: & quád ce viédroit que le Roy d'Angleterre se voudroit mettre en son deuoit d'entendre au traicté, que ledict Roy s'y mettroit tant de son coste, que luy & son royaume deuroient estre contens: & afin que mieux fut informé de ces choses, s'il vouloit donner vn sauf-conduict pour le nóbre de cent cheuaulx, que le Roy enuoyeroit deuers lui Ambassadeurs, bien informez de son vouloir: ou si le Roy d'Angleterre aymoit mieux que ce fust en quelque village à my-chemin des deux armées, & que là gens se trouuassent des deux costez, que le Roy en seroit tres-content, & enuoyroit sauf-conduict de son coste.

Le Roy d'Angleterre & vne partie de ses Princes, trouuerent ces ouuertures tres-bonnes: & fut baillé vn sauf-códuict à nostre homme, tel qu'il le demandoit: & lui fut donné quatre Nobles, & vint auec lui vn Herault, pour venir querir vn sauf-conduict du Roy, pareil à celui qu'il auoit donné: & le lendemain, en vn village, aupres d'Amiens, se trouuerent les Ambassadeurs ensemble. De là part du Roy y estoit le Bastard de Bourbó, Admiral, monseigneur de sainct Pierre, & l'Euesque d'Eureux appellé Heberge. Le Roy d'Angleterre y enuoya monseigneur de Hauart, vn nommé Chalangier, & vn Docteur appellé Morton, qui fut depuis Chancelier d'Angleterre, & Archeuesque de Cantorbie.

Ie croy qu'à plusieurs pourroit sembler que le Roy s'humilioit trop, mais les sages pourront bien iuger par mes parolles precedentes que ce royaume estoit en grand danger, si Dieu n'y eust mis la main: lequel disposa le sens de nostre Roy à eslire si sage party, & troubla bien celui du Duc de Bourgógne: qui feit tant d'erreurs (comme auez veu) en ceste matiere, apres auoir tant desiré ce qu'il perdit par sa faulte. Nous auions lors beaucoup de choses secrettes parmy nous, dót fussent venus de grands maulx en ce royaume, & promptement (si cest appointement ne se fust trouué, & bien tost) tant du costé de Bretaigne que d'ailleurs. Et croy veritablement aux choses que i'ay veuës en mon temps, que Dieu auoit ce royaume en especiale recommandation.

Comment trefue fut traictee entre le Roy de France & le Roy d'Angleterre, nonobstant les empeschemens du Connestable, & du Duc de Bourgongne.   CHAP. VIII.

Omme vous auez ouy, nos Ambassadeurs se trouuerent ensemble dés le lendemain de la venué de nostre Herault: car nous estions pres les vns des autres, comme de quatre lieuës, ou moins. Nostre Herault eut bonne chere, & son office en l'Isle de Ré (dont il estoit natif) & de l'argent. Plusieurs ouuertures furent faictes entre nos Ambassadeurs. Les Anglois demanderent (comme ils ont accoustumé) la couronne, ou pour le moins, Normandie & Guyenne. Bien assailly, bien

bien deffendu. Dés ceſte premiere iournee furent les choſes bien appro-
chées: car les deux parties en auoyent grand' enuie. Les noſtres reuindrent,
& les autres s'en retournerent en leur Oſt. Le Roy ouit leurs demandes &
dernieres concluſions: c'eſtoit ſeptante & deux mille Eſcus tous contens, á-
uant que partir le mariage du Roy futur auec la fille aiſnée du Roy Edouard *Articles de paix entre le Roy Louys & le Roy Edouard.
(laquelle fut depuis Royne d'Angleterre) & la Duché de Guyenne, pour la
nourrir, ou cinquante mille eſcus tous les ans, rendus dedans le Chaſteau
de Londres, iuſques au bout de neuf ans: & au bout du terme, debuoit le Roy
(à ſçauoir Charles huiĉtieſme) & ſa femme, iouir pacifiquement du reuenu
de Guyenne: & auſſi noſtre Roy debuoit demourer quitte de ce payement,
enuers le Roy d'Angleterre. Pluſieurs autres petits articles y auoit touchant le faiĉt des marchands, dont ie ne fay point mention: & debuoit durer
ceſte paix neuf ans entre les deux royaumes: & y eſtoient comprins tous les
alliez d'vn coſté & d'autre: & nommeément, de la part du Roy d'Angleterre
les Ducs de Bourgongne & de Bretaigne, ſi comprins y vouloient eſtre. Of-
froit ledict Roy d'Angleterre (qui eſtoit choſe bien eſtrange) de nommer *Le Roy d'Angleterre deſcouure de ſoy-meſmes le Conneſta-ble au Roy.
aucuns perſonnages, qu'il diſoit eſtre traiſtres au Roy, & à ſa couronne, & de
le monſtrer par eſcrit. Le Roy eut merueilleuſement grand' ioye de ce que ſes
gens lui rapporterent.

Il tint conſeil ſur ceſte matiere, & y eſtoye preſent. Aucuns furent d'aduis
que ce n'eſtoit qu'vne tromperie & diſſimulation de la part des Anglois. Au
Roy ſembloit le contraire: & allegua la diſpoſition du temps & la ſaiſon, &
qu'ils n'auoient vne ſeule place, qui fuſt à eux, & auſſi les mauuais tours, que
le Duc de Bourgongne leur auoit faicts: lequel eſtoit ja parti d'auec eux, &
ſe tenoit comme ſeur que le Conneſtable ne bailleroit nulles places: car à
chacune heure le Roy enuoioit deuers lui pour l'entretenir, & pour l'adoucir, & pour le garder de mal faire. Auſſi le Roy auoit bien congnoiſſance
de la perſonne du Roy d'Angleterre, lequel aimoit fort ſes aiſes & ſes plaiſirs. A quoi ſembloit qu'il parloit plus ſagement que perſonne de la compaignie, & qu'il entendoit mieux ces matieres, dequoi on parloit: & con-
clud qu'à tres-grand' diligence on cherchaſt ceſt argét (& feit aduiſer la ma- *Quelqu'vn a eſcrit que l'argent fut fourny par la ville de Paris.
niere de le trouuer) & qu'il faloit que chaſcun preſtaſt quelque choſe pour ai-
der ſoudainement à le fournir. Et conclud le Roy qu'il n'eſtoit choſe au mõde qu'il ne feiſt pour ietter le Roy d'Angleterre hors de ce royaume, excepté
qu'il ne conſentiroit pour rien qu'ils euſſent terre: & auant qu'il le ſouffriſt,
mettroit toutes choſes en peril & hazard.

Monſeigneur le Conneſtable commença à ſoy apperceuoir de ces mar- *coſtez Exep. vieil
chez, & auoir paour d'auoir offenſé de tous * poinĉts: & touſiours craignoit
ceſte marchandiſe, qui auoit cuidé eſtre concluë contre lui à Bouuines: & à
ceſte cauſe, il enuoyoit ſouuent deuers le Roy: & ſur l'heure dont ie parle,
vint deuers ledict Seigneur vn Gentil-homme, appellé Louis de Creuille, ſer-
uiteur du Conneſtable, & vn ſien Secretaire, appellé maiſtre * Iehan Richer, *Le vieil exempl. oſté Iean.
qui tous deux veſcurét long temps depuis: & dirent leur creace à mõſeigneur
du Bouchage & à moy, premier qu'au Roy (car le plaiſir dudict Seigneur e-
ſtoit tel.) Ce qu'ils apportoient pleut fort au Roy, quand il en fut aduerty:

pource qu'il auoit intention de s'en seruir, comme vous orrez. Le Seigneur de Contay (seruiteur du Duc de Bourgongne) qui auoit esté prins n'agueres deuant Arras (comme auez ouy) alloit & venoit sur sa foy deuers ledict Duc, & luy auoit le Roy promis donner sa finance & rançon, & vne tres-grande somme d'argent, s'il pouuoit traicter la paix. D'auenture il estoit arriué deuers le Roy, ce iour qu'ariuerent les deux dessus-nommez seruiteurs dudict Connestable. Le Roy feit mettre ledict Seigneur de Contay dedans vn grand & vieil osteuent, qui estoit dedans sa chambre, & moy auec luy, afin qu'il entendist & peust faire rapport à son maistre des parolles, dont vsoit ledict Connestable, & ses gens, dudit Duc. Et le Roy se vint seoir sur vn escabeau rasibus dudict osteuent, afin que nous peussions mieux entendre les parolles que disoit Louys de Creuille & son compaignon: qui commencerent lors, disans

Termes representez du Duc de Bourg. touchant le Roy.

que leur maistre les auoit enuoyez deuers le Duc de Bourgongne, & qu'il luy auoit fait plusieurs remonstrances, pour le demouuoir de l'amitié des Anglois: & qu'ils l'auoient trouué en cholere, contre le Roy d'Angleterre, qu'à peu qu'ils ne l'auoient gaigné, non pas seulement à les laisser, mais à aider à les destrousser en eux retournant. Et en disant ces paroles, pour cuider complaire au Roy, ledict Louys de Creuille commença à contrefaire le Duc de Bourgó-

Blay borgne. Exop. vieil.

gne, & à frapper du pied contre terre, & à iurer S. George, & qu'il appelloit le Roy d'Angleterre *Blanc-borgne, fils d'vn Archier qui portoit son nom : & toutes les moqueries qu'en ce monde estoit possible de dire d'home. Le Roy rioit fort, & luy disoit qu'il parlast hault, & qu'il commeçoit à deuenir vn peu sourd, & qu'il le dist encores vne fois. L'autre ne se faignoit pas, & recommençoit encores de tres-bon cœur.

Monseigneur de Contay, qui estoit auec moy, en cest osteuent, estoit le plus esbahy du monde : & n'eust iamais creu, pour chose qu'on luy eust sceu dire, les paroles qu'il oyoit. La conclusion des gens dudict Connestable estoit, qu'ils conseilloient au Roy, que pour euiter tous ces grands perils, qu'il voyoit appareiller contre luy, il print vne trefue : & que ledict Conne-

Guider. Exop. vieil.

stable se faisoit fort de le *garder : & que pour contenter ces Anglois, on leur baillast seulement vne petite ville ou deux pour les loger l'hyuer, & qu'elles ne sçauroient estre si meschátes qu'ils ne s'en contentassent : & sembloit sans rien nommer, qu'il voulsist dire Eu & Sainct-Vallery. Et luy sembloit que par ce moyen les Anglois se contenteroient de luy, & du refus qu'il leur auoit fait de ces places. Le Roy à qui il suffisoit d'auoir ioué son personnage, &

Le Roy semble appeller le Connestable son frere.

faire entendre au Seigneur de Contay les parolles dont vsoit & faisoit vser ce Connestable par ses gens, ne leur feit aucune mal-gracieuse response, mais seulement leur dit : I'enuoyeray deuers mon frere, & lui feray sçauoir de mes nouuelles : & puis leur donna congé.

L'vn feit le serment en la main du Roy que s'il sçauoit chose qui touchast le Roy, de le reueler. Il greua beaucoup au Roy de dissimuler de ceste parole où ils cóseilloient de bailler terre aux Anglois : mais doutant que ledict Connestable ne feist pis, n'y voulut point respódre, en façó qu'ils cognussent qu'il l'eust mal prins : mais enuoya deuers lui. Le chemin estoit court, & ne mettoit vn homme gueres à aller & retourner. Le Seigneur de Contay & moy partismes

de cest

de cest osteuent, quand les autres s'en furent allez : & rioit le Roy, en faisant bien bonne chere : mais ledict de Contay estoit comme homme sans
patience d'auoit ouy telles sortes de gens ainsi se mocquer de son maistre,
& veu encores les traictez qu'il menoit auec luy : & lui tardoit qu'il ne fust
ja à cheual pour l'aller dire à sondict maistre le Duc de Bourgongne. Sur
l'heure fut depesché ledict seigneur de Contay, & son instruction escrite de
sa main propre, & emporta vne lettre de creance de la main du Roy, & s'en
partit.

Nostre matiere d'Angleterre estoit ja accordée, comme vous auez ouy : &
se menoient tous ces marchez en vn temps, & en vn coup. Ceux qui de pat
le Roy s'estoient trouuez auec les Anglois, auoient fait leur rapport, comme
auez entendu, & ceux du Roy d'Angleterre estoient aussi retournez deuers
lui. Des deux costez fut accordé & deliberé par ceux qui allerent & vindret,
que les deux Roys se verroient : & qu'apres qu'ils se seroient veuz, & iuré les
traictez pourparlez, que le Roy d'Angleterre s'en retourneroit en son pays,
apres auoir receu les septante deux mille escus, & qu'il laisseroit en ostage
monseigneur de Hauart, & son grand Escuyer messire Iean Chene, iusques
à ce qu'il fust passé la mer. *Par apres furent promis seize mille escus de pen-
sion aux seruiteurs priuez du Roy d'Angleterre. A monseigneur de Hastingues deux mille escuz, & à monseigneur de Hauart, au Grand Escuyer, à
Chalengier, à monseigneur de Mont-gomery, & à d'autres, le demeurant : &
largement argent content, & vaisselle fut donnée aux seruiteurs dudict
Roy Edouard.

Le Duc de Bourgongne, sentant ces nouuelles, vint de deuers Luxembourg, où il estoit, à tres-grand'haste deuers le Roy d'Angleterre, & n'auoit
que seize cheuaux, quand il arriua deuers lui. Le Roy d'Angleterre fut fort
esbahy de ceste venuë si soudaine : & lui demanda qui l'amenoit, & veit bien
qu'il estoit tourroucé. Ledit Duc lui respódit qu'il venoit parler à lui. Le Roy
lui demanda s'il vouloit parler à lui à part, ou en public. Lors lui demanda le
Duc s'il auoit la paix : le Roy lui respódit qu'il auoit fait vne trefue pour neuf
ans : en laquelle il estoit comprins, & le Duc de Bretaigne : & qu'il luy prioit
qu'il s'y accordast. Ledict Duc se courrouça, & parla en Anglois (car il sça-
uoit le langage) & allegua plusieurs beaux faicts des Roys d'Angleterre, qui
estoient passez en France, & des peines qu'ils y auoiét prinses, pour y acquerir honneur : & blasma fort ceste trefue, disant qu'il n'auoit point cherché à
faire passer les Anglois pour besoing qu'il en eust, mais pour recouurer ce
qui leur appartenoit : & afin qu'ils cognussent qu'il n'auoit nul besoin de
leur venuë, qu'il ne prendroit trefue auec nostre Roy, que iusques à ce que le
Roy d'Angleterre eust esté trois moys de là la mer : & apres ces paroles, part
& s'en va de là où il venoit. Le Roy d'Angleterre print tres-mal ces parolles,
& ceux de son conseil. Autres qui n'estoient point contés de ceste paix, loüe-
rent ce que le Duc auoit dit.

---

*Comment le Roy feit festoyer les Anglois dedans Amiens : & comment place fut
assignee pour la veüe des deux Roys.*   CHAP. IX.

E Roy d'Angleterre, pour conclurre ceste paix, vint loger à demie
lieuë d'Amiens: & estoit le Roy à la porte, qui de loing les pouuoit
veoir arriuer.   Pour ne mentir point, il sembloit bien qu'ils fussent
neufs à ce mestier de tenir les champs : & cheuauchoient en assez mauuais
ordre.   Le Roy enuoya au Roy d'Angleterre trois cens chariots de vin, des
meilleurs qu'il fut possible de finer: & sembloit ce charroi quasi vn ost aussi
grand que celui du Roy d'Angleterre.   Et pource qu'il estoit tresfue, venoyent largement Anglois en la ville, & se monstroient peu sages, & ayant
peu de reuerence à leur Roy.   Ils venoient tous armez, & en grand' compaignie : & quand nostre Roy y eust voulu aller à mauuaise foy, iamais si
grande compagnie ne fust si aisée à desconfire: mais sa pensée n'estoit autre
qu'à les bien festoyer, & se mettre en bonne paix auec eux pour son temps.
Il auoit ordonné, à l'entrée de la porte de la ville, deux grandes tables: à
chascun costé vne, chargées de toutes bonnes viandes, qui font enuie de
boire, & de toutes sortes: & les vins les meilleurs dont se peut aduiser, & des
gens pour les seruir.   D'eaüe n'estoit nouuelles.   A chascune de ces tables a-
uoit fait seoir cinq ou six hommes de bonne maison fort gros & gras, pour
mieux plaire à ceux qui auoyent enuie de boire : & y estoit le seigneur de

Angloys re-
cueillu à
Amiens.

Crau, le seigneur de Bricquebec, le seigneur de Bresmes, le seigneur de Villiers, & autres: & dés que les Anglois s'approchoient de la porte, ils voyoyét

*Le vieil
exempl.dit,
disoyeut
qu'ils leur,
courussent
vne lance
& les, &c.

ceste assiette : & y auoit gens qui les prenoient à la bride, & les amenoient
pres de la table, & estoient traictez pour ce passage selon l'assiette, & en
tresbonne sorte, & le prenoyent bien en gré.   Comme ils estoient en la
ville, quelque part qu'ils descendissent, ils ne payoient rien, & estoiét four-

* Le vieil
exempl.dit,
& y auoir
neuf ou dix
tauernes
bien four-
nies.

nis de ce qui leur estoit necessaire, où ils alloient boire & manger, & demandoient ce qu'il leur plaisoit, & ne payoient rien, & dura ceci trois ou quatre
iours.

  Vous auez ouy comme ceste tresue desplaisoit au Duc de Bourgongne,
mais encores desplaisoit elle plus au Connestable, qui se voyoit mal de tous
costez, & auoit failly: & pource enuoya deuers le Roy d'Angleterre son cô-
fesseur, auec vne lettre de creâce, qui estoit telle, que pour l'amour de Dieu,
il n'adioustast foy aux paroles ny aux promesses du Roy, mais que seulement
il voulsist prendre Eu & sainct Vallery, & s'y loger pour partie de l'hyuer:
car auant qu'il fust deux moys, il feroit en façon qu'il seroit bien logé, sans
lui bailler autre seureté, mais tres-grande esperâce. Et afin qu'il n'eust cause
de faire vn meschant appointement, pour peu d'argent, lui offroit à prester
cinquante mille escus: & lui faisoit beaucoup d'autres belles ouuertures, &

*Le Roy
auoit fait
brusler ces
deux.
Exêp.vieil.

desia *lui auoit fait bailler le Roy ces deux places, dôt il parloit, à cause que
ledict Connestable lui auoit côseillé les bailler aux Anglois: & le Roy d'Angleterre en estoit aduerti: lequel feit responce audit Connestable que sa trefue estoit concluë, & qu'il ne changeroit rien en ceste matiere : & s'il lui eust
tenu ce qu'il lui auoit promis, qu'il n'eust point fait cest appointement. Lors
fust de tous poincts ledict Connestable desesperé.

  Or vous voyez comme ces Anglois se traictoient en la ville d'Amiens.
Vn soir monseigneur de Torcy vint dire au Roy qu'il y en auoit largement,
                                                                          & que

& que c'estoit grand danger. Le Roy s'en courrouça à lui:ainsi chacun s'en teut. Le matin estoit le iour semblable *celle année,qu'auoit esté les Inno-cens : & à tel iour le Roy ne vouloit ouïr parler de nulle de ces matieres : & tenoit à grand mal-heur quand on lui en parloit : & se courrouçoit fort à ceux qui l'auoient accoustumé de hanter, & cognoissoient sa condition: toutesfois ce matin dont ie parle,comme le Roy se leuoit,& disoit ses heu-res,quelcun me vint dire qu'il y auoit bien neuf mille Angloys en la ville.Ie me deliberay prendre l'auenture de lui dire, & r'entray en son retraict : & lui dy.Sire,nonobstant qu'il soit *le iour des Innocens,si est-il necessaire que ie vous die ce que l'on m'a dit, & lui contay au long le nombre qui y estoit, & tousiours en venoit,& tous armez,& que nul ne leur osoit refuser la por-te de peur de les mescontenter. Ledict Seigneur ne fut point obstiné,mais tost laissa ses heures : & me dist qu'il ne faloit point tenir la ceremonie des Innocens ce iour, & que ie montasse à cheual, & que i'essayasse à parler au chef des Angloys, pour voir si les pourrions faire retirer, & que ie disse à ses Capitaines,si aucuns en rencontroye,qu'ils vinssent parler à luy, & qu'il viendroit incontinent à la porte apres moy. Ainsi le fey,& parlay à trois ou à quatre des Chefs des Anglois,que cognoissoye, & leur dy ce qui seruoit à ceste matiere. Pour vn qu'ils renuoyoient, y en entroit vingt. Le Roy enuoya apres moy monseigneur de Gié, à ceste heure Mareschal de France, pour ceste matiere.Nous entrasmes en vne tauerne,où ja auoient esté faicts cent & onze escots,& n'estoit pas encores neuf heures du matin. La maison estoit pleine : les vns chantoient, les autres dormoient, & estoient yures. Quand ie congnu cela,il me sembla bien qu'il n'y auoit point de peril, & le manday au Roy:lequel vint incontinent à la porte bien accompaigné:& se-crettement feit armer deux ou trois cens Hommes d'armes és maisons de leurs Capitaines,& aucuns en mit sur le portail par où ils entroient. Le Roy feit apporter son disner en la maison des Portiers, & feist disner plusieurs gens de bien des Anglois auec luy. Le Roy d'Angleterre fut aduerty de ce desordre,& en eut honte:& manda au Roy qu'il commandast qu'on ne lais-sast nul entrer.Le Roy feist response que cela ne feroit il iamais:mais s'il plai-soit au Roy d'Angleterre,qu'il enuoyast de ses Archiers de la couronne, & qu'ils gardassent la porte,& missent dedans ceux qu'ils vouldroient: & ainsi fut faict:&beaucoup d'Anglois s'en allerent de la ville,par le cõmandement du Roy d'Angleterre.

Il fut lors deliberé que pour mettre fin à tout,qu'il faloit aduiser le lieu où les deux Roys se verroient,& ordonner gens pour visiter la place.De la part du Roy y allasmes monseigneur du Bouchage,& moy:& pour le Roy d'An-gleterre,monseigneur de Hauart,& vn appellé Chalangier, & vn Herault. Et apres auoir bien allé & visité la riuiere,nous arrestasmes que le plus beau lieu,& le plus seur,estoit Picquigny,à trois lieuës d'Amiens,vn fort chasteau qui est au Vidame d'Amiens, combien qu'il auoit esté bruslé par le Duc de Bourgongne. La ville est basse & y passe la riuiere de Somme,laquelle n'est point gueable: & en ce lieu n'est point large. Par là où venoit le Roy , le pais estoit beau & large.De l'autre costé par où venoit le Roy d'Angleterre,

* qu'auoiẽt esté des in-nocens ce-ste annee, &'a tel. *Excẽp.vieil.

* C'est à di-re semblable au iour, &c.

le païs estoit tresbeau, sauf que quand il venoit à approcher de la riuiere, il y auoit vne chaussée de bien deux grãds traicts d'arc de long, qui auoit des marais d'vn costé & d'autre : & qui ne fust alléà la bõne foy, c'estoit vn tres-dangereux chemin. Et sans point de doute (comme i'ay dit ailleurs) les Anglois ne sont pas si subtils en traictez & appointemens comme sont les François: & quelque chose que l'on en die, ils vont assez grossement en besongne: mais il fault auoir vn peu de patience, & ne debatre point choleriquement auec eux.

Comment faut traitter auec les Anglois.

Apres que la conclusion de nostre lieu fut prinse, il fut ordonné d'y faire vn pont, bien *passant & assez large, & fournismes les Charpentiers & les estoffes : & au milieu de ce pont fut faict vn treillis de boys, comme l'on fait aux cages de ces Lions : & n'estoient point les trous entre les barreaux plus grands qu'à y bouter vn bras à son aise. Le dessus estoit couuert d'aiz seulement, pour la pluye, si auant qu'ils se pouuoient mettre dix ou douze personnes dessoubs de chacun costé : & comprenoit le treillis iusques sur le bord du pont, à fin qu'on ne peust passer de l'vn à l'autre. En la riuiere y auoit seulement vne sentine, où il y auoit deux hommes , pour passer ceux qui voudroient aller d'vn costé à l'autre.

＊puissant Ensep.vieil.

Treillis de bois pour l'entreueue des deux Rois.

Ie veux dire l'occasion qui meut le Roy que cest entre-deux fust faict, de telle façon que l'on ne peust aller d'vn costé à l'autre : & pourroit parauenture seruir le temps aduenir à quelqu'vn, qui auroit à faire semblable cas. Du temps du Roy Charles septiesme, estant en assez ieune aage, le Royaume estoit fort persecuté des Anglois: & estoit le Roy Henry cinquiesme, au siege deuant Roüen, & le tenoit fort à destroict: & la pluspart de ceux de dedans estoient subiects, ou partisans, du Duc Iean de Bourgongne, qui pour lors regnoit.

Digression, en laquelle est traitté de la mort de Ieã de Bourgongne, en vne telle veue que celle du Roy de France & d'Angleterre.

Entre ledict Duc Iean de Bourgongne & le Duc d'Orleans y auoit ja eu grand differend, & tout ce Royaume, ou la plus-part diuisé par ces deux parties : dont le faict du Roy ne valoit pas mieux. Partialité ne commença iamais en pays, que la fin n'en fust dommageuse, & mal-aisée à estaindre. Pour ceste question, dont ie parle, auoit ja esté tué le Duc d'Orleans à Paris, vn an auoit. Ledict Duc Iehan auoit grand'armée, & alloit & venoit en intention de leuer le siege, qui estoit deuant Roüen : & pour mieux y pouuoir paruenir, & s'asseurer du Roy, auoit esté traicté que le Roy & luy se verroient à Montereau-Fault-Yonne : & là fut faict vn pont, & vnes barrieres au milieu: mais au milieu desdictes barrieres y auoit vn petit huisset, qui fermoit des deux costez : parquoy on pouuoit aller d'vn costé à l'autre, mais que les deux parts le voulsissent. Ainsi se trouua le Roy d'vn costé du pont, & ledict Duc Iean de Bourgongne de l'autre, accompagnez de grand nombre de Gens-d'armes , & specialement le Duc Iean. Ils se mirent à parlementer sur le pont : & à l'endroit où ils parloient , n'y auoit auec ledict Duc que trois ou quatre personnes. Leur parlement encommencé, fut le Duc semons tellement ou par enuie, de soy humilier deuant le Roy, qu'il ouurit de son costé, & on lui ouurit de l'autre, & passa lui quatriesme. Incontinent fut tué, & ceux qui estoient auec luy, dont est aduenu depuis assez de maux,

Notez toutesfois qu'il n'estoit encores que Dauphin.

comme

comme chacun sçait. Cecy n’est pas de ma matiere (parquoy ie n’en dy plus *Notez que* auant)mais le Roy le me compta,ne plus ne moins que ie vous dy, en ordó- *cecy aduint* nant ceste veuë:& disoit que(s’il n’y eust point eu d’huys en ceste veuë, dont *seize ans* i’ay parlé)on n’eust point eu d’occasion de semondre ledict Duc de passer:& *aprés le* ce grand inconuenient ne fust point aduenu, dont principalement furent *meurtre du* cause aucuns seruiteurs dudict Duc d’Orleans(lequel auoit esté tué,comme *Duc d’Or-* ie vous ay dit) & estoient en authorité auec le Roy Charles septiesme. *leans.*

Comment les deux Roys s’entre-virent, & iurerent la trefue parauant traictée: &
comment aucuns estimerent que le Sainct Esprit descendit sur la tente du Roy
d’Angleterre, en espece de pigeon blanc. CHAP. X.

Nos barrieres ainsi faictes (comme vous auez ouy) vindrent le len- **Le dix-* demain les deux Roys : & fut l’an mille quatre cens septante cinq, *neufies-* *le vingt & neufiesme iour d’Aoust. Le Roy auoit enuiron huict *me.* cens Hommes-d’armes auec luy : & arriua le premier. Du costé où estoit *Exép.vieil.* le Roy d’Angleterre, estoit toute son armee en bataille. Et combien que nous ne *pensions point veoir le tout, si voyons nous vn tres-grand nom- *Ie doute qu’il* bre de Gens de cheual, & de pied ensemble. Ce que nous auions de nostre *n’y faille* costé ne paroissoit rien aupres d’eux. Aussi la quarte partie de l’armée du *peussions.* Roy, n’y estoit pas.Il estoit dict qu’auecques chacun des Roys y auroit dou- ze hommes,qui estoient ja ordónez,pour estre aux Barrieres, des plus gráds & des plus prochains.De nostre costé auions quatre hommes du Roy d’An- gleterre,pour veoir ce qui se faisoit parmy nous : & autant en auoient-ils de leur costé, des nostres. Cóme ie vous ay dit,le Roy estoit arriué le premier, & estoit ja aux Barrieres: & estiós douze aupres de luy, entre lesquels estoiét le feu Duc Iean de Bourbon,& le Cardinal son frere. Le plaisir du Roy auoit esté que ie fusse vestu pareil de luy, ce iour:Il auoit accoustumé de long téps, d’en auoir quelcun qui s’habilloit pareil de luy souuent.Le Roy d’Angleter- re vint du long de la chaussee,dont i’ay parlé, tresbien accompaigné: & sem- bloit bien Roy.Auecques luy estoit le Duc de Clarence son frere, le Comte de Northombellande,& aucuns autres Seigneurs, son Chambellan appellé monseigneur de Hastingues, son Chancelier, & autres : & n’y en auoit que trois ou quatre habillez de drap d’or, pareil du Roy. Ledict Roy auoit vne barrette de veloux noir sur sa teste:& y auoit vne grand’fleur de Lys de pier- rerie par dessus. C’estoit vn tres-beau Prince,& grand,mais il commençoit à s’engresser,& l’auoye veu autresfois plus beau: car ie n’ay point souuenan- ce d’auoir iamais veu vn plus bel homme qu’il estoit, quand monseigneur de Vvaruic le feit fuir d’Angleterre. Comme il approcha de la Barriere, à *Salutation* cinq pieds pres,il osta sa barrette,& s’agenouilla,cóme à demy pied de terre. *mutuelle des* Le Roy luy feit aussi grande reuerence:lequel estoit ja appuyé contre la bar- *deux Rois.* riere.Et à s’entr’embrasser par entre les trous, feit le Roy d’Angleterre enco- *Rois s’entr’* res vne plus grande reuerence.Le Roy commença la parole, & luy dit:*Mon *brassent par* coufin , vous soyez le tres-bien venu. Il n’y a homme au monde que ie desi- *les trous des* rasse tant à veoir que vous:& loüé soit Dieu dequoy nous sommes cy assem- *barrieres.*

** Le vieil*
exemplaire
y adiouste,
Monsieur.

M

blez à si bonne intention. Le Roy d'Angleterre respondit à ce propos, en assez bon François. Lors commença à parler le Chancelier d'Angleterre, qui estoit vn Prelat, appellé l'Euesque * de Lisle, & commença par vne prophetie, dont les Anglois ne sont iamais despourueus : laquelle disoit qu'en ce lieu de Picquigny se deuoit faire vne grande paix entre France & Angleterre. Et apres furent desployees les lettres, que le Roy auoit fait bailler audict Roy d'Angleterre, touchant le traicté qui estoit faict : & demanda ledict Chancelier au Roy s'il les auoit commandees telles, & s'il les auoit pas pour agreables. A quoy le Roy respondit qu'ouy, & aussi celles qui luy auoient esté baillees de la part du Roy d'Angleterre. Et lors fut apporté & ouuert le Messel, & mirent les deux Roys la main dessus, & les deux autres sur la saincte vraye croix : & iurerent tous deux tenir ce qui auoit esté promis entre eux. C'est à sçauoir la trefue de neuf ans * accomplis, comprins les alliez d'vn costé & d'autre, & d'accomplir le mariage de leurs enfans, ainsi qu'il estoit contenu audict traicté. Apres le serment faict, nostre Roy qui auoit bien la parole à commandement, commença à dire au Roy d'Angleterre, en se riant, qu'il falloit qu'il vint à Paris, & qu'il le festoyeroit auec les Dames : & qu'il lui bailleroit monseigneur le Cardinal de Bourbon, pour confesseur, qui estoit celuy qui l'absouldroit tres-volontiers de ce peché, si aucun y en auoit commis. Le Roy d'Angleterre le print à grand plaisir, & parloient de bon visaige : car il sçauoit bien que ledict Cardinal estoit bon compaignon. Comme ce propos eut vn peu duré, ou semblable, le Roy qui se monstroit auoir authorité en ceste compagnie, nous feit retirer, & ceux qui estoient auec lui : & nous dit qu'il vouloit parler au Roy d'Angleterre seul. Ceux du Roy d'Angleterre se retirerent semblablement, sans attendre qu'on leur dist. Comme les deux Roys eurent vn peu parlé, le Roy m'appella, & demanda au Roy d'Angleterre s'il me cognoissoit. Il luy respondit que ouy, & dit les lieux où il m'auoit veu : & que d'autresfois m'estoye empesché pour le seruir à Calais, du temps que i'estoye auec le Duc de Bourgongne. Le Roy lui demanda, si le Duc de Bourgongne ne vouloit point tenir la trefue (pour-ce que si orgueilleusement en auoit respondu) ce qu'il lui plaisoit qu'il feist. Le Roy d'Angleterre luy dit qu'il la luy * offriroit encores, & que s'il ne la vouloit accepter, qu'il s'en rapporteroit à eux deux. Apres vint le Roy tomber sur le Duc de Bretaigne (qui estoit ce qui luy auoit fait ouurir ceste parolle) & lui en feit semblable demande. Le Roy d'Angleterre luy respondit qu'il luy prioit qu'il ne vousist point faire la guerre audict Duc de Bretaigne, & qu'en sa necessité il n'auoit iamais trouué si bon amy. Le Roy s'en teut à tant : & auec les plus amiables & gracieuses paroles qu'il peut en r'appellant la compaignie print congé du Roy d'Angleterre : & dit quelque bon mot à chascun de ses gens. Et ainsi tous deux en vn coup (ou bien peu s'en falut) se retirerent de la barriere, & monterent à cheual. Le Roy s'en alla à Amiens, & le Roy d'Angleterre à son Ost : à qui on enuoyoit de la maison du Roy tout ce qu'il luy faisoit besoing, iusques aux torches & aux chandelles. A ce parlement ne se trouua point le Duc de Clocestre frere du

Roy

Roy d'Angleterre & aucuns autres, cõme mal contens de ceste trefue: mais
depuis ils se reuindrent, & vint depuis ledict Duc de Cloceftre vers le Roy
iusquesà Amiens: & luy feit le Roy de tref-beaux presens, cõme de vaisselle, & de cheuaux bien accoustrez.

Quand le Roy se fut retiré de ceste veüe, il parla à moy au long du chemin sur deux poincts. Il trouua le Roy d'Angleterre si pres de venir à Paris,
que cela ne luy auoit point pleu: & disoit: C'est vn tres-beau Roy, il ayme
fort les femmes. Il pourroit trouuer quelque affetée à Paris, qui lui pourroit
bien dire tant de belles parolles qu'elle luy feroit enuie de reuenir: & que ses
predecesseurs auoient trop esté à Paris & en Normandie, & que la compaignie de l'autre ne valoit rien deça la mer: mais que de là la mer il le vouloit
bien pour bon frere & amy. Encores se * douloit le Roy dequoy il l'auoit
trouué vn peu dur, quád il auoit parlé du Duc de Bretaigne: & l'euft fort volontiers gaigné qu'il se fust contenté qu'on eust fait la guerre en Bretaigne:
& lui en feit encore sentir par monseigneur de Bouchage, & par monseigneur de sainct Pierre: mais quand le Roy d'Angleterre s'en veit pressé, il
dit, que (qui feroit guerre en Bretaigne) il repasseroit vne autres fois pour la
deffendre. Ouye laquelle responce, on ne lui en parla plus. Comme le Roy
fut arriué à Amiens, & comme il voulut soupper, vindrent trois ou quatre
de ceux du Roy d'Angleterre soupper auec lui, qui auoient aydé à traicter
ceste paix: & monseigneur de Hauart commença à dire au Roy en l'oreille,
que s'il vouloit, il trouueroit bien moyen de faire venir le Roy son maistre
iusques à Amiens, par aduenture iusques à Paris, à faire bonne chere auec
luy. Le Roy (combien que cet offre ne lui plaisoit gueres) si en feit il tref-
bon visage: & se print à lauer, sans trop respondre à propos: mais me dit en
l'oreille que ce qu'il auoit pensé lui estoit aduenu, c'estoit cest offre. Encores en parlerent ils apres soupper: mais le plus sagement qu'on peut, on
rompit ceste entreprinse, disant qu'il faloit que le Roy partist à grande diligence, pour aller contre le Duc de Bourgongne. Combien que ces matieres estoient tres-grandes, & que des deux costez on mettoit peine à sagement les conduire, toutesfos y aduint-il des choses plaisantes, qui ne sont
pas à oublier, & ne se doit personne esbahir (à veoir les grands maux que
les Anglois ont fait en ce royaume, & de fresche memoire & datte) si le Roy
trauailloit & despendoit à les mettre hors amiablement, afin qu'il les peust
encores tenir amis pour le téps aduenir, au moins qu'ils ne lui feissent point
de guerre.

Le lendemain de nostre veuë vindrent grand force d'Anglois à Amiés:
& nous fut compté par aucuns que le sainct Esprit auoit faict ceste paix:
car tous se fondoiét en propheties: & ce qui le leur faisoit dire, estoit qu'vn
Pigeon blanc s'estoit trouué sur la tente du Roy d'Angleterre, le iour de la
veuë: & pour quelque bruit qu'il y eut en l'ost, il ne s'estoit voulu bouger:
mais à l'opinion d'aucuns, il auoit vn peu pleu, & puis il vint vn grand soleil,
& ce Pigeon se vint mettre sur ceste tente (qui estoit la plus haulte) pour
s'essuyer. Et ceste raison dessusdicte m'allegua vn Gentil-homme de Gaf-
congne, seruiteur du Roy d'Angleterre, appellé Louis de Bretailles: lequel

* douloit
Excp. vieil.

Louys de
Bretailles
Gascon ser-
uiteur du
Roy d'An-
gleterre dit
la verité du
traitté des
deux Roys.

M ij

estoit tres-mal content de ceste paix : & pource qu'il me cognoissoit de lóg
temps, parla à moy priuément: & disoit que nous nous moquerions fort du
Roy d'Angleterre. Ie luy demanday quantes batailles le Roy d'Angleterre
auoit gaignees: il me dit, neuf, où il y auoit esté en personne. Ie luy demáday
combien il en auoit perdu: il me respondit qu'il n'en auoit perdu qu'vne, &
que c'estoit celle que nous luy faisions perdre, & qu'il reputoit ceste honte
plus gráde de le renuoyer en cest estat, qu'il ne faisoit l'honeur qu'il auoit eu
à gaigner les autres neuf. Ie cóptay cecy au Roy, qui me dist que c'estoit vn
tres-mauuais paillard, & qu'il le failloit garder de parler. Il l'enuoya querir à
son disner, & le feit disner auec luy, & luy offrit de tresbeaux & bons partis,
s'il eust voulu demeurer par deçà: & quand il veit qu'il ne vouloit demeurer,
il lui dóna mille escus contás: & lui promit faire des biens à des freres qu'il
auoit par deçà : & ie luy dy quélque mot en l'oreille, afin qu'il mist peine
d'entretenir l'amour qui estoit commencée entre les deux Roys.

Il n'estoit rien au monde dont le Roy eust plus grand' peur, que de ce q uil
Le Roy ne
peut tenir sa
langue. luy eschappast quelque mot, parquoy les Anglois pésassent qu'il se moquast
d'eux: & d'auéture, le lendemain apres ceste veuë, comme il estoit en son re-
traict, que nous n'estiós que trois ou quatre, il luy eschappa quelque mot de
risée, touchát les vins & les presens qu'il auoit enuoiez à l'ost des Anglois: &
en se tournant il apperceut vn marchád Gascó, qui demeuroit en Angletetre: lequel luy estoit venu demander vn congé, pour tirer certaine quátité de
vin en Gascongne sans rien payer du droict du Roy, & estoit chose qui pouuoit fort profiter audict marchád, s'il luy estoit accordé. Ledict seigneur fut
tres-esbahy, quand il le veit, & cóment il pouuoit estre entré. Il luy demáda
de quelle ville il estoit en Guyenne, & s'il estoit marchád & marié en Angleterre. Le marchád luy respondit que ouy, mais qu'il n'y auoit gueres valant.
Incótinent le Roy luy bailla vn homme auant que partir de là, qui le códui-
Le Roy paye
l'amende
d'vn mot à
luy echapé. sit à Bordeaux, & parlay à lui par le commádement du Roy : & eut vne tres-
bonne office en la ville, dont il estoit nay, & la traicte des vins qu'il demáda,
& mille francs contans pour faire venir sa femme, & enuoya vn sien frere en
Angleterre, sans ce qu'il y allast: & ainsi se condamna le Roy en ceste améde,
cognoissant qu'il auoit trop parlé.

Comment le Connestable taschoit à s'excuser enuers le Roy, apres la trefue
faicte à l'Anglois: & comment fut aussi faicte trefue de neuf
ans entre le Roy Louis & le Duc de Bourgongne.

CHAP. XI.

L E iour dont i'ay parlé, qui fut le lendemain de nostre veuë, monseigneur le Connestable enuoya vn sien seruiteur nommé Rapine,
(à qui le Roy feit depuis du bien, & estoit bon seruiteur de son maistre) lequel apporta lettres au Roy. Ledict seigneur voulut que monseigneur du Lude & moy ouïssions sa creance : & estoit ja venu monseigneur
de Contay de la marchandise, contre monseigneur le Connestable, dont
vous auez ouy parler cy dessus : & ne sçauoit plus le Connestable à quel

sainct

fainct fe voüer, & fe tenoit comme pour perdu. Les parolles que nous dift
Rapine, eftoient tres-humbles: & que fon maiftre fçauoit bien qu'on auoit
fait beaucoup de rapports au Roy contre lui, mais qu'il auoit bien peu cognoiftre par experience, qu'il n'auoit point voulu faire de faute.   Et pour
mieux affeurer le Roy de fon vouloir, entra en quelque marché de reduire
monfeigneur de Bourgongne en façon qu'il ayderoit à deftrouffer le Roy
d'Angleterre, & touté fa bande, s'il vouloit: & fembloit bien à fa façon de
parler que fon maiftre eftoit defpourueu de toute efperance.   Nous lui dif-
mes que nous auions bon accord auec les Anglois , & que nous n'y voudrions point de debat: & s'aduentura monfeigneur du Lude (qui eftoit auec
moy) iufques à lui demander s'il ne fçauoit point où eftoit l'argent contant
de fon maiftre.   Ie m'esbahy comme cefte parole lui efchappa, veu que ce-
ftuy-là eftoit tres-bon feruiteur, & qu'il ne fit fuir ledict Conneftable, & entendre fon cas, & ce qu'on procuroit contre lui, & encores veu le peril en
quoy il auoit efté, n'auoit qu'vn an: mais i'ay veu peu de gens en ma vie qui
fçachent fuyr à temps,* n'euiter leurs mal-heurs, ne cy, n'ailleurs: car les vns
n'ont point d'experiéce d'auoir veu à l'œil leurs païs voifins: qui eft grãd faute à tout homme de bien: car auoir veu les chofes par experience, cela dóne
grand fens & grand'hardieffe.   Les autres ont trop d'amour à leurs biens, à
leurs femmes, & à leurs enfans.   Et ces raifons ont efté caufe de faire perir
beaucoup de gens de bien.

Quand nous eufmes fait noftre rapport au Roy, il appella vn Secretaire: &
n'y auoit auec lui que monfeigneur de Hauart, feruiteur du Roy d'Angleterre, qui ne fçauoit rien de ce qu'on gardoit audict Conneftable: & y eftoit
le feigneur de Contay (qui reuenoit d'auec le Duc de Bourgongne) & nous
deux qui auions parlé audict Rapine. Le Roy nomma vne lettre audict Conneftable, & lui mandoit ce qui auoit efte fait le iour de deuant, & de cefte
trefue: & qu'il eftoit empefché en beaucoup de grands affaires, & qu'il auoit
bien à befongner d'vne telle tefte comme la fiéne: & puis fe retourna deuers
les Anglois, & monfeigneur de Contay, & leur dit : Ie n'enten point que
nous euffions le corps : mais i'enten que nous euffions la tefte , & que le
corps fuft demeuré là.   Cefte lettre fut baillee à Rapine, qui la trouua tres-
bonne : & lui fembloit parole tres-amiable, que le Roy difoit qu'il auoit
bien à befongner d'vne telle tefte que celle de fon maiftre , & n'entendoit
point la fin de cefte parolle.   Le Roy d'Angleterre enuoya au Roy les deux
lettres de creance, que ledict Conneftable lui auoit efcrites : & manda toutes les parolles, qu'il lui auoit iamais mandees: & ainfi pouuez veoir en quel
eftat il s'eftoit mis entre ces trois grands hommes: car chafcun des trois luy
vouloit fa mort.

Le Roy d'Angleterre, apres auoir reçeu fon argent, fe mit en chemin, droit
à Calais, à bonnes iournees: car il doutoit la haine du Duc de Bourgongne,
& de ceux du païs: & à la verité, quand fes gens s'efgaroient, quelqu'vn en demeuroit toufiours par les buiffons: & laiffa ces oftages (comme il auoit promis) monfeigneur de Hauart, & meffire Iean Chene, Grand Efcuyer d'Angleterre, iufques à ce qu'il fuft paffé la mer.

VOus auez ouy au commencement de ceste matiere d'Angleterre, comme ce Roy n'auoit point fort ceste matiere à cœur: car dés ce qu'il estoit à Douures en Angleterre, & auant que monter au nauire pour passer, il entra en praticque auec nous. Et ce qui le faisoit passer deçà, n'estoit que pour deux fins: l'vne que tout son royaume le desiroit, comme ils ont accoustumé le temps passé, & la presse que leur en faisoit le Duc de Bourgongne. L'autre raison estoit, pour reseruer vne bonne grosse somme d'argent de celui qu'il auoit lors en Angleterre leué, pour faire ce passage: car (comme vous auez ouy) les Roys d'Angleterre ne leuent iamais rien que leur domaine, si ce n'est pour ceste guerre de France. Vne autre habilité auoit fait ledict Roy, pour contenter ses subiects. Il auoit amené dix ou douze hommes, tant de Londres que d'autres villes d'Angleterre, gros & gras, qui estoient des principaux entre les communes d'Angleterre, & qui estoient ceux qui auoyent fort tenu la main à ce passage, & à mettre sus ceste puissante armee. Ledict Roy les faisoit loger en bonnes tentes: mais ce n'estoit point la vie qu'ils auoient accoustumée, & en furent tost las: & cuydoient qu'au bout de trois iours ils deussent auoir vne bataille, quand ils seroyent deçà la mer: & le Roy d'Angleterre aidoit à leur faire des doubtes, & aussi des craintes, & à leur faire trouuer la paix bonne, afin qu'ils lui aydassent, quád ils seroiét de retour en Angleterre, à estaindre les murmures qui pourroiét estre à cause de son retour. Car oncques Roy d'Angleterre, depuis le Roy Artus, n'amena tant de gens & de gros personnages pour vn coup deçà la mer: & s'en retourna tres-diligemment comme vous auez ouy: & luy demeura beaucoup d'argent de celuy qu'il auoit leué en Angleterre, pour le payement de ses Gens-d'armes. Ainsi paruint à la pluspart de ses intentions. Il n'estoit point complexionné pour porter le trauail, qui seroit necessaire à vn Roy d'Angleterre, qui voudroit faire conqueste en France: & pour ce temps, le Roy auoit bien pourueu à la deffence, combien que par tout n'eust sçeu bien pourueoir aux ennemis qu'il auoit: car il en auoit trop. Vn autre grand desir auoit le Roy d'Angleterre: c'estoit d'accomplir le mariage du Roy Charles huictiesme (qui depuis succeda au Roy Louys onziesme) auec sa fille: & ce mariage lui feit dissimuler beaucoup de choses, qui depuis tournerent au grand proffit du Roy,

Apres que les Anglois furent repassez en Angleterre, sauf les ostages qui estoient auec le Roy, ledict seigneur se retira vers Laon, en vne petite ville, qui a non Veruins, sur les marches de Haynault: & à Auennes en Haynault se trouua le Chancelier de Bourgongne, & autres Ambassadeurs auec le seigneur de Contay, pour le Duc de Bourgongne: & desiroit le Roy à ceste fois pacifier à tout. Ce grand nombre d'Anglois lui auoit faict peur: car en son temps il auoit veu de leurs œuures en ce royaume, & ne vouloit point qu'ils y retournassent. Le Roy eut nouuelles dudict Chancelier, qui disoyent que le Roy enuoyast de ses gens à vn pont, à my-chemin d'Auennes & de Veruins, & que luy & ses cópagnons s'y trouueroyent. Le Roy leur manda qu'il s'y trouueroit luy-mesme: & combien qu'aucuns (à qui il en demanda) ne furent point de cest aduis, toutesfois il y alla, & mena
les osta-

les oftages des Anglois auec luy : & furent prefens quand le Roy reçeut les Ambaffadeurs:qui vindrent tres-bien accompaignez d'Archiers,& d'autres gens de guerre.Pour cefte heure ils n'eurent autres parolles auec le Roy , & les mena l'on difner.

L'vn de ces Anglois commença à fe repentir de ceft appoinrement,& me dit à vne feneftre,que s'ils euffent veu beaucoup de telles gés auec le Duc de Bourgongne,parauáture n'euffent ils pas fait la paix.Monfeigneur de Narbonne (qui aujourd'huy fappelle monfeigneur de Fouez)ouit cefte parole, & lui dit:Eftiez vous fi fimples de penfer que le Duc de Bourgongne n'euft grád nóbre de tels gens?Il les auoit feulement enuoiez rafrefchir:mais vous auiez fi bon vouloir de retourner,que fix cés pipes de vin,& vne penfió que le Roy vous donne,vous ont renuoyé bien toft en Angleterre.

L'Anglois fe courrouça,& dit:C'eft bien ce que chacun nous difoit , que vous vous moqueriez de nous.Appellez vous l'argent que le Roy nous dó-ne,péfion?c'eft tribut,& par fainct George,vous en pourriez bien tant dire, que nous retournerions. Ie rópy la parole, & la cóuerty en moquerie:mais l'Anglois n'en demeura point contét,& en dit vn mot au Roy, qui merueil-leufement f'en courrouça audict feigneur de Narbonne.

Le Roy n'eut point grandes paroles aux deffufdicts Chancelier & Am-baffadeurs pour cefte fois: & fut appointé qu'ils viendroient à Veruins : & le Roy commit meffire Táneguy du Chaftel,& meffire Pierre Doriole,Chá-celier de France,à befongner auec eux,&autres.De chafcun cofté entrerent en grandes remonftrances,& à fouftenir chafcun fon party.Des deffufdicts vindrent faire au Roy leur rapport,difans que les *Bourguignons* eftoiét fiers en leurs paroles,mais qu'ils leur auoient bien riué le clou : & difoient les ref-ponces qu'ils leur auoient faictes,dont le Roy ne fut point content : & leur dit que toutes ces refponfes auoient efté faictes maintesfois:& qu'il n'eftoit point queftion de paix finale,mais de trefue feulement : & qu'il ne vouloit point qu'on leur vfaft plus de ces parolles:& que lui mefme vouloit parler à eux.Si feit venir ledict Chancelier & autres Ambaffadeurs en fa chambre:& n'y demeura auec lui que feu monfeigneur l'Admiral,*Baftard de Bourbon,* monfeigneur du Bouchage,& moy:& conclud la trefue pour neuf ans mar-chande,teuenant chafcun au fien:mais lefdicts Ambaffadeurs fupplierét au Roy qu'elle ne fuft point encores criée,pour fauuer le ferment du Duc qui a-uoit iuré ne le faire,que le Roy d'Angleterre n'euft efté hors de ce royaume certain temps,afin qu'il ne femblaft point qu'il euft accepté la fienne.

Le Roy d'Angleterre(qui auoit grand defpit de ce que ledit Duc n'auoit voulu accepter fa trefue,& eftoit aduerty que le Roy en traictoit vne autre, auec ledict Duc)enuoya meffire Thomas de Mont-Gomery (vn Cheualier fort priué de luy)deuers le Roy à Veruins,à l'heure que le Roy traictoit cefte trefue(dont i'ay parlé)auec ceux du Duc de Bourgógne. Ledit meffire Tho-mas requit au Roy de par le Roy d'Angleterre,qu'il ne voulfift point pré-dre d'autre trefue auec le Duc,que celle qu'il auoit faicte. Auffi lui prioit ne vouloir point bailler Sainct Quentin audict Duc : & offroit au Roy que s'il

M iiij

vouloit cōtinuer la guerre audictDuc, il seroit cōtant de repasser la mer pour
lui, & en sa faueur, la saison prochaine, pourueu que le Roy le recōpensast du
dōmage qu'il auroit à cause de la gabelle des laines à Calais, qui ne luy vaudroit rien (ceste gabelle peut bien mōter à cinquante mille escus) & aussi que
le Roy payast la moitié de son armée, & ledict Roy d'Angleterre payeroit
l'autre moytié. Le Roy remercia fort le Roy d'Angleterre: & dōna de la vaisselle audit messire Thomas, & s'excusa de la guerre, disant que la trefue estoit
ja accordée: mais que c'estoit celle propre qu'eux deux Roys auoient faicte
du propre terme de neuf ans: mais que ledict Duc en vouloit lettres à part, &
excusa la chose au mieux qu'il peut, pour cōréter ledict Ambassadeur: lequel
s'en retourna, & ceux qui estoient demeurez en ostage aussi. Le Roy s'esmer-
ueilla fort des offres que le Roy d'Angleterre leur auoit faictes, & n'y eut
que moy present à les ouir: & sembla bien au Roy que ç'eust esté chose bien
perilleuse de faire repasser le Roy d'Angleterre: & qu'il y a peu affaire à mettre debat entre les François & les Anglois, quand ils se treuuent ensemble: &
qu'aisément se fussent accordez de nouueau les Bourguignons & eux: & lui
creut l'enuie de conclurre ceste trefue auec les Bourguignons.

*Comment la mort du Connestable fut de tous poincts iurée entre le Roy & le Duc de
Bourgongne: & comme s'estant retiré au pays du Duc, fut par le commandement d'iceluy, liuré au Roy qui le feit mourir par Iustice.*

CHAP. XII.

LA trefue concluë, se remit en auant la praticque du Connestable: &
pour n'en faire long proces, fut reprins ce qui fut faict à Bouuines,
dont i'ay parlé cy deuant: & furent baillez les seellez de ceste matiere d'vn costé & d'autre. Et par ce marché fut promis audict Duc, sainct
Quentin, Han, & Bohain, & tout ce que ledict Connestable tenoit soubs le
pouuoir dudict Duc, & tous ses meubles, (quelque part qu'ils fussent) & fut
aduisé & conclu de la forme de l'assieger dedans Han, où il estoit: & celuy
qui premier le pourroit prendre, en feroit la iustice dedans huict iours, ou
le rendroit à son compaignon. Tantost chascun se commença à doubter
de ceste marchandise, & les plus gens de bien que ledict Connestable eust,
le commencerent à laisser, comme monseigneur de Genli, & plusieurs de
ses compaignons qu'il auoit. Ledict Connestable (qui sçauoit bien comment le Roy d'Angleterre luy auoit baillé ses lettres, & descouuert ce qu'il
sçauoit de luy, & que ses ennemys auoient esté à faire la trefue) commença
à auoir tres-grand peur: & enuoya deuers le Duc de Bourgongne luy sup-
plier qu'il luy pleust lui enuoier vne seureté, pour aller parler à lui de choses
qui fort lui touchoient. Ledict Duc de prime-face feignit à la bailler: mais
à la parfin la lui bailla. Mainte pensée auoit ja eu ce puissant homme, où il
prendroit chemin pour fuir: car de tout estoit informé, & auoit veu le double des seellez qui auoient esté baillez contre lui à Bouuines. Vne fois s'ad-
dressa à aucuns seruiteurs qu'il auoit, qui estoient Lorrains. Auec ceux là
delibera fuir en Allemaigne, & y porter grand somme d'argent (car le chemin estoit fort seur) & d'acheter vne place sur le Rhin, & se tenir là iusques à
ce qu'il fust appointé de l'vn des deux costez. Vne autrefois delibera tenir sō

Le Connesta-
ble entreprins
de diuers ad-
uis sans reso-
lution.

bon cha-

bon chasteau de Han, qui tant lui auoit cousté, & l'auoit fait pour se sauuer
en vne telle necessité: & l'auoit pourueu de toutes choses, autát que chasteau
qui fust en nostre cognoissance. Encores ne trouua il gens à son gré, pour demeurer auec lui: car tous ses seruiteurs estoiét nez des seigneuries d'vn Prince ou de l'autre: & par aduenture que sa crainte estoit si grande, qu'il ne s'oza
suffisammét descouurir à eux: car ie croy qu'il en eust trouué, qui ne l'eussent
pas abandonné, à bon nombre. Et n'estoit pas tant à craindre pour lui d'estre
assiegé des deux Princes, que d'vn seul: car c'estoit chose impossible que les
deux armées se fussent accordées. Só dernier party fut d'aller vers le Duc de
Bourgongne, sur ceste seureté, & ne print que quinze ou vingt cheuaulx : &
tira à Mons en Henault (où estoit le seigneur Desmeriez, Grand Baillif de Henault, le plus intimé amy qu'il eust) & là y seiourna, attendant nouuelles du
Duc de Bourgongne: qui auoit commencé la guerre contre le Duc de Lorraine, à cause que de lui auoit esté deffie, durát ce qu'il estoit au siege de Nuz:
& aussi reçeut grand dommage en son païs de Luxembourg.

Incontinent que le Roy sçeut l'allée dudict Connestable, il aduisa d'y donner remede, & pourueoir que ledict Connestable ne peut recouurer l'amitié
du Duc de Bourgongne: & tira diligemment deuers Sainct Quentin, & y feit
amasser sept ou huict cens Hommes d'armes: & auec eux y alla, bien informé de ce qui estoit dedans. Comme il vint pres de la ville, aucuns lui vindrét
au deuant, se presenter à lui. Ledict seigneur me commanda entrer dedans
la ville, & faire departir les quartiers. Ainsi le fy, & y entrerét les Gens-d'armes: & apres entra le Roy, bien reçeu de ceux de la ville. Aucuns de ceux du
Connestable se retirerent en Henault. Tost fut aduerty, par le Roy propre, le
Duc de Bourgongne de la prinse de sainct Quentin, afin de lui oster l'espera-
ce de la cuider recouurer par la main du Cõnestable. Dés ce que ledict Duc
sceut ces nouuelles, il manda au seigneur *Desmeriez, son Grand Baillif de
Henault, qu'il feist garder la ville de Mons en façon que ledict Connestable
n'en peust saillir, & qu'à lui fut deffendu, de ne partir de son hostellerie. Ledict Baillif n'osa refuser, & le feit : toutesfois la garde n'estoit pas estroicte
pour vn *tel homme, s'il eust eu vouloir de fuir.

Que dirons nous icy de Fortune? Cest homme estoit situé aux confins de
ces deux Princes ennemis, ayant si forte place en ses mains, quatre cens Hómes d'armes bié payez, dont il estoit commissaire, & y mettoit qu'il vouloit,
& les auoit ja maniez douze ans passez. Il estoit sage & vaillant Cheualier,
& qui auoit veu beaucoup. Il auoit grand argent contant: & apres tout cela
se trouuer en ce danger destitué de cœur & de tous remedes. Il faut bien dire
que ceste tromperesse Fortune, l'auoit regardé de son mauuais visage : mais
pour mieux dire, il faut respondre que tels grans mysteres ne viennent point
de Fortune, & que Fortune n'est rien fors seulemét vne fiction Poëtique, &
qu'il falloit que Dieu l'eust abandoné, à considerer toutes ces choses dessusdictes, & assez d'autres que ie n'ay point dictes. Et s'il appartenoit à homme
de iuger (ce que non, & par especial à moy) ie diroye que ce qui raisonnable-
ment deuroit auoir esté cause de sa punition, estoit que tousiours auoit trauaillé de toute sa puissance, que la guerre durast entre le Roy & le Duc de

Bourgongne: car là eſtoit fondee ſa grand' auĉtorité & ſon grand eſtat, & y auoit peu à faire à les entretenir en ce differend, car naturellement leurs cóplexions eſtoient differétes. Celui ſeroit bien ignorant, qui croyroit qu'il y euſt Fortune, ne cas ſemblable, qui euſt ſçeu guider vn ſi ſage homme à eſtre mal voulu de ces deux Princes, à vn coup, qui en leur vie ne ſ'accorderét à rié qu'en cecy: & encores plus fort du Roy d'Angleterre, qui auoit eſpouſé ſa niepce: & qui merueilleuſement aymoit tous les parens de ſa femme, & par eſpecial ceux de ceſte maiſon de ſainĉt Paul. Il eſt vray ſemblable, & choſe certaine, qu'il eſtoit eſlongné de la grace de Dieu, de ſoy eſtre mis ennemi de ces trois Princes, & n'auoit vn ſeul amy, qui l'euſt oſé loger pour vne ſeule nuiĉt: & autre fortune n'y auoit mis la main, que Dieu. Et ainſi en eſt aduenu, & aduiendra à pluſieurs autres, qui apres les grandes & longues proſperitez, tombent en grandes aduerſitez.

Apres que le Conneſtable fut arreſté en Henault par le Duc de Bourgongne, le Roy enuoya deuers lediĉt Duc pour en auoir la deliurance, ou qu'il accompliſt le contenu de ſon ſcellé. Lediĉt Duc dit qu'ainſi le feroit: & feit mener lediĉt Conneſtable à Peronne, & eſtroiĉtement garder. Lediĉt Duc de Bourgógne auoit ja prins pluſieurs places en Lorraine & *Barrois:* & eſtoit au ſiege deuant Nancy, laquelle ſe deffendoit tres-bien. Le Roy auoit largement Gens-d'armes en Champaigne: qui donnoient crainte audiĉt Duc: car il n'eſtoit point dit par la trefue qu'il deuſt deſtruire le Duc de Lorraine, lequel s'eſtoit retiré deuers le Roy. Monſeigneur du Bouchage, & autres Ambaſſadeurs, preſſoient fort lediĉt Duc de tenir ſon ſcellé. Touſiours diſoit qu'ainſi le feroit, & paſſa de plus d'vn moys le terme de huiĉt iours, qu'il deuoit bailler le Conneſtable, ou en faire iuſtice. Se voyant ainſi preſſé, & dou-

tát que le Roy ne l'empeſchaſt en ſon entreprinſe de Lotraine (qu'il deſiroit fort amener à fin, pour auoir le paſſage de Luxembourg en Bourgongne, & que toutes ſes ſeigneuriés ſe ioigniſſent enſemble : car luy tenant ainſi ceſte petite Duché, il venoit de Hollande iuſques auprés de Lion touſiours ſur lui) pour ces raiſons eſcriuit à ſon Chácelier, & au ſeigneur d'Hymbercourt (dont i'ay aſſez parlé) tous deux ennemis & mal-veillans dudiĉt Conneſtable, qu'ils ſe retiraſſent à Peronne, & qu'à vn iour qu'il nomma, ils baillaſſent lediĉt Conneſtable à ceux que le Roy y enuoyeroit (car les deux deſſus nommez auoient tout pouuoir pour lui en ſon abſence) & máda audit ſeigneur Deſmeriez le leur bailler.

Cependant batoit fort la ville de Nanci le Duc de Bourgongne: il y auoit de bonnes gens dedans, qui la deffendoient bien. Vn Capitaine dudiĉt Duc, appellé le Comte Campobache, natif & bány du royaume de Naples, pour la part Angeuine, auoit ja prins intelligence au Duc de Lotraine, prochain parent, & heritier preſumptif de la maiſon d'Anjou, apres la mort du Roy René, ſon ayeul maternel: & promettoit faire durer ce ſiege, & qu'il ſe trouueroit des deſtaux ès choſes neceſſaires pour la prinſe de la ville: Il le pouuoit bien faire: car il eſtoit pour lors le plus grand de l'armee, & hôme tres-mauuais pour ſon maiſtre (comme ie diray cy apres) & ceci eſtoit comme vn appreſt des maux qui depuis aduindrent audiĉt Duc de Bourgongne. Ie croy

que le-

que ledict Duc s'attendoit d'auoir prins la ville, auant que le iour fuſt venu
de bailler ledict Conneſtable, & puis ne le bailler point: & peut eſtre d'autre
coſté, que ſi le Roy l'euſt eu il euſt fait plus de faueur au Duc de Lorraine
qu'il ne faiſoit pas: car il eſtoit informé de la pratique qu'auoit le Côte de Cá-
pobache, mais il ne s'en meſloit point: & ſi n'eſtoit point tenu de laiſſer faire
ledict Duc * de Lorraine s'il n'euſt voulu, pour pluſieurs raiſons, & auoit largement de gens prés ledict pays de Lorraine.

* L'exemp. vieil dit en pour de quí eſt plus en-ſendible.

Ledict Duc de Bourgongne ne ſceut prendre Nancy, auant le iour qu'il
auoit baillé à ſes gens, pour déliurer ledict Côneſtable. Pource paſſé que fut
le iour, qui leur auoit eſté ordonné, executerent le commandement de leur
maiſtre volontiers, pour la grand' haine qu'ils auoient audict Conneſtable:
& le baillerent, à la porte de Peronne, entre les mains du Baſtard de Bourbó,
Admiral de France, & de monſeigneur de Sainct Pietre, qui le menerent à
Paris. Aucuns m'ont dit que trois heures apres, vindrent meſſagers à diligéce, de par le Duc pour commander à ſes gens ne le bailler point, qu'il n'euſt
fait à Nancy: mais il eſtoit trop tard. A Paris fut commencé le proces dudict
Conneſtable: & bailla ledict Duc tous les ſeellez, qu'il auoit dudict Conneſtable, & tout ce qui ſeruoit à ſon proces. Ledict Roy preſſoit fort la Court,
& y auoit gens pour la côduicte du proces. Et ainſi (veu ce que le Roy d'Angleterre auoit baillé contre lui, comme auez ouy cy deſſus, & auſſi ledit Duc)
toſt fut condamné à mourir, & tous ſes biens confiſquez.

---

*Digreſſion ſur la faute que feit le Duc de Bourgongne, liurant le Conneſtable au Roy con-
tre ſa ſeureté, & ce qui luy en peut eſtre aduenu.* CHAP. XIII.

Eſte * diligence fut bien eſtrange, & ne le dy pas pour excuſer les
fautes dudict Côneſtable, ne pour donner charge * au Roy & audict
Duc (car * à tous deux il tenoit grád tort) mais il n'eſtoit nul beſoing
audict Duc de Bourgongne (qui eſtoit ſi grand Prince, & de maiſon ſi renó-
mee & honorable) de luy donner vne ſeureté pour le prendre: & fut grande
cruauté le bailler où il eſtoit certain de la mort, & pour auarice. Apres ceſte
grand' honte qu'il ſe feit, il ne mit gueres à receuoir du dommage. Et ainſi, à
veoir les choſes que Dieu a faictes de noſtre temps, & fait chacun iour, ſemble qu'il ne vueille rien impuny: & peut on veoir euidemment que ces e-
ſtranges ouurages viennent de luy: car ils ſont hors des œuures de nature,
& ſont ſes punitions ſoudaines, & par eſpecial contre ceux qui vſent de violence & de cruauté, qui communément ne peuuent eſtre petits perſonnages, mais tres-grands, ou de Seigneurie, ou d'auctorité de Prince. Longues
annees auoit fleury ceſte maiſon de Bourgongne: & depuis cent ans, ou enuiron, qu'ont regné quatre de ceſte maiſon, auoit eſté autant eſtimee que
maiſon nulle de la Chreſtienté. Car les autres, plus grandes qu'elle, auoient
eu des afflictions & aduerſitez, & ceſte cy continuelle felicité & proſperité. Le premier grand de ceſte maiſon fut Philippe le Hardy, frere de Charles le Quint, Roy de France, qui eſpouſa la fille de Flandres, Conteſſe dudict pays d'Artois, de Bourgongne, Neuers, & Rethel. Le ſecond fut Iean.
Le tiers fut le bon Duc Philippe, qui ioignit à ſa maiſon les Duchez de,

* deliuran-ce, Exemp. vieil.
* Les trois mots ſuyuans ne ſont point au vieil. Exemp.
* audict Duc. Exép. vieil. & raye tous deux.

Brabant, Luxembourg, Lambourg, Holáde, Zelande, Henault, & Namur.
Le quart a esté le Duc Charles, qui apres le trespas de son pere s'est trouué
*le plus riche & redouté de la Chrestienté: & qui trouua en meubles de ba-
gues & de vaisselles, de tapisseries, liures & linges, plus que l'on n'eust sçeu
trouuer en trois des plus grandes maisons. D'argent côtát, i'en ay bié veu en
d'autres maisons plus largemét(car ledit Duc Philippe n'auoit de long téps
point leué de tailles)toutesfois il trouua plus de trois cés mille Escus côtant:
& trouua paix auec ses voisins, qui peu lui dura. Mais ie ne lui veux point du
tout imputer l'occasion de la guerre : car d'autres assez y eurent part. Ses
subiects, incontinent apres la mort de son pere, lui accorderent vne ayde de
bon cœur, & à peu de requeste, chacun païs à part, pour le temps de dix ans,
qui se pouuoit bien monter à trois cens cinquante mille escus l'an, sans comprendre Bourgongne. A l'heure qu'il bailla ledict Connestable, il en leuoit
plus de trois cens mille d'auátage: & auoit plus de trois cens mille escus contant: & tout le meuble, qu'il recueillit dudict Connestable, ne valloit point
quatre vingts mille Escus. Car en argent n'auoit que soixante seize mille escus. Ainsi l'occasion fut bien petite, pour faire vne si grande faulte. Il l'eut
bonne: car Dieu lui prepara vn ennemy de bien petite force, en fort ieune
aage, peu experimété en toutes choses: & lui feit vn seruiteur, dont plus se
fioit pour lors, deuenir faulx & mauuais, & le mit en suspition de ses subiects
& bós seruiteurs. Ne sont-ce pas ici des vrais preparatifs, que Dieu faisoit de
l'ancien Testament à ceux de qui il vouloit muer la fortune de bien en mal,
ou de prosperité en aduersité? Só cœur ne s'amollit iamais : mais iusques à la
fin a estimé toutes ses bonnes fortunes proceder de son sens & de sa vertu: &
auant que mourir, a esté plus grand que tous ses predecesseurs & plus estimé
par le monde.

Parauant que bailler ledict Connestable, il auoit ja prins grand deffiance
de ses subiects, ou les auoit à grand mespris. Car il auoit bien enuoyé querir
mille Lances d'Italiens, & y en auoit eu deuant Nuz largement auec luy. Le
Comte de Campobache en auoit quatre cens armez, & plus, & estoit sans
terre: car à cause des guerres que la maison d'Anjou auoit menées en ce royaume de Naples(de laquelle il estoit seruiteur)il en estoit bány, & auoit perdu sa terre, & tousiours s'estoit tenu en Prouéce, ou en Lorraine, auec le Roy
René de Cecille, ou auec le Duc Nicolas, filz du Duc Iean de Calabre: apres la
mort duquel le Duc de Bourgongne auoit recueilly plusieurs de ses seruiteurs, & par especial tous les Italiens, comme ce Comte que i'ay nommé, Iaques Galeot, tres-vaillant, honorable & loyal Gétil'homme, & plusieurs autres. Cedict Comte de Campobache, dés lors qu'il alla faire ses gens en Italie, reçeut dudict Duc quarante mille ducats d'imprestence, pour mettre sus
sa compaignie. En passant par Lion, s'accointa d'vn Medecin, appellé maistre* Simon de Pauie: par lequel il feit sçauoir au Roy, que s'il lui vouloit faire
certaines choses qu'il demandoit, il offroit à son retour lui bailler le Duc de
Bourgongne entre ses mains. Autant en dit à monseigneur de Sainct-* Pray
estant lors en Piemót Ambassadeur pour le Roy. Apres qu'il fut retourné, &
ses Gens-d'armes logez en la Côté de Marle, offroit encores au Roy que dés
ce qu'il

ce qu'il feroit en champ auec fon maiftre,il ne faudroit point de le tuer,ou le
mener prifonnier:& difoit la maniere:C'eftoit que ledit Duc alloit fouuét à
l'entour de fon oft,fur vn petit cheual,auec peu de gens(& difoit vray)& que
là ne faudroit point de le tuer ou prédre. Encores faifoit il vne autre ouuerture au Roy:c'eftoit que fi le Roy & ledit Duc fe venoiét à trouuer en bataille,l'vn deuant l'autre,qu'il fe tourneroit de fon party,auec fes gens-d'armes, *Franchife*
moyénant certaines chofes qu'il demãdoit.Le Roy eut la mauuaiftié de ceft *du Roy Louys*
homme en grand mefpris,& voulut monftrer audiét Duc de Bourgongne *enuers le*
Duc de
de grandes franchifes:& luy feit fçauoir tout ceci, par le feigneur de Con- *Bourg.*
tay,dont a efté parlé:mais ledict Duc n'y adioufta point de foy,ains eftimoit
que le Roy le faifoit à autres fins,& en ayma beaucoup mieux ledit Comte.
Parquoy vous voyez que Dieu lui troubla le fens en ceft endroit,aux claires
enfeignes que le Roy lui mandoit. Autant que ceftuy-cy,dont i'ay parlé, e-
ftoit mauuais & defloyal , autant eftoit bon Iacques Galeot:& apres auoir *Iaques Ga-*
leot N'ap-
longuement vefcu,eft mort en grand honneur & renommee. *bon feruiteur*
du Duc de
Bourg.

CINQVIESME LIVRE DES
MEMOIRES DV SEIGNEVR D'ARGENTON,
SVR LES PRINCIPAVX FAICTS ET GESTES DE
Louys onziefme de ce nom, Roy de France.

Comment le Duc de Bourgongne,faifant la guerre aux Suiffes,fut chaffé par eux à
l'entree des montaignes pres Granfon. CHAP. I.

R le Duc de Bourgongne ayãt cõquis toute la Duché de Lorraine, & reçeu du Roy S.Quentin,Han,& Bohain,& le meuble du Cóneftable,eftoit en paroles auec le Roy de s'appointer:& le Roy & luy fe deuoient entre-veoir, fur vne riuiere
& femblable pont que celuy qui fut faict à Picquigny, à la
veuë du Roy, & d'Edouard Roy d'Angleterre:& fur cefte matiere alloient & venoient gens.Et vouloit ledict Duc laiffer repofer fon armee,qui eftoit fort deffaicte,tant à caufe deNuz,que par ce peu de guerre de
Lorraine:& le demeurant vouloit il enuoyer en garnifon, en aucunes places du Comté de Romont,comme,aupres des villes de Berne & Fribourg,
aufquelles il vouloit faire la guerre, tant pource qu'ils la lui auoient faicte
eftant deuant Nuz, qu'auffi pour auoir aidé à lui ofter la Comté de Ferrette
(comme auez ouy)& pource qu'ils auoient ofté audict Côté de Romór partie de fa terre. Le Roy le folicitoit fort de cefte veuë, & qu'il laiffaft en paix
ces pauures gés de Suiffes,& qu'il repofaft fon armee.Lefdicts Suiffes,le fen-
tans fi pres d'eux,lui enuoierent leur Ambaffade,& offroiét rendre ce qu'ils
auoient prins dudict feigneur de Romont.Ledict Comte de Romont le folicitoit d'autre cofté de le venir fecourir en perfonne.Ledit Duc laiffa le fage
confeil,& celui qui pouuoit eftre le meilleur(comme il femble à toutes for-

tes de gens)veu la saison & l'estat en quoy estoit son armee, & delibera d'aller contre eux. Entre le Roy & lui fut appointement de bailler lettre, que
pour le faict de Lorraine ils n'entreroient point en debat.

Le Duc partit de Lorraine auec ceste armee fort deffaicte & lassee, & entra en Bourgongne: où lesdits Ambassadeurs de ces vieilles ligues d'Allemaigne qu'on appelle Suisses, reuindrét deuers lui, faisant plus grádes offres que
deuát: & oultre la restitution, lui offroient laisser toutes les alliances, qui seroiét contre son vouloir(& par especial celle du Roy) & deuenir ses alliez, &
le seruir de six mille hommes armez à assez petit payemét côtre le Roy, toutes les fois qu'il les en requerroit. Arien ne voulut ledict Duc entendre , &
ja le conduisoit son mal-heur. Ceux qu'on appelle en ce quartier là les nouuelles alliances, ce sont les villes de Basle, & de Strasbourg, & autres villes Imperiales, qui sont sous le bout de ceste riuiere du Rhin: lesquelles d'anciéne-
té auoient esté ennemies desdicts Suisses en faueur du Duc Sigismond d'Austriche, duquel ils estoiét alliez, par le temps qu'il auoit eu guerre auec lesdits
Suisses. Toutes ces villes s'allierent ensemble auec iceux Suisses, & fut faicte

alliance pour dix ans, & paix aussi auec le Duc Sigismond. Et se feit ladicte
alliance par la conduicte du Roy, & à son pourchas, & à ses despens, comme
auez veu ailleurs, à l'heure que la Comté de Ferrette fut ostee des mains du
Duc de Bourgongne, & qu'à Basle feirent mourir messire Pierre d'Archam-
bault, Gouuerneur dudict pays pour ledict Duc: lequel Archábault fut bien
cause de cest inconuenient, qui fut bien grand pour ledict Duc : car tous ses
autres maux en vindrent. Vn Prince doibt bien auoir l'œil quels Gouuerneurs il met en vn pais nouuellemét ioinct à sa seigneurie: car en lieu de traicter les subiects en grand'douceur & en bóne iustice, & faire mieux qu'on ne
leur auoit faict le temps passé, cestuy-cy feit tout le côtraire : car il les traicta
en grande violence, & en grand'rapine: & mal lui en print, & à son maistre,
& à maint hóme de bien. Ceste alliance que le Roy conduisit, & dót i'ay parlé, tourna depuis à grand profit au Roy, & plus que la pluspart des gens n'é-
tédét: & croy que ce fut vne des plus sages choses qu'il feist onques en son
téps, & plus au dommage de tous ses ennemis. Car le Duc de Bourgongne
deffaict, onques puis ne trouua le Roy de France homme qui osast leuer la
teste contre lui, ne contredire à son vouloir. I'enten de ceux qui estoient ses
subiects & en son royaume: car tous les autres ne nageoient que soubs le vét
de cestuy là. Voyla pourquoy fut grande œuure d'allier le Duc Sigismond
d'Austriche, & ceste nouuelle alliance auec les Suisses, dont si long temps a-
uoiét esté ennemis: & ne se feit point sans despése, & sás faire maint voyage.

Apres que le Duc de Bourgongne eut rópu aux Suisses l'esperance de pouuoir trouuer appoinctement auec lui, ils retournerent aduertir leurs gens, &
s'apprester pour se deffendre: & lui approcha son armee du pais de Vaux en
Sauoye, que lesdicts Suisses auoient prins sur monseigneur de Romont, cóme dit est: & print trois ou quatre places, qui estoient à móseigneur de Chasteau-guyon, que lesdicts Suisses tenoient, & les deffendirét mal: & de là alla
mettre le siege deuant vne place, appellee Gráson: laquelle estoit aussi audict
seigneur de Chasteau-guyon, & y auoit pour lesdicts Suisses, sept ou huict

cens

cens hommes bien choisis,pource que c'estoit aupres d'eux, & la vouloient
bien deffendre. Ledict Duc auoit assez grande armee : car de Lombardie luy
venoient à toute heure gens,& les subiects de ceste maison de Sauoye:& aymoit mieux les estrangers que ses subiects,dont il pouuoit finer assez, & de
bons:mais la mort du Connestable lui aidoit bien à auoir deffiance d'eux a-
uec d'autres imaginatiós.Son artillerie estoit tres-gráde & bóne,& estoit en
gráde pópe en cest Ost,pour se móstrer à ces Ambassadeurs,qui venoiét d'I-
talie & d'Allemaigne:& auoit toutes ses meilleures bagues & vaisselles , &
largement autres paremens:& auoit de grandes fantasies en sa teste, sur le
faict de ceste duche de Milan,où il s'attendoit d'auoir des intelligéces.Quád *Granson ré-*
le Duc eut assiegé ladicte place de Granson,& tiré par aucuns iours, se rédi- *duá à volon-*
rent à lui ceux de dedans à sa volonté,lesquels il feit tous mourir.Les Suisses *té au Duc de Bourg.*
s'estoyét assemblez,nó point en grád nóbre,cóme i'ay ouy parler à plusieurs
d'entre eux(car de leurs terres ne se tirent point les gens qu'on cuide, & encores moins lors que maintenant:car depuis ce temps là,la pluspart ont laissé le labeur,pour se faire gens de guerre)& de leurs alliez en auoiét peu auec
eux:car ils estoient contraincts de se haster,pour secourir la place: & comme
ils furent aux champs,ils sçeurent la mort de leurs gens.

   Le Duc de Bourgongne,contre l'opinion de ceux à qui il en demandoit,
delibera d'aller au deuant d'eux,à l'entree des montaignes où ils estoient encores,qui estoit bien son desauantage:car il estoit bien en lieu aduantageux
pour les attendre,& clos de son artillerie,& partie d'vn lac:& n'y auoit nulle
apparence qu'ils lui eussent sçeu porter dómage.Il auoit enuoyé cétArchiers
garder certain pas à l'encontre de ceste montaigne,& lui se mit en chemin:
& rencontrerét ces Suisses la pluspart de son armee, estát encores en la plai-
ne.Les premiers rágs de ses gens cuidoient retourner pour se reioindre auec
les autres:mais les menuës gens qui estoïét derriere,cuidás que ceux là fuis-
sent,se mirent à la fuite:& peu à peu se cómença à retirer ceste armee vers le
cáp,faisans aucuns tresbien leur deuoir.En fin de cópte,quád ils vindrét iusques à leur Ost,ils *ne s'oserét deffendre,& tout se mit à la fuite:& gaignerét *n'essaye-*
les Allemans son camp & son artillerie, & toutes les tentes & pauillós de lui *rent point de se def-*
& de ses gens(dont il y auoit grand nombre)& d'autres biens infinis,car rié *fendre.*
ne se sauua que les personnes:& furent perdues toutes les grádes bagues du- *Excp.vieil. Suisse gai-*
dict Duc:mais de gens pour ceste fois ne perdit que sept Hommes-d'armes. *gnent vn grand butin*
Tout le demeurant fuit, &lui aussi. Il se deuoit mieux dire de lui, qu'il per- *sur le Duc de*
dit honneur & cheuance ce iour,que l'on ne feit du Roy Iehan deFráce,qui *Bourg.*
vaillamment fut prins à la bataille de Poictiers.

   Voicy la premiere male fortune, que ce Duc eut iamais en toute sa vie:
de toutes ses autres entreprinses il en auoit eu l'honneur ou le profit. Quel
dommage lui aduint ce iour,pour vser de sa teste, & mespriser cóseil ? Quel
dommage en reçeut sa maison,& en quel estat en est elle encores, & en aduenture d'estre d'icy à long temps?Quantes sortes de gens lui en deuindrét
ennemis, & se declarerent, qui le iour de deuant temporisoient auec luy,
& se faignoient amis?Et pour quelle querelle commença ceste guerre ? ce
fut pour vn chariot de peaulx de mouton , que monseigneur de Romont

print à vn Suiſſe, en paſſant par ſa terre. Si Dieu n'euſt delaiſſé ledict Duc, il
n'eſt pas apparent qu'il ſe fuſt mis en peril, pour ſi peu de choſe, veu les offres
qui lui auoyét eſté faictes, & côtre quelles gens il auoit à faire, où il n'y pouuoit auoir nul acqueſt ne nulle gloire.   Car pour lors les Suiſſes n'eſtoient
point eſtimez côme ils ſont pour ceſte heure: & n'eſtoit rien plus pauure: &
ay ouy dire à vn Cheualier des leurs (qui auoit eſté des premiers Ambaſſadeurs, qu'ils auoient enuoyez deuers ledit Duc) qu'il lui auoit dit, en faiſant
leurs remonſtrances, pour le deſmouuoir de ceſte guerre, que contre eux ne
pouuoit rien gaigner: car leur pais eſtoit tres-ſterile & pauure, & qu'ils n'a-
uoiét nuls bôs priſonniers: & qu'il ne croyoit pas que les eſperons & mords
des cheuaux de ſon oſt, ne vaulſiſſent plus d'argent que tous ceux de leurs
territoires ne ſçauroient payer de finances, s'ils eſtoient prins.

Retournant à la bataille, le Roy fut bien toſt aduerty de ce qui eſtoit aduenu: car il auoit maintes eſpies & meſſagers par pays, *la pluſpart depeſchez
par ma main: & en euſt tres-grâde ioye, & ne lui deſplaiſoit que du petit nô-
bre de gens qui auoient eſté perdus: & ſe tenoit ledict ſeigneur, pour ces matieres icy à Lion, pour pouuoir plus ſouuent eſtre aduerty, & pour dôner remede aux choſes que ceſt hôme embraſſoit. Car le Roy qui eſtoit ſage, craignoit que par force ne ioigniſt ces Suiſſes à lui. De la maiſon de Sauoye, ledit
Duc en diſpoſoit comme du ſié: le Duc de Milan eſtoit ſon allié, le Roy René
de Cecile lui vouloit mettre ſó pays de Prouéce entre les mains: & ſi les choſes fuſſent aduenues, il tenoit dé pais depuis la mer de Ponant iuſques à celle
de Leuât en ſon obeiſſance: & n'euſſent ceux de noſtre royaume eu ſaillie ſinon par mer, ſi ledict Duc n'euſt voulu, tenant Sauoye, Prouéce & Lorraine.
Vers chaſcú d'eux le Roy enuoyoit. L'vne eſtoit ſa ſœur, madame de Sauoye,
extreme pour ledit Duc. L'autre eſtoit ſon oncle, le Roy René de Cecile: qui
à grand'peine eſcoutoit ſes meſſagers, mais enuoyoit tout au Duc de Bourgógne.   Le Roy enuoyoit auſſi vers ces ligues d'Allemaigne: mais c'eſtoit à
grâde difficulté, pour les chemins, & y faloit enuoyer mendians, pelerins &
ſemblables gens. Leſdictes villes reſpondirent orgueilleuſement, diſans: Dictes au Roy que s'il ne ſe declare, nous-nous appointerós, & nous declare-
rós côtre lui. Il craignoit qu'ainſi le feiſſent. De ſe declarer contre ledit Duc,
n'auoit nul vouloir, mais craignoit bié encores qu'il ne fuſt nouuelle de ſes
meſſagers, qu'il enuoyoit par pays.

---

*Comment apres la chaſſe de Granſon, le Duc de Milan, le Roy René de Cecile, la
Ducheſſe de Sauoye, & autres abandonnerent l'alliance du Duc de
Bourgongne.*   CHAP. II.

R faut veoir maintenant comme changea le monde apres ceſte ba-
taille, & comme les courages du Duc de Bourgongne, & de ſes alliez
furent muez, & comment noſtre Roy conduiſit tout ſagement: &
ſera bel exemple pour ces ſeigneurs ieunes, qui folement entreprennét, ſans
cognoiſtre ce qui leur en peut aduenir, & qui auſſi ne l'ont point veu par experience, & meſpriſent le conſeil de ceux qu'ils deuſſent appeller. Premierement ledict Duc propre enuoya le Seigneur de Contay au Roy, auec humbles

bles & gracieuses paroles, qui estoit contre sa coustume & nature. Regardez doncques comme en vne heure de temps se mua. Il prioit au Roy luy vouloir loyaumét tenir sa trefue: & s'excusoit de n'auoir esté à la veüe, qui se deuoit faire auptes d'Auxerre: & asseuroit s'y trouuer de brief, là, ou ailleurs au bon plaisir du Roy. Le Roy lui feit tresbonne chere, l'asseurant de tour ce qu'il demandoit: car encores ne lui sembloit pas temps de faire le contraire, & cognoissoit bien le Roy la loyauté des subiects dudict Duc, & que tost seroit ressouls: & vouloit veoir la fin de ceste aduenture, sans donner occasió à nulle des deux parties de s'accorder. Mais quelque bóne chere que le Roy feist audict seigneur de Contay, si ouyt il maintes moqueries par la ville: car les chansons se disoient publiquement à la loüange des vainqueurs, & à la folie du vaincu.

Dés ce que le Duc de Milan Galeas (qui pour lors viuoit) sçeut ceste aduéture, il en eut grande ioye, nonobstant qu'il fust allié dudict Duc: car il auoit faicte ceste alliance pour crainte de ce qu'il voyoit ledict Duc de Bourgongne auoir si grand' faueur en Italie. Ledict Duc de Milan enuoya à grand' haste vers le Roy, vn homme de peu d'apparence, Bourgeois de Milan: & par vn mediateur fut adressé à moy, & m'apporta lettres dudict Duc. Ie dy au Roy sa venuë, qui me commanda l'ouir: car il n'estoit point content dudict Duc de Milan, qui auoit laissé son alliance pour prendre celle du Duc de Bourgongne, & veu encores que sa femme estoit sœur de la Royne. La creace dudict Ambassadeur estoit, comme son maistre le Duc de Milan, estoit aduerty que le Roy & le Duc de Bourgongne se deuoiét entre-voir, & faire vne tref-grande paix & alliance ensemble, ce qui seroit au tref-grand desplaisir du Duc son maistre, & donnoit des raisons pourquoy le Roy ne le deuoit faire, ausquelles y auoit peu d'apparence. Mais disoit, à la fin de son propos, que si le Roy se vouloit obliger de ne faire paix ne trefue auec ledict Duc de Bourgongne, que ledict Duc de Milan donnoit au Roy cent mille Ducats contant. Quand le Roy eut ouy la substance de la charge de cest Ambassadeur, il le feit venir en sa presence (où il n'y auoit que moy) & luy dit en brief: Voicy monsieur d'Argenton, qui m'a dit telle chose, dictes à vostre maistre que ie ne veux point de son argent, & que i'en leue vne fois l'an, trois fois plus que lui: & de la paix & de la guerre, i'en feray à mon vouloir: mais s'il se repent d'auoir laissé mon alliance, pour prendre celle du Duc de Bourgongne, ie suis content de retourner comme nous estions. Ledict Ambassadeur remercia le Roy tres-humblemét, & lui sembla bien qu'il n'estoit point Roy auaricieux: & supplia fort au Roy qu'il voulsist faire crier lesdictes alliances en la forme qu'elles auoient esté: & qu'il auoit pouuoir d'obliger son maistre à les tenir. Le Roy lui accorda, & apres disner furent criees: & incontinent depescha vn Ambassadeur, qui alla à Milan, où elles furent criees à grand' solennité. Ainsi voyla desia vne des heurtes de l'aduersité, & vn grand homme mué, qui auoit enuoyé vne si grande & solennelle Ambassade vers le Duc de Bourgongne pour faire son alliance, n'y auoit que trois sepmaines.

Le Roy René de Cecile traictoit de faire le Duc de Bourgongne son heri-

Duc de Milan recharche l'alliance du Roy, laquelle il auoit quittee pour celle de Bourg.

tier, & de lui mettre Prouence entre ses mains: & pour aller prendre possession dudit pays, estoit allé monseigneur de Chasteau-guyon (qui pour lors
viuoit) & autres en Piedmont, pour le Duc de Bourgongne, pour faire gens:
& auoient bien vingt mille escus contant. Incontinent que les nouuelles
vindrent, à grand peine se peurent ils sauuer qu'ils ne fussent prins: & monseigneur de Bresse se trouua au pays, qui print ledict argent. La Duchesse de
Sauoye, incontinent qu'elle sçeut les nouuelles de ceste bataille, le feit sçauoir au Roy René, excusant la chose, & le reconfortant de ceste perte. Les
messagers furent prins, qui estoient Prouençaux: & par là se descouurit ce
traicté du Roy de Cecile auec le Duc de Bourgongne. Le Roy enuoya inco-
tinent des gens d'armes pres de Prouence, & des Ambassadeurs vers le Roy
de Cecile, pour le prier de venir, en l'asseurant de bonne chere, ou autre-

ment, qu'il y pouruoyroit par force. Tant fut conduict le Roy de Cecile,
qu'il vint deuers le Roy à Lion: & lui fut faict tres grand honneur & bóne
chere. Ie me trouuay present à leurs premieres paroles à l'arriuee: & dit Iean
Cosse, Seneschal de Prouence, homme de bien & de bonne maison du royaume de Naples au Roy: Sire, ne vous esmerueillez pas si le Roy mon maistre, vostre oncle, a offert au Duc de Bourgongne le faire son heritier: car il
en a esté conseillé par ses seruiteurs, & par especial par moy: veu que vous
qui estes filz de sa sœur, & son propre nepueu, lui auez fait les torts si gráds,
que de luy auoir surprins les chasteaux de Bar & d'Angers, & si mal traicté
en tous ses autres affaires. Nous auons bien voulu mettre en auant ce marché auec ledict Duc, afin que vous ouïssiez les nouuelles, pour vous donner
enuie de nous faire la raison, & cognoistre que le Roy mon maistre est vostre oncle: mais nous n'eusmes iamais enuie de mener ce marché iusques au
bout. Le Roy recueillit tresbien & tressagement ces parolles, que ledict
Iean Cosse dit tout au vray, car il conduisoit ceste matiere: & à peu de iours,
de là furent ces differens bien accordez, & eut le Roy de Cecile de l'argent
& tous ses seruiteurs, & le festoya le Roy auec les Dames: & le feit festoyer
& traicter en toutes choses selon sa nature, le plus pres qu'il peut: & furent
bons amys, & ne fut plus de nouuelles du Duc de Bourgongne, mais fut a-
bandonné du Roy René, & renoncé de toutes parts. Voila encores vn autre
malheur de ceste petite aduersité. Madame de Sauoye, qui long temps auoit
esté estimee estre contre le Roy son frere, enuoya vn messager secret, appellé

le seigneur de * Montaigny, lequel s'adressa à moy, pour se reconcilier auec
le Roy, & allegua les raisons pourquoy elle s'estoit separee du Roy son frere,
& disoit des doubtes qu'elle auoit du Roy: toutesfois elle estoit tressage, &
vraye sœur du Roy nostre maistre, & ne ioignoit point franchement à se separer dudit Duc, ne de son amitié: & sembloit qu'elle voulsist temporiser, &
attendre comme le Roy, ce qu'il seroit encore de l'aduenture dudict Duc. Le
Roy lui fut plus gracieux que de coustume, & lui feit faire par moy toutes
bonnes responces: & taschoit qu'elle vint deuers luy, & lui fut renuoyé son
homme. Ainsi voila vne autre des alliances dudict Duc, qui marchandoit à se
departir de lui. De tous costez en Allemaigne se commencerent à declarer
gens contre ledict Duc, & toutes ces villes Imperiales: comme Nuremberg,
                                                                          berg,

berg, Frācfort, & plusieurs autres, qui s'allierēt auec ces vieilles & nouuelles
alliances cōtre ledit Duc: & sembloit qu'il y eust tres-grand pardon à lui mal
faire. Les despouilles de son Ost enrichirent fort ces pauures gens de Suisses: *Petite digression sur la
qui de ptime face ne cognurent les biens qu'ils eurent en leurs mains, & par *simplicité des
especial les plus ignorans. Vn des plus beaux & riches pauillons du monde *Suisses, du
fut departy en plusieurs pieces. Il y en eut qui vendirent grand' quantité de *temps de la
plats, & d'escuelles d'argent, pour deux grands blancs la piece, cuidans que *chasse de
ce fust estaing. Son gros Diamant (qui estoit vn des plus gros de la Chrestié- *Granson.
té) où pendoit vne grosse perle, fut leué par vn Suisse, & puis remis en son
estuy, puis reietté soubs vn chariot, puis le reuint querir, & l'offrit à vn Preb-
stre pour vn Florin. Cestuy là l'enuoya à leurs seigneurs, qui lui en donnerent trois francs. Ils gaignerét trois *Balais* pareils, appellez les trois Freres:
vn autre grād Balay appellé la Hotte: vn autre appellé la balle de Flādres (qui
estoiét les plus grādes & les plus belles pierres, que l'on eust sçeu trouuer) &
d'autres biens infinis: qui depuis leur ont bien donné à cognoistre que l'argent vault. Car les* victoires & estimations en quoy le Roy les mit dés-lors, *le doubte
& les biens qu'il leur a faicts, leur ont fait recouurer infiny argent. Chascun *qu'il ne fail-
Ambassadeur des leur, qui vint vers le Roy à ce commencement, eut grands *le, valleurs.
dōns de lui, en argent ou en vaisselle: & par ce moyen les contentoit de ce
qu'il ne s'estoit declaré pour eux: & les renuoyoit les bourses pleines, & re- *Ambassa-
uestus de drap de soye: & se print à leur promettre pension, qu'il paya bien *deurs des
depuis: mais il vćit la seconde bataille auant: & leur promit quarante mille *Suisses reçoi-
Florins de Rhin, tous les ans. Les vingt mille pour les villes, & les autres vingt *uent grands
mille pour les particuliers, qui auroient le gouuernement desdictes villes. *dons du Roys
Et ne pense point mentir de dire, que ie croy que depuis la premiere bataille
de Grāson, iusques au trespas du Roy nostre maistre, lesdictes villes & particuliers desdicts Suisses, ont amēdé de nostre Roy d'vn million de Florins de
Rhin. Et n'en té des villes que quatre: Berne, Lucerne, Fribourg, Zurich, &
leurs Cātons, qui sont leurs mōtaignes. Suisse en est vn, qui n'est qu'vn villa- *Suisse est vn
ge: l'en ay veu de ce village vn, estant Ambassadeur auec autres, en biē hum- *village.
ble habillement, qui neantmoins disoit, cōme les autres, son aduis. Soleure
& Ondreual s'appellent les autres Cantons.

Comment les Suisses desfirent en bataille le Duc de Bourgongne pres de la ville de Morat.   CHAP. III.

POVR reuenir au Duc de Bourg. il ramassoit gens de tous costez: & en
trois sepmaines s'en trouua sus grād nōbre, qui le iour de sa bataille
s'estoient escartez. Il seiourna à Losane en Sauoye: où vous monseigneur de Vienne, le seruistes de bon conseil, en vne grāde maladie qu'il eut
de douleur & de tristesse, de ceste honte qu'il auoit receüe. Et à bien dire la
vérité, ie croy que iamais depuis il n'eut l'entendement si naturel qu'il auoit
eu au parauant ceste bataille. De ceste grāde assemblee & nouuelle armee, qu'il auoit faicte, i'en parle par le rapport de mōnseigneur le Prince

de Tarente, qui le compta au Roy en ma presence. Ledict Prince, enuiron vn an auāt, estoit venu vers ledict Duc, tresbien accompaigné, esperant d'a-uoir sa fille & seule heritiere: & sembloit bien filz de Roy, tant de sa person-ne que de son accoustrement & de sa compaignie: & le Roy de Naples, son pere, monstroit bien n'y auoir rien espargné. Toutesfois ledict Duc auoit dissimulé ceste matiere, & entretenoit pour lors Madame de Sauoye, pour son filz & autres. Parquoy ledit Prince de Tarente, appellé Don Federic d'Arragon, & aussi ceux de son conseil mal contens des delays, enuoyerent deuers le Roy vn Officier d'armes bien entendu: lequel vint supplier au Roy de doner sauf-conduit audict Prince, pour passer par le Royaume, & retour-ner vers le Roy son pere, lequel l'auoit mandé. Le Roy l'octroya tres-volō-tiers, & lui sembloit bien que c'estoit à la diminution du credit & renom-mée dudict Duc de Bourgongne. Toutesfois auant que le messager fust de retour, estoient ja assemblées plusieurs des ligues d'Allemaigne, & logées aupres dudict Duc de Bourgongne. Ledict Prince print congé dudict Duc, le soir deuant la bataille, en obeissant au mandement du Roy son pere. Car à la premiere bataille s'estoit trouué comme homme de bien. Aussi disent aucuns qu'il vsa de vostre conseil, monseigneur de Vienne: car ie luy ay ouy dire & tesmoigner, quand il fut deuers le Roy arriué, & au Duc d'Ascoly, ap-pellé le Comte Iulio, & à plusieurs autres: & que de la premiere & seconde bataille auez escrit en Italie, & dit ce qui en aduint, plusieurs iours auant qu'elles fussent faictes.

Comme i'ay dit, au partement dudict Prince, estoient logées plusieurs de ces Alliances assez pres dudict Duc: & venoient pour le combatre, allans le-uer le siege qu'il auoit deuant Morat, petite ville pres de Berne, qui apparte-noit à monseigneur de Romont. Lesdicts alliez (comme il me fut dict par ceux qui y estoient) pouuoient bien estre trente & vn mille Hommes de pied, bien choisis & bien armez: c'est à sçauoir onze mille Piques, dix mille Hallebardes, dix mille Couleurines, & quatre mille Hommes à cheual. Lesdictes Alliances n'estoiét point encores toutes assemblées, & ne se trou-ua à la bataille que ceux dont i'ay parlé, & suffisoit bien. Monseigneur de Lorraine y arriua à peu de gens, dont fort bien luy en print depuis: car ledit Duc de Bourgongne tenoit lors toute sa terre. Audict Duc de Lorraine print bien de ce qu'on s'ennuyoit de luy en nostre Court: & croy bien qu'il ne sçeut iamais la verité, mais quand vn grand homme à tout perdu le sien, il ennuye le plus souuent à ceux qui le soustiennent. Le Roy lui auoit donné vn petit d'argent, & le feit conduire auec bon nombre de Gens-d'armes à trauers du pays de Lorraine: lesquels le mirét en Allemaigne, & puis retour-nerent. Ledict Seigneur de Lorraine n'auoit pas seulement perdu son pais de Lorraine, la Comté de Vaudemont, & la pluspart de Barroys: car le de-mourant le Roy le tenoit. Ainsi ne lui estoit rien demouré. Et qui pis estoit, tous ses subiects auoient fait serment audict Duc de Bourgongne, & sans contrainte: & iusques aux seruiteurs de sa maison. Parquoy sembloit qu'il y eust peu d'esperance à son faict: toutesfois Dieu demeure tousiours le iuge, pour determiner de telles causes, quand il lui plaist.

Apres

Apres que le Duc de Lorraine fut paſſé, comme i'ay dit , & quand il eut cheuauché aucuns iours,il arriua vers leſdictes Alliances peu d'heures auant la bataille,& auec peu de gens:& lui porta ce voyage grand hóneur, & grãd profit: car ſi autrement en fuſt allé,il euſt trouué peu de recueil. Sur l'heure qu'il fut arriué,marchoient les batailles d'vn coſté & d'autre:car leſdictes Alliances auoiét ja eſté logées,trois iours ou plus,aupres du Duc de Bourgongne en lieu fort.A peu de deffence fut deſconfit ledict Duc,& mis en fuite:& ne lui print point cóme de la bataille precedéte,où il n'auoit perdu que ſept hómes d'armes. Et cela aduint pource que leſdicts Suiſſes n'auoiét point de gens de cheual.Mais à ceſte heure cy,dót ie parle,qui fut pres Morat,y auoit de la part deſdictes Alliances quatre mille hommes de cheual bien montez, qui chaſſerent treſloing les gens dudit Duc de Bourgongne:& ſi ioignirent leur bataille à pied auec les gens de pied dudit Duc,qui en auoit largement: car ſans ſes ſubiects &aucuns Anglois qu'il auoit en grand nóbre,il lui eſtoit venu de nouueau beaucoup de gens du pais de Piedmont, & autres des ſubiects du Duc de Milá,cóme i'ay dit:& me dit ledict Prince de Tarente, quád il fut arriué deuers le Roy,que iamais n'auoit veu ſi belle armee:& qu'il auoit compté & fait compter l'armee en paſſant ſur vn pont,& y auoit bié trouué vingt & trois mille hómes de ſoulde,ſans le reſte qui ſuyuoit l'armee,& qui eſtoit pour le faict de l'artillerie. A moy me ſemble ce nombre treſ-grand, combien que beaucoup de gens parlent de milliers , & font les armees plus groſſes qu'elles ne ſont,& en parlent legerement.Le ſeigneur de Cótay,qui arriua vers le Roy,toſt apres la bataille,confeſſa au Roy,moy preſent,qu'en ladicte bataille eſtoient morts huict mille hommes,du party dudit Duc,prenans gages de lui,& d'autres menues gés aſſez. Et croy,à ce que i'en ay peu entédre,qu'il y auoit bien dix huict mille perſonnes * en tout: & eſtoit aiſé à croire,tant pour le grand nombre de gens de cheual,qu'il y auoit,qu'auoiét pluſieurs ſeigneurs d'Allemaigne,qu'auſſi pour ceux qui eſtoiét encores au ſiege deuant ledict Morat.Le Duc fuit iuſques en Bourgongne,bien deſolé, comme raiſon eſtoit:& ſe tint en vn lieu,appellé la Riuiere,où il raſſembloit des gens tant qu'il pouuoit.Les Allemás ne chaſſerent que ce ſoir ,& puis ſe retirerent ſans marcher apres luy.

Comment apres la bataille de Morat,le Duc de Bourgongne ſe ſaiſit de la perſonne de Madame de Sauoye:& comment elle en fut deliuree,& renuoyee en ſon pays par le moyen du Roy.   CHAP. IIII.

Eſte aduenture deſeſpera ledict Duc:& lui ſembla bien que tous ſes amis l'abádonneroiét,aux enſeignes qu'il auoit veuës deſia à ſa premiere perte de Gráſon:dont il n'y auoit que trois ſepmaines,iuſques à celle dót ie parle.Et pour cés doutes,par le cóſeil d'aucús,il feit amener par force la Ducheſſe de Sauoye,en Bourgongne,& vn de ſes enfans,qui depuis fut Duc de Sauoye. L'aiſné fut ſauué par aucuns ſeruiteurs de ceſte maiſon de Sauoye:car ceux qui feirent ceſte force,la feirent en crainte,& furent cótraints de ſe haſter. Ce qui feit faire ceſt exploict audict Duc , fut de peur

qu'elle ne fe retiraft deuers le Roy fon frere, difant que pour fecourir la maifon de Sauoye, luy eftoit aduenu tout ce mal. Ledić DVC la feit mener au
chafteau de Rouures pres de Dijon, & y auoit quelque peu de garde: toutesfois il l'alloit veoir qui vouloit, & entre les autres y alloit monfeigneur de
Chafteau-guyon, & le Marquis de Rotelin, qui font aujourd'huy: defquels
deux ledić Duc auoit traićté le mariage auec deux filles de ladićte Ducheffe, combié que lors lefdićts deux mariages ne fuffent point accomplis : mais
ils l'ont efté depuis. Son fils aifné, appellé Philibert, lors Duc de Sauoye, fut
mené à Chambery, par ceux qui le fauuerent: auquel lieu fe trouua l'Euefque
de Geneue, fils de la maifon de Sauoye) qui eftoit homme tref-volontaire,
& gouuerné par vn Commandeur de Rhodes. Le Roy feit traićter auec ledić Euefque & fon Gouuerneur, Commandeur de Rhodes, en maniere
qu'ils mirent entre les mains dudić feigneur, le Duc de Sauoye, & vn petit
frere, appellé le Protenotaire, auec le chafteau de Chambery & celui de Môt-
melian: & lui garda vn autre chafteau, où eftoient toutes les bagues de ma-
dićte Dame de Sauoye.

Au pluftoft que ladićte Ducheffe fe trouua à Rouurés (comme i'ay dit) ac-
compaignee de toutes fes femmes, & largement feruiteurs, & qu'elle veit le
Duc bien empefché à raffembler gens, & que ceux qui la gardoient, n'a-
uoient pas la crainte de leur maiftre telle qu'ils fouloient, & auoient accouftumé d'auoir, elle fe delibera d'enuoyer vers le Roy fon frere, pour traićter
appointement, & pour fupplier qu'il la retiraft. Toutesfois elle eftoit en
grande doute de tomber fous fa main, n'euft efté le lieu où elle fe voyoit: car
la haine auoit efté moult grande & longue entre ledić feigneur & elle. Il
vint de par ladićte Dame vn Gentil-homme de Piedmont, appellé Riuerol,
fon maiftre d'hoftel: lequel par quelqu'vn fut addreffé à moy. Apres l'auoir
ouy, & dit au Roy ce qu'il m'auoit dit, ledić feigneur l'oüit : & apres l'auoir
ouy, luï dift qu'à tel befoing ne voudroit auoir failly à fa fœur, nonobftant
leurs differéds paffez: & fi elle fe vouloit allier de lui, qu'il la feroit enuoyer
querir par le Gouuerneur de Champaigne, pour lors meffire Charles d'Amboife, feigneur de Chaumont. Ledić Riuerol print congé du Roy, & alla
vers fa maiftreffe à tref-grand' hafte. Elle fut ioyeufe de cefte nouuelle: toutesfois elle renuoya encores vn homme incontinent qu'elle eut ouy le premier, fuppliant au Roy qu'il lui donnaft feureté, qu'il la laiffaft aller en Sauoye, & qu'il lui rédift le Duc fon fils, & l'autre petit, & auffi les places, & qu'il
l'aydaft à la maintenir en fon authorité en Sauoye: & de fa part, qu'elle eftoit
contente de renoncer à toutes alliances, & prendre la fienne. Ledić feigneur lui bailla tout ce qu'elle demandoit : & incontinent enuoya vn hôme exprés vers ledić feigneur de Chaumont, pour faire l'entreprinfe : laquelle fut bien faićte, & bien excutee, & alla ledić feigneur de Chaumont,
auec bon nombre de gens, iufques à Rouures, fans porter dommage au
pays : & amena madame de Sauoye tout fon train, en la plus prochaine place, en l'obeiffance du Roy. Quand ledić feigneur depefcha le dernier meffager de ladićte Dame, il eftoit ja party de Lyon: où il s'eftoit tenu par l'efpace de fix moys, pour fagement demefler les entreprinfes du Duc de Bourgongne,

gongne fans rompre la trefue. Mais à bien cognoiſtre la condition dudict
Duc,le Roy lui faiſoit beaucoup plus de guerre en le laiſſant faire,& lui ſol-
licitant ennemis en ſecret,que s'il ſe fuſt declaré contre lui : car apres ce que
ledict Duc euſt veu la declaration,il ſe fuſt retiré de ſon entreprinſe:parquoy
tout ce qui luy aduint,ne lui fuſt point aduenu.

LeRoy incontinét,en continuát ſon chemin,au partir de Lyó ſe meit ſur
la riuiere de Loire à Roüenne,& vint à Tours. Dés ce qu'il y fut, ſçeut la deliurance de ſa ſœur,dont il fut tref-ioyeux:& manda diligémét qu'elle vint
deuers lui,& ordóna de la deſpence qu'elle pourroit faire en chemin. Quãd
elle arriua,il enuoya largement gens au deuant d'elle: & lui meſme l'alla recueillir à la porte du Pleſſis du Parc,& lui feit treſbon viſage, én lui diſant:
Madame * de Bourgongne,vous ſoyez la treſbien venue.Elle cognut bien à
ſon viſage,qu'il ne ſe faiſoit que ioüer:& reſpondit bien ſagement qu'elle e-
ſtoit bóne Frãçoiſe,& preſte d'obeïr au Roy,en ce qu'il lui plairoit lui commander. Ledict ſeigneur la mena en ſa chambre,& la feit bien traicter. Vray
eſt qu'il auoit tres-grãde enuie d'en eſtre depeſché.Elle eſtoit treſſage,& s'en-
tre-cognoiſſoient bien tous deux:& deſiroit encore plus ſon partement. I'eu
la charge du Roy de ce qui eſtoit à faire en ceſte matiere.Premier,de trouuer
argét pour ſon deffray,& pour s'é retourner,& des draps de ſoye:& de faire
mettre par eſcrit leur alliance,& forme de viure,pour le temps aduenir. Le
Roy la voulut deſmouuoir du mariage(dót i'ay parlé)de ſes deux filles:mais
elle s'en excuſoit ſur les filles,leſquelles y eſtoyét obſtinées:& à la verité, elles n'y eſtoient point mal. Quand ledict ſeigneur cognut leur vouloir,il ſ'y
cóſentit:&apres que ladicteDame eut eſte'audict lieu duPleſſis ſept ou huict
iours, le Roy & elle feirent ſerment enſemble d'eſtre bons amis pour le téps
aduenir:&en furent baillées lettres d'vn coſté & d'autre:& print congé ladicte Dame du Roy,qui la fit bien conduire iuſques chez elle : & lui feit rendre ſes enfans,& toutes ſes places,& bagues,& tout ce qui lui appartenoit.
Tous deux furent bien ioyeux de departir l'vn de l'autre : & ſont demeurez
depuis comme bon frere & bonne ſœur iuſques à la mort.

---

*Comment le Duc de Bourgongne ſe tint quelques ſepmaines comme ſolitaire: & com-
ment cependant le Duc de Lorraine recouura ſa ville de Nancy.*

CHAP. V.

POVR continuer mon propos,faut parler du Duc de Bourgógne: lequel apres la fuite de ceſte bataille de Morat (qui fut en l'an 1476.)
s'eſtoit retiré à l'entree de Bourgongne,en vn lieu appellé la Riuiere:
auquel lieu il ſeiourna plus de ſix ſepmaines,ayant encores cœur de r'aſſembler gens. Toutesfois il y beſongnoit peu ,& ſe tenoit comme ſolitaire : &
ſembloit plus qu'il faiſoit par obſtination ce qu'il faiſoit,qu'autremét,com-
me vous entendrez : car la douleur qu'il eut de la perte de la premiere bataille de Granſon , fut ſi grande , & luy troubla tant les eſprits , qu'il en
tomba en grande maladie: & fut telle, que (là où ſa cholere & chaleur na-

turelle eſtoit ſi grande qu'il ne beuuoit point de vin, mais le matin beuuoit ordinairement de la tiſane, & mangeoit de la conſerue de roſes pour ſe rafreſchir) ladicte triſteſſe mua tant ſa complexion, qu'il lui faloit faire boire le vin bien fort ſans eaüe: & pour lui faire retirer le ſang au cœur, mettoient des eſtouppes ardentes dedans des ventouſes: & les lui paſſoient en ceſte chaleur à l'endroit du cœur. Et de ce propos, vous monſeigneur de Vienne, en ſçauez mieux que moy: comme celui qui lui aidaſtes à paſſer ceſte maladie: & luy feiſtes faire la barbe, qu'il laiſſoit croiſtre. Et à mon aduis, oncques puis ladicte maladie, ne fut ſi ſage qu'auparauant, mais beaucoup' diminué de ſon ſens. Et telles ſont les paſſions de ceux qui apres ſemblables infortunes, ne cherchent les vrais remedes, & par eſpecial les Princes, qui ſont orgueilleux: car en ce cas & en ſemblables, le premier refuge eſt retour-

Remedes cõ-
tre aduer-
ſitez. ner à Dieu, & penſer ſi en rien on l'a offenſé, & s'humilier deuant luy, & cognoiſtre ſes meſfaits: car c'eſt lui qui determine de tels procés, ſans ce qu'on lui puiſſe propoſer nul erreur. Apres cela, fait grand bien de parler à quelque amy de ſes priuez, & hardimét plaindre ſes douleurs, & n'auoir point de hôte de monſtrer ſa douleur deuant l'intime amy: car cela allege le cœur, & le reconforte: & les eſprits reuiennent en leur vertu, parlant ainſi à quelqu'vn en conſeil: ou bien faut prédre autre remede, par quelque exercice & labeur (car il eſt force, puis que nous ſommes hommes, que telles douleurs paſſent auec paſſion gráde, on en public ou en particulier) & nó point prédre le chemin que print ledict Duc de ſe cacher, ou ſe tenir ſolitaire: mais faire le contraire, & chaſſer toute auſterité. Car pource qu'il eſtoit terrible à ſes gens, nul ne s'oſoit auancer de luy donner nul confort ou conſeil: mais le laiſſoiét faire à ſon plaiſir, craignans que ſi aucune choſe lui euſſent remonſtré, qu'il ne leur en fuſt mal prins.

Pendant ces ſix ſepmaines, ou enuiron, qu'il ſeiourna auec peu de gens (qui n'eſtoit point de merueilles, apres auoir perdu deux ſi groſſes batailles, comme vous auez ouy) & que pluſieurs nouueaux ennemis ſe furent declarez, & les amis refroidis, & les ſubiects rompus & deffaits, & qui cóméçoient à entrer en murmure, & auoit leur maiſtre en meſpris, comme eſt bien de couſtume, comme i'ay dit, apres telles aduerſitez pluſieurs places petites, furent deffaictes & prinſes ſur lui en ceſte Lorraine: comme Vaudemont, & puis Eſpinal, & autres apres. Et de tous coſtez ſe commencerent à eſueiller gens pour lui courre ſus: & les plus meſchans eſtoiét les plus hardis. Et ſur ce bruit, le Duc de Lorraine aſſembla quelque peu de gens, & de peuple: & s'en vint loger deuant Nancy. Des petites villes d'enuiron, il en tenoit la pluſpart: toutesfois le Duc de Bourgongne tenoit encores le Pont à-mouſſon, à quatre lieües dudict Nancy, ou enuiron. Entre ceux qui eſtoient dedans

*Bieures
Exẽp. vieil.
*Colpin.
par tout.
Exẽp.vieil. aſſiegez, eſtoit vn de la maiſon de Croy, appellé monſeigneur de *Beures, bon Cheualier & honneſte, qui auoit leans gens de pluſieurs pieces: & entre les autres auſſi eſtoit dedans vn Anglois, appellé *Cohiñ, tres-vaillant homme, de petite lignèe: & l'amenay auec autres de la garniſon de Guynes au ſeruice du Duc. Ledict Cohin auoit enuiron trois cens Anglois ſoubs lui en ladicte place. Et combien qu'ils ne fuſſent point preſſez de baterie,

ne d'ap-

ne d'approches, si leur ennuyoit-il de ce que ledit Duc de Bourgongne
mettoit tant à les secourir: & à la verité il auoit grand tort qu'il ne l'approchoit: car là où il estoit, c'estoit loing du pays de Lorraine, & n'y pouuoit
plus de rien seruir: car il auoit mieux besoing de deffendre ce qu'il possedoit,
que de courre sus aux Suisses, pour se cuider venger de son dommage. Mais
son obstination luy porta grand dommage, & ce qu'il ne prenoit conseil
que de luy: car quelque diligence qu'on feist de le solliciter de secourir ceste place, il seiourna, sans nul besoing, audit lieu de la Riuiere, six sepmaines
ou enuiron: & s'il eust fait autrement, il eust aisément secouru ladite place:
car ledit Duc de Lorraine n'auoit point de gens deuant, & en gardant le
pays de Lorraine, il auoit tousiours son passage pour venir de ses autres seigneuries passer par Luxembourg & par Lorraine, pour aller en Bourgongne. Parquoy si la raison eust esté en luy telle, qu'elle auoit esté autresfois, il
y deuoit faire autre diligence.

Cependant que ceux qui estoient dedans Nancy attendoient leur secours, ledit Cohin, dont i'ay parlé, qui estoit chef de ceste bande d'Anglois
qui estoient dedans, fut tué d'vn canon, qui fut grand dommage audit Duc
de *Bourgongne*: car la personne d'vn seul homme est aucunesfois cause de
preseruer son maistre d'vn grand inconuenient, encores qu'il ne soit de sa
maison, ne de lignee grande, mais que seulement le sens & la vertu y soient.
Et en cet article ay cognu au Roy nostre maistre, vn grand sens: car iamais
Prince n'eut plus grande crainte de perdre ses gens que luy. Incontinent
que ledit Cohin fut mort, les Anglois qui estoient souz luy, commencerent
à murmurer, & à se desesperer du secours: & ne cognoissoient point bien la
petite force du Duc de Lorraine, & les grands moyens qu'auoit le Duc de
Bourgongne de recouurer gens: mais par le long temps qu'il y auoit que les
Anglois n'auoient eu guerres hors de leur Royaume, ils n'entendoiét point
bien le faict des sieges: & en effect, se mirent à vouloir parlementer, & dirent audit sieur de Beures, qui estoit chef en la ville, s'il n'appointoit, qu'ils
appointeroient sans luy. Combien qu'il fust bon Cheualier, si auoit-il peu
de vertu, & vsa de grandes prieres & de grandes remonstrances: & croy si
plus audacieusement il eust parlé, qu'il luy en fust mieux prins, sinon que
Dieu en eust ainsi ordonné: Car il ne faloit que tenir encores trois iours,
qu'ils n'eussent eu du secours. Mais pour abbreger, il compleut & se con-
sentit aux dessusdits Anglois: & rendit la place au Duc de Lorraine, saufs
leurs personnes & biens.

Nancy ren-
du au Duc
de Lorraine.

Le lendemain, ou pour le plus tard, deux iours apres ladicte place rendue, le Duc de Bourgongne arriua aupres bien accompagné, selon le cas:
car ilz luy estoient venus quelques gens du quartier de Luxembourg, qui
venoient de ses autres Seigneuries: & se trouuerent ledict Duc de Lorraine
& luy: toutesfois il n'y eut rien d'importance, parce que ledict Duc de Lorraine n'estoit assez fort. Ledict Duc de Bourgongne se mit encores apres
son esteuf à remettre le siege deuát Nancy: & luy eust mieux valu n'auoir ia
esté si obstiné en sa demouree: mais Dieu prepare tels vouloirs extraordinai-
res aux Princes, quand il luy plaist muer leur fortune. Si ledit seigneur eust

O

voulu vfer de confeil, & bien garnir les petites places d’entour, il euft en peu
de temps recouuré la place: car elle eftoit tres mal-pourueuë de viures, & y
auoit affez & trop de gens, pour la tenir à deftroit, & euft peu rafraifchir fon
armee, & la refaire: mais il le print par autre bout.

Des grādes trahifons du Comte de Campobache: & commēt il empefcha le Duc de Bour-
gongne d’ouir vn Gentil. homme qui les luy vouloit reueler, deuant qu’eftre pendu: &
comment ledit Duc ne tint compte auffi de l’aduertiffement que luy en donna le Roy.

CHAP. VI.

Ependant qu’il tenoit ce fiege malheureux pour luy, & pour tous
fes fubiects, & pour affez d’autres, à qui la querelle ne touchoit en
rien, commencerent plufieurs des fiens à pratiquer: & ja (comme
i’ay dit) luy eftoient fours ennemis de tous coftez: & entre les autres, le
Comte Nicole de Campobache, du royaume de Naples, dont il eftoit chaffé pour la maifon d’Anjou, & l’auoit retiré le Duc apres le trefpas du Duc
Nicolas de Calabre, à qui il eftoit feruiteur, & plufieurs autres des feruiteurs dudict Duc. Ce Comte eftoit trefpauure (comme i’ay dit ailleurs) & de
meuble & d’heritage. Le Duc de Bourgongne luy bailla d’entree quarante
mille Ducats d’impreftance, pour aller faire fa charge en Italie, qui eftoit de
quatre cens Lances qu’il payoit par fa main: & dés lors commença à machi-
ner la mort de fon maiftre (comme i’ay defia dit) & continua iufques à celle
heure dont ie parle: & de nouueau voyant fon maiftre en aduerfité, commença à pratiquer, tant enuers monfeigneur de Lorraine, qu’auec aucuns
Capitaines & feruiteurs que le Roy auoit en Champaigne, pres de l’armee
dudict Duc. Audict Duc de Lorraine promettoit tenir la main, que ce fiege
ne s’auanceroit point, & qu’il feroit trouuer des deffaux és chofes plus neceffaires pour le fiege, & pour la batterie: & il le pouuoit bié faire, car il en a-
uoit la principale charge, & toute l’authorité auec ledict Duc de Bourgongne. Aux noftres pratiquoit plus au vif: car toufiours prefentoit de tuer ou
prendre fon maiftre: & demandoit le payement de fes quatre cens Lances,
vingt mille efcus contant, & vne bonne Comté.

Durant qu’il conduifoit ces marchez, vindrent aucuns Gentils-hommes
du Duc de Lorraine, pour entrer en la place. Aucuns y entrerent, autres fu-

rent prins: dont l’vn fut vn Gentil homme de Prouence, appellé* Cifron,
lequel conduifoit tous les marchez dudict Comte auec ledict Duc de Lorraine. Le Duc de Bourgongne commanda que ledict Cifron fuft incontinent pendu: difant que depuis qu’vn Prince a pofé fon fiege, & fait tirer
fon artillerie deuant vne place, fi aucuns y viennent pour y entrer, & la reconforter contre luy ils font dignes de mort, par les droicts de la guerre:
toutesfois il ne s’en vfe point en nos guerres, qui font affez plus cruelles que
la guerre d’Italie & d’Efpaigne, là ou on vfe de cefte couftume. Quoy qu’il y
euft, ledict Duc voulut que ce Gentil homme mouruft: lequel quand il
veit qu’en fon faict n’y auoit nul remede, & qu’on le vouloit mener mourir, manda audict Duc de Bourgongne, qu’il luy pleuft l’ouyr, & qu’il luy
diroit

diroit chose qui touchoit à sa personne. Aucuns Gentils-hommes, à qui il
dit ces parolles, le vindrent dire au Duc: & d'auenture le Comte de Campobache se trouua deuant, quand iceux vindrent parler au Duc, ou bien sçachant la prinse dudict Cifron, s'y voulut bien trouuer, doutant qu'il ne dist
de luy ce qu'il sçauoit: car il sçauoit tout le demené dudict Comte, tant d'vn
coste que d'autre, & lui auoit tout esté communiqué, & estoit ce qu'il vouloit dire. Ledict Duc respondit à ceux qui luy vindrent faire ce rapport,
qu'il ne le faisoit que pour sauuer sa vie, & qu'il leur dist que c'estoit. Ledict
Comte conforta ceste parole, & n'y auoit auec ledict Duc que ce Comte, &
quelque Secretaire qui escriuoit: car ledict Comte auoit toute la charge de
ceste armee. Le prisonnier dit qu'il ne le diroit qu'audit Duc de Bourgongne. Derechef commanda ledict Duc qu'on le menast pendre, ce qui fut
faict: & en le menant, ledict Cifron requit à plusieurs qu'ils priassent leur
maistre pour luy, & qu'il luy diroit chose qu'il ne vouldroit pour vne Duché
qu'il ne le sçeut. Plusieurs qui le cognoissoient, en auoient pitié: & vindrent parler à leur maistre pour faire ceste requeste qu'il luy pleust de l'ouïr:
mais ce mauuais Comte estoit à l'huis de la chambre de bois, en quoy lo-
goit ledict Duc, & gardoit que nul n'entrast: & refusa l'huis à ceux là, disant: Monseigneur veult qu'on s'auance de le pendre: & par messagers ha-
stoit le Preuost. Et finalement ledit Cifron fut pendu: qui fut au grand
preiudice du Duc de Bourgogne: & luy eust mieux valu n'auoir esté si cruel,
& humainemét ouïr ce Gentil-homme: & parauanture s'il l'eust faict, qu'il
fust encores en vie, & sa maison entiere, & beaucoup accreuë, veu les choses
suruenuës en ce Royaume depuis.

*Vn Gentil-
homme pédu
qui pouuoit
aider le Duc
de Bourg.*

Mais il est à croire que Dieu en auoit autrement disposé, depuis ce desloyal tour que ledict Duc auoit faict peu de temps parauant au Comte de
Sainct Paul, Connestable de France, ainsi qu'auez entendu ailleurs en ces
Memoires, comment il l'auoit prins sur sa seureté, & baillé au Roy pour le
faire mourir, & d'auantage baillé tous les seellez & lettres qu'il auoit dudict Connestable, pour seruir à son procez. Et combien que ledict Duc eust
trouué, & eust iuste cause de hair ledit Connestable iusques à la mort, &
de la luy procurer, pour beaucoup de raisons, qui seroient longues à escrire, moyennant qu'il l'eust peu faire, sans luy donner la foy. Toutesfois toutes les raisons que sçauroye alleguer en ceste matiere, ne sçauroient cou-
urir la faulte de foy & d'honneur que le Duc commit en baillant bon &
loyal sauf-conduict audict Connestable, & neantmoins le prendre & vendre par auarice, non point seulement pour la ville de Sainct Quentin &
des places, heritages & meubles dudict Connestable, mais aussi pour la
doubte de faillir de prendre la ville de Nancy quand il l'auoit assiegee la
premiere fois: & fut à l'heure qu'apres plusieurs dissimulations, il bailla ledit Connestable, doubtant que l'armee du Roy, qui estoit en Champagne,
ne luy empeschast son entreprinse: car le Roy le menaçoit par ses Ambassadeurs, pour ce que par leur appointement, le premier des deux qui tiendroit le Conestable, le deuoit rendre dedans huict iours apres, à son compaignon, ou le faire mourir. Or auoit ledit Duc passé ce terme de beaucoup

*Le Duc de
Bourgongne
vendit le Cô-
nestable.*

de iours : & ceſte ſeule crainte & ambition de Nancy, lui feit bailler ledict
Conneſtable, ainſi qu'auez ouy. Tout ainſi comme en ce propre lieu de
Nanci, il auoit commis ce crime iniuſtement, apres qu'il eut remis le ſecond
ſiege, & fait mourit ledict Cifron (lequel il ne voulut ouir parler comme
homme qui auoit ja l'ouye bouchee, & l'entendement trouble) fut à ceſte
propre place deçeu & trahy, par celui auquel plus il ſe fioit, & par-aduentu-
re iuſtement payé de ſa deſſerte, pour le cas qu'il auoit commis dudict
Conneſtable, & par auarice de ladicte ville de Nancy. Mais ce iugement
appartient à Dieu, & ne le dy que pour eſclaircir mon propos, & donner à
entendre combien vn bon Prince doit fuir à conſentir vn tel vilain tour
& deſloyauté, quelque conſeil encores qu'on lui en ſçache donner. Et aſſez
de fois aduient que ceux qui leur conſeillent, le font pour leur complaire,
ou pour ne les oſer contredire, à qui il en deſplaiſt bien, quand le cas eſt
aduenu, cognoiſſant la punition qui en peut aduenir, tant de Dieu que du
monde : toutesfois tels conſeillers vaudroient bien mieux loing du Prince,
que prés.

Vous auez ouy comme Dieu en ce monde eſtablit ce Comte de Campobache commiſſaire à faire la vengeance de ce cas du Conneſtable, ainſi
commis par le Duc de Bourgongne, & au propre lieu, & en la propre maniere, & encores beaucoup plus cruellement. Car tout ainſi que par deſſus le ſauf-conduict & feableté, qu'auoit en lui ledict Conneſtable, il le liura pour eſtre mis à mort, tout ainſi par le plus feable de ſon armee (c'eſt à
dire par celui, en qui plus ſe fioit) fut-il trahy : par celui, dy-ie, qu'il a-
uoit recueilly vieil & pauure, & ſans nul party, & qu'il auoit ſouldoyé à
cent mille ducats l'an, dont il payoit ſes Gens-d'armes par ſa main, & d'autres grands aduantages qu'il auoit. Et quand il commença ceſte marchandiſe, il s'en alloit en Italie, à tout quarante mille ducats contant, qu'il auoit receus pour impreſtance (comme dict eſt) qui vault à dire pour mettre ſus ſes
gens-d'armes : & pour conduire ceſte trahiſon, s'addreſſa en deux lieux : le
premier à vn Medecin demourant à Lyon, appellé maiſtre Simon de Pauie,
& à vn autre en Sauoye, dont i'ay parlé, & à ſon retour furent logez ſes géſ-
d'armes en certaines petites places de la Comté de Marle, qui eſt en Lanoys:
& là reprint ſa pratique, offrant bailler toutes les places qu'il tenoit: ou ſi le
Roy ſe trouuoit en bataille contre ſon maiſtre, qu'il y auroit certain ſigne
entre le Roy & lui, qu'en lui faiſant, il ſe tourneroit contre ſon maiſtre, &
du party du Roy, auec toute ſa bande. Ce ſecond party ne pleut point
fort au Roy. Il offroit encores que la premiere fois, que ſon maiſtre loge-
roit en champ, qu'il le prendroit, ou tueroit en allant viſiter ſon Oſt. Et à la
verité dire, il n'euſt point failly à ceſte tierce ouuerture : car ledict Duc auoit
vne couſtume qu'incontinent qu'il eſtoit deſcendu de cheual, au lieu où il
venoit pour loger, il oſtoit le menu harnois, & retenoit le corps de ſa cuirace, & ſe montoit ſur vn petit cheual, huict ou dix Archiers à pied auec lui
ſeulement. Aucunesfois le ſuyuoient deux ou trois gentils-hommes de ſa
chambre : & alloit tout à l'entour de ſon Oſt, par le dehors, voir s'il eſtoit
bien clos : & ainſi ledict Comte euſt fait ceſte execution auec dix cheuaux,

ſans

sans nulle difficulté. Apres que le Roy eut veu la continuelle poursuite que
faisoit cest homme, pour trahir son maistre, & que ceste demence fut à
l'heure d'vne tresue, & qu'il ne sçauoit point de tous points à quelle fin il *derniere,
faisoit ces ouuertures, il delibera monstrer vne grande franchise au Duc de   *Exep. vieil
Bourgongne: & lui manda par le seigneur de Contay (qui plusieurs fois a e-
sté nommé en ces Memoires) tout au long le demené de ce Comte: & y e-
stois present, & suis bien seur que ledict seigneur de Contay s'en acquita
loyaumée enuers son maistre: lequel le print tout au rebours, disant que (s'il
eust esté vray) le Roy ne lui eust point fait sçauoir. Et fut ceci long temps a-
uant qu'il vint à Nancy: & croy bien que ledict Duc n'en dit rien audict Cóte: car il ne changea iamais de propos.

Comment le Duc de Lorraine accompagné de bon nombre d'Allemans, vint loger à S.
Nicolas, pendant le siege de Nancy: & comment le Roy de Portugal, qui estoit en
France, alla veoir le Duc de Bourgongne, durant ce siege.

CHAP. VII.

IL faut retourner à nostre matiere principale, & à ce siege, que ledict
Duc tenoit deuant Nancy (qui estoit au cœur d'Hyuer) auec peu de
gens, mal armez, mal payez, & beaucoup de malades, & des plus
grãds qui pratiquoyent contre lui (comme vous voyez) & tous en general
murmuroient, & mesprisoient tous ses œuures, comme est bié de coustume
en tẽps d'aduersité, comme i'ay bien dit au long ici deuãt: mais nul ne pratiquoit contre sa personne ne contre son estat, que ce Comte de Campobache, & en ses subiects ne trouua nulle desloyauté. Estant en ce pauure appareil, le Duc de Lorraine traicta vers ces vieilles alliances (que i'ay nommees
icy deuant) d'auoir gens pour combatre le Duc de Bourgongne, qui estoit
deuant Nancy. Toutes ces villes y furẽt tres-enclines: ne restoit que trouuer
argent. Le Roy le reconfortoit d'Ambassadeurs (qu'il auoit enuoyez vers les
Suisses) & aussi lui fournir quarante mille francs, pour ayder à payer les Allemans: & si auoit monseigneur de Cran (qui estoit son Lieutenant en Chã-
paigne) logé en Barrois, auec sept ou huict cens Lãces, & des Frãcs Archiers,
bien accompaignez de bõs Chefs. Tant feit le Duc de Lorraine, auec la faueur & argent du Roy, qu'il tira grand nombre d'Allemãs, tant de pied que
de cheual: car outre ce qu'il paya, ils en fournirent à leurs despés. Aussi auoit
auec lui largement gentils-hommes de ce Royaume: & puis ceste armee du
Roy estoit logee en Barrois, comme i'ay dit, laquelle ne faisoit nulle guerre,
mais voyoit qui auroit du meilleur. Et vint ledict Duc de Lorraine loger à
sainct Nicolas pres Nanci, auec ces Allemans dessusdicts.

Le Roy de Portugal estoit en ce Royaume (neuf mois auoit ou enuiron)   Roy de Por-
auquel le Roy s'estoit allié contre le Roy d'Espaigne, qui estoit pour lors: tugal allié
lequel Roy de Portugal estoit venu, cuidant que le Roy lui baillast grande   du Roy, &
armee, pour faire la guerre en Castille, par le costé de Biscaye ou de Nauar-   destitué de
re: car il tenoit largement places en Castille, à la frontiere de Portugal, & en   luy en sa ne-
tenoit encores d'aucunes voisines de nous, cõme le chasteau de Bourgues,   cessité.

& plufieurs autres. Et croy bien que (fi le Roy lui euft aydé, commé quelquefois il en eut le vouloir) le Roy de Portugal fuft venu au deffus de fon entreprinfe: mais ce vouloir paffa au Roy: & fut longuement le Roy de Portugal
entretenu en efperance, comme d'vn an ou plus.

Durant ce temps s'empiroiét les befongnes dudict Roy de Portugal en
Caftille: car à l'heure qu'il vint, prefque tous les feigneurs du royaume de
Caftille tenoient fon parti: mais le voyát tát demeurer, peu à peu muerét ce
propos, & s'appointerét auec le Roy Ferdinand, & la Royne Yfabel, qui regnerent depuis. Le Roy s'excufoit de cefte aide (qu'il auoit promis & accordé) fur cefte guerre qui eftoit en Lorraine, monftrant auoir crainte que fi le
Duc de Bourgógne fe reffouldoit, qu'aptes ne lui vint courre fus. Ce pauure

Le Roy foli-
cite le Duc
de Bourg.
par le Roy de
Portugal
peu auant fa
desfaicte.

Roy de Portugal, qui eftoit tres-bó & iufte, mit en fon imaginatió qu'il iroit
deuers le Duc de Bourgongne, qui eftoit fon coufin germain, & qu'il paci-
fieroit tout ce differend du Roy & de lui, afin que le Roy lui peuft aider. Car
il auoit honte de retourner en Caftille, ny en Portugal, auec cefte deffaulte,
& de n'auoir rien fait deça. Car legerement il auoit efté meu d'y venir, & outre l'opinion de fon confeil. Ainfi fe mit à chemin le Roy de Portugal, en
fin cœur d'Hyuer: & alla trouuer le Duc de Bourgongne, fon coufin, deuant
Nanci: & lui commença à remonftrer ce que le Roy lui auoit dit, pour venir
à cefte vnion. Il trouua que ce feroiét chofes bié mal-aifées que de les accorder, & qu'en tout eftoient differéts. Ainfi n'y arrefta que deux iours qu'il ne
print cógé dudict Duc de Bourgógne fon coufin, pour s'en retourner à Paris, dont il eftoit parti. Ledict Duc de Bourgongne lui pria attendre encores,
& qu'il voulfift aller au Pont à mouffó (qui eft affez pres de Náci) pour garder ce paffage: car ia fçauoit ledict Duc l'armée des Allemans, qui eftoiét logez à fainct Nicolas. Le Roy de Portugal s'excufa, difant n'eftre point en ar-
ines, n'accompaigné pour tel exploict: & ainfi s'en retourna à Paris, là où il
fit long fejour. La fin dudict Roy de Portugal fut, qu'il entra en fufpicion
que le Roy le vouloit faire prendre, & le bailler à fon ennemi le Roy de Caftille: & pourtant fe defguifa lui troifiefme, & delibera s'en aller à Rome, &

*Le vieil e-
xempl.n'a
point Robi-
net.

fe mettre en vne religion aupres. En allant en ceft habit diffimulé, il fut prins
par vn appellé Robinet le Bœuf, qui eftoit de Normandie. Le Roy noftre
maiftre fut marry: & eut quelque honte de ce cas, & lui feit armer plufieurs
nauires de cefte cofte de Normádie: dót meffire George *Leger eut la charge * qu'il le meneroit en Portugal, ce qu'il entreprint de faire.

*Le grec,
Exemp. vieil
* L'exem:
vieil iufque à
l'occafion,
n'a feulemét
que qui le
menereut
en Portu-
gal.

L'occafion de fa guerre cótre le Roy de Caftille, eftoit pour fa niepce fille
de fa fœur: laquelle eftoit femme du Roy Dó Héri de Caftille, dernier mort:
laquelle auoit vne tres-belle fille, qui pour lors viuoit, demeurant en Portugal, fans eftre mariée: laquelle fille la Royne Yfabel, fœur dudict Roy Héry,
deboutoit de la fucceffion de Caftille, difant que la mere l'auoit conceuë en

*Entendez
de l'ifle.

adultere. Affez de gens ont efté de cefte opinió, difant que ledict Roy Héry
n'euft fçeu engendrer, pour aucune raifon que ie laiffe. Cóment qu'il en foit
allé, & nonobftant que ladicte fille fuft née foubs le manteau de mariage,
toutesfois eft demeurée la couronne de Caftille à la Royne Yfabel, & à fon
mari le Roy d'Arragon & de Sicile, regnant aujourd'hui, qui toft en fuft in-
uefty:

uesty:& taschoit ledict Roy de Portugal(dont i'ay parlé)de faire le mariage
de ladicte fille,sa niepce,& de nostre Roy Charles huictiesme de ce nom:&
estoit la cause pour laquelle ledict Roy de Portugal estoit venu en France,
laquelle chose lui fut à tres-grand preiudice & desplaisir : car tost apres son
retour en Portugal, il mourut. Et pource (comme i'ay dit enuiron le commencement de ces Memoires) vn Prince doit bien regarder quels Ambaf-
sadeurs ilenuoye par païs:car si ceux qui vindrent faire l'alliance du Roy de
Portugal par deça (à laquelle me trouuay present comme l'vn des deputez
pour le Roy) eussent esté bié sages,ils se fussent mieux informez des choses
de deça, auant que conseiller à leur maistre ceste venuë, qui tant lui porta
de dommage.

Comment le Duc de Bourgongne,n'ayant voulu suyure le bon conseil de plusieurs
de ses gens,fut desconfit,& tué en la bataille,que luy liura
le Duc de Lorraine,pres Nancy.

CHAP. VIII.

IE me fusse bien passé de ce propos, si n'eust esté pour monstrer que
bien tard vn Prince se doit mettre soubs la main d'vn autre, ny aller
chercher son secours en personne. Et ainsi pour retourner à ma
principale matiere, le Roy de Portugal n'eut point fait vne iournee au departir qu'il feit auec le Duc de Bourgongne, que le Duc de Lorraine, & les
Allemans qui estoient en sa côpaignie,ne deslogeassent de S.Nicolas, pour
aller combatre ledict Duc de Bourgongne. Et ce propre iour vint au deuât
d'eux le Comte de Campobache, acheuer son entreprinse, & se rendit des
leurs,auec enuiron huict vingts hômes d'armes: & luy desplaisoit bien que
pis n'auoit peu faire à son maistre.Ceux de dedans Nancy estoient bien aduertis des traictez dudict Comte:qui leur aydoit bien à donner cœur de te-
nir.Auec cela entra vn homme (qui se ietta aux fossez) qui les asseura de se-
cours:car autrement estoiét sur le point de se rendre, & si n'eust esté les dif-
simulations dudict Comte, ils n'eussent point tenu iusques lors:mais Dieu
voulut acheuer ce mystere.

Le Duc de Bourgongne,aduerty de ceste venuë,tint quelque peu de con-
seil(car il ne l'auoit point fort accoustumé) mais vsoit cômunément de son
propre sens, & fut l'opinion de plusieurs, qu'il se retirast au Pôt à Mousson,
pres de là, & laissast de ses gens ès places qu'il tenoit enuiron Nancy, disant
que si tost que les Allemans auroient auitaillé Nancy, ils s'en iroyent, & seroit l'argent failly au Duc de Lorraine (qui de long temps ne rassembleroit
tant de gens)& que l'auitaillemét ne sçauroit estre si grand , qu'auant que
la moitié de l'Hyuer fut passé,ils ne fussent aussi à destroict, côme ils estoiét
lors: & que cependant ledict Duc rassembleroit gens : car i'ay entendu par
ceux qui le pensoient sçauoir, qu'ils n'auoient point en l'Ost quatre mille
hommes:dont il n'y en auoit que douze cens en estat pour côbatre. D'argét
auoit assez ledict Duc:car il auoit au chasteau de Luxéboug, qui estoit pres
de là,bien quatre cens cinquante mille escus,& de gés eust il assez recouuré:
mais Dieu ne lui voulut faire ceste grace que de receuoir ce sage conseil,ne

cognoiſtre tant d'ennemis logez de tous coſtez enuiron de luy, & choiſit le
pire parti, & aux parolles d'hommes inſenſez, delibera d'attendre la fortune,
nonobſtant toutes les remonſtrances qu'on luy auoit faictes du grand nombre des Allemás, qui eſtoit auec ledict Duc de Lorraine, & auſſi de l'armee
du Roy logee pres de luy: & conclud la bataille, auec ce petit nõbre de gens
eſpouuentez qu'il auoit.

A l'arriuee du Comte de Campobache vers le Duc de Lorraine, les Allemans luy feirent dire qu'il ſe retiraſt, & qu'ils ne vouloient nuls traiſtres a-
uec eux: & ainſi ſe retira à Comdé, vn chaſteau & vn paſſage pres de là, qu'il
repara de charettes, & d'autres choſes le mieux qu'il peut, eſperant que
fuyant le Duc de Bourgongne & ſes gens, il en tõberoit en ſa part, comme
il feit aſſez. Ce n'eſtoit pas le principal traicté qu'eut ledict Côte de Campobache, que celuy du Duc de Lorraine, mais peu deuant ſon partement,
parla à d'autres, & auec ceux là conclud, pour ce qu'il ne voyoit point qu'il
peuſt mettre la main ſur le Duc de Bourgõgne, qu'il ſe tourneroit de l'autre
part, quand viendroit l'heure de la bataille: car pluſtoſt ne vouloit partir ledict Comte, afin de donner plus grand eſpouuantement à tout l'oſt dudict
Duc: mais il aſſeuroit bien que ſi le Duc de Bourgõgne fuyoit qu'il n'en eſ-
chapperoit iamais vif: & qu'il laiſſeroit treize ou quatorze perſones, qui luy
ſeroient ſeurs, les vns pour commencer la fuite, dés ce qu'ils verroient marcher les Allemans, & les autres qui auroient l'œil ſur ledict Duc, s'il fuyoit
pour le tuer en fuyãt: & en cela n'y auroit point de faute: & ay cognéu deux
ou trois de ceux qui demeurerent pour tuer ledict Duc. Apres que ces grãdes trahiſons furét conclues, il ſe retira dedans l'oſt: & puis ſe retourna cõtre ſon maiſtre, quand il veit arriuer leſdits Allemans, côme i'ay dit: & puis,
quand il veit que leſdicts Allemans ne le vouloient en leur compagnie, alla
comme dict eſt, en ce lieu de Condé.

Leſdicts Allemans marcherent, & auec eux eſtoit grand nombre de gés
de cheual de deça qu'on y laiſſa aller, beaucoup d'autres ſe mirét aux embuſ-
ches, pres du lieu, pour veoir ſi le Duc ſeroit deſconfit, pour happer quelque
priſonnier ou autre butin. Et ainſi pouuez veoir en quel eſtat s'eſtoit mis ce
pauure Duc de Bourgongue, par faute de croire conſeil. Apres que les deux
armees furét aſſemblees, la ſienne qui ia auoit eſté deſconfite par deux fois,
& qui eſtoit de peu de gens, & mal en poinct, fut incõtinent tournee en deſconfiture & en fuite. Largemént ſe ſauuerent, le demeurant y fut mort ou
prins: & entre autres, y mourut ſur le champ ledict Duc de Bourgongne: &
ne veux point parler de la maniere, pourtant que ie n'y eſtoye point: mais
m'a eſté compté de la mort dudict Duc par ceux qui le veirét porter par terre, & ne le peurent ſecourir, par ce qu'ils eſtoient priſonniers: mais à leur
veuë ne fut point tué: ains par vne grande flotte de gens, qui y ſuruindrent,
qui le tuerent, & le deſpouillerét en la grande trouppe ſans le cognoiſtre: &
fut ladicte bataille le cinquieſme iour de Ianuier, en l'an mil quatre cés ſeptante ſix, veille des Roys.

Digreſſion

Digreſſion ſur quelques bonnes mœurs du Duc de Bourgongne, &
ſur le temps que ſa maiſon dura en proſperité.

CHAP. IX.

'Ay depuis veu vn ſignet à Milan, que maintesfois auoye veu pendu à ſon pourpoint : qui eſtoit vn anneau, & y auoit vn fuzil entaillé en vn camayeu, où eſtoient ſes armes, lequel fut vendu pour deux Ducats au lieu de Milan. Celuy qui le luy oſta, luy fut mauuais valet de chambre. Ie l'ay veu maintesfois habiller & deshabiller en grande reuerence, & par grands perſonnages : & à ceſte derniere heure luy eſtoient paſſez ſes honneurs : & perit luy & ſa maiſon, comme i'ay dit, au lieu où il auoit conſenti par auarice de bailler le Conneſtable, & peu de temps apres. Dieu luy vueille pardonner ſes pechez. Ie l'ay veu grand & honorable Prince, & autant eſtimé, & requis de ſes voiſins, vn temps a eſté, que nul Prince qui fuſt en Chreſtienté, ou parauanture plus. Ie n'ay veu nulle occaſion pourquoy pluſtoſt il deuſt auoir encouru l'ire de Dieu, que de ce que toutes les graces & honneurs qu'il auoit receus en ce monde, il les eſtimoit tous eſtre procedez de ſon ſens & de ſa vertu, ſans les attribuer à Dieu comme il deuoit. Et à la verité, il auoit de bonnes & vertueuſes parties en luy. Nul prince ne le paſſa iamais de deſirer nourrir grands gens, & les tenir bien reiglez. Ses bies-faicts n'eſtoient point fort grans, pource qu'il vouloit que chacun s'en ſentiſt. Iamais nul plus liberallemét ne donna audience à ſes ſeruiteurs, & ſubiects. Pour le temps que ie l'ay cognu, il n'eſtoit point cruel : mais le deuint à ſa mort (qui eſtoit mauuais ſigne de lógue duree) & eſtoit fort pópeux en habillemés & en toutes autres choſes : & vn peu trop. Il portoit fort grád honneur aux Ambaſſadeurs & gens eſtranges. Ils eſtoient bié fort feſtoyez, & recueillis chez luy. Il deſiroit grád' gloire (qui eſtoit ce qui plus le mettoit en ſes guerres que nulle autre choſe) & euſt bien voulu reſſembler à ces anciés Princes, dont il a eſté tát parlé, apres leur mort : & eſtoit autát hardy comme homme qui ait regné de ſon temps.

Or ſont finies toutes ſes péſées, & le tout tourné à ſon preiudice & hóte : car ceux qui gaignét, ont touſiours l'honneur. Ie ne ſçauroye dire vers qui noſtre Seigneur s'eſt móſtré plus courroucé, ou vers lui, qui mourut ſoudainemét & en ce cháp ſans gueres láguir, ou vers ſes ſubiets, qui oncques puis n'eurét bien ne repos, mais cótinuellemét guerre, cótre laquelle ils n'eſtoiét ſuffiſans de reſiſter, aux troubles qu'ils auoiét les vns contre les autres, & en guerre cruelle & mortelle. Et ce qui leur a eſté plus fort à porter, a eſté que ceux qui les deſfendoient, eſtoiét gens eſtrangers, qui n'agueres auoiét eſté leurs ennemis, c'eſtoiét les Allemás. Et en effect, depuis ladicte mort n'eurét iamais hóme qui bien leur voulſiſt, de quelques gens qu'ils ſe ſoient aidez. Et a ſemblé à veoir leurs œuures, qu'ils euſſent les ſens auſſi troublez, comme leur Prince, vn peu auát ſa mort : car tout bon conſeil ils ont deietté, & cherché toutes voyes qui leur eſtoient nuyſibles : & ſont en chemin que ce trou ne leur faudra de grande piece, ou au moins la crainte d'y recheoir.

Ie ſeroye aſſez de l'opinion de quelque autre que i'ay veu, c'eſt que Dieu donne le Prince, ſeló qu'il veut punir ou chaſtier les ſubiects : & aux Princes

les subiects,ou leurs courages disposer enuers luy , seló qu'il les veut esleuer
ou abaisser:& ainsi sur ceste maison de Bourgógne a fait tout egal : car apres
leur longue felicité & grandes richesses,& trois grands Princes,bons & sages,precedens cestuy-cy,qui auoiēt duré six vingts ans,ou plus,en bon sens
& vertu,il leur donna ce Duc Charles, qui continuellement les tint en grāde guerre,trauail &despence:& presque autāt aux iours d'Hyuer qu'en ceux
d'Esté: tant que beaucoup de gens riches & aisez,furent morts & destruicts
par prison en ces guerres.Les grandes pertes commencerent deuant Nuz,
qui continuerent par trois ou quatre batailles,iusques à l'heure de sa mort:
& tellement qu'à ceste derniere bataille estoit consommée toute la force de
son païs,&morts,ou destruicts,ou prins toutes ses gens,qui eussent sceu ou
voulu deffendre l'estat & l'honneur de sa maison. Et ainsi, comme i'ay dit,
semble que ceste perte ait esté egale au temps qu'ils ont esté en felicité : car
cōme ie dy l'auoir veu grand,riche & honoré,encores puis-ie dire auoir veu
tout cela en ses subiects : car ie cuide auoir veu & cognu la meilleure part
d'Europe:toutesfois ie n'ay cognu nulle seigneurie, ne païs tant pour tant,
ny de beaucoup plus grande estenduе encores,qui fust tant abondant en richesses,en meubles,& en edifices,& aussi en toutes prodigalitez, despéces,
festoyemens &cheres,comme ie les ay veus,pour le temps que i'y estoyе.Et
s'il semble à quelqu'vn (qui n'y ait point esté pour le temps que ie dy) que
i'en die trop,d'autres, qui y estoient comme moy, parauenture diront que

i'en dy peu. Or a nostre Seigneur tout à vn coup fait cheoir si grād & sum-
ptueux edifice,ceste puissante maison, qui a tant soustenu de gens de biē &
nourry,& tāt esté honoree & pres & loing,& par tāt de victoires & de gloires,que nul autre à l'enuiron n'en reçeut autant en son temps. Et luy a duré
ceste bonne fortune & grace de Dieu l'espace de six vingts ans,que tous les
voisins ont souffert,comme Frāce,Angleterre, Espaigne,& tous à quelque
fois,la sont venus requerir: comme l'auez veu par experience du Roy nostre
maistre,qui en sa ieunesse,& viuant le Roy Charles septiesme son pere, s'y
vint retirer six ans,au temps du bon Duc Philippe, qui amiablement le re-
çeut.D'Angleterre y ay veu les deux freres du roy Edouard(c'est à sçauoir le
Duc de Claréce, & le Duc de Cloceftre qui depuis s'est fait appeller Roy Richard)& de l'autre party du Roy Henry (qui estoit de la maison de Lanclastre)y ay veu toute ceste lignee,ou peu s'en faloit.De tous costez ay veu ceste
maison honoree,& puis, tout en vn coup,cheoir sens-dessus-dessous , & la
plus desolee & deffaicte maison tāt en Prince qu'en subiects,que nul voisin
qu'ils eussent.Et telles & semblables œuures a fait nostre Seigneur (mesmes
auant que fussions nez)& fera encores apres que nous serons morts : car il
faut tenir pour seur,que la grande prosperité des Princes, ou leurs grandes
aduersitez,procedent de sa diuine ordonnance.

Comment

Comment le Roy fut aduerty de la derniere deffaicte du Duc de Bourgongne: & comme il conduisit ses affaires apres la mort d'iceluy.   CHAP. X.

P Our tousiours continuer ma matiere, le Roy (qui auoit ja ordon-né postes en ce Royaume, & parauant n'y en auoit point eu iamais) fut bien tost aduerty de ceste desconfiture du Duc de Bourgongne: & à chacune heure, en attendoit des nouuelles, à cause des aduertissemens qu'il auoit euz parauant de l'arriuee des Allemans, & de toutes autres cho-ses qui en dependoient: & y auoit beaucoup de gens qui auoient les oreil-les bien ouuertes à qui premier les orroit, pour les luy aller dire: car il donoit volótiers quelque chose à celuy qui premier luy apportoit quelques grádes nouuelles, sans oublier les messagers: & si prenoit plaisir à en parler, auant qu'elles fussent venuës, disant: Ie donneray tát à celuy qui m'apportera des nouuelles. Monseigneur du Bouchage & moy, eusmes (estans ensemble) le premier message de la bataille de Morat, & ensemble le dismes au Roy: le-quel nous dóna à chacum deux cens marcs d'argent. Móseigneur du Lude (qui couchoit hors du Plessis) sçeut le premier l'arriuee du Cheuaucheur, qui apporta les lettres de ceste bataille de Nancy, dont i'ay parlé. Il demáda au Cheuaucheur ses lettres, qui ne les lui osa refuser, pource qu'il estoit en gráde authorité auec le Roy. Ledict seigneur du Lude vint fort matin (& e-stoit à grád' peine iour) heurter aux huis plus prochains du Roy. On lui ou-urit, & bailla lesdictes lettres, qu'escriuoit monseigneur de Crah, & autres: mais nul n'acertenoit, par les premiers, de la mort: mais aucús disoiét qu'on l'auoit veu fuir, & qu'il s'estoit sauué. Le Roy, de prime face, fut tát surprins de la ioye qu'il eut de ceste nouuelle, qu'à grand'peine sçeut il quelle conte-náce tenir. D'vn costé doutoit, s'il estoit prins des Allemás, qu'ils ne s'accor-dassent à luy, pour grand somme d'argent, qu'aisémét ledict Duc leur pour-roit donner. D'autre costé estoit en soucy, s'il estoit eschappé, ainsi descófit. La tierce fois, s'il prédroit ses seigneuries de Bourgógne ou non: & luy sem-bloit qu'aisémét il les pourroit prendre, veu que tous les gés de bien du païs estoiét presque tous morts en ces trois batailles. Et sur ce point estoit sa re-solution (que peu de gens, cóme ie croy, ont sçeu, excepté moy) que si ledict Duc estoit sain de sa persóne, il feroit entrer son armee qui estoit en Chápai-gne & Barrois, incontinét en Bourgógne, & saisir le païs, à l'heure de ce grád espouuantement, & dés ce qu'il seroit dedans, aduertiroit ledit Duc qu'il le faisoit à l'intentió de le luy sauuer, & garder que les Allemás ne le destruisis-sent: pource que ladite Duché estoit tenuë en souuraineté de luy: laquelle il n'eust voulu pour rien tóber és mains desdits Allemans: & que ce qu'il en auroit pris, luy seroit par luy rendu. Et sans difficulté ainsi l'eust-il faict. Ce que beaucoup de gens ne croiroient point aisémét. Aussi ne sçauét ils la rai-son qui l'eust meu: mais ce propos luy mua, quád il sceut la mort dudit Duc.

Dés que le Roy eut reçeu ces lettres, dont i'ay parlé) lesquelles, cóme i'ay dit, ne disoient rien de la mort) il enuoya en la ville de Tours querir tous les Capitaines, & plusieurs autres grás personnages, & leur monstra les lettres. Tous en feirent signe de gráde ioye, & sembloit à ceux qui regardoient les choſes de bien pres, qu'il y en auoit aſſez qui ſ'y efforçoient, & nonobſtant leurs geſtes, ils euſſent mieux aimé que le faict dudit Duc fuſt allé autrement. La cauſe en pourroit eſtre parce que parauât le Roy eſtoit fort craintif, & ils ſe doutoient que ſ'il ſe trouuoit tant au deliure d'ennemis, qu'il ne voulſiſt muer pluſieurs choſes, & par eſpecial eſtats & offices: car il y en auoit beaucoup en la compagnie, leſquels en la queſtion du bien public, & autres du Duc de Guyenne ſon frere, ſ'eſtoient trouuez contre luy. Apres auoir vn peu parlé aux deſſuſdits, il oüit la Meſſe, & puis feit mettre la table en ſa châbre, & les fit tous diſner auec luy: & y eſtoit ſon Chancelier, & aucunes gens de conſeil. En diſnant parla touſiours de ces matieres: & ſçay bien que moy & autres, priſmes garde comme diſneroient, & de quel appetit, ceux qui eſtoient en ceſte table: mais à la verité (ie ne ſçay ſi c'eſtoit de ioye ou de triſteſſe) vn ſeul par ſemblant ne mangea la moitié de ſon ſaoul: & ſi n'eſtoient ils point honteux de manger auec le Roy: car il n'y auoit celuy d'entr'eux, qui bien ſouuent n'y euſt mangé.

Au leuer de table le Roy ſe retira à part, & donna à aucuns des terres qu'auoit poſſedees le Duc de Bourgongne, ſi ainſi eſtoit qu'il fuſt mott: & depeſcha le baſtard de Bourbon Admiral de France & moy: & nous bailla pouuoirs neceſſaires pour mettre en ſon obeiſſance tous ceux qui ſ'y voudroiét mettre: & nous commanda partir incontinent, & que nous ouuriſſions toutes lettres de poſtes & meſſagers que nous rencontrerions en allant, afin que fuſſions aduertis ſi ledit Duc eſtoit mort ou vif. Nous partiſmes & feiſmes grand' diligence, nonobſtant qu'il faiſoit le plus froid que i'aye veu faire de mon temps. Nous n'euſmes point fait vne demie iournee, que nous rencontraſmes vn meſſager, à qui nous feiſmes bailler ſes lettres: qui contenoient que ledit Duc auoit eſté trouué entre les morts, & ſpecialement par vn page Italien, & par ſon Medecin, appellé maiſtre Louppe, natif de Portugal, qui certifioit à monſeigneur de Cran, que c'eſtoit le Duc ſon maiſtre, lequel incontinent en aduertit le Roy.

Comment le Roy apres la mort du Duc de Bourgongne, ſe ſaiſit d'Abbeuille: & de la reſponſe que luy firent ceux d'Arras. CHAP. XI.

COmme nous euſmes ſceu toutes leſdites choſes, nous tiraſmes iuſques aux fauxbourgs d'Abbeuille: & fuſmes les premiers par qui en ce quartier là, ceux du party du Duc de Bourgongne en furent aduertis. Nous trouuaſmes que le peuple de la ville eſtoit deſia en traicté auec monſeigneur de Torcy: lequel de long temps ils aymoient tres-fort. Les gens de guerre & ceux qui auoient eſté Officiers dudict Duc traictoient auec nous, par vn meſſager qu'auions enuoyé deuant: & ſur noſtre eſperance, feirent partir quatre cens *Lances qu'ils auoyent. Mais incontinent que le peuple veit ceux-là dehors, ils ouurirent les portes à monſeigneur de Torcy, qui fut le grand dommage des Capitaines, & autres officiers de ladicte ville: car ils eſtoient ſept ou huict, à qui nous auions promis des eſcus & aucunes penſions (car nous auions ce pouuoir du Roy) dont ils n'eurent rien: pource que les places ne furent point rendues par eux.

La

La ville d'Abbeuille eſtoit des terres baillees par le Roy Charles ſeptieſme, à la paix d'Arras, leſquelles terres deuoient retourner en deſſaut d'hoir maſle: parquoy n'eſt de merueille ſi legerement elle nous ouuroit. *Abeuille reduë au Roy.*

De là nous tiraſmes à Dourlás, & enuoyaſmes ſommer Arras, chef d'Artois, ancien patrimoine des Comtes de Flandres, & qui de tout temps auoit accouſtumé aller à fille comme àfilz. Monſeigneur de Rauaſtin, & monſeigneur des Cordes, qui eſtoit en ladicte ville d'Arras, entreprindrent de venir parler à nous au Mont-ſainct Eloy, vne Abbaye pres dudict Arras, & auec eux ceux de la ville. Il fut aduiſé que j'iroye, & aucuns auec moy: car on doutoit bien qu'ils ne feroiét point tout ce que nous voudrions: & pour ce n'y alla point le dict Admiral. Apres que ie fu venu audict lieu, y arriuerent tátoſt apres les deſſuſdits ſeigneurs de Rauaſtin & des Cordes, & pluſieurs autres gens de bien auec eux, & auſſi aucuns de la ville d'Arras: & entre les autres eſtoit pour ladicte ville, leur péſionnaire, & qui parloit pour eux, maiſtre Iean de la Vaquerie, depuis premier Preſident en Parlemét à Paris. Pour ceſte heure là leur requiſmes l'ouuerture pour le Roy, & qu'ils nous receuſſent en la ville, diſans que le Roy la pretendoit ſiéne, par le moyen de cófiſcation, & le païs: & que s'ils faiſoient le contraire, ils eſtoient en dáger d'eſtre pris par force, veuë la deffaite de leur ſeigneur, & que tout le païs eſtoit deſpourueu de gens de deffence, à cauſe de ces trois batailles perdues. Les Seigneurs deſſuſdits nous firent dire par ledict maiſtre Iehá de la Vaquerie, que ceſte Comté d'Artois appartenoit à Madamoiſelle de Bourgógne, fille du Duc Charles, & lui venoit de vraie ligne, à cauſe de la Cóteſſe Marguerite de Flandres, qui eſtoit Comteſſe de Flandres, d'Artois, de Bourgógne, de Neuers, & de Rethel, laquelle Comteſſe fut mariée au Duc Philippe de Bourgongne, le premier, lequel fut filz du Roy Iehan, & frere aiſné du Roy Charles le Quint: & ſupplioient au Roy qu'il lui pleuſt entretenir la trefue, qui eſtoit entre lui & le feu Duc Charles. Noz paroles ne furent point trop longues: car nous nous attédiós bié d'auoir ceſte reſponce. Mais la principale occaſió de mon allée auſdits lieux, eſtoit pour parler à aucuns particuliers de ceux qui eſtoient là, pour les conuertir pour le Roy. I'en parlai à aucuns, qui toſt apres furent bons ſetuiteurs du Roy. Nous trouuaſmes ce païs bien eſpouuenté, & non ſans cauſe: car ie croy qu'en huict iours ils n'euſſent ſçeu finer huict hommes-d'armes, ne d'autres gés de guerre, n'en y auoit en tout ce pays là qu'enuiron mil & cinq cens hommes, tant de pied que de cheual: qui eſtoiét vers Namur, & en Hainaut: & en eſtoiét eſchappez de ladicte bataille, où eſtoit mort le Duc de Bourgongne. Leurs anciens termes & façós de parler eſtoient bien changez: car ils parloient bien bas, & en grande humilité: non pas que ie les vueille charger que le temps paſſé euſſent plus arrogámét parlé qu'ils ne deuſſent: mais vray eſt que du temps que i'y eſtoie, ils ſe ſentoient ſi forts qu'ils ne parloient point au Roy, ne du Roy, en telle reuerence qu'ils ont fait depuis. Et ſi les gens eſtoient touſiours bien ſages, ils ſeroient ſi moderez en leurs paroles, en temps de proſperité, qu'ils ne deuroient point auoir cauſe de changer leur langage en temps d'aduerſité. Ie retournay vers monſeigneur l'Admiral, faire mon rapport : & là trouuay

Arras patrimoine des filles en defaut de maſles.

La Vaquerie lors penſionnaire d'Arras.

Commines ſoux couleur d'Agent du Roy en public, pratique en particulier pour le Roy.

Bourguignós deuenus plus humbles, de langage.

Louys en toute extremité pourfuit la conquefte des terres du Duc de Bourg.

nouuelles que le Roy venoit, lequel s'eftoit mis en chemin toft apres: & auoit fait efcrire plufieurs lettres, tát en fon nom que de fes feruiteurs, pour faire venir gens deuers lui, par le moyen defquels il efperoit reduire ces Seigneuries, dont i'ay parlé, en fon obeiffance.

Difcours aucunement hors du propos principal, fur la ioye du Roy, fe voyant deliuré de plufieurs ennemis: & de la faulte qu'il feit en la reduction des pays du Duc de Bourgongne.

CHAP. XII.

A ioye fut tref-grande au Roy, de fe voir au deffus de tous ceux qu'il haiffoit, & eftoient fes principaux ennemis. Des vns s'eftoit vengé, comme du Conneftable de France, du Duc de Nemours, & de plufieurs autres. Le Duc de Guyenne fon frere, eftoit mort, dont il auoit la fucceffion. Toute la maifon d'Anjou eftoit morte, comme le Roy René de Cecile, les Ducs Iean & Nicolas de Calabre, & puis leur coufin le Cóte du Maine, depuis Comte de Prouence. Le Comte d'Armignac auoit efté tué à Leftore: & de tous ceux cy auoit ledict feigneur recuilly les fucceffions & les meubles. Mais de tant que cefte maifon de Bourgongne eftoit plus gráde & plus puiffáte que les autres, qui auoit eu ja pieça groffe guerre auec le Roy Charles feptiefme fon pere, tréte deux ans fás trefue, auec l'ayde des Anglois, & qu'ils auoiét leurs feigneuries affifes és lieux cófins, & les

Le Roy f'efiouit de la mort du Duc de Bourg.

fubiects difpofez pour faire la guerre à lui & à fon royaume, de tát lui fut la mort de leur Duc à plaifir tres-grád, & plus que tous les autres enféble: & lui fembloit bien qu'é fa vie ne trouueroit aucun cótredit en fon royaume, ny és enuirós pres de lui. Il eftoit en paix auec les Anglois, cóme auez entédu: & defiroit trauailler de toute fa puiffance que ladite paix s'entretint. Mais nóobftát qu'il fut ainfi hors de toute crainte, Dieu ne lui permit pas prédre cefte matiere qui eftoit fi grande par le bout qui lui eftoit neceffaire: & femble bié que Dieu móftraft alors, & ait bié móftré depuis, que rigoureufement il vouloit perfecuter cefte maifon de Bourgógne, tát en la perfóne du feigneur que des fubiets, & autres y ayás leurs biés. Car toutes les guerres efquelles ils ont efté depuis, ne leur fuffent point aduenuës fi le Roy noftre maiftre euft prins les chofes par le bout qu'il les deuoit prédre, pour en venir au deffus, & pour ioindre à fa couróne toutes ces grádes feigneuries, où il ne pouuoit pretédre nul droit. Ce qu'il deuoit faire par quelque traicté de mariage, ou les attraire à foi par vraye & bóne amitié: cóme aifément il le pouuoit faire, veu le grád defconfort, pauureté, & débilitation en quoy ces feigneuries eftoiét. Quoy faifát il les eut tirez hors de grádes peines, & par mefme moyé euft bié enforci fon royaume, & enrichi par lógue paix: enquoy il l'euft peu maintenir, & cepédant foulager en plufieurs façós: & par efpecial du paffage des gés-d'armes, qui inceffammét, & le téps paffé, & le téps prefent, cheuauchent d'vn des bouts du royaume à l'autre, & bié fouuét fans grand befoing qu'il en foit. Quand le Duc de Bourgongne eftoit encores viuár, plufieurs fois me parla le Roy de ce qu'il feroit, fi ledict Duc venoit à mourir: & parloit en grád' raifon pour lors, difant qu'il tafcheroit à faire le mariage de

fon

son filz (qui fut depuis noftre Roy) & de la fille dudit Duc (qui depuis a efté
Ducheffe d'Auftriche) & fi elle n'y vouloit entendre, pource que monfeigneur le Daulphin eftoit beaucoup plus ieune qu'elle, il effaïeroit à lui faire
efpoufer quelque ieune feigneur de ce royaume, pour tenir elle & fes fubiects en amitie, & recouurer fans debat ce qu'il pretédoit eftre fien: & encores eftoit ledict feigneur en ce propos, huict iours deuát qu'il fçeuft la mort
dudict Duc. Ce fage propos, dont ie vous parle, lui commença ja vn peu à
changer, le iour qu'il fçeut la mort dudict Duc de Bourgongne, & à l'heure
qu'il nous depefcha monfeigneur l'Admiral & moy: toutesfois il en parla
peu, mais à aucuns feit aucunes promeffes de terres & feigneuries.

Comment Han, Bohain, Sainct Quentin, & Peronne furent liurees au Roy: &
comment il enuoya maiftre Oliuier, fon Barbier, pour cuyder prati-
quer ceux de Gand. CHAP. XIII.

Vand le Roy fe trouua en chemin, tirát apres nous, lui vindrét nouuelles plaifantes de tous coftez. Le chafteau de Han lui fut baillé, &
Bohain. Ceux de fainct Quentin fe prindrét eux mefmes, & meirent
dedans monfeigneur de Mouy, qui eftoit leur voifin. Le Roy eftoit bié acer-
tené de la ville de Peronne, que tenoit meffire Guillaume *Bifche: & auoit
efperáce par nous & par autres, que monfeigneur des Cordes feroit des fiés.
Il auoit enuoyé à Gád fon Barbier appellé maiftre Oliuier, natif d'vn village
aupres de ladite ville de Gád: & en auoit enuoyé plufieurs autres en plufieurs
lieux: dót de tout auoit grád' efperáce: mais plufieurs le feruoiét plus de parolles que de faict. Quád le Roy fut aupres de Peróne, ie me vins trouuer au
deuát de lui, & là vint rapporter meffire Guillaume Bifche, & aucuns autres,
l'obeiffance de la ville de Peróne, dót il fut fort ioyeux: ledit feigneur y fe-
journa ce iour. Ie difnay auec lui, cóme i'auois accouftumé: car fon plaifir e-
ftoit que toufiours mangeoient fept ou huict perfonnes à fa table, pour le
moins, & aucunesfois beaucoup plus largemét. Apres qu'il eut difné, fe retira à part: & ne fut pas cótent du petit exploict que ledit monfeigneur l'Admiral & moy auiós fait, difant qu'il auoit enuoyé maiftre Oliuier fon Barbier
à Gand, qui lui mettroit cefte ville en fon obeiffance: & Robinet Dodéfort
à S. Omer, lequel y auoit des amis: & qu'ils eftoient gens pour prendre les
clefs de la ville, & mettre fes gens dedans, & d'autres qu'il nómoit, en d'autres grádes villes: & me faifoit combatre de ce propos par monfeigneur du
Lude, & par d'autres. Il ne m'appartenoit pas d'arguer, ny de parler cótre fon
plaifir: mais ie lui dis, que ie doutoi fque maiftre Oliuier & les autres, qu'il
m'auoit nommez, ne cheuiroient point fi aifément de ces grandes villes,
comme ils penfoient.

Ce qui faifoit à noftre Roy me dire ces mots, eftoit pource qu'il eftoit chá-
gé de volonté, & que cefte bonne fortune qu'il auoit au commencemét, luy
donnoit efperance que tout fe rendroit à lui de tous coftez: & fe trouuoit
confeillé par aucuns (& y eftoit auffi enclin de foy-mefme) à deffaire & deftruire cefte maifon de tous poincts, & en departir les Seigneuries en plufieurs mains: & nommoit ceux à qui il entendoit donner les Cótez, comme

P ij

Namur,& Hainault,qui font fituées pres de lui:des autres grádes pieces côme Brabant & Holáde,il s'en vouloit aider à auoir aucuns feigneurs d'Allemaigne,qui feroient fes amis, & qui lui ayderoient à executer fon vouloir.
Son plaifir eftoit bien me dire toutes ces chofes, pource qu'autresfois lui a-
uois parlé & confeillé l'autre chemin ici deffus efcrit:& vouloit que i'enten-
diffe fes raifons pourquoy il ne m'oyoit, & que cefte voye eftoit plus vtile
pour fon royaume: qui beaucoup auoit fouffert à caufe de la grádeur de cefte maifon de Bourgógne, & des grádes feigneuries qu'elle poffedoit.Quát

au móde, il y auoit grand apparence en ce que lediĉt feigneur difoit : mais
quant à la confcience me fembloit le contraire.Toutesfois le fens de noftre
Roy eftoit fi grand,que moy ny autre qui fuft en la compaignie, n'euffions
fçeu veoir fi clair en ces affaires, comme lui mefme faifoit : car fans nulle
doubte,il eftoit vn des plus fages hómes, & des plus fubtils,qui ait regné en
fon téps.Mais en ces grandes matieres,Dieu difpofe les cœurs des Roys &
des grás Princes(lefquels il tient en fa main)à prendre les voyes feló les œuures qu'il veut códuire apres.Car fans nulle difficulté, fi fon plaifir euft efté
que noftre Roy euft continué le propos, qu'il auoit de lui mefme aduifé deuát la mort du Duc de Bourgongne,les guerres qui ont efté depuis, & qui
font,ne fuffent point aduenuës:mais nous n'eftions encores enuers lui,tant
d'vn cofté que d'autre,digne de receuoir cefte longue paix, qui nous eftoit
appareillee:& de là procede l'erreur que feit noftre Roy, & non point de la
faute de fon fens:car il eftoit bien grand,comme i'ay dit.Ie dy ces chofes au
long,pour móftrer qu'au commencemét,quand on veut entreprédre vne fi
grande chofe,on la doit bien confulter & debattre,afin de pouuoir choifir
le meilleur party:& par efpecial foy recommáder à Dieu, & lui prier qu'il lui
plaife adreffer le meilleur chemin:car de là vient tout,& ce voit tout cela par
efcript,& par experience. Ie n'entéds point blafmer noftre Roy, pour dire
qu'il euft failly en cefte matiere:car parauenture,autres qui fçauoient & qui
cognoiffoient plus que moy,feroient & eftoiét lors de l'aduis qu'il eftoit,
cóbien que rien n'y fuft debatu,ne là ny ailleurs, touchant ladiĉte matiere.
Les Chroniqueurs n'efcriuent communément les chofes qu'à la loüáge de
ceux de qui ils parlét,& laiffent plufieurs chofes,ou ne les fçauent pas aucunesfois à la verité:mais quát à moy,ie me delibere de ne parler de chofe qui
ne foit vraye,& que ie n'aye veuë ou fçeuë de fi grás perfonnages qu'ils foiét
dignes de croire,fans auoir efgard aux loüáges. Car il eft bon à penfer qu'il
n'eft nul Prince fi fage,qu'il ne faille bié aucunesfois, & bien fouuent s'il a
longue vie:& ainfi fe trouueroit de leurs faiĉts,s'il en eftoit toufiours dit la
verité.Les plus grás Senats & Confuls,qui ayét iamais efté,ne qui font, ont
bien erré,& errent bien,comme il a efté veu, & fe voit chafcun iour.

　Apres le fejour qu'eut fait le Roy en ce village pres Peronne, fe delibera le lédemain pour y aller faire fon entree : car elle luy eftoit baillee, comme i'ay dit. Lediĉt Seigneur me tira à part,comme il voulut partir, & m'enuoya en Poitou & fur les frontieres de Bretaigne, & me dit en l'oreille que
fi l'entreprinfe de maiftre Oliuier failloit, & que monfeigneur des Cordes
ne fe trouuaft des fiens, il feroit brufler le païs d'Artois, en vn endroiĉt du
long de

long de la riuiere du Lis(qui s'appelloit la Leuee) & puis qu'incontinét s'en
retourneroit en Touraine. Ie lui recommandai aucuns, lesquels s'estoient
tournez de son party, par mon moyen, parquoy leur auoye promis pensiós
& biens-faicts de luy. Il en print de moy les noms par escrit, & leur tint ledict Seigneur ce que leur auois promis: & ainsi party de lui pour ce coup.
Comme ie voulu monter à cheual, se trouua pres de moy monseigneur du
Lude qui estoit fort agreable au Roy en aucunes choses, & qui fort aimoit   *Le sieur du*
son profit particulier, & ne craignoit iamais à abuser ni à tróper personne: *Lude & ses*
aussi legerement croioit, & estoit trompé bien souuent. Il auoit esté nour-   *conditions.*
ri auec le Roy en sa ieunesse, il lui sçauoit fort bié complaire, & estoit homme tres-plaisant. Il me vint dire ces mots, comme par moqueries sagement
dictes: Or vous en allez vous, à l'heure que vous deuiez faire voz besognes
ou iamais, veu les grandes choses qui tombent entre les mains du Roy, dót
il peut agrádir ceux qu'il ayme: & au regard de moy, ie m'atten d'estre Gouuerneur de Flandres, & m'y faire tout d'or: & rioit fort en ce disant: mais ie
n'eu aucune enuie de rire, pource que ie doubtoys qu'il ne procedast du
Roy: & lui respondi que i'en serois bié ioyeux, s'il aduenoit ainsi, & que i'a-
uois esperance que le Roy ne m'oubliroit point.

Vn Cheualier de Hainault estoit arriué là deuers moy, n'y auoit pas demie heure: & m'apportoit nouuelles de plusieurs autres, à qui i'auois escrit,
en les priant de soy vouloir reduire au seruice du Roy. Ledict Cheualier &
moy sommes parens, & vit encores: parquoy ne le veux nommer, ne ceux de
qui il m'apportoit nouuelles. Il m'auoit en deux mots fait ouuerture de bailler les principales villes & places de Hainault: & au partir que ie fey du Roy,
ie lui en dy deux mots: & incontinant l'enuoya querir, & me dit de lui & des
autres que ie lui nommois, qu'ils n'estoient telles gens qu'il lui falloit. L'vn
luy desplaisoit d'vn cas, l'autre de l'autre: & luy sembloit que leur offre estoit
nulle, & qu'il auroit bien tout sans eux, & ainsi me party de lui: & feit parler
ledict Cheualier à monseigneur du Lude, dont il se trouua esbahy: & se departit bien tost, sans entrer en grande marchandise: car ledict Seigneur du
Lude & lui ne se fussent bien accordez, ni entendus. Car il estoit venu pour
s'ayder & faire son proffit, & s'enrichir, & ledict Seigneur du Lude lui demanda d'entree quelle chose les villes lui donneroient en conduisant leur
affairé. Encore estimé-je ce refus, que le Roy feit de ces Cheualiers, estre
venu de Dieu: car i'ay veu depuis qu'il les eut bien estimez, s'il les eust peu
finer: mais parauenture que nostre Seigneur ne lui voulut point de tous
poincts accomplir son desir, pour des raisons que i'ay dictes: ou qu'il ne   *Hainault*
vouloit point qu'il vsurpast sur ce païs de Henault (qui est tenu de l'Empi-   *tenu de l'Em-*
re) tant pource qu'il n'y auoit aucun tiltre, qu'aussi pour les anciennes alliá-   *pire.*
ces & sermens, qui sont entre les Empereurs & les Roys de France. Et monstra bien depuis ledict Seigneur en auoir cognoissance: car il tenoit Cambray, le Quesnoy, & *Boissi en Hainault. Il rendit ce Boissi en Hainault, &   *Vaultin*
remit Cambray en neutralité, laquelle est ville Imperiale. Et cóbien que ie   *Exép.viei.*
ne demouray sur le lieu, si fu-je informé comme les affaires se passoiét, & le
pouuoye bien aisément entendre, pour la cognoissance & nourriture que

i'auôys eu d'vn cofté & d'autre : & depuis l'ay fçeu de bouche par ceux qui les conduifoient tant d'vn cofté que d'autre.

Comment maiftre Oliuier, Barbier du Roy, n'ayant pas bien faict fon profit de ceux de la ville de Gand, trouua moyen de mettre les gens d'armes du Roy dedans Tournay. CHAP. XIIII.

MAiftre Oliuier, comme auez ouy, eftoit allé à Gand, lequel portoit lettres de creáce à madamoifelle de Bourgógne fille du Duc Charles : & auoit commiffion de lui faire aucunes remonftrances à part, afin qu'elle fe voulfift mettre entre les mains du Roy. Cela n'eftoit point fa principale charge : car il doubtoit bien qu'à grand' peine pourroit-il parler feul à elle : & que s'il y parloit, fi ne la fçauroit il guider à ce qu'il defiroit : mais il auoit intentió qu'il feroit faire à cefte ville de Gand quelque grande mutation, cognoiffant que de tout temps elle y eftoit encline, & que foubs les Ducs Philippe & Charles, elle auoit efté tenuë en grande crainte : & leur auoient efté óftez aucuns priuileges, par la guerre qu'ils eurent auec le Duc Philippe, en faifant leur paix : & auffi par le Duc Charles leur en fut ofté vn, touchant la creation de leur Loy, pour vne offence qu'ils luy feirent, luy eftant en ladicte ville, le premier iour qu'il y entra comme Duc. I'en ay parlé cy deuant, parquoy ie m'en tay. Toutes ces raifons donnerent hardement audict maiftre Oliuier , Barbier du Roy (comme i'ay dict) de pourfuiure fon œuure : & parla à aucuns qu'il penfoit qu'ils lui deuffent prefter l'oreille à faire ce qu'il defiroit, & offroit leur faire rendre leurs priuileges (qu'ils auoient perdus) par le Roy, & autres chofes : mais il ne fut point en leur hoftel de ville pour en parler en public : car il vouloit premierement veoir ce qu'il pourroit faire auec cefte ieune Princeffe : toutesfois il en fçeut quelque chofe. Quand le deffufdit maiftre Oliuier euft efté quelques peu de iours à Gád, on lui máda qu'il vint dire fa charge : lequel y vint en la prefence de ladicte Princeffe : & eftoit ledit Oliuier veftu trop mieux qu'il ne lui appartenoit. Il bailla fes lettres de creáce. Ladite Damoifelle eftoit en fa chaire, & le Duc de Cleues à cofté d'elle, & l'Euefque du Liege, & plufieurs autres grás perfonnages, & grand nombre de gens. Elle leut fa lettre de creance, & fut ordonné audict maiftre Oliuier de dire fa creance : lequel refpondit qu'il

n'auoit charge, finon de parler à elle à part. On lui dit que ce n'eftoit pas la couftume, & par efpecial à cefte ieune Damoifelle, qui eftoit à marier. Il cótinua de dire qu'il ne diroit autre chofe finó à elle. On lui dit lors qu'ó lui feroit bien dire, & eut paour : & croy qu'à l'heure qu'il vint à prefenter fadicte lettre de creance, il n'auoit point encores penfé à ce qu'il deuoit dire : car auffi ce n'eftoit point fa charge principale, comme vous auez ouy. Ainfi fe departit pour cefte fois ledict Oliuier, fans dire autre chofe. Aucuns de ce confeil le prindrent à derifion, tant à caufe de fon petit eftat, que des termes qu'il tenoit, & par efpecial ceux de Gád (car il eftoit natif d'vn petit village, aupres de ladicte ville de Gand) & lui furent faicts aucuns tours de moquerie, & puis foudainement s'enfuit de ladicte ville : car il fut aduerty que s'il ne l'euft fait, il eftoit en peril d'eftre ietté en la riuiere : & le croy ainfi.

Ledict

Ledict maistre Oliuier se faisoit appeller Comte de Meulanc, qui est vne *Melun,* *Exemp. vieil.*
petite ville pres Paris, dont il estoit Capitaine. Il s'enfuit à Tournay, à son
partement de Gand: laquelle ville est neutre en ce quartier là, & estoit fort
affectionnée au Roy: car elle est aucunement sienne, & lui paye six mille liures Parisis l'an: & au demourant elle vit en toute liberté, & y sont reçeus
toutes gens: & est belle ville, & tres-forte, comme chascun en ce quartier le
sçait bien. Les Gens d'Eglise & *Bourgeois* de la ville, ont tout leur vaillant
& reuenu en Hainault & en Fladres: car elle touche à tous les deux pays dessusdicts, & pour ceste cause auoient tousiours accoustume de donner par les
anciennes guerres du Roy Charles septiesme, & du Duc Philippe de Bourgongne, dix mille liures l'an audict Duc: & autant leur en ay veu donner au
Duc Charles de Bourgongne: mais pour ceste heure qu'y entra ledict maistre Oliuier, elle ne payoit rien, & estoit en grand'aise & repos.

Combien que la charge qu'auoit ledict maistre Oliuier, fust trop grande
pour lui, si n'en fut il point tant à blasmer que ceux qui la lui bailleret. L'exploict en fut tel qu'il debuoit: mais encores monstra il vertu & sens en ce
qu'il feit: car lui, cognoissant que ladicte ville de Tournay estoit si prochai- *Tournay re-*
ne des deux pays, dont i'ay parlé, que plus ne pouuoit, & bien aisee pour y *duite à l'o-*
faire grand dommage, pourueu qu'il y peust mettre des gens-d'armes que *beissance du*
le Roy auoit pres de là (à quoy pour rien ceux de la ville ne se fussent con- *Roy par le*
sentis: car iamais ils ne se monstrerent d'vn party ne d'autre, mais neutres *moyen de M.*
entre les deux Princes.) Pour les raisons dessusdictes ledict maistre Oliuier *Oliuier.*
manda secrettement à monseigneur de Mouy (dont le filz estoit baillif de
ladicte ville, mais il ne s'y tenoit point) qu'il amenast sa compaignie, qu'il
auoit à Sainct Quentin, & quelques autres gens-d'armes, qui estoient en
ce quartier là: lequel vint à l'heure nommée à la porte, où il trouua ledict
maistre Oliuier accompaigné de trente ou quarante hommes: lequel eut
bien la hardiesse de faire ouurir la barriere, demy par amour, demy par force: & meit les gens-d'armes dedans, dont le peuple feut assés content: mais
les Gouuerneurs de la ville, non: desquels il enuoya sept ou huict à Paris, qui
n'en sont partis tant que le Roy a vescu. Apres ces gens-d'armes y en entra
d'autres, qui feirent merueilleux dommages és deux pays dessusdits depuis:
comme d'auoir pillé & bruslé maints beaux villages, & maintes belles cen-
ses, plus au dommage des habitans de Tournay, que d'autres, pour les raisons que i'ay dictes. Et tant en feirent que les Flamans vindrent deuant, &
tirerent le Duc de Gueldres hors de prison (que le Duc Charles y auoit mis)
pour en faire leur chef: & vindrent deuant ladicte ville de Tournay, où ils *Duc de Guel-*
feirent peu de seiour: car ils s'en retournerent en grand desordre & fuite, & *dres mort au*
y perdirent beaucoup de gens: & entre les autres y mourut le Duc de Guel- *secours de*
dres, qui se mit à la queüe, pour vouloit aider à soustenir le faix: mais il fut *Tournay, cō-*
mal*suiuy, & y mourut, comme nous dirōs plus amplement ci apres. Et par- *tre le Roy.*
tant proceda cest honneur au Roy par ledict maistre Oliuier: & receurent **Ietuy*
les ennemis du Roy grand dommage. Vn bien plus sage, & plus grand *Exep. vieil.*
personnage que lui, eust bien failly à conduire cest œuure. I'ay assez parlé
de la charge qui fut donnée, par ce sage Roy, à ce petit personnage, inutile

à la conduicte de si grande matiere : & semble bien que Dieu auoit troublé le sens de nostre Roy, en cest endroit: car (comme i'ay dit) il n'eust cuidé son œuure estre trop aisee à mettre à fin, & il eust vn petit laissé de la passion & vengeance qu'il auoit contre ceste maison de Bourgongne, sans point de faulte il tinst auiourd'huy tout ceste seigneurie soubs son arbitrage.

Des Ambassadeurs que la Damoiselle de Bourgongne, fille du feu Duc Charles, en-
uoya au Roy: & comment par le moyen de monsieur des Cordes, la cité
d'Arras, & les villes de Hesdin & Boulongne, & la ville
d'Arras mesme furent mises en l'obeissance du Roy.

CHAP. XV.

APres que ledict seigneur eut reçeu Peronne (qui lui fut baillee par messire Guillaume Bische, homme de fort petit estat, natif de Mou-lins Engibers, en Niuernois : qui auoit esté enrichi & esleué en au-thorité par ledict Duc Charles de Bourgongne, lequel lui auoit baillé ceste place entre les mains: pourtce que sa maison, appellee Cleri, estoit aupres de là: laquelle ledict messire Guillaume Bische auoit acquise, & y auoit vn fort chasteau & beau) ledict seigneur reçeut audict lieu aucuns Ambassadeurs de la partie de ladicte Damoiselle de Bourgongne: où estoiét tous les plus grâds & principaux personnages, dôt elle se pouuoit aider, qui n'estoit point trop sagement faict, de venir tant ensemble : mais leurs desolations estoient si grandes, & leur paour, qu'ils ne sçauoient ne que dire, ne que faire. Les dessusdicts estoient leur Chancelier, appellé messire Guillaume Hugonet, tres-notable personnage, & sage: & auoit eu grand credit auec ce Duc Char-les, & en auoit eu grands biens. Le seigneur d'Hymbercourt y estoit aussi, dont assez a esté parlé en ces Memoires : & n'ay point souuenance d'auoir veu plus sage Gentil-homme, ne mieux adextre pour conduire grandes ma-tieres. Il y auoit le seigneur de la Vere, grand seigneur en Zelande, & le sei-gneur de * Cripture, & plusieurs autres, tant nobles que gens d'Eglise, & des bonnes villes. Nostre Roy, auant les auoir ouys, tant en general que chascun à part, mit grand' peine à gaigner chascun d'eux : & en eut humbles parol-les, & reuerentes, comme de gens estans en crainte : toutesfois ceux qui a-uoient leurs terres en lieu où ils s'attendoient que le Roy n'allast point, ne se voulurent en rien obliger au Roy, sinon en faisant le mariage de monsei-gneur le Daulphin, son filz, à ladicte Damoiselle. Ledict Chancelier & le seigneur d'Hymbercourt, qui auoient esté nourris en tres-grande & lôgue authorité, & qui desiroient y continuer, & auoient leurs biens aux limites du Roy (l'vn en la Duché de Bourgongne, l'autre en Picardie, comme vers Amiens) prestoient l'oreille au Roy à ses offres: & donnerent quelque con-sentement de le seruir, en faisant ce mariage, & de tous poincts se retirer soubs lui, ledict mariage accompli. Et combien que ce chemin fust le meil-leur pour le Roy, toutesfois il ne lui estoit point agreable: & se mesconten-toit d'eux, parce que destors ils ne demouroient en son seruice: mais il ne leur en feit point de semblant, car il s'en vouloit aider en ce qu'il pourroit. Ia auoit ledict Seigneur bonne intelligence auec monseigneur des Cordes,

          & con-

&, conseillé & aduisé de lui(qui estoit Chef & maistre dedans Arras)requit ausdicts Ambassadeurs qu'ils lui feissent faire ouuerture(par ledict des Cordes de la cité d'Arras: car lors y auoit murailles & fossez entre la ville & la cité,& portes fermans contre ladicte cité:& maintenant est à l'opposite,car la cité ferme côtre la ville.Apres plusieurs remôstrâces faictes ausdicts Ambassadeurs,& que ce seroit pour le mieux, & que plus aisément on viendroit à paix,en faisant ceste obeissance,ils s'y consentirét,& principalement lesdits Chancelier & le seigneur d'Hymbercourt:& baillerent lettres de descharge audict seigneur des Cordes,& le consentemét de bailler ladicte cité d'Arras: ce qu'il feit volontiers:& incontinent que le Roy fut dedans,il feit faire des Bouleuers de terre,contre la porte, & autres endroits pres de la ville: & par cest appointement monseigneur des Cordes se tira hors de la ville,& en feit saillir les Gens de guerre, estans auec lui:& s'en alla chascun à son plaisir, & prenant tel parti qu'il lui plaisoit.

Aeras en la puissance du Roy.

Ledict seigneur des Cordes, soy tenant pour deschargé du seruice de sa maistresse, par ce consentement qu'auoient baillé lesdicts Ambassadeurs,se delibera de faire le sermét au Roy,& de venir son seruiteur, considerât que son nom & ses armes estoient deça la riuiere de Somme,pres de Beauuais: car il auoit nom messire Philippe de Creue cœur,frere second du seigneur de Creuecœur : & aussi ces terres que la maison de Bourgógne auoit occupees sur ladicte riuiere de Somme (dont assez ay parlé) viuans les Ducs Philippe & Charles,reuenoyent sans difficulté au Roy , par les conditions du traicté d'Atras:par lequel furent baillees au Duc Philippe,pour lui & ses hoirs masles seulement:& le Duc Charles ne laissa que ceste fille dont i'ay parlé,& par ainsi ledict messire Philippe de Creuecœur, deuenoit homme du Roy sans difficulté,parquoy n'eust sçeu mesprendre à se mettre au seruice du Roy(sinon qu'il eust fait serment de nouueau à ladicte Damoiselle) & en lui rendant ce qu'il tenoit du sien.Il s'en est parlé,& parlera en diuerses façós,parquoy ie m'en rapporte à ce qui en est.Bien sçay qu'il auoit esté nourry,& accreu,& mis en grand estat par le Duc Charles, & que sa mere auoit nourrie en partie ladicte Damoiselle de Bourgongne, & qu'il estoit Gouuerneur de Picardie, Seneschal de Ponthieu, Capitaine de *Contray, Gouuerneur de Peronne, Mondidier & Roye, Capitaine de Boulongne & de Hesdin, de par le Duc Charles de Bourgongne quand il mourut: & encores de present il les tient de par le Roy , en la forme & maniere que le Roy nostre maistre les lui bailla.

Crotoy, Exemp. vieil. & les imprimez, Coutray, approchant de l'Italien, qui dit Corttay: Sleidâ passe par dessus tout ces gouuernemens.

Apres que le Roy eut fait en la cité d'Arras,comme dict est,il se partit de là:& alla mettre le siege deuant Hesdin,où il mena ledict Seigneur des Cordes,lequel auoit tenu la place,comme dict est,il n'y auoit que trois iours : & encores y estoient ses gens, qui monstrerent la vouloir tenir pour ladicte Damoiselle,disans lui auoir fait le serment, & tira l'artillerie quelques iours. Ils ouyrent parler leur maistre, & à la verité ceux de dehors & de dedans s'entendoient bien : & ainsi ladicte place fut rendue au Roy : lequel s'en alla deuant Boulongne:où il en fut faict tout ainsi. Ils tindrent parauenture vn iour d'auantage : toutesfois ceste habilité estoit dangereuse,s'il y eust

Hesdin rendu au Roy.

Boulongne renduë au Roy.

eu gens au païs(& le Roy,qui depuis le me compta,l'entendoit bien)car il y
auoit gens dedans Boulongne,qui cognoiſſoient bien ce cas,& trauailloiét
d'y mettre des gens(s'ils en euſſent peu finer à temps)& la deffendre à bó eſ-
cient.Cependát que le Roy ſejournoit deuant Boulongne(qui fut peu d'e-
ſpace,comme de cinq ou ſix iours)ceux d'Arras ſe tindrent pour deçeus de
ſe veoir ainſi enclos d'vn coſté & d'autre(où il y auoit largement gens-d'armes & grand nombre d'artillerie)& trauailloient pour trouuer gens,pour
garnir leur ville:& en eſcriuirent aux villes voiſines,cóme à l'Iſle & Douay.
Audiƈt lieu de Douay y auoit quelque peu de gés de cheual:& entre les autres,y eſtoit le Seigneur de Vergy,& autres dont il ne mè ſouuiét:& eſtoiét
de ceux qui eſtoient reuenus de ceſte bataille de Nancy:leſquels ſe delibererent de ſoy venir mettre en ceſte ville d'Arras:& feirét amas de ce qu'ils peurent,comme de deux ou trois cens cheuaux,que bons que mauuais,& cinq
ou ſix cens hommes de pied.Ceux de Douay,qui en ce temps là eſtoient encores vn petit orgueilleux,les preſſerent de partir en plain midy,voulſiſſent
ils ou nón,qui fut vne grande folie pour eux:& auſſi mal leur en print,car le
pays de là Arras eſt plain comme la main,& y a enuiron cinq lieuës:& s'ils
euſſent attendu la nuiƈt,ils euſſent executé leur entreprinſe,comme ils entendoient faire.Comme ils feurent en chemin,ceux qui eſtoient demeurez
en la cité(comme le ſeigneur du Lude,Iean du Fou,& les gés du Mareſchal
dé Loheac)furent aduertis de leur venuë:& delibererent de plus toſt leur en
aller au deuant,& metre tout à l'aduenture,que de les laiſſer entrer en la vil-
le:car il leur ſembloit qu'ils ne ſçauroient deffendre la cité,s'ils y entroient.

Ceux de
Doñay deſ-
trouſſez par
les gens du
Roy.
L'entreprinſe de ceux que ie dy,eſtoit bien perilleuſe:mais ils l'executerent
hardiment,& bien,& deſtrouſſerét ceſte bande qui eſtoit partie de Douay:
& furent quaſi tous morts ou prins,& entre les autres fut prins le ſeigneur
de Vergy.

Le Roy y arriua le lendemain,qui eut grand'ioye de ceſte deſconfiture:
& feit mettre tous les priſonniers en ſa main:& pluſieurs feit mourir de ces
Gens de pied,eſperant eſpouuenter ſi petit de gens de guerre qu'il y auoit
en ce quartier:& feit le Roy long temps garder monſeigneur de Vergy,le-
Le ſieur de
Vergy apres
grand diffi-
culté fait ſer-
mét au Roy.
quel ne voulut faire le ſerment au Roy,pour choſe du móde,auſſi eſtoit il en
eſtroiƈte garde & bien enferré.A la fin fut conſeillé de ſa mere:& apres qu'il
euſt eſté vn an en priſon,ou plus,il feit le bon plaiſir du Roy,dont il feit que
ſage.Le Roy luy reſtitua toutes ſes terres,& toutes celles qu'il querelloit:&
le feit poſſeſſeur de plus de dix mille liures de rente,& d'autres beaux eſtats.
Ceux qui eſchapperent de ceſte deſtrouſſe(qui eſtoient peu)s'en entrerent
en la ville.Le Roy feit approcher ſon artillerie,& tirer:laquelle eſtoit puiſſante,& en grand nombre:& foſſé,ne muraille ne valoient gueres.La baterie fut grande,& furent tous eſpouuantez:car ils n'auoient comme point
de Gens de guerre dedans. Monſeigneur des Cordes y auoit bonne intel-
Douay en la
main du Roy.
ligence:& auſſi incontinent que la cité fut renduë au Roy,la ville ne luy
pouuoit eſchapper:parquoy ils feirent vne compoſition,en rendát la ville:
laquelle compoſition fut aſſez mal tenuë,dont lediƈt ſeigneur du Lude eut
partie de la coulpe:& feit l'on mourir pluſieurs Bourgeois & autres,& beaucoup

coup gens de bien: present ledict Seigneur du Lude & maistre Guillaume
de Cerisay (qui y eurent grand profit: car ledict Seigneur du Lude m'a dit
que par ce temps il y auoit gaigné vingt mille escus, & deux pannes de martres) & feirent ceux de la ville vn prest au Roy de soixante mille escus, qui e-
stoit beaucoup trop pour eux: toutesfois ie croy que depuis ils furent rendus: car ceux de Cambray en presterent quarante mille, qui depuis pour
certain leur furent rendus, parquoy ie croy qu'aussi furent les autres.

Comment les Gantois, qui auoient vsurpé authorité par dessus leur Princesse
quand son pere fut mort, vindrent en Ambassade vers le Roy,
comme de par les trois Estats de leur pays.

CHAP. XVI.

POVR l'heure de ce siege d'Arras, Madamoiselle de Bourgogne estoit
à Gand, entre les mains de ses gens tres-deraisonnables: dont perte
lui ensuiuit, & profit au Roy: car nul ne pert, que quelcun n'y gaigne. Quand ils sceurent la mort du Duc Charles, il leur sembla qu'ils estoiét
eschappez: & prindrent tous ceux de leur Loy, (qui estoient vingt & six) & la
plus part ou tous feirent mourir: & prindrent leur couleur, qu'ils auoiét fait
le iour de deuant descapiter vn homme: & nonobstant qu'il l'eust bien desserui, si n'en auoient ils aucun pouuoir, comme ils disoient: car leur pouuoir estoit expiré par le trespas dudict Duc, qui les auoit creez audict Gouuernement. Ils feirent mourir aussi plusieurs bons personnages de la ville,
qui auoyent esté amis fauorables dudict Duc: dont il y en auoit aucuns,
qui de mon temps, & moy present, auoient aidé à desmouuoir ledict Duc
Charles: lequel vouloit destruire vne grand' partie de ladicte ville de
Gand. Ils contraignirent ladicte Damoiselle à confirmer leurs anciens priuileges: qui leur auoient esté ostez par la paix de Gand (qui fut faicte par
le Duc Philippe) & autres, par le Duc Charles. Lesdicts priuileges ne leur
seruoyent que de noise auec leur Prince: & aussi leur principale inclina-
tion est de desirer leur Prince estre foible: & n'en ayment nuls depuis
qu'ils sont Seigneurs: mais tres-naturellement les ayment, quand ils sont
en enfance, & auant qu'ils viennent à la seigneurie, comme ils auoient
fait ceste Damoiselle, qu'ils auoient soigneusement gardee & aymee iusques lors qu'elle fut Dame. Aussi est bon à entendre que si à l'heure que
ledict Duc mourut, les gens de Gand n'eussent fait aucun trouble, & eussent voulu tascher à garder le pays, soubdainement ils eussent pourueu à
mettre gens dedans Arras, & parauenture à Peronne: mais ils ne pense-
rent lors qu'à ce trouble. Toutesfois le Roy estant deuant ladicte ville
d'Arras, vindrent deuers lui aucuns Ambassadeurs de par les trois Estats des
pays de ladite Damoiselle: car ils tenoiét à Gand certains deputez desdicts
trois Estats: mais ceux de Gand faisoient le tout à leur plaisir, pource qu'ils
tenoient ladicte Damoiselle entre leurs mains. Le Roy les ouyt, & entre autres choses, dirent que les choses qu'ils auoient proposees, qui
estoient tendans à fin de paix, procedoient du vouloir de ladicte Damoiselle: laquelle en toutes choses estoit deliberée de soy conduire par le vouloir

& conseil des trois Estats de son païs : & requeroient que le Roy se voulsist deporter de la guerre qu'il faisoit, tant en Bourgógne qu'en Artois, & qu'on print iournée, pour pouuoir amiablement pacifier, & que cependant fust donnée surseance de guerre.

Le Roy se trouuoit ja comme au dessus, & encores cuidoit il que les choses vinssent mieux à son plaisir qu'elles ne feirent: car il estoit bien informé que plusieurs Gens de guerre estoient morts & deffaicts par tout, & beaucoup d'autres destournez du costé de ladicte Damoiselle, & par especial monseigneur des Cordes (dont il faisoit grand' estime, & non sans cause: car de long temps il n'eust fait par force ce que par intelligéce il feit par son moyen, peu de iours auant, comme auez ouy) & pourtant il estima peu leurs requestes & demandes. Aussi estoit il bien informé, & sentoit bien que ces gens de Gand estoient en tel estat, qu'ils troubleroient tant leur compaignie, qu'ils ne sçauroient dóner aucun ordre ou conseil à conduire la guerre contre luy : car nul homme de sens, ne qui eust eu authorité auec leurs Princes passez, n'estoit appellé en rien, touchant leurs affaires : mais estoit persecuté, & en danger de mort: & par especial ils auoient en grand' haine les Bourguignós, pour la grande authorité qu'ils auoient euë au temps passé. Et d'auantage le Roy congnoissoit bien (lequel en telles choses voyoit aussi clair que nul homme de son Royaume) ce que lesdicts Gantois faisoient à leur Seigneur de tout temps, & qu'ils desiroient le voir appetissé, pourueu qu'ils n'en sentissent rien en leur pays : & pource il aduisa que s'ils estoient encommencez à soy diuiser, qu'il les y mettroit encore plus auant, car ceux à qui il auoit affaire, n'estoient qué bestes, & gens de ville la plus part : & par especial ne se cognoissoient en ces choses subtiles, dont ledict seigneur se sçauoit bien aider : & faisoit ce qu'il deuoit pour vaincre & mener à fin son entreprinse.

Le Roy s'arresta sur la parolle que ces Ambassadeurs auoient dicte (qui estoit que leur Princesse ne feroit rien sans la deliberation & conseil des trois Estats de son pays) en leur disant qu'ils estoient mal informez du vouloir d'elle, & d'aucuns particuliers: car il estoit seur qu'elle entendoit conduire ses affaires par gens particuliers, qui ne desiroient point la paix, & qu'eux se trouueroient desauouez, dont lesdicts Ambassadeurs se trouuerent fort troublez : & comme gens mal accoustumez de besongner en si grandes matieres, respondirent chauldement qu'ils estoyent bien seurs de ce qu'ils disoient, & qu'ils monstreroient leurs instructiós, quand besoing feroit. On leur respódit qu'on leur monstreroit lettres, quand il plairoit au Roy, escrites de telle main qu'ils les croiroient: qui disoient que ladicte Damoiselle ne vouloit conduire ses affaires que par quatre personnes. Ils repliquerent encores qu'ils estoient bien seurs du contraire : & lors le Roy leur feit monstrer vne lettre que le Chancelier de Bourgongne, & le Seigneur d'Himbercourt auoient apportees, à l'autrefois qu'ils auoient esté à Peronne: lesquelles estoient escrites, partie de la main de ladicte Damoiselle, partie de la main de la Duchesse de Bourgógne, douairiere, femme du Duc Charles, & sœur du Roy Edouard d'Angleterre, & partie de la main du

Seigneur

seigneur de Rauastin, frere du Duc de Cleues, & prochain parent de ladicte
Damoiselle. Ainsi estoit ceste lettre escrite de trois mains, toutefois elle ne
parloit qu'au nom de ladicte Damoiselle: mais il estoit ainsi faict, pour y adiouster plus gtáde foy. Le contenu de ladicte lettre estoit creáce sur le Chácelier & Hymbercourt: & d'auantage ladicte Damoiselle declaroit que son
intention estoit, que tous ces affaires seroient conduits par quatre personnes (qui estoiét ladite Douäiriere, sa belle mere, ledit seigneur de Rauastin &
les dessusdits Chácelier & Hymbercourt) & supplioit au Roy que ce qu'il luy
plairoit faire conduire enuers elle, passast par leurs mains, & qu'il luy pleust
s'en addresser à eux, & à nuls autres n'en auoir communication.

Quand ces Gantois, & autres deputez eurent veu ceste lettre, ils en furent
fort marris: & ceux qui communiquoyent auec eux, les y aydoient bien. Fi-
nálemét ladite lettre leur fut baillée: & n'eurét autre depesche, qui fust de
grande substáce: & il ne leur en chaloit gueres, car ils ne pensoiét qu'à leurs
diuisions, & à faire vn monde neuf: & ne regardoiét point à plus loin, combien que la perte d'Arras leur deuoit bien plus toucher au cœur: mais c'e-
stoiét gens, qui n'auoient point esté nourris en grandes matieres, & gens de
ville la plus part, comme i'ay dit. Ils se mirent à chemin droit à Gand, où ils
trouuerét ladicte Damoiselle, auec laquelle estoit le Duc de Cleues, son prochain parét, & de sa maison de par sa mere, lequel estoit ancien. Il auoit esté
nourry en ceste maison de Bourgógne: & de tout temps en auoit eu six mille Florins de Rhin de pensió: parquoy oultre le parétage, il y venoit aucunes fois comme seruiteur. L'Euesque du Liege, & plusieurs autres grands
personnages, y estoiét pour accompagner ladite Damoiselle, & pour leurs
affaires particuliers: car l'Euesque dessusdict estoit venu pour faire quitter à
son païs trente mille Florins, ou enuiron, qu'ils payoiét au Duc Charles, par
appointemét faict entre luy & eux, apres les guerres qu'ils auoient eües ensemble, dont i'ay parlé cy deuant: toutes lesquelles guerres auoiét esté pour
la querelle & affaire dudit Euesque: & pource il n'auoit point grand besoin
de faire ceste poursuite, & les deuoit desirer estre pauures: car il ne prenoit
rien en son pays qu'vn petit de domaine (au regard de la grádeur & richesse
du pays) & son spirituel. Ledict Euesque, frere de ces Ducs de Bourbon, Iean
& Pierre, qui pour lors regnoit, * homme de bonne chere, & de plaisir, peu
cognoissant ce qui luy estoit bon ou contraire, retira à luy messire Guillaume de la Marche, vn beau cheualier & vaillát, tres-cruel & mal conditionné,
qui tousiours auoit esté son ennemy, & de la maison de Bourgógne aussi, en
faueur des Liegeois: & ladicte Damoiselle de Bourgongne lui donna quinze mille Florins de Rhin, en faueur dudit Euesque du Liege & de luy, pour
le reduire: mais tost apres il se tourna contre elle, & cótre son maistre ledict
Euesque, à qui il estoit, ayát entreprins de faire son filz Euesque par force &
par la faueur du Roy: & depuis il deconfit ledit Euesque en bataille, & le
tua de sa main, & le fit ietter en la riuiere, lequel y demeura trois iours.

Ledict Duc de Cleues y estoit, esperant faire le mariage de son filz aisné
auec ladite Damoiselle, qui luy sembloit chose sortable pour beaucoup de
raisons: & croy qu'il se fust fait, si le personnage eust esté códitionné au gré

Q

Le Roy bail-
le la lettre se-
crette de la
Damoiselle
de Bourg.
aux Gátois.

* regnoiét
Exép. viel.

Guillaume
de la Marche
desloyal en-
uers l'Eues-
que du Lie-
ge, appellé le
Sanglier
d'Ardaigne.

d'elle & de ses seruiteurs: car il estoit de ceste propre maison, & en tenoit sa Duché, & auoit esté nourry leans: & patauenture que la veuë & cognoissance qu'on auoit de luy, luy fit ce dommage.

Comment ceux de Gand, apres le retour de leurs Ambassadeurs, feirent mourir le Chancelier Hugonet & le seigneur d'Hymbercourt, contre le vouloir de leur Princesse: & comment eux, & autres Flamans furent desconfits deuant Tournay, & le Duc de Gueldres leur chef tué.

CHAP. XVII.

POur reuenir à mó propos, ces deputez arriuerét à Gand, & fur le cóseil preparé, & ceste Damoiselle mise en só siege, & ces seigneurs à l'éuiró d'elle, pour ouir leur rapport: & cómécerét à dire la charge qu'ils auoiét d'elle, & toucherét principalemét le poinct qui seruoit à ce qu'ils vouloiét faire, & dirét que comme ils alleguerét au Roy que ladicte Damoiselle estoit deliberée de tout poinct se códuire par le conseil des trois Estats, il leur auoit respondu qu'il estoit bié seur du contraire, à quoy ils auoient persisté: parquoy ledit seigneur offrit de monstrer lettre de ladicte Damoiselle: laquelle soudainement meüe & courroucée, dist sur le cháp le contraire, cuidát

*Pensionnaire
dé Gand de
peu respectu-
eux enuers sa
Princesse*estre seure que ladite lettre n'eust esté veuë. Et incótinét celuy qui parloit (qui estoit le Pensionnaire de Gand ou de Brucelles) tira de son sein ladicte lettre, deuant tout le monde, & la luy bailla. Il monstra bien qu'il estoit homme tres-mauuais, & dépeu d'honneur, de faire ceste honte à ceste ieune Damoiselle, à qui vn si vilain tour n'appartenoit pas estre fait: car si elle auoit fait quelque erreur, le chastiement ne luy en appartenoit en public. Il ne faut pas demander si elle eut grand'honte: car à chascun elle auoit dit le contraire. Ladicte Doüairiere, & le seigneur de Rauastin, le Chácelier, & le seigneur d'Hymbercourt estoient presens.

*Diuisions en
la maison de
la Damoisel-
le de Bourg.*On auoit tenu parolles à ce Duc de Cleues & autres, de ce mariage, qui tous furent courroucez: & commença lors leur diuision grande, & commencerent à se declarer. Ledict Duc de Cleues auoit tousiours iusques à lors, eu esperance que le seigneur d'Hymbercourt tiendroit pour luy à ce mariage, lequel se tint pour deceu, voyant ceste lettre, & lui en deuint ennemy. Ledict Euesque du Liege ne l'aimoit point, pour les choses passees du Liege (dont ledict seigneur d'Hymbercourt auoit eu le gouuernement) ne son *Guillaume
de la Marche
adherant à
Hymb.*messire Guillaume de la Marche, qui estoit auec luy. Le Comte de sainct Paul, filz du Connestable de France (dont i'ay parlé) hayssoit ledict seigneur d'Hymbercourt & le Chancelier: pource qu'ils liurerent son pere à Peronne entre les mains des seruiteurs du Roy, comme auez ouy au long cy dessus. Ceux de Gand les auoient en grand'haine, sans nulle offense qu'ils leur eussent faicte, mais seulement pour la grand'authorité où ils les auoyent veus: & seurement ils le valoient, autant que personnages qui aient regné en leur temps, ne deça ne delà: & auoient esté bons & loyaux seruiteurs pour leur maistre.

Finalement

Finalement la nuict, dont la lettre auoit esté montrée le matin, les dessusdicts Chancelier & Seigneur d'Hymbercourt furent prins par lesdicts
Gantois, nonobstant qu'ils en eussent assez d'aduertissement : mais ils ne
sçeurent fuyr à leur mal fortune, *comme il aduient à plusieurs autres. Ie
croy bien que leurs ennemis que i'ay nommez, ayderent bien à ceste prinse. *comme a-
Auec eux fut prins messire Guillaume de *Clugny, Euesque de Theroüe- uoient plu-
ne, qui depuis est mort Euesque de Poictiers : & tous trois furét mis ensem- sieurs au-
ble. Ceux de Gand tindrent vn peu de forme de procez (ce qu'ils n'ont tres.
point accoustumé en leur vengeance) & ordonnerent gens de leur loy, pour Exép. vieil.
les interroger, & auec eux vn de ceux de la Marche, ennemy mortel du- *parauant
dict Seigneur d'Hymbercourt. Au commencement ils leur demanderent de Cluny.
pourquoy ils auoient fait bailler, par monseigneur des Cordes, la cité d'Arras : mais peu s'y arresterent, combien qu'en autre faute ne les eussent sçeu
trouuer : mais leur passion ne leur tenoit pas là : car il ne leur chaloit, de prime face, de voir leur Prince affoibly d'vne telle ville, ne leurs sens, ne leur
cognoissance, n'estoient pas suffisantes pour cognoistre le prejudice qui
leur en pouuoit aduenir par traict de temps. Seulement se vindrent arrester
sur deux poincts : l'vn sur certains dons, qu'ils disoyent que par eux auoient
esté prins, & par especial pour vn procés, qu'auoient n'agueres gaigné, par
leur sentence prononcée par ledict Chancelier, contre vn particulier : dont
les deux dessusdicts auoient prins vn don de la ville de Gand : & à tout ce
qui touchoit ceste matiere de corruption, respondirét tres-bié & à ce poinct
particulier, là où ceux de Gand disoient qu'ils auoient vendu iustice & prins
argent d'eux pour leur adiuger leur procés, respondirent : Qu'ils auoyent Iuges nere-
gaigné ledict procés, pource que leur matiere estoit bonne : & qu'au regard fusans pre-
de l'argent qu'ils auoient prins, ils ne l'auoient point demandé, ne fait de- sent pour a-
mander, mais vray est que quád on le leur presenta, ils le prindrent. Le secód uoir bien iu-
poinct de leur charge où s'arresterent, c'estoit que les dessusdicts Gantois gé, condam-
disoient qu'en plusieurs poincts, durant le temps qu'ils auoyent esté auec nez à Gand.
le feu Duc Charles, leur maistre, & en son absence, estans ses Lieutenans, ils
auoiét fait plusieurs choses contre les priuileges de ladicte ville & *statuts *Estat
d'icelle : & que tout homme qui faisoit contre les priuileges de Gand, de- Exép. vi.ij.
uoit mourir. En cela n'y auoit aucun fondement contre les dessusdicts : car
eux n'estoient leurs subiects, ne de leur ville, & si n'eussent sçeu rompre
leurs priuileges : & si ledict Duc, ou son pere, leur auoit osté aucuns de leurs
priuileges, ce auoit esté par appointement faict auec eux, apres plusieurs
guerres & diuisions : mais les autres, qui leur auoient esté laissez (qui sont
plus grands qu'il ne leur est besoing pour leur proffit) leur auoyent esté
bien obseruez. Nonobstant les excuses de ces deux bons & notables personnages, sur les deux charges dessusdictes (car de la principale, dont i'ay Gantois con-
parlé au commencement de ce propos, ils ne parloient point) les Esche- damnent le
uins de la ville de Gand les condamnerent à mourir, en leur Hostel de vil- Chancelier
le, & en leur presence, & soubs couleur de l'infraction de leurs priuileges, de Bourg. &
& qu'ils auoient prins argent, apres leur auoir adiugé le procés, dont est fai- Hymb. à la
cte mention ci dessus. Ces deux Seigneurs dessusdicts, oyans ceste cruelle mort.

sentence, furent bien esbahis, comme raison estoit : & n'y voioiét aucun remede, pource qu'ils estoient entre leurs mains. Toutesfois ils appellerét deuant le Roy en sa court de Parlemét, esperans que cela pour le moins, pourroit donner quelque delay à leur mort, & que cependát leurs amis les pourroient aider à sauuer leur vie. Parauant ladicte sentence, ils les auoiét fort gehénez, sans nul ordre de iustice, & ne dura leur procés point plus de six iours : & nonobstant ladicte appellation, incontinét qu'ils les eurent condamnez, ils ne leur donnerent que trois heures de temps pour les confesser & penser à leurs affaires : & le terme passé, ils les menerent en leur Marché sur vn eschaffault.

Madamoiselle de Bourgongne, qui depuis a esté Duchesse d'Autriche, sçachant ceste condamnation, s'en alla en l'hostel de la ville, leur faire requeste & supplication pour les deux dessusdicts, mais rien n'y valut : & de là elle s'en alla sur le Marché, où tout le peuple estoit assemblé, & en armes, & veit les deux dessusdicts sur l'eschaffault. Ladicte Damoiselle estoit en son habit de dueil, & n'auoit qu'vn couure-chef sur sa teste (qui estoit en habit humble & simple, & pour leur faire pitié par raison) & là supplia au peuple, les larmes aux yeux, & toute escheuelée, qu'il leur pleust auoir pitié de ses deux seruiteurs, & les lui vouloir rédre. Vne grád' partie de ce peuple vouloit que son plaisir fust faict, & qu'ils ne mourussent point. Autres vouloient au contraire : & baisserent les picques les vns contre les autres, comme pour combattre : mais ceux qui vouloient la mort, se trouuerent les plus forts, & finalement crierent à ceux qui estoient sur l'eschaffault, qu'ils les expediassent : & incontinent ils eurent tous deux les testes trenchées : & s'en retourna ceste pauure Damoiselle en cest estat en sa maison, bien dolente & desconfortée : car c'estoient les principaux personnages où elle auoit mis sa fiance.

Apres que ces gens de Gand eurent fait cest exploict, ils departirent d'auec elle monseigneur de Rauastin & la Doüairiére, femme du Duc Charles : pource qu'ils estoient signez en sa lettre, que lesdicts seigneurs d'Hymbercourt & Chancelier dessus-nommez auoient portée au Roy, & qu'ils auoient baillée, comme vous auez sçeu : & prindrent de tous poincts l'authorité & la maistrise de ceste pauure & ieune Princesse : car ainsi se pouuoit elle bien appeller, non point seulement pour la perte qui dessors lui estoit aduenuë de tant de grosses villes qu'elle auoit perdues, qui lui estoient irrecuperables par force, veu la forte main en quoy elles estoient (car par grace, amitié, ou appointement, elle y pouuoit auoir encores quelque esperance) mais à se trouuer entre les mains des vrais & anciens persecuteurs de sa maison. Ce qui lui estoit bien vn tres-grand mal-heur, encores qu'en leur faict, és choses generales, y ait tousiours eu plus de folie que de malice : comme aussi ce sont tousiours grosses gens de mestier, le plus souuent, qui y ont le credit & l'authorité, qui n'ont aucune cognoissance des grandes choses, ne de celles qui appartiennét à gouuerner vn estat. Leur malice ne gist qu'en deux choses : l'vne est que par toutes voyes ils desirét affoiblir & diminuer leur Prince. L'autre, que quad ils ont fait quelque mal ou grád erreur,

& qu'ils

& qu'ils se voyent les plus foibles, iamais gens ne chercherent leur appointement en plus grande humilité qu'ils font, ny ne donnerent plus grands
dons: & si sçauent mieux trouuer les personnes, à qui il faut qu'ils s'adres-
sent pour conduire leur accord, que nulle autre ville que i'aye iamais
cogneuë.

Apres que ceux de Gand eurent prins le gouuernement par force dela-
dicte Damoiselle de Bourgongne, & fait mourir ces deux qu'auez ouy, &
qu'ils eurent enuoyé hors ceux que bon leur sembla, ils commencerent en
tous endroits à oster & mettre gens à leur poste: & par especial chasserent &
pillerent tous ceux qui mieux auoient serui ceste maison de Bourgongne,
indifferemment, sans regarder ceux qui en aucune chose le pourroient
auoir desseruy: & entre toutes gens, ils prindrent inimitié contre les Bourguignons, & les bannirent tous: & prindrent aussi grande peine pour les
faire deuenir seruiteurs & subiects du Roy, comme faisoit le Roy propre,
qui les sollicitoit par belles & sages parolles, & remonstraces, & par grands
dons & promesses, & aussi par force qu'il auoit tres-grande en leur païs.
Pour commencer à faire cas de nouuelleté, ils meirent hors de prison (comme nous auons touché cy deuant) le Duc de Gueldres, qui par long temps,
par le Duc Charles, y auoit esté tenu, pour les causes qu'auez entenduës cy
deuant: & le feirent chef d'vne armée qu'ils feirent d'entre eux mesmes:
c'est à sçauoir de Bruges, Gand, & Ypre: & l'enuoyerent deuant Tournay,
mettre le feu aux fauls-bourgs, qui estoit bien peu d'vtilité, pour la querelle de leur Seigneur. Plus lui eust seruy, & à eux aussi, deux cens hommes,
ou dix mille Francs contant, pour en entretenir d'autres, qui estoient dedans Arras, quand le siege y alla (pourueu qu'ils feussent venus à temps
propice) que dix telles armées que ceste là (qui estoit de douze ou quinze
mille hommes, & la payerent tres-bien) car elle ne pouuoit rien profiter
que de brusler vn petit nombre de maisons, en lieu dont il ne chaloit gueres au Roy: car il n'y leue tailles ny aides: mais leur cognoissance n'alloit
point iusques là. Apres que ce Duc de Gueldres fut venu deuant Tournay,
il feit mettre les feux iusques aux faulx bourgs dessusdicts. Il y auoit dedans
trois ou quatre cens hommes d'armes, qui saillirent, & donnerent sur la
queuë de ses gens à leur retraicte, & incontinent ce peuple se mit à fuyr. Le
Duc de Gueldres, qui estoit vn tres vaillant Prince, tourna pour cuider don-
ner à ses gens chemin de se retirer: il fut mal *suiuy, & fut porté par terre, &
tué, & assez bon nombre de ce peuple: & se trouua bien peu de gens du Roy
à faire cest exploict: & l'Ost des Flamans, auec ceste perte, se retira: car il n'y
auoit eu qu'vne bande desfaicte d'entre eux. Madamoiselle de Bourgongne,
comme l'on dit, eut tres-grande ioye de cest aduenture, & ceux qui l'aymoient: car l'on dit, pour certain, que lesdicts Gantois estoient deliberez de
lui faire espouser par force: car de son consentement ne l'eussent sceu faire,
pour plusieurs raisons, que vous auez entenduës de lui par cy-deuant,

Q iij

Discours sur ce que les guerres & diuisions sont permises de Dieu, pour le chastiement &
des Princes & du peuple mauuais: auec plusieurs bonnes raisons & exemples ad-
uenus du temps de l'Autheur, pour l'endoctrinement des Princes.

CHAP. XVIII.

IE ne puis penser comment Dieu a tant preserué ceste ville, dont tant de maulx sont aduenus, & qui est de si peu d'vtilité pour le pays, & chose publicque dudict pays, où elle est assise, & encores beaucoup moins pour le Prince: & n'est pas comme Bruges, qui est vn lieu de grand recueil de marchandise, & de grand' assemblee de nations estranges: où parauenture, se depesche plus de marchâdise qu'en nulle autre ville d'Europe: & seroit dommage irreparable qu'elle fust destruite. Au fort, il me semble que Dieu n'a creé aucune chose en ce mode, ni hómes, ni bestes, à qui il n'ait fait à quelque chose son cótraire, pour le tenir en crainte & humilité. Et ainsi ceste ville de Gád est bié situee là où elle est: car ce sont les pays de la Chrestiété plus adónez à tous les plaisirs en quoy l'hóme est enclin, & plusieurs pópes & delices. Ils y sont bons Chrestiés, & y est Dieu bien seruy & honoré. Et n'est pas ceste * maison de Bourgógne seule, à qui Dieu ait dóné quelque aiguillon: car au royaume de France a dóné pour opposite les Anglois, & aux Anglois les Escossois: au royaume d'Espaigne, Portugal. Ie ne veux point dire Grenade: car ceux là sont ennemis de la foy: toutesfois iusques ici ledit pays de Grenade a dóné de grands troubles au pays de Castille. Aux Princes d'Italie (dont la pluspart possedent leurs terres sans tiltre, s'il ne leur est dóné au ciel, & de cela ne pouuons sinon deuiner) lesquels dominent cruellemét & violenteimét sur leurs peuples, quât à leurs deniers, Dieu leur a dóné pour opposite les villes de cómunauté, qui sont audict pays d'Italie: cóme Venise, Florence, Gennes, quelquesfois Boulongne, Siene, Pise, Luques & autres: lesquelles, en plusieurs choses, sont opposites aux seigneurs, & les seigneurs à elles: & chascu n'a l'œil que son cópaignon ne s'accroisse. Et pour en parler en particulier, à la maison d'Arragon a donné la maison d'Anjou pour opposite: & à ceux des Sforces, vsurpans le lieu des Vicomtes en la Duché de Milan, la maison d'Orleans: & combien que ceux de dehors soient foibles, ceux qui sont subiects au Roy, encores par fois * ils en ont doubte. Aux Venitiens, ces seigneurs d'Italie (cóme i'ay dit) & d'auantage les Florétins. Ausdits Florentins ceux de Siene & de Pise, leurs voisins, & les Geneuois. Aux Geneuois, leur mauuais gouuernement, & la faulte de foy des vns enuers les autres, & gisent leurs partialitez en ligues, cóme de Fourgouze, d'Adorne & d'Orie, & autres. Ceci est tât veu, qu'on en sçait assez. Pour Allemaigne vous auez, & de tout temps, la maison d'Austriche, & de Bauiere contraires: & en particulier, ceux de Bauiere contraires l'vn à l'autre. * La maison d'Austriche, en particulier, les Suisses: & ne fut le commencement de leur diuisió que d'vn village appellé Suisse (qui ne sçauroit faire six cens hómes) dont les autres portét le nom: qui sont tant multipliez, que deux des meilleures villes qu'eust ladicte maison d'Austriche en sont, cóme Surich, & Fribourg: & ont gaigné de grádes batailles, esquelles ont esté tuez des Ducs d'Austriche.

Maintes

Maintes autres partialitez y a en ceste Allemaigne : comme ceux de Cleues
contre ceux de Gueldres : & les Ducs de Gueldres côtre les Ducs de Iulliers.
Les Ostrelins (qui sont situez tant auât en ce North) côtre les Roys de Dä-
nemarch. Et pour parler d'Allemaigne en general, il y a tât de fortes places,
& tant de gés enclins à mal faire, & à piller & desrober, & qui vsent de force
& violence, les vns côtre les autres, pour petite occasio, que c'est chose merueilleuse. Car vn homme qui n'aura que lui & son varlet, deffiera vne grosse
cité : & vn Duc, pour mieux pouuoit desrober, auec le port de quelque petit
Chasteau-rocher, où il se sera retraict, y ayât vingt ou trente hommes à cheual, qui courrôt deffier à sa requeste. Ces gés icy ne sont gueres de fois punis
des Princes d'Allemaigne : car ils s'en veulent seruir quand ils en onr affaire :
mais les villes, quand elles les peuuent tenir, les punissent cruellemét, & souuentesfois ont bien assiégé de tels chasteaux & abbatu : aussi tiennét lesdites
villes ordinairement des gens-d'armes payez & gaigez pour leur seureté.
Ainsi semble que ces Princes & villes d'Allemaigne viuét, comme ie dy, faisans charier droit les vns des autres, & qu'il est necessaire qu'ainsi soit, & pareillement par tout le monde.   Ie n'ay parlé que d'Europe : car ie ne me suis
point informé de deux autres parts, comme d'Asie & d'Afrique : mais bien
oyons nous dire qu'ils ont guerres & diuisions, côme nous, & encores plus
mecaniquemét : car i'ay sçeu en ceste *pratique plusieurs lieux où ils se vêdér
les vns les autres, aux Chrestiés : & appert ce par les Portugalois, qui maints
esclaues en ont eu, & ont tous les iours : mais quant à cela, ie doute que ne le
deuôs point trop reprocher aux Sarrazins, & qu'il y a des parties de la Chrestienté, qui en font autant : mais ils sont situez soubs le pouuoir du Turc, ou
fort voisins, comme en aucune partie de la Grece.

   Il pourroit donc sembler que ces diuisions fussent necessaires par le mô-
de, ce que ces aiguillons & choses opposites (dot i'ay parlé dessus) que Dieu
a donnees à chascun estat, & quasi à chascune personne, soient necessaires : &
de prime face, & parlant comme homme non lettré, qui ne veult tenir opinion que celle que deuons tenir, ie me semble ainsi : & principalement par
la bestialité de plusieurs Princes, & aussi par la mauuaistié d'autres, qui ont
sens assez & experience, mais en veulent mal vser : car vn Prince, ou homme
de quelque estat qu'il soit, ayât force & auctorité là où il demeure, & par del-
sus les autres, s'il est bien lettré, & qu'il ait veu ou leu, cela l'amédera ou em-
pitera : car les mauuais empirent de beaucoup sçauoir, & les bons en amendent. Mais toutesfois, il est à croire que le sçauoir amende plustost vn homme, qu'il ne l'empire : & n'y eust il que la honte de cognoistre son mal, si est-
ce assez pour le garder de mal faire, au moins de n'en faire pas tât : & s'il n'est
bon, si vouldra il feindre de ne vouloir faire nul tort à personne : & en ay veu
plusieurs experiences entre les grâs personnages, & que le sçauoir les a retirez de bien mauuais propos, & souuent, & aussi la crainte de la punition de
Dieu, dont ils ont plus grande cognoissance que les gens ignorâs, qui n'ont
ne veu ne leu. Ie veux donc dire, que ceux qui ne se cognoissent, & sont
mal sages, par faulte d'auoir esté bien nourris, & que leur complexion parauenture y aide, n'ont point de cognoissance iusques là où s'estend le pou-

*Afrique
Exêp. vtil.

Bestialité ou
mauuaistié
és Princes.

Sçauoir
amende ou
empire.

uoir & seigneurie que Dieu leur a dóné sur les subiects : car ils ne l'ont leu
ny entendu par ceux qui le sçauent , & peu les hantent qui le sçachent:& si
aucuns en y a qui le sçauent,si ne le veulent ils dire, de peur de leur desplaire:& si aucun leur en veut faire quelques remonstrances,nul ne le soustien-
dra , & au mieux venir le tiendront à fol , & parauenture sera prins au plus
mauuais sens pour lui. Faut donc conclure que la raison naturelle , ne nostre sens,ne la crainte de Dieu,ne l'amour de nostre prochain,ne nous garde
point d'estre violés les vns côtre les autres,ne de retenir l'autruy, ou de luy
oster le sien par toutes voyes qui nous sont possibles. Et si les grans tiennét
villes ou chasteaux de leurs parens ou voysins, pour nulles de ces raisons ne
les veulét rendre:& apres qu'vne fois ils ont leur couleur , & fódé leurs raisons pourquoy les detiennét,chascun des leur louë leur langage, au moins
des prochains, & ceux qui veulent estre bien d'eux. Des foibles , qui ont
diuisió , ie n'en parle point:car ils ont superieur,qui aucunes fois fait raison
aux parties:au moins celuy qui aura bonne cause,& la pourchassera bien , &
deffendra & despandra largement, à longueur de temps aura sa raison , si la
court (c'est à dire le Prince,en son authorité,sous lequel il vit)n'est côtre lui.
Ainsi * doit estre vray semblable que Dieu est quasi efforcé & contraint,ou

semons de monstrer plusieurs signes,& de nous battre de plusieurs verges,
par nostre bestialité & par nostre mauuaistié,que ie croy mieux : mais la bestialité des Princes,& leur ignorance,est bien dangereuse, & à craindre : cat
* Dieu depart le mal & le bien * des seigneurs.Et doncques,si vn Prince est

fort, & a grand nombre de gens-d'armes, par l'authorité desquels il a grás
deniers à volonté pour les payer & pour despendre en toutes choses voló-
taires,& sans necessité de la chose publicque,& que de celle folle & outra-
geuse despéce ne vueille rien diminuer, & que chascun n'entéd qu'à lui cóplaire,& que touchant faire remonstrance,on n'acquiert que son indigna-
tió,& si n'y gaigne l'on rien,qui pourra y mettre remede,si Dieu ne l'y met?
Dieu ne parle plus aux gens, ny n'est plus de Prophetes qui parlent par sa
bouche:car sa foy est assez * ample & estéduë,& toute notoire,à ceux qui la

veulent entendre & sçauoir:& ne sera nul excusé pour ignorance,au moins
de ceux qui ont eu espace & temps de viure, & qui ont eu sens naturel. Cóment doncques * eschapperont les hommes forts, & qui tiennent leurs sei-

gneuries dressees en tel ordre,que par force en leuent à leur plaisir? parquoi
maintiennent leur obeissance,& tiénent ce qui est soubs eux en grand subiection,& le moindre commandement qu'ils font , est tousiours sur la vie?
Les vns punissent soubs ombre de iustice,& ont gens de ce mestier prests à
leur cóplaire,qui d'vn peché veniel font vn peché mottel:s'il n'y a matiere,
ils trouuent les façons de dissimuler à ouyr les parties & les tesmoings,pour
tenir la personne,& la destruire en despence,attédant tousiours si nul ne se
veut plaindre de celui qui est detenu , & à qui ils en veulent. Si ceste voye
ne leur est seure assez,& bonne pour venir à leur intétion,ils en ont d'autres
plus soudaines,& disent,qu'il estoit bien necessaire pour dóner exemple: &
font les cas tels qu'ils veulét,& que bon leur semble. A d'autres qui tiennét
d'eux,& qui sont vn peu forts,procedent par la voye de faict à leur dire:Tu
desobeis,

desobeïs, ou fais côtre l'hommage que tu me doibs : & procedent par force à lui oster le sien, si faire le pouuoiét (au moins il ne tient point à eux) & le
font viure en grande tribulatió. Celuy qui ne leur est que voisin, s'il est fort
& aspre, ils le laissent viure : mais s'il est foible, il ne sçait ou se mettre. Ils diront qu'il a soustenu leurs ennemis, ou ils voudrôt faire viure leurs gés d'armes en son pays, ou achetteront querelles, ou trouueront occasió de le destruire, ou soustiendront son voisin côtre lui, & lui presterôt gens. De leurs
subiects, ils desapointeront ceux qui auront bien seruy leurs predecesseurs,
pour faire gés neufs, pour ce qu'ils mettent trop à mourir : Ils broüillerôt les
gés d'Eglise sur le faict de leurs benefices, afin que pour le moins ils en ritét
recompense, pour enrichir quelqu'vn, à l'appétit le plus de fois de ceux qui
ne l'ont point desseruy, *sinon en deshoneur & diffame, qui en aucun temps
peut beaucoup. Aux nobles donneront trauail, & despence sans cesse, soubs
couleur de leurs guerres, prinses à voloté, sans aduis ou côseil de leurs Estats,
& de ceux qu'ils deussent appeller, auant que les commécer : car ce sont ceux
qui y ont à employer leurs personnes & leurs biens, parquoy ils en deussent
bien sçauoir auant que l'on les comméçast. De leurs peuples, à la plus part ne
leur laissent rié : & apres auoir payé tailles, trop plus gráde qu'ils ne deussent,
encores ne donnét aucun ordre sur la forme de viure de leur gens-d'armes,
lesquels sans cesse, sont par le pays, sans rien payer, faisans les autres maux &
exces infinis que chascun de nous sçait : car ils ne se contentét point de la vie
ordinaire, & de ce qu'ils trouuét chez le laboureur, dont ils sont payez : ains
au côtraire battent les pauures gens & les outragent, & contraignent d'aller chercher pain, vin & viures dehors : & si le bon homme a femme ou fille,
qui soit belle, il sera que sage de la bié garder. Toutesfois, puis qu'il y a payemét, il seroit bien aisé à y mettre ordre : & que les gens-d'armes fussent payez
de deux mois en deux mois pour le plus tard : & ainsi n'auroient point d'excuse, de faire les maux qu'ils font, sous couleur de n'estre point payez : car
l'argét est leué, & viér au bout de l'an. Ie dy ceci pour nostre royaume, qui est
plus oppressé & persecuté de ce cas que nul autre royaume, ne nulle autre
seigneurie que ie cognoisse, & ne sçauroit nul y mettre le remede qu'vn sage Roy. Les autres pays voisins ont autre punition.

Doncques pour continuer mon propos, y a-il Roy ne Seigneur sur terre,
qui ait pouuoir, oultre son domaine, de mettre vn denier sur ses subiets, sans
octroy & consentement de ceux qui le doiuent payer, sinó par tyrannie ou
violence ? On pourroit respondre qu'il y a des saisons qu'il ne faut pas attédre l'assemblée, & que la chose seroit trop longue : à commécer la guerre, &
à l'entreprendre, ne se faut point tant haster, & a lon assez temps : & si vous
dy que les Roys & Princes en sont trop plus forts, quand ils l'entreprennent
du consentement de leurs subiects, & en sont plus craints de leurs ennemis.
Et quand ce vient à se deffendre, on voit venir ceste nuée de loing, & specialement quand c'est d'estrangers : & à cela ne doiuent les bons subiects rien
plaindre ne refuser : & ne sçauroit aduenir cas si soudain ou l'on ne puisse bié
appeller quelques personnages, tels que l'ô puisse dire. Il n'est point fait sans
cause & en cela n'vser point * d'affection, ny entretenir vne petite guerre à

volonté, & fans propos, pour auoir caufe de leuer argent. Ie fçay bien qu'il faut argent pour deffendre les frontieres, & les enuirós garder, quád il n'eft point de guerre, pour n'eftre furprins : mais il faut faire le tout moderémét, & à toutes ces chofes fert le fens du fage Prince : car s'il eft bon , il cognoift * qui eft Dieu, & qui eft le móde, en ce qu'il doit & peut faire & laiffer. Or felon mon aduis, entre toutes les feigneuries du móde, dont i'ay cognoiffáce, où la chofe publicque eft mieux traictee, & où il y a moins de violéce fur le peuple, & où il y a moins d'edifices abbatus, ny defmolis pour guerre, c'eft Angleterre, & tombe le fort & le mal-heur fur ceux qui font la guerre.

Noftre Roy eft le feigneur du móde, qui le moins a caufé d'vfer de ce mot de dire : I'ay priuilege de leuer fur mes fubiects ce qui me plaift : car ne luy ny autre l'a : & ne lui font nul honneur ceux qui ainfi le dient, pour le faire eftimer plus grád, mais le font hair & craindre aux voifins, qui pour rien ne vouldroient eftre foubs fa feigneurie : * & mefmes aucuns du royaume s'en pafferoient bien qui en tiennent. Mais fi noftre Roy, ou ceux qui le veulent *louër & aggrandir, difoient: I'ay des fubiects fi bons & loyaux, qu'ils ne me refufent chofe que ie leur fçache demáder, & fuis plus crainct, obey & feruy de mes fubiects, que nul autre Prince qui viue fur la terre, & qui plus patiément endurent tous maulx & toutes rudeffes, & à qui moins il fouuient de leurs dommages paffez: il me femble que cela lui feroit grád los (& en dy la verité) non pas dire : Ie pren ce que ie veux, & en ay priuilege, il le me faut bien garder. Le Roy Charles le Quint ne le difoit pas : auffi ne l'ay-ie point ouy dire aux Roys, mais ie l'ay bien ouy dire à leurs feruiteurs, à qui il fembloit qu'ils faifoiét bien la befongne: mais felon mon aduis, ils mefprenoiét enuers leurSeigneur, & ne le difoient que pour faire les bons varlets, & auffi qu'ils ne fçauoient qu'ils difoient. Et pour parler de l'experience de la bonté des François, ne faut alleguer de noftre temps que les trois Eftats tenus à Tours, apres le decez de noftre bon maiftre le Roy Louïs onziéfme (à qui Dieu face pardó) qui fut l'á mil quatre cés quatre vingts & trois. L'on pouuoit eftimer lors que cefte bóne affemblee eftoit dágereufe: & difoiét aucús de petite conditió & de petite vertu, & ont dit par plufieuts fois depuis, que c'eft crime de leze maiefté que de parler d'affembler les Eftats , & que c'eft pour diminuer l'authorité du Roy: ce font eux qui commettét ce crime enuers Dieu & le Roy, & la chofe publique: mais feruoiét ces parolles, & feruét à ceux qui font en authorité & credit, fans en rien l'auoir merité, & qui ne font propices d'y eftre, & n'ont accouftumé que de flageoller en l'oreille, & parler des chofes de peu de valeur, & craignét les grádes affemblees, de peur qu'ils ne foient cognus, ou que leurs œuures ne foient blafmees. Lors que ie dy, chafcun eftimoit le Royaume bien attenué, tant des grands, que des moiens, & que des petits: pource qu'ils auoiét porté & fouffert vingt ans ou plus, de grandes & horribles tailles : qui ne furent iamais fi grandes à trois millions de Francs pres, i'enten à leuer tous les ans. Car iamais le Roy Charles feptiefme, ne leua plus de dixhuict cés mille Frács par an, & le Roy Louïs fon filz en leuoit à l'heure de fon trefpas, quarante & fept cens mille Francs, fans l'artillerie, & autres chofes femblables. Et feuremént c'eftoit compafflió

de voir

---

de voir ou fçauoir la pauureté du peuple. Mais vn bien auoit en luy noftre
bon maiftre, c'eft qu'il ne mettoit rien en threfors. Il prenoit tout, & defpé-
doit tout: & feit de gras edifices, à la fortificatió & deffence des villes & places de fon Royaume: & plus que tous les autres Roys qui ont efté deuant
luy. Il dóna beaucoup aux Eglifes: en aucunes chofes euft mieux vallu moins;
car il prenoit des pauures, pour le donner à ceux qui n'en auóient aucun befoin. Au fort, en nul n'a mefure parfaicte en ce monde.

Or en ce Royaume tant foible & tant oppreffé en mainte forte, apres la
mort de noftre Roy y eut il diuifion du peuple contre celuy qui regne? Les
Princes & les fubiects fe mirent-ils en armes contre leur ieune Roy? & en
voulurent ils faire vn autre? luy voulurent ils ofter fon authorité? & le voulurét ils brider, qu'il ne peuft vfer d'authorité de Roy? Certes nó. Et cóment
auffi le pouuoient ils faire? Si en y a il eu d'affez glorieux pour dire qu'ouy.
Toutesfois ils feirent l'oppofite de tout ce que ie demande: car tous vindrét
deuers luy, tant les Princes & les feigneurs, que ceux des bónes villes. Tous
le recogneurent pour leur Roy, & luy feirent ferment & hommage: & feirent les Princes & feigneurs * leur foy, humblement, les genoux à terre, en
baillant par requefte ce qu'ils demandoient: & drefferent confeil (où ils feirent compaignós de douze qui y furét nommez) & deflors le Roy commã-
doit (qui n'auoit que treize ans) à la relation de cedict confeil. A ladicte affemblée des Eftats deffufdicts, furent faictes aucunes requeftes & remonftrances en la prefence du Roy & de fon confeil, en grand' humilité, pour le
bien du Royaume, remettát toufiours tout au bon plaifir du Roy, & de fon-
dict Confeil. Luy octroyerent ce qu'on leur vouloit demander, & ce qu'on
leur monftra par efcrit eftre neceffaire pour le faict du Roy, fans rien dire à
l'encontre: & eftoit la fomme demandée de deux millions cinq cens mille
Francs (qui eftoit affez * au cœur faoul, & plus trop que peu, fans autres affaires) & fupplierét lefdits Eftats qu'au bout de deux ans ils fufsét raffemblez:
& que, fi le Roy n'auoit affez argent, qu'ils lui en balleroient à fon plaifir: &
que, s'il auoit guerres, ou quelqu'vn qui le voufift offenfer, ils y mettroient
leurs perfonnes & leurs biés, fans rié lui refufer de ce qui lui feroit befoing.
*Eftoit-ce fur tels fubiects que le Roy doit alleguer priuileges de pouuoir
prendre à fon plaifir, qui fi liberalement lui dónent? Ne feroit-il pas plus iufte, enuers Dieu & le monde, de leuer par cefte forme, que par voló té defor-
donnée? car nul Prince ne peut autrement leuer, que par * autruy, comme
dit eft, fi ce n'eft par tyránie, & qu'il foit excómunié. Mais il en eft bien d'affez beftes, pour ne fçauoir ce qu'ils peuuent faire ou laiffer en ceft endroit.
Auffi bien y a-il des peuples qui offenfent cóntre leur feigneur, & ne luy
obeiffent pas, ny le fecourent en fes neceffitez: mais en lieu de lui aider de
tout leur pouuoir ainfi qu'ils y font obligez quand ce vient és affaires, ils les
mefprifent & contemnent, & fe mettent en rebellion & defobeiffance contre luy, en commettant & venant contre le fermét de fidelité qu'ils luy ont
fait. Là où ie nomme Roys & Princes, i'enten d'eux, ou de leurs Gouuerneurs: & pour les peuples, ceux qui ont les preéminences & maiftrifes fous
eux.

Que les plus
grans maux
viénent vo-
lontiers des
plus forts,
& qu'ils
sõt les moins
punis par
les hommes.

Les plus grands maux viennent volõtiers des plus forts: car les foibles ne cherchent que patience. Icy ie cõpren les femmes, comme les hõmes, quelque fois, & en aucuns lieux, quand elles ont authorité ou maistrise, ou pour l'amour de leurs maris, ou pour auoir administratiõ de leurs affaires, ou que leurs seigneuries viennent de par elles. Et si ie voulois parler des moyens estats de ce monde, & des petits, ce propos continueroit trop, & me suffit alleguer les grans : car c'est par ceux là où l'on cognoist la puissance de Dieu, & sa iustice : car pour deux cens mille meschefs aduenus à vn pauure hõme, on ne s'en aduise: car on attribue tout à sa pauureté, ou auoir esté mal pensé: ou s'il s'est noyé ou rompu le col, c'est pour ce qu'il estoit seul: à grand' peine en veut on ouïr parler. Quãd il meschet à vne grande cité, on ne dit pas ainsi: mais encore n'en parle on point tant que des Princes. Il faut doncques dire pourquoy la puissance de Dieu se monstre plus grande cõtre les Princes & les grans, que cõtre les petits, c'est que les petits & les pauures trouuent assez qui les punissent quãd ils font le pourquoy: & encores sont assez souuét punis sans auoir rien fait: soit pour donner exemple aux autres, ou pour auoir leurs biens, ou parauenture par la faute du Iuge: & aucunesfois l'ont bien desserui, & faut bien que iustice se face. Mais des grans Princes & des grandes Princesses, de leurs grands Gouuerneurs, & des Conseillers des Prouinces & villes desordõnees, & desobeissantes à leur seigneur, & de leurs Gou-

* leurs
vices?
Exēp.vieil.

uerneurs, qui s'informera de *leur vice? L'information faite, qui l'apportera au iuge? Qui sera le iuge qui en prédra la cognoissance, & qui en fera la punitiõ? Ie dy des mauuais, & n'enten point des bõs; mais il en est peu. Et quelles sont les causes pourquoy ils commettent, & eux, & tous autres, tous ces cas dont i'ay parlé icy dessus, & assez d'autres dõt ie me suis teu pour brieueté, sans auoir consideration de la puissance diuine & de sa iustice? En ce cas ie dy que c'est faute de foy, & aux ignorans faute de sens & de foy ensemble:

Que faute
de Foy est
cause de
toux maux.

mais principalement faute de foy, dont il me semble que procedét tous les maux qui sont par le monde: & par especial les maux qu'ont partie de ceux qui se plaignét d'estre greuez & foulez d'autruy, & des plus forts. Car l'hõme pauure ou riche (quel qu'il soit) qui auroit vraye & bõne foy, & qui croiroit fermemét les peines d'enfer estre telles que veritablemét elles sont: qui aussi croiroit auoir prins de l'autruy à tort, ou que son pere ou son grãd pere l'eust prins & luy possedast (soient Duchez, Comtez, villes ou Chasteaux, meubles, pré, estang, ou moulin, chascun en sa qualité) & qu'il creust fermement, cõme le deuons croire, ie n'entreray iamais en Paradis, si ie ne fay entiere satisfactiõ, & si ie ne rend ce que i'ay* de tel, il n'est croyable qu'il y eust

*d'autruy
Exēp.vieil.

Prince ou Princesse au monde, ny autre personne quelconque, de quelque estat ou conditiõ qu'ils soient en ce monde, tant grans que petits, & tãt hõmes que femmes, gés d'Eglise, Prelats, Euesques, Archeuesques, Abbez, Abbesses, Prieurs, Curez, Receueurs des Eglises, & autres viuans sur terre, qui à son vray & bon escient, comme dict est dessus, voulsist rié retenir de son subiect ne de son voisin, ne qui voulsist faire mourir nul à tort, ne le tenir en prison, ny oster aux vns pour dõner aux autres, & les enrichir: ne (qui est le plus ord mestier qu'ils façent) procurer choses deshonnestes contre ses parens &

seruiteurs

seruiteurs pour leurs plaiſirs, cóme pour femmes ou cas ſemblables. Par ma
foy nó, au moins n'eſt pas croyable. Car ſ'ils auoiét ferme foy, & qu'ils creuſ-
ſent ce que Dieu & l'Egliſe nous cómande, ſur peine de damnatió, cognoiſſant les iours eſtre ſi briefs, & les peines d'enfer eſtre ſi horribles, & ſans nulle
fin ne remiſſió pour les damnez, ils ne feroiét pas ce qu'ils font. Il faut donc
conclure que tous les maux viennent de faute de foy. Et pour exemple, quád
vn Roy ou vn Prince eſt priſonnier, & qu'il a peur de mourir en priſon, a il rié *Exemple de*
ſi cher au móde qu'il ne baillaſt pour ſortir? il baille le ſié & celuy de ſes ſub- *ce que deſſus*
iects, comme vous auez veu du Roy Iehan de France, prins par le Prince de *par le Roy*
Galles à la bataille de Poictiers, qui paya trois millions de Frács, & bailla tou- *Iean de Frã-*
te Aquitaine (au moins ce qu'il en tenoit) & aſſez d'autres citez, villes & pla- *ce.*
ces, & comme le tiers du Royaume: & mit le Royaume en ſi gráde pauureté,
qu'il y auoit long temps monnoye cóme de cuir, qui auoit vn petit clou d'ar-
gent. Et tout cecy bailla le Roy Iean, & ſon filz le Roy Charles le Sage, pour *Nicol. de clemang.*
la deliurance dudict Roy Iean: & quand ils n'euſſent rien voulu bailler, ſi ne
ſ'euſſent point les Anglois fait mourir: mais, au pis venir, ſ'euſſent mis en priſon: & quád ils ſ'euſſent fait mourir, ſi n'euſt eſté la peine ſemblable à la cent
millieſme partie de la moindre peine d'Enfer. Pourquoy doncques bailloit
il tout ce que i'ay dit, & deſtruiſoit ſes enfans, & ſubiects de ſon Royaume, ſinó pource qu'il croyoit ce qu'il voyoit, & qu'il ſçauoit bié qu'autremét ne ſeroit deliuré? Mais par aduenture en commettant les cas pourquoy ceſte punition lui aduint, & à ſes enfans & à ſes ſubiects, il n'auoit point ferme foy &
creance de l'offenſe qu'il commettoit contre Dieu & ſon commandement.
Or n'eſt il Prince, ou peu, ſ'il tient vne ville de ſon voiſin, qui pour crainte de
Dieu la voulſiſt bailler, ny pour euiter les peines d'enfer: & le Roy Iean bailla ſi grand choſe pour deliurer ſadicte perſonne de priſon.

    I'ay donc demandé en vn article precedét, qui fera informatió des grans, *Qui ſera in-*
& qui l'apportera au Iuge? & qui fera le iuge qui punira les mauuais? L'infor- *formatió ſur*
mation ſera la plainte & clameurs du peuple qu'ils foulent & oppreſſent en *les grans, &*
tant de manieres, ſans en auoir compaſſion ne pitié. Les douloureuſes lamé- *qui en ſera le*
tatiós des veſues & orphelins, dót ils aurót fait mourir les maris & peres, dót *Iuge pour les*
ont ſouffert ceux qui demeurent apres eux: & generalemét tous ceux qu'ils *pauures.*
auront perſecutez, tant en leurs perſonnes qu'en leurs biens. Cecy ſera l'in-
formatió par leurs grans cris, & par plaintes & piteuſes larmes: & les preſen-
teront deuant noſtre Seigneur, qui ſera le vray iuge: qui parauéture ne voudra attendre à les punir en l'autre monde: mais les punira en ceſtuy cy. Dont
faut entendre qu'ils ſeront punis, pour n'auoir rien voulu croire, & pource
qu'ils n'auront eu ferme foy & croyance és commandemens de Dieu.

    Ainſi faut dire qu'il eſt force que Dieu monſtre de tels poincts & de tels
ſignes, qu'eux & tout le monde, croiront que les punitions leur aduiennent
pour leurs mauuaiſes creances & offenſes: & que Dieu monſtre contre eux
ſa force, & ſa vertu & iuſtice: car nul autre n'en à le pouuoir en ce móde que
luy. De prime face, pour les punitions de Dieu, ne ſe corrigent point, de
quelque grandeur qu'elles ſoyent, & à traict de temps: mais nulle n'en aduient à nul Prince, ou à ceux qui ont gouuernement ſur ſes affaires, ou ſur

R

ceux qui gouuernent vne grãde communauté, que l'yssue n'en soit bien grãde & bien dangereuse pour les subiects. Ie n'appelle point en eux males fortunes, sinon celles dont les subiects se sentét : car de tomber jus d'vn cheual, & se rompre vne iambe, & auoir vne fieure bié aspre, l'on s'en guerit, & leur sont telles choses propices, & en font plus sages. Les males aduentures sont, quãd Dieu est tant offensé, qu'il ne le veut plus endurer: mais veut mõstrer sa force & sa diuine iustice, & alors premierement leur diminuë le sens, qui est grand playe pour ceux à qui il touche. Il trouble leur maison, & là permet tomber en diuision & en murmure. Le Prince tombe en telle indignatiõ enuers nostre Seigneur, qu'il fuit les conseils & compagnies des sages, & en esleue de tous neufs, mal sages, mal raisonnables, violens, flateurs, & qui luy cõplaisent à ce qu'il dit. S'il faut imposer vn denier, ils disent deux : s'il menace vn homme, ils disent qu'il le faut pédre, & de toutes autres choses le semblable: & que sur tout il se face craindre: & se mõstrét fiers & orgueilleux eux mesmes, esperans qu'ils seront craints par cé moyen, cõme si authorité estoit leur heritage. Ceux que tels Princes auront ainsi auec ce cõseil chassez & deboutez, & qui par longues années auront serui, & qui ont accointáce & amitié en sa terre, sont mal contens, & à leur occasiõ quelques autres de leurs amis & bien vueillans, & parauenture on les voudra tant presser, qu'ils seront contraints à se deffendre, ou de fuir vers quelque voisin, parauéture ennemy & mal vueillant de celuy qui les chasse: & ainsi par diuision de ceux de dedãs le païs, y entreront ceux de dehors. Est-il nulle playe ne persecution si grande, que guerre entre les amis & ceux qui se cognoissent, ne nulle haine si horrible & mortelle? Des ennemis estrãgers, quãd le dedans est vny, on s'en deffend aisémét: car ils n'ot nulles intelligéces ny accointáces à ceux du Royaume. Cuidez vous qu'vn Prince mal sage, follement accompaigné, cognoisse venir ceste male fortune de loin, que d'auoir diuision entre les siés ? ne qu'il pense que cela luy puisse venir, ne qu'il viéne de Dieu? Il ne s'en trouue point pis disné, ne pis couché, ne moins de cheuaux, ne moins de robes, mais beaucoup mieux accompaigné: car * il tire les gens de leur pauureté, & depart les despouilles & les estats de ceux qu'il aura chassez, * & du sien pourra accroistre sa renómée. A l'heure qu'il y pésera le moins, Dieu luy fera sourdre vn ennemy, dõt parauáture iamais il ne se fust aduisé. Lors luy naistrõt les pésées & les suspiçiõs de ceux qu'il aura offensez: & aura crainte d'assez de personnes, qui ne luy veulent aucun mal faire. Il n'aura point refuge à Dieu, mais preparera sa force. Auons nous point veu de nostre temps tels exéples icy pres de nous? Nous auons veu le Roy Edouard d'Angleterre, le quart, mort depuis peu de téps, chef de la maison d'Yorch. A il point défait la lignée de Lanclastre, sous qui son pere & luy auoient long temps vescu, & fait hommage au Roy Henry septiesme, Roy d'Angleterre, de cestedicte lignée? Depuis le tint ledict Edouard, par longues années, en prison, au chasteau de Londres, ville capitalle dudict Royaume d'Angleterre, & puis finalement l'ont fait mourir.

Auons nous pas veu le Cõte de Vvaruic, chef & principal Gouuerneur de tous les faicts du dessusdit Edouard (lequel a fait mourir tous ses ennemis, & par especial les Ducs de Sõbresset) à la fin deuenir ennemy du Roy Edourad

son

son maistre? donner sa fille au Prince de Galles, filz du Roy Henry, & vouloir mettre sus ceste lignee de Laclastre? passer auecluy en Angleterre? estre desconfit en bataille? & morts ses freres & parés auecluy? & semblablemét plusieurs Seigneurs d'Angleterre, qui vn temps fut qu'ils faisoient mourir leurs ennemis? Apres, les enfans de ceux là se reuenchoyent, quand le temps tournoit poureux, & faisoient mourir les autres. Il est a penser que telle playe ne vient que par la diuine iustice: mais (comme i'ay dit ailleurs) ceste grace a ce Royaume d'Angleterre, par dessus les autres Royaumes, que le pays, ne le peuple ne s'en destruict point, ny ne brustent, ny ne demolissent les edifices, & tourne la fortune sur les gés de guerre, & par especial sur les Nobles, côtre lesquels ils sont trop enuieux: aussi rié n'est parfaict en ce monde. Apres que le Roy Edouard a esté au dessus de ses affaires en son Royaume, & qui de nostre Royaume auoit cinquáte mille escus l'an, rendus en son chasteau de Lôdres, & qu'il estoit tát côblé de richesses que plus n'en pouuoit, tout soudainemét il est mort, & côme par melancholie du mariage de nostre Roy Charles huictiesme, auec madame Marguerite, fille du Duc d'Autriche: & tantost apres qu'il en eut des nouuelles, il print la maladie: car lors se tint à deçeu du mariage de sa fille, qu'il faisoit appeller madame la Daulphine, & si luy fut rôpue la pension qu'il prenoit de nous, qu'il appelloit tribut: mais ce n'estoit ne l'vn ne l'autre, & l'ay declaré cy dessus. Le Roy Edouard laissa à sa femme deux beaux fils, l'vn appellé le Prince de Galles, l'autre le Duc d'Yorch, & deux filles. Le Duc de Clocestre, son frere, print le gouuernemét de son nepueu le Prince de Galles, lequel pouuoit auoir dix ans, & luy feit hommage côme à son Roy: & l'emmena à Londres, feignant le vouloir couronner, pour tirer l'autre filz de la franchise de Lôdres, où il estoit auec sa mere, qui auoit quelque suspition. Fin de compte, par le moyen d'vn Euesque de Bas (lequel auoit esté autresfois Côseillier du Roy Edouard, puis le desapointa, & le tint en prison, & print argent de sa deliuráce) il feit l'exploict dót vous orrez tantost parler. Cestuy Euesque mit en auant à ce Duc de Clocestre, que ledict Roy Edouard estát fort amoureux d'vne dame d'Angleterre luy promist de l'espouser, pourueu qu'il couchast auec elle. Ce qu'elle côsentit: & dit cest Euesque qu'il les auoit espousez, & n'y auoit que luy, & eux deux. Il estoit hôme de Court, & ne le descouurit pas, & aida à faire taire la Dame: & demoura ainsi ceste chose: & depuis espousa ledict Roy Edouard la fille d'vn Cheualier d'Angleterre (appellé monseigneur de Riuieres) femme vesue, qui auoit deux filz, & aussi par amourettes. A ceste heure dót ie parle, cet Euesque de Bas descouurit ceste matiere à ce Duc de Clocestre, dont il luy aida bien à executer son mauuais vouloir: & fit mourir ces deux nepueux, & se fit Roy, appellé Roy Richard. Les deux filles feit declarer bastardes en plain Parlement, & leur feit oster les *Hermines: & feit mourir tous les bons seruiteurs de son feu frere, au moins ceux qu'il peut prendre. Ceste cruauté n'alla pas loing: car luy estát en plus grád orgueil que ne fut cent ans auoit Roy d'Angleterre, & auoit fait mourir le Duc de Bouquinguan, & tenoit grand armee preste, Dieu luy sourdit vn ennemy qui n'auoit nulle force, c'estoit le Comte de Richemont, prisonnier en Bretaigne, qui depuis fut Roy d'Angleterre, de

Comte de
Richemont
longuement
prisonnier
en Bretaigne
deuenu Roy
d'Angleter-
re.

la lignee de Laclaftre:mais non pas le prochain de la courône(quelque chofe que l'on die, au moins que i'entende)lequel m'a autresfois côpté,peu auât
qu'il partift de ce Royaume, que depuis l'aage de cinq ans il auoit efté gardé
& caché cóme fugitif en prifon. Ce Comte auoit efté quinze ans,ou enuiró,
prifónier en Bretaigne,du Duc Frãçois dernier mort: efquelles mains il vint
par tempefte de mer,cuidant fuir en Fráce, & le Comte de Pennebroth, fon
oncle, auec luy. I'eftois pour lors deuers ledict Duc, quand ils furent prins.
Ledict Duc les traicta doucement pour prifonniers ; & au trefpas du Roy E-
douard,ledict Duc François luy bailla largement gés & nauires:& auecques
l'intelligence dudict Duc de Bourquinguan, qui pour telle occafió mourut,
l'enuoya pour defcendre en Angleterre. Il eut grande tourmente & vent côtraire,& retourna à Dieppe, & de là par terre en Bretaigne. Quand il fut retourné en Bretaigne, il douta d'ennuyer le Duc par fa defpence:(car il auoit
quelques cinq cens Anglois] & fi craignoit que ledict Duc ne s'accordaft a-
uecques le Roy Richard,à fon dómage:& aufli on le pratiquoit de deça,par-
quoy s'en vint auec fa bãde,fans dire Adieu audict Duc. Peu de temps apres,
on luy paya trois ou quatre mille hommes,pour le paffage feulement: & fut
baillee par le Roy Charles.viij. à ceux qui eftoient auecques luy, vne bonne
fomme d'argét,& quelques pieces d'artillerie:& ainfi fut côduict,auec le na-
uiré de Normandie,pour defcendre en Galles,dót il eftoit. Ce Roy Richard
marchã au deuant de luy:mais auec ledict Côte de Richemont s'eftoit ioinct
le feigneur de Staley,vn Cheualier d'Angleterre,mary de la mere dudictCô-
te de Richemont, qui luy amena bien vingt & fix millé hommes.Ils eurét la

Richard tué
en bataille
contre le
Comte de
Richemont,
deuenu par
ce moyen Roy
d'Angleter-
re.

bataille,& fut occis fur le champ ledict Roy Richard, & ledict Comte de Richemont couronné Roy d'Angleterré,fur le chãp,de la courône mefme dudict Roy Richard. Diriez vous que c'eft cecy fortune? c'eft vray iugemét de
Dieu. Encores pour mieux le cognoiftre,tantoft apres qu'il eut fait ce cruel
meurtre de ces deux nepueux,dont cy deuãt ay parlé,il perdit fa féme.Aucûs
difent qu'il la feit mourir.Il n'auoit qu'vn fils,léquel incontinét mourut. Ce
propos dót ie parle,euft mieux feruy plus en arriere,où ie parleray du trefpas
dudit Roy Edouard: (car il eftoit encores vif au téps dont parle mon prece-
dét chapitre)mais ie l'ay fait pour continuer le propos de mon incidét. Semblablemét auons veu depuis peu de téps muer la couronne d'Efpaigne, depuis le trefpas du Roy Dom Henry dernier mort: lequel auoit pour femme
la fœur du Roy de Portugal dernier trefpaffé, de laquelle faillit vne belle fil-
le:toutesfois elle n'a point fuccedé,& a efté priuee de la couronne,fous couleur d'adultere commis par fa mere:& fi n'eft pas la chofe paffee fans debat&
grande guerre. Car le Roy de Portugal a voulu fouftenir fa niepce , & plufieurs autres Seigneurs du Royaume de Caftille auec luy:toutesfois la fœur
dudict Roy Henry, mariee auec le filz du Roy Dom Iean d'Arragon, obtint
le Royaume & le poffeda:& ainfi ce iugemét & ce partage fe fift au ciel, où il
s'en fait affez d'autres.Vous auez veu puis peu de téps le roy d'Efcoffe,& fon
fils de l'aage de treize ans,en bataille l'vn contre l'autre. Le filz & ceux de fa
part gãignerét la bataille,& mourut ledict Roy en la place Il auoit fait mourir fon frere, & plufieurs autres cas luy eftoient impofez,cóme la mort de fa

fœur

sœur, & d'autres. Vous voyez aussi la Duché de Gueldres hors de la lignee, &
auez ouy l'ingratitude du Duc dernier mort, côtre son pere. Assez de pareils
cas pourrois dire, qui aisémét peuuent estre cognus pour diuines punitions:
*& tous les maux seront commencez par rapport, & puis par diuisions : les-
quelles sont sources de guerres, par lesquelles vient mortalité & famine : &
tous ces maux procedét par faute de foy. Il faut donecques cognoistre (veu
la mauuaistié des hommes & par especial des grans, qui ne se cognoissent, &
qui ne croient point qu'il soit vn Dieu) qu'il est de necessité que chascun seigneur & Prince ait son contraire, pour le tenir en crainte & humilité, ou autrement, nul ne pourroit viure soubs eux, ny aupres d'eux.

*Tous ces maux, lesquels à lesquelles, ne sont point au vieil exempl.

✦✦✦✦✦✦✦✦✦✦✦✦✦✦✦✦✦✦✦✦

LIVRE SIXIESME DES MEMOIRES DV
SEIGNEVR D'ARGENTON, SVR LES PRINCIPAVX
faicts & gestes du Roy Louys XI. de ce nom.

Comment la Duché de Bourgongne fut mise entre les mains du Roy.
CHAP. I.

POVR retoutner à ma principale matiere, & à continuer le
propos de ces Memoires, faicts à vostre requeste, monseigneur
l'Archeuesque de Vienne, cependant que le Roy mettoit en sa
main les villes & places dessusdites és marches de Picardie, son
armee estoit en Bourgongne: dont estoit chef, quant *à la mô-
stre, le Prince d'Orenge (qui depuis regna longuement) natif & subiect
de la Comté de Bourgongne : mais, assez nouuellement, estoit deuenu ennemy du Duc Charles, pour la deuxiesme fois. Ainsi le Roy s'en aida, pource qu'il estoit grand Seigneur, tant en la Comté qu'en la Duché de Bourgôgne, & aussi bien apparenté & aymé. Monseigneur de Cran estoit Lieutenant du Roy, & auoit la charge de l'armee : & estoit celuy, à qui le Roy en a-
uoit fiance : & aussi il estoit sage homme, & seur pour son maistre, vn peu
trop *haïssant son profit. Ledit Seigneur de Crâ, quad il approcha de Bourgongne, enuoya ledit Prince d'Orenge, & autres, deuant, à Dijon, leur faire
les remonstrances necessaires, & demander obeissance pour le Roy, lesquels
y besongnerent si bien, & principalement par le moyen du Prince d'Orége,
que ladicte ville de Dijon, & toutes autres de la Duché de Bourgongne, se
mirent en l'obeissance du Roy. *Aussonne, & quelques autres chasteaux, tindrent pour la Damoiselle dessusdicte. Audict Prince d'Orége furent promis
de beaux estats: & d'auantage de luy mettre entre ses mains toutes les places
qui estoient en ladite Comté de Bourgongne, qui estoient de la successió du
Prince d'Orenge son grád pere, & dôt il auoit question côtre messeigneurs

*A l'appa-rence, Exemp. vieil

*aymant, si mieux à mon aduis. *Le vieil exempl. dit, comme Aussonne, & quelques autres chasteaux. Audict Prince, &c.

de *Chaimergon, ses oncles: lesquels il disoit auoir esté fauorisez par ledict
Duc Charles. Car leur debat auoit esté plaidoyé deuant lui par plusieurs fois
en grande solennité: & ledit Duc estant fort accompagné de Cletcs, donna
vn appointement contre ledict Prince (au moins comme il disoit) pour laquelle cause il laissa le seruice dudict Duc, & vint deuers le Roy. Nonobstant
ceste promesse, quand ledict seigneur de Cran se trouua possesseur des choses dessusdictes, & qu'il auoit entre ses mains les meilleures places que peust
auoir ledict Prince, qui estoiét de ceste succession, il ne les vouloit point bailler audit Prince d'Orenge, pour nulle requeste qu'il lui en sçeust faire. Si lui
en rescriuit le Roy par plusieurs fois, sans fiction, cognoissant bien que ledict seigneur de Cran tenoit de mauuais termes audit Prince d'Orége: mais
encores craignoit il à desplaire audit Seigneur de Cran (qui auoit toute la
charge du pais) & ne cuidoit point que ledit Prince eust cœur, ne façon, de
rebeller ledict pais de Bourgongne, comme il feit, au moins vne gráde partie. Mais pour ceste heure, laisseray ce propos, iusques à vn autre lieu.

Comment le Roy entretenoit les Anglois, apres la mort de Charles Duc de
Bourgongne, afin qu'ils ne l'empeschassent en la conqueste
des pays dudict Duc.

CHAP. II.

Eux qui verront ces Memoires pour le temps aduenir, & qui en-
tendront les choses & affaires de ce Royaume & des voisins, mieux
que moy, se pourrót esbahir que depuis la mort du Duc Charles de
Bourgongne iusques icy (ou il y a distance de pres d'vn an) ie n'aye
fait nulle mention des Anglois, & comme ils pouuoient souffrir que le Roy
mist en ses mains les villes si voisines d'eux, comme Arras, Boulongne, Hes-

din * & plusieurs chasteaux, & estre logé deuant sainct Omer par plusieurs
iours. La cause estoit, que le sens & vertu de nostre Roy precedoit celuy du
Roy Edouard d'Angleterre, qui pour lors regnoit, combien que ledict Roy
Edouard estoit Prince tres-vaillant, & qui auoit gaigné en Angleterre
huict ou neuf batailles, esquelles tousiours il auoit esté à pied (qui estoit
chose de grande loüange pour luy) mais ce fut en differens & diuers iours,
& ne falloit point que le sens du Roy d'Angleterre labourast ne trauaillast:
car dés la bataille passee, il estoit maistre iusques à vn autre temps. Car incontinent qu'vn discord se meut en Angleterre, en dix iours, ou moins, l'vn
ou l'autre est au dessus: & nos affaires de deça ne sont point ainsi: mais falloit
auec l'exploict de guerre, que nostre Roy entendist en plusieurs lieux de
son Royaume, & aux voisins: & par especial entendoit entre tous les autres
affaires, à contenter ledict Roy d'Angleterre, ou à l'entretenir par Ambassadeurs, presens, & belles parolles, afin qu'il ne s'empeschast point de nos affaires. Car ledit seigneur sçauoit bien qu'à toutes heures les Anglois, tát nobles, que commune, & gens d'Eglise, sont enclins à la guerre côtre ce Royaume, tant soubs couleur de leurs querelles qu'ils y pretendét, que pour l'esperance

perance d'y gaigner:pource queDieu a permis à leurs predecesseurs gaigner
en ce Royaume plusieurs grandes batailles,& y auoit lôgue possession,tant
en Normandie qu'en Guyenne, qu'ils auoient possedee trois cens cinquâte Anglois ont possedé en Frâce grâdes terres 330.ans
ans,à l'heure que le Roy Charles septiesme la gaigna le premier coup, côme
i'ay dit ailleurs, auquel temps ils emportoient de grandes despoüilles & richesses en Angleterre,tant des Princes & Seigneurs de France qu'ils auoient
euz leurs prisonniers,& en grand nombre,comme des villes & places qu'ils
auoient prinses audict Royaume, & esperét encores tousiours le faire ainsi:
mais à grand' peine leur fut aduenuë telle aduéture du temps du Roy nostre
maistre:car il n'eust iamais hazardé son royaume iusques là, que de soy mettre à pied,ne toute la Noblesse dudict royaume,pour les combatre, comme
l'on feit à Agincourt: & y eust bien procedé plus sagement, s'il en fust venu
iusques là, comme auez peu voir par la maniere qu'il s'en depescha à la ve-
nuë du Roy Edoüard. Ainsi ledit Seigneur voyoit bien qu'il falloit qu'il Comment le Roy entrete-noit le Roy d'Angleter-re.
s'entretint auec ledit Roy d'Angleterre & auec ses prochains:lesquels il sen-
toit enclins à entretenir la paix, & à prendre de ses biens,parquoy payoit bié
la pension de cinquante mille escus,qu'il leur rendoit à Londres,& l'appelloiét tribut:& à ses prochains scruiteurs en payoit quelque seize mille : c'est
à sçauoir au Chancelier,au Maistre des Roolles (qui depuis fut Chancelier)
au grand Chambellan, Seigneur de Hastingues (homme de grand sens &
vertu,& de grande authorité vers son maistre, & non sans cause:car il l'auoit
bien seruy & loyaument) à messire Thomas de Montgomery, au seigneur
de Hauart (qui depuis a esté, auec ce mauuais Roy Richard, Duc de *Mos- *L'vn des é-xêp.impri-mez à Mos-fle, auec l'Ital. Et l'autre, Mousflet mais on peut prendre de Pol.Virgil, North-folch. *rigoureu-ses. Exemp.viel.
le)au Grand Escuyer,appellé maistre Chene, à maistre Chalanger, au Mar-
quis,filz de la Royne d'Angleterre, d'vn precedent mariage : & faisoit de
tresgrans dons à tous ceux qui venoient deuers lui, encores qu'ils vinssent
auec commissions *ruineuses, & si les depeschoit auec si bonnes paroles, &
auec si beaux presens,qu'ils s'en alloient contents de lui : & (encores qu'aucuns cogneussent qu'il le feist pour gaigner temps & faire son faict en ceste guerre qu'il auoit commencée)si le dissimuloiét-ils , pour le grand profit
qu'ils en auoient.

A tous ceux cy auoit faict des dons,outre leurs pensions:& suis seur qu'à
ce monseigneur de Hauart, outre sa pension, lui donna en moins de deux
ans, en argent & vaisselle,vingt quatre mille escus: & au Chambellan,le seigneur de Hastingues donna pour vn coup mille marcs d'argent en vaissel-
le : & de tous ces personnages icy, se trouuerent les quittances en la Cham- Le sieur de Hastingues grand Châ-bellâ d'An-gleterre,pen-sionnaire du Roy,sans quittance,
bre des Comptes à Paris,sauf dudict seigneur de Hastingues,grand Cham-
bellan d'Angleterre:& n'y en a qu'vn,parquoy c'est vn grand office. Ce dict
Chambellan se feit fort prier à se faire pésionnaire du Roy, & i'en fuz cause.
Car ie le fey amy du Duc Charles de Bourgógne, pour le temps que i'estois
à luy:lequel lui donna mille escus l'an de pension, & l'auois dit au Roy : auquel il pleut semblablement que ie fusse moyen de le faire son amy & son
seruiteur: car le temps passé luy auoit esté tousiours grand ennemy, du
temps dudict Duc Charles,& encores depuis en faueur de la Damoiselle de
Bourgongne, & ne tenoit point à luy,vn temps fut, qu'Angleterre ne luy ai-

daſt à faire la guerre côtre le Roy de Frãce. Ainſi ie commençay ceſte amitié par lettres, & luy donna le Roy deux mille eſcus de pẽſion, qui eſtoit le double de ce que lui donnoit lediĉt Duc de Bourgongne : & enuoya le Roy, par deuers lui Pierre Cleret, vn ſien maiſtre d'hoſtel : & lui encharge a fott d'en prẽdre quittance, afin que pour le temps aduenir, il ſe veiſt & cogneuſt comme le grand Chambellan, Chancelier, Admiral, grãd Eſcuyer d'Angleterre, & pluſieurs autres, euſſent eſté penſionaires du Roy de France. Ledit Pierre Cleret eſtoit tres-ſage homme, & eut communication bien priuée auec ledit Chambellan, en ſa chambre à Londres, ſeul à ſeul : &, apres lui auoir dit les paroles qui eſtoiẽt neceſſaires à dire de par le Roy, il lui preſẽta ſes deux mille eſcus en or : car en autre eſpece ne donnoit iamais argẽt à grands Seigneurs eſträges. Quand ledit Chambellan eut reçeu ceſt argent, ledit Pierre Cleret lui ſupplia que, pour ſon acquit, il lui en ſignaſt vne quittance. Ledit Chambellam en feit difficulté. Lors lui requit derechef ledit Cleret qu'il lui baillaſt ſeulement vne lettre de trois lignes, addreſſant au Roy, côtenant comme il les auoit reçeus pour ſon acquit enuers le Roy ſon maiſtre, & afin qu'il ne penſaſt qu'il les euſt emblez, & que lediĉt Seigneur eſtoit ſuſpiciõneux. Ledit Chambellan, voyant que lediĉt Cleret ne lui demãdoit que raiſon, reſpõdit : Monſeigneur le Maiſtre, ce que vous diĉtes, eſt bien raiſonnable : mais ce don vient du bon plaiſir du Roy voſtre maiſtre, & non pas à ma requeſte : ſ'il vous plaiſt que ie le prenne, vous me les mettez icy dedans ma mãche, & n'en aurez autre lettre ne teſmoing : car ie ne veux point que pour moy on die que le grand Chambellan d'Angleterre ait eſté penſionnaire du Roy de France, ne que mes quittances ſoient trouueçs en ſa Chambre des Comptes. Lediĉt Cleret ſe teut à tant, & lui laiſſa ſon argent, & vint faire ſon rapport au Roy, qui fut bien courroucé qu'il n'auoit apporté ladiĉte quittãce : mais il en loüa & eſtima lediĉt Chambellã, & plus que tous les autres ſeruiteurs du Roy d'Angleterre : & depuis fut touſiours payé ledit Chambellã ſans bailler quittance.

En ceſte maniere viuoit noſtre Roy auec ces Anglois, toutesfois ſouuent le Roy d'Angleterre eſtoit requis & preſſé du coſte de ceſte ieune Princeſſe, pour auoir aide : & tantoſt enuoyoit lediĉt Roy d'Angleterre deuers le Roy, lui faire remonſtrances ſur ceſte matiere, & le preſſer de paix, ou au moins de treſue. Car ceux d'Angleterre qui ſe trouuoiẽt à ſon conſeil, & par eſpecial à leur Parlement (qui eſt comme trois eſtats) où ſe trouuerent pluſieurs perſonnages, *qui venoient de loing, & n'auoient point de penſion comme les autres vouloient fort, & encores la Commune, que lediĉt Roy d'Angleterre aidaſt à bon eſcient à ladiĉte Damoiſelle : & diſoient que, du coſté de deça, on les trompoit, & qu'on n'acheueroit point le mariage, & ſe pouuoit aſſez voir : car au traiĉte faiĉt à Piquigny entre les deux Roys, y auoit eſté iuré, & promis, que dedans l'an on deuoit enuoyer querir la fille du Roy d'Angleterre (que ia auoient fait intituler Madame la Daulphine) & que le terme eſtoit paſſé de beaucoup. Quelque remõſtrance que ſes ſubiets lui feiſſent, il n'y vouloit entẽdre : & y auoit pluſieurs raiſons. C'eſtoit vn hõme peſant que ce Roy d'Angleterre, & qui fort aimoit ſes plaiſirs, & n'euſt

ſçeu

ſçeu porter la peine de la guerre de deça, & ſe voyoit ſailly de grandes aduerſitez, parquoy n'auoit cure d'y r'entrer. D'autre-part l'auarice de ces cinquante mille eſcus, rendus tous les ans en ſon chaſteau de Lódres, luy amol-
liſſoit le cœur. Et auſſi quand ſes Ambaſſadeurs venoient, on leur faiſoit
toute bonne chere, & leur donnoit l'on tant de beaux dons, qu'ils en par-
toient contens: & iamais ne leur eſtoit faite reſponce, où il y euſt reſolutió,
pour touſiours gaigner temps: mais leur diſoit on qu'en peu de iours le Roy
enuoyeroit deuers le Roy leur maiſtre, bons perſonnages, qui luy donneroient telle ſeureté des choſes, dont ils eſtoient en doute, qu'il s'en deuroit
bien contenter.

Ainſi quand ces Ambaſſadeurs eſtoient partis, trois ſepmaines ou vn
mois apres, aucuneſfois plus, aucuneſfois moins (qui n'eſtoit point petit
terme en tel cas) le Roy y enuoyoit, & touſiours perſonnages, qui n'y auoiét
point eſté le voyage precedent, afin que (ſi ceux-là auoient fait quelque ouuerture, dont le faiét ne s'en fuſt point enſuiuy) que les derniers n'en ſçeuſ-
ſent que reſpondre. Et auſſi ceux qui y eſtoient enuoyez mettoient peine,
par toutes voyes, de donner telle ſeureté en France audiét Roy d'Angleterre, qu'il auoit encores patience, ſans ſe mouuoir. Car il auoit tant de deſir de
ce mariage, & la Royne ſa femme, que cela, auec les autres raiſons que i'ay di-
étes, luy faiſoient diſſimuler ce que partie de ceux de ſon conſeil diſoient
eſtre au grand preiudice de ſon Royaume: & craignoit la rupture dudiét
mariage, pour la moquerie qui ia s'en faiſoit en Angleterre, & par eſpecial
de ceux qui y deſiroient la noiſe & difference. Pour vn peu eſclarcir ceſte
matiere, le Roy noſtre maiſtre n'eut iamais vouloir d'accomplir ce mariage:
car les aages des deux n'eſtoient point ſortables, pour ce que la fille (qui fut
depuis Royne d'Angleterre) eſtoit trop plus vieille que móſeigneur le Daulphin (qui depuis fut noſtre Roy.) Ainſi ſur ces diſſimulations, vn mois ou
deux de terme gaigné, en allát & venát, eſtoit rópre à ſon ennemy vne ſaiſon
de luy mal faire. Car ſans doubte, ſi ce n'euſt eſté l'eſperance dudiét mariage,
le Roy d'Angleterre n'euſt iamais ſouffert prendre les places ſi pres de lui,
ſans mettre peine de les deffendre: &(ſi d'entree il ſe fuſt declaré pour ladite
Damoiſelle de Bourgongne) le Roy (qui craignoit mettre les choſes en
doubte, & en aduenture) n'euſt point de tant affoibly ceſte maiſon de Bour-
góngne, comme il a. Ie ne dy ces choſes, principalement que pour donner
à entendre comme les choſes de ce monde ſe ſont conduictes, & pour s'en
ayder, ou pour s'en garder, ainſi qu'il pourra ſeruir à ceux qui ont ces grandes choſes en main, & qui verront ces Memoires: car combien que leur ſens
ſoit grand, vn peu d'aduertiſſement ſert aucuneſfois. Il eſt vray que ſi Madamoiſelle de Bourgógne euſt voulu entendre au mariage de monſeigneur
de Riuieres, frere de la Royne d'Angleterre, on peuſt ſecourué auec bó nombre de gens: mais c'eſtoit vn mariage bien mal ſortable: car ce n'eſtoit qu'vn
petit Comte, & elle la plus grande heritiere qui fuſt de ſon temps. Pluſieurs
marchez ſe menerent entre le Roy de France & le Roy d'Angleterre: & entre les autres, lui offroit le Roy, que (s'il ſe vouloit ioindre auec lui, & venir
en perſonne en vn quartier du païs de ladicte Damoiſelle, & en prendre ſa

part) ledict seigneur consentoit que ledict Roy d'Angleterre eust le païs de
Flādres, & qu'il le tint sans hômage, & le pais de Brabāt: & luy offroit le Roy
côquerir à ses despés, les quatre plus grosses villes de Brabāt, & les mettre en
la possession du Roy d'Angleterre: & d'auantage luy payer dix mille Anglois
pour quatre mois, afin que plus aisémēt il portast les mises de l'armee: & luy
presteroit grād nōbre d'artillerie, & gens & charroy pour les cōduire, & s'en
aider, & que le Roy d'Angleterre feist la cōqueste de Flandres, tādis que ledit
seigneur les empescheroit ailleurs. Le roy d'Angleterre respōdit que les villes
de Flādres estoiēt fortes & grādes, & vn païs mal-aisé à garder, quād il l'auroit
cōquis, & semblablemēt celuy de Brabāt: & que les Anglois n'auoient point
fort ceste guerre aggreable, à cause des frequētations de leurs marchādises:
mais qu'il pleust au Roy (puis qu'il luy plaisoit faire part de sa conqueste) luy
bailler quelques places de celles que ja auoit conquises en ceste Picardie, cōme Boulongne & autres, & qu'en ce faisant il se declareroit pour luy, & enuoyeroit gens à son seruice, en les payant: qui estoit bien sage responce.

Comment le mariage de Madamoiselle de Bourgongne fut conclu & accomply
auec Maximilian, Duc d'Austriche, & depuis Empereur.
CHAP. III.

Insi comme deuant ay dit, alloient & venoient ces marchez entre les
deux Roys, pour tousiours gaigner tēps, & s'affoiblissoit ladicte Damoiselle de Bourgōgne: car de ce peu de gēs de guerre, qui lui estoiēt
demeurez apres la mort de son pere, plusieurs se tournerēt du party du Roy:
& par especial, apres ce que monseigneur des Cordes s'y fut mis, qui plusieurs en amena auec luy. Les autres se tournoiēt par necessité, pource qu'ils
estoient situez, ou demourans pres des villes, ou dedans celles qui estoient ja
en l'obeyssance dudict Seigneur, & aussi pour auoir de ses biens: car nul autre Prince n'en departoit si largement à ses seruiteurs comme luy. D'auantage les troubles des bandes croissoient chacun iour en ces grosses villes, &
par especial à Gand, * qu'il doubtoit tant, comme auez ouy. Enuiron de ladicte Damoiselle de Bourgōgne estoit parlé de plusieurs mariages pour elle, disant qu'il luy falloit vn mary, pour deffendre le demeurant de ce qu'elle
auoit, ou espouser monseigneur le Daulphin, afin que tout luy demeurast en
paix. Aucuns desiroient fort ce mariage, & par especial elle, auāt que ces lettres, qu'auoient portees lesdicts Seigneurs d'Hymbercourt & Chancelier,
fussent baillees. Autres alleguoyent le ieune aage dudict monseigneur le
Daulphin, qui n'estoit que de neuf ans, ou enuiron: & alleguoient ce mariage promis en Angleterre, & taschoiēt que ce fust pour le fils du Duc de Cleues. Autres pour le filz de l'Empereur Maximiliā, depuis Roy des Romains.
Ladicte Damoiselle auoit cōceu haine contre le Roy, à cause de sesdictes lettres: car il luy sembloit auoir esté occasion de la mort de ces deux bons personnages dessus nommez, & de la honte qu'elle reçeut, quand publiquement luy furent baillees, deuant tant de gens, comme auez ouy: & aussi que
cela auoit donné hardiesse aux Gantois de luy auoir chassé tant de seruiteurs,

teurs, & separa sa belle mere, & le Seigneur de Rauastin, d'auec elle, & mis
ses femmes en si grād crainte, qu'elles n'eussent osé ouurir vnes lettres, sans
les monstrer, ny parler à l'oreille à leur maistresse. *Et se cōmença à esslōgner
d'elle l'Euesque du Liege, qui estoit filz de Bourbon, qui desiroit faire le mariage dudict monseigneur le Daulphin: lequel eust esté bien propice, & grād
honneur pour ladicte Damoiselle, n'eust esté la grande ieunesse dudict mōseigneur le Daulphin: toutesfois le regard dudict Euesque n'estoit point iusques là: si se retira au Liege, & chascun s'en deporta. Il eust esté biē difficile de
conduire ceste matiere de tous les deux costez: & croy que ceux qui s'en fussent meslez, n'y eussént point eu grād hōneur à la fin: & aussi chacū s'en teut:
mais parauant se tint quelque conseil sur ceste matiere: où se trouua Madame *de Halluin, premiere dame de ladicte Damoiselle: laquelle dit (comme
me fut rapporté) qu'ils auoiēt besoing d'vn homme, & non pas d'vn enfant:
disant que sa maistresse estoit femme pour porter enfant, & que de cela le
païs auoit besoing. A ceste opinion se tindrent. Aucuns blasmerent ladicte
Dame d'auoir si franchement parlé, autres l'en louérét: disant qu'elle ne parloit que de mariage, & de ce qui estoit tres-necessaire au pays. Ainsi il ne fut
plus nouuelles que de trouuer cest homme, & croy veritablement que si le
Roy eust voulu, qu'elle eust espousé monseigneur d'Angoulesme, qui estoit
pour lors, qu'elle l'eust fait, tant desiroit demeurer alliée de la maison de Frāce. Or Dieu voulut dresser vn autre mariage, & parauenture ne sçauons pas
encores pourquoy: sinō que nous voyons par ce qui est passé, que de ce mariage qui fut faict, sont sorties plusieurs grandes guerres, tant delà que deçà.
Ce qui n'eust possible pas esté, si elle eust espousé mondict Seigneur d'Angoulesme: & en ont porté depuis les païs de Flandres & de Brabāt, & autres,
grandes persecutions. Le Duc de Cleues estoit à Gand auec ladicte Damoiselle, qui cherchoit fort amis leans, pour cuider conduire le mariage de son
filz auec ladicte Damoiselle: laquelle n'y estoit pas encline, & ne lui plai-
soient point les conditions dudict filz de Cleues, ny à ceux qui estoient aupres d'elle. Ainsi d'aucuns, commencerent à pratiquer le mariage du filz de
l'Empereur, depuis Roy des Romains: dōt autresfois auoit esté parolles entre l'Empereur & le Duc Charles, & la chose accordee entre eux deux. Si
auoit l'Empereur vne lettre faicte de la main de ladicte Damoiselle, du commandement de son pere, & vn anneau, où il y auoit vn diamant: & contenoit ladicte lettre comment, en ensuyuant le bon plaisir de son Seigneur &
pere, elle promettoit au Duc d'Autriche, fils dudict Empereur, accomplir le
mariage pourparlé, en la maniere, & selon le bon plaisir de sondict Seigneur
& pere.

L'Empereur enuoya certains Ambassadeurs deuers ladicte Damoiselle,
(laquelle estoit à Gand) & apres que lesdicts Ambassadeurs furent arriuez à
Brucelles, il leur fut escrit qu'ils attendissent là encores, & qu'on enuoyeroit
deuers eux: & cela feit le Duc de Cleues, qui ne desiroit point leur venuë, &
taschoit à les faire retourner mal contents. Mais lesdits Ambassadeurs (qui
ja auoient intelligence en la maison de ladicte Damoiselle, & par especial à
la Duchesse de Bourgongne Douairiere, laquelle estoit dehors, comme

auez ouy, & separee de ladicte Damoiselle, à cause de ces lettres) passerent
oultre: car elle les aduertit, comme me fut dict, qu'ils marchassent tousiours,
nonobstant leurs lettres: & aussi leur manda ce qu'ils deuroyent faire, quãd
ils seroient à Gand, & comme ladite Damoiselle estoit bien disposee à leur
intention, & plusieurs d'entour elle. A ce conseil se tindrent ces Ambassadeurs de l'Empereur: & tirerent tout droict à Gand, nonobstant ce qui leur
auoit esté mandé, dont ledict Duc de Cleues en fut fort mal content: toutesfois il ne sçauoit point encores la volonté des Dames. Il fut aduisé en leur
conseil qu'ils seroyent ouys: & fut dict que, apres qu'ils auroyent dit leur
creance, ladite Damoiselle leur diroit qu'ils fussent les tresbien venus, &
qu'elle mettroit en conseil ce qu'ils luy auoient dict, & puis leur feroit faire
response, & qu'elle ne diroit rien plus auant: & ainsi le conclud ladicte Damoiselle. Les Ambassadeurs dessusdits presenterét leurs lettres, quand il leur
fut ordonné: & dirent leur creance, qui estoit comme le mariage dessusdict
auoit esté conclud entre l'Empereur & le Duc de Bourgongne son pere, &
du sçeu & consentement d'elle, comme apparoissoit par lettres escrites de sa
main: lesquelles ils monstrerent, & aussi le Diamant, qu'ils disoyent auoir
esté enuoyé & donné en signe de mariage: & requeroyent bien fort lesdicts
Ambassadeurs, de par leur maistre, qu'il pleust à ladicte Damoiselle accomplir ledict mariage, en ensuyuant le vouloir & promesse de sondict Seigneur
& pere, & la sienne aussi: & la sommerent deuant les presens de declarer si elle auoit escrit ladicte lettre ou nó, & si elle auoit vouloir d'entretenir sa promesse. A ces paroles, & sans demander conseil, respondit ladicte Damoiselle, qu'elle auoit escrit lesdites lettres par le vouloir & commandement
de son Seigneur & pere, & enuoyé ledict Diamant, & qu'elle auoüoit le contenu. Lesdits Ambassadeurs la remercierét bien fort: & retournerent ioyeux
en leurs logis. Le Duc de Cleues fut fort mal content de ceste response (qui
estoit opposite de ce qui auoit esté conclud au conseil) & remonstra fort à ladicte Damoiselle qu'elle auoit mal parlé. A quoy elle respondit, qu'autrement elle ne le pouuoit faire, & que c'estoit chose promise, & qu'elle n'y
pouuoit aller à l'encontre. Veuës ces paroles, & qu'il cognent bien qu'il
y en auoit plusieurs leans de l'opinion de ladicte Damoiselle, se delibera peu
de iours apres, de se retirer en son pays, & de se deporter de ceste poursuite.
Ainsi se paracheua ce mariage: car ce Duc Maximilian vint à Coulongne, où
aucuns des seruiteurs de ladicte Damoiselle allerent au deuant de lui: &
croy bien qu'ils le trouuerent mal fourny d'argent, & lui en porterent: car
son pere estoit le plus parfaitement chiche homme, que Prince ny autre
qui ait esté de nostre temps. Le dessusdict filz de l'Empereur fut amené à
Gand, accompaigné de sept ou huict cens cheuaux: & fut acheué ledict mariage, qui de prime face ne porta point grande vtilité aux subiects de ladite Damoiselle: car, en lieu d'apporter argent, il leur en falloit bailler. Leur
nombre n'estoit point suffisant à vne telle puissance, que celle du Roy: &
ne s'accordoient pas fort leurs conditions auec celles des subiects de ceste
maison de Bourgongne: lesquels auoyent vescu soubs Princes riches, qui
donnoient de bons estats, & tenoient honorable maison & pompeuse,

tant

rant en meuble qu'en seruice de table, & habillemens pour leurs personnes & seruiteurs. Les Allemans sont fort au contraire, pour ce qu'ils sont rudes, & viuent rudement.

Et ne say nul doubte qu'auec grand & sage conseil, & encores aidant la grace de Dieu, fut faite ceste loy & ordonnáce en France, que les filles n'heriteroiët point audict Royaume, pour euiter qu'il ne fust en la main de Prince de nation estrange, & d'estrangers: car à grand' peine les Fráçois l'eussent peu souffrir, & aussi ne font point les autres nations: & à la longue, il n'est nulle Seigneurie des grandes, dont le pais à la fin ne demeure à ceux qui sont du pays: & le pourrez voir par France, où les Anglois ont eu grande seigneurie depuis *quarante ans: & pour ceste heure n'ont plus que *Calais, & deux petits chasteaux, qui leur coustent beaucoup à garder. Le demourant ont perdu, beaucoup plus legerement qu'ils ne le conquirent: & en ont plus perdu en vn iour, qu'ils n'en gaignerent en vn an. Et aussi se peut cognoistre par le royaume de Naples, & par l'isle de Sicile, & autres prouinces, que les François ont possedées par longues années: & pour toutes enseignes, n'y est memoire d'eux que par les sepultures de leurs predecesseurs. Et encores que l'on endurast de Prince de pays estrange, qui seroit en petite compaignie bié reiglée, & lui sage, si ne le peult on bien aisément faire de grand nombre de gens: car s'il en ameine auec lui grand nombre, ou qu'il en mande pour quelque occasion de guerre, ils en ont aux subiects, tant pour la diuersité des mœurs & conditions, que pour leurs violences, & qu'ils n'ont l'amour au pays, comme ont ceux qui en sont nez, & sur tout quand il veulent auoir les Offices & Benefices, & les grands maniemens du pays. Ainsi a bien à faire vn Prince d'estre bien sage, quand il va en pays estrange, pour accorder toutes ses vielles, & si vn Prince n'est doüé de ceste vertu (qui sur toutes les autres vient de la grace de Dieu seulement) quelque autre bien que l'on en sçeust dire, rien n'est à estimer: & s'il vit aage d'homme, il aura de grands troubles & affaires, & tous ceux qui viuront soubs lui, & par especial quand il viendra sur la vieillesse, & que ses hommes & seruiteurs n'y auront nulle esperance d'amendement.

Apres que fut acheué le mariage dessusdict, leurs affaires n'en amenderét de gueres: car ils estoient ieunes tous deux. Ledict Duc Maximilian n'auoit cognoissance de rien, tant pour sa ieunesse, que pour estre en pays estrange: & aussi auoit esté mal nourry, au moins pour auoir cognoissance de grandes choses: & si n'auoit point de gens pour faire de grand *effect: & alloit ce pays en grand trouble, & a esté iusques icy, & est apparent de faire: & est bié grand inconuenient à vn pays, comme i'ay dit, quand il fault qu'il quiere Seigneur de pays estrange: & feit Dieu grand' grace au Royaume de France de ceste Ordonnance, dont i'ay parlé dessus: c'est à sçauoir que les filles n'heritent point. Vne petite maison en peult accroistre: mais à vn grand Royaume, comme cestui-cy, n'en peut venir que tout inconuenient. Peu de iours apres ce mariage, se perdit ce pays d'Artois, au moins en le traictât. Il me suffit de ne faillir point à la substance: & si ie faux aux termes, comme vn mois plus ou moins, les liseurs m'excusent s'il leur plaist. Le faict du Roy amé doit

---

Marginal notes:

Petite digression sur la loy Salique.

quarre cens. Exemp. viel

Lequel Calais a esté recouuré pour l'estat de France en l'An 1558. commençant souz Henry deuxiesme,

effort. Exemp. vieil

tousiours (car il n'auoit nulle partie) & tousiours prenoit quelque place, s'il n'auoit quelque trefue, ou quelque ouuerture d'appointement, qui iamais ne se pouuoit accorder:* car ils n'estoient point raisonnables, & pource leur duroit la guerre. Ce Duc Maximilian, & Madamoiselle de Bourgongne eurent vn filz le premier an : c'est l'Arche-duc Philippe, qui regna depuis. Le second an, eurent vne fille, qui depuis fut nostre Royne, appellée Marguerite. Le tiers an, vn filz, appellé François, au nom du Duc François de Bretaigne. Le quart an, elle mourut d'vne cheute de cheual, ou d'vne sieure: mais vray est qu'elle cheut. Aucuns disent qu'elle estoit grosse. Ce fut grand dommage pour les siens : car elle estoit tres-honneste Dame & liberalle, & bien aymée de ses subiects : & lui portoient plus de reuerence & de crainte qu'à son mary: aussi elle estoit Dame du pays. Elle aymoit fort sondict mary, & estoit Dame de bonne renommée. Laquelle mort aduint l'an mil quatre cens quatre vingts & deux. En Hainault le Roy tenoit la ville de Quesnoy le Comte, & celle de Bouchain : lesquelles il rendit, dont aucuns s'esbahirent, veu qu'il ne cherchoit nul appointement, & qu'il monstroit vouloir prendre le tout, sans rien laisser à ceste maison : & croy bien que s'il eust peu tout departir & donner à son aise, & de tous poincts la destruire, qu'il l'eust fait: mais ce qui le meut à rendre ces places en Hainault, furent deux choses, qu'il me dit depuis : La premiere, qu'il disoit qu'il luy sembloit qu'vn Roy *ayme plus places de force & de vertu en son Royaume, où il est oingt & sacré, *qu'il ne fait dehors de son royaume, & cecy estoit hors de son royaume. L'autre raison estoit, qu'entre les Roys de France & Empereurs y a grands sermens, & confederations, de n'entreprendre rien l'vn sur l'autre, & ces places (dont i'ay parlé) estoient situees en l'Empire : & furent restituees l'an mil quatre cens septante sept. Pour cause semblable rendit Cambray, ou la mit en main neutre, content de la perdre: & aussi ils auoient mis le Roy dedans la ville en seureté.

Comment le Roy Louys, par la conduicte de Charles d'Amboise son Lieutenant, regaigna plusieurs villes de Bourgongne, que le Prince d'Orenge auoit reuoltees contre le Roy. CHAP. IIII.

N Bourgongne se faisoit la guerre tousiours, & n'en pouuoit le Roy auoir le bout: pource que les Allemans faisoient quelque peu de faueur au prince d'Orenge, Lieutenant pour les susdicts, pour son argent, non point pour la faueur du Duc Maximilian. Car iamais homme ne se trouua pour luy audit païs, au moins pour le temps de lors dont ie parle: mais estoient cópaignons de guerre de ceste ligue de Suisses, qui alloient à leur aduenture: car ils ne sont point amis, ne bien-vueillás de la maison d'Autriche. Bien peu de secours en eut ledit païs de Bourgongne, mais beaucoup en eust eu, s'il y eust eu du payemét: & nul ne le pouuoit mieux faire que le Duc Sigismond d'Autriche, oncle dudit Duc Maximilian, qui auoit ses terres aupres, & par especial la Comté de Ferrette, qu'il auoit peu d'annees deuant venduë cent mille Florins de Rhin au Duc Charles de

Bour-

Bourgongne, & puis l'auoit reprinse, sans rendre l'argent, & la tient encores
auiourd'huy à ce tiltre. Il n'y eut iamais en luy grand sens, ne grand honneur, & bien souuent il aduient qu'en tels amis se trouue bien peu d'aide: & *Petite digres-*
est des Princes, dont i'ay parlé ailleurs, qui ne veulent sçauoir de leurs affai- *sion sur l'in-*
res, sinon ce qu'il plaist à leurs seruiteurs leur en dire: qui sont tousiours *utilité de*
payez à la vieillesse, comme cestuy-cy dont ie fay mention. Ses seruiteurs lui *quelques*
ont fait tenir durãt ces guerres, tel parti qu'ils ont voulu, & quasi tousiours *Princes, par*
a tenu le parti du Roy nostre maistre, contre son nepueu. A la fin a voulu *Sigismond*
donner son heritage (qui est bien grand) en maison estrange, & l'oster à la *d'Autriche.*
sienne (car il n'eut iamais nuls enfans, & si a esté marié deux fois) & en là fin,
depuis trois moys en ça, par autre bande de ses seruiteurs, a transporté toute
sa seigneurie, & dés à present, à sondit nepueu ce Duc Maximilian, dont
i'ay parlé, qui fut depuis Roy des Romains: & retint seulement vne pension,
comme la tierce partie, sans y auoir autre authorité ne puissance: & plusieurs
fois s'en est repenti, ce m'a l'on dit: & s'il n'est vray ce que l'on m'a dit, il est à
croire: & telle est la fin des Princes qui veulent viure bestialement. Et ce qui
me les fait tant blasmer, c'est la grande charge & grand office que Dieu leur
a donné en ce monde. A ceux qui sont insensez, on ne leur doibt rien repro- *Quels Prin-*
cher: mais ceux qui ont bon sens, & sont de leurs personnes bien disposez, *ces ne sont à*
& n'employét point le téps à autre chose qu'à faire les fols & à estre oisifs, *craindre.*
on ne les doit point plaindre quand mal leur aduient: mais ceux qui depar-
tent le temps, & selon leur aage, vne fois en sens & en conseil, autresfois en
festes & en plaisirs, ceux là sont bien à louër, & les subiects bien heureux d'a-
uoir vn tel Prince.

Ceste guerre de Bourgongne dura assez longuement, pour les raisons de
ces petites faueurs d'Allemans : toutesfois la force du Roy leur estoit trop
grãde. L'argent failloit aux Bourguignons, & les gens qui estoient és places,
se tournoient par intelligence. Vn coup le seigneur de Cran assiegea la ville
de Dolle, chef de la Comté de Boulongne. Il estoit Lieutenant pour le
Roy, & n'y auoit point de grands gens dedans, & les mesprisoit: aussi mal
lui en print. Car par vne saillie que feirent ceux de dedans, il se trouua tres- *Le sieur de*
soudainement surprins, & perdit vne partie de son artillerie, & de gens *Cran démis*
quelque peu, qui lui fut honte & charge enuers le Roy: lequel estant marry *de son Gou-*
de ceste aduenture, comméça d'aduiser à mettre autre Gouuerneur en Bour- *uernement*
gongne, tant pour ce cas, que pour les grãdes pilleries qu'il auoit faictes au- *de Bourgon-*
dit païs : qui à la verité estoient excessiues. Toutesfois auant que d'estre des- *gne.*
apointé de ceste charge, il eut quelque aduantage sur vne bande d'Allemãs
& de Bourguignons : où fut prins le seigneur de Chasteauguyon, le plus
grand seigneur de Bourgongne. Le demeurãt de ceste iournee ne fut point
grand' chose. Ie n'en parle que par ouyr dire : mais ledict seigneur de Cran
y eut bon bruit de sa personne. Comme i'ay commencé à dire, le Roy delibera, pour les raisons dessusdites, de faire Gouuerneur nouueau en Bourgongne, sans en rien toucher aux profits & biens-faicts dudict seigneur de
Cran, fors des Gens-d'armes, qu'il lui osta, excepté six hommes d'armes,
& douze Archiers, qu'il lui laissa pour l'accompaigner. Ledit seigneur de

Cran eſtoit homme fort gras : & aſſez content ſ'en alla en ſa maiſon, où il eſtoit bien appointé. Le Roy ordonna en ſon lieu meſſire Charles d'Amboyſe, ſeigneur de Chaumont, treſ-vaillant homme, & ſage, & diligent: & commença ledit ſeigneur à pratiquer de vouloir retirer tous les Allemans, qui lui faiſoient guerres en Bourgongne (non point tant pourſ'en ſeruir, que pour plus aiſément côquerir le reſte du païs)& de les mettre en ſa ſoulde:& enuoya deuers les Suiſſes, qu'il appelloit Meſſeigneurs des Ligues, & leur offrit de grâds & beaux partis. Premierement vingt mille Francs l'an, qu'il donnoit au profit des villes, qui ſont quatre, Berne, Lucerne, Suric, & croy que Fribourg y auoit part : & leurs trois quantons (qui ſont villages enuiron leurs montaignes)Suiſſe, de qui ils portét tous le nom: Solleurre & Ondreual auſſi y auoient part. Item vingt mille Francs l'an, qu'il dónoit aux particuliers, & aux perſonnes dequoy il ſ'aidoit, & ſeruoit en * ſes marchez: & là ſe feit leur Bourgeois, & auſſi leur premier allié, & en voulut lettres. A ce poinct feirent aucune difficulté, pource que de tout temps, le Duc de Sauoye eſtoit le premier allié : toutesfois ils conſentirent à ces demandes, & auſſi de bailler au Roy ſix mille hommes, continuellement en ſon ſeruice, en les payant à quatre Florins & demy d'Allemaigne, le moys : & y a touſiours eſté ce nombre, iuſques au treſpas dudit Seigneur. Vn pauure Roy n'euſt ſçeu faire ce tour : & le tour lui tourna à ſon grand profit:& croy qu'à la fin ſera leur dommage:car ils ont tant accouſtumé l'argent, dont ils auoiét petite cognoiſſance parauant, & ſpecialement de monnoye d'or, qu'ils ont eſté fort preſts à ſe diuiſer entre eux. Autrement on ne leur ſçauroit nuire, tant ſont leurs terres aſpres & pauures, & eux bons combatans:parquoy peu de gens eſſayeront à leur courre ſus. Apres que ces traictez furent faicts, & que tous les Allemans qui eſtoient en Bourgongne, furent retirez au ſeruice & gaiges du Roy, la puiſſance des Bourguignôs fut de tous poincts rompue : & pour abreger matiere, apres pluſieurs neufues choſes, faictes par le Gouuerneur monſeigneur de Chaumont, il aſſiegea Rochefort, vn chaſteau pres de Dolle, où eſtoit meſſire Claude de * Vaudré. Il le print par compoſition, & apres il aſſiegea Dolle, dont ſon predeceſſeur en l'office, auoit eſté leué, comme i'ay dit: & fut prinſe d'aſſault. On dit qu'aucuns Allemans de ces nouueaux reduicts, cuiderent entrer pour la defendre: mais en leur compaignie ſe mirent tant de Francs-Archiers, ſans entendre la malice, mais ſeulement pour gaigner, que quand ils furent dedans, tout ſe print à piller, & fut la ville bruſlée & deſtruicte. Peu de iours apres ceſte prinſe, il aſſiegea Auſſonne, ville tres-forte, mais il y auoit bonne intelligence dedans: & eſcriuoit au Roy pour les offices, pour aucuns qu'il nommoit, auant que mettre le ſiege, ce que volontiers lui fut accordé. Combien que ie ne fuſſe point ſur le lieu où ces choſes ſe faiſoient, ſi le ſçeu-ie par ce qu'on rapportoit au Roy, & par lettres qu'on lui eſcriuoit, leſquelles ie voyois ſouuent, pour en faire les reſponſes par le commandement du Roy. Audit Auſſonne auoit peu de gens, & eſtoient les chefs accordez auec ledit Gouuerneur :& ainſi, au bout de cinq ou ſix iours, fut la place renduë. Ainſi ne reſta plus rien à prendre en Bourgongne, que trois ou quatre chaſteaux rochers, comme * Ieu,

& autres,

& autres, & auoir l'obeïssance de Bezançon, qui est ville Imperialle : & ne
doibt rié au Comte de Bourgógne ou peu: mais pource qu'elle est enclauee
audit païs, elle complaisoit au Prince dudit païs. Ledit Gouuerneur y entra pour le Roy, & puis en saillit : & lui feirent tel deuoir qu'ils auoient accoustumé de faire aux autres Princes, qui auoient possedé Bourgógne. Ainsi touté Bourgongne fut conquise, où ledit Gouuerneur feit bonne diligéce : & aussi le Roy le sollicitoit fort, & craignoit que ledit Gouuerneur ne
voulsist auoir quelque place desobeissante audit pays, afin que l'on eust plus
affaire à luy : & aussi afin que le Roy ne le renuoyast point de là, pour s'en
seruir ailleurs : car le pays de Bourgógne est fertile, & il en faisoit comme
s'il eust esté sien, & ledit Seigneur de Cran (dont i'ay parlé) & lui, Gouuerneur de Chaumont, y feirent bien leurs besongnes tous deux. Vn peu de-
moura le pays en paix, soubs le gouuernement dudit Seigneur de Chaumont, toutesfois quelques places s'y rebellerent apres, cóme Beaulne, *Ver-
dun & autres (& estoys lors present, & m'y auoit enuoyé le Roy auec les Pé-
sionnaires de sa maison, & fut la premiere fois qu'il bailla Chef ausdits pensionnaires, & depuis a accoustumé ceste façon iusques à ceste heure) lesquelles places furent reprinses par le sens & conduicte dudit Gouuerneur, & par
la faulte du sens de ses ennemis. A cela voit-on la difference des hommes,
qui viét de la grace de Dieu: car il dóne les plus sages à la part qu'il veut soustenir, ou le sens de les choisir à celuy qui en a l'authorité : & a bien monstré,
& fait iusques icy, qu'en toutes choses il a voulu soustenir nos Roys, tant
celuy trespassé nostre bon maistre, comme cestuy-cy, combien que quel-
ques-fois leur ait donné des aduersitez. Ceux qui reperdirent ces places, e-
stoient gens assez, combien que promptement ne se vindrent mettre dedás
les places qui s'estoient ainsi rebellees pour eux, mais dónerent temps audit
Gouuerneur de faire son amas : ce que faire ne deuoient : car ils sçauoient
assez de son estat, veu l'amour que le pays leur portoit : & pource ils se deuoient mettre dedans Beaulne, qui estoit forte ville, & si la pouuoient bien
garder, & les autres non. Le iour que ledit Gouuerneur se mit aux champs
pour aller deuant vne meschante petite ville, appellee Verdun, bien informé de leur estat, eux y entrerent, cuidans aller à Beaulne, pour se mettre dedans : & estoient, tant de cheual que de pied, six cens hommes esleuz Allemans, & de la Comté de Ferrette, conduicts par aucuns sages Gentils-hommes de Bourgongne, dont Simon de *Quinchi en estoit vn. Ils s'arreste-
rent, à l'heure qu'ils pouuoient bien passer, & se mettre audict Beaulne : qui
n'eust point esté reprenable sur eux, si vne fois ils y eusset entré. Faulte de bó
conseil les feit seiourner vne nuict trop, où ils furent assiegez, & prins d'assault : & apres fut assiegé Beaulne, & tout recouuré. Oncques puis n'eurent
vigueur les ennemis en Bourgongne. Pour lors i'estois audict pays, auec les
pensionnaires du Roy, comme i'ay dit : & ledict Seigneur m'en feit partir,
pour quelque lettre qu'on luy escriuit que *iespargnoye aucuns Bourgeois
de Dijon, touchant les logis des Gens-d'armes. Cela auec quelque autre petite suspition fut cause de m'enuoyer tres-soudainement à Florence. I'obey
(comme raison estoit) & party dés que i'eu lettres.

Comment le Seigneur d'Argenton, durant les guerres de la conqueste de Bourgongne,
fut enuoyé à Florence : & comment il reçeut l'hommage de la Duché de
Gennes du Duc de Milan, au nom du Roy.
CHAP. V.

LE differend pourquoy m'enuoyoit le Roy, estoit pour le debat de deux grandes lignees, fort renómees pour ce téps. L'vne estoit celle de Medicis, l'autre celle de Pacis : lesquels * ayans le port du Pape & du Roy Ferrand de Naples, cuiderent faire tuer Laurens de Medicis, & toute sa sequélle. Toutesfois quant à lui, ils faillirent: mais tuerét son frere Iuliá de Medicis, en la grand' Eglise de Florence, & vn appellé * Feuginet Noble, qui se mit au deuant de Iuliá, & estoit seruiteur de la maison de Medicis. Ledit Laurés fut fort blecé, & se retira au Reuestiaire de l'Eglise (dont les portes sont de cuiure) que son pere auoit fait faire. Vn seruiteur (qu'il auoit fait deliurer de prison, deux iours deuant) luy seruit bié à ce besoing, & reçeut plusieurs playes pour luy. Et fut fait ce cas à l'heure qu'on chátoit la grád' Messe, & auoiét leurs signes, pour tuer ce qui estoit ordóné, à l'heure que le Prestre, qui chantoit la grád' Messe, diroit le *Sanctus.* Il en aduint autremét que n'entendoient ceux qui l'auoient entreprins : car cuidans auoir tout gaigné, aucuns d'entre eux monterent au Palais, pour cuider tuer les Seigneurs qui y estoient (qui changént de trois moys en trois moys, & sont quelque neuf, qui ont toute l'administration de la cité) mais les entrepreneurs dessusdits se trouuerent mal suyuis : & estans montez les degrez dudit Palais, quelqu'vn ferma vn huis apres eux : & quand ils se trouuerent en haut, ils ne se trouuerent que quatre ou cinq, tous espouuantez, & ne sçeurent que dire. Quoy voyans les Seigneurs qui estoient en haut, & les seruiteurs qui estoient auec eux, regarderent par les fenestres, & veirent l'esmeute de la ville, & ouyrent messire Iacques de Pacis, & autres emmy la place, deuant ledit Palais : lesquels crioient, LIBERTA, LIBERTA, & POPOLO, POPOLO : qui estoient mots pour cuyder esmouuoir le peuple à leur parti, ce que ledit peuple ne voulut faire, mais se tint coy : & pourtant s'enfuit de ladite place ledit de Pacis & ses compaignós, comme cófus de leur entreprinse. Voyans ces choses ces Maistres & gouuerneurs de la ville, dont i'ay parlé, qui estoiét en ce Palais, prindrent en ceste propre instance ces cinq ou six (qui estoient montez, dont i'ay parlé, mal accompaignez & mal suyuis, en intention de tuer les Gouuerneurs, pour pouuoir commander par la cité) lesquels ils feirent incontinent pendre & estrangler aux croisees dudit Palais : entre lesquels fut pendu l'Archeuesque de Pise. Lesdits Gouuerneurs voyans toute la ville se declarer pour eux, & pour la part des Medicis, escriuirent incontinent aux passages, que l'on print tout homme que l'on trouueroit fuyant, & qu'on le leur amenast. Ledit messire Iacques de Pacis fut prins sur la propre heure, & vn autre de par le Pape Sixte, qui auoit charge de Gens-darmes soubs le Comte Hieronyme, lequel estoit de ceste entreprinse. Incontinent

fut

fut pendu ledit de Pacis, auec les autres aufdites feneftres. L'autre feruiteur
du Pape eut la tefte trenchee, & plufieurs furent prins en la ville : lefquels
furent tous pendus à la chaude (dont Francifque de Pacis en fut vn) & me
femble qu'en tout eftoient quatorze grands perfonnages pendus, & aucūs
menus feruiteurs tuez par la ville.

Peu de iours apres ce cas aduenu, i'arriuay audict lieu de Florence de par
le Roy, & ne tarday gueres, depuis que ie party de Bourgongne, à y eftre : car
ie ne feiournay que deux ou trois iours auec madame de Sauoye (qui eftoit
fœur de noftre Roy, & me feit bien bon recueil) & de là allay à Milan, où pareillement feiournay deux ou trois iours, pour leur demander des gens d'armes pour fecourir lefdits Florentins, defquels eftoient alliez pour lors : ce
que liberalement ils accorderét, tāt à la requefte du Roy, que pour faire leur
deuoir : & deflors fournirent trois cens hómes d'armes, & depuis en enuoyerét encor d'autres. Et pour conclufion de cefte matiere, le Pape enuoya excó-
munier les Florentins, ce cas incontinent aduenu, & feit marcher l'armee,
quand & quand, tāt de luy que du Roy de Naples. Laquelle armee eftoit belle & groffe, & en grand nombre de gens de bien. Ils meirent le fiege deuant
la Chaftellenie, pres de Sienes, & la prindrét, & plufieurs autres places : & fut
grand aduenture que de tous points lefdits Florentins ne furent deftruicts :
car ils auoient efté long temps fans guerre, & ne cognoiffoient leur peril.
Laurés de Medicis (qui eftoit leur chef en la cité) eftoit ieune, & gouuerné de
ieunes gens. On s'arreftoit fort à fon opinió propre. Ils auoiét peu de chefs,
& leur armee tres-petite. Pour le Pape & le Roy Ferrand, eftoit chef le Duc
d'Vrbin, grand & fage hôme, & bon Capitaine. Auffi y eftoient le Seigneur
Robert d'Arimini (qui depuis a efté grand homme) & le feigneur Conftantin de Pefaro, & plufieurs autres, auec les deux fils dudit Roy : c'eft à fçauoir
le Duc de Calabre, & le feigneur Dó Federic (qui tous vefcurét long téps depuis) & grand nóbre d'autres gens de bien. Ainfi prenoient toutes les places
qu'ils affiegeoyent, mais non pas fi promptement qu'on feroit icy : car ils ne
fçauoient point fi bien la maniere de prédre places, ne de les deffendre : mais
de tenir vn camp, & d'y mettre bó ordre, tant aux viures qu'aux autres chofes qui font neceffaires pour tenir les champs, ils le fçauent mieux que nous.
La faueur du Roy leur fit quelque chofe, mais non pas tāt que i'euffe voulu :
car ie n'auois armee pour les ayder, mais feulement auois mon train. Ie demouray audit lieu de Florence vn an, ou en leurs territoires, & bien traicté
d'eux & à leurs defpés, & mieux le dernier iour que le premier : & puis le Roy
me manda m'en retourner : & en paffant à Milā, ie reçeu du Duc de Milā (qui
eft appellé Iean Galeas) l'hommage de la Duché de Gennes, au moins de
madame fa mere, qui me feit hómage pour luy au nom du Roy : & de là vins
vers le Roy noftre maiftre, qui me feit bonne chere & bon recueil, & m'en-
tremit de fes affaires plus que n'auoit fait iamais, moy couchant auec luy :
cóbien que n'en feuffe point digne, & qu'il en auoit affez d'autres plus idoi-
nes : mais il eftoit fi fage, que l'on ne pouuoit faillir auec luy, mais qu'on luy
obeift à ce qu'il commandoit, fans rien y adioufter du fien.

S iiij

Du retour de monseigneur d'Argenton d'Italie en France: & de la iournee de Guinegate. CHAP. VI.

IE trouuay vn peu le Roy noſtre maiſtre enuieilli, & commençoit à ſe diſpoſer à maladie: toutesfois il n'y parut point ſi toſt, & conduiſoit toutes ces choſes par grand ſens: & encores luy duroit la guerre de Picardie, laquelle il auoit tres-fort à cœur, & auſſi auoient ſes aduerſaires *Duc pour* audit pays, ſ'ils en euſſét eu le gouuernemét. Le *Duc d'Autriche, depuis Roy Archeduc.* des Romains, ayant pour ceſte année là les Flamens à ſon commandement, vint aſſieger Theroüenne, & monſeigneur des Cordes, Lieutenant pour le Roy en Picardie, amaſſa toute l'armee que le Roy auoit audit pays, & en toutes les frontieres, & huict mille Frãcs-Archiers, & l'alla ſecourir. Tátoſt apres que le Duc d'Auſtriche le ſentit approcher, il leua ſõ ſiege, & lui alla au deuãt, & ſe rencõtterét en vn lieu appellé Guinegate. Ledit Duc auoit grãd nõbre de peuple dudit pays de Flãdres, iuſques à vingt mille ou plus, & auſſi quelque peu d'Allemãs, & quelque trois cens Anglois, que menoit meſſire *Aurignen,* Thomas *Abrigã, Cheualier d'Angleterre, qui auoit ſerui le Duc Charles de *Exemp.vieil.* Bourgõgne. Les Gens de cheual du Roy, qui eſtoiét en plus grãd nombre de beaucoup que les autres, rõpirét les Gens de cheual du Duc, & les chaſſerét iuſques à Aire, & Philippe monſieur de Rauaſtin, qui les menoit. Le Duc ſe ioignit aupres de ſes gés de pied. Le Roy auoit en ceſte armee bien onze cés *cinq cens* hõmes d'armes d'ordõnance. Tous ne chaſſerét point, mais mõſeigneur des *Exép.vieil.* Cordes, qui eſtoit Chef, chaſſa, & mõſeigneur de Torcy auec luy: & cõbien que ce fuſt faict vaillãment, ſi n'appartiét il point aux Chefs de l'auant-garde & arriere-garde de chaſſer. Aucũs ſe retirerent ſoubs couleur d'aller garder leurs places, & les autres fuirent à bon eſcient. Les Gens de pied dudit Duc ne fuirent point, ſi en furent ils en quelque branſle: mais ils auoiét auec eux bien deux cens gentils-homme de bonne eſtoffe à pied, qui les conduiſoient: & eſtoient de ce nombre monſeigneur de Romont, filz de la maiſon de Sauoye, & le Comte de Nanſſau, & pluſieurs autres grands ſeigneurs. La vertu de ceux là feit tenir bon à ce peuple, qui fut merueille, veu qu'ils voyoient fuir les gens de cheual. Les Francs-Archiers, qui eſtoient pour le Roy, ſe mirent à piller le charroy dudit Duc, & ceux qui le ſuyuoient, cõme viuã- *Iournee de* diers, & autres. Sur eux ſaillirét quelque peu de Gés de pied dudit Duc, & en *Guinegate.* tuerent quelque nombre. De la part dudit Duc il y eut plus de perte que de la noſtre, & de gens prins & morts, mais le camp luy demoura: & croy bien que s'il euſt eu cõſeil de retourner deuant Theroüenne, n'euſt trouué ame dedans, & autant en Arras. Il ne l'oſa entreprendre, qui fut à ſon dommage: mais en tel cas on n'eſt pas touſiours aduerti du plus neceſſaire, & auſſi il a-uoit des craintes de ſon coſté. Ie ne parle de ce propos que par ouyr dire, car ie n'y eſtoys pas: mais pour continuer ma matiere, m'en a fallu dire quelque choſe. I'eſtois auec le Roy quand les nouuelles luy en vindrét, & en fut tres-dolent: car il n'auoit point accouſtumé de perdre, mais eſtoit ſi heureux en tous ſes faits, qu'il ſembloit que toutes choſes allaſſét à ſon plaiſir, mais auſſi

ſon

son sens aidoit bien à luy faire venir cest heur: car il ne mettoit rié en hazard,
& ne vouloit pour rien chercher les batailles, & ceste cy n'estoit point adue-
nue de son commandement. Il faisoit ses armées si grosses, qu'il se trouuoit
peu de gés pour les combatre: & estoit bien garny d'artillerie, & mieux que
iamais Roy de France: & aussi essayoit de soudainement prédre les places,
& par especial celles qu'il sentoit mal *fermées: & quand il les auoit, il y mettoit tant de gens & d'artillerie, que c'estoit chose impossible de les reprédre
sur luy: & s'il y auoit dedans quelque forte place vn Capitaine ou autre, qui
eust pouuoir de la bailler pour argent, & qu'il voulsist pratiquer auec lui, il
pouuoit estre seur qu'il auoit trouué marchád: & ne l'eust on sçeu espouuenter à lui demáder grande somme, car liberalement l'accordoit. Il eut effroy
de prime-face de ceste bataille, cuidát qu'on ne lui eust dit la verité, & qu'elle fust de tous poincts perdue: car il sçauoit bien que si elle eust esté perdue,
qu'il auoit perdu tout ce qu'il auoit conquis sur ceste maison de Bourgógne,
& en ces marches là, & le demeurant en grand hazard: toutesfois, quand il
sçeut la verité, il eut patience, & delibera d'y donner ordre, en façon qu'on
n'entreprendroit plus telles choses sans son sçeu: & fut content de monseigneur des Cordes. De ceste heure là, le Roy delibera de traicter paix auec le
Duc d'Autriche, mais qu'il la peust faire de tous poincts à son aduantage, &
qu'en la faisant il bridast si bien ledit Duc, par le moyen de ses subiects propres, qu'il cognoissoit enclins à ce qu'il cherchoit, qu'il n'eust iamais pouuoir de lui mal faire. Aussi desiroit de tout son cœur, de pouuoir mettre vne
grand' police au Royaume, & principalement sur la longueur des procés: &
en ce passage vint brider ceste court de Parlemét, non point diminuant leur
nóbre ne leur authorité: mais il auoit à cótre-cœur plusieurs choses, dont il
la hayoit. Aussi desiroit fort qu'en ce royaume on vsast d'vne coustume, d'vn
poids, d'vne mesure: & que toutes ses coustumes fussent mises en François
en vn beau liure, pour euiter la cautelle & pillerie des Aduocats (qui est si
gráde en ce royaume, que nulle autre n'est semblable, & les Nobles d'iceluy
la doiuét bien cognoistre) & si Dieu lui eust donné la grace de viure encores
cinq ou six ans, sans estre trop pressé de maladie, il eust fait beaucoup de bié
à sondit royaume. Aussi l'auoit il fort oppressé, & plus que iamais Roy ne feit:
mais par authorité & remonstrances, l'on ne lui a sçeu faire le soulager: & faloit qu'il vint de lui, comme lors eust fait, si Dieu l'eust voulu preseruer de
maladie: & pource fait bon bien faire tádis qu'on a le loisir, & que Dieu dóne
santé & entendement aux hommes.

L'appointemét que le Roy desiroit faire auec le Duc d'Autriche & sa femme, & leur païs, c'estoit par la main des Gátois, de traicter le mariage de móseigneur le Daulphin só filz, qui fut Roy, auec la fille desdits Duc & Duchesse: & que par ce moyen lui laissassent les Comtez de Bourgógne, Auxerrois,
Masconnois, & Charolois, & il leur rendroit Artois, retenant la cité d'Arras en l'estat qu'il l'auoit mise: car de la ville ce n'estoit plus rien, veu la clo-
sture de la cité: car auát que le Roy print Arras, la ville cloyoit cótre la cité, &
y auoit grands fossez & grandes murailles entre deux. Ainsi la cité estoit bié
close, & tenuë du Roy par l'Euesque, & en cela le Roy auoit fait au contraire

des seigneurs de ceste maison de Bourgogne: car ils ont tousiours (au moins
depuis cent ans en ça) fait Euesque tel qu'il leur a pleu, & aussi capitaine de la
ville: & le Roy feit l'opposite, pour augmenter son authorité: & feit abbatre
lesdites murailles, & les faire à rebours: car pour ceste heure derniere, la cité
cloyoit contre la ville à grans fossez entre les deux: & par ainsi il ne dônoit
rien: car la ville auiourd'huy fault qu'elle obeisse à la cité. De la Duché de
Bourgogne, & de la Côté de Boulogne, & des villes assises & situées sur la riuiere de Sôme, des Chastellenies de Peronne, Roye, & Môdidier, ne faisoiêt
aucune mention: & se menoient ces marchez, & y prestoient ceux de Gand
l'oreille: & estoient fort rudes audit Duc & à la Duchesse sa femme, & aucuns autres des grandes villes de Flandres & Brabât, qui estoient assez encli-
nes à la volonté des Gâtois: & par especial Brucelles, qui estoit tât riché que
merueilles: veu que les Ducs Philippe & Charles de Bourgongne y auoient
tousiours demeuré, & à present s'y tenoient encores lesdits Ducs & Duchesse d'Austriche: mais les aises & plaisirs qu'ils auoient eu souz les seigneurs
dessusdits, leur auoient fait mescognoistre Dieu, & leur seigneur, & cherchoient quelque male-fortune, qui depuis leur est aduenuë, côme auez veu.

Comment le Roy Louys, par vne maladie, perdit aucunement le sens & la parole,
guerissant & rencheant par diuerses fois: & comme il se maintenoit en son
chasteau du Plessis lez Tours.　　CHAP. VII.

1479.

D Vrant ce temps (qui est l'an quatre cens soixante & dix-neuf, au
mois de Mars) estoient trefues entre les dessusdits, & vouloit le Roy
paix (& par especial en ce quartier dont ie parle) mais que ce fust de
tous poincts à son aduantage, comme i'ay dit. Il commêçoit à vieillir, & deuenoit malade: & lui estant aux Forges pres Chinon, à son disner, luy vint
comme vne perclusion, & perdit la parole. Il fut leué de table, & tenu pres
du feu, & les fenestres closes: &, combien qu'il s'en youlsist approcher, l'on
l'engarda, aucuns qui pensoient bien faire: & fut l'an mil quatre cens quatre vingts, au mois de Mars, que ceste maladie luy print. Il perdit de tous
poincts la parole, & toute cognoissance & memoire. Sur l'heure y arriua-
stes, vous monseigneur de Vienne (qui pour lors estiez son medecin) & à la
mesme heure, lui fut baillé vn clistere, & feistes ouurir les fenestres & bailler air: & incontinent quelque peu de parole luy reuint, & du sens: & monta
à cheual, & retourna aux Forges: car ce mal lui print en vne petite parroisse,
à vn quart de lieuë de là, où il estoit allé ouïr Messe. Ledit seigneur fut bien
pensé: & faisoit des signes de ce qu'il vouloit dire. Entre les autres choses
demanda l'Official de Tours pour se confesser : & feit signe que l'on me
mandast: car i'estois allé à Argenton, qui est à quelques dix lieuës de là.
Quâd i'arriuay, ie le trouuay à table: & estoit auec lui maistre Adam Fumée,
(qui autresfois auoit esté medecin du feu Roy Charles, & à ceste heure dont
ie parle, Maistre des Requestes) & vn autre medecin, appellé maistre Claude.
Il entendoit peu de ce qu'on lui disoit: mais de douleur, il n'en sentoit point.
Il me feit signe que ie couchasse en sa chambre. Il ne formoit gueres de
mots. Ie le seruy par l'espace de *quarante iours à la table, & à l'entour de

sa person-

ſa perſonne, comme valet de chambre, que ie tenois à grand honneur, & y
eſtois bien tenu. Au bout de deux iours la parole lui commença à reuenir &
le ſens, & lui ſembloit que perſonne ne l'entendoit ſi bié que moy : parquoy
vouloit que ie fuſſe touſiours aupres de lui : & ſe cófeſſa audit Official, moy
preſent : car autremét ne ſe fuſſent entédus. Il n'auoit point de grádes paroles à dire, car il ſ'eſtoit confeſſé peu de iours auparauant : pource que quand
les Rois de France veulent toucher les malades des eſcroüelles, ils ſe confeſ-
ſent, & lui n'y failloit iamais vne fois la ſepmaine. Si les autres ne le font, ils
font tres-mal, car touſiours y a largemét malades. Cóme il ſe trouua vn peu
amendé, il commença à ſ'enquerir qui eſtoient ceux qui l'auoient tenu par
force, qu'il n'eſtoit allé à la feneſtre. Il lui fut dit, & incontinent les chaſſa
tous de ſa maiſon. A aucuns oſta leurs offices, & oncques puis ne les vit. Aux
autres (comme monſeigneur de Segre, & Gilbert de * Graſſay, ſeigneur de
Champeroux) n'oſta rien, mais les enuoya. Beaucoup furent eſbahis de ceſte
fantaſie, blaſmans ce cas, diſans qu'ils l'auoient fait pour le mieux, & diſoiét
vray, mais les imaginations des Princes ſont diuerſes, & ne le peuuét pas entendre tous ceux qui ſe meſlent d'en parler. Il n'eſtoit adoncques rien dont
il euſt ſi grand' crainte, que de perdre ſon authorité (qu'il auoit bien grande)
& qu'on lui deſobeiſt en quelque choſe que ce fuſt. D'autre part, il ſçauoit
que le Roy Charles ſon pere (quand il print la maladie, dont il mourut) entra en imagination qu'on le vouloit empoiſonner, à la requeſte de ſon filz, &
ſ'y mit ſi auant, qu'il ne vouloit plus manger : parquoy fut aduiſé par le cóſeil
des Medecins, & de ſes plus gráds & ſpeciaux ſeruiteurs, qu'on le feroit má-
ger par force : & ainſi fut fait, par grande deliberatió & ordre des perſonnes
qui le ſeruoiét : & lui fut mis des couliz en la bouche, & peu apres ceſte force,
ledit Roy Charles mourut. Ledit Roy Loüys (qui de tout téps auoit beaucoup blaſmé ceſte façon) print tát à cœur que merueilles, ce qu'ainſi on l'a-
uoit tenu par force, & en faiſoit plus de ſemblant qu'il ne lui tenoit au cœur :
car le principal * faict de ceſte matiere, qui le mouuoit, eſtoit de peur qu'on
ne le voulſiſt maiſtriſer en toutes autres choſes (comme en expedition de ſes
affaires & matieres) ſoubs couleur de dire que ſon ſens ne fuſt pas bon ne
ſuffiſant.

Quand il eut faict ceſt eſpouuentement à ceux dont i'ay parlé, il ſ'enquit
de l'expedition du conſeil, & des depeſches qu'on auoit faictes en dix ou
douze iours qu'il auoit eſté malade (dont auóiét la charge l'Eueſque d'Alby,
ſon frere le Gouuerneur de Bourgongne, le Mareſchal de Gié, & le ſeigneur
du Lude : car ceux là ſe trouuerent à l'heure que ſon mal lui print, & eſtoient
tous logez ſoubs ſa chambre, en deux petites chambrettes qu'il y auoit) &
voulut voir les lettres & choſes qui eſtoient arriuées, & qui arriuoient chaſ-
cune heure. L'on lui monſtroit les principales, & ie les lui liſois. Il faiſoit
ſemblant de les entendre, & les prenoit en ſa main, & faiſoit ſemblant de les
lire (combien qu'il n'euſt aucune cognoiſſance) & diſoit quelque mot, ou
faiſoit ſigne des reſpóces qu'il vouloit qui fuſſent faictes. Nous faiſiós peu
d'expeditions, en attendant la fin de ceſte maladie : car il eſtoit maiſtre auec
lequel il faloit charier droict. Ceſte maladie lui dura bien enuiron quinze

iours: & se reuint quãt au sens & à la parole, en son premier estat, mais il demoura tres-foible, & en grande suspition de retourner en cest inconuenier, car naturellement il estoit enclin à ne vouloir bien souuent croire le conseil des Medecins. Tantost apres qu'il se trouua bien à son aise, il deliura le Cardinal Balue (qu'il auoit tenu quatorze ans prisonnier) & maintefois en auoit esté requis du S. siege Apostolique & d'ailleurs: & à la fin s'en feit absouldre d'vn Bref, enuoyé par nostre sainct pere le Pape à sa requeste. Quand ce mal lui print, ceux qui pour lors estoient auec lui, le tindrent pour mort: & ordónerent plusieurs mandemés, pour rompre vne tres-excessiue taille & cruelle, que nouuellement il auoit mise sus, par le conseil de monseigneur des Cordes son Lieutenant en Picardie, pour entretenir * dix mille Hommes de pied, tousiours prests, & deux mil cinq cés pionniers: & s'appelloiét ces gens icy les Gés du Camp: & ordonna auec eux quinze cens Hommes-d'armes de son Ordonnance, pour descendre à pied quand il seroit besoing, & si feit faire grand nombre de chariots, pour les clorre, & des tentes & pauillons: & prenoit cecy sur l'ost du Duc de Bourgongne, & coustoit ce camp * quinze mille francs l'an. Quand il fut prest, il l'alla veoir mettre aupres du Pont de l'Arche en Normãdie, en vne vallee qui y est, & y estoiét les six mille Suisses dõt i'ay parlé: & ce nombre iamais que ceste fois ne le veit: & s'en retourna à Tours, auquel lieu luy reprint sa maladie, & derechef perdit la parole: & fut quelques deux heures qu'on cuidoit qu'il fust mort, & estoit en vne galerie couché sur vne paillasse, & plusieurs auec luy. Mõseigneur du Bouchage & moy le voüasmes à Mõseigneur S. Claude, & tous les autres qui estoiét presens le voüerent aussi. Incontinent la parole luy reuint, & sur l'heure alla par la maison tres-foible: & fut ceste secõde maladie, l'an mil quatre cés quatre vingts & vn: & alloit par pais comme deuant, & alla chez moy à Argéton (là où il fut vn moys fort malade) & de là à Tours, où semblablemét fut malade: & là entreprint le voyage de sainct Claude, où il auoit esté voüé, cõme vous auez ouy. Il m'auoit enuoyé en Sauoye (comme il partit de Tours) contre les seigneurs de la Chambre, de Miolant, & de Bresse (combien qu'il leur aidoit en secret) pource qu'ils auoient pris le seigneur de * Lins du Daulphiné, lequel il auoit mis au gouuernemét du Duc Philebert son nepueu. Si enuoya apres moy grand force de gens-d'armes, que ie menois à Mascõ, contre mõseigneur de Bresse: toutefois luy & moy nous accordasmes en secret, & print ledict seigneur de la Chambre * couché auec ledit Duc à Thurin en Piedmont (où il estoit) & me le feit sçauoir: & incontinent ie fey retirer les Gens-d'armes: car il amena le Duc de Sauoye à Grenoble, où mõseigneur le Mareschal de Bourgõgne, Marquis de Rothelin, & moy, l'allasmes receuoir. Le Roy me mãda venir vers luy à Beaujeu en Beaujolois: & fuz esbahy de le voir tant maigre & deffait: & m'esbahissois cõment il pouuoit aller par pais, mais son grand cœur le portoit. Audit lieu de Beaujeu il receut lettres cõme la Duchesse d'Autriche estoit morte d'vne cheute de cheual: car elle cheuauchoit vn Hobin ardent: il la feit cheoir, & tomba sur vne grand piece de bois. Aucũs disent que ce ne fut point de la cheute, mais d'vne fieure. Quoy qu'il en soit, elle mourut peu de iours apres ladite cheute: & fut tres-grand

dommage

dommage pour ses subiects & amis, & oncques-puis n'eurent bien ne paix:
car ce peuple de Gand, & autres villes, l'auoient en plus grand' reuerece que
le mary, à cause qu'elle estoit Dame du pays : & aduint ce cas l'an mil quatre
cens quatre vingts & deux. Ledit Seigneur me compta ces nouuelles, & en *1482.*
tres-grand ioye : & aussi que les deux enfans estoient demeurez en la garde *Le Roy Loüys*
des Gantois : lesquels il cognoissoit enclins à noise & diuision contre ceste *joyeux de la*
maison de Bourgogne, & luy sembloit auoir trouué l'heure, pource que le *mort de Ma-*
Duc d'Austriche estoit ieune, & pource qu'il auoit encores pere, & guerre *rie de Bourg.*
par tout, & estoit estranger, & mal accópagné : car l'Empereur son pere estoit *tout malade*
trop extremement chiche, parquoy auoit moins de faueur à la verité. *qu'il estoit.*

Dés l'heure commença le Roy à pratiquer les Gouuerneurs de Gand, par
monseigneur des Cordes, & traicter le mariage de móseigneur le Daulphin,
& de la fille dudit Duc, depuis nostre Royne, appellee Marguerite : & s'a-
dressoit-on du tout à vn pensionnaire de ladite ville appellé Guillaume Ri- *Guillaume*
ue, sage homme, & malicieux : & à vn autre appellé Coupe Noble, Clerc des *Riue pensio-*
Escheuins, qui estoit chaussetier, ayant grand credit auec le peuple. Car gens *naire de Gãd*
de telle taille l'y ont, quand ils sont ainsi desordonnez. Le Roy s'en retour- ** Coupin*
na à Tours, & s'enfermoit fort, & tant que peu de gens le voyoient : & entra *Noble,*
en merueilleuse suspition de tout le monde, & auoit peur que l'on ne luy *Exép. vieil.*
ostast ou diminuast son authorité. Il recula de luy toutes gens qu'il auoit accoustumez, & les plus prochains qu'il eust iamais, sans rien leur oster : & allerent en leurs Offices & charges, ou en leurs maisons : mais cecy ne dura gueres : car il ne vesquit point longuement. Et feit de bien estranges choses, dót
ceux qui le voyoient, le tenoient à estre desnué de sens : mais ils ne le cognoissoient point. Quant à estre suspicionneux, tous les grands Princes le *Princes sages*
sont, & par especial les sages, & ceux qui ont beaucoup d'ennemis, & *suspiciõneux.*
offencé plusieurs, comme auoit fait cestuy-cy. Et d'auátage, il sçauoit n'estre
point aymé des grans personnages de ce Royaume, ne de beaucoup de menus : & si auoit plus chargé le peuple que iamais Roy ne feit, cóbien qu'il eust
bon vouloir de le descharger, cóme i'ay dit ailleurs : mais il deuoit commencer plustost. Le Roy Charles septiesme fut le premier, par le moyen de plu- *Charles. 7. à*
sieurs sages & bons Cheualiers qu'il auoit, qui luy auoient aidé & serui à sa *premier a le-*
conqueste de Normandie & de Guyenne, que les Anglois tenoient, qui gai- *ué tailles à*
gna & cómença ce point, qui est d'imposition de tailles à son plaisir, sans le *son plaisir.*
consentement des Estats de son Royaume : & pour lors y auoit grádes matieres, tant pour garnir les pays conquis, que pour departir les gens des cópai-
gnies qui pilloient le Royáume : & à cecy se consentirent les Seigneurs de
France, pour certaines pensions qui leur furent promises, pour les deniers
qu'on auoit leuez en leurs terres. Si ce Roy eust tousiours vescu, & ceux qui
lors estoient auec luy en son conseil, il l'eust fort auancé à ceste heure : mais à
ce qui est aduenu depuis & aduiendra, il chargea fort son ame & celles de ses
successeurs : & mit vne cruelle playe sur son Royaume, qui longuement sai-
gnera, & vne terrible báde de Gens-d'armes de soulde, qu'il instit ua à la guise des seigneurs d'Italie. Ledit Roy Charles septiesme leuoit à l'heure de son
trespas, dix-huict cens mille Francs, en toutes choses, sur son Royaume, & te-

T

*Police loüa-
ble de la gẽ-
darmerie
foüs Char-
les 7.*

noit enuiron dix-sept cens hommes d'Ordonance pour tous gens d'armes:
& ceux là en bonne iustice, à la garde des prouinces de son Royaume: qui de
long temps auant sa mort ne cheuaucherent par le Royaume, qui estoit grãd
repos au peuple : & à l'heure du trespas du Roy nostre maistre, il leuoit quarante sept cens mille Francs, d'hommes d'armes quelque quatre ou cinq
mille, gens de pied tant pour le camp, que de Mortes-payes, plus de vingt
cinq mille. Ainsi ne se faut esbahir s'il auoit plusieurs pensees & imaginations, & s'il pensoit de n'estre point bien voulu: & s'il auoit grand peur en ceste chose, aussi auoit il esperance en plusieurs de ceux qu'il auoit nourris, &
qui auoient receu biens de luy. De ceux-là eust-il trouué vn grand nombre,
qui pour la mort ne luy eussent fait faute. En premier lieu il n'entroit gueres
de gens dedans le Plessis du parc (qui estoit le lieu ou il se tenoit) exceptez
gens domestiques, & les Archiers, dont auoit quatre cens, qui en bon nombre faisoient tous les iours le guet, & se pourmenoient par la place, & gardoient la porte. Nul seigneur, ne grand personnage, ne logeoit dedans, ne
ny entroit gueres compagnie de grãs seigneurs. Nul n'y venoit que monseigneur de Beaujeu, depuis Duc de Bourbon, qui estoit son gédre. Tout à l'enuiron de la place dudit Plessis, il feit faire vn treillis de gros barreaux de fer,
& planter dedans la muraille des broches de fer ayãs plusieurs poinctes, cõme à l'entree par où l'on eust peu entrer aux fossez dudit Plessis. Aussi feit faire quatre moyneaux de fer bien espez, & lieu par où l'on pouuoit bien tirer à
son aise: & estoit chose bien triomphãte, & cousta plus de vingt mille frãcs:
& à la fin mit quarante Arbalestriers, qui iour & nuict estoient en ces fossez,
& auoient commission de tirer à tout homme qui en approcheroit de nuict,
iusques à ce que la porte fust ouuerte le matin. Il luy sembloit d'auãtage que
ses subiects estoient vn peu chatoüilleux à entreprendre authorité, quand ils
verroyent le temps. A la verité il fut quelques parolles entre aucuns d'entrer
en ce Plessis, & depescher les choses, selon leur aduis, pource que rien ne se
depeschoit: mais ils ne l'oserent entreprendre, dont ils feirent sagement, car
il y auoit bien pourueu. Il changeoit souuent de vallet de chambre & de toutes autres gés, disant que la nature s'esiouit en choses nouuelles. Pour compagnie tenoit leans vn homme ou deux, aupres de luy, gens de petite condition, & assez mal renommiez, & à qui il pouuoit bien sembler, s'ils estoiét sages, qu'incontinent qu'il seroit mort, ils seroient desapointez de toutes choses, pour le mieux qui leur en sçauroit venir, & ainsi en aduint. Ceux là ne
luy rapportoient rien de quelque chose qu'on lui escriuist ne mandast, de
quelques affaires que ce fust, s'il ne touchoit à la preseruatiõ de l'estat & deffence du Royaume: car de toute autre chose il ne lui chaloit que d'estre en
trefue, ou en paix, auec chascun. A son Medecin donnoit tous les mois dix

*Treillis de
fer ordonné
par le Roy
Louys on-
ziesme pour
sa seureté.*

*Gages excef-
sifs du Me-
decin du Roy
Louys.*

mille escus : qui en cinq mois en receut cinquãte quatre mille. De terres dõ-
na grande quantité aux Eglises, mais ce don de terres n'a point tenu, aussi ils
en auoyent trop.

Comment

Comment le Roy feit venir à Tours vn nommé le S. homme de Calabre, pensant qu'il le deuſt guerir: & des choſes eſtranges que faiſoit ledit Roy, pour garder ſon authorité durant ſa maladie. CHAP. VIII.

Ntre les hommes renommez de deuotion, il enuoya querir vn homme en Calabre, appellé frere Robert ✶ le Roy: on l'appelloit le Sainct homme, pour ſa ſainĉte vie: en l'honneur duquel le Roy feit faire vn monaſtere au Pleſſis du parc, en recompéſe de la Chapelle pres du Pleſſis, au bout du pont. Ledit Hermite en l'aage de douze ans, s'eſtoit mis ſoubs vn roch, où il eſtoit demeuré iuſques en l'aage de quaráte trois ans, ou enuiron, iuſques à l'heure que le Roy l'enuoya querir par vn ſien Maiſtre d'hoſtel, en la compagnie du Prince de Tarente, filz du Roy de Naples: car il ne vouloit partir ſans congé du Pape, ne de ſon Roy, qui eſtoit ſens à ceſte ſimple perſonne: lequel auoit fait deux Egliſes au lieu où il demeuroit. Iamais n'auoit mangé (ni n'a encores, depuis qu'il ſe mit en ceſte eſtroitte vie) ne chair ne poiſſon, n'œuf, ne laictage, ne nulle graiſſe: & ne penſe iamais auoir veu homme viuant de ſi ſainĉte vie, ne où il ſemblaſt mieux que le S. Eſprit parlaſt par ſa bouche: car il n'eſtoit Clerc ne lettré, & n'apprint iamais rien: vray eſt que ſa langue Italienne luy aidoit bien à ſe faire eſmerueiller. Ledit Hermite paſſa par Naples, honoré & viſité, autant qu'vn grand Legat Apoſtolique, tant du Roy que de ſes enfans, & parloit auec eux, comme vn homme nourry en Court. De là paſſa par Rome, & fut viſité de tous les Cardinaux, & eut audience auec le Pape, par trois fois, ſeul à ſeul: & fut aſſis aupres de luy en belle chaire, l'eſpace de trois ou quatre heures, à chacune fois (qui eſtoit grád honneur à vn ſi petit homme) reſpondant ſi ſagement, que chaſcun s'en eſbahiſſoit: & lui accorda noſtre ſainĉt Pere, faire vn ordre, appellé les Hermites S. François. De là vint deuers le Roy, honnoré, comme s'il euſt eſté le Pape, ſe mettant à genoux deuant lui, afin qu'il lui pleuſt faire allonger ſa vie. Il reſpondit ce que ſage homme deuoit reſpondre. Ie l'ay maintesfois ouy parler deuant le Roy Charles viij. (où eſtoient tous les grans du Royaume) & encores puis deux mois: mais il ſembloit qu'il fuſt inſpiré de Dieu és choſes qu'il diſoit & remonſtroit: car autrement n'euſt ſçeu parler des choſes dont il parloit. Il veſcut encores lóg téps apres, parquoy ſe pourroit bié cháger ou en mieux ou en pis, & pource m'en tay. Aucuns ſe moquoient de la venüe de ceſt Hermite, qu'ils appelloiét S. hóme: mais ils n'eſtoiét point informez des péſees de ce ſage Roy, n'y n'auoiét veu les choſes qui lui dónoiét l'occaſion.

Noſtre Roy eſtoit en ce Pleſſis, auec peu de gens, ſauf Archiers, & en ces ſuſpitions dont i'ay parlé: mais il y auoit pourueu, car il ne laiſſoit nuls hommes (ny en la ville ni aux champs) dont il euſt ſuſpition, mais par Archiers les en faiſoit aller & conduire. De nulle matiere on ne lui parloit, que des grandes qui lui touchoient. Il ſembloit mieux à le veoir, homme mort, que vif, tát eſtoit maigre, ne iamais homme ne l'euſt creu. Il ſe veſtoit richement, & plus que iamais n'auoit accouſtumé parauant: & ne portoit que robbes de ſatin cramoiſi, fourrees de bónes Martres: & en dónoit à ceux qu'il vouloit, ſans demander: car nul ne lui euſt oſé demander, ne parler de rien. Il faiſoit,

---

Marginal notes:

Frere Robert le Roy de Calabre reputé homme de ſainĉteté, requis par le Roy, comme pour allonger ſa vie.

✶ Le vieil. exemp. fait vn point apres Robert, puis met, Le Roy l'appelloit.

Le Roy Loüis ſe met à genoux deuant frere Robert le Roy.

Loüys ſe faiſoit craindre ſur tous.

d'aspres punitiós, pour estre craint, & de peur de perdre obeissance : car ainsi me le dit lui mesme. Il *renuoyoit officiers, & cassoit gens d'armes, ron-
gnoit pensiós, & ostoit de tous poincts: & me dit, peu de iours auát sa mort,
qu'il passoit temps à faire & deffaire gens : & faisoit plus parler de lui parmy
le Royaume, que ne feit iamais Roy: & le faisoit de peur qu'ó ne le tint pour
mort:car, cóme i'ay dit, peu le voyóiét:mais quád on oyoit parlet des œuures
qu'il faisoit, chacú en auoit doute, & ne pouuoit l'on à peine croire qu'il fust
malade. Hors le Royaume auoit gens de tous costez:en Angleterre pour entretenir ce mariage, & les payoit bien de ce qu'il leur deuoit, tant le Roy E-
doüard, que les particuliers. En Espaigne auoit toutes paroles d'amitié &
d'entretenement, & presens par tout de tous costez. Il faisoit acheter vn bó
cheual, quoy qu'il coutast, ou vne bóne mulle:mais c'estoit en païs ou il vouloit qu'on le cuidast sain:car ce n'estoit point en ce Royaume. Des chiens, en
enuoyoit querir par tout : en Espaigne, des Allans : de petites Leurettes, en
Bretaigne, Leuriers, Espaignéux, & les achetoit cher : en Valence, de petits
Chiens velús, qu'il faisoit acheter plus cher que les gens ne les vouloient vé-
dre. En Sicile enuoyoit querir quelque mulle, & specialemét à quelque Officier du pays:& la payoit au double. A Naples, des cheuaux, & bestes estranges de tous costez, comme en Barbarie, vne espece de petits Lyós, qui ne sont
point plus grands que petits regnars, & les appelloit *Adits. Au pays de Dan-
nemarch & de Suede enuoya querir deux sortes de bestes : les vnes s'appelloient Helles, & sont de corsage de Cerfs, grandes comme Buffles, les cornes
courtes & grosses. Les autres s'appellét Rengiers, qui sont de corsage & couleur de Da'ms, sauf qu'elles ont les cornes beaucoup plus grandes: *car i'ay
veu Rengier porter corps pour auoir six cornes. De chascune de ces bestes
donna aux marchás quatre mil cinq cés Florins d'Allemaigne. Quád toutes
ces choses luy estoient amenées, il n'en tenoit cópte : & la plus part des fois,
ne parloit point à ceux qui les amenoient. En effect, il faisoit tant de choses
semblables, qu'il estoit plus craint, tát de ses voisins, que de ses subiects, qu'il
n'auoit iamais esté:car aussi c'estoit sa fin, & le faisoit pour ceste cause.

---

*Comment le mariage de monseigneur le Daulphin fut conclu auec Marguerite
de Flandres, & elle amenee en France:dont le Roy Edoüard d'Angleterre mourut de desplaisir.*   CHAP. IX.

POur retourner au principal de nostre propos, & à la principale conclusion de tous ces Memoires, & de tous ces affaires des personnages
qui viuoiét du temps qu'ils ont esté faicts, faut venir à la conclusion
du traicté du mariage, faict entre le Roy Charles viij, (& au parauant Daulphin) & de la fille du Duc & Duchesse d'Autriche, par la main des Gantois, au grand desplaisir du Roy Edoüard d'Angleterre: qui lors se tint pour
deçeu de l'esperance du mariage de sa fille auec monseigneur le Daulphin,
depuis Roy de France:lequel mariage lui & la Royne sa femme auoient plus
desiré que toutes les choses du monde: & iamais n'auoient voulu croire hóme qui les eust aduertis au contraire, fussent leurs subiects ou autre:car le cóseil

feil d'Angleterre luy auoit faict plufieurs remonftrances, à l'heure que le Roy conqueroit la Picardie, qui eftoit pres de Calais: & lui difoit que quand il au-roit conquis cela, qu'il pouuoit bien effayer de conquerir Calais & Guynes. Autant lui en difoient les Ambaffadeurs, qui continuellement eftoiét en An-gleterre de par le Duc & Ducheffe d'Autriche, & les Bretons & autres: & de tout ce il n'en croyoit rié, dont lui en print bié mal: mais ie croy bien qu'il ne lui procedoit point tát d'ignorance, cóme il faifoit d'auarice, & pour ne per-dre point cinquante millé efcus, que le Roy luy donnoit, ni auffi ne laiffer fes aifes ne fes plaifirs, où il eftoit fort addonné. Sur le faict de ce mariage, fe tint vne iournée à *Hallots en Flandres, & y eftoit le Duc d'Autriche, de-puis Roy des Romains, & gens deputez par les trois eftats de Flandres, Bra-bant, & autres terres appartenantes audit Duc, & à fes enfans. Là feirent les Gantois plufieurs chofes, contre le vouloir dudit Duc: cóme de bannir gens, & d'en ofter aucuns d'aupres fon filz: & puis lui dirét le vouloir qu'ils auoiét que ce mariage, dont i'ay parlé, fe feift pour auoir paix: & le luy feirent ac-corder, vouffift il ou nó. Il eftoit fort ieune, & mal pourueu de grans gés: car le tout, en cefte maifon de Bourgógne eftoit mort (comme i'ay dit) *à Tour-nay, ou peu f'en falloit. I'enten des gráds perfonnages, qui l'euffent fçeu có-feiller ny aider. De fon cofté il eftoit venu fort mal accópaigné: & puis, pour auoir perdu fa femme (qui eftoit Princeffe du païs deffufdict) il n'ofoit parler fi audacieufement qu'il auoit faict autrefois. Et pour abreger ce propos, le Roy en fut aduerty par le Seigneur des Cordes, & en fut tres-ioyeux: & fut prins le iour de luy amener la fille à Hefdin.

*Hallons rayé, & def-fus l'Ifle, Exép. vieil.

Gantois font accorder au Duc le ma-riage de fa fille au Dau-phin de Frá-ce.
*ou tourné des no-ftres.
Exép. vieil.

Peu de iours auát, & l'an mil quatre cés quatre vingts & vn, auoit efté bail-lée Aire audit Seigneur des Cordes, par le Seigneur de *Croy, du païs d'Ar-tois, pour vne fome d'argét: lequel la tenoit pour le Duc d'Autriche, & pour le Seigneur de *Beures, fó capitaine. Or eft cefte ville tres-forte, affife en Ar-tois, qui aida bien aux Flamens à auancer l'œuure, car elle eft à l'entrée de leur païs. Et combien qu'ils voulfiffent la diminutió de leur Prince, fi n'euffent ils point voulu à leurs frontieres le Roy fi tres-prés d'eux. Apres que ces chofes furét accordées (comme i'ay dit) vindrét deuers le Roy les Ambaffadeurs de Fládres & Brabát: mais tout depédoit de ceux de Gand, à caufe de leur force, & qu'ils auoient les enfans en leurs mains, & auffi les premiers prefts à com-mécer la noife. Auffi y vindrent aucús Cheualiers, pour le Roy des Romains, ieunes comme lui & mal confeillez, pour la pacification de leur pays. Mef-fire Iehan de *Bruges en eftoit vn, & meffire Baudoüin de *Lauoy o l'autre, & quelques Secretaires. Le Roy eftoit ia fort bas, & à grand peine fe vou-loit laiffer veoir: & feit grande difficulté de iurer les traictez faicts en ce-fte matiere (mais c'eftoit pour n'eftre point veu) toutesfois il les iura. Ils luy eftoient auárageux: car il auoit plufieurs fois voulu le mariage, & ne vouloit que la Comté d'Artois, ou celle de Bourgongne, l'vne des deux: & meffei-gneurs de Gád (ainfi les appelloit il) les luy feirét bailler toutes deux, & celles de Mafconnois, de Charolois, & Auxerrois: & (s'ils luy euffent peu faire bail-ler celle de Hainault & de Namur, & tous les fubiects de cefte maifon, qui font de la langue Françoife) ils l'euffent volontiers fair, pour affoiblir leurdit

*Sedan, Exép. vieil. La mer des Hift. Def-cotrans.
*Beurdiz Exép. vieil ou Biendiz mais ie pêfe que c'eft ce-luy duquel il a parlé, le di-fant eftre de-dans Nácy, pour le Bourg.

*Bergues enfous exé. & mefmes en l'Ital. Bergue.
*Launoy Exép. vieil, & l'Italien, Laonay.

Seigneur. Le Roy noſtre maiſtre, qui eſtoit bien ſage, entendoit bien que c'e-
ſtoit que de Flandres, & qu'vn Comte dudit païs de Flandres eſtoit peu de
cas, ſans auoir ledit pays d'Artois, qui eſt aſſis entre le Roy de France & eux,
leur eſtant comme vne bride: car dudit pays d'Artois, ſe tiroit de bónes gés
de guerre pour les chaſtier quand ils feroiét les fols: & pource, en oſtant audit Comte de Flandres, ledit pays d'Artois, il le laiſſoit le plus pauure Seigneur du monde, & ſans auoir obeiſſance, ſinon au plaiſir de ceux de Gand,
dont i'ay parlé cy deſſus. Apres que ceſte Ambaſſade fut retournée, ladite
fille fut amenée à Heſdin, entre les mains de monſeigneur des Cordes: & fut
l'an mil quatre cens quatre vingts & trois: & l'amena madame de Rauaſtin,
fille Baſtarde du feu Duc Philippe de Bourgongne: & l'a receurent monſeigneur & madame de Bourbon, le ſeigneur d'Albert, & autres pour le Roy:
& l'amenerent à Amboiſe, où eſtoit monſeigneur le Daulphin. Si le Duc
d'Autriche l'euſt peu oſter à ceux qui l'amenoient, il l'euſt volontiers fait, a-
uant qu'elle ſortiſt de ſa terre: mais ceux de Gand l'auoient bien accompai-
gnée: & auſſi il auoit commencé à perdre toute obeiſſance, & ſe retournerét
beaucoup de gés auec ceux de Gand, pource qu'ils tenoient le filz entre leurs
mains, & oſtoient & mettoient auec lui tel qu'il leur plaiſoit: & entre les aū-
tres, ſe tenoit le ſeigneur de Rauaſtin, frere du Duc de Cleues, principal gouuerneur dudit enfant, appellé le Duc Philippe, attendant grand ſucceſſion,
ſi Dieu lui preſte vie.   Quiconque eut ioye de ce mariage, il deſplaiſoit au
Roy d'Angleterre amerement: car il le tint à gtád' honte & mocquerie: & ſe
doubtoit auoir perdu ſa penſion, que le Roy lui donnoit, ou tribut qu'appelloient les Anglois: & ſi ſe doubta que le meſpris ne lui en fuſt grád en Angleterre, & qu'il fuſt cauſe de rebellion côtre lui, & par eſpecial pource qu'il
n'auoit voulu croire conſeil, & ſi voyoit le Roy en grande force, & pres de
lui: & en'printle dueil ſi grád, que dés qu'il en ſçeut les noũelles, il tomba
malade, dont toſt apres il mourut, aucuns diſent d'vn caterre. Quoy qu'il en
ſoit, on dit que la douleur qu'il auoit audit mariage, fut cauſe de la maladie
dont il mourut en briefs iours: & fut le treſpas l'an mil quatre cens quatre
vingts & trois, au moys d'Auril. Ceſt grand' faute à vn Prince d'eſtimer plus
ſon opinion, que de pluſieurs: & cela leur donne aucunefois de grandes
douleurs & pertes, qui ne ſe peuuent recouurer.

Tantoſt apres que le Roy Edoüard fut mort, le Roy noſtre maiſtre en fut
aduerti: & n'en feit nulle ioye ne ſemblant quãd il le ſçeut: & peu de iours a-
pres receut lettres du Duc de Cloceſtre, qui s'eſtoit fait Roy d'Angleterre, &
ſe ſignoit Richard: lequel auoit fait mourir les deux fils du Roy Edoüard ſõ
frere: lequel Roy Richard requeroit l'amitié du Roy, & croy qu'il euſt bien
voulu auoir ceſte penſiõ, mais le Roy ne voulut reſpõdre à ſes lettres, moült
le meſſage, & l'eſtima treſ cruel & mauuais: car apres le treſpas du Roy E-
douard, ledit Duc de Cloceſtre auoit fait hommage à ſon nepueu, comme
à ſon Roy & ſouuerain Seigneur, & incontinent apres commit ce cas: & en
plain parlement d'Angleterre, feit degrader deux filles du Roy Edoüard, &
declaret baſtardes, ſoubs couleur de quelque cas qu'il prouua par vn Eueſque de Bas en Angleterre, qui autresfois auoit eu grand credit auec le Roy

Edoüard,

Edoüard, & puis le desappoincta, & tint en prison, & le rançona d'vne somme
d'argent : lequel Euesque disoit que ledit Edoüard auoit promis foy de mariage à vne Dame d'Angleterre, qu'il nommoit, pource qu'il en estoit amoureux, pour en auoir son plaisir : & en auoit fait la promesse entre les mains
dudit Euesque, & sur ceste promesse coucha auec elle, & ne le faisoit que
pour la tromper : toutefois tels jeux sont bien dangereux, tesmoings telles
enseignes. I'ay veu beaucoup de gés de court, qui n'eussent point perdu vne
bonne aduenture, qui leur eust pleu en tel cas, par faute de promettre. Ce
mauuais Euesque garda ceste vengeáce en son cœur, par-auenture vingt ans :
mais il luy en mescheut, car il auoit vn filz qu'il aimoit fort, à qui le Roy Richard vouloit faire de grands biens, & luy faire espouser l'vne de ces deux filles degradées de leur dignité (laquelle depuis fut Royne d'Angleterre, & eut
deux beaux enfans) lequel filz estant en vn nauire de guerre, par le commá-
demét du Roy Richard son maistre, fut prins en ceste coste de Normádie : &
par le debat de ceux qui le prindrent, fut amené en Parlement, & mis au petit
Chastelet à Paris : & y fut tant qu'il y mourut de faim & de pauureté. Ledit
Roy Richard ne le porta pas loing : car contre luy esleua Dieu vn ennemy (&
tout en l'instant) qui n'auoit ne croix ne pile, ne nul droict, comme ie croy, à
la couronne d'Angleterre, ny estimé rien, fors que de sa personne estoit hó-
neste, & auoit beaucoup souffert : car la pluspart de sa vie auoit esté prisonnier, & mesmement en Bretaigne, és mains du Duc François, qui l'auoit bien
traicté pour prisonnier, de l'aage de vingt & huict ans, lequel auec quelque
peu d'argent du Roy, & quelque trois mille hommes, prins en la Duché de
Normádie, & des plus meschás que l'on peust trouuer, passa en Galles, où se
vint ioindre son beau pere le Seigneur de Stanley, auec bien vingt & six mille Anglois. Au bout de trois ou quatre iours, se rencontra auec ce cruel Roy
Richard, lequel fut tué sur le champ, & cestuy-cy fut couroné Roy. Aillieurs
ay parlé de ceste matiere : mais il seruoit encores d'en parler icy, & par especial pour monstrer comme Dieu a payé tout content en nostre temps telles
cruautez sans attendre. Maintes autres en a punies audit temps, qui les sçauroit toutes compter.

---

*de
Exēp. vieil,

Vn fils de
l'Euesque
de Bas en
Angleterre
prisonnier à
Paris, & mort
de pauureté.

Exēp. vieil.
*dixhuict

---

*Comment le Roy se maintenoit, tant enuers ses voisins qu'enuers ses subiects durant sa
maladie : & comment on luy enuoyoit de diuers lieux, diuerses choses pour
sa guerison. CHAP. X.*

LE mariage dócques de Flãdres fut accomply, que le Roy auoit fort
desiré : & tenoit les Flamás à sa poste. Bretaigne, à qui il portoit grád
haine, estoit en paix auec lui : mais il les tenoit en grande crainte,
pour le grád nóbre de gens d'armes qu'il tenoit logez à leurs frontieres. Espaigne estoit en repos auec lui, & ne desiroient le Roy ne la Royne
d'Espaigne, sinó qu'amitié : & il les tenoit en doute & despésé, à cause du pais
de Roussillon (qu'il tenoit de la maison d'Arragon) qui luy auoit esté baillee
par le Roy Iean d'Arragon (pere du Roy de Castille) en gage, & par aucunes
conditions, qui encores ne sont vuidees. Touchant la puissance d'Italie, ils le

Roussillon
baillé en
gaige au
Roy Louys

T iiij

vouloient bien auoir pour amy, & auoient quelque confederation auec lui, & souuent y enuoyoient leurs Ambassades. En Allemaigne auoit les Suisses lui obeissans, comme ses subiects. Les Roys d'Escosse & de Portugal estoient ses alliez. Partie de Nauarre faisoit ce qu'il vouloit. Ses subiects trembloient deuant lui, & ce qu'il commandoit estoit incontinent accomply, sans nulle difficulté n'excusation. Touchant les choses que l'on pensoit necessaires pour sa santé, de tous les costez du monde lui estoient enuoyees. Le Pape Sixte dernier mort, estant informé que par deuotion, le Roy desiroit auoir le Corporal, sur quoy chantoit monseigneur sainct Pierre, tantost le lui enuoya, auec autres plusieurs reliques, lesquelles lui furent renuoyees. La saincte Ampolle, qui est à Reims, qui iamais n'auoit esté remuee de son lieu, luy fut apportee iusques en sa chambre au Plessis: & estoit sur son buffet, à l'heure de sa mort: & *auoit intention d'en prendre semblable vnction, qu'il en auoit prins en son sacre: combien que beaucoup de gens cuidoient qu'il s'en voulsist oindre tout le corps: ce qui n'est pas vray semblable: car ladite saincte Ampolle est fort petite, & n'y a pas grand'matiere dedans. Ie la vey à l'heure dont ie parle, & aussi quand ledit Seigneur fut mis en terre, à nostre Dame de Clery. Le Turc, qui regnoit alors, lui enuoya vne Ambassade, qui vint iusques à *Reims en Prouence: mais ledit Seigneur ne la voulut point ouïr, ne qu'elle vint plus auant. Ledit Ambassadeur lui apportoit vn grand roolle de reliques, lesquelles estoient encores à Constantinople, entre les mains dudit Turc: lesquelles choses il offroit au Roy, auec grande somme d'argent, pourueu que ledit Seigneur voulsist bien faire garder le frere dudit Turc, lequel estoit en ce Royaume entre les mains de ceux de Rhodes: & depuis fut à Rome, és mains du Pape. Par toutes les choses dessusdites l'on peut cognoistre le sens & grandeur de nostre Roy, & comme il estoit estimé & honoré par le monde, & comme les choses qui sont spirituelles, de deuotion, & de religion, estoient employees pour lui allonger sa vie, aussi bien que les choses temporelles: toutesfois le tout n'y feit rien, & failloit qu'il passast par là ou les autres sont passez. Vne grace lui fit Dieu: car comme il l'auoit creé plus sage, plus liberal, plus vertueux en toutes choses que les Princes qui regnoient auec lui, & de son temps, & qui estoient ses ennemis & voisins, auec ce qu'il les passa en toutes choses, aussi les passa il en logueur de vie: mais ce ne fut de gueres. Car le Duc de Bourgongne Charles, la Duchesse sa fille, le Roy Edoüard, & le Duc Galeas de Milan, le Roy Iean d'Arragon, tous ceux là estoient morts, peu d'annees parauant luy: & de la Duchesse d'Austriche & du Roy Edoüard, & de lui, n'y eut comme rié à dire. En tous y auoit du bien & du mal, car ils estoient hommes: mais sans vser de flaterie, en lui auoit trop plus de choses appartenantes à office de Roy, & de Prince, qu'en nul des autres. Ie les ay presque tous veuz, & sçeu ce qu'ils sçauoient faire, parquoy ie ne deuine point.

Marginal notes:

*Quelcun escrit, que c'estoit pour en faire oindre son fils.

*Rhine, ou Rhine. Exép. vieil. Autres Rins: l'Italien Riez.

Le Turc offre des reliques au Roy Louis lequel ne veut rien accepter de telle part.

*Comment le Roy Louys onzieſme feit venir vers luy Charles ſon fils peu auant
ſa mort: & des commandemens & ordonnances qu'il feit, tant à
luy qu'à autres.* CHAP. XI.

EN ceſt an mil quatre cens quatre vingts & trois, voulut le Roy veoir monſeigneur le Daulphin ſon filz: lequel n'auoit veu de pluſieurs années: car il craignoit qu'il fuſt veu de peu de gens, tát pour la ſanté de l'enfant, que de peur que l'on ne le tiraſt hors de là; & que, ſoubs ombre de lui, quelque aſſemblee ne ſe feiſt en ſon Royaume: car ainſi auoit il eſté fait de lui contre le Roy Charles ſeptieſme ſon pere, à l'heure qu'il n'auoit que* onze ans, par aucuns Seigneurs du Royaume: & ſ'appella ceſte guerre la Praguerie, mais elle ne dura gueres, & ne fut qu'vn debat de Court.

Entre toutes choſes il recommanda* ſon filz monſeigneur le Daulphin à aucuns ſeruiteurs: & lui recommanda expreſſément de ne changer aucuns Officiers, lui alleguant que quand le Roy Charles ſeptieſme, ſon pere, alla à Dieu, & que lui il vint à la Couronne, il deſapointa tous les bons & notables Cheualiers du Royaume, & qui auoyent aidé à ſeruir ſondit pere, à conquerir Normandie & Guyenne, & chaſſé les Anglois hors du Royaume, & à le remettre en paix & bon ordre (car ainſi le trouua-il, & bien riche) dont il lui en eſtoit bien mal prins: car il en eut la guerre appellee le Bien public (dont i'ay parlé ailleurs) qui cuidá eſtre cauſe de lui oſter là Couronne. Bien toſt apres que le Roy eut parlé à monſeigneur le Daulphin ſon filz, & acheué ce mariage (dont i'ay parlé) lui print maladie (dont il partit de ce monde) par vn Lundy, & dura iuſques au Samedy enſuyant, penultiéme d'Aouſt, mil quatre cens quatre vingts & trois, & eſtois preſent à la fin de la maladie, parquoy en veux dire quelque choſe. Tantoſt apres que le mal lui print, il perdit la parole, comme autresfois auoit fait: & quand elle lui fut reuenuë, il ſe ſentit plus foible que iamais n'auoit eſté, combien qu'auparauant il l'eſtoit tant, qu'à grand' peine pouuoit il mettre là main iuſques à la bouche: & eſtoit tant maigre & deffait, qu'il faiſoit pitié à tous ceux qui le voyoient. Ledit Seigneur ſe iugea mort, & ſur l'heuré il enuoya querir monſeigneur de Beaujeu, mari de ſa fille, Duc de Bourbon: & lui commanda aller au Roy ſon filz qui eſtoit à Amboiſe (ainſi l'appella il) en le lui recommandât & ceux qui l'auoient ſerui: & lui donna toute la charge & gouuernement dudit Roy, & lui commanda qu'aucunes gens n'en approchaſſent, & lui en dit pluſieurs bonnes & notables cauſes: & ſi en tout ledit ſeigneur de Beaujeu euſt obſerué ſes commandemens, ou à tout le moins en partie (car il y eut quelque commandement extraordinaire, & qui n'eſtoit de tenir) & qu'en generalité il les euſt plus gardez, ie croy que ç'euſt eſté le profit du Royaume & le ſien particulier, veuës les choſes aduenuës depuis. Apres enuoya le Chancelier, & toute ſa ſequelle, porter les Seaux au Roy ſon filz. Luy enuoya auſſi partie des Archiers de ſa garde, & Capitaines, & toute ſa Vennerie & Fauconnerie, & toutes autres choſes. Et tous ceux qui le venoient veoir, il les enuoyoit à Amboiſe deuers le Roy (ainſi l'appelloit il) leur priant le bien ſeruir, & par tous lui mandoit quelque cho-

se : & par especial par Estienne de Vers, lequel auoit nourry ledit Roy nouueau, & serui de premier Vallet de chambre: & l'auoit desia fait nostre Roy
Baillif de Meaux. La parole iamais ne luy faillit (depuis qu'elle lui fut reuenuë) ne le sens, ne iamais ne l'eut si bon : car incessamment se vuidoit, qui lui
ostoit toutes fumées de la teste. Iamais en toute sa maladie ne se plaignit,
comme font toutes sortes de gens, quand ils sentent mal. Au moins suis-je
de ceste nature, & en ay veu plusieurs autres, & aussi on dit que le plaindre
allege la douleur.

*Comparaison des maux & douleurs que souffrit le Roy Louys, à ceux qu'il auoit
fait souffrir à plusieurs personnes, auec continuation de ce qu'il feit, & fut
faict enuers luy, iusques à sa mort.* CHAP. XII.

INcessamment disoit quelque chose de sens, & dura sa maladie (comme i'ay dit) depuis le Lundy, iusques au Samedi au soir. Pource ie veux
faire coparaison des maux & douleurs qu'il a fait souffrir à plusieurs,
à ceux qu'il a soufferts auant mourir: pource que i'ay esperance qu'ils l'aurot
mené en Paradis, & que ce aura esté partie de son Purgatoire: & s'ils n'ont e-
sté si grands, ne si longs, come ceux qu'il a fait souffrir à plusieurs, aussi auoit
il autre & plus grand Office en ce monde qu'ils n'auoient: & si iamais n'a-
uoit souffert de sa personne, mais tant auoit esté obey, qu'il sembloit quasi
que toute l'Europe ne fust faicte que pour lui porter obeissance: parquoy ce
petit, qu'il souffroit contre sa nature & accoustumance, lui estoit plus grief
à porter. Tousiours auoit esperance en ce bon Hermite, qui estoit au Plessis
(dont i'ay parlé) qu'il auoit fait venir de Calabre : & incessamment enuoyoit
deuers luy, disant qu'il lui allongeroit bien sa vie s'il vouloit: car nonobstant
toutes ces Ordonnances, qu'il auoit faictes de ceux qu'il auoit enuoyez deuers monseigneur le Daulphin son filz, si lui reuint le cœur, & auoit bien esperáce d'eschaper: &, si ainsi fust aduenu, il eust bien departy l'assemblée qu'il
auoit enuoyée à Amboise, à ce nouueau Roy. Et pour ceste esperance qu'il
auoit audit Hermite, fut aduisé par vn certain Theologien & autres, qu'on
lui declareroit qu'il s'abusoit, & qu'en son faict n'y auoit plus d'esperáce qu'à
la misericorde de Dieu: & qu'à ces paroles se trouueroit present son Medecin, maistre Iacques*Coctier, en qui il auoit toute esperance, & à qui chascun
mois il donoit dix mille escus, esperant qu'il lui allongeroit la vie. Et fut prise ceste conclusion par maistre Oliuier, afin que de tous poincts il pensast à
sa conscience, & qu'il laissast toutes autres pensées, & ce Sainct homme (en
qui il se fioit) & ledit maistre Iacques le Medecin. Et, tout ainsi qu'il a-
uoit haulsé ledit maistre Oliuier & autres, trop à coup & sans propos, en
estat plus grand qu'il ne leur appartenoit, aussi, tout de mesme prindrent
charge sans crainte, de dire chose à vn tel Prince, qui ne leur appartenoit
pas : ny ne garderent la reuerence & humilité qu'il appartenoit au cas,
comme eussent fait ceux qu'il auoit de long temps nourris, & lesquels
peu parauant il auoit esloignez de lui, pour ses imaginations. Mais, tout
ainsi qu'à deux grands personnages qu'il auoit fait mourir de son temps

(dont

(dont de l'vn feit confcience à fon trefpas,& de l'autre non:ce fut du Duc de
Nemours, & du Comte de Sainct Paul) fut fignifiée la mort par Comiffai-
res deputez à ce faire:(lefquels Commiffaires en briefs mots leur declarerent
leur fentence,& baillerent confeffeur,pour difpofer de leurs confciences,en
peu d'heure qu'ils leur baillerét à ce faire)tout ainfi fignifierent à noftre Roy
les deffufdicts fa mort en briefues paroles & rudes, difans : Sire, il faut que
nous nous acquittions,n'ayez plus d'efperance en ce fainct homme, n'en autre chofe,car feuremét il eft faict de vous, & pource penfez à voftre confcié-
ce, car il n'y a nul remede:& chafcun dit quelque mot affez brief,aufquels il
refpondit:I'ay efperance que Dieu m'aidera, & par-auanture ie ne fuis pas fi
malade comme vous penfez.

La mort fi-
gnifiée du
Roy Louys,
côtre ce qu'il
auoit requis.

Quelle douleur luy fut d'ouïr cefte nouuelle,& cefte fentéce:car oncques
homme ne craignit plus la mort, & ne feit tât de chofes,pour y cuider mettre remede, comme luy : & auoit tout le temps de fa vie,à fes feruiteurs, & à
moy comme à d'autres dit,que fi on le voyoit en neceffité de mort, que l'on
ne luy dift, fors tant feulement, parlez peu : & qu'on l'efmeuft feulement à
foy côfeffer, fans luy prononcer ce cruel mot de la mort : car il luy fembloit
n'auoir pas cœur pour ouïr vne fi cruelle fentence: toutesfois il l'endura vertueufement, & toutes autres chofes, iufques à la mort,& plus que nul homme que iamais i'aye veu mourir. A fon filz qu'il appelloit Roy, manda plufieurs chofes,& fe confeffa tresbien, & dit plufieurs Oraifons,feruans à propos, felon les Sacremens qu'il prenoit,lefquels luy-mefmes demanda : &
comme i'ay dit,il parloit auffi fec,comme fi iamais n'euft efté malade: & parloit de toutes chofes, qui pouuoient feruir au Roy fon filz, & dit entre autres chofes, qu'il vouloit que le Seigneur des Cordes ne bougeaft d'auec fo-
dit filz, de fix mois : & qu'on le priaft ne mener nulle pratique fur Calais,
ny ailleurs, difant qu'il eftoit conclu auec luy de conduire telles entreprinfes, & à bonne intention pour le Roy & pour le Royaume, mais qu'elles e-
ftoient dangereufes, & par efpecial celle de Calais, de peur d'efmouuoir les
Anglois:& vouloit, fur toutes chofes,qu'apres fon trefpas on tint le Royaume en paix cinq ou fix ans:ce que iamais n'auoit peu fouffrir en fa vie. Et à la
verité dire, ledit Royaume en auoit bon befoin : car côbien qu'il fuft grâd &
eftendu, fi eftoit-il bien maigre & pauure, & par efpecial pour les paffages
des gens d'armes, qui fe remuoyent d'vn païs en vn autre. Il ordonna qu'on
ne print pas debat en Bretaigne : & qu'on laiffaft viure le Duc François en
paix, fans luy donner doubtes ne craintes, & à tous les voifins femblablement de tout ce Royaume,afin que le Roy & le Royaume peuffent demeurer en paix : iufques à ce que le Roy fuft grand & en aage pour en difpofer à
fon plaifir.

Douleur
pour fignifi-
cation de fa
mort.

point, &
que l'on
l'efmeuft
feulement.
Exép. vieil,

Voyla donc comment peu difcrettement luy fut fignifiée cefte mort.
Ce que i'ay bien voulu reciter, pource qu'en vn autre article precedent,
i'ay commencé à faire comparaifon des maux qu'il auoit fait fouffrir à aucuns, & à plufieurs qui viuoyent foubs luy, & en fon obeiffance, auec
ceux qu'il fouffrit auant fa mort, afin que l'on voye, s'ils n'eftoient fi grands
ne fi longs (comme i'ay dit audit article) que neantmoins eftoyent ils

bien grands, veuë sa nature, qui plus demandoit obeïssance que nul autre en
son temps, & qui plus l'auoit euë: parquoy vn petit mot de response, contre son vouloir, luy estoit bien grande punition de l'endurer. Quelques
cinq ou six mois deuant ceste mort, auoit suspition de tous hommes: &
specialement de tous ceux qui estoient dignes d'auoir authorité. Il auoit
crainte de son fils, & le faisoit estroictement garder: ne nul homme ne le
voyoit, ne parloit à luy, sinon par son commandement. Il auoit douté à la
fin de sa fille, & de son gendre, Duc de Bourbon: & vouloit sçauoir quelles
gens entroient au Plessis quant & eux. A la fin, rompit vn coseil, que le Duc
de Bourbon, son gendre, tenoit leans par son commandement. A l'heure
que son dit gendre, & le Comte de Dunois reuindrent de remener l'Ambassade, qui estoit venuë aux nopces du Roy son filz, & de la Royne, à Amboise, & qu'ils retournerent au Plessis, & entrerent beaucoup de gens auec
eux, ledit Seigneur (qui fort faisoit garder les portes) estant en la galerie,
qui regarde en la court dudit Plessis, feit appeller vn de ses Capitaines des
Gardes: & luy commanda aller taster aux gens des Seigneurs dessusdicts,
veoir s'ils n'auoient point de Brigandines soubs leurs robbes, & qu'il le
feist comme en se deuisant à eux, sans trop en faire de semblant. Or regardez s'il auoit fait beaucoup viure de gés en suspition & crainte sous luy, s'il en
estoit bien payé: & de quelles gens il pouuoit auoir seureté, puis que de son
filz, fille & gendre il auoit suspition. Ie ne dy point pour luy seulement:
mais pour tous autres seigneurs, qui desirent estre craints, iamais ne se sentent de la reuanche, iusques à la vieillesse: car pour la penitence ils craignent
tout homme. Et quelle douleur estoit-ce à ce Roy, d'auoir ceste paour & ces
passions?

Il auoit son Medecin, appellé maistre Iacques Coctier, à qui en cinq moys
il donna cinquante quatre mille escus contans (qui estoit à la raison de dix
mille escus pour mois, & quatre mille par dessus) & l'Euesché d'Amiens
pour son nepueu, & autres offices & terres pour luy, & pour ses amis. Ledit
Medecin luy estoit si tres-rude, que lon ne diroit point à vn valet les outra-
geuses & rudes paroles qu'il luy disoit: & si le craignoit tant ledit Seigneur,
qu'il ne l'eust osé enuoyer hors d'auec luy: & si s'en plaignoit à ceux à qui il
en parloit, mais il ne l'eust osé changer, côme il faisoit tous autres seruiteurs,
pource que ledit Medecin luy disoit audacieusemét: Ie sçay bien qu'vn matin vous m'enuoyerez, comme vous faictes d'autres: mais (par vn grand serment qu'il iuroit) vous ne viurez point huict iours apres. Ce mot l'espouué-
toit fort, & tant qu'apres ne le faisoit que flater & luy donner: qui luy estoit
vn grand purgatoire en ce monde, veu la grande obeïssance qu'il auoit euë
de tant de gens de bien, & de grands hommes.

Il est vray qu'il auoit fait de rigoureuses prisons, comme cages de fer, &
autres de bois, couuertes de *pattes de fer par le dehors, & par le dedas, auec
terribles *ferrures, de huict pieds de large de la hauteur d'vn homme, & vn
pied de plus. Le premier qui les deuisa, fut l'Euesque de Verdun, qui en la
premiere qui fut faite, fut mis incontinent, & y a couché quatorze ans. Plusieurs depuis l'ont maudit, & moy aussi, qui en ay tasté, soubs le Roy de present,

sent, huict mois, Autresfois auoit fait faire à des Allemás, des fers tres-pesans
& terribles, pour mettre aux pieds: & y estoit vn anneau, pour mettre au
pied, fort mal aisé à ouurir, comme à vn Carquát, la chaine grosse & pesante,
& vne grosse boule de fer au bout, beaucoup plus pesante que n'estoit de
raison : & les appelloit l'on les Fillettes du Roy. Toutesfois i'ay veu beaucoup de gens de bié prisonniers les auoir aux pieds, qui depuis en sont saillis
à grand honneur, & qui depuis ont eu de grands biens de lui: & entre les autres, vn filz de monseigneur de la *Gruture de Flandres, prins en bataille : lequel ledit Seigneur maria, & feit son Chábellan, & Seneschal d'Anjou, & luy
bailla cent Láces. Aussi au Seigneur de * Piennes, prisonnier de guerre, & au
Seigneur du * Verger. Tous deux ont eu gens-d'armes de lui, & ont esté ses
Chábellás, ou de son filz, & autres gros estats: & autát à móseigneur de *Rochefort, frere du Connestable: & vn appellé Roquebertin, du païs de Cathe-
longne, semblablemét prisonnier de guerre, à qui il feit de grands biens, & à
plusieurs autres, qui seroient trop longs à nommer, & de diuerses contrees.
Or cecy n'est pas nostre matiere principale, mais faut reuenir à dire qu'ainsi
cóme de son téps furét trouuees ces mauuaises & diuerses prisons, tout ainsi, auant mourir, il se trouua en semblables & plus grádes prisons, & aussi plus
grand' peur il eut que ceux qu'il auoit tenus. Laquelle chose ie tiens à tres-
grád grace pour lui, & pour partie de son Purgatoire: & l'ay dit icy pour móstrer qu'il n'est nul hóme, de quelque dignité qu'il soit, qui ne souffre, ou en
secret ou en public: & par especial ceux, qui font souffrir les autres. Ledit Seigneur, vers la fin de ses iours, feit clorre tout à l'entour sa maison du Plessis
lez Tours, de gros barreaux de fer, en forme de grosses grilles : & aux quatre
coins de sa maison, quatre moineaux de fer, bons, grands, & espais. Lesdites
grilles estoient contre le mur, du costé de la place, de l'autre part du fossé (car
il estoit à fons de cuue) & y feit mettre plusieurs broches de fer, massonnees
au dedans le mur, qui auoient chascune trois ou quatre poinctes: & les feit
mettre fort pres l'vne de l'autre. Et d'auantage ordonna dix Arbalestriers dedans lesdits fossez, pour tirer à ceux qui en approcheroient, auant que la
porte fust ouuerte: & entendoit qu'ils couchassent ausdicts fossez, & se retirassent ausdits moineaux de fer. Il entendoit bien que ceste fortification ne
suffisoit pas contre grand nombre de gens, ne contre vne armee, mais de ce
il n'auoit point de peur. Seulement craignoit que quelque Seigneur ou plusieurs, ne feissent vne entreprinse de prendre la place de nuict, demy par a-
mour, & demy par force, auec quelque peu d'intelligence, & que ceux là
prinssent l'authorité, & le feissent viure homme sans sens, & indigne de gouuerner. La porte du Plessis ne s'ouuroit qu'il ne fust huict heures de matin,
ny ne baissoit le pont iusques à ladite heure, & lors y entroient les Officiers:
& les Capitaines des gardes mettoient les portiers ordinaires, & puis ordó-
noient le guet d'Archiers, tant à la porte que parmy la court, comme en vne
place de frontiere estroictemét gardee: & n'y entroit nul que par le guichet,
& que ce ne fust du sçeu du Roy, excepté quelque Maistre d'hostel, & gens
de ceste sorte, qui n'alloient point deuers luy. Est-il doncques possible de tenir vn Roy, pour le garder plus honnestement, & en estroicte prison, que lui

Y

mefmes fe tenoit? Les cages où il auoit tenu les autres, auoiét quelque huict
pieds en quarré, & lui qui eſtoit ſi grãd Roy, auoit vne petite court de chaſteau
à ſe pourmener, encores n'y venoit il gueres: mais ſe tenoit en la galerie, ſans
partir de là, ſinó par les chãbres, & alloit à la Meſſe ſans paſſer par ladite court.
Voudroit lon dire que ce Roy ne ſouffrit pas auſſi bié que les autres? qui ainſi s'enfermoit, qui ſe faiſoit garder, qui eſtoit ainſi en peur de ſes enfans, & de
tous ſes prochains parés, & qui changeoit & muoit de iour en iour ſes ſeruiteurs qu'il auoit nourris, & qui ne tenoiét bien ne honneur que de luy, tellemét que nul d'eux ne ſy oſoit fier, & ſ'enchainoit ainſi de ſi eſtrãges chaines
& cloſtures? Si le lieu eſtoit plus grãd que d'vne priſon cõmune, auſſi eſtoit-il
plus grãd que priſonniers communs. On pourroit dire que d'autres ont eſté
plus ſuſpitionneux que luy: mais ce n'a pas eſté de noſtre téps, ne parauenture homme ſi ſage que lui, ne qui euſt ſi bons ſubiects: & auoient ceux-là parauenture eſté cruels & tyrans : mais ceſtuy-cy n'a fait mal à nul, qui ne luy
euſt fait quelque offence. Ie n'ay point dit ce que deſſus eſt dit, pour ſeulement parler des ſuſpitions de noſtre Roy: mais pour dire que la patiéce qu'il
a porté en ſes paſſions (ſemblables à celles qu'il a fait porter aux autres) luy
eſt par moy reputee à punition, que noſtre Seigneur lui a dónee en ce monde, pour en auoir moins en l'autre, tant és choſes dont i'ay parlé, comme en
ſes maladies bien grandes, & douloureuſes pour lui, & qu'il craignoit beaucoup auant qu'elles lui aduinſſent: & auſſi afin que ceux qui viendront apres
lui, ſoient vn peu plus piteux au peuple, & moins aſpres à punir qu'il n'auoit
eſté: combien que ie ne lui veux pas dóner charge, ne dire auoir veu meilleur
Prince: & s'il preſſoit ſes ſuiects, toutesfois il n'euſt point ſouffert qu'vn autre l'euſt fait, ne priué ny eſtrange. Apres tãt de peur, & de ſuſpitions & douleurs, noſtre Seigneur feit miracle ſur lui, & le guerit tant de l'ame que du
corps, cóme touſiours a accouſtumé, en faiſant ſes miracles : car il l'oſta de ce
miſerable móde en grand' ſanté de ſens & d'entédement, & bóne memoire,
ayãt reçeu tous ſes Sacremens, ſans ſouffrir douleur que l'on cogneuſt, mais
touſiours parlãt iuſques à vne Patenoſtre auãt ſa mort, en ordonnãt de ſa ſe-
pulture: & nommoit ceux qu'il vouloit qu'ils l'accópaignaſſent par chemin:
& diſoit qu'il n'eſperoit à mourir qu'au Samedi, & que noſtre Dame luy
Treſpaſ du
Roy Louys
onzieſme.
1483.procuroit ceſte grace, en qui touſiours auoit eu fiance & grand' deuotion &
priere: & tout ainſi lui en aduint, car il deceda le Samedi, penultieſme iour
d'Aouſt, l'an mil quatre cens quatre vingts & trois, à huict heures au ſoir, audit lieu du Pleſſis, où il auoit prins la maladie le Lundy deuant. Noſtre Seigneur ait ſon ame, & la vueille auoir reçeuë en ſon Royaume de Paradis.

---

*Diſcours ſur la miſerable vie des hommes, & principalement des Princes, par l'exem-
ple de ceux du temps de l'autheur, & premierement du Roy Louys.*

CHAP. XIII.

PEu d'eſperance doyuent auoir les * pauures & menuës gens au faict
de ce monde, puis que ſi grand Roy y a tant ſouffert & trauaillé, &
puis laiſſé tout, & ne peut trouuer vne ſeule heure pour eſloigner ſa
*Prince,
Exép. vieil.mort, quelque diligence qu'il y ait ſçeu faire. Ie l'ay cognu, & ay eſté ſon ſer-
uiteur

uiteut à la fleur de son aage, & en ses grades prosperitez: mais ie ne le vei onc
sans peine & sans soucy. Pour tous plaisirs il aymoit la chasse, & les oiseaux
en leurs saisons: mais il n'y prenoit point tant de plaisir comme aux chiens.
Des Dames, il ne s'en est point meslé, tant que i'ay esté auec luy: car à l'heure
de mon arriuee, luy mourut vn filz, dont il eut grād dueil, & feit lors vn vœu
à Dieu, en ma presence, de iamais ne toucher à femme qu'à la Roine sa femme: & combien qu'ainsi le deuoit faire selon l'ordonnāce* de l'Eglise, si fut-
ce grand chose, à en auoir tant à son commandement, de perseuerer en ceste
promesse: veu encores que la Royne n'estoit point de celles où deuoit prédre grand plaisir: mais au demeurant fort bonne Dame.

Encores en ceste chasse auoit quasi autant d'ennuy, que de plaisir: car il y
prenoit grand peine, pourtāt qu'il couroit les Cerfs à force, & se leuoit fort
matin, & alloit aucunesfois loing, & ne laissoit point cela pour quel temps
qu'il feist: & ainsi s'en retournoit aucunefois bié las, & quasi tousiours courroucé à quelqu'vn: car c'est matiere qui n'est pas cōduicte tousiours au plaisir de ceux qui la cōduisent: toutesfois il s'y cognoissoit mieux que nul hōme qui ait regné de son temps, selō l'opinion de chacun. A ceste chasse estoit
sans cesse, & logé par les villages, iusques à ce qu'il venoit quelques nouuelles de la guerre: car quasi tous les Estez y auoit quelque chose entre le Duc
Charles de Bourgōgne & luy, & l'hyuer ils faisoient trefues. Aussi il eut
plusieurs affaires, pour ceste Comté de Roussillon, contre le Roy Iean d'Arragon, pere du Roy d'Espagne: car combien qu'ils fussent fort pauures &
troublez auec leurs subiects, comme ceux de Barcelonne & autres, & que le
filz n'eut rien (car il attēdoit la succession du Roy Dom Federic de Castille,
frere de sa femme, laquelle depuis luy est aduenuë) toutesfois ils luy faisoient grande resistance: car ils auoient les cœurs des subiects dudiā païs de
Roussillō, lequel cousta fort cher au Roy & au royaume: car il y mourut, &
si perdit maint homme de bien, & y despendit grand argent, pource que ceste guerre dura lōguement. Ainsi le plaisir qu'il prenoit, estoit peu de temps
en l'an, & estoit en grand trauail de sa personne, comme i'ay dit. Le téps qu'il
reposoit, son entendement trauailloit: car il auoit affaire en moult de lieux,
& se fust aussi volōtiers empesché des affaites de son voisin cōme des siés, &
mis gens en leurs maisons, & departy les authoritez d'icelles. Quand il auoit
la guerre, il desiroit paix ou trefues: quand il auoit paix ou trefues, à grand
peine les pouuoit il endurer. De maintes menuës choses de son royaume se
mesloit, dont il se fust bien passé: mais sa complexion estoit telle, & ainsi viuoit. Aussi sa memoire estoit si grande, qu'il retenoit toutes choses, & cognoissoit tout le monde, & en tout pays, & à l'entour de luy.

A la verité il sembloit mieux pour* secourir vn monde, qu'vn royaume. Ie
ne parle point de sa grande ieunesse: car ie n'estois point auec luy, mais en
l'aage d'onze ans par aucuns seigneurs & autres du royaume, il fust em-
broüillé cōtre le Roy Charles septiesme son pere, en vne guerre qui peu dura, appellee la Praguerie. Quand il fut homme, il fut marié à vne fille d'Escosse, à son desplaisir, & tāt* qu'elle vesquit il y eut regret: & apres sa mort,
pour les bādes & broüillis de la maison du Roy son pere, il se retira au Dau-

phiné(qui eſtoit ſien)où beaucoup de gens de bien le ſuiuirent, & plus qu'il n'en peut nourrir. Luy eſtant en Dauphiné, il ſe maria auec la fille du Duc de Sauoye, & toſt apres il eut debat auec ſon beau-pere, & ſe feirent tres-aſpres guerres. Le Roy Charles ſon pere, voyant ſon filz trop accompagné de gés de bien, & de gens-d'armes, à ſon gré, delibera d'y aller en perſonne, en grãd nombre de gens, & de l'en mettre dehors : & ſe mit en chemin, & eut peine d'en retirer pluſieurs, en leur commandant comme à ſes ſubiects, & ſur les peines accouſtumees, ſe retirer deuers luy. A quoy pluſieurs obeiſſoient, au grand deſplaiſir du Roy noſtre maiſtre : (lequel voyant le courroux de ſon pere, nonobſtant qu'il fuſt fort) delibera partir de là, & luy laiſſer le pãys : & s'en alla par la Bourgógne, auec peu de gés, deuers le Duc Philippe de Bourgongne: lequel à grand honneur le recueillit, & luy departit de ſes biés, & à ſes principaux ſeruiteurs: comme le Comte de Commines, le ſeigneur de Montauban, & autres, par forme de penſion, par chaſcun an : & feit durant le temps qu'il y fut, dons à ſes ſeruiteurs. Toutesfois à la deſpéce qu'il faiſoit de tant de gens qu'il auoit, l'argent luy failloit ſouuent, qui luy eſtoit grãd' peine & ſoucy, & luy en failloit chercher ou emprunter, ou ſes gens l'euſſent laiſſé, qui eſt grand'angoiſſe à vn Prince, qui ne l'a point accouſtumé. Et par ainſi n'eſtoit point ſans peine en ceſte maiſon de Bourgongne: & luy falloit entretenir le Prince & ſes principaux Gouuerneurs, de peur qu'on ne s'en-nuyaſt de luy, à y eſtre tãt: car il y fut ſix ans, & inceſſamment le Roy ſon pe-re enuoyoit Ambaſſadeurs pour l'en mettre hors, ou qu'il luy fuſt renuoyé. Et en cela vous pouuez penſer qu'il n'eſtoit point oyſif, & ſans grandes pen-ſees & ſoucy. Or en quel temps donc pourroit l'on dire qu'il euſt eu ioye ne plaiſir, à veoir toutes les choſes deſſuſdites ? Ie croy que depuis ſon enfance il n'eut iamais que tout mal & trauail iuſques à la mort. Ie croy que ſi tous les bons iours qu'il a eu en ſa vie, eſquels il a eu plus de ioye & de plaiſir que de trauail & d'ennuy eſtoient bien nombrez, qu'il s'en trouueroit bien peu: & croy qu'il s'en trouueroit bien vingt de peine & de trauail, contre vn de plaiſir & d'aiſe. Il veſquit enuiron ſoixante & vn an, toutesfois il auoit touſ-iours imagination de ne paſſer point ſoixante ans : & diſoit que puis long temps, Roy de France ne les paſſa. Aucuns veulent dire depuis Charles le grãd: toutesfois le Roy noſtre maiſtre fut bien auant au ſoixante & vnieſme.

Le Duc Charles de Bourgongne, quel aiſe, ne quel plaiſir ſçauroit on dire qu'il euſt eu plus grãd que noſtre Roy, dõt i'ay parlé ? Il eſt vray qu'en ſa ieu-neſſe, il eut peu de ſoucy: car il n'étreprint rien qu'il n'euſt enuirõ vingt deux ans, & iuſques là veſquit ſain & ſans trouble. Alors commença ſe troubler auec les Gouuerneurs de ſon pere : leſquels ſondict pere ſouſtint, parquoy le fils s'abſenta de ſa preſence, & s'en alla tenir en Hollande, où il fut bié re-cueilli : & print intelligence auec ceux de Gand, & aucunesfois y venoit. Il n'auoit rien de ſon pere, mais ce pays de Hollande eſtoit fort riche, & luy faiſoit de grands dons, & pluſieurs groſſes villes des autres pays, pour l'eſpe-rance qu'ils auoient d'acquerir ſa grace, pour le temps aduenir: qui eſt cou-ſtume generalle, que touſiours on complaiſt plus aux gens de qui on eſpere la puiſſance & authorité accroiſtre, pour le temps aduenir, que l'on ne fait

pour

pour celuy qui eſt ja en tel degré, qu'il ne peuſt monter plus haut : & y eſt
l'amour plus grande, par eſpecial entre le peuple. Et eſt pourquoy le Duc
Philippe, quand on luy diſoit que les Gantois aimoient tant ſon filz, &
qu'il les ſçauoit ſi bien conduire, reſpondit, qu'ils aymoiét bien touſiours
leur ſeigneur à venir : mais depuis qu'il eſtoit ſeigneur, ils le haiſſoient. Et ce
prouerbe fut veritable : car oncques puis que le Duc Charles fut ſeigneur, ils
ne l'aimerent, & lui monſtrerent bien, comme i'ay dit ailleurs, & auſſi de ſon
coſté, ne les aimoit point : mais à ce qui eſt deſcendu de lui, ils ont fait plus de
dommage qu'ils n'euſſent ſçeu faire à luy.

Pour continuer mon propos, depuis que le Duc Charles entreprint la
guerre pour les terres de Picardie, que noſtre maiſtre auoit rachetées de ſon
pere le Duc Philippe, & qu'il ſe fuſt mis auec les autres ſeigneurs du Royaume, en ceſte guerre du Bien public, quel aiſe eut il depuis? Il eut touſiours trauail, ſans nul plaiſir, & de ſa perſonne & de l'entendement : car la gloire lui
monta au cœur, & l'eſmeut de cóquerir tout ce qui lui eſtoit bien ſeát. Tous
les Eſtez tenoit les champs en grand peril de ſa perſonne, & prenoit tout le
ſoing, & la cure de l'Oſt, & n'en auoit pas encore aſſez à ſon gré. Il ſe leuoit
le premier, & ſe couchoit le dernier, comme le plus pauure de l'Oſt. S'il
ſe repoſoit aucun Hyuer, il faiſoit ſes diligences de trouuer argent. A
chaſcun iour il beſongnoit dés ſix heures au matin, & prenoit grand'peine
à recueillir & à oüir grand nombre d'Ambaſſadeurs : & en ce trauail & miſere finit ſes iours, & fut tué des Suiſſes deuant Nancy, comme auez veu deuant. Et ne pourroit l'on dire qu'il eut iamais eu vn bon iour, depuis qu'il cómença à entreprendre de ſe faire plus grand, iuſques à ſon treſpas. Quel acqueſt a il eu en ce labeur? Quel beſoing en auoit il? lui qui eſtoit ſi riche, &
auoit tant de belles villes & ſeigneuries en ſon obeiſſance, où il euſt eſté ſi aiſe ſ'il euſt voulu?

Apres faut parler du Roy Edoüard d'Angleterre, qui a eſté ſi grand Roy
& puiſſant. En ſa tres-gráde ieuneſſe il veit ſon pere le Duc d'Yorth deſconfit, & mort en bataille, & auec lui le pere du Comte de Vvaruic. Ledit
Comte de Vvaruic gouuernoit le Roy, dont ie parle, en ſa ieuneſſe, & conduiſoit ſes affaires. A la verité dire, il le feit Roy, & fut cauſe de deffaire ſon
Roy Henry, qui pluſieurs ans auoit regné en Angleterre : lequel (ſelon mon
iugement & ſelon le monde) eſtoit vray Roy. Mais de telles cauſes, cóme de
Royaumes & grandes ſeigneuries, noſtre Seigneur les tient en ſa main, & en
diſpoſe : car tout veint de lui. La cauſe pourquoy le Comte de Vvaruic ſeruoit la maiſon d'Yorth, contre le Roy Henry de Lanclaſtre, c'eſtoit pour
vne bande ou partialité qui eſtoit en la maiſon dudiẛ Roy Henry, qui n'e-
ſtoit gueres ſage : & la Royne ſa femme, laquelle eſtoit de la maiſon d'Anjou, & fille du Roy René de Sicile, print la partialité du Duc de Sombreſſet,
contre le Comte de Vvaruic : car tous auoyent tenu ledit Roy Henry, & ſon
pere, & grand pere, pour Roys. Ladite Dame euſt mieux fait beaucoup de
faire office de iuge ou de mediateur entre les parties, que de dire : ie ſouſtien-
dray ceſte part, comme il a apparu. Car ils eurent maintes batailles en Angleterre, & en dura la guerre vingt & neuf ans : & fin de compte, le tout y

mourut, quasi d'vne part & d'autre. Et pour parler des bandes & partialitez, elles sont tres-perilleuses, & mesmement quant aux Nobles, enclins à les nourrir & entretenir. Et si l'on dit que par là ils sçauront des nouuelles, & tiendront les deux parties en crainte, ie m'accorderay assez qu'vn ieune Roy le face entre les Dames (car il en aura du passe-temps, & du plaisir assez, & sçaura des nouuelles d'entre elles) mais nourrir les partialitez entre les hommes (comme Princes & gens de vertus & de courage) il n'est rien plus dangereux. C'est allumer vn grand feu en sa maison: car tantost l'vn ou l'autre dira: Le Roy est contre nous, & puis pensera de se fortifier, & de s'accointer de ses ennemis. Au fort, les bandes d'Orleans & de Bourgongne les en doyuent auoir fait sages. La guerre en dura soixante & * douze ans, les Anglois meslez parmy, qui cuiderent posseder tout le Royaume. A reuenir à nostre Roy Edouard, il estoit fort ieune, & beau Prince entre les beaux du monde. A l'heure qu'il fut de tous poincts au dessus de ses affaires, il ne compleut qu'à son plaisir & aux Dames, festes, banquets & aux chasses: & suis d'opinió que ce téps luy dura vn seize ans, ou enuiron, iusques à ce que le differend dudict Comté de Vuaruic, & de luy, commença. Et, combien que ledict Roy fut ietté hors du royaume, si ne dura ledit debat gueres: car il retourna, & obtint la victoire, & apres print ses plaisirs plus que deuant. Il ne craignoit personne, & se feit fort gras & plein: & en fleur d'aage lui vindrét au ronge les excez, & mourut assez soudainement (comme i'ay dit) d'vne apoplexie: & perdit sa lignee le royaume apres luy, comme auez ouy, quant aux enfans masles.

En nostre temps ont aussi regné deux vaillans & sages Princes, c'est à sçauoir le Roy de Hongrie Mathias, & Mahumet Ottoman, Empereur des Turcs. Le Roy Mathias estoit fils d'vn tres-vaillant Cheualier, appellé le Cheualier Blanc de la * Vallagnie, Gentil-homme de grand sens & vertus: qui longuement gouuerna ce royaume de Hongrie, & eut maintes belles victoires contre les Turcs, qui sont voisins dudict royaume, à cause des Seigneuries qu'ils ont vsurpees en Grece & Esclauonie. Et tost apres son decez, vint en aage d'homme le Roy Lancelot, à qui le royaume appartenoit, auec * Behaigne & Poullanie. Cestuy-là se trouua conseillé par aucuns (comme l'on dit) de prendre les deux fils dudit Cheualier Blanc, disant que leur pere auoit prins trop de maistrise & de seigneurie audit royaume, durant son enfance, & que les enfans (qui estoient bons personnages) pourroient bien vouloir faire comme luy. Parquoy conclud ledit Roy Lancelot, de les faire prendre tous deux: ce qu'il fit, & incontinent fit mourir l'aisné, & ledit Mathias mettre en prison à Bude, principale ville de Hongrie: mais il n'y fut gueres, & peut estre que nostre Seigneur eut agreables les seruices de son pere: car tost apres ledit Roy Lancelot fut empoisonné à Prague en Behaigne, par vne femme de bóne maison (& en ay veu le frere) de laquelle il estoit amoureux, & elle de luy: tellement que comme mal contente de ce qu'il se marioit en France, auec la fille du Roy Charles septiesme, qui s'appelloit la Princesse de Vienne (qui estoit contre ce qu'il auoit promis) elle l'empoisonna en vn baing, en luy donnant à manger d'vne pomme: & mit la poison

au

au manche du cousteau. Incontinent que fut mort ledict Roy Lancelor, les Barons de Hongrie s'assemblerent audit Bude, pour faire election du Roy, selõ l'vsage & priuilege qu'ils ont d'eslire, quãd leur Roy meurt sans enfans: & estans là en haine & diuisiõ entre eux, pour ceste dignité, suruint en la ville la veufue dudit Cheualier Blanc, mere dudit Mathias, bien fort accompagnee : car elle estoit riche femme d'argent contant, que son mary auoit laissé: parquoy elle auoit peu faire grans amas soudainemét, & croy bien qu'elle auoit bonne intelligence en ceste compagnie, & en la ville, veu le credit & authorité que son mary auoit eu audit Royaume. Elle tira en la prison, & mit son filz dehors. Partie des Barons & Prelats, qui estoient là assemblez, pour faire leur Roy, s'enfuirent de peur, les autres créerent ledit Mathias à Roy, lequel a regné audit royaume en grand' prosperité, & autant loüé & prisé que nul Roy qui ait regné long temps a, & plus, en aucunes choses. Il a esté des plus vaillans hommes qui ayent regné de son temps : & a gaigné de grandes batailles contre les Turcs de son temps, sans endommager son royaume : mais il l'a augmenté, tant de leur costé qu'en Behaigne (dont il tenoit la plufpart) & en Vallagnie, dont il estoit, & en Esclauonie : & du costé d'Allemaigne, print la plus-part d'Austriche, sur l'Empereur Federic, qui viuoit lors, & l'a possedee iusques à sa mort, qui fut en la ville de Vienne, chef du païs d'Austriche, en cet an mil quatre cés quatre vingts & onze. Il estoit Roy qui gouuernoit aussi sagemét ses affaires en temps de paix, comme en temps de guerre. Sur la fin de ses iours, & se voyant sans crainte d'ennemis, il est deuenu fort pompeux, & triomphant Roy en sa maison, & feit grands amas de beaux meubles, bagues, & vaisselles, pour parer sa maison. Toutes choses depeschoit de soy, ou par son commãdement. Il se faisoit fort craindre, car il deuint cruel : & puis tomba en griefue maladie incurable, en assez ieune aage, comme de vingt & huict ans ou enuiron. Il est mort ayant eu toute sa vie labeur & trauail, & trop plus que * plusieurs.

Le Turc (que deuant ay nommé) a esté sage & vaillant Prince, vsant plus de sens & de cautelle, que de vaillãce & hardiesse. Vray est que son pere le laissa bien grand, & fut vaillant Prince, & print Adrianopoli, qui vaut à dire ville d'Adrian. Celuy dont ie parle, print en l'aage de vingt & trois ans Constantinople, qui vaut à dire cité de Constantin. Ie l'ay veu peint de cet aage, & sembloit bien qu'il fust homme de grand esprit. Ce fut vne grande honte à tous les Chrestiés de la laisser perdre. Il la print d'assaut, & fut tué à la breche l'Empereur de l'Orient, que nous appellõs de Constantinople, & maints autres hõmes de bien : maintes femmes efforcees de grandes & de nobles maisons : nulle cruauté ne demoura à y estre faicte. Ce fut son premier exploict, & a cõtinué à faire ces grãdes choses : & tãt, que i'ouy vne fois dire à vn Ambassader Venitié, deuant le Duc Charles de Bourgõgne, qu'il auoit conquis deux Empires, quatre royaumes, & deux cens citez. Il vouloit dire de l'Empire de Constantinople, & de celuy de Trapezõde, les royaumes de la * Bresáne, la Surie, & Armenie : Ie ne sçay s'il prenoit la Moree pour vn. Il a coquis maintes belles isles de mer en cet Archipel, où est ladite Moree (les Venitiés y tenoient encores deux places) aussi l'isle de Negrepont & de Methelin : &

*de plaisir, *Exem: vieul.*

Exemple par le Turc.

La prinse de Constantinople.

*Bossine, *possible auec Serule, & la Caruie : car aussi le vieil exemplaire a Bosseue, Seruie rayt, & dessus Syrie, mais ie ne sçay qu'il veut dire par l'autre ainsi escrit, Hermenie.*

aussi a cóquis presque toute l'Albanie & l'Esclauonie. Et si les cóquestes ont esté grandes sur les Chrestiens, aussi ont elles esté sur ceux de sa loy propre: & y a destruit maint grád seigneur, comme le *Carnian, & autres. La plus part de ses œuures, il les conduisoit de luy & de son sens : si faisoit nostre Roy, & aussi le Roy de Hongrie: & ont esté les trois plus grands hommes qui ayent regné depuis cent ans: mais l'honnesteté & forme de viure de nostre Roy, & les bons termes qu'il tenoit aux gens priuez, & aux gens estráges, a esté tout autre, & meilleure que des deux autres: aussi estoit-il Roy treschrestié. Quát aux plaisirs du monde, ce Turc en a prins à cœur saoul, & y a vsé grád partie de son téps: & eust encores fait plus de maux qu'il n'a, s'il ne s'y fust tát occupé. En nul vice de la chair ne failloit, ne d'estre gourmand outre mesure: aussi les maladies luy sont venuës tost, & selon la vie : car il lui print vne ensleure d'vne iambe, comme i'ay ouy dire à ceux qui l'ont veu, & luy venoit au cómencement de l'Esté *qu'elle grossissoit comme vn homme par le corps, & n'y auoit nulle ouuerture, & puis cela s'en alloit, ne iamais Chirurgié ne sceut entendre ce que c'estoit : mais bien disoit l'on que la gourmandise y aidoit bien, & pouuoit estre quelque punition de Dieu. Et ce qu'il se laissoit si peu voir, & se tenoit ainsi clos en son chariot, estoit afin qu'on ne le cogneust si défait, & qu'à celle occasió ne l'eussent en mespris. Il est mort en l'aage de cinquante & deux ans, ou enuiron, assez soudainement, toutesfois il fit testament, lequel i'ay veu: & fit conscience d'vn impost que nouuellement auoit mis sur ses subiects. Si ledit testament est vray, or regardez que doit faire vn Prince Chrestien, qui n'a authorité fondee en raison, de rien imposer, sans le congé & permission de son peuple?

*Caramanian: possible: pour preuue dequoy, & mieux entendre cet article du Turc, lisez les conquestes des Turcs, par F. Iean Geuffroy.

*de iambes, Exemp. vieil. *qu'elles grossissoiét. Exemp. vieil.

Le Turc fit côsciéce d'imposer sur ses subiects.

Conclusion de l'Autheur.

OR voyez vous la mort de tant de grands hommes, en si peu de téps, qui tant ont trauaillé pour s'accroistre, & pour auoir gloire, & tant en ont souffert de passions & de peines, & abregé leur vie, & par auéture leurs ames en pourront souffrir. En cecy ne parle point dudict Turc: car ie tiés ce point pour vuidé, & qu'il est logé auec ses predecesseurs. De nostre Roy, i'ay esperance (comme i'ay dit) que nostre Seigneur ait eu misericorde de luy, & aussi aura-il des autres, s'il luy plaist. Mais a parler naturellement (comme homme qui n'a aucune literature, mais quelque peu d'experience) n'eust-il point mieux vallu à eux, & à tous autres Princes, & hommes de moyen estat, qui ont vescu souz ces grands, & viuront souz ceux qui regnent, eslire le moyen chemin en ces choses? C'est à sçauoir, moins se soucier, & moins se trauailler, & entreprendre moins de choses, & plus craindre d'offenser Dieu, & à persecuter le peuple & leurs voisins, & par tant de voyes cruelles, que i'ay assez declarees par ci-deuant, & prendre des aises & plaisirs honnestes? Leurs vies en seroient plus longues, les maladies en viendroient plus tard, & leur mort en seroit plus regrettee, & de plus de gens, & moins desiree, & auroient moins à douter la mort. Pourroit-l'on veoir de plus beaux exemples, pour congnoistre que c'est peu de chose que

Exhortation de la fin de l'homme.

de

del'homme, & que ceste vie est miserable & briefue, & que ce n'est rien des grands & des petits, & qu'incontinér qu'ils sont morts, que tout homme en a le corps en horreur & vitupere? * & qu'il faut que l'ame sur l'heure, qu'elle se separe d'eux, qu'elle aille receuoir son iugement? Et à la verité, en l'instant que l'ame est separee du corps, la sentence en est donnee de Dieu, selon les œuures & merites du corps; laquelle sentence s'appelle le iugement particulier.

SEPTIESME LIVRE DES MEMOIRES DV
SEIGNEVR D'ARGENTON, SVR LES PRINCIPAVX
faicts & gestes du Roy Louys onziesme de ce nom.

Proposition de l'autheur, touchant ce qu'il pretend escrire par les Memoires suyuans.

Our continuer les Memoires par moy Philippes de Commines encommencez, des faicts & gestes du regne du feu Roy Louys onziesme, que Dieu absolue, maintenant vous veux dire côme il aduint que le Roy Charles viij. sô filz entreprint son voyage d'Italie, auquel ie fuz. Or partit ledit seigneur de la ville de Vienne, qui est au Daulphiné, le vingt & troisiesme iour d'Aoust, l'an mil quatre cens quatre vingts & quatorze, & fut de retour dudit voyage, en son Royaume, enuiron le moys d'Octobre, quatre vingts & quinze. Auant l'entreprinse duquel voyage, il eut mainte dispute, sçauoir s'il iroit ou non. Car l'entreprinse sembloit à toutes gens sages & experimentez, tres-dangereuse: & n'y eut que lui seul, qui la trouuast bonne: & vn appellé Estienne de Vers, natif de Languedoch, homme de petite lignee, qui iamais n'auoit veu & entendu nulle chose au faict de la guerre. Vn autre s'en estoit meslé iusques là, à qui le cœur faillit, homme de Finâces appellé le General Brissonnet: qui depuis, à cause dudit voyage, a eu de grands biens en l'Eglise, comme d'estre Cardinal, & auoir beaucoup de benefices. L'autre auoit ja acquis beaucoup d'heritages, & estoit Seneschal de Beaucaire, & President des Comptes à Paris, & auoit seruy ledit Roy en son enfance, tres-bié de valet de châbre: & cestuy-là y attira ledit General: & eux deux furét cause de ladite entreprinse, dont peu de gens les loüoyent, & plusieurs les blasmoient. Car toutes choses necessaires à vne si grande entreprinse leur desfailloient: car le Roy estoit tres-ieune, foible personne, plein de son vouloir, peu accompaigné de sages gens, ne de bons Chefs: & n'auoit nul argent côtant. Car auant que partir ils emprunterent cent mille francs de la Banque

* Depuis ce lieu là vieil exépl. a pour conclusiô tels mots: & qu'il faut que l'ame sur l'heure en estat separee, aille receuoir son iugemét, & ia la senté-ce en est donnee, selon les œuures & merites du corps.

* Le Vergier d'hôneur qui traicte amplement de ce voyage, ne dit que 22. en l'an 1493, comme cét an estoit parauant icy.

Voyage du Roy à Naples.

de * Soli à Gennes, à gros intereſt pour cent, de foire, en foire, & en pluſieurs autres lieux, comme ie diray apres. Ils n'auoient ne tentes ne pauillons, & ſi commencerent en Hyuer à entrer en Lombardie. Vne choſe auoiét-ils bonne, c'eſtoit vne gaillarde compagnie, pleine de ieunes gentils-hommes, mais en peu d'obeiſſance. Ainſi faut conclure que ce voyage fut conduit de Dieu, tant à l'aller qu'au retourner : car le ſens des conducteurs que i'ay dit, n'y ſeruit de gueres : Toutesfois ils pouuoient bien dire, qu'ils furent cauſe de donner grand honneur & grand gloire à leur maiſtre.

Comment le Duc René de Lorraine vint en France demander la Duché de Bar, & la Comté de Prouence, que le Roy Charles tenoit : & cōment il faillit à entrer au royaume de Naples, qu'il pretendoit ſien : & quel droict y auoient tous deux.

CHAPITRE I.

Stant le Roy, dont ie parle, en l'aage de ſon couronnemét, qui fut de quatorze ou quinze ans, vint vers luy le Duc de Lorraine, demander la Duché de Bar, que le Roy Louys X I. tenoit, & la Comté de Prouence, que le Roy Charles d'Anjou, ſon couſin * germain, laiſſa audit Roy Louys X I. par ſon treſpas & teſtament : car il mourut ſans enfans. Le Duc de Lorraine la vouloit dire ſienne, parce qu'il eſtoit fils de la fille du Roy René de Sicile, Duc d'Anjou & Comte de Prouence : & diſoit que le Roy René luy auoit fait tort, & que le Roy Charles d'Anjou, dont ie parle, n'eſtoit que ſon nepueu, fils de ſon frere le Comte du Maine, & luy eſtoit fils de ſa fille : mais l'autre diſoit, que Prouence ne pouuoit aller à fille par leurs teſtamens. En effect Bar fut rendu, où le Roy ne demandoit qu'vne ſomme d'argent : &, par auoir grande faueur & grands amis, & par eſpecial le Duc Iean de Bourbon, qui eſtoit vieil, & en vouloit eſpouſer la ſœur, eut eſtat du Roy, & cent Lances de charge, & luy fut baillé trente ſix mille francs, pour quatre annees, pendant lequel temps ſe cognoiſtroit du droict de ladite Comté. Et eſtoit à ceſte deliberation & concluſion (car i'eſtois de ce conſeil, qui auoit eſté lors cree, tant par les prochains parés du Roy, que par les trois Eſtats du royaume) Eſtienne de Vers, dont i'ay parlé, qui ja auoit acquis quelque choſe en Prouence : & auoit en fantaſie le faict de Naples, & feit dire par le Roy, ainſi ieune qu'il eſtoit lors (ſa ſœur Ducheſſe de Bourbon preſente) à monſieur de Comminges, du Lau (car ces deux eſtoient auſſi du conſeil) & moy, que nous tinſſions la main à ce qu'il ne perdiſt point ceſte Comté de Prouence : & fut auant l'appointement dont i'ay parlé.

Auant que les quatre ans fuſſent paſſez, ſe trouuerent quelques * gens de Prouence, qui vindrent mettre en auant certains teſtamens du Roy Charles, le premier, frere de S. Louys, & d'autres Rois de Sicile, qui eſtoient de la maiſon de France : & entre autres raiſons, diſoient que non point ſeulement la Comté de Prouence appartenoit audit Roy, mais le royaume de Sicile, & autres choſes poſſedees par la maiſon d'Anjou, & que ledit Duc de Lorraine n'y auoit rien (toutesfois aucuns vouloient dire autrement) & ſ'addreſſoient tous ceux-là audit Eſtienne de Vers, qui nourriſſoit ſon maiſtre en ce langage

gage: & que le Roy Charles, dernier mort, Comte de Prouéce, filz de Char- *Entendez au Roy Lèuys onziesme cõmẽ il a dit cy deuant.
les d'Anjou, Comte du Maine, & nepueu du Roy René, *lui auoit laissé par
son testament: (car le Roy René l'institua en son lieu auant que mourir, & le
presera deuant ledit Duc de Lorraine, qui estoit fils de sa fille.) Et disoiét que
le Roy René feit cela à cause desdits testaments, faicts par Charles premier
& sa femme Comtesse de Prouence, disans que le royaume & Coté de Prouence ne pouuoient estre separez, n'aller à fille, tant qu'il y eust filz de la lignee: & que semblable testament feirent les premiers venás apres eux : comme fut Charles second audit royaume.

En ce temps desdites quatre annees, ceux qui gouuernoient ledit Roy
(qui estoient le Duc & Duchesse de Bourbó, & vn Chambellan, appellé le seigneur de Grauille, & autres Chambellans, qui en ce temps eurent grand regne.) appellerent en Court, en authorité & à credit, ledit Duc de Lorraine,
pour en auoir support & aide. Car il estoit homme hardi, & plus qu'homme
de Court: & leur sembloit qu'ils s'en deschargeroient bien quand il seroit
temps: comme ils feirent, quand ils se sentirent assez forts, & que la force du
Duc d'Orleans, & de plusieurs autres, dont auez ouy parler, fut diminuee.
Aussi ne peurent ils plus tenir ledit Duc de Lorraine, les quatre ans passez,
sans luy bailler ladite Comté, ou l'asseurer à certain temps & par escrit, &
tousiours payer les trente six mille Francs: en quoy ne se peurent accorder: &
à ceste cause il partit tres-mal content d'eux de la Court.

Quatre ou cinq moys auant son partement de Court, luy aduint vne bô- *Autremẽt aduẽture.
ne ouuerture s'il l'eust sçeu entendre. Tout le Royaume de Naples se rebel-
la contre le Roy Ferrand, pour la grand' tyrannie de lui & de ses enfans: & se
donnerent tous les Barons, & les trois parts du Royaume à l'Eglise. Toutes- Rebelliõ des Neapolitains contre leur Roy.
fois ledit Roy Ferrand, qui fut secouru des Florentins, les pressoit fort: & par
ce le Pape, & lesdits seigneurs du Royaume, qui s'estoient rebellez, mande-
rent ledit Duc de Lorraine, pour s'en faire Roy : & long temps l'attendirent
les galees à Gennes, & le Cardinal de sainct Pierre ad Vincula, cependant
qu'il estoit en ses broüillis de Court, & sus son departement: & auoit auec Le Pape & Neapolitains mandẽrẽt le Duc de Lorraine pour e-stre leur Roy à Naples.
lui gens de tous les seigneurs du Royaume, qui le pressoient de partir. Fin de
cõpte, le Roy & son conseil monstroient en tout & par tout, de lui vouloir
aider, & lui fut promis soixãte mille francs, dont il en eut vingt mille, & perdit le reste: & lui fut consenty mener les cent Lances qu'il auoit du Roy, &
enuoyer Ambassades par tout en sa faueur. Toutesfois le Roy estoit ja de dix-
neuf ans, ou plus, nourry de ceux que i'ay nommez: qui lui disoient iour-
nellement que ledit Royaume de Naples luy deuoit appartenir. Ie le dy volontiers, par ce que souuent petites gens en menoient grande noise: & ainsi
le sçeu par aucus de ses Ambassadeurs, qui alloient à Rome, Florence, Gennes, & ailleurs, pour ledit Duc de Lorraine, & le sçeu mesmement par ledit
Duc propre, qui vint passer par Moulins, où lors me tenois, pour les differés
de Court, auec ledit Duc Iean de Bourbon. Ia son entreprinse estoit demy
perduë, pour la longue attente, & allay au deuant de luy, combien que ne lui
fusse tenu: car il m'auoit aidé à chasser de la Court auec rudes & folles parolles. Il me feit la plus grand' chere du monde, soy doulãt de ceux qui demou-

roient au gouuernement. Il fut deux iours auecques le Duc Iean de Bourbō, & puis tira vers Lyon. En somme ses amis estoient si las & si foulez, pour l'auoir tant attédu, que le Pape auoit appointé, & les Barons du Royaume aussi, lesquels sur la seureté dudit appointement allerent à Naples : où tous furent prins, combien que le Pape, les Venitiens, & le Roy d'Espaigne, & les Florentins s'estoiét obligez de faire tenir ledit appointement, & eussent iuré & promis leur seureté. Le Prince de Salerne eschappa, & vint par deça, & ne voulut point estre comprins audit appointement, cognoissant ledit Ferrād. Ledit Duc de Lorraine s'en alla bien honteux en son païs, n'oncques puis n'eut authorité vers le Roy : & perdit ses gens-darmes, & les trente six mille francs qu'il auoit pour Prouence : & iusques à ceste heure (qui est l'an mil quatre cens quatre vingts dix-sept) est encores en cest estat.

LEdit Prince de Salerne fut à Venise (parce ce qu'il y auoit grande accointance) auec trois de ses neueux, enfans du Prince de Bisignan : où demanderent cōseil (comme m'a dit ledit Prince) à la seigneurie, où il leur plaisoit mieux qu'ils tirassent, ou vers ledit Duc de Lorraine, ou deuers le Roy de France, ou d'Espaigne. Il me dit qu'ils luy respondirent, que le Duc de Lorraine estoit vn homme mort, & qu'il ne les sçauroit ressoudre. Le Roy d'Espaigne seroit trop grand, s'il auoit le Royaume, auec l'Isle de Sicile, & les autres choses qu'il auoit en ce golfe de Venise, & qu'il estoit puissant par mer : mais qu'ils lui conseilleroient d'aller en France, & qu'auec les Roys de France, qui auoient esté audit Royaume, ils auoient eu bonne amitié & bon voisin. Et croy qu'ils ne pensoient point que ce qui en aduint apres, deust aduenir. Ainsi vindrēt ces Barons dessusdits en France, & furent bien recueillis, mais pauurement traictez de biens. Ils feirent grande poursuite enuiron deux ans : & de tout s'adressoient à Estienne de Vers, lors Seneschal de Beaucaire, & Chambellan du Roy.

Vn iour viuoient en esperance, autre en contrarieté, & faisoyent diligéce en Italie, & par especial à Milan : où auoit pour Duc Iean Galeas, non pas le grand, qui est enterré aux Chartreux de Pauie, mais celui qui estoit filz du Duc Galeas, & de la Duchesse Bonne, fille de Sauoye, qui estoit de petit sens. Elle eut la tutelle de ses enfans, & l'ay veuë en grande authorité estant veufue, conduicte par vn appellé messire *Cico, Secretaire, nourry de long temps en ceste maison : qui auoit chassé & confiné tous les freres du Duc Galeas, pour la seureté de ladite Dame & de ses enfans. Entre les autres auoit chassé vn appellé le seigneur Ludouic (qui depuis fut Duc de Milā) qu'elle rappella depuis, estant son ennemy, & en guerre contre elle : & le seigneur Robert de sainct Seuerin, vaillāt Capitaine, qui pareillement auoit esté chassé par ledit Cico. Pour conclusion, par le moyen d'vn ieune homme, qui tréchoit deuāt elle, natif de Ferrare, de petite lignee, appellé Anthoine *Thesin, elle les r'appella

pella

pella par sottise, cuidant qu'ils ne fissent nul mal audit Cico: & ainsi l'auoient iuré & promis. Le tiers iour apres, le prindrent & le passerent dedans vne pippe, au trauers de la ville de Milan : car il estoit allié par mariage auecques aucuns des Vicomtes, & veut l'on dire, que s'il eust esté en la ville, qu'ils ne l'eussent osé prendre : & si vouloit le seigneur Ludouic, que le seigneur Robert de Sainct Seuerin (qui venoit) le rencontrast en cet estat, pource qu'il haïssoit à merueilles ledit Cico, qui apres fut mené à Pauie en prison au chasteau, où depuis il mourut.

Ludouic chassé fut rappellé à Milan.

Ils mirent ladite Dame en grand honneur, ce luy sembloit, & luy complaisoient: & eux tenoient le conseil, sans luy dire, sinon ce qui leur plaisoit: & plus grand plaisir ne luy pouuoient-ils faire que de ne luy parler de rien. A cet Antoine Thesin luy laissoient donner ce qu'elle vouloit, & le logeoiét prés de sa chambre, & la portoit à cheual derriere luy par la ville : & estoient toutes festes & dances leans, mais cela ne dura gueres, parauanture que demy an. Elle fit beaucoup de biens audit Thesin, & les bougettes des courriers s'addressoient à luy, & y sortit grand enuie, auec le bon vouloir que le seigneur Ludouic, oncle des deux enfans, auoit de se faire seigneur: comme il feit apres. Vn matin luy osterent ses deux fils, & les mirent au Donjon, qu'ils appelloient la Rocque: & à ce s'accorderent ledit seigneur Ludouic, le seigneur Robert de Sainct Seuerin, vn appellé de Palleuoisin, qui gouuernoit la personne dudit ieune Duc, & le Capitaine de la Rocque : qui iamais depuis la mort du Duc Galeas n'en estoit sorty, ny ne fit de lóg temps apres, iusques à ce qu'il fut prins par tromperie dudit seigneur Ludouic, & par la folie de son maistre, qui tenoit la códition de la mere, & n'estoit gueres sage. Apres ces enfans mis en ladite Rocque par les dessusdits, ils mirent la main sur le thresor (qui estoit en ce temps le plus grand de la chrestienté) & luy en feirent rendre cópte: & en fut fait trois clefs, dót elle en eut l'vne: mais oncques puis n'y toucha. Ils la feirent renócer à la tutelle, & fut creé tuteur le seigneur Ludouic. Et, d'auátage, escriuirent en plusieurs lieux, & par especial en France, lettres (que ie vey) à sa grande honte, en la chargeant de cét Antoine Thesin: & autre chose audit Thesin ne fut messaict, mais fut enuoyé : & le sauua ledit seigneur Robert, & aussi ses biens. En ceste Rocque n'entroient point ces deux grands hommes, comme ils vouloiét: car le Capitaine y auoit son frere, & bien cinquáte hommes à gages, & faisoit garder la porte quand ils y entroient, & n'y menoient iamais qu'vn homme ou deux auec eux : & dura cecy longuement. Cependant sourdit grand differend entre ledit seigneur Ludouic & Robert de Sainct Seuerin, comme il est bien de coustume (car deux gros ne se peuuent endurer) & demeura le pré au seigneur Ludouic: & l'autre s'en alla au seruice des Venitiés. Toutesfois, puis apres, il reuint deux de ses enfans au seruice dudit seigneur Ludouic & de l'Estat de Milan, qui furent messire Galeas & le Comte de Caiazze. Aucuns dient du sceu dudit pere, les autres dient que non. Mais (comment que ce fust) ledit seigneur Ludouic les print en grand amour, & s'en est depuis bien seruy. Et faut entendre que leur pere, le seigneur Robert de Sainct Seuerin estoit de la maison de Sainct Seuerin, sailly d'vne fille bastarde: mais ils ne font point gran-

Antoine Thesin, Ferrarois ayant grand maniement vers Bonne Duchesse de Milan.

La Duchesse de Milá chassée du gouuernement de ses enfans.

Ludouic Sforce tuteur de ses neueux Ducs de Milan.

En Italie ne font grand difference entre legitime & bastard.

X

de difference au pays d'Italie d'vn enfant baſtard à vn legitime. Ie dy cecy, par ce qu'ils aiderent à conduire noſtre entreprinſe du païs d'Italie, tant
en faueur du Prince de Salerne (dót i'ay parlé) qui eſt chef de ladite maiſon
de ſainct Seuerin, que pour autres cauſes que ie diray cy apres.

Ledit ſeigneur Ludouic commença toſt à monſtrer de fort vouloir garder ſon authorité : & feit faire monnoye, où le Duc eſtoit empraint d'vn coſté, & luy de l'autre, qui faiſoit murmurer beaucoup de gens. Ledit Duc fut
marié auec la fille du Duc de Calabre, qui depuis fut Roy Alphonſe, apres la
mort de ſon pere le Roy Ferrand, Roy de Naples. Ladite fille eſtoit fort
courageuſe, & euſt volontiers donné credit à ſon mary, ſi elle euſt peu : mais
il n'eſtoit pas gueres ſage, & reueloit ce qu'elle luy diſoit. Auſſi fut long téps
en grande authorité le Capitaine de ceſte Rocque de Milan, qui iamais ne
ſailloit de dedans : & s'y commença à engendrer des ſoupçous, & quand l'vn
filz ſailloit, l'autre demeuroit dedans. Pour abbreger ce propos, enuiron vn
an ou deux auant qu'allaſſions en Italie, ledit ſeigneur Ludouic venant de

dehors auec ledit Duc, * pour luy faire dommage, l'amena pour deſcendre à
la Rocque, comme ils auoient de couſtume. Le Capitaine venoit ſus le pont
leuis, & gens à l'entour de luy, pour baiſer la main audit Duc, comme eſt leur
couſtume. Ceſte fois eſtoit le Duc vn peu hors du pont : & fut contraint ledit Capitaine de paſſer vn pas parauenture ou deux, tant que ces deux en-

fans de Sainct Seuerin le ſaiſirent, & autres qui eſtoiét à l'entour d'eux. Ceux
de dedans leuerent le pont, & ledit Ludouic fit allumer vn bout de bougie,
iurant qu'il leur feroit trencher la teſte, ſils ne rendoient la place auant la
chandelle bruſlee, ce qu'ils feirent : & poururet bien ladite place, & ſeurement pour luy, & parlant touſiours au nom du Duc : & fit vn procez à ce bon
homme, diſant qu'il auoit voulu bailler la place à l'Empereur : & fit arreſter
aucuns Allemans, diſans qu'ils traittoient ce marché, & puis les laiſſa aller : &
fit decapiter vn ſien Secretaire, le chargeant d'auoir guidé cet œuure, & vn
autre qui diſoit qu'il en auoit fait leſdits meſſages. Il tint ledit Capitaine
long temps priſonnier, à la fin le laiſſa aller : diſant que Madame Bonne a-
uoit vne fois gaigné vn frere dudit Capitaine, pour le tuer, en entrant en ladite Rocque, & que ledit Capitaine l'en auoit gardé : parquoy à ceſte heure
luy ſauuoit la vie. Toutesfois ie croy que ſ'il euſt eſté coulpable d'vn tel cas,

comme d'auoir voulu bailler le chaſteau de Milan à l'Empereur, auquel il
pourroit pretendre droict comme Empereur, & auſſi comme Duc d'Auſtriche (car ceſte maiſon y querelle quelque choſe) il ne luy euſt point pardon-
né. Auſſi c'euſt eſté vn grand mouuement en Italie : car tout l'Eſtat de Milan
ſe fuſt tourné en vn iour : parce que du temps des Empereurs, ils ne payoient

que demy ducat pour feu, & maintenant ſont fort cruellement traittez, E-
gliſes, Nobles, & Peuple, & en vraye tyrannie.

Se ſentant le ſeigneur Ludouic ſaiſy de ce chaſteau, & la force des gens-
d'armes de ceſte maiſon ſoubs ſa main, penſa de tirer outre : car qui à Milan, il a ſon gouuernement, & toute la ſeigneurie : car les principaux de toute la ſeigneurie y demeurent, & ceux qui ont la garde & gouuernement des

autres places, en ſont. Et de ce que contient ceſte Duché, ie ne vey iamais

plus

plus belle piece de terre, ne de plus grande valeur. Car quand le seigneur se *Sentence.*
contenteroit de cinq cens mille Ducats l'an, les subiects ne seroient que trop
riches, & viuroit ledit seigneur en seureté: mais il en leue six cens cinquante
mille, ou sept cens mille, qui est grand'tyrannie: aussi le peuple ne demande
que mutation de seigneur. Quoy voyant le seigneur Ludouic, auec ce que
dit est, & estant ja marié auec la fille du Duc de Ferrare, dont il auoit plusieurs enfans, se prepara d'acheuer son desir: & mit peine de gaigner amis,
tant en ladite Duché, que dehors d'Italie: & premierement s'allia des Veni- *Le Polesan*
tiens, à la preseruation de leurs estats, desquels il estoit grand amy, au preiu- *osté au Duc*
dice de son beaupere, à qui les Venitiens auoient osté, peu parauant, vn petit *de Ferrare*
païs, appellé* Polesan, qui est tout enuironné d'eauë, & abondant à merueil- *par les Veni-*
les en tous biens: & le tiennent les Venitiens iusques à demie lieuë de Ferra- *tiens.*
re, & y a deux bonnes petites villes, que i'ay veuës. C'est à sçauoir* Rouigue **Polesine,*
& Labadie: & le perdit lors qu'il faisoit la guerre aux Venitiens, que luy seul *Machiauelli.*
esmeut, & durant laquelle vint depuis le Duc de Calabre, Alphonse, à son secours, du viuant de Ferrand son pere, & le seigneur Ludouic pour Milã, auec **Rouigo et*
les Florentins, le Pape, & Boulongne. Toutesfois, estans les Venitiés presque *Labadia,*
au dessoubs, au moins ayans le pire, & fort minez d'argét, & plusieurs autres *Italiens.*
places perdues, appointa ledit seigneur Ludouic à l'honneur & profit des
Venitiens: & reuint vn chascun au sien, fors ce pauure Duc de Ferrare, qui a-
uoit encommencé ladite guerre, à la requeste de luy & dudit Roy Ferrand,
dõt ledit Duc auoit espousé la fille: & fallut qu'il laissast ausdits Venitiens le
Polesan, qu'écores tiennét: & disoit l'on que le seigneur Ludouic en eut soixãte mille Ducats. Toutesfois ie ne sçay s'il est vray: mais i'ay veu ledit Duc
de Ferrare en ceste creance. Vray est que pour lors il n'auoit pas espousé sa
fille: & ainsi estoit continuee ceste amitié entre luy & les Venitiens.

Nul seruiteur ne parent du Duc Iean Galeas de Milan donnoit empes-
chement au seigneur Ludouic à prendre la Duché pour luy, que la femme
dudit Duc, qui estoit ieune & sage, & fille du Duc Alphonse de Calabre, que
par cy deuant ay nommé, filz aisné du Roy Ferrand de Naples: & en l'an
mil quatre cens quatre vingts & treize, commença ledit seigneur Lu- *Ludouic Sfor-*
douic à enuoyer deuers le Roy Charles huictiesme, pour le pratiquer de *ce practique*
venir en Italie, à conquerir ledit Royaume de Naples, pour destruire & *le Roy Char-*
affoler ceux qui le possedoient que i'ay nommez. Car, estans ceux-là en for- *les 8. à venir*
ce & vertu, ledit Ludouic n'eust osé entreprendre ce qu'il feit depuis. Car *côquerir Na-*
en ce temps là estoient forts & riches ledit Ferrand Roy de* Sicile, & son *ples.*
filz Alphonse, & fort experimentez au mestier de la guerre, & estimez de **Entendez*
grand cœur (combien que le contraire se veit depuis) & ledit seigneur Lu- *de Naples,*
douic estoit homme tres-sage, mais fort craintif & bien souple, quand il *& non pas*
auoit peur (i'en parle comme de celuy que i'ay cognen, & beaucoup de cho- *de l'Isle.*
ses traitté auecques luy) & homme sans foy, s'il voyoit son profit pour la *Ludouic for-*
rompre. Et ainsi, comme dict est, l'an mil quatre cens quatre vingts & treize, *st sans foy.*
commença à faire sentir à ce ieune Roy Charles huictiesme, de vingt & deux *1493.*
ans, des fumees & gloires d'Italie, luy remonstrant, comme dit est, le droict
qu'il auoit en ce beau royaume de Naples, qu'il luy sçauoit bien blasõner &

Ambaſſade du Duc de Milã au Roy Charles 8.

loüer : & ſ'addreſſoit de toutes choſes à cet Eſtienne de Vers (deuenu Seneſchal de Beaucaire, & enrichy, mais non point encores à ſon gré) & au General Briſſonnet, homme riche, & entendu en finances, grand amy lors du Seneſchal de Beaucaire, auquel il faiſoit conſeiller audit Briſſonnet de ſe faire
Preſtre, & qu'il le feroit Cardinal : à l'autre couchoit d'vne Duché. Et pour
commencer à conduire toutes ces choſes, ledit ſeigneur Ludouic enuoya
vne grande Ambaſſade deuers le Roy à Paris, audit an, dont eſtoit Chef le
Comte de Caiazze, fils aiſné dudit Robert de Sainct Seuerin, dont i'ay parlé: lequel trouua à Paris le Prince de Salerne, dont il eſtoit couſin : car celuy
là eſtoit Chef de la maiſon de ſainct Seuerin, comme deſſus i'ay dit : & eſtoit
en France, chaſſé dudit Roy Ferrand, cõme auez entendu parauant, & pour-
chaſſoit ladite entreprinſe de Naples. Auec ledit Comte de Caiazze eſtoit
le Comte Charles de *Belleioyeuſe, & meſſire Galeas, Vicomte Milannois.

**Belzoioſo en Ma ti Guazzo, que le Latin de P. Iouius en l'hiſtoire de ſon temps nomme Balbianus, & l'Italien, de Balbiano.*

Tous deux eſtoient fort bien accouſtrez & accompaignez. Leurs parolles en
public n'eſtoient que viſitations, & parolles aſſez generales : & eſtoit la premiere Ambaſſade grande, qu'il euſt enuoyee deuers ledit ſeigneur. Il auoit
bien enuoyé parauant vn Secretaire, pour traicter que le Duc de Milan, ſon
nepueu, fuſt receu à hommage de Gennes, par procureur, ce qu'il fut, & contre raiſon : mais bien luy pouuoit le Roy faire ceſte grace que de commettre
quelqu'vn à le receuoir : car luy eſtant en la tutelle de ſa mere, ie l'ay receu en
ſon chaſteau de Milan, moy eſtant Ambaſſadeur de par le feu Roy Louys
vnzieſme de ce nom, ayant la charge expreſſe de ce faire : mais lors Gennes
eſtoit hors de leurs mains, & la tenoit meſſire Baptiſte de Cãpefourgouſe:
& maintenant que ie dy, le ſeigneur Ludouic l'auoit recouurée : & donna à
aucuns Chambellans du Roy, huict mille Ducats, pour auoir ladite inueſtiture, leſquels feirent grand tort à leur maiſtre : car ils euſſent peu parauant
auoir Gennes pour le Roy, ſ'ils euſſent voulu. Si argent deuoiét prédre pour

Inueſtiture de Gennes pour 50000 Ducats.

ladite inueſtiture, ils en deuoient demander plus : car le Duc Galeas en paya
vne fois au Roy Louys mon maiſtre, cinquante mil Ducats, deſquels i'en eu
trente mille eſcus contant, en don dudit Roy Louys, à qui Dieu face pardõ:

Commines reçoit en don 30000. du-cats du Roy Louys.

toutesfois ils diſoient auoir prins leſdits huict mille Ducats, du conſentement du Roy: & ledit Eſtienne de Vers, Seneſchal de Beaucaire, eſtoit l'vn de
ceux qui en print : & croy bien qu'il le faiſoit pour mieux entretenir ledit
ſeigneur Ludouic pour ceſte entreprinſe où il tendoit. Eſtans à Paris les Ambaſſadeurs, dont i'ay parlé en ce chapitre, & ayans parlé en general, parla à
part, auec le Roy, ledit Comte de Caiazze, qui eſtoit en grand credit à Milan, & encores plus ſon frere meſſire Galeas de ſainct Seuerin, & par eſpecial
ſur le fait des gens d'armes : & commença à offrir au Roy grands ſeruices &

**André de la Vigne en ſon Vergier d'hõneur, fait mẽtion d'vn Pe-rot le Vache, que ie penſe e-ſtre ceſtuy-cy, ſuinãt meſme la mer des hi-ſtoires quiſ s'ac-corde fort a-uec lui en tout ce voyage.*

aides, tant de gens que d'argent: car ja pouuoit ſon maiſtre diſpoſer de l'eſtat
de Milan, comme ſ'il euſt eſté ſien, & faiſoit la choſe aiſée à conduire : & peu
de iours apres print congé du Roy, & meſſire Galeas Vicomte, & ſ'en allerent : & le Comte Charles de Belleioyeuſe demeura pour auancer l'œuure,
lequel incontinent ſe veſtit à la mode Françoiſe, & feit de tres-grandes diligences:& cõmencerent pluſieurs à entendre à ceſte matiere. Le Roy enuoya
en Italie vn nommé Peron de *Baſche, nourry en la maiſon d'Anjou, du Duc
Iean

Iean de Calabre, affectionné à ladite entreprife: qui fut vers le Pape Innocent, Venitiens & Florentins. Ces practiques, allees & venuës durerent fept
ou huict mois, ou enuiron : & fe parloit de ladite entreprife entre ceux qui la
fçauoient en plufieurs façons : mais nul ne croyoit que le Roy y deuft aller
en perfonne.

*Comment le Roy Charles huictiefme feit paix auec le Roy des Romains, & l'Archeduc
d'Auftriche, leur renuoyant Madame Marguerite de Flandres, deuant que faire
fon voyage de Naples.*　　CHAPITRE III.

Endant ce delay, que ie dy, fe traicta paix à Senlis entre le Roy & l'Archeduc d'Auftriche, heritier de cefte maifon de Bourgógne : & combien que ja y euft trefues, fi furuint il cas de malueillance : car le Roy
laifla la fille du Roy des Romains, fœur dudit Archeduc (laquelle eftoit bien
ieune)& print pour femme la fille du Duc François de Bretaigne, pour auoir
la Duché de Bretaigne paifible : laquelle il poffedoit prefque toute à l'heure
dudit traitté, fors la ville de Renes, & la fille qui eftoit dedans : laquelle eftoit
conduite foubs la main du Prince d'Orenge, fon oncle, qui en auoit fait le
mariage auec le Roy des Romains, & efpoufé par procureur en l'Eglife publiquement: & fut le tout enuiró l'an mil quatre cents quatre vingts & douze. Pour ledit Archeduc, & en fa faueur, grand Ambaffade vint de par l'Empereur Federic, voulant fe faire mediateur dudit accord. Auffi y enuoya le
Roy des Romains, femblablement y enuoya le Comte Palatin, & les Suiffes,
pour moyenner & pacifier: car il fembloit à tous que grand'queftion en deuoit fourdre, & que le Roy des Romains eftoit fort iniurié, & qu'on luy o-
ftoit celle qu'il tenoit pour fa femme, & luy rendoit-on fa fille, qui plufieurs
annees auoit efté Royne de France. Fin de compte, la chofe termina en paix:
car chacun eftoit las de guerre, & par efpecial les fubiects du *Duc Philippe,
qui auoient tant fouffert (tant par la guerre du Roy, que pour leurs diuifions
particulieres) qu'ils n'en pouuóient plus : & fe feit vne paix de quatre ans
feulement, pour auoir repos, & leur fille, qu'on faifoit difficulté de leur rendre, au moins aucuns, qui eftoient à l'entour du Roy & de ladite fille: & à ladite paix me trouuay prefent, auec les deputez qui y eftoient: à fçauoir monfeigneur Pierre Duc de Bourbon, le Prince d'Orenge, & monfeigneur des
Cordes, & plufieurs autres grands perfonnages : & fut promis rendre audit
Duc Philippe ce que le Roy tenoit de la Comté d'Artois, comme il auoit efté
promis en traittant ledit mariage(qui fut l'an mil quatre cents quatre vingts
& deux)que f'il ne f'accompliffoit, que les terres qu'on donnoit à ladite fille en mariage, retourneroient auec elle, ou au Duc Philippe, mais ja d'emblee
auoient prins ceux dudit Archeduc, Arras, & Sainct Omer. Ainfi ne reftoit
à rendre que Hefdin, Aire, & Betune, dont dés l'heure fut baillé le reuenu &
feigneurie, & y mirent officiers, & le Roy retenoit les chafteaux, & y pouuoit
mettre garnifons, iufques au bout de quatre ans, qui finirent à la Sainct Iean,
l'an mil quatre cens quatre vingts & dixhuict : & lors les deuoit rendre le
Roy à mondit feigneur l'Archeduc: & ainfi fut promis & iuré.

Marginal notes:
Le Roy Charles 8. renuoye Marguerite d'Auftriche à fon pere, & prend Anne de Bretagne
Anne de Bretagne efpoufee au Roy des Romains par Procureur en l'Eglife.
Duc pour Archeduc.

Si lefdits mariages furent ainfi changez felon l'ordonnance de l'Eglife ou nó, ie m'en rapporte à ce qui en eft : mais plufieurs Docteurs en Theologie m'ont dit que non, & plufieurs m'ont dit que ouy:mais quelque chofe qu'il en foit,toutes les Dames ont eu quelque mal-heur en leurs enfans. La noftre a eu trois filz de rág, & en quatre années:l'vn a vefcu pres de trois ans, & puis mourut: & les autres deux auffi font decedez. Madame Marguerite d'Auftriche a efté mariee au Prince de Caftille, filz feul des Roy & Royne de Caftille,& de plufieurs autres royaumes : lequel Prince mourut au premier an qu'il fut marié, qui fut l'an mil quatre cens quatre vingts dix-fept. Ladite Dame demeura groffe, laquelle accoucha d'vn filz, tout incontinenr apres la mort de fon mary,qui a mis en grand douleur lesRoy &Royne de Caftille,& tout leur royaume. Le Roy des Romains s'eft marié, incontinent apres ces mutations dont i'ay parlé, auec la fille du Duc Galeas de Milan fœur du Duc Iean Galeas,dont a efté parlé:& s'eft faict ce mariage par la main du feigneur Ludouic.Le mariage a fort defpleu aux Princes de l'Empire,& à plufieurs amis du Roy des Romains, pour n'eftre de maifon fi noble, comme il leur fembloit qu'il leur appartenoit. Car du cofté des Vicomtes, dont s'appellét ceux qui regnét à Milá,y a peu de nobleffe,& moins du cofté de Sforce,dont eftoit fils le Duc Francifque de Milan : car il eftoit fils d'vn Cordonnier d'vne petite ville appellee Cotignoles: mais il fut homme tres-fomptueux,& encores plus le fils,lequel fe feit Duc de Milan,moyennant la faueur de fa femme, baftarde du Duc Philippe Marie:& la conquefta, & poffeda , non point comme Tyran , mais comme vray & bon Prince : & eftoit bien à eftimer fa vertu & bonté aux plus nobles Princes qui ayent regné de fon temps.Ie dy toutes ces chofes, pour monftrer ce qui f'y eft enfuiuy de la mutation de ces mariages,& ne fçay qu'il en pourra encores aduenir.

Comment le Roy enuoya deuers les Venitiens,pour les praticquer,deuant qu'entreprendre fon voyage de Naples:& des preparatifs qui fe feirent pour luy. CHAPITRE IIII.

POur reuenir à noftre matiere principale, vous auez entendu comme le Comte de Caiazze, & autres Ambaffadeurs, partirent d'auec le Roy,de Paris,& comment plufieurs practiques fe menoient par Italie,& comment noftre Roy,tout ieune qu'il eftoit, l'auoit fort au cœur, mais à nul ne f'en defcouuroit encores, fors à ces* deux. Aux Venitiens fut requis de par le Roy,qu'ils voulfiffent luy donner aide & confeil en ladite entreprinfe: Lefquels feirent refponfe,qu'il fuft tres-bien venu, mais qu'ils ne luy pourroient faire aide, pour la fufpicion du Turc (combien qu'ils fuffent en paix auec luy) & que de confeiller vn fi fage Roy, & qui auoit fi bon confeil, ce feroit trop grande prefomption à eux, mais que pluftoft luy aideroient , que de luy faire ennuy. Or notez qu'ils cuidoient bien fagement parler , & auffi faifoient ils. Car pour auiourd'huy ie croy leurs affaires plus fagement confeillez,que de Prince ne communauté qui foit au monde:mais Dieu veut toufiours que l'on cognoiffe que les iugemens

mens

mens ne le sens des hómes ne seruent de rien là où il luy plaist mettre la main.
Il disposa l'affaire autrement qu'ils ne cuidoient: car ils ne croyoient point
que le Roy y allast en personne: & si n'auoient nulle peur du Turc, quelque
chose qu'ils dissent: car le Turc, qui regnoit, estoit de petite valeur: mais il leur
sembloit qu'ils se vengeroiét de ceste maison d'Arragó, qu'ils auoiét en grád
haine, tant le pere que le fils, disans qu'ils auoient fait venir le Turc à * Scu-
tary. I'enten le pere de cestuy Turc, qui conquit Constantinople, appellé
Mahumet Ottoman, & qui feit plusieurs autres grands dommages aux
Venitiens. Du Duc de Calabre, Alphonse, ils disoient plusieurs autres choses: & entre les autres, qu'il auoit esté cause de la guerre qu'esmeut contre eux
le Duc de Ferrare, qui merueilleusement leur cousta, & en cuiderent estre destruits (de ladite guerre i'en ay dit quelque mot) & disoient aussi que le Duc
de Calabre auoit enuoyé homme exprés à Venise pour empoisonner les ci-
sternes, au moins celles où ils pourroient ioindre: car plusieurs sont fermees
à clef: & audit lieu n'vsent d'autre eauë (car ils sont de tous poincts assis en la
mer) & est l'eauë tres-bonne, & en ay beu huiĉt mois pour vn voyage seul, &
y ay esté vne autre fois depuis la saison dont ie parle. Mais leur principale
raison ne venoit point de là, ains pource que les dessusdits les gardoiét d'accroistre à leur pouuoir, tant en Italie comme en Grece. Car des deux costez
auoient les yeux ouuerts: toutesfois ils auoient nouuellement conquesté le
royaume de Cypre, & sans nul tiltre. Pour toutes ces haines sembloit ausdits
Venitiés, que c'estoit leur profit que la guerre fust entre le Roy & ladite maison d'Arragon, esperans qu'elle ne prendroit si prompte conclusion qu'elle
print, & que ce ne seroit qu'affoiblir leurs ennemis, & non point les destruire: & qu'au pis venir, l'vn parti ou l'autre, leur donneroit quelques villes en
Poüille (qui est du costé de leur Golfe) pour les auoir à leur aide: & ainsi en
est aduenu, mais il a peu failli qu'ils ne se soient mescontez: & puis leur sembloit qu'on ne les pourroit charger d'auoir fait venir le Roy en Italie, veu
qu'ils ne luy en auoient donné conseil, ny aide, comme apparoissoit par la
response qu'ils auoient faite à Peron de Basche.

En l'an mille quatre céts quatre vingts & quatorze, le Roy tira vers Lyon
pour entendre à ses affaires (non point qu'on cuidast qu'il passast les monts)
& là vint vers luy messire Galeas, frere au Comte de Caiazze, de sainĉt Seuerin, dont a esté parlé, fort bien accompagné, de par le seigneur Ludouic,
dont il estoit Lieutenant & principal seruiteur: & amena grand nombre de
beaux & bons cheuaux: & apporta du harnois pour courir à la iouste: & y
courut, & bien: car il estoit ieune & gentil Cheualier. Le Roy luy feit grand
honneur & bonne chere, & lui donna son ordre, & puis s'en retourna en
Italie: & demoura tousiours le Comte de вelleioyeuse Ambassadeur, pour
auancer l'allee: & se commença à apprester vne tres-grosse armee à Genes, &
y estoit pour le Roy, le seigneur d'Vrfé, grand Escuyer de France, & autres.
A la fin le Roy alla à Vienne au Dauphiné, enuiron le commencement
d'Aoust audit an: & là venoient chacun iour les Nobles de Genes, où fut
enuoyé le Duc Louys d'Orleans, qui fut depuis Roy, homme ieune, &
beau personnage: mais aimant son plaisir (de luy est assez parlé en ces Me-

X iiij

moires) & cuidoit-on lors qu'il deust conduire l'armee par mer, pour descendre au royaume de Naples, par l'aide & conseil des Princes qui en estoient chassez, & que i'ay nommez: c'est à sçauoir les Princes de Salerne & de Bisignan. Et furent prests iusques à quatorze nauires Geneuois, & plusieurs galees & gallions, & y estoit obey le Roy en ce cas, comme à Paris: car ladite cité estoit sous l'estat de Milan, que gouuernoit le seigneur Ludouic: & n'auoit competiteur leans que la femme du Duc son nepueu, que i'ay nommee, fille du Roy Alphonse (car en ce temps estoit ja mort son pere le Roy Ferrand) mais le pouuoir de ladite Dame estoit bien petit: veu qu'on voyoit le Roy prest à passer, ou à enuoyer, & son mary peu sage, qui disoit tout ce qu'elle disoit, à son oncle, qui auoit ja fait noyer quelque messager, qu'elle auoit enuoyé vers son pere.

La despence de ce nauire estoit fort grande, & suis d'auis qu'elle cousta trois cens mille Francs, & si ne seruit de rien: & y alla tout l'argent contant que le Roy peut finer de ses finances: car comme i'ay dit, il n'estoit point pourueu ne de sens, ne d'argent, ny d'autre chose necessaire à telle entreprinse: & si en vint bien à bout, moyennant la grace de Dieu, qui clairement le donna ainsi à cognoistre. Ie ne veux point dire que le Roy ne fust sage de son aage: mais il n'auoit que vingt & deux ans, & ne faisoit que saillir du nid. Ceux qui le conduisoient en ce cas, que i'ay nommez, à sçauoir Estienne de Vers, Seneschal de Beaucaire, & le General Brissonnet, qui fut Cardinal de sainct Malo, estoient deux hommes de petit estat, & qui de nulle chose n'auoient eu experience: mais de tant monstra nostre Seigneur mieux sa puissance: car nos ennemis estoient tenus tressages & experimentez au fait de la guerre, riches, & pourueus de sages hommes, & bons Capitaines, & en possession du royaume. Ie veux dire le Roy Alphonse, de nouueau couroné par le Pape Alexandre, natif d'Arragon: qui tenoit en son party les Florentins, & bonne intelligence au Turc. Il auoit vn filz gentil personnage, nommé Dom Ferrand, de l'aage de vingt deux ou vingt trois ans, aussi portant le harnois, & bien aymé audit royaume: & vn frere appellé Dom Federic, depuis Roy, apres Ferrand, durant nostre aage, homme bien sage, qui conduisoit leur armee de mer, ayant esté nourri par deça long temps: & duquel, vous monseigneur de Vienne, m'auez maintesfois asseuré, par Astrologie, qu'il seroit Roy: & me promit dés lors quatre mille liures de rente audit royaume, si ainsi luy aduenoit: & a esté ceste promesse vingt ans deuant que le cas aduint.

Or pour continuer, le Roy mua de propos, à force d'estre pressé du Duc de Milã par lettres, & par ce Côte Charles de Belleioyeuse son Ambassadeur, & aussi des deux que i'ay nommez: toutesfois le cœur faillit audit General, voyãt que tout hôme sage & raisonnable blasmoit le voyage de par delà par plusieurs raisons, & par estre là sur les chãps au mois d'Aoust, sans argent, & sans toutes autres choses necessaires: & demeura la foy audit Seneschal seul, dont i'ay parlé: & feit le Roy mauuais visage audit General, trois ou quatre iours, puis il se remit en train. Si mourut à l'heure vn seruiteur dudit Seneschal (comme l'on disoit) de peste: parquoy il n'osoit aller autour du Roy,

dont

dont il eſtoit bien troublé:car nul ne ſollicitoit le cas. Monſieur de Bourbon *Voyage d'I-talie èbran-lé.* &madame eſtoient là,cherchans rompre ledit voyage à leur pouuoir:& leur en tenoit propos ledit General: & l'vn iour eſtoit l'allee rópue, & l'autre re-nouuellee.A la fin leRoy ſe delibera de partir:& mótay à cheual des premiers eſperát paſſer les monts en moindre compagnie : toutesfois ie fuz remandé, diſant que tout eſtoit rompu: & ce iour furent empruntez cinquante mille Ducats d'vn marchand de Milan : mais le ſeigneur Ludoüic les bailla, moy-ennant pleiges,qui s'obligerent vers ledit marchand: & y fuz, pour ma part, pour ſix mille Ducats, & autres pour le reſte: & n'y auoit nuls intereſts. Au parauant on auoit emprunté de la banque de Soly, de Gennes, cent mille Francs : qui couſterent en quatre moys quatorze mille Francs d'intereſt: mais aucuns diſoyent que des nommez auoyent part à ceſt argent, & au profit.

Comment le Roy Charles partit de Vienne en Dauphiné,pour conquerir Naples en perſonne:& de ce que feit ſon armee de mer,ſoubs la conduicte de monſeigneur d'Orleans. CHAPITRE V.

POur concluſion, le Roy partit de Vienne, le vingt-troiſieſme iour l'Aouſt, mil quatre cents quatre vingts quatorze, & tira droit vers Aſt. A Suze vint vers luy meſſire Galeas de Sainct Seuerin, en poſte. De là alla le Roy à Thurin,& y emprunta les bagues de Madame de Sauoye, fille du feu Marquis le ſeigneur Guillaume de Montferrat,& veufue du Duc Charles de Sauoye, & les mit en gage pour douze mille Ducats : & peu de iours apres fut à Caſal,vers la Marquiſe de Montferrat, dame ieune,& ſage, veufue du Marquis de Montferrat.Elle eſtoit fille du Roy de Seruie.LeTurc auoit conquis ſon pays: & l'Empereur, de qui elle eſtoit parente,l'auoit ma-riee là,l'ayant parauanture recueillie.Elle preſta auſſi ſes bagues,qui auſſi fu-rent engagees,pour douze mille Ducats:dont pouuez voir quel commence-ment de guerre c'eſtoit,ſi Dieu n'euſt guidé l'œuure : par aucuns iours ſe tint le Roy en Aſt.Ceſte annee là tous les vins d'Italie eſtoient aigres, ce que nos gens ne trouuoient point bon, ne l'air qui eſtoit ſi chaud.Là vint le ſeigneur Ludoüic,& ſa femme,fort bien accompagnez, & y fût deux iours , & puis ſe retira à Nom, vn chaſteau qui eſt de la Duché de Milan,à vne lieuë d'Aſt, & chacun iour le conſeil alloit vers luy.

Le Roy Alphonſe auoit deux armees par païs,l'vne en la Romanie, vers Ferrare,que conduiſoit ſon fils : & auoit auec luy le ſeigneur Virgile Vrſin, le Comte de Petilhane, & le ſeigneur Iean Iacques de Treuoul, qui depuis *Iean Iaques de Treuoul deuenu ſer-uiteur du Roy.* fut des noſtres. Et contre eux eſtoit pour le Roy, monſeigneur d'Aubigny, vn bon & ſage Cheualier, auec quelques deux cents hommes d'armes. Il y auoit auſſi du moins cinq cents hommes d'armes Italiens aux deſpens du Roy,que conduiſoit le Comte de Caiazze,qu'aſſez auez ouy nommer, qui y eſtoit pour le ſeigneur Ludoüic, & n'eſtoit point ſans peur que ceſte bande ne fuſt rompuë : car nous fuſſions retournez, & il euſt eu ſur les bras ſes en-nemis,qui auoient grande intelligence en ceſte Duché de Milan.

L'autre armee estoit par mer, que conduisoit Dom Federic, frere dudit
Alphonse : & estoit à *Ligorne & à Pise (car les Florentins tenoient encores
pour eux) & auoient certain nombre de galees : & estoit auec luy messire
*Breto de Flisco, & autres Geneuois : au moyen desquels ils esperoient faire
tourner la ville de Genes, & peu faillit qu'ils ne le feissent à Specie & à Rapalo, pres de Genes, où ils meirent en terre quelques mille hommes de leurs
partisans : &, de faict, eussent fait ce qu'ils vouloient, si tost n'eussent esté as-
saillis : mais ce iour, ou le lendemain, y arriua le Duc Louys d'Orleans, auec
quelques naues, & bon nombre de galees, & vne grosse galeace (qui estoit
mienne) que patronisoit vn appellé messire Albert Mely : sur laquelle estoit
ledit Duc & les principaux. En ladite galeace auoit grande artillerie, & grosses pieces, car elle estoit puissante : & s'approcha si pres de terre, que l'artillerie desconfit presque les ennemis, qui iamais n'en auoient veu de semblable,
& estoit chose nouuelle en Italie : & descendirent en terre ceux qui estoient
ausdits nauires : & par la terre venoient de Genes (où estoit l'armee) vn nombre de Suisses, que menoit le Baillif de Dijon : & aussi y auoit des gens du
Duc de Milan, que conduisoit le frere dudit Breto, appellé messire Iean
Louys de Flisco, & messire Iean Adorne : lesquels ne furent point aux coups :
mais feirent bien leur deuoir, & garderent certain pas. En effect, par ce que
nos gens ioignirent les ennemis, ils furent deffaits, & en fuitte. Cent ou six
vingts en mourut : & huict ou dix furent prisonniers, & entre les autres,
vn appellé le *Fourgousin, filz du Cardinal de Genes. Ceux qui eschapperent,
furent tous mis en chemise par les gens du Duc de Milan : & autre mal ne
leur feirent : & leur est ainsi de coustume. Ie vei toutes les lettres qui en
vindrent, tant au Roy qu'au Duc de Milan : & ainsi fut ceste armee de mer
reboutte, qui depuis ne s'apparut si pres. Au retour, les Geneuois se cuiderent esmouuoir, & tuerent aucuns Allemans en la ville, & en fut tué aucuns
des leurs : mais tout fut appaisé.

Il faut dire quelque mot des Florentins, qui auoient enuoyé vers le Roy,
(auant qu'il partist de France) deux fois, pour dissimuler auec luy. L'vne fois
me trouuay à besongner auec ceux qui vindrent en la compagnie dudit
Seneschal & General : & y estoient l'Euesque *d'Arese, & vn nommé Pierre
Soderin. On leur demanda seulement qu'ils baillassent passage, & cent
hommes d'armes, à la solde d'Italie (qui n'estoit que dix mille Ducats pour
vn an) eux parlans par le commandement de Pierre de Medicis, homme ieune, & peu sage, filz de Laurens de Medicis, qui estoit mort, & auoit esté des
plus sages hommes de son temps : & conduisoit ceste cité presque comme
seigneur, & aussi faisoit le filz : car ja leur maison auoit ainsi vescu, la vie de
deux hommes parauant : qui estoient Laurens, pere dudit Pierre, & Cosme
de Medicis : qui fut le chef de ceste maison, & là commença, homme digne
d'estre nommé entre les tres-grands : & en son cas, qui estoit de marchandise, estoit la plus grand' maison que ie croy qui iamais ayt esté au monde : car
leurs seruiteurs ont eu tant de credit, soubs couleur de ce nó de Medicis, que
ce seroit merueilles à croire, à ce que i'en ay veu en Flandres & en Angleterre. I'en ay veu vn, appellé Guerad Quanuese, presque estre occasion de soustenir

ſtenir le Roy Edouard, le quart en ſon eſtat, eſtant guerre en ſon royaume d'Angleterre, & fournir par fois audit Roy plus de ſix vingt mille eſcus, où il feit peu de profit pour ſon maiſtre: toutesfois il recouura ſes pieces à la longue. Vn autre ay veu, nommé & appellé Thomas Portunay, eſtre pleige entre ledit Roy Edouard & le Duc Charles de Bourgongne, pour cinquante mille eſcus, & vne autre fois, en vn lieu, pour quatre vingts mille. Ie ne loüe point les marchands d'ainſi le faire: mais ie loüe bien à vn Prince de tenir bons termes aux marchands, & leur tenir verité: car ils ne ſçauent à quelle heure ils en pourront auoir beſoing: pource que quelque fois peu d'argent fait grand ſeruice.

Il ſemble que ceſte lignee vint à faillir (comme on fait aux Royaumes, & Empires) & l'authorité des predeceſſeurs nuiſoit à ce Pierre de Medicis, combien que celle de Coſme, qui auoit eſté le premier, fuſt douce & amiable, & telle qu'eſtoit neceſſaire à vne ville de liberté. Laurens pere de Pierre, dont nous parlons à ceſte heure, pour le differend dont a eſté parlé en aucun endroit de ce *liure, qu'il eut contre ceux de Piſe & autres, dont pluſieurs furent pendus en ce temps là, auoit prins vingt hommes pour ſe garder par commandement & congé de la ſeigneurie, laquelle commandoit ce qu'il vouloit: toutesfois moderément ſe gouuernoit en ceſte grande authorité (car comme i'ay dit, il eſtoit des plus ſages de ſon temps) mais le fils cuidoit que cela luy fuſt deu par raiſon: & ſe faiſoit craindre, moyennant ceſte garde, & faiſoit des violence de nuict, & des batteries lourdemét, abuſant de leurs deniers communs, auſſi auoit fait le pere, mais ſi ſagement qu'ils en eſtoient preſque contens.

A la ſeconde fois enuoya ledit Pierre à Lion, vn appellé Pierre Cappon, & autres: & diſoit pour excuſe, comme ja auoit fait, que le Roy Louys onzieſme leur auoit commandé à Florence ſe mettre en ligue auec le Roy Ferrand, du temps du Duc Iean d'Anjou, & laiſſer ſon alliance, diſans que puis que par le commandement du Roy auoyent prins ladite alliance, qui duroit encores par aucunes années, ils ne pouuoyent laiſſer l'alliance de la maiſon d'Arragon: mais que ſi le Roy venoit iuſques là, qu'ils luy feroyent des ſeruices: & ne cuidoyent point qu'il y allaſt, non plus que les Venitiens. En toutes les deux Ambaſſades y auoit touſiours quelqu'vn ennemy dudit de Medicis, & par eſpecial ceſte fois ledit Pierre Cappon, qui maintesfois aduertiſſoit de ce qu'on deuoit faire pour tourner la cité de Florence contre ledit Pierre: & faiſoit ſa charge plus aigre qu'elle n'eſtoit, & auſſi cóſeilloit qu'on banniſt tous les Florétins du royaume: & ainſi fut fait. Cecy ie dy pour mieux vous faire entendre ce qui aduint apres: car le Roy demeura en gráetin d'inimitié contre ledit Pierre: & leſdits Seneſchal & General auoyét grand intelligence auec ſes ennemis en ladite cité, & par eſpecial auec ce Cappó, & auec deux couſins germains dudit Pierre, & de ſon nom propre.

Comment le Roy estant encore en Ast, se resolut de passer outre vers Naples, à la pour-
suite de Ludouic Sforce : & comment messire Philippe de Commines fut enuoyé en
Ambassade à Venise, & de la mort du Duc de Milan, apres laquelle Ludouic se feit
Duc, au preiudice d'iceluy Duc.   CHAPITRE VI.

'ay dit ce qui aduint à Rapalo par mer. Dom Federic se retira à Pise &
à Ligorne: & depuis ne recueillit les gés de pied qu'il auoit mis à terre:
& s'ennuyerét fort les Florentins de luy, côme plus enclins, & de tout
temps, à la maison de France qu'à celle d'Arragon: & nostre armee, qui estoit
en la Romanie, combien qu'elle fust la plus foible, toutesfois faisoit prospe-
rer nostre cas : & commença peu à peu à reculer Dom Ferrand Duc de Calabre. Quoy voyant le Roy, se mit en opinion de passer outre, sollicité du Seigneur Ludouic, & des autres que i'ay nommez : & luy dit le seigneur Ludouic à son arriuee : Sire, ne craignez point ceste entreprise: En Italie y a trois

puissances que nous tenons grandes, dont vous auez l'vne, qui est Milan:
l'autre ne bouge, qui sont les Venitiens, ainsi n'auez affaire qu'à celle de Naples: & plusieurs de vos predecesseurs nous ont battus, que nous estiôs tous
ensemble. Quand vous me voudrez croire, ie vous aideray à faire plus grand
que ne fut iamais Charlemagne, & chasserons ce Turc hors de cet Empire
de Constantinople aisément, quand vous aurez ce royaume de Naples. Et
disoit vray du Turc qui regnoit, mais que toutes choses eussent esté bien
disposees de nostre costé. Ainsi se mit le Roy à ordonner de son affaire, selon
le vouloir & conduite dudit seigneur Ludouic, dont aucuns des nostres eurent enuie, & fut quelque Chambellan, & quelque autre, sans propos (car on
ne se pouuoit passer de luy) & estoit pour complaire à monseigneur d'Orleans, qui pretendoit à la Duché de Milan : & sur tous en estoit enuieux ce
General (car ja s'estimoit grand) & y auoit quelque enuie entre le Seneschal

& luy: & dit ledit Ludouic quelque mot au Roy, & * à luy pour le faire demeurer, qui mouuoit ledit General à parler contre luy, & disoit qu'il tromperoit la compagnie: mais il estoit mieux seant qu'il s'en fust teu: car iamais
n'entra & ne vint en credit en chose d'estat, & ne s'y cognoissoit, & si estoit
homme leger en parole, mais bien affectionné à son maistre: toutesfois il fut
conclu d'enuoyer plusieurs hommes en Ambassade, & moy, entre les autres,
à Venise. Ie demouray à partir aucuns iours, parce que le Roy fut malade de
la petite verole, & en peril de mort, parce que la fieure se mesla parmy: mais

elle ne dura que six ou sept iours, & me mis en chemin ailleurs, & laissay le
Roy en Ast, & croyois fermement qu'il ne passeroit point outre. I'allay en six
iours à Venise, auec mulets & train : car le chemin estoit le plus beau du mô-
de: & craignois bien à partir, doutant que le Roy retournast: mais nostre Seigneur en auoit autrement disposé. Si tira droit à Pauie, & passa par Casal,
vers ceste Marquise, qui estoit bonne pour nous, & bonne Dame, grande
ennemie du seigneur Ludouic, & luy la haïssoit aussi. Apres que le Roy fut
arriué à Pauie, commença ja quelque peu de soupçon : car on vouloit qu'il
logeast en la ville, & non point au chasteau, & il y vouloit loger, & y logea:
& fut renforcé le guet ceste nuict (Gens me dirent, qui estoient prés dudit
Seigneur

Seigneur,qu'il y auoit danger)dont s'esbahit le Seigneur Ludouic,& en parla au Roy,demandant s'il le soupçonnoit de luy. La façon y estoit telle des
deux costez,que *la nuictee n'y pouuoit gueres durer:mais de nostre costé   *l'amitié
parlions plus qu'eux:non point le Roy,mais ceux qui estoient prochains   possible.
parens de luy. En ce chasteau de Pauie estoit le Duc de Milan,dont a esté
parlé deuant,appellé Iean Galeas,& sa femme,fille du Roy Alphonse,bien
piteuse:car son mary estoit là malade,& tenu en ce chasteau,comme en garde,& son fils,qui encores vit pour le present,& vne fille ou deux:& auoit
l'enfant lors quelques cinq ans.Nul ne veit ledit Duc,mais bien l'enfant. I'y
passay trois iours auant le Roy,mais il n'y eut remede de le voir:& disoit l'on   Le Roy n'ose
qu'il estoit bien fort malade:toutesfois le Roy parla à luy(car il estoit son   desplaire à
cousin germain)& m'a conté ledit seigneur leurs paroles,qui ne furent que   Ludouic Sfor
choses generales:car il ne vouloit en rien desplaire audit Ludouic:toutesfois   ce en faueur
me dit-il qu'il l'eust volōtiers aduerty.A celle heure propre se jetta à genoux   du Duc son
ladite Duchesse,deuant Ludouic,luy priât qu'il eust pitié de son pere & fre-   nepueu.
re.Il luy respondit qu'il ne se pouuoit faire:mais elle auoit meilleur besoing
de prier pour son mary,& pour elle,qui estoit encores belle Dame & ieune.

De là tira le Roy à Plaisance:auquel lieu eut nouuelles ledit Ludouic que
son nepueu,le Duc de Milan,se mouroit.Il print congé du Roy,pour y aller:
& luy pria le Roy qu'il retournast,& il le promit. Auant qu'il fust à Pauie,le-
dit Duc mourut:& incontinent,comme en poste,alla à Milan. Ie vey ces
nouuelles par la lettre de l'Ambassadeur Venitien,qui estoit auec luy,qui
l'escriuoit à Venise,& aduertissoit qu'il se vouloit faire Duc:&,à la verité
dire,il en desplaisoit au Duc & Seigneurie de Venise:& me demanderēt si le
Roy tiendroit point pour l'enfant:&,combiē que la chose fust raisonnable,
ie leur my en doute,veu l'affaire que le Roy auoit dudit Ludouic.

Fin de compte,il se fit receuoir pour Seigneur:& fut la conclusion,com-   Ludouic Sfor
me plusieurs disoiēt,pour laquelle il nous auoit fait passer les monts,le char-   ce se fait rece-
geant de la mort de son nepueu,dont les parens & amis,en Italie,se met-   uoir Duc de
toient en chemin pour luy oster le gouuernement:& l'eussent fait aisément,   Milan.
si n'eust esté l'allee du Roy:car ja estoient en la Romanie,comme auez ouy:
mais le Comte de Caiazze,& monseigneur d'Aubigny,les faisoient reculer.
Car ledit seigneur d'Aubigny estoit en force de cent cinquante,ou de deux
cents Hommes-d'armes François,& d'vn nombre de Suisses,& se reculoit
ledit Dom Ferrand vers leurs amis:& estoit demie iournee,ou enuiron,de-   *Furli. M.
uant nos gens:& tira deuers *Sorly,dont estoit Dame vne bastarde de Mi-   Guazzo,qui
lan,vefue du Comte Hieronyme,qui auoit esté nepueu du Pape Sixte. On   estoit aux an-
                                                                         ciens Forum
disoit qu'elle tenoit leur party:mais nos gens luy prindrent vne petite place   liuii,selon la
d'assaut,qui ne fut battuë que demy iour,parquoy elle se tourna,auec le bon   description
                                                                         d'Italie.
vouloir qu'elle en auoit:&,de tous costez,le peuple d'Italie commença à   *Sesenne en
prendre cœur,desirant nouuelletez:car ils voyoient chose qu'ils n'auoient   l'autre exēpl.
point veuë de leur tēps:car ils n'entendoient point le faict de l'artillerie:& en   imprimé: ℈
France n'auoit iamais esté si bien entendu. Or se tira ledit Dom Ferrand vers   M. Guazzo
*Susanne,approchant du royaume,vne bonne cité qui est au Pape,en la   Cesena,&
                                                                         l'Ital de Iou.
Marque d'Ancone:mais le peuple leur destroussoit leurs sommiers & ba-   Cescnne.

Y

gues, quand ils les trouuoient à part: car par toute Italie ne desiroient qu'à rebeller, si du costé du Roy les affaires se fussent bien conduits, & en ordre, sans pillerie: mais tout se faisoit au contraire: dont i'ay eu grand dueil, pour l'honneur & bonne renommee que pouuoit acquerir, en ce voyage, la nation Françoise. Car le peuple nous aduoüoit comme Saincts, estimans en nous toute foy & bonté: mais ce propos ne leur dura gueres, tant pour nostre desordre & pillerie, qu'aussi les ennemis preschoient le peuple en tous quartiers, nous chargeans de prendre femmes à force, & l'argent, & autres biens ou nous le pouuions trouuer. De plus grands cas ne nous pouuoient-ils charger en Italie: car ils sont ialoux & auaricieux plus qu'autres. Quant aux femmes ils mentoient: mais, du demeurant, il en estoit quelque chose.

*adoroit possible.

*François ne maintiennēt leur bonne reputation à l'allee du voyage d'Italie.

Comment Pierre de Medicis meit quatre des principales forteresses des Florentins entre les mains du Roy: & comment le Roy meit Pise, qui en estoit l'vne, en sa liberté.   CHAPITRE VII.

OR ie laissé le Roy à Plaisance, selon mon propos, où il fit faire seruice solennel à son cousin germain le Duc de Milan: & si croy qu'il ne sçauoit gueres autre chose que faire, veu que le Duc de Milan, nouueau, estoit party de luy: & m'ont dit ceux, qui le deuoient bien sçauoir, que la compagnie fut en grand vouloir de retourner pour doute: & se sentoient mal pourueus: car d'aucuns, qui auoiēt premier loüé le voyage, le blasmoiēt: comme le Grand Escuyer, Seigneur d'Vrfé (combien qu'il n'y fust point, mais estoit malade à Genes) car il escriuit vne lettre, donnant grand soupçon, disant auoir esté aduerty: mais, comme i'ay dit en d'autres endroits, Dieu monstroit conduire l'entreprinse: & eut le Roy soudaines nouuelles que le Duc de Milan retourneroit, & aussi quelque sentement de Florence, pour les inimitiez que ie vous ay dites, qui estoient contre Pierre de Medicis, qui viuoit comme s'il eust esté seigneur: dont estoient ses plus proches parens, & beaucoup d'autres gens de bien, comme tous ces Cappons, ceux de *Fodormi, ceux de Nerli, & presque toute la cité, enuieux. Pour laquelle cause ledit Seigneur partit, & tira aux terres des Florentins pour les faire declarer pour luy, ou pour prendre de leurs villes, qui estoient foibles, pour s'y pouuoir loger pour l'hyuer, qui estoit ja encommencé: & se tournerent plusieurs petites places, & aussi la cité de Luques, ennemie des Florentins: & firent tout plaisir & seruice au Roy: & auoit tousiours esté le conseil du Duc de Milan à ces deux fins, à fin qu'on ne passast point plus auant, de la saison, & aussi qu'il esperoit auoit Pise (qui est bóne & gráde cité) Serezane, & Pietre saincte. Les deux auoient esté aux Geneuois, n'y auoit gueres de temps, & conquis sur eux par les Florentins, du temps de Laurens de Medicis,

*Sōderini, possible, comme para uāt il en a nommé vn Sonderin; que quelques gens bien cognoissans les maisons de Florence, m'ont nommé Soderini, sans ō.

Le Roy print son chemin par *Pontreme (qui est au Duc de Milan) & alla assieger Serezane, tresfort chasteau, & le meilleur qu'eussent les Florentins, mal pourueu pour leur grand diuision: & aussi, à la verité dire, les Florentins mal volontiers estoient contre la maison de France, de laquelle ils ont esté de tous temps, vrais seruiteurs & partisans, tant pour les affaires qu'ils ont en France, pour la marchandise, que pour estre de la part Guelfe: &, si la place

*Pontremolo. M. Guazzo, & l'Ital. de Ieu, Pōtriemoli.

eust

euſt eſté bien pourueuë, l'armee du Roy eſtoit rompuë: car c'eſt vn pays ſte-
rile & entre montaignes, & n'y auoit nuls viures, & auſſi les neiges eſtoient
grandes. Il ne fut que trois iours deuant: & y arriua le Duc de Milan auant
la compoſition, & paſſa par Pontreme: où des gés de la ville & garniſon, eurent vn grand debat auec nos Allemans, que conduiſoit vn appellé Buſer: &
furent tuez aucuns Allemans: & cóbien que ne fuſſe preſent à ces choſes, ſi le
m'ont compté le Roy, le Duc, & autres: & de ce debat vint depuis grand inconuenient, comme vous orrez apres. Pratique ſe meut à Florence, & depu-
terent gens, pour enuoyer deuers le Roy, iuſques à quinze ou ſeize, diſant en
la cité qu'ils ne vouloient demeurer en ce grand peril d'eſtre en la haine du
Roy & Duc de Milan, qui touſiours auoit ſon Ambaſſade à Florence, &
cóſentit Pierre de Medicis ceſte allee: Auſſi n'y euſt-il ſceu remedier, aux termes en quoy les affaires eſtoiét: car ils euſſent eſté deſtruits, veu la petite prouiſion qu'ils auoient: & ſi ne ſçauoient que c'eſtoit de guerre. Apres qu'ils
furent arriuez, offrirent de recueillir le Roy à Florence, * & en autres
parties: & ne leur chaloit à la pluſpart ſinon qu'on allaſt là pour occaſion de
chaſſer Pierre de Medicis, & ſe ſentoient auoir bonne intelligéce auec ceux
qui conduiſoient lors les affaires du Roy, que pluſieurs fois ay nommez.

    D'autre part pratiquoit ledit Pierre, par la main d'vn ſien ſeruiteur appel-
lé Laurens Spinely, qui gouuernoit ſa banque à Lyon, homme de bien en
ſon eſtat, & aſſez nourry en France: mais des choſes de noſtre Cour ne pouuoit auoir cognoiſſance, n'a grand peine ceux qui y eſtoient nourris, tant
y auoit de mutations: & pratiquoit auec ceux qui auoient l'authorité: c'e-
ſtoit monſeigneur de Breſſe, qui depuis a eſté Duc de Sauoye, & monſeigneur
de Miolans, qui eſtoit Chambellan du Roy. Toſt apres les autres, vindrent
aucuns de la cité auec luy, pour faire reſponſe des choſes qu'on leur auoit
requiſes: & ſe voyoient perdus en la cité, ſils ne faiſoient tout ce que le Roy
vouloit, duquel ils cuidoient gaigner la bonne grace, & faire quelque choſe
plus que les autres. A ſon arriuee furent enuoyez au deuant de luy, monſeigneur de Piennes, natif du pays de Flandres, & Chambellan du Roy noſtre
Sire, & le General Briſſonnet, qui a eſté icy nommé. Ils parlerent audit Pierre,
de Medicis, d'auoir l'obeyſſance de la place de Serzane, ce qu'incontinent il
fit. Ils luy requirent d'auantage qu'il fiſt preſter au Roy Piſe, * Ligorne, Pie-
treſainte, & Librefatto: lequel le tout accorda, ſans parler à ſes compagnons,
qui ſçauoiét bien que le Roy deuoit eſtre dedás Piſe, pour ſe rafreſchir, mais
ils n'entendoient point qu'il retint les places. Or ſ'eſtoit mis de leur eſtat, &
leur grand'force entre nos mains. Ceux, qui traittoient auec ledit Pierre,
m'ont compté, & à pluſieurs autres l'ont dit, en ſe raillant & moquát de luy,
qu'ils eſtoient esbahis comme ſi toſt accorda ſi grand choſe, & à quoy ils ne
ſ'attendoient point. Pour concluſion, le Roy entra dedans Piſe: & les deſſuſdits retournerent à Florence, & fit Pierre habiller le logis du Roy en ſa maiſon: qui eſt la plus belle maiſon de citadin ou marchád que i'aye iamais veuë,
& la mieux pourueuë, que de nul homme qui fuſt au monde de ſon eſtat.

    Or faut-il dire quelque mot du Duc de Milá, qui ja euſt voulu le Roy hors
d'Italie, & auoit fait, & vouloit encores faire, ſon profit, pour auoir les places

qu’il auoit conquifes: & preffa fort le Roy pour auoir Serzane & Pietrefain-
te, qu’il difoit appartenir aux Geneuois: & prefta au Roy lors trente mille
Ducats· & m’a dit, & à plufieurs autres depuis, qu’on luy promit de les luy
bailler:&,merueilleufemét mal content,fe partit du Roy,pour le refus,difant
que fes affaires le contraignoiét de f’en retourner: mais oncques puis le Roy
ne le veit,mais il laiffa meffire Galeas de S. Seuerin auec le Roy, & entendoit
qu’il fuft en tous confeils auec le Comte Charles de Belleioyeufe,dont a efté

parlé.Eftát le Roy dedans Pife,ledit meffire Galeas, conduict de fon maiftre,
fit venir en fon logis des principaux Bourgeois de la ville, & leur confeilla fe
rebeller contre les Florentins, & requerir au Roy qu’il les mift en liberté, ef-
perant que par ce moyen ladite cité de Pife tóberoit fous la main du Duc de
Milá,où autrefois auoit efté, du temps du Duc Iean Galeas, le premier de ce

nom en la maifon de Milan, vn grand & mauuais tyran, mais honorable.
Toutesfois fon corps eft aux Chartreux à Pauie,pres du Parc,plus haut que le
grand autel, & le m’ont monftré des Chartreux, au moins fes os (& y monte
l’on par vne efchelle)lefquels fentoient cómme la nature ordonne:& vn,na-
tif de Bourges, le m’appella fainct : & ie luy demanday en l’oreille pourquoy
il l’appelloit fainct, & qu’il pouuoit voir peintes à l’étour de luy les armes de
plufieurs citez qu’il auoit vfurpees,où il n’auoit nul droit: & luy & só cheual
eftoiét plus hauts que l’autel,& taillez de pierre,& fon corps fous le pied du-

dit cheual.Il me refpondit bas:Nous appellons , dit-il, en ce païs icy,faincts
tous ceux qui nous font du bien : & il fit cefte belle Eglife de Chartreux:qui
à la verité eft la plus belle que i’aye iamais veuë:& toute de beau marbre.
Et,pour continuer, ledit meffire Galeas auoit enuie de fe faire grand:& croy
qu’ainfi l’entendoit le Duc de Milá,de qui il auoit efpoufé la baftarde: & mó-
ftroit le vouloir auantager,comme s’il euft efté fon filz: car il n’auoit encores
nuls enfans d’aage. Lefdits Pifans eftoient cruellement traictez des Florentins,qui les tenoient cóme efclaues:car ils les auoient conquis il y auoit quelque cent ans:qui fut l’an que les Venitiens conquirent Padouë:qui fut léur
premier commencement en tetre ferme: & ces deux citez eftoient prefque
d’vne façon:car elles auoient efté anciennes ennemies de ceux qui les poffe-
doiét,& de bié longues annees, auát qu’eftre cóquifes,& prefque efgales en
force:& à cefte caufe tindrent confeil lefdits Pifans:&,fe voyás confeillez de
fi grád hóme,& defirans leur liberté,vindrét crier au Roy, en allát à la Meffe,
en grand nombre d’hommes & de femmes,Liberté, Liberté, & luy fuppliás,
les larmes aux yeux,qu’il la leur donnaft : & vn Maiftre des requeftes, allant
deuant luy,ou faifant l’office,qui eftoit vn Confeiller au Parlement du Dauphiné,appellé Rabot,ou pour promeffe, ou pour n’entendre ce qu’ils demá-
doient,dit au Roy que c’eftoit chofe piteufe, & qu’il leur deuoit octróyer, &
que iamais gens ne furent fi duremét traittez: & le Roy,qui n’entendoit pas
bien que ce mot valoit, & qui par raifon ne leur pouuoit donner liberté (car
la cité n’eftoit point fienne:mais feulement y eftoit receu par amitié,& à fon
grand befoin)& qui cómméçoit de nouueau à cognoiftre les pitiez d’Italie,
& le traittement que les Princes & communautez font à leurs fubiects, refpondit qu’il en eftoit content : & ce Confeiller,dont i’ay parlé,le leur dit : &
ce peuple

ce peuple commença incontinent à crier Noel: & vont au bout de leur pont
de la riuiere d'Arne (qui est vn beau pont) & iettent à terre vn grand Lyon,
qui estoit sur vn grand pillier de marbre, qu'ils appelloient *Major, representant la seigneurie de Florence, & l'emporterent à la riuiere: & firent faire dessus le pillier vn Roy de France, vne espee au poing, qui tenoit sous le pied de
son cheual ce Major, qui est vn Lion. Depuis, le Roy des Romains y est entré,
ils ont fait du Roy comme ils auoient fait du Lion: & est la nature de ce peuple d'Italie, d'ainsi complaire aux plus forts: mais ceux-là estoient, & sont si
mal traittez, qu'on les doit excuser.

* Marbrico Guazzo.

Comment le Roy partit de la ville de Pise, pour aller à Florence: & de la fuite & ruine de Pierre de Medicis. CHAPITRE VIII.

LE Roy se partit de là, & y seiourna peu, & tira vers Florence: & là on
luy remonstra le tort qu'il auoit fait ausdits Florétins, & que c'estoit
contre sa promesse d'auoir dóné liberté aux Pisans. Ceux qu'il cómit
à respódre de ceste matiere, excusans la chose, dirét qu'il ne l'auoit point entédu, & n'entédoit, & entra en vn autre appointemét, dót ie parleray, mais qu'vn
peu aye dit la conclusion de Pierre de Medicis, & aussi de l'entree du Roy en
ladite cité de Florence, & comme il laissa garnison dedans la cité de Pise, &
autres places qu'on luy auoit prestees. Ledit Pierre, apres auoir fait bailler au
Roy les places, dont i'ay parlé, dont aucuns estoiét consentans, s'en retourna
en la cité, pensant que le Roy ne les tint point mains que, dés ce qu'il partiroit
de Pise, où il n'auroit affaire que trois ou quatre iours, la leur rendroit. Bien
croy ie que s'il y eust voulu faire son Hyuer, qu'ils l'eussent consenty, combié
que Pise leur est plus grand chose que Florence propre, sauf les corps & les
meubles. Arriué que fut ledit Pierre à Florence, tout homme luy fit mauuais
visage, & nó sans cause: car il les auoit dessaisis de toute leur force & puissance, & de tout ce qu'ils auoiét conquis en cent ans: & sembloit que leur cœur
sentist les maux, qui depuis leur sont aduenus: & tant pour ceste cause, que
ie croy la principale, combien qu'ils ne l'auoient iamais dit, que pour haine
qu'ils luy portoient, que i'ay declaree, & pour retourner en liberté, dont ils se
cuidoiét forclos, & sans auoir memoire des biensfaicts de Cosme & de Laurens de Medicis ses predecesseurs, delibererét de chasser de la ville ledit Pierre de Medicis. Ledit Pierre de Medicis, sans le sçauoir, mais bié estoit en doute, va vers le Palais, pour parler de l'arriuee du Roy (qui encores estoit à trois
mil prés) & auoit sa garde accoustumee auec luy, & vint heurter à la porte du
dit Palais: laquelle luy fut refusee par vn de ceux de Nerly (qui estoient plu-plusieurs freres, que i'ay bien cogneus, & le pere, tresriche) disant qu'il y entreroit luy seul, s'il vouloit, ou autrement non: & estoit armé celuy qui faisoit ce refus. Incontinent retourna ledit Pierre à sa maison, & s'arma, luy, &
ses seruiteurs: & feit aduertir vn, appellé Paul Vrsin, qui estoit à la solde des
Florétins (car ledit Pierre, de par sa mere, estoit des Vrsins: & tousiours le pere
& luy, en auoiét entretins aucuns de la maison à leur solde) & delibera de resister aux partisans de la ville. Mais tátost on ouit crier Liberté, Liberté, & vint
le peuple en armes: & ainsi partit ledit Pierre de la ville, cóme bien conseillé, à
l'aide dudit Paul Vrsin, qui fut vne piteuse departie pour luy: car en puissance

Pierre de Me dicis mal ve nu à Floréça pour auoir trop encliné aux volontez du Roy.

& en biens, il auoit esté quasi egal aux grands Princes, & lui, & ses predecesseurs, depuis Cosme de Medicis, qui fut le Chef: & ce iour, se mit à luy
courre sus fortune: & perdit honneur & biens: I'estoye à Venise, & par l'Ambassadeur Florentin, estât là ie sceu ces nouuelles, qui bié me despleurent: car
i'auoye aimé le pere: &, s'il m'eust voulu croire, il ne luy fust point ainsi mesaduenu: car, sur l'heure que i'arriuay à Venise, luy escriuy, & offry appointer:
car i'en auoye le pouuoir, de bouche, du Seneschal de Beaucaire & du General: & eust esté côtét le Roy du passage, ou, à pis venir, d'auoir Ligorne entre
ses mains, & faire toutes choses que Pierre eust sceu demáder: mais il me respondit cóme par moquerie, par le moyen du sire Pierre, que i'ay nommé ailleurs. Ledit Ambassadeur porta le lendemain lettre à la Seigneurie, contenát
comment il auoit esté chassé, par ce qu'il se vouloit faire Seigneur de la ville,
par le moyé de la maison d'Arragó & des Vrsins, & assez autres charges, qui
n'estoient point yrayes: mais telles sont les auentures du monde, que celuy
qui fuit, & pert, ne trouue point seulement qui le cache, mais amis tournent
ses ennemis, comme fit ceste Ambassade, nommé Paul-Antoine * Soderin:
qui estoit des sages hommes qui fussent en Italie. Le iour de deuant m'auoit
parlé dudit Pierre, comme s'il fust son Seigneur naturel, & à ceste heure se declara son ennemy, par cómandement de la Seigneurie: mais de soy ne faisoit aucune déclaration. Le iour apres ie sceu comment ledit Pierre venoit à
Venise, & comme le Roy estoit entré en grand'trióphe à Florence: & mandoient audit Ambassadeur qu'il print cógé de ladite Seigneurie, & qu'il s'en
retournast, & qu'il falloit qu'il nauigast auec ce vét, & vey la lettre, car il me la
móstra, & s'en partit. Deux iours apres vint ledit Pierre, en pourpoint, ou auec
la robe d'vn vallet: & en grand'doubte le receurent à Venise, tant craignoiét
à desplaire au ROY: toutesfois ils ne le pouuoient refuser par raison: & desiroiét bien sentir de moy que le Roy en disoit: & demoura deux iours hors la
ville. Ie desiroye luy aider: & n'auoye eu nulle lettre du Roy côtre luy: & dy
que ie croyoye sa fuite auoir esté pour crainte du peuple, & non point de
celle du Roy. Ainsi il vint, & l'allay voir le lendemain qu'il eut parlé à la Seigneurie, qui le feit bien loger: & luy permirent porter armes par la ville, & à
quinze ou vingt seruiteurs qu'il auoit, c'est à sçauoir espees: & luy firent tresgrád honneur, combié que Cosme, dont i'ay parlé, les garda autresfois d'auoir Milan: mais, nonostant cela, ils l'eurent en *remembrance, pour l'honneur de sa maison, qui auoit esté en si grand triomphe & renommee par
toute la chrestienté. Quand ie le vey, il me sembla bien qu'il n'estoit point
hôme pour respondre. Il me cópta au long sa fortune: & à mon pouuoir le
reconfortay. Entre autres choses me compta comme il auoit perdu le tout:
&, entre ses autres malheurs, qu'vn sien facteur estant en la ville, vers qui il
auoit enuoyé pour auoir des draps pour son frere & luy, pour cent Ducats
seulement, les luy auoit refusez. Qui estoit grand chose: veu son estat, & authorité: car soixante ans auoit duré l'authorité de ceste maison, si grande que
plus ne pouuoit. Tost apres il eut nouuelles, par le moyen de monseigneur
de Bresse, depuis Duc de Sauoye, & luy escriuoit le Roy aller deuers luy:
mais ia estoit ledit Seigneur party de Florence, comme ie diray à ceste heure:
mais vn peu m'a falu parler de ce Pierre de Medicis.

*parauãt il en nõme vu de ceste mai son Sonderin.

*reuerence possible.

Pierre de Me dicis desdaigné par vn siē facteur à Venise.

Comment le Roy feit son entrée à Florence, & par quelles autres villes
il passa iusques à Rome. CHAPITRE IX.

E Roy entra le lendemain en la cité de Florence : & luy auoit ledit
Pierre fait habiller sa maison : & ja estoit le seigneur de *Ballassat pour
faire ledit logis, lequel, quäd il sceut la fuite dudit Pierre de Medicis,
se print à piller tout ce qu'il trouua en ladite maison, disant que leur banque
à Lyon luy deuoit grand'somme d'argent : & entre autres choses, il print vne
Licorne entiere (qui valoit six ou sept mille Ducats) & deux grandes pieces
d'vne autre, & plusieurs autres biés. D'autres firent comme luy. En vne autre
maison de la ville auoit retiré tout ce qu'il auoit vaillát. Le peuple pilla tout.
La Seigneurie eut partie des plus riches bagues, & vingt mille Ducats cön-
tans, qu'il auoit à son banc, en la ville, & plusieurs beaux pots d'Agatte, & tát
de beaux Camayeuls, si bien taillez, que merueilles, qu'autrefois i'auoye veus,
& bien trois mille medales : & d'or & d'argent, bien la pesanteur de quarante
liures : & croy qu'il n'y auoit point autant de belles medales en Italie. Ce qu'il
perdit ce iour en la cité, valoit cent mille Escus, & plus. Or estant le Roy en la
cité de Florence, comme dit est, se feit vn traicté auec eux : & croy qu'ils le feirent de bon cœur. Ils donnerent au Roy six vingts mille Ducats : dont ils en
payerent cinquante mille contant, & le reste en deux payemens assez briefs :
& presterent au Roy toutes les places dont i'ay parlé : & changerent leurs armes, qui estoient la fleur du lis rouge, & en prindrent de celles que le Roy
portoit : lequel les print en sa protection & garde, & leur promit & iura, sur
l'autel sainct Iean, de leur rendre leurs places, quatre moys apres qu'il seroit
dedans Naples ou plus-tost, s'il retournoit en France : mais la chose print autre train, dont sera parlé cy apres.

Le Roy s'arresta peu à Florence, & tira vers Senes, où il fut bien receu, & de
là à Viterbe, où les ennemis(car Dom Ferrand s'estoit retiré vers Rome)
auoient intention de venir loger & s'y fortifier, & cöbatre, s'ils y voyoient
leur auantage : & ainsi le me disoit l'Ambassadeur du Roy Alphonse, & celuy
du Pape, qui estoient à Venise : & à la verité, ie m'attendoye que le Roy Alphonse y vint en personne)veu qu'il estoit estimé de grand cœur)& qu'il laissast son fils dedäs le Royaume de Naples : & me sembloit le lieu propice pour
eux, car il eust eu son royaume, les terres du Pape, & les places & terres des Vrsins à son dos : mais ie fu tout esbahy que les lettres me vindrent du Roy, cö-
me il estoit en la ville de Viterbe : & puis vn commandeur luy bailla le chasteau & le tout par le moyen du Cardinal Petri-ad-vincula, qui en estoit Gouuerneur, & les Colonnois. Lors me sembla que Dieu vouloit mettre fin à
ceste besongne : & me repenty qu'auoye escrit au Roy, & conseillé de prendre vn bon appoinctemét : car on luy en offroit assez. *A que pendant & Mö-
teflascon luy furent rendus auant Viterbe, & toutes les places d'alentour,
comme ie fu aduerty par lettres du Roy, & celles de ladite Seigneurie, qui
de iour en iour estoient aduertis de ce qui suruenoit, par leurs Ambassadeurs : & m'en monstrerent plusieurs lettres, ou le me faisoient dire par vn
de leurs Secretaires. Et de là tira le Roy à Rome, par les terres des Vrsins,
qui toutes luy furent rendues par le seigneur Charles Vrsin, disant auoir ce

Y iiij

*Monsieur Ferron en son Hist. ad ioustee à P. Escole, le nomme Matthæus Ballassius qui appro-che fort de ce mot : mais aucuns se disans bien cognoistre sa maison me l'ont nommé de Balsac.

*A qua pé-dente & Monte Pluzano. M. Gnax
xo.

Terres des Vrsins ren-dües au Roy.

cómádemét de son pere(lequel estoit seruiteur soudoyé du Roy Alphonse) & que d'autant que Dom Ferrand seroit alloüé, & en la terre de l'Eglise, qu'il luy tiendroit compagnie, & non plus(ainsi viuent en Italie, & les Seigneurs & les Capitaines, & ont sans cesse pratiqué auec les ennemis, & grande peur d'estre des plus foibles) & fut receu ledit Seigneur dedans *Brachane, principale place dudit Seigneur Virgile, qui estoit belle, forte & bien garnie de viures: & ay bien fort ouy estimer au Roy ladite place, & le recueil que l'on luy feit: car son armee estoit en necessité & extremité de viures, & tant que plus ne pouuoit: & qui considereroit bien quantesfois ceste armee se cuida rópre depuis qu'il arriua à Vienne au Dauphiné, & comment elle se reuenoit & par quelles ouuertures, bref on diroit que Dieu la conduisoit.

*Brazzano M. Guiz & vn autre lieu plus pres de Rome, Bacano: & Ital. dison, Bracciano: mais il ne se peut bien voir du quel il entéd

---

Comment le Roy enuoya le Cardinal Petri ad vincula dedans Hostie, & de ce que le Pape faisoit à Rome ce pendant: & comment le Roy y entra, malgré tous ses ennemis. CHAPITRE X.

DE Brachane enuoya le Roy le Cardinal Sainct Pierre aduincula à Hostie, dót il estoit Euesque: & est lieu de grande importance: & le tenoient les Colonnois, qui l'auoient prins sur le Pape: & les gens du Pape l'auoient osté audit Cardinal, n'y auoit gueres. La place estoit tres-foible: mais long temps depuis tint Rome en grande subiection auec ledit Cardinal, lequel estoit grand amy des Colonnois, qui estoient nostres, par le moyen du Cardinal *Ascaigne, frere du Duc de Milan, & Vichancelier, & aussi en haine des Vrsins, dont tousiours sont, & ont esté, contraires: & est toute la terre de l'Eglise troublee pour ceste partialité, comme nous dirions Luce & Grandmont, ou en Hollande, Houc, & Caballan:&, quand ne seroit ce differend, la terre de l'Eglise seroit la plus heureuse habitatió, pour les subiects, qui soit en tout le monde (car ils ne payent ne tailles, ne gueres autres choses) & seroiét tousiours bien conduits (car tousiours les Papes sont sages & bien conseillez)mais tres-souuent en aduient de grands & cruels meurtres & pilleries. Depuis quatre ans en auons veu beaucoup, tant des vns que des autres: car depuis les Colonnois ont esté contre nous, à leur grand tort, car ils auoient vingt mille Ducats de rente, & plus, audit royaume de Naples, en belles Seigneuries, comme en la Comté de *Tallecouse, & autres, que parauant auoient tenus les Vrsins, & toutes autres choses qu'ils auoient sceu demander, tant en gens-d'armes, qu'en pensiós. Ce qu'ils firent, ils le firent par vraye desloyauté, & sans nulle occasion: & faut entendre que, de toute ancienneté, ils estoient partisans de la maison d'Arragon, & des autres ennemis de France, pource qu'ils estoient Gibelins: & les Vrsins, partisans de France, comme les Florentins, pour estre de la part Guelfe.

Auecques ledit Cardinal de Sainct-Pierre-ad-vincula, à Hostie fut enuoyé Peron *de la Basche, Maistre-d'hostel du Roy, qui trois iours parauant auoit apporté audit Seigneur vingt mille Ducats, par mer: & estoit descendu à Plombin: & estoit de l'argét presté par le Duc de Milan: & estoit demeuré en l'armee de mer, qui estoit petite, le Prince de Salerne, & vn, appellé le seigneur de Sernó en Prouéce, que la fortune mena en *Donserque, leur na-

uire

Colonnois & Vrsins ennemis.

Ascaion M. Guaz & tous Ital,

Terre de l'Eglise troublee par factions.

Tagliacozzo en toinsit.

En autres lieux ne met que de Basche.

Sardaigne & Corsique mieux à mon aduis, suiuát Guazzo & Iou. quant à

uire fort gaftee,& mirent tant à fe rabiller,qu'ils ne feruirét de rien:& fi coufta largement ladite armee de mer:& trouuerent le Roy dedans Naples.

Audit Hoftie auoit,auec ledit Cardinal, bien cinq cents hommes d'armes & deux mille Suiffes:& y eftoit le Comte de Ligny,coufin germain du Roy, de par mere,le feigneur d'Alegre, & autres : & là cuidoient paffer le Tybre, pour aller enclorre Dom Ferrand,qui eftoit dedans Rome, auec la faueur & aide des Colonnois:dont eftoient chefs de la maifon, pour lors, Profpere & Fabrice Colonne,& le Cardinal Colóne, à qui le Roy paya deux mille hommes à pied,par la main dudit de Bafche , qu'ils auoient affemblez à leur plaifir,& faifoient leur affemblee à Sannefonne,qui eft à eux.

Il faut entendre qu'icy viennent plufieurs propos à vn coup,& de chacun faut dire quelque chofe. Auant que le Roy euft Viterbe , il auoit enuoyé le feigneur de la Trimoille,fon Chambellan,& le Prefident de * Guennay, qui auoit fon feau , & le General Bidaut, à Rome, cuidant traitter auec le Pape, qui toufiours practiquoit,comme eft la couftume en Italie. Eux eftans là, le Pape mit de nuict en la cité Dom Ferrand,& toute fa puiffance:& furent nos gens arreftez, mais petit nombre. Le iour propre les dépefcha le Pape: mais il retint prifonnier le Cardinal Afcagne,Vichancelier,& frere du Duc de Milan,& Profpere Colonne(aucuns difent que ce fut de leur vouloir)& de toutes ces nouuelles i'eu incontinent lettres du Roy, & la Seigneurie encores plus amplement de leurs gens : & tout cecy fut fait auant que le Roy entraft dedás Viterbe:car nulle part farreftoit que deux iours en vn lieu: & auenoiét les chofes mieux qu'il n'euft fceu penfer. Auffi le Maiftre des Seigneurs f'en mefloit,& chacun le cognoiffoit.

Cefte armee,qui eftoit en Hoftie,ne feruoit de rien, pour le mauuais téps: & auffi faut entendre que les gens,qu'auoit menez monfeigneuf d'Aubigny eftoient retournez, & luy auffi, & n'en auoit plus de charge : & fi auoit-on donné congé aux Italiens,qui auoient efté auec luy en la Romanie , qu'auoit menez le feigneur Rodolphe de Mantouë, le feigneur Galeot de la Mirandole,& * Fracaffe,frere du feigneur Galeas de Sainct Seuerin,qui furent bien payez:& eftoient enuiron cinq cents armez,que le Roy payoit,comme auez ouy:&,au partir de Viterbe,le Roy alla à * Naples,que tenoit le feigneur Afcaigne : & n'eft rien plus vray qu'à l'heure que nos gens eftoient dedans Hoftie,il tomba plus de vingt braffees de mur de la ville de Rome, par là où l'on deuoit entrer. Le Pape voyant fi foudainement venir ce ieune Roy auec cefte fortune, confent qu'il entre dedans Rome (auffi ne l'en euft-il fceu garder) requiert lettre d'affeurance,qu'il eut,pour Dom Ferrand,Duc de Calabre, & feul fils du Roy Alphonfe,lequel de nuict fe retira à Naples,& le conduit iufques à la porte le Cardinal Afcaigne.Et le Roy entra dedans Rome en armes, comme ayant authorité de faire par tout à fon bon plaifir : & luy vindrent au deuant plufieurs Cardinaux,& les Gouuerneurs & Senateurs de la ville:& logea au Palais fainct Marc(qui eft le quartier des Colonnois,fes amis & feruiteurs pour lors)& le Pape fe retira au chafteau Sainct Ange.

Comment le Roy Alphonse feit couronner son fils Ferrand, & puis s'en fuit en Sicile: & de la mauuaise vie qu'auoit menee le vieil Ferrand, son pere, & luy aussi.   CHAPITRE XI.

Stoit-il possible de croire que le Roy Alphóse, si orgueilleux, nourry à la guerre, & son fils, & tous ces Vrsins (qui ont si grád part à Rome) n'osassent demeurer en la cité? encores quand ils voyoiét & sentoiét que le Duc de Milan branloit, & les Venitiens, & se pratiquoit vne ligue, qui eust esté concluë (si quelque resistance eust esté faite à Viterbe ou à Rome) cóme i'estois bien asseuré, pourueu qu'ils eussent peu arrester le Roy aucuns iours. Au fort, il falloit que Dieu monstrast que toutes ces choses passoient le sens & cognoissance des hommes: & si faut bié noter, qu'ainsi comme les murs de la ville estoient tombez, aussi tomba bien quinze brassees des auant-murs du chasteau S. Ange, comme m'ont conté plusieurs: &, entre autres, deux Cardinaux, qui y estoient. Icy faut vn peu parler du Roy Alphonse.

Si tost que le Duc de Calabre, appellé le ieune Ferrand, dont ja plusieurs fois a esté parlé, fut retourné à Naples, son pere le Roy Alphóse, se iugea n'estre digne d'estre Roy, pour les maux qu'il auoit faits, en toutes cruautez, cótre les personnes de plusieurs Princes & Barós, qu'il auoit prins sur la seureté de son pere & de luy, & bien iusques au nombre de 24. & les feit tous mourir, si tost que son pere fut mort, qui les auoit gardez quelque temps, & depuis la guerre qu'ils auoient euë contre luy: & en fit aussi mourir deux autres, que le pere auoit prins sur sa seureté: dont l'vn estoit * Duc de Sesse, homme de gráde authorité, & l'autre Prince de Rosane: qui auoit eu à espouse & à femme la sœur dudit roy Ferrand, & en auoit eu vn tres-beau fils: &, pour mieux s'asseurer de luy (car ledit Prince & seigneur de Rosane luy auoit bié voulu faire vne grande trahison: & auoit bié desseruy toute punitió s'il n'eust pris asseurance) venát deuers luy à son mandemét, le mit en merueilleuse & puante prison, & le fils mesme d'iceluy puis apres estát venu en l'aage de 15. à 16. ans: & y auoit demeuré ledit pere 34. ans ou enuiron, à l'heure que ledit Roy Alphóse est venu à estre Roy: &, lors qu'il y fut paruenu, fit mener tous ces prisonniers à Iscle (qui est vne petite isle aupres de la ville de Naples, dót vous orrez parler) & là les fit tous assommer, exceptez quelques-vns, qu'il retint au chasteau de Naples: cóme le fils dudit seigneur de Rosane, & le noble Comte de Popoli. Ie me suis fort bien enquis comment on les fit mourir si cruellemét (car plusieurs les cuidoient encores en vie, quand le Roy entra en la bonne ville & cité de Naples) & m'a esté dit par leurs principaux seruiteurs, que par vn More, du païs d'Afrique, les fit assommer vilainement & horriblemét, lequel incontinent apres son commandement, s'en alla audit pays de Barbarie, afin qu'il n'en fust point de nouuelles, sans espargner ces vieux Princes: dont les aucuns auoiét esté gardez en prison trente-quatre ou trente-cinq ans, ou enuiron. Nul homme n'a esté plus cruel que luy, ne plus mauuais, ne plus vicieux & plus infect, ne plus gourmand que luy. Le pere estoit plus dangereux: car nul ne se cognoissoit en luy n'en son courroux: car, en faisant bonne

chere

cher,il prenoit & trahissoit les gens, comme le Comte Iacques, qu'il print
& feit mourir vilainement & horriblement, estant Ambassadeur deuers luy,
de parle Duc Francisque de Milan, duquel il auoit eu à femme & espousé la
fille bastarde. Mais ledit Francisque fut consentant du cas : car tous deux le
craignoient pour la suite & sequelle qu'il auoit en Italie, des * Braciques : &
estoit fils de Nicolo Picinino. Et ainsi (comme dit est) print ce Roy Ferrand
tous les autres : & iamais en luy n'y auoit grace ne misericorde, comme m'ont
compté ses prochains parens & amis : & iamais n'auoit eu aucune pitié ne
compassion de son pauure peuple, quant aux derniers. Il faisoit tout train de
marchádise en son royaume, iusques à bailler les pourceaux à garder au peuple, & les leur faisoit engraisser pour mieux les vendre. S'ils mouroient, falloit qu'ils lespayassent. Aux lieux où croist l'huyle d'oliue, côme en la Poüille,
ils l'achetoient luy & son fils presque à leur plaisir, & semblablement le fro-
ment, & auant qu'il fust meur, & le vendoient apres le plus cher qu'ils pouuoient : & si ladite marchandise s'abaissoit de prix, contraignoient le peuple
de la prendre : & , par le temps qu'ils vouloient vendre, nul ne pouuoit vendre qu'eux. Si vn seigneur ou Baron estoit bon mesnager, ou cuidoit espargner quelque bonne chose, ils la luy demandoient à emprunter : & il la leur
falloit bailler par force : & leur ostoient les races des cheuaux, dont ils ont
plusieurs, & les prenoient pour eux, & les faisoiét gouuerner en leurs mains,
& en si grand nombre, tant cheuaux, jumens, que poulains, qu'on les estimoit à beaucoup de milliers, & les enuoyoit paistre en plusieurs lieux aux
pasturages des Seigneurs, & autres, qui en auoient grand dommage. Tous
deux ont prins à force plusieurs femmes. Aux choses Ecclesiastiques ne gardoient nulle reuerence, n'obeissance. Ils vendoient Eueschez, comme celle
de Tarente, que vendit le pere, treize mille Ducats, à vn Iuif, pour bailler à
son fils, qu'il disoit Chrestien. Bailloit Abbayes à vn Faulconnier, & à plusieurs pour leurs enfans, disant : Vous entretiendrez tant d'oiseaux, & les ni-
cherez à vos despens, & tiendrez tant de gens à vos despens. Le fils ne fit iamais Caresme, ne semblant qu'il en fust. Maintes années fut sans se confesser, ne receuoir nostre Seigneur & Redempteur Iesus-Christ. Et pour conclusion, il n'est possible de pis faire qu'ils ont fait tous deux. Aucuns ont voulu dire que le ieune Roy Ferrand eust esté le pire, combien qu'il estoit humble & gracieux, quand il mourut : mais aussi il estoit en necessité.

Or pourroit sembler aux Lecteurs que ie disse toutes ces choses pour quelque haine particuliere que i'auroye à eux, mais par ma foy, non fay : mais ie le
dy pour continuer mes Memoires, où se peut voir dés le commencement de
l'entreprinse de ce voyage, que c'estoit chose impossible aux gens qui le gui-
doient, s'il ne fust venu de Dieu seul, qui vouloit faire son Commissaire de ce
ieune Roy, bon, si pauurement pourueu & conduit, pour chastier Rois si sages, si riches, & si experimentez, & qui auoient tant de personnages sages, à
qui la defense du Royaume touchoit, & qui estoient tant alliez & soustenus,
& mesmes voyoient ce faix venir sur eux de tant loing, & si iamais n'y sceurent pouruoir, ne resister en nul lieu. Car, hors le chasteau de Naples, n'y eut
aucun qui empeschast le Roy Charles huictiesme, vn iour naturel : & , com-

me a dit le Pape Alexãdre, qui regne) les Frãçois y sont venus auec des esperõs de bois & de croye en la main des Fourriers pour marquer leurs logis, sans autre peine: & parloit ainsi de ces esperons de bois, par ce que, pour ceste heure, quand les ieunes gens de ce Royaume vont par ville, leur page met vne petite broche dedãs le soulier ou patousle: & sont sur leurs mules, branlãs les iambes: & peu de fois ont pris les harnois nos gens, en faisant ce voyage: & ne mit le Roy depuis Ast à entrer dedans Naples que quatre mois dix-neuf iours. Vn Ambassadeur y en eust mis vne partie. Parquoy ie conclu ce propos, disant, apres l'auoir ouy dire à plusieurs bõs hommes de religion, & de saincte vie, & à mainte autre sorte de gés (qui est la voix de nostre Seigneur Iesus-Christ, que la voix du peuple) que nostre Seigneur Iesus-Christ les vouloit punir visiblemét & que chacun le cognust, pour donner exemple à tous Rois & Princes de bien viure, & selon ses commãdemens. Car ces Seigneurs de la maison d'Arragon, dont ie parle, perdirét hõneur & Royaume, & grãdes richesses, & meubles de toute *nature, si departis qu'à grand peine sçait on qu'ils soient deuenus, puis perdirent les corps, trois en vn an, ou peu d'auantage: mais i'espere que les ames n'ont point esté perduës. Car le Roy Ferrand, qui estoit fils bastard du grand Alphonse (lequel Alphonse fut sage Roy, & honorable & tout bon) porta grande passion en son cœur de voir venir sur luy ceste armee, & qu'il n'y pouuoit remedier: & voyoit que luy & son fils auoient mal vescu, & estoient tres-haïs (car il estoit tres-sage Roy) & si trouua vn liure escrit, comme m'ont certifié des plus prochains de luy en defaisant vne chapelle, où y auoit dessus: * La verité auec son conseil secret: & veut l'on dire qu'il contenoit tout le mal qui luy est aduenu, & n'estoient que trois à le voir, & puis le jetta au feu. Vne autre passion auoit, en ce qu'Alphonse son fils, ne Ferrand, fils de son fils, ne vouloient croire ceste venuë: & parloieut en grandes menaces, du Roy, & en grand mespris, disans qu'ils viendroient au deuant de luy iusques aux monts: & il en fut aucun qui prioit à Dieu, qu'il ne vinst iamais Roy de France en Italie, & qu'il y auoit veu seulement vn pauure homme, de la maison d'Anjou, qui luy auoit fait souffrir beaucoup de peine, qui fut le Duc Iean, filz du Roy René. Ferrand trauailla fort par vn sien Ambassadeur, nommé messire *Cauillo Pendolpho de faire demourer le Roy, l'annee de deuant, auant qu'il partist de France, luy offrant se faire tributaire de cinquante mil Ducats l'an, & tenir le Royaume de luy à foy & hommage: & voyant qu'il ne pouuoit pas paruenir à aucune paix, ny appaiser l'estat de la ville de Milan, luy print vne maladie, dequoy il mourut: & en ses douleurs eut confession, &, comme i'espere, repentance de ses pechez. Le fils Alphonse, qui tant auoit esté terrible & cruel, & tant fait le mestier de la guerre, auant que le Roy partist de ladite ville de Rome, renonça à sa couronne, & entra en telle peur, que toutes les nuicts ne cessoit de crier qu'il oyoit les François, & que les arbres & les pierres crioient France: & iamais n'eut la hardiesse de partir de Naples: mais au retour que fit son fils, de Rome, le mit en possession du Royaume de Naples, & le fit couronner & cheuaucher par la ville de Naples, accompagné des plus grands qui y estoient (comme de Dom Federic son frere, & du Cardinal de Genes) estant

ledit

ledit nouueau Roy au milieu, & accompagné des Ambaſſadeurs qui y eſtoiér,
& luy feit faire toutes leſdites ſolemnitez, qui ſont requiſes : & luy ſe mit en
fuite, & s'en alla en Cecile auec la Royne ſa belle mere (qui eſtoit ſœur du Roy
Ferrand de Caſtille, qui encores vit, à qui appartiét ledit Royaume de Cecile)
en vne place qu'elle y auoit, qui fut grand nouuelle par le monde, & par eſpecial à Veniſe, où i'eſtoye. Les vns diſoient qu'il alloit au Turc. Autres diſoient que c'eſtoit pour donner faueur à ſon fils, qui n'eſtoit point hay au
royaume : mais mon aduis fut touſiours que ce fut par vraye laſcheté : car iamais homme cruel ne fut hardy : & ainſi ſe voit par toutes Hiſtoires : & ainſi
ſe deſeſpera Neron, & pluſieurs autres. Brief, cet Alphonſe eut ſi grand' enuie de fuir, qu'il dit à ſa belle mere (comme m'ont compté ceux qui eſtoient
à luy) le iour qu'elle partit, que ſi elle ne partoit, qu'il la laiſſeroit : & elle luy
reſpondit qu'il attendiſt encores trois iours, afin qu'elle euſt eſté en ſon Royaume vn an entier : & il diſoit, que qui ne le laiſſeroit aller, il ſe ietteroit par les
feneſtres, diſant : N'oyez vous point comme vn chacun crie France? & ainſi ſe
mirent aux galees. Il emporta de toutes ſortes de vins (qu'il auoit plus aymez
qu'autre choſe) & de toutes ſortes de graines pour faire iardins, ſans donner
nul ordre à ſes meubles, ny à ſes biens : car la pluſpart demoura au Chaſteau
de Naples. Quelques bagues emporta, & quelque peu d'argent, & allerent
en Cecile audit lieu : & puis alla à Meſſine, où il appella & mena auec luy pluſieurs gens de religion, voüant de n'eſtre iamais du monde : & entre les autres
il y aimoit fort ceux du mont d'Oliuet, qui ſont veſtus de blanc (leſquels le
m'ont compté à Veniſe : là où eſt le corps ſaincte Helaine en leur monaſtere)
& ſe mit à mener la plus ſaincte vie du monde : & ſeruit Dieu à toutes les
heures du iour & de la nuict, auec leſdits religieux, comme ils font en leurs
conuents : & là faiſoit grands ieuſnes, abſtinences & aumoſnes : & puis luy
aduint vne grande maladie d'excoriation & de grauelle : & me dirent n'en
auoir iamais veu homme ſi perſecuté : & portoit tout en patience, delibe-
rant vſer ſa vie en vn monaſtere à Valence là grand, & là ſe veſtit de religion:
mais il fut tant ſurprins de maladie, qu'il veſquit peu, & mourut : & , ſelon
ſa grand' repentance, il eſt à eſperer que ſon ame eſt glorieuſe en Paradis. Son
fils demoura peu apres, & mourut de fieubre & flux, & croy qu'ils ſont mieux
qu'ils n'eſtoient en ce monde : & ſemble que en moins de deux ans, ils furent
cinq Roys portans couronne à Naples : les trois que i'ay nommez, le Roy
Charles de France huictieſme, & Dom Federic frere dudit Alphonſe, qui de
preſent regne.

Hōme cruel ne fut oncques hardy.

Alphōſe Roy de Naples ayant quitté l'eſtat, meurt ayant inten- tion de ſe ren- dre moine du mont d'Oli- uet.

Cinq Roys à Naples en moins de deux ans.

---

*Comment apres que le ieune Ferrand fut couronné Roy de Naples, alla aſſeoir ſon
camp à Sainct-Germain, pour reſiſter contre la venuë du Roy : & de l'accord que le Roy Charles feit auec le Pape eſtant encor à Rome.*
CHAPITRE XII.

E T, pour eſclarcir le tout, faut dire comment; dés que le Roy Ferrand
fut couronné, il deuint comme homme neuf : & luy ſembla que toutes haines & offences eſtoient oubliees par la fuite de ſon pere : & aſſembla tout ce qu'il peut de gens, tant de cheual que de pied, & vint à Sainct

Z

Germain, qui eft l'entree du Róyaume, & lieu fort, & aifé à defendre : & par
où les François font paffez deux autres fois : & là mit fon camp, & garnit la
ville: & lors reuint le cœur aux amis dudit Ferrand.

Le lieu eft deffendu d'vne petite riuiere, qui quelquesfois fe paffe à gué, &
quelquesfois non, auffi fe defend par la montaigne qui eft deffus.

Le Roy eftoit encores à Rome, où il feiourna enuiron vingt iours, où plufieurs chofes fe traictoient. Auec luy eftoient bien dixhuit Cardinaux, &
d'autres qui venoyent de cofté & d'autre : & y eftoit ledit monfeigneur Afcaigne Vichancelier, & frere du Duc de Milan, & Petri-ad-vincula (qui e-
ftoiét grands ennemis du Pape, & amis l'vn de l'autre) celuy de *Guefe, Sainct-
Denis, Sainct-Seuerin, Sauelli, Colonne, & autres: qui tous vouloient faire
electió nouuelle, & qu'au Pape fuft faict procez, lequel eftoit audit chafteau.
Deux fois fut l'artillerie prefte, comme m'ont dit des plus grans : mais toufiours le Roy, par fa bonté, y refifta. Le lieu n'eft pas defenfable : car la motte
eft de main d'homme faicte, & petite. Or alleguoiét-ils bien que ces murs e-
ftoient tombez par miracle, & le chargeoient d'auoir acheté cefte faincte dignité: & difoient vray: mais ledit Afcaigne en auoit efté le principal marchád,
qui auoit tout guidé, & en eut grand argent : & fi eut la maifon dudit Pape,
luy eftant Vichancelier, & les meubles qui eftoient dedans, & fon office de
Vichancelier, & plufieurs places du patrimoine. Car eux deux eftoient à l'en-
uy, qui feroit Pape : toutesfois ie croy qu'ils euffent confenty tous deux d'en
faire vn nouueau, au plaifir du Roy, & encores d'en faire vn François : & ne
fçauroye dire fi le Roy feit bien ou mal : toutesfois ie croy qu'il feit le mieux
d'appointer, car il eftoit ieune & mal accompagné pour conduire vn fi grand
œuure que de reformer l'Eglife, combié qu'il euft le pouuoir: mais qu'il l'euft
fceu faire, ie croy que toutes gens de cognoiffance & de raifon l'euffent tenu à
vne bóne, grande & tres-faincte befongne: mais il y faudroit grand myftere:
toutefois le vouloir du Roy eftoit bó, & eft encores, en ce cas, s'il y eftoit aidé.

Le Roy appointa auec le Pape vn appointement, qui ne pouuoit durer:
car il eftoit violent en aucun poinct: & fut grande couleur de faire vne ligue,
dont apres fera parlé : Par ceftuy appointement deuoit eftre paix entre le Pape & fes Cardinaux, & autres : & deuoient lefdits Cardinaux eftre payez du
droit de leur chapeau, abfens comme prefens. Il deuoit prefter au Roy quatre places, Terracine, Ciuitavechia, & Viterbe (que tenoit le Roy) & Spolete
auffi (mais il ne la bailla point, combié qu'il l'euft promife) & fe deuoiét rédre
au Pape, comme le Roy partiroit de Naples : & ainfi le feit, combien que le
Pape l'euft trompé. Il bailla au Roy, par ceftuy appointemét, le frere du Turc,
dont il auoit foixante mille Ducats par an dudit Turc, & le tenoit en grand'
crainte. Promettoit de ne mettre aucun Legat en lieu ne place de l'Eglife,
fans le confentement du Roy : & y auoit autres articles, qui touchoient le
confiftoire, & bailloit en oftage fon fils le Cardinal de Valence, qui alloit
auec ledit Seigneur pour Legat: & luy feit le Roy l'obedience filiale, en toute humilité que Roy fçauroit faire : & luy feit le Pape deux Cardinaux : c'eft
à fçauoir le General Briffonnet, qui ia eftoit Euefque de Sainct-Malo, qui a
efté fouuent appellé General, & l'autre l'Euefque du Mans, de la maifon de
Luxembourg, qui eftoit par deça.

Comment

Comment le Roy partit de Rome pour aller à Naples : de ce qui aduint cependant en plu-
sieurs contrees dudit royaume de Naples: & par quelles places il passa iusques
à ladite ville de Naples. CHAPITRE XIII.

Es choses faites, le Roy partit de Rome en grande amitié auec le Pape, ce sembloit : mais huict Cardinaux partirent de Rome mal-contens dudit appointement : dont les six estoient de la sequelle dudit Vichancelier, & de Sainct-Pierre-ad-vincula: combié qu'on croyoit qu'Ascaigne faisoit ceste feinte, & qu'au cœur estoit content du Pape: mais son frere ne s'estoir point encores declaré contre nous, & alla le Roy à * Iannesanne, & de là à * Belistre, d'où s'enfuit le Cardinal de Valence.

Le lendemain le Roy print * Chastelfortin d'assaut, & fut tué ce qui estoit dedás: qui estoit à Iacques Comte, qui auoit prins l'argent du Roy, & puis s'estoit tourné: car les Comtes sont partisans des Vrsins. Puis apres alla le Roy à Valmonton, qui est des Colonnois, puis alla loger à quatre mils du mont S. Iean, vne tres-forte place, laquelle fut battuë sept ou huict heures, & puis fut prinse d'assaut, & tout tué ce qui estoit dedans, ou la plus-part ; & estoit au Marquis de Pesquaire, terre d'Eglise, & y estoit toute l'armee iointe ensemble: & de là tira le Roy vers Sainct-Germain (& y pouuoit auoir seize mils ou enuiron) là où le Roy Ferrand, nouueau couronné, estoit en camp, comme i'ay dit ailleurs, auec tout ce qu'il pouuoit auoir finé de gens: & estoit le dernier remede, & le lieu pour combatre, ou iamais: car c'estoit l'entree du Royaume, & lieu auátageux, tant pour le ruisseau que pour la montagne, & si enuoya gens auec, pour garder & defendre le pas de Cancello, qui est vn pas de montagnes à six mils de Sainct-Germain. Auát que le Roy fust à Sainct Germain, s'en alla le Roy Ferrand, en grand desordre, & abandóna la ville & passage. Monseigneur de Guise auoit en ce iour, la charge de l'auátgarde. Monseigneur de Rieux estoit allé à ce pas de Cancello, côtre les Arragonnois, qui aussi l'abandonnerent, & entra ledit Roy audit Sainct Germain. Le Roy Ferrand tira droict à Capoua, où ils luy refuserét l'entree à ses gensd'armes: mais ils laisserent entrer sa personne auec peu de gens : mais il n'y arresta point, & leur pria de renir bon pour luy, & que le lendemain reuiendroit: & alla à Naples, doutát la rebellion qui aduint. Tous ses gens, ou la plus-part, le deuoiét attendre à Capoua: mais, quand il vint le lendemain, il trouua tout party : & estoient allez à Nola le seigneur Virgile Vrsin, & son cousin le Comte de Petillane: où ils furent prins, & leurs gens, par les nostres. Ils vouloient maintenir qu'ils auoient saufconduit, & qu'on leur faisoit tort: & estoit vray: mais il n'estoit point encores entre leurs mains. Toutesfois ils ne payerét rien : mais ils eurent grand' perte, & leur fut fait tort.

De S. Germain alla le Roy à * Mingamer & à * Triague, & logea à Calui, deux mils de Capoua, & là ceux de Capoua vindrent composer, & y entra le Roy, & toute l'armee : &, de Capoua alla le lendemain à Auersa, my-chemin de Capoua & de Naples, à cinq mils de l'vn & de l'autre: & là vindrent ceux de Naples, & composerent, en asseurant leurs priuileges anciens : & y enuoya le Roy, deuant le Mareschal de Gié, le Seneschal de Beaucaire, le President Ga-

nay, qui tenoit le ſeau, & des Secretaires. Le Roy Ferrand, voyant ces choſes,
le peuple, & nobles en armes, rebellez cõtre luy, & qui, à ſa venuë luy pillerét
ſon Eſcuirie, qui eſtoit grãde, monta en galee, & alla en Iſcle, qui eſt vne iſle
à dixhuit milles de Naples. Si fut receu le Roy, à grand'ioye & ſolennité, dedans la ville de Naples: & tout le monde luy vint au deuant, & ceux, qui plus
eſtoient obligez à la maiſon d'Arragon, les premiers: comme tous ceux de
la maiſon de Carraffe, qui tenoient de ladite maiſon d'Arragõ, quarãte mille Ducats de reuenu, qu'en heritages qu'en benefices. Car les Roys y peuuét
bien donner leur domaine, & ſi donnent bien celuy des autres: & ne croy
point qu'il en y ait trois en tout le royanme, que ce qu'ils poſſedent ne ſoit
de la couronne, ou d'autruy.

Iamais peuple ne monſtra tant d'affection à Roy ny à nation, cõme ils
monſtrerent au Roy, & penſoient eſtre tous hors de tyrannie: & ſe prenoiét
eux meſmes, car tout tourna en Calabre, où fut enuoyé monſeigneur d'Aubigny, & Peron de Baſche auec luy, ſans Gens-d'armes. Tout l'Abrouſſo
tourna de luy-meſme: & commença par la ville de l'Aquila: laquelle a touſiours eſté bonne Françoiſe. Tout ſe tourna en Poüille, ſauf le chaſteau de
* Autres le nomment Brindeſe, les Latins Brunduſiũ. *Brandis (qui eſt fort & biẽ gardé) & Gallipoli, qui auſſi fut gardé: autremét,
le peuple fuſt tourné. En Calabre y eut trois places qui tindrent pour le Roy
Ferrand: dont les deux furent la Mantie & la Turpie, anciennes Angeuines,
qui auoient parauant leué les bannieres du Roy Charles: mais, parce qu'il les
donna à monſeigneur de Perſi, & ne les voulut receuoir au domaine, releue-
rent les bannieres d'Arragõ: &, pour la tierce place, fut le chaſteau de Reges,
qui auſſi demoura Arragonnois. Mais tout ce qui tint, ne fut que par faute
d'y enuoyer: car il n'alla pas aſſez de gens en Poüille & Calabre, pour garder
vn chaſteau pour le Roy. Tarente ſe bailla ville & chaſteau: &, tout de meſme, Otrante, Monopoli, Trani, Manfredonne, Barle, & tout, excepté ce que
La plus part des ſeigneurs de l'eſtat de Naples viẽt à vecognoi-ſtre le Roy. i'ay nommé. Ils venoiét trois iournees au deuant de nos gens, des citez, pour
ſe rendre, & tous enuoyerent à Naples: & y vindrent tous les Princes & Sei-
gneurs du Royaume, pour faire homage, excepté le Marquis de Peſcaire,
mais ſes freres & nepueux y vindrent. Le Comte d'Acri & le Marquis de
Squillazzo fuirét en Cecile: parce que le Roy donna leur terre à mõſeigneur
d'Aubigny. A Naples ſe trouua auſſi le Prince de Salerne, reuenu, de nauire:
& n'auoit de rien ſeruy. Son frere le Prince de Biſignan, & ſes fils ſ'y trouuerent auſſi auec le Duc de Melfe, le Duc de Grauine, le vieil Duc de Sora (qui
pieça auoit vendu ſa Duché au Cardinal de S. Pierre-ad-vincula, & la poſſe-
de encores ſon frere de preſent) le Comte de Montorio, le Comte de Fondi,
le Comte de Tripalda, le Comte de Celano (qui eſtoit allé auec le Roy, banny de long temps) le Comte de Troye, ieune, nourry en Frãce, & eſtoit d'Eſ-
coſſe, & le Comte de Popoli, que l'on trouua priſonnier à Naples. Le ieune
Prince de Roſane (dont a eſté parlé) apres auoir eſté long temps priſonnier
auec le pere (qui le fut trẽte & quatre ans) auoit eſté deliuré: & ſ'en alla auec
Dom Ferrand, ou par amour, ou par force. Semblablement ſ'y trouuerent
*Ie doute s'il y faut point Gaiſon ou Venaſri. le Marquis de *Guefron, & tous les Caldoreſques, le Comte de Matalon, &
le Comte de Merillano, ayans eux, & les leurs, touſiours gouuerné la maiſon
d'Arragon: & generalement y vindrent tous ceux du royaume, excepté ces
trois que ie vous ay nommez.

*Comment le Roy Charles fut coronné Roy de Naples. Des fautes qu'il fit à l'entretene-
ment d'vn tel royaume: & comment vne entreprinse, qui se dressoit pour luy contre
le Turc, fut descouuerte par les Venitiens.*   CHAP. XIIII.

QVand le Roy Ferrand s'enfuit de Naples, il laissa au chasteau le Marquis de Pescaire, & aucuns Allemans, & luy alla vers son pere, pour
auoir aide, en Cecile. Dom Federic tint la mer, auec quelque peu de
galees, & vint deux fois parler au Roy à seureté, luy requerant que quelque
portion du Royaume peust demourer à son neueu, auec le nom de Roy, & à
luy le sien: & celuy de sa femme. Son cas n'estoit point grand chose: car il a-
uoit eu petit partage. Le Roy luy offroit des biens en Frâce, pour luy & pour
sondit neueu: & croy qu'il leur eust donné vne bonne & grand Duché: mais
ils ne la voulurent accepter. Aussi ils n'eussent tenu aucun appointement
qu'on leur eust sceu faire demourans dedans le Royaume, quand ils eussent
peu voir leur aduantage. Deuât le chasteau de Naples fut mise l'artillerie (qui
tira) & n'y auoit plus que les Allemans: & estoit party ledit Marquis de Pescaire: & , qui eust enuoyé quatre canons iusques à l'Isle, on l'eust prinse: &
de là retourna le mal. Aussi eust-on eu toutes les autres places qu'ils tenoiét,
qui n'estoient que quatre ou cinq: mais tout se mit à faire bonne chere, &   *(Vanité des François à Naples.)*
ioustes, & festes: & entrerent en tant de gloire, qu'il ne sembloit point aux
nostres que les Italiens fussent hommes: & fut le Roy couronné: & estoit lo-
gé en Capouane: & quelquesfois alloit au *Mont-imperial. Aux subiects   *(* Ie doute, qu'il y faille en mâteau imperial, pour venir à ce qu'aucuns disent qu'il fut couronné pour Empereur de Constantinople.)*
feit de grâdes graces, & leur abbatit de leurs charges: & croy bien que le peu-
ple de soy ne se fust point tourné (combien qu'il soit muable) qui eust contenté quelque peu de Nobles: mais ils n'estoient recueillis de nul, & leur faisoit on des rudesses aux portes: & les mieux traictez furent ceux de la maison de Carrafe, vrais Arragonnois, encores leur osta l'on quelque chose.
A nul ne fut laissé office ny estat, mais pis traictez les Angeuins que les Arragonnois: & à ceux du Comte de Merillano fut donné vn mandement, dont
on chargea le President Gannay d'auoir prins argent, & le Seneschal, faict   *(Desordres en l'establissemêt du Royaume nouueau côquis.)*
nouueau Duc de Nole, & grand Châbellâ du Royaume. Par ce mandemêt
chacun fut maintenu en sa possession, & forclos les Angeuins de retourner
au leur, sinon par procés: & quant à ceux qui estoient entrez d'eux mesmes,
côme le Côte de Celano, on bailla main forte pour les en ietter. To⁹ estats &
offices furent donnez aux François, à deux ou trois. Tous les viures, qui e-
stoient au *chasteau de Naples, quand il fut prins (qui estoient fort grans) dôt   *(*Il entend Chastenouo.)*
le Roy eut cognoissance, il les donna à ceux qui les demandoient.

En ces entrefaictes se rendit le chasteau, par pratique des Allemans (qui en
eurent vn monde de biens qui estoient dedans) & aussi fut prins le chasteau
de l'Oeuf par baterie. Et par ceste conclusion se peut voir que ceux qui a-
uoient conduit ceste grand' œuure, ne l'auoient point faict d'eux, mais fut
vraye œuure de Dieu, comme chacun le veid: mais ces grandes fautes, que
ie dy, estoient œuures d'hommes, accueillis de gloire, qui ne cognoissoient
d'où ce bien & honneur leur venoit, & y procederét selon leur nature & experience: & se vint changer la fortune aussi prôptement, & aussi visiblement

* Ie me doute fort qu'il fail le lire Oſtád Xotgland, mais pour Auuergne, ie me tien aſſeuré de Noſyvegue.

comme l'on voit le iour en *Holande, ou en Auuergne, où les iours d'Eſté ſont plus longs qu'ailleurs, & tant que (quand le iour fault au ſoir) en vne meſme inſtáce, ou peu apres (cóme d'vn quart d'heure) on voit derechef naiſtre le iour à venir : & ainſi veit tout ſage hóme en auſſi peu deſpace changer ceſte bonne & glorieuſe aduéture, dont tát fuſſent aduenus de biens & d'hóneurs à toute la Chreſtienté, ſi elle euſt eſté recogneuë de Celuy d'où elle venoit. Car le Turc euſt eſté auſſi aiſé à troubler, qu'auoit eſté le Roy Alphonſe: car il eſtoit, & eſt encores vif, homme de nulle valeur: & eut le Roy ſon frere entr'e les mains (qui veſquit peu de iours apres la fuite du Cardinal de Valence: & diſoit-on qu'il fut baillé empoiſonné) qui eſtoit l'hóme du móde qu'il craignoit le plus: & tant de milliers de Chreſtiens eſtoient ſi preſts à ſe rebeller, qu'on ne le ſçauroit péſer. Car d'Otrante iuſques à la Valonne, n'y a que ſoixante mils: & de Valonne en Conſtantinople, y a enuiron dixhuiĉt iournees de marchans (comme nous compterent ceux qui ſouuét faiſoient le chemin) & n'y a aucunes places fortes entre deux, au moins que deux ou trois: le reſte eſt abbatu: & tous ces païs ſont Albanois, Eſclauons, & Grecs, & fort peuplez, qui ſentoiét des nouuelles du Roy, par leurs amis, qui eſtoiét à Veniſe, & en Pouille, à qui auſſi ils eſcriuoient, & n'attendoient que meſſages pour ſe rebeller : & y fut énuoyé de par le Roy vn Archeueſque de Duras, qui eſtoit Albanois : mais il parla à tant de gens que merueilles preſts à

'Archeueſque de Duras enuoyé par le Roy vers les Grecs pour les faire tóurner.

tourner, eſtans enfans & nepueux de pluſieurs Seigneurs, & gens de bien de ces marches ; comme de Scanderbeg, d'vn fils de l'Empereur de Conſtantinople, des nepueux du Seigneur Conſtantin (qui de preſent gouuerne Mótferrat) & ſont nepueux ou couſins du Roy de Seruie. En Theſſalie plus de cinq mille fuſſent tournez: & encores ſe fuſt prins Scutari (ce que ie ſçauoye) par intelligence, & par la main du Seigneur Conſtantin, qui pluſieurs iours fut caché à Veniſe auec moy. Car de ſon pattimoine luy appartient la Macedone & Theſſalie (qui fut le Patrimoine d'Alexandre) & la Valonne en eſt. Scutari & Cróye en ſont pres: & de ſon temps, ſon pere, ou oncle, les engagea aux Venitiens qui perdirét Cróye. Scutari baillerent au Turc, en faiſant paix. Si fut ledit Seigneur Conſtantin à trois lieuës pres : & ſe fuſt executee l'entrepriſe , n'euſt eſté que ledit Archeueſque de Duras demeura à Veniſe aucuns iours apres ledit Seigneur Conſtantin: & tous les iours ie le preſſoye de partir : car il me ſembloit homme leger en parole : & diſoit qu'il feroit quelque choſe dont il ſeroit parlé: &, dé male aduenture, le iour que les Venitiens ſceurent la mort du frere du Turc, que le Pape auoit baillé entre les mains du Roy, ils delibererent de le faire ſçauoir au Turc, par vn de leurs Secretaires: & cómanderent qu'aucun nauire ne paſſaſt la nuiĉt entre les deux chaſteaux, qui ſont l'entree du golfe de Veniſe : & y firent faire guet (car ils ne ſe doutoient que de petits nauires , commé Grips , dont il y en auoit pluſieurs au port d'Albanie, & de leurs iſles de Grece) car celuy qui euſt porté ces nouuelles, euſt eu bó preſent. Ainſi ce pauure Archeueſque, ceſte propre nuiĉt, voulut partir pour aller à ceſte entrepriſe du Seigneur Conſtantin qui l'attendoit: & portoit force eſpees, boucliers, & iauelines, pour bailler à ceux auec qui il auoit intelligéce (car ils n'en ont point) & en paſſát entre les deux chaſteaux, cet Archeueſque fut prins, & mis en l'vn deſdits chaſteaux,

& ſes

& ses seruiteurs: & le nauire passa outre par congé. Il luy fut trouué plusieurs
lettres, qui descouurirent le cas: & m'a dit ledit Seigneur Constantin, que les
Venitiens enuoyerent aduertir les gens du Turc aux places voisines, & le
Turc propre: & n'eust esté le Grip (qui passa outre, & dont le Patron estoit
Albanois) qui l'aduertit, il eust esté prins: mais il s'enfuit en Pouille par mer.

Venitiës ad-
uertissēt le
Turc de l'en-
treprise du
Roy pour la
deliurance de
la Grece.

---

*Digression ou discours, aucunement hors de la matiere principale, auquel Philippes de
Commines, Autheur de ce present Liure, parle assez amplement de l'estat & gouuernement de la Seigneurie des Venitiens, & de ce qu'il y veit, & y fut fait, pendant
qu'il estoit Ambassadeur pour le Roy en leur ville de Venise.*

CHAPITRE XV.

OR est il temps que ie die quelque choses des Venitiens, & pourquoy
i'y estoye allé: car le Roy est maintenant à Naples au dessus de ses affaires. Mon allee fut d'Ast, pour les mercier des bonnes responses
qu'ils auoient faites à deux Ambassadeurs du Roy, & pour les entretenir en
son amour, s'il m'estoit possible: car voyant leurs forces, leur sens, & leur
conduicte, ilz le pouuoient aisément troubler, & nulz autres en Italie. Le
Duc de Milan m'ayda à depescher: & escriuit à son Ambassadeur, qui estoit
là residāt (car tousiours y en auoit vn) qu'il me tinst compagnie, & m'adres-
sast: & auoit sondit Ambassadeur cent Ducats le mois de la Seigneurie, &
son logis bien accoustré, & trois barques (qui ne luy coustoient rien) à le mener par la ville. Celuy de Venise en a autant à Milan, sauf les barques: car on
y va à cheual, & à Venise par eau. Ie passay, en allant, par leurs citez, comme
Bresse, Veronne, Vincence, & Padouë, & autres lieux. Par tout me fut faict
grand honneur, pour l'honneur de celuy qui m'enuoyoit: & venoit vn
grand nombre de gens au deuant de moy, auec leur Podestat ou Capitaine. Ils ne sailloient point tous deux: mais le second venoit iusques à la
porte. Par le dedans ils me conduisoient iusques à l'hostellerie, & com-
mandoient à l'hoste qu'abondamment ie fusse traicté: & me faisoient
deffrayer auec toutes honnorables paroles: mais (qui compteroit bien ce
qu'il faut donner aux tabourins & aux trompettes) il n'y a gueres de gaing
à ce deffray: mais le traictement est honorable. Ce iour, que i'entray à Venise, vindrent au deuant de moy iusques à la *Chafousine, qui est à cinq mils
de Venise, & là on laisse le basteau, en quoy on est venu de Padouë, au long
d'vne riuiere: & se met on en petites barques, bien nettes & couuertes de ta-
pisserie, & beaux tapis velus dedans, pour se seoir dessus: & iusques là vient la
mer: & n'y a point de plus prochaine terre, pour arriuer à Venise: mais la mer
y est fort plate, s'il ne fait tourmente: &, à ceste cause qu'elle est ainsi plate, se
prend grand nombre de poisson, & de toutes sortes: & fu bien esmerueillé
de voir l'assiete de ceste cité, & de voir tant de clochers, & de monasteres,
& si grand maisonnement, & tout en l'eau, & le peuple n'auoir autre forme

Desfray à peu
de gain.

*Siccia, ou
Lisafusina
Italiens.

Situation de
Venise re-
marquable.

Z iiij

d'aller qu'en ces barques: dont ie croy qu'il s'en sineroit trête mille: mais elles sont fort petites. Enuiron ladite cité y a bien septante monasteres, à moins de demie lieuë Françoise, à le prendre en rondeur (qui tous sont en isle, tant d'hommes que de femmes, fort beaux & riches, tant d'edifices que de paremens , & ont fort beaux iardins) sans comprendre ceux qui sont dedans la ville: où sont les quatre ordres des mendians, bien soixante & douze parroisses, & maintes confrairies: & est chose estrange de voir si belles & si grandes Eglises fondees en la mer. Audit lieu de la Chasousine vindrent, au deuant de moy, vingtcinq Gentils-hommes, bien & richement habillez, & de beaux draps de soye & escarlate: & là me dirent que ie fusse le bien venu: & me conduirent iusques pres la ville, en vne Eglise de Sainct-André. où derechef trouuay autant d'autres Gentils-hommes, & auec eux les Ambassadeurs du Duc de Milan, & de Ferrare: & là aussi me firent vne autre harangue: & puis me mirent en d'autres basteaux, qu'ils appellent plats: & sont beaucoup plus grāds que les autres: & y en auoit deux couuerts de satin cramoisy, & le bas tapissé, & lieu pour seoir quarante personnes : & chacun me fit seoir au milieu de ces deux Ambassadeurs (qui est l'honneur d'Italie que d'estre au milieu) & me menerent au long de la grand' ruë, qu'ils appellent le grand Canal, & est bien large. Les galees y passent à trauers, & y ay veu nauire de quatre cents tôneaux ou plus, prés des maisons: & est la plus belle ruë que ie croy qui soit en tout le monde, & la mieux maisonnee, & va le long de ladite ville. Les maisons sont fort grandes & hautes, & de bonne pierre: & les anciennes toutes peintes. Les autres, faites depuis cent ans, toutes ont le deuant de marbre blanc(qui leur vient d'Istrie, à cent mils de là) & encores ont mainte grand' piece de Porphire & de Serpentine sur le deuant. Au dedans ont pour le moins, pour la plus-part, deux chambres, qui ont les planchez dorēz, riches manteaux de cheminees de marbre taillé, les chalits des licts dorez, & les osteuens peints & dorez, & fort bien meublees dedans. C'est la plus triomphante cité que i'aye iamais veuë, & qui plus fait d'honneur à Ambassadeurs & estrangers, & qui plus sagement se gouuerne, & où le seruice de Dieu est plus solennellement fait : &, encores qu'il y peust bien auoir d'autres fautes, si croy-ie que Dieu les a en aide, pour la reuerence qu'ils portent au seruice de l'Eglise. En ceste compagnie de cinquante Gentils-hommes, me conduirent iusques à sainct George, qui est vne Abbaye de moines noirs reformez, où ie fu logé.　Le lendemain me vindrent querir, & mener à la Seigneurie, où presentay mes lettres au Duc , qui preside en tous leurs conseils, honoré commé vn Roy: & s'addressoient à luy toutes lettres; mais il ne peut gueres de luy seul: toutesfois cestuy-cy a de l'authorité, beaucoup, & plus, que n'eut iamais Prince qu'ils eussent. Aussi il y a desia douze ans qu'il est Duc, & l'ay trouué homme de bien , sage , & bien experimenté aux choses d'Italie, & douce & amiable personne. Pour ce iour ne dy autre chose: & me fit-on voir trois ou quatre châbres, les planchez richement dorez, & les licts & osteués: & est beau & riche le Palais de ce qu'il contiét, tout de marbre bien taillé, & tout le deuant, & le bord des pierres, dorez en la largeur d'vn poulce, parauanture : & y a audit Palais quatre belles salles, richemét dorees, & fort grand logis, mais la court est petite. De la châbre du Duc

il peut

il peut oüir la Meſſe au grād Autel de la chappelle ſainct Marc: qui eſt la plus
belle & riche chappelle du monde, pour n'auoir que nom de chappelle, toute faite de Muſaicq en tous endroits. Encores ſe vantent-ils d'en auoir trouué l'art, & en font beſongner au meſtier, & l'ay veu. En ceſte chappelle eſt
leur treſor (dont l'on parle) qui ſont choſes ordonnees pour parer l'Egliſe. Il
y a douze ou quatorze gros Ballais. Ie n'en ay veu aucū ſi gros. Il y en a deux,
dont l'vn paſſe ſept cents, & l'autre huict cents carras, mais ils ne ſont point
nets. Il y en a douze autres de pierres de *quiraſſe d'or, le deuant & les bords
bien garnis de pierrerie tres-fort bonne, & douze couronnes d'or, dont anciennement ſe paroient douze femmes, qu'ils appelloiét Roines, à certaines
feſtes de l'an: & alloient par ces iſles & Egliſes. Elles furent deſrobees, & la
plus-part des femmes de la cité, par larrons qui venoient d'Iſtrie ou du Friol
(qui eſt prés d'eux) leſquels ſ'eſtoient cachez derriere ces iſles : mais les maris
allerent apres, & les recouurerent, & mirent ces choſes à ſainct Marc, & fon-
derent vne chappelle au lieu, où la Seigneurie va tous les ans, au iour qu'ils
eurent ceſte victoire: & eſt bié grand' richeſſe pour parer l'Egliſe, auec maintes autres choſes d'or, qui y ſont, & pour la ſuite d'Amatiſte, d'Agate, & vn
bien petit d'Eſmeraude: mais ce n'eſt point grand treſor pour eſtimer, comme l'on fait or ou argent content: & ils n'en tiennent point en treſor: & m'a
dit le Duc, deuant la Seigneurie, Que c'eſt peine capitale parmy eux, de dire
qu'il faille faire treſor: & croy qu'ils ont raiſon, pour doute des diuiſiós d'entr'eux. Apres me firent monſtrer leur autre treſor, qui eſt vn Arcenal, où ils
équippent leurs galees, & font toutes choſes qui ſont neceſſaires pour l'armee de mer: qui eſt la plus belle choſe qui ſoit en tout le demourāt du monde auiourd'huy, & la mieux ordonnee pour ce cas.

En effect, i'y ſeiournay huict mois, défrayé de toutes choſes, & tous autres
Ambaſſadeurs qui eſtoient là: & vous dy bien, que ie les ay cogneus ſi ſages,
& tant enclins d'accroiſtre leur Seigneurie, que, ſ'il n'y eſt pourueu toſt, tous
leurs voiſins en maudiront l'heure. Car ils ont plus entendu la façon d'eux
defendre & garder, en la ſaiſon que le Roy y a eſté, & depuis, que iamais:
car encores ſont en guerre auec luy : & ſi ſe ſont bien oſez eſlargir, comme
d'auoir prins en Poüille ſept ou huict citez en gage (mais ie ne ſçay quand ils
les rendront) &, quand le Roy vint en Italie, ils ne pouuoient croire que l'on
prinſt ainſi les places, n'en ſi peu de temps (car ce n'eſt point leur façon) &
ont fait, & font maintes fortes places depuis, & autres en Italie. Ils ne ſont
point pour ſ'accroiſtre en haſte, comme firent les Romains: car leurs perſonnes ne ſont point de telle vertu, & ſi ne va nul d'entr'eux à la guerre de
terre ferme (comme faiſoient les Romains) ſi ce ne ſont leurs prouiſeurs &
payeurs, qui accompaignent leur Capitaine, & le conſeillent, & pouruoyent
du tout : mais toute la guerre de mer eſt cōduite par leurs Gentils-hommes,
en Chefs, & Capitaines de galees & naues, & par autres leurs ſubiects. Mais
vn autre bien ont-ils, en lieu d'aller, en perſonne, aux armees par terre, c'eſt
qu'il ne ſy fait nul homme de tel cœur, ne de telle vertu, pour auoir Seigneurie, comme ils auoient à Rome: & par ce n'ont-ils nulles queſtions ciuiles
en la cité, qui eſt la plus grande prudence que ie leur voye; & y ont merueilleuſement bien pourueu, & en maintes manieres: car ils n'ont point de Tri-

buns-de-peuple comme auoient les Romains(lefquels Tribuns furét en partie caufe de leur deftruction) car le peuple n'y a credit, ne n'y eft appellé en rien, & tous offices font aux Gentils-hommes, fauf des Secretaires. Ceux là ne font point Gentils-hommes. Auffi la plus-part de leur peuple eft eftráger. Et fi ont bien cognoiffance, par Titus Liuius, des fautes que firent les Romains: car ils en ont l'hiftoire, & fi en font les os en leur Palais de Padouë. Et par ces raifons, & par maintes autres que i'ay cogneuës en eux, ie dy encores vne autre fois qu'ils font en voye d'eftre bien gráds Seigneurs pour l'aduenir.

Or faut dire quelle fut ma charge: qui fut à caufe des bónes refpófes qu'ils auoient faites à deux feruiteurs du Roy, qui auoient efté vers eux, & qu'à leur fiance, il tiraft hardiment auant en cefte entreprinfe: & ce fut auant qu'il partift de la ville d'Aft. Auffi leur remonftray les longues & anciennes alliances qui auoient efté entre les Rois de France & eux: & d'auantage leur offry Brádis, & la ville d'Otrante, par condition qu'en leur baillant mieux en Grece, ils fuffent tenus les rendre. Ils me tindrent les meilleures paroles du monde du Roy, & de toutes fes affaires: car ils ne croyoiét point qu'il allaft gueres loin: &, quant à l'offre que ie leur fey, ils me firent dire qu'ils eftoient fes amis & feruiteurs, & qu'ils ne vouloient point qu'il achetaft leur amour, auffi le Roy ne tenoit point encores les places, & que, fils vouloient, ils fe mettroiét bien en guerre, ce qu'ils ne vouloient point faire, combien qu'il y euft vers eux Ambaffade de Naples, les en fuppliant tous les iours, & leur offrant ce qu'ils voudroient: & confeffoit le Roy Alphonfe (qui lors regnoit) auoir failly vers eux, & leur remonftroit le peril que ce leur feroit, fi le Roy venoit au deffus de fon entreprife. Le Turc de l'autre cofté leur enuoya incontinent Ambaffadeur, que ie vey plufieurs fois, qui à la requefte du Pape les menaçoit, fils ne fe declaroient contre le Roy. A chacun faifoient bonne refponfe: mais ils n'auoient à ce commencement nulle crainte de nous, & ne f'en faifoient que rire: & auffi le Duc de Milan leur faifoit dire, par fon Ambaffadeur, qu'ils ne fe fouciaffent point, & qu'il fçauoit bien la façon de renuoyer le Roy, fans ce qu'il tint rien en Italie: & autant en auoit mandé à Pierre de Medicis, qui le m'a dit. Mais, quand ils veirent, & le Duc de Milan auffi, que le Roy auoit les places des Florentins entre fes mains, & par efpecial Pife, ils commencerent à auoir peur, & parloient de la façon de le garder de paffer plus auant: mais leurs confeils eftoient longs: & cependant le Roy tiroit auant: & gens alloient & venoient des vns aux autres. Le Roy d'Efpagne commençoit auffi à auoir peur, pour les ifles de Cecile & de Sardaigne. Le Roy des Romains commença auffi à eftre enuieux, & luy faifoit-on peur de la couronne Imperiale, difant que le Roy la vouloit prendre, & en auoit requis le Pape (qui n'eftoit point vray) &, pour ces doutes, ces deux Rois enuoyerent groffes Ambaffades à Venife, moy eftant là, comme dit eft. Deuant y enuoya le Roy des Romains: car il eftoit voifin. L'Euefque de Trente en eftoit le principal, & deux Cheualiers, & vn Docteur: aufquels fut fait grand honneur & reuerence, & leurs logis bien accouftrez comme à moy: & dix Ducats pour iour pour leurs defpens: & leurs cheuaux deffrayez, qui eftoient demeurez à Treuis. Incontinent apres vint vn tres-honnefte Cheualier d'Efpagne, bien accompagné & bien veftu, qui auffi fut fort honoré & deffrayé. Le Duc de

Milan

Milan, outre l'Ambaſſadeur qu'il y auoit, y enuoya l'Eueſque de Côme, &
meſſire Franciſco Bernardin Viſcomte: & commencerent ſecrettement, &
de nuiĉt, à conuenir enſemble, & premierement par leurs Secretaires: & n'o-
ſoient encores en public ſe declarer contre le Roy, par eſpecial le Duc de Milan, & les Venitiens, qui encores ne ſçauoient ſi la ligue, dont eſtoit queſtion,
ſe concluroit: & me vindrent voir ceux de Milan, & m'apporterent lettres de
leur maiſtre, & me dirent que leur venuë eſtoit parce que les Venitiés auoiét
enuoyé deux Ambaſſadeurs à la ville de Milan, & ils auoient de couſtume de
n'y en laiſſer qu'vn (auſſi ne firent ils à la fin) mais cecy eſtoit menſonge &
tromperie, & toute deception, car tout cela eſtoit aſſemblé pour faire ligue
contre le bon Roy: mais tant de vielles ne ſe peurent accorder en peu de têps.
Apres me demanderent ſi ie ſçauoye point qu'eſtoit venu faire ceſt Ambaſſadeur d'Eſpaigne, & celuy du Roy des Romains, à fin qu'ils en peuſſent aduertir leur maiſtre. Or i'eſtoye ja aduerty, & de pluſieurs lieux, tant de ſeruiteurs d'Ambaſſadeurs qu'autrement, que celuy d'Eſpagne eſtoit paſſé par
Milan, deſguiſé, & que les Allemans ſe conduiſoient tous par ledit Duc: &
auſſi ſçauoye qu'à toute heure l'Ambaſſadeur de Naples bailloit des paquets
de lettres qui venoient de Naples (car tout cecy eſtoit auant que le Roy partiſt de Florence) & deſpendoye quelque choſe pour en eſtre aduerty, & en a-
uoye de bons moyens: & ſi ſçauoye ja le commencement de leurs articles: qui
eſtoient ieĉtez, mais non point accordez, car Venitiens ſont fort longs à telles concluſions. Pour ces raiſons, & voyant la ligue ſi approchee, ne voulu
plus faire de l'ignorant: & reſpondy audit Ambaſſadeur de Milan, que (puis
qu'ils me tenoient termes ſi eſtranges) que ie leur vouloye monſtrer que le
Roy ne vouloit point perdre l'amitié du Duc de Milan (ſil y pouuoit remedier) & moy, comme ſeruiteur, m'en vouloye acquitter, & l'excuſer des mauuais rapports qu'on en pourroit auoir faits audit Duc leur maiſtre, que ie
croyoye eſtre mal informé, & qu'il deuoit bien penſer, auant que perdre la recognoiſſance de tel ſeruice, comme il auoit fait au Roy: & que nos Rois de
France ne furent iamais ingrats: & que, pour quelque parole qui pouuoit a-
uoir eſté dite, ne ſe deuoit point departir l'amour d'eux deux: veu qu'elle
eſtoit tât ſeante à chacune deſdites parties: & les prioye qu'ils me voulſiſſent
dire leurs doleances, pour en aduertir le Roy, auant qu'ils fiſſent autre choſe.
Ils me iurerent tous & firent grands ſermens qu'ils n'en auoient nul vouloir:
toutesfois ils mentoient, & eſtoient venus pour traitter ladite ligue.

Le lendemain allay à la Seigneurie leur parler de ceſte ligue, & dire ce qu'il
me ſembloit ſeruir au cas: & entre autres choſes, ie leur dy qu'en l'alliáce qu'ils
auoiét auec le Roy, & qu'ils auoiét euë auec le feu Roy Louys ſon pere, ils ne
pouuoiét ſouſtenir les ennemis l'vn de l'autre, & qu'ils ne pouuoiét faire ceſte
ligue, dont l'on parloit, que ce ne fuſt aller contre leur promeſſe. Ils me firét
retirer: & puis, quãd ie reuin, me dit le Duc que ie ne deuoye point croire tout
ce que l'on diſoit par ladite ville: car chacú y eſtoit en liberté, & pouuoit chacun dire ce qu'il vouloit: toutesfois qu'il n'auoit iamais péſé faire ligue côtre
le Roy, ny iamais ouy parler: mais, au contraire, ils diſoient faire ligue entre le
Roy, & ces autres deux Rois, & toute l'Italie, & qu'elle fuſt côtre ledit Turc, &
que chacun porteroit ſa part de la dépéſe: & ,ſil y auoit aucun en Italie qui ne

vouluſt payer ce qui ſeroit aduiſé, que le Roy & eux l'y contraindroient par
force, & vouloient faire vn tres-bon appointement: c'eſt que le Roy prinſt
vne ſomme d'argent contant, & qu'eux l'auanceroient & tiendroient les
places de Poüille en gage, comme font à ceſte heure, & le royaume ſeroit
recogneu de luy, du conſentement du Pape, & pour certaine ſomme de deniers l'an, & que le Roy y tiendroit trois places: & pleuſt à Dieu que le Roy
y euſt voulu entendre lors. Ie dy n'oſer entrer en cet appointement, leur
priant ne ſe haſter point de conclure ceſte ligue, & que de tout aduertirois
le Roy, leur priant, comme i'auoye faict aux autres, me dire leurs doleances,
& qu'ils ne les teuſſent point, comme faiſoient ceux de Milan. Ils ſe doulu-
rent des places que le Roy tenoit du Pape, & encores plus de celles qu'il tenoit des Florentins, & par eſpecial de Piſe, diſans que le Roy auoit mandé
par eſcript en pluſieurs lieux, & à eux meſmes, qu'il ne vouloit en Italie que
le royaume de Naples, & aller contre le Turc, & qu'il monſtroit à ceſte heure de vouloir prendre tout ce qu'il pourroit en Italie, & ne demander rien
au Turc: & diſoient encores que monſeigneur d'Orleans, qui eſtoit demeuré en Aſt, faiſoit crainte au Duc de Milan, & que ſes ſeruiteurs diſoient de
grandes menaces: toutesfois qu'ils ne feroient rien de nouueau que ie n'euſſe reſponſe du Roy, ou que le temps de l'auoir ne fuſt paſſé: & me môſtroient
plus d'honneur, qu'à ceux de Milan. De tout i'aduerty le Roy, & eu maigre
reſponſe: & deſlors s'aſſembloient chaſcun iour: veu qu'ils ſçauoiét que l'entrepriſe eſtoit deſcouuerte: & en ce temps eſtoit le Roy encores à Florence,
& s'il euſt trouué reſiſtance à Viterbe, comme ils cuidoiét, ils euſſent enuoyé
des gens à Rome, & encores ſi le Roy Ferrand fuſt demeuré dedans: & n'euſſent iamais penſé qu'il euſt deu abandonner Rome, & quand ils la veirent
abandonnée, commencerent à auoir peur: toutesfois les Ambaſſades des
deux Roys les preſſoient fort de conclurre, ou vouloient departir: car ja y a-
uoient eſté quatre moys, chaſcun iour allans à la ſeigneurie: pendaut ie fai-

ſois le mieux que ie pouuois à l'encontre.

Voyans les Venitiés tout cela abandonné, & aduertis que le Roy eſtoit dedans la ville de Naples, ils m'enuoyerent querir, & me dire ces nouuelles, mô-
ſtrás en eſtre ioyeux, toutesfois ils diſoient que ledit chaſteau eſtoit bié fort
garny, & voyois bien qu'ils auoient bonne & ſeure eſperáce qu'il tint: & conſentirent que l'Ambaſſadeur de Naples leuaſt gens-d'armes à Veniſe, pour
enuoyer à Brandis: & eſtoient ſur la concluſion de leur ligue, quád leurs Ambaſſadeurs leur eſcriuirent que le chaſteau eſtoit rendu: & lors ils m'enuoyerent querir derechef à vn matin: & les trouuay en grand nombre, comme de
cinquáte ou ſoixáte en la chambre du Prince, qui eſtoit malade de la colique:

& là me compta ces nouuelles, de viſage ioyeux: mais nul en la compagnie
ne ſe ſçauoit feindre ſi bien comme luy. Les vns eſtoient aſſis ſus vn marche-
pied de banc, & auoient la teſte appuyee entre leurs mains. Les autres d'vne
autre ſorte, tous demonſtrans auoir grande triſteſſe au cœur: & croy que
quand les nouuelles vindrent à Rome de la bataille perduë à Cannes, contre
Hannibal, les Senateurs qui eſtoient demourez n'eſtoient pas plus eſbahis ne
plus eſpouuentez qu'ils eſtoient: car vn ſeul ne feit ſemblant de me regarder,
ny ne me dit vn mot, que luy, & les regardois à grand' merueille. Le Duc me

demanda

demanda si le Roy luy tiendroit ce que tousiours leur auoit mádé, & que leur auois dit. Ie les asseuray fort qu'ouy, & ouuri les voyes pour demeurer en bóne paix: & m'offrois fort à la faire tenir, esperant les oster de soupçon: puis me departi.

Leur ligue n'estoit encores ne faite ne rompuë, & vouloient partir les Allemans mal contens. Le Duc de Milan se faisoit encores prier de ie ne sçay quel article: toutesfois il máda à ses gens qu'ils passassent tost: & en effect, cóclurét la ligue. Durant que cecy se demenoit, i'auois sans cesse aduerti le Roy du tout, le pressant de cóclurre, ou à demeurer au Royaume, & se pouruoir de plus de géns de pied & d'argét, ou de bóne heure, se mettre en chemin pour se retirer, & laisser les principales places bien gardees, auát qu'ils fussent tous assemblez. Aussi aduertissois móseigneur d'Orleás, qui estoit en Ast, auec les gens de sa maison seulement (car sa cópagnie estoit auec le Roy) & d'y mettre des gens, l'asseurant qu'incontinent iroient luy courre sus. I'escriuois aussi à monseigneur de Bourbon (qui estoit demeuré Lieutenant pour le Roy, en France) d'enuoyer des gens en haste à Ast, pour le garder, & que si ceste place estoit perduë, nul secours ne pouuoit venir au Roy de France: & aduertissois aussi la Marquise de Montferrat (qui estoit bonne Françoise, & ennemie du Duc de Milá) afin qu'elle aidast à móseigneur d'Orleans, de gens, s'il en auoit affaire: car Ast perdu, les Marquisats de Montferrat & Saluces estoiét perdus.

Commines fait tous deuoir de preuoir par aduis contre la ligue.

La ligue fut concluë vn soir bien tard, & le matin me demanda la Seigneurie, plus matin qu'ils n'auoient de coustume. Cóme ie fuz arriué, & estre assis, me dit le Duc: Qu'en l'honneur de la saincte Trinité ils auoient conclu ligue auec nostre sainct Pere le Pape, les Rois des Romains & de Castille, eux & le Duc de Milan, à trois fins: La premiere, pour deffendre la Chrestienté contre le Turc: la seconde, à la deffense d'Italie: la tierce, à la preseruation de leurs estats, & que ie le feisse sçauoir au Roy; & estoient assemblez en grand nombre, comme de cent ou plus, & auoient les testes hautes, & faisoient bonne chere: & n'auoient point contenances semblables à celles qu'ils auoient le iour qu'ils me dirent la prinse du chasteau de Naples. Me dit aussi, qu'ils auoient escrit à leurs Ambassadeurs, qui estoient deuers le Roy, qu'ils s'en vinssent, & qu'ils prinssent congé. L'vn auoit nom messire Dominique Loredan, & l'autre messire Dominique Treuisan. I'auois le cœur serré, & estois en grand' doute de la personne du Roy, & de toute sa compagnie: & cuidois leur cas plus prest qu'il n'estoit, & aussi faisoient-ils eux, & doutois qu'ils eussent des Allemás prés: & si cela y eust esté, iamais le Roy ne fust sailly d'Italie. Ie me deliberay ne dire point trop de paroles en ce courroux: toutefois ils me tirerent vn peu aux champs. Ie leur fey response que dés le soir auant, ie l'auois escrit au Roy, & plusieurs fois, & que luy aussi m'auoit escrit qu'il en estoit aduerti de Rome & de Milan. Il me feit tout estrange visage, de ce que ie disois l'auoir escrit, le soir, au Roy: car il n'est nulles gens au monde si soupçonneux, ne qui tiennent leurs conseils si secrets: & par soupçon seulement confinent souuent des gens, & à ceste cause leur disois. Outre ce ie leur dy l'auoir aussi escrit à monseigneur d'Orleans, & à monseigneur de Bourbon, afin qu'ils pouruccussent Ast: & le disois, esperant que cela donneroit quelque delay d'aller deuant Ast: car s'ils eussent esté aussi prests cóme

Venitiens soupçonneux & secrets.

AA

ils se vantoient & cuidoient, ils l'eussent prins sans remede : car il estoit & fut
mal pourueu long temps apres. Ils se prindrent à me dire, qu'il n'y auoit rien
contre le Roy, mais pour se garder de luy : & qu'ils ne vouloient point qu'il
abusast ainsi le monde de paroles, & de dire qu'il ne vouloit que le royaume, & puis aller contre le Turc : & qu'il monstroit tout le contraire, & vouloit
destruire le Duc de Milan & Florence, & tenir les terres de l'Eglise. A quoy ie
respondi, que les Rois de France auoient augmenté l'Eglise, & accreuë &
deffenduë, & que cestuy-cy feroit plustost le semblable que de rien leur oster :
mais que toutes ces raisons n'estoient point celles qui les mouuoient, mais
qu'ils auoient enuie de troubler l'Italie, & faire leur profit : & que ie croyois
qu'aussi feroient ils. Ce qu'ils prindrent vn peu à mal,*ce me dit-on : mais il se
voit,(par ce qu'ils ont en Poüille en gage du Roy Ferrand, pour luy aider contre nous)que ie disois vray. Sur ce poinct me voulois leuer, pour me retirer :
mais ils me firent r'asseoir, & me demanda le Duc si ie ne voulois faire nulle
ouuerture de paix, parce que le iour de deuât i'en auois parlé : mais c'estoit par
condition qu'ils voulussent attendre à conclure la ligue, de quinze iours, afin
d'enuoyer deuers le Roy, & auoir response. Apres ces choses dites, ie me reti-
ray à mon logis : & ils mandérét les Ambassadeurs l'vn apres l'autre, & au saillir de leur conseil, ie rencontray celuy de Naples, qui auoit vne belle robbe
neufue, & faisoit bonne chere, & en auoit cause : car c'estoient grandes nouuelles pour luy. A l'apresdinee tous les Ambassadeurs de la ligue se trouuerét
ensemble en barque (qui est l'esbat de Venise, où chacun va, selon les gens
qu'il y a, & aux despens de la Seigneurie) & pouuoient estre 40. barques, qui
toutes auoient pendeaux aux armes de leurs maistres : & vey toute ceste compagnie passer pardeuant mes fenestres, & y auoit force menestriers : & ceux de
Milan, au moins l'vn d'iceux, qui m'auoit tenu compagnie beaucoup de fois,
faisoit bien contenance de ne me cognoistre plus : & fus trois iours sans aller
par la ville, ne mes gens, combien que iamais ne me fut dite en la ville (ny à
homme que i'eusse) vne seule mal-gracieuse parole. Le soir feirent vne merueilleuse feste de feux, sur les clochers, auec force falots allumez sur les maisons de ces Ambassadeurs, & artillerie qui tiroit : & fu sur la barque couuer-
te, au long des riues, pour voir la feste, enuiron dix heures de nuict, & par especial, deuât les maisons des Ambassadeurs, où se faisoient banquets & grâd'
chere. Ce iour là n'estoit point encor la publication, ne la grand' feste : car le
Pape auoit mandé qu'il vouloit qu'on attendist encores aucuns iours, pour
la faire à Pasques Fleuries(qu'ils appellent le Dimanche de l'Oliue)& vouloit
que chacun Prince où elle seroit publiee, & les Ambassadeurs, qui y seroient,
portassent vn rameau d'Oliuier en la main(car ils le disent signe de paix & al-
liâce)& qu'à ce iour elle fust publiee en Espagne & Allemagne. A Venise feirent vn chemin de bois, haut de terre, comme ils font le iour du Sacre, bien
tendu, qui prenoit du Palais iusques au bout de la place sainct Marc : & apres
la Messe(que chanta l'Ambassadeur du Pape, & qui à tout hóme donna ab-
solution de peine & de coulpe, qui seroit à la publication) ils allerent en pro-
cession par ledit chemin, la Seigneurie & Ambassadeurs tous bien vestus, &
plusieurs auoient robbes de veloux cramoisi, que la Seigneurie auoit donnees, au moins aux Allemans, & à tous leurs seruiteurs robbes neufues : mais
elles

elles eſtoient bien courtes. Au retour de la proceſſion ſe monſtrerent grand
nombre de myſteres & de perſonnages, & premieremét Italie, & apres tous
ces Rois, & Princes, & la Royne d'Eſpaigne:& au retour,à vne pierre de por-
fire(où on fait les publications)feirent publier ladite ligue:&y auoit vn Ambaſſadeur du Turc preſent, à vne feneſtre caché) & eſtoit depeſché, ſauf
qu'ils vouloient qu'il veiſt ladite feſte: & la nuiét vint parler à moy, par le
moyen d'vn Grec, & fut bien quatre heures en ma chambre, & auoit grand'
enuie que ſon maiſtre fuſt noſtre amy. Ie fu inuité à ceſte feſte,par deux fois,
mais ie m'excuſay: & demeuray en la ville, enuiron vn mois depuis, auſſi bié
traiété que deuant; & puis m'en party,mandé du Roy, & de leur congé, con-
duiét en bonne ſeureté,à leurs deſpens iuſques à Ferrare. Le Duc me vint au
deuant, & deux iours me feit bonne chere, & deſfraya:& autant meſſire Iean
de Bentiuole à Boulongne: & de là m'enuoyérent les Florentins querir , &
allay à Florence,pour attendre le Roy,duquel ie retourneray à parler.

HVICTIESME LIVRE DES MEMOIRES DV
SEIGNEVR D'ARGENTON, SVR LES PRINCIPAVX
faiéts & geſtes du Roy Charles huiétieſme.

*De l'ordre & prouiſion que le Roy mit au Royaume de Naples, voulant
retourner en France.*   CHAPITRE 1.

POVR mieux continuer mes Memoires, & vous informer, me
faut retourner à parler du Roy,qui depuis qu'il entra à Naples
iuſques à tant qu'il en partit , ne penſa qu'à paſſer temps, &
d'autres à prendre & à profiter:mais ſon aage l'excuſoit,& nul
ne ſçauroit excuſer les autres de leur faute : car le Roy les croyoit de toutes choſes : & s'ils luy euſſent ſçeu dire qu'il euſt bien pourueu
trois ou quatre chaſteaux audit pays(comme celuy de Caiette,ou ſeulement
celuy de Naples, dont il auoit donné les viures,comme i'ay dit)il tinſt encores le Royaume: car en gardant celuy de Naples , iamais la ville ne ſe fuſt re-
uoltee.Il tira tous les gens d'armes à l'entour de luy, depuis la concluſion de
la ligue : & ordonna cinq cens hommes d'armes Fráçois, & deux mille cinq
cens Suiſſes, & quelque peu de gens de pied François, pour la garde du
Royaume,& auec le reſte, il delibera de s'en retourner en France,par le chemin qu'il eſtoit venu, & la ligue ſe preparoit à l'en garder. Le Roy d'Eſpaigne auoit enuoyé, & enuoyoit quelques * carauelles en Sicile , mais peu de
gens deſſus:toutesfois auant que le Roy partiſt,ils auoient ja garny Rege en
Calabre (qui eſt pres de Sicile) & pluſieurs fois i'auoye eſcrit au Roy qu'ils
deuoient là deſcédre(car l'Ambaſſadeur de Naples le m'auoit dit, cuidát que
ja y fuſſent)& ſi le Roy y euſt enuoyé d'heure,il euſt prins le chaſteau : car le
peuple de la ville tenoit pour luy. Auſſi viendrent gens de Sicile à la Mantia,
& à la Turpia,par faute d'enuoyer:& ceux d'Otrante,en Pouille(qui auoiét
leué les bannieres du Roy)veuë la ligue, & qu'ils eſtoient ſituez prés de Brádis & Galipoli, & qu'ils ne pouuoient finer de gens, leuerent les bannieres
d'Arragon, & Dom Federic (qui eſtoit à Brandis) la fournit : & par tout le
Royaume,cómencerent à muer leur penſee,& ſe print à changer la fortune,

* Ce ſont
certains vaiſ-
ſeaux de mer
à voiles et à
rames , deſ-
quelles en vſe
fort ſur la
mer Meri-
dionale.

(qui deux mois deuant auoit esté au contraire)tāt pour voir ceste ligue, que pour le partement du Roy, & la pauure prouision qu'on laissoit le plus en chef qu'en nombre de soldats. Pour chef y demeura monseigneur de Mont-pensier, de la maison de Bourbon, bon Cheualier & hardy, mais peu sage. Il ne se leuoit qu'il ne fust midy. En Calabre laissa monseigneur d'Aubigny, de la nation d'Escosse, bon Cheualier, sage, & honnorable, qui fut grand Connestable du Royaume, & luy donna le Roy (comme i'ay dit) la Comté d'Acri, & le Marquisat de Squillazzo. Il laissa au commencement, le Seneschal de Beaucaire, appellé Estiéne de Vers, Capitaine de Caiette, fait Duc de Nole, & d'autres Seigneuries, & grand Chambelan : & passoiét tous les deniers du Royaume par sa main, & auoit iceluy plus de faix qu'il ne pouuoit ne n'eust sçeu porter : mais bien affectióné estoit à la garde dudit Royaume. Il laissa mōseigneur Dō Iulian, Lorrain (l'en faisant Duc) en la ville de Saint-Angelo, où il a fait merueilles de se biē gouuerner. A Māfredonia laissa messire Gabriel de Montfaulcon, hōme que le Roy estimoit fort : & à tous donna grosses terres. Celuy là s'y conduisit tref-mal, & la bailla au bout de quatre iours, par faute de viures, & il l'auoit trouuee bien garnie, & estoit en lieu abondāt de bleds. Plusieurs vendirét tout ce qu'ils trouuerét aux chasteaux : & dit l'on que cestuy pour garde, laissa là Guillaume de Villeneufue, que ses vallets vendirent à Dō Federic, qui long temps le tint en galee. A Trarente laissa George de Suilly (qui s'y gouuerna tresbien & y mourut de peste) & a tenu ceste cité là pour le Roy iusques à ce que la famine l'ait fait tourner. En l'Aquila demeura le Baillif de Vitry (qui bien s'y conduisit) & messire Gratian des *Guerres (qui fort bien s'est conduit) en l'Abruzzo. Tout demoura mal fourni d'argent : & les assignoit l'on sus le Royaume, & tous les deniers failloient. Le Roy laissa bien appointéz les Princes de Salerne & de Bisignan (qui l'ont bien seruy tant qu'ils ont peu) & aussi les Colonnois de tout ce qu'ils sçeurent demander : & leur laissa plus de trente places pour eux, & les leurs. S'ils les eussent voulu tenir pour luy (cōme ils deuoiét, & qu'ils auoient iuré) ils luy eussent fait grand seruice, & leur honneur & profit (car ie croy qu'ils ne furent cent ans a, à si grans honneurs) mais auant son partemét, ils commécerent à pratiquer, & aussi ils estoient ses seruiteurs à cause de Milan : (car naturellement ils estoient du parti Gibelin) mais cela ne leur deuoit point faire faulser leur foy, estans si grandemét traictez. Encores feit le Roy plus pour eux : car il amena, soubs garde d'amy, prisonniers le seigneur Virgile Vrsin, & le Comte de Petillane, aussi des Vrsins, leurs ennemis. Ce qu'il feit contre raison : car combien qu'ils eussent esté prins, si sçauoit biē le Roy, & ainsi l'entendoit, qu'il y auoit sauf-conduict, & le monstroit bien : car il ne les vouloit mener sinon iusques en Ast, & puis les renuoyer : & le faisoit à la requeste des Colonnis : & auant qu'il y fust, lesdits Colonnois furent tournez contre luy, & les premiers, sans alleguer nulle cause.

Pres que le Roy eut ordóné de son affaire (cóme il entédoit)se mit en chemin, auec ce qu'il auoit de gés, que i'estime neuf cés Hommes d'armes au moins(en ce cóprins sa maison) deux mille cinq cens Suisses, & croy bié sept mille hómes payez en tout : & y pouuoit bié auoir mille cinq cés hómes de deffense, suiuant le train de la cour, cóme seruiteurs. Le Cóte de Petillane (qui les auoit mieux comptez que moy)disoit qu'en tout en auoit neuf mille: & le me dit depuis nostre bataille, dót sera parlé. Le Roy print son chemin vers la ville de Rome, dont le Pape parauant vouloit partir, & venir à Padouë, sous le pouuoir des Venitiés: & y fut son logis fait. Depuis le cœur leur mua, & luy enuoierét quelques gens, & le Duc de Milá luy en enuoya aussi: & cóbié qu'ils y fussent à téps, si n'osa attédre le Pape, nonobstát que le Roy ne luy eust fait que tout honneur & seruice: & luy auoit enuoyé Ambassadeurs pour le prier d'attédre:mais il se retira à Oruiete, & de là à Perouse, & laissa les Cardinaux à Rome, qui recueillirent le Roy,lequel n'y arresta point: & ne fut fait desplaisir à nul: & m'escriuit d'aller à luy vers Sene, où ie le trouuay, & m'y feit, par sa bonté, bó recueil: & me demáda, en riát, si les Venitiés enuoioiét au deuát de luy:car toute sa compagnie estoiét ieunes gés, & ne croyoient point qu'il fust autres gés qui portassent armes. Ie luy dy que la Seigneurie m'auoit dit, au departir, deuát vn de ses Secretaires, appellé *Lourdin, qu'eux, & le Duc demilá, mettroiét quaráte mille hómes en vn cáp, nó point pour l'assaillir, mais pour se deffendre: & me feirent dire, le iour que ie party d'eux, à Padouë, par vn de leurs Prouiseurs, qui venoit cótre nous, que leurs gés ne passeroiét point vne riuiere, qui est en leur terre, pres de Parme, & me séble qu'elle a nó *Olye, sinon qu'il assaillist le Duç de Milan: & prismes enseignes ensemble ledit Prouiseur & moy, de pouuoir enuoyer l'vn vers l'autre(s'il en estoit besoing) pour traicter quelque bó appointemét : & ne voulu rien rópre; car ie ne sçauoye ce qui pourroit suruenir à mon maistre: & estoit present à ces parolles vn appellé messire Louis Marcel, qui gouuernoit, pour ceste annee là, les *Mots-viere (qui est cóme vn tresorier) & l'auoiét enuoié pour me códuire. Aussi y estoient les gés du Marquis de Mantouë, qui luy portoiét argét:mais ils n'ouyrét point ces paroles. De ceux-là ou d'autres portay au Roy par escrit le nóbre de leurs Gens de cheual, de pied, & d'Estradiots, & qui en auoient les charges. Peu de gés, d'entour du Roy, croyoiét ce que ie disoye. Estant ledit seigneur à Sene, le pressay de partir, dés ce qu'il y eut esté deux iours , & les cheuaux reposez : car ses ennemis n'estoiét point encores ensemble, & ne craignoye sinon qu'il vint des Allemás : car le Roy des Romains en assembloit largemét: & vouloit fort tirer argét cótant, pour les souldoyer. Quelque chose que ie disse, le Roy meit deux matieres en cóseil, qui furent briefues:L'vne, sçauoir si on deuoit rendre aux Florétins leurs places, & prédre tréte mille Ducats(qu'ils deuoiét encores de leur don)& septáte mille qu'ils offroiét prester, & seruir le Roy à son passage, auec trois cés Hómes-d'armes(soubs la charge de messire Francisque Secco, vaillant cheualier, & de qui le Roy se fioit)& de deux mille hómes de pied. Ie feuz d'opinió que le Roy le deuoit faire(& d'autres aussi)& seulement retenir Ligorne, iusques à ce qu'il fust en Ast. Il eust bien payé ses gens, & encores luy fust demouré de l'argent, pour sortraire des gés de ses ennemis, & puis les aller chercher. Toutesfois cela n'eut point de lieu, & l'épeschoit móseigneur

A A iij

*Guazzo dit Boiardin.
* Guazzo la nomme Olio & Oio, & quelquesfois Oglio, comme la Descr. d'Italie, mais estant pres de Cremonne n'est pas si proche de Parme qu'il ne faille encor passer le Pau, deuant que ceux de Venise y arriuét par là, & péseroys qu'il entendist plustost d'vn torrent nommé Occa, en la Descr. d'Ital. & en Blondus, Ocha, assez pres de Parme, n'estoit qu'il me semble que les Venitiens n'auoiét iuec nulle terre. Aussi l'Autheur n'assure pas du nó. * Ainsi est-il en tous exépl. mais ie croy qu'il y faute le Mont vieil, qui est certain amas d'argét nommé Montevechio, pour payer les interests aux plus vieux crediteurs de la Republique Venitië. ne, comme il se peut voir au liure de Donato Gianotti.

de Ligny (qui eſtoit homme ieune, & couſin germain du Roy) & ne ſçauoit
point bié pour quelle raiſon, ſinon pour pitié des Piſans. L'autre cóſeil fut celuy que móſeigneur de Ligny faiſoit mettre en auát, par vn appellé Gaucher
de Tinteuille, & par vne partie de ceux de Sene, qui vouloient móſeigneur de
Ligny pour ſeigneur : car la ville eſt de tous téps en partialité, & ſe gouuerne
plus follemét que ville d'Italie. Il m'en fut demádé le premier. Ie dy qu'il me
ſembloit que le Roy deuoit tirer à ſon chemin, & ne s'amuſer à ces folles offres, qui ne ſçauroient durer vne ſepmaine, auſſi que c'eſtoit ville d'Empire, &
que ce ſeroit mettre l'Empire cótre nous. Chaſcú fut de ceſt aduis : toutesfois
on feit autrement : & le prindrét ceux de Sene pour leur Capitaine, & luy promirent certaine ſomme d'argent l'an, dont il n'eut rien. Cecy amuſa le Roy ſix
ou ſept iours, & luy monſtrerent les Dames : & y laiſſa le Roy bien trois cens
hómes, & s'affoiblit de tát : & de là tira à Piſe, paſſant par Poggibonzi, chaſteau
Florentin : & ceux, qu'on laiſſa à Sene, furent chaſſez auant vn mois de là.

l'ay oublié à dire que moy eſtant arriué à Florence, allant au deuát du Roy,
allay viſiter vn frere preſcheur, appellé frere Hieronyme, demeurant à vn có-
uent reformé, homme de ſaincte vie (come on diſoit) qui quinze ans auoit demeuré audit lieu, & eſtoit auec moy vn Maiſtre d'hoſtel du Roy, appellé Iean
Fráçois, ſage homme. La cauſe de l'aller veoir, fut par ce qu'il auoit touſiours
preſché en grand' faueur du Roy, & ſa parole auoit gardé les Florentins de
tourner contre nous : car iamais preſcheur n'eut tant de credit en cité. Il auoit
touſiours aſſeuré la venüe du Roy (quelque choſe qu'on dit, ne qu'on eſcri-
uiſt au contraire) diſant qu'il eſtoit enuoyé de Dieu, pour chaſtier les Tyrans
d'Italie, & que rié ne pouuoit reſiſter, ne ſe deffendre cótre luy. Auoit dit auſſi
qu'il viédroit à Piſe, & qu'il y entreroit, & que ce iour mourroit l'eſtat de Floréce, & ainſi aduint (car Pierre de Medicis fut chaſſé ce iour) & maintes autres
choſes auoit preſchees, auát qu'elles aduinſſent : cóme la mort de Laurens de
Medicis) & auſſi diſoit publiquement l'auoir par reuelation, & preſchoit que
l'eſtat de l'Egliſe ſeroit reformé à l'eſpee. Cela n'eſt pas encores aduenu : mais
il en fut bien pres, & encores le maintient. Pluſieurs le blaſmoient de ce qu'il
diſoit que Dieu luy auoit reuelé, autres y adiouſterent foy. De ma par ie le repute bon homme. Auſſi luy demanday ſi le Roy pourroit paſſer, ſans peril de
ſa perſonne, veu la grand' aſſemblée que faiſoient les Venitiens, de laquelle il
ſçauoit mieux parler que moy, qui en venois. Il me reſpondit qu'il auroit affaire en chemin, mais que l'honneur luy en demeureroit, & n'euſt il que cent
hómes en ſa cópagnie, & que Dieu, qui l'auoit conduit au venir, le conduiroit
encores à ſon retour : mais (pour ne s'eſtre bien acquité à la reformatió de l'E-
gliſe, comme il deuoit, & pour auoir fouffert que ſes gens pillaſſent & deſro-
baſſent ainſi le peuple, auſſi bié ceux de ſon parti, & qui luy ouuroient portes
ſans cótrainte, cóme les ennemis) que Dieu auoit donné vne ſentence contre
luy : & brief, auroit vn coup de fouët : mais que ie luy diſſe, que (s'il vouloit a-
uoir pitié du peuple, & deliberer en ſoy garder ſes gés de malfaire, & les punir
quand ils le feroiét, cóme ſon office le requiert) que Dieu reuoqueroit ſa ſentence, ou la diminueroit : & qu'il ne penſaſt point eſtre excuſé pour dire, Ie ne
fay nul mal : & me dit que luy meſme iroit au deuát du Roy & le luy diroit : &
ainſi le feit, & parla de la reſtitutió des places des Florétins. Il me cheut en pé-
ſee la mort de móſeigneur le Dauphin, quád il parla de ceſte ſentence de Dieu :

car ie ne voyois autre chofe que le Roy peuft prédre à cœur:&dis encore cecy,
afin que mieux on entende que tout cedit voyage fut vray myftere de Dieu.

*Comment le Roy retint en fes mains la ville de Pife, & quelques autres places des Floren-
tins, pendant que monfieur d'Orleans d'vn autre cofté, entra dedans Nouarre
en la Duché de Milan.*   CHAPITRE III.

Omme i'ay dit, le Roy eftoit entré à Pife:& alors les Pifans hómes &
femmes, prierét à leurs hoftes, que pour Dieu ils tinffét la main enuers
le Roy, qu'ils ne fufsét remis fous la tyránie des Florentins, qui à la verité les traictoiét fort mal:mais ainfi font maintes autres citez enItalie, qui fót
fubiectes à autres. Puis Pife & Florence auoient efté trois cens ans ennemies,
auant que les Florentins la conquiffent. Ces paroles en larmes, faifoient pitié
à nos gens, & oublierent les promeffes & fermens que le Roy auoit faicts fur
l'autel S.Iean à Floréce:& toutes fortes de gens s'en mefloiét,iufques aux Archiers & aux Suiffes, & menaffoient ceux qu'ils péfoient qui vouloient que le
Roy tinft fa promeffe, comme le Cardinal S.Malo, lequel ailleurs i'ay appellé
General de Languedoc. l'ouy vn Archier qui le menaça:auffi en eut qui dirét
groffes paroles au Marefchal de Gié. Le Prefidét Gánay fut plus de trois iours
qu'il n'ofoit coucher en fon logis, & fus tous tenoit la main à cecy le Cóte de
Ligny,& venoiét lefdits Pifans à gráds pleurs deuers le Roy,& faifoient pitié
à chacun, qui par raifon les euft peu aider. Vn iour apres difner faffemblerent
40. ou 50. Gentils-hómes de fa maifon, portans leurs haches au col : & vindrent trouuer le Roy en vne chábre ioüant aux tables, auec monfeigneur de
Piennes,& vn valet de chambre ou deux,& plus n'eftoient,& porta la parolle
vn des enfans de Sallezard l'aifné, en faueur des Pifans, chargeant aucuns de
ceux que ie nommoye n'agueres;& tous difoient qu'ils le trahiroiét:mais bien
vertueufement les renuoya le Roy;& autre chofe n'en fut onques depuis.

Bien fix ou fept iouts perdit le Roy fon temps à la ville de Pife, & puis mua
la garnifon: & mit en la Citadelle, vn appellé Entragues, homme bien mal
conditionné,feruiteur du Duc d'Orleans : & le luy addreffa Monfeigneur de
Ligny, & y fut laiffe des gens de pied de Berry. Ledit Seigneur d'Entragues
feit tant qu'il eut encores entre fes mains Pietre-fainéte (& croy qu'il en bailla argent)& vne autre place aupres,appellee * Mótron. Il en eut vne autre auffi appellée Librefacto,pres de la ville de Luques. Le chafteau de la ville de Serzane,qui eftoit tres-fort, fut mis par le moyen dudit Cóte Monfeigneur de
Ligny,entre les mains d'vn baftard de Rouffi,feruiteur dudit Cóte. Vne autre
appellée Serzanelle, entre les propres mains d'vn de fes autres feruiteurs : &
laiffa le Roy de France beaucoup de gens aufdites places, & fi n'en eut iamais tant à faire, & refufa l'ayde des Florentins , & l'offre dont i'ay parlé: &
demeurerent ces Florentins comme gens defefperez, & fi auoit fçeu, dés deuant qu'il partift de Senes,comme le Duc d'Orleans auoit prins la cité de Nouarre fus le Duc de Milan: parquoy le Roy voyoit eftre certain que les Venitiens fe declareroiét:veu que de par eux luy auoit efté dit, que s'il faifoit guerre audit Duc de Milan,ils luy donneroiét toute ayde, à caufe de la ligue nouuellement faite, & auoient leurs gens prefts, & en grand nombre. Si faut en-

A A iiij

tendre que quand la ligue fut concluë, le Duc de Milan cuidoit prendre Aſt, & n'y penſoit trouuer perſonne:mais mes lettres,dont i'ay parlé,auoient bien aidé à auancer des gens que le Duc de Bourbon y enuoya, & les premiers qui y vindrent, furent enuiron quarante Lances de la compaguie du Mareſchal de Gié(qui eſtoient demeurez en France,&ceux là y vindrent bien à point)& 500.hómes de pied que y enuoya leMarquis deSaluces.Cecy arreſta les gés du Duc de Milan,que menoit Meſſire Galeas de S.Seuerin,& ſe logerent à Non, qui eſt vn chaſteau que le Duc de Milan a à deux mils d'Aſt. Peu apres arriuerent 350.hommes d'armes,& des Gentils-hommes du Dauphiné, & quelque 2000. Suiſſes,& des Francs-archiers dudit Dauphiné : & eſtoiét en tout,bien 7500. hommes payez, qui mirent beaucoup à venir, & ne ſeruirent de rien à l'intention pour laquelle ils auoient eſté mandez(qui eſtoit pour venir ſecourir le Roy)car en lieu de ſecourir le Roy,il les falut aller ſecourir.Il auoit eſté eſcrit à Monſeigneur d'Orleans, & aux Capitaines, qu'ils n'entreprinſſent rien contre le Duc de Milan,mais ſeulement entendiſſent de garder Aſt, & à venir au deuát du Roy,iuſques ſur la riuiere du Theſin,pour luy ayder à paſſer:car il n'auoit aucune autre riuiere qui l'empeſchaſt. Et faut entendre que ledit Duc d'Oleás,n'eſtoit point paſſé Aſt,& l'y auoit le Roy laiſſé. Toutesfois,nonob-

Le Duc d'Orleans prend Nouarre ſur le Duc de Milan.

ſtant ce que le Roy luy auoit eſcrit,luy vint ceſte pratique ſi friáde, que de luy bailler ceſte cité de Nouarre(qui eſt à dix lieuës de Milá)& y fut reçeu à grand' ioye,tát des Guelphes que des Gibelins,&luy ayda bien à conduire ceſte œuure la Marquiſe de Mótferrat. Le chaſteau tint deux iours ou trois : mais(ſi ce pendant il fuſt allé ou enuoyé deuantMilan,où il auoit pratiqué aſſez)il y euſt eſté receu bien à plus grád'ioye, qu'il ne fut oncques en ſon chaſteau de Blois (cóme me l'ont cópté des plus grands de la Duché)& le pouuoit faire ſans dáger,les trois iours premiers : parce que les gens du Duc de Milan eſtoient encores à Non , pres Aſt, quád Nouarre fut prins, qui ne vindrent que quatre iours apres:mais peut eſtre qu'il ne croyoit point les nouuelles qu'il en auoit.

Comment le Roy Charles paſſa pluſieurs dangereux pas de montaignes entre Piſe & Ser-Zane:commét la ville de Pontreme fut bruſlée par ſes Allemans, & comme le Duc d'Orleans ſe portoit à Nouarre ce temps pendant.   CHAPITRE IIII.

* Il dónoit poſſible. *Scierre au-tremét : mais ceux qui ont veu le pays m'en ono nómé vn Salto della Cer-ua, Saut on pas de la Cerue ou Biſche : qni pourroit eſtre ceſtuycy,auec Rotaio pour Roc taillé : & n'en ay rien peu trou-uer dedans mes deſcri-ptions.*

DE Siene le Roy eſtoit venu à Piſe (cóme vous auez veu & entendu ce qu'il y feit)& de Piſe vint à Luques , où il fut bien receu de ceux de la ville,& y ſeiourna deux iours,& puis vint à Pietre-ſainéte (que tenoit Entragues)ne craignát rien ſes ennemis,ne ceux à qui ils donnoiét le credit,& trouua de merueilleux pas de mótaignes entre Luques & ledit lieu, & aiſez à deffédre à gés de pied:mais encores n'eſtoiét enſemble nos ennemis.Pres du-dit Pietre-ſainéte eſt le pas de la * Sciere d'vn coſté,&le roc taillé d'autre coſté, marais de mer bié profonds,& faut paſſer par vne chauſſée, comme celle d'vn eſtang:& eſtoit le pas (qui fut depuis Piſe iuſques à Pótreme)que ie craignois le plus,& dont i'auoye le plus ouy parler : car vne charrette ieétée au trauers, & deux bonnes pieces d'artillerie, nous euſſent engardé d'y paſſer , ſans y trouuer remede,auec gens en bien petit nóbre. De Pietre-ſainéte alla le Roy à Serzane,où fut mis en auant, par le Cardinal de S. Pierre ad Vincula,de fai-

re rebeller

re rebeller Genes, & d'y enuoyer gens: & fut mife la matiere en confeil, & y
eftoye en la côpagnie de beaucoup de gens de bien, Capitaines, où fut cón-
clu par tous qu'on n'y entédroit point: car fi le Roy gaignoit la bataille, Genes fe viendroit prefenter d'elle mefme: & s'il perdoit, il n'en auroit que faire:
& fut le premier coup que i'ouy parler que l'on creuft, qu'il y deuft auoir bataille, & fut fait rapport au Roy, de cefte deliberatió: mais nonobftát cela, il y
enuoya monfeigneur de Breffe, depuis Duc de Sauoye, le feigneur de *Beau-*
mont, de Polignac, mõ beau-frere, & le feigneur d'Ambejou, de la maifon
d'Amboife, auec fix vingts Hómes d'armes, & cinq cens Arbaleftriers, venus
tous frais de Fráce, par mer. Si m'esbahy cóment il eft poffible qu'vn fi ieune
Roy n'auoit quelques bons feruiteurs, qui luy ofaffent auoir dit le peril en
quoy il fe mettoit. De moy il me fébloit qu'il ne me croyoit point du tout.

Nous auions vne petite armée de mer (qui venoit de Naples) & y eftoit
mófeigneur de Miolens, Gouuerneur du Dauphiné, & vn Eftiene de Nçues,
de Montpellier: & eftoient en tout enuirõ huiót galées, & vindrét à Specie,
& à Rapalo, où ils furent deffaits, à l'heure dont ie parle, & au lieu propre où
nos gens auoient deffaits ceux du Roy Alphonfe, au cómencemét du voyage, & par ceux propres, qui auoient efté des noftres à l'autre bataille (qui
eftoiét meffire Iean Louis de Flifco, & meffire Iean Adorne) & fut tout mené à Genes. Il euft mieux valu que tout euft efté auec nous, & encores eftoit-
ce peu. Monfeigneur de Breffe, & ce Cardinal, allerent loger aux fauxbourgs
de Genes, cuidât que leur partialité fe deuft leuer en la ville pour eux: mais
le Duc de Milan y auoit pourueu, & les Adornes, qui gouuernoiét, & meffire
Iean Louis de Fifco (qui eft vn fage Cheualier) & furent en grand peril d'e-
ftre deffaiéts, comme ceux de mer, veu le petit nombre qu'ils eftoient, & ne
tint finon à la part qui gouuernoit à Genes, qui n'ofoit fórtir de la ville, de
peur que les Fourgoufes ne fe leuaffent, & leur fermaffent les portes: & eurent nos gens grand' peine à eux en venir vers Aft: & ne furent point à vne
bataille, que le Roy eut, où ils euffent efté bien feans. De Serzane vint le Roy
vers Pontreme: car il eftoit forcé d'y paffer, & eft l'entrée des montaignes. La
ville & chafteau eftoient affez bós, & en fort païs: & s'il y euft eu bon & grád
nombre de gens, elle n'euft point efté prinfe: mais il fembloit bien qu'il fuft
vray ce que frere Hieronyme m'auoit dit, que Dieu le códuiroit par la main,
iufques à ce qu'il fuft en feureté: car il fembloit que fes ennemis fufsét aueu-
glés & abeftis, veu qu'ils ne defendoiét ce pas. Il y auoit trois ou quátre cens
Hommes de pied dedans. Le Roy y enuoya fon auant-garde, que menoit le
Marefchal de Gié, & auec luy eftoit meffire Iean Iacques de Treüoul (qu'il
auoit recueilly dü feruice du Roy Ferrand, quand il f'enfuit de Naples, Gentil'homme de Milan, bien apparenté, bon capitaine, & grand hóme de bien,
grád ennemy de ce Duc de Milan, & chaffé par luy à Naples: & par le moyé
de luy, fut incontinent rendue ladite place fans tirer, & f'en allerent les gens
qui eftoient dedans. Mais vn grand inconuenient y furuint: car il aduint aux
Suiffes comme la derniere fois que le Duc de Milan y vint. Il y eut vn debat
entré ceux de la ville, & aucuns Allemans (comme i'ay dit) defquels fut bien
tué quarante: & pour reuanche, nonobftant la compofition, tuerent tous les
hommes, pillerent la ville, & y mirét le feu, & bruflerent les viures, & toutes

autres chofes, & plus de dix d'entr'eux mefmes, qui eftoient yures: & ne fceut ledit Marefchal de Gié y mettre remede. Aufsi afsiegerent le chafteau*, (pour prendre ceux qui eftoient dedans, qui eftoient feruiteurs dudit mefsire Iean Iacques de Treuoul, & les y auoit mis quád les autres partirent) & fallut que le Roy enuoyaft vers eux, pour les faire departir. Ce fut vn grand dómage de la deftruction de cefte place, tant pour la honte, qu'à caufe des grands viures qui y eftoient, dont nous auions ja grand' faute, cóbien que le peuple ne fuft en rien contre nous, fors à l'entour, pour le mal qu'on leur faifoit. Mais (fi le Roy euft voulu entédre aux ouuertures que faifoit mefsire Iean Iacques de Treuol) plufieurs places, & Gentils-hómes fe fuffent tournez: car il vouloit que le Roy feift hauffer par tout la bániere du petit Duc, que le feigneur Lu-douic tenoit entre fes mains, & qui eftoit fils du Duc dernier mort à Pauie, & dót auez ouy parler deuant, appellé Ieá Galeas: mais le Roy ne le voulut, pour l'amour de mófeigneur d'Orleans, qui pretendoit, & pretend droict à ladite Duché. Ainfi paffa le Roy outre Pontreme, & alla loger en vne peti-te vallee, où il n'y auoit point dix maifons: & n'en fçay le nom, & y demeura cinq iours (& n'en fçaurois dire la raifon) à tref-grande famine, & à tréte mils de noftre auát-garde (qui eftoit deuant) ayant mótaignes tref-hautes & tref-afpres à l'entour, & où oncques homme ne paffa artillerie groffe, cóme font Canós & groffes Couleurines, qui lors y pafferent. Le Duc Galeace y paffa 4. faulcons de telle groffeur, qu'ils pefoient par auanture cinq cens liures au moins, dont le peuple du pays faifoit grand cas * durant ces iours que ie dy.

Or faut parler du Duc d'Orleás. Quand il eut prins le chafteau de Nouar-re, il perdit téps aucuns iours, & puis tira vers * Vigefue. Deux petites villes, qui font aupres, enuoierent vers luy pour le mettre dedans: mais il fut fage-ment confeillé de non les recueillir. Ceux de Pauie enuoierent par deux fois: là deuoit il entendre. Il fe trouua en bataille deuant ladite ville de Vigefue, où eftoit l'armee du Duc de Milan toute, & là conduifoient les enfans de fainct Seuerin, que tant de fois ay nommez. La ville ne vaut point fainct Martin de Candé, qui n'eft rien: & y fus peu de temps apres que le Duc de Milá y eftoit, & tous les Chefs qui y eftoient: & me monftrerent les lieux, où tous deux eftoient en bataille, rafibus de la ville, & dedans: & fi le Duc d'Or-leans euft marché cent pas, ils paffoient outre la riuiere du Thefin, où ils a-uoient fait vn grand pont fur bafteaux, & eftoient fur le bord: & vey deffaire vn bouleuert de terre, qu'ils auoiét fait de l'autre part de la riuiere, pour def-fendre le paffage: & vouloient abandonner ladite ville & chafteau, qui leur euft efté grand' perte. C'eft le lieu du móde où le Duc de Milá fe tiét le plus, & la plus belle demeure, pour chaffes & voleries, en toutes fortes, que ie fça-che en nul lieu. Il fembla parauéture à mófieur d'Orleás qu'ils eftoiét en lieu fort, & qu'il auoit affez fait, & fe retira en vn lieu appellé * Trecas, dont le feigneur du lieu parla peu de iours apres à moy, qui auoit charge du Duc de Milan. Audit Trecas enuoyerent vers ledit Duc d'Orleás des principaux de Milá pour le mettre dedás, & offrirét leurs enfans en oftage: & l'euffent fait aifémét, cóme i'ay fçeu par des hómes de grande authorité qui eftoiét leans, qui fçauoient cecy, & le m'ont cópté, difant que le Duc de Milan n'euft fçeu trouuer affez gens pour fe laiffer afsieger dedás le chafteau de Milan, & que

Nobles

Nobles & peuple vouloiét la deſtruction de ceſte maiſon de Sforce. Auſſi m'a
cópté le Duc d'Orleans, & ſes gens, les pratiques dót i'ay parlé: mais ils ne ſ'y
fioient point bien: & auoient faute d'homme, qui les entédiſt mieux qu'eux,
& puis ſes Capitaines n'eſtoient point vnis. A l'Oſt du Duc de Milan ſe ioignit quelque deux mille Allemás, que le Roy des Romains enuoyoit, & bien
mille hommes à cheual, Allemans, qu'amenoit meſſire Federic Capelare, natif de la Comté de Ferrette. Ce qui feit croiſtre le cœur à meſſire Galeas , &
aux autres: & allerent aupres de Trecas preſenter la bataille au Duc d'Orleás,
& ne luy fut point conſeillé de cóbatre, combien que ſa bande valuſt mieux
que l'autre. Auſſi peut bien eſtre que les Capitaines ne vouloient hazarder
ceſte compagnie, craignant que fils la perdoient, ce ne fuſt la perdition du
Roy, dont ils ne ſçauoient nouuelles : car les chemins eſtoient gardez. Ainſi
ſe retira toute ceſte compagnie dedans Nouarre, donnant tres-mauuias ordre au faiɕt de leurs viures, tant à garder ceux qu'ils auoient, qu'à en mettre
dedans la ville: dont aſſez pouuoient receuoir à l'entour ſans argent, & dont
depuis ils eurent grád' faute: & ſe logerent leurs ennemis à demie lieüe d'eux.

Comment la groſſe artillerie du Roy paſſa les Monts Appennins, à l'ayde des Allemans:
du danger où fut le Mareſchal de Gié auec ſon aduant-garde : & comment le
Roy arriua à Fornoue.   CHAPITRE V.

'Ay laiſſé à parler du Roy comme il fut en ceſte valee deça Pontreme,
par cinq iours en grand'famine ſans nul beſoing. Vn tour honorable feirent nos Allemans. Ceux qui auoient fait ceſte grand'faute audit Pontreme, & auoient peur que le Roy les en haïſt à iamais, ſe vindrent
d'eux-meſmes offrir à paſſer l'artillerie , en ce merueilleux chemin de mon- Les Suiſſes
taignes (ainſi le puis-ie appeller, pour eſtre hautes & droittes, & où il n'y a reparent ho-
point de chemin , & ay veu toutes les principales montagnes d'Italie & d'Eſ- norablement
pagne, mais trop aiſees euſſent eſté au prix de ces monts) & firét cet offre par leur meſchef
condition que le Roy leur pardónaſt, ce qu'il fit. Il y auoit 14. pieces de groſſe de Pontreme.
& puiſſante artillerie, & au partir de ladite vallee, commençoit-on à monter
par vn chemin fort droit , & vey des mulets y paſſer, à tres grand' peine. Ces
Allemans ſe couploient deux à deux, de bonnes cordes, & ſ'y mettoient cent
ou deux cens à la fois: & quand ceux-là eſtoient las, il ſ'y en mettoit d'autres.
Nonobſtant cela, y eſtoient auſſi les cheuaux de l'artillerie, & toutes gens qui
auoient train, de la maiſon du Roy, preſtoiét chacun vn cheual, pour cuider
paſſer pluſtoſt: mais ſi n'euſſent eſté les Allemans, les cheuaux ne l'euſſent iamais paſſee. Et à dire la verité, ils ne paſſerent point l'artillerie ſeulement, mais
toute la compagnie: car autrement ſi ce n'euſt eſté ce moyen, ame ne fuſt paſſé. Auſſi furent-ils bien aidez, de ce qu'ils auoient auſſi bon beſoin , & auſſi
grand vouloir de paſſer, que les autres. Ils firent beaucoup de choſes mal faites: mais le bien paſſoit le mal.

Le plus fort n'eſtoit point de móter: car incontinét apres, on trouuoit vne
vallee; car le chemin eſt tel, que la Nature l'a fait : & n'y a rien adoubé : & falloit mettre les cheuaux à tirer contre-mont, & auſſi les hommes : & eſtoit de
plus grand' peine, ſans comparaiſon, que le monter: & à toute heure y falloit

les charpentiers ou les marefchaux:car, s'il tomboit quelque piece,on auoit grand' peine à la redreffer. Plufieurs euffent efté d'aduis de rompre toute la groffe artillerie,pour paffer pluftoft : mais le Roy pour rien ne le vouloit confentir.

Le Marefchal de Gié, qui eftoit à trente mils de nous , preffoit le Roy de fe hafter, & mifmes trois iours à le ioindre , & fi auoit les ennemis logez deuant luy, en beau camp (au moins à demie lieue pres) qui en euffent eu bon marché, s'ils l'euffent affailly : & apres il fut logé à Fornoue (qui vaut à dire vn trou nouueau) faifant le pied de la montaigne , & l'entree de la plaine, bon village,pour garder qu'ils ne nous vinffent affaillir en la môtaigne:mais nous auions meilleure garde que luy. Car Dieu mit autre penfee au cœur de nos ennemis : tellement que leur auarice fut fi grande,qu'ils nous vouloient attendre au plain païs, à fin que rien n'efchapaft : car il leur fembloit que des montaignes en hors,on euft peu fuïr vers Pife, & en ces places des Florétins: mais ils erroient : car nous eftions trop loing : & auffi , quand on les euft attendus iufques au ioindre, ils euffent bien autant chaffé qu'on euft fceu fuïr, & fi fçauoient mieux les chemins que nous. Encores iufques icy n'eft point commencee la guerre de noftre cofté : mais le Marefchal de Gié mãda au Roy,comme il auoit paffé ces montaignes,& côme il enuoya quarante cheuaux courir deuant l'Oft des ennemis,pour fçauoir des nouuelles : lefquels furent bien recueillis des Eftradiots:& tuerent vn Gentil-homme,appellé le Bœuf, & luy couperent la tefte,qu'ils pendirent à la bannerole d'vne lance, & la porterent à leur Prouidadeur,pour en auoir vn Ducat. Eftradiots font gés comme Genetaires , veftus ,à pied & à cheual,comme les Turcs, fauf la tefte (où ils ne portent cefte toile, qu'ils appellent tolliban) & font dures gens, & couchent dehors tout l'an , & leurs cheuaux. Ils eftoient tous Grecs ,venus des places que les Venitiens y ont:les vns de Naples,de Romanie,en la Moree:autres d'Albanie , deuers Duras : & font leurs cheuaux bons , & tous de Turquie. Les Venitiens f'en feruét fort,& f'y fient. Ie les auoye tous veu defcendre à Venife,& faire leurs monftres, en vne ifle , où eft l'Abbaye de S. Nicolas: & eftoient bien quinze cens: & font vaillans hommes,& qui fort trauaillent vn Oft, quand ils f'y mettent. Les Eftradiots chafferent(comme i'ay dit)iufques au logis dudit Marefchal, où eftoient logez les Allemans : & en tuerent trois ou quatre, & emporterent les teftes:& telle eftoit leur couftume:car ayans Venitiens guerre contre le Turc,pere de ceftui cy,appellé Mahumet Otthoman, il ne vouloit point que fes gens prinffent nuls prifonniers,& leur donnoit vn Ducat pour tefte, & les Venitiens faifoient le femblable : & croy bien qu'ils vouloient efpouuenter la compagnie, comme ils firent:mais lefdits Eftradiots fe trouuerent bien efpouuentez auffi de l'artillerie. Car vn faucon tira vn coup qui tua vn de leurs cheuaux, qui incontinent les fit retirer (car ils ne l'auoient point accouftumé) & , en fe retirant, prindrent vn Capitaine de nos Allemãs,qui eftoit monté à cheual, pour voir f'ils fe retiroient, & eut vn coup de lance au trauers du corps:car il eftoit defarmé. Il eftoit fage:& fut mené deuant le Marquis de Mantouë(qui eft Capitaine general des Venitiens) & y eftoit fon oncle le feigneur Rodolph de Mantouë,& le Comte de Caiazze,qui eftoit Chef pour le Duc de Milan , &

cognoiffoit

cognoiſſoit bié ledit Capitáine. Et faut entédre que tout leur Oſt eſtoit aux cháps, au moins tout ce qui eſtoit enſéble (car tout n'eſtoit point encores venu) & y auoit 8. iours qu'ils eſtoiét là, faiſans leur aſſemblee: & euſt eu le Roy beau ſe retirer en Fráce, ſans peril, ſi n'euſſent eſté ſes lógs ſeiours ſás propos; dót vous auez ouy parler: mais Noſtre Seigneur en auoit autremét ordóné.

Ledit Mareſchal, craignant d'eſtre aſſailly, móta la mótaigne: & pouuoit lors auoir enuiró huiĉt vingts Hómes-d'armes (cóme il me dit) & huiĉt cens Allemás, & nó plus: & de nous ne pouuoit-il eſtre ſecouru; car nous n'y arriuaſmes d'vn iour & demy apres, à cauſe de ceſte artillerie: & logea le Roy aux maiſons de deux petits Marquis en chemin. Eſtát l'Auátgarde mótee la mótaigne, pour attédre ceux qu'ils voyoiét aux cháps (qui eſtoient aſſez loing) n'eſtoiét point ſans ſoucy: toutesfois Dieu (qui touſiours vouloit ſauuer la cópagnie) oſta le ſens aux ennemis: & fut interrogé noſtre Allemant, par le Cóte de Caiazze, qui c'eſtoit qui menoit ladite armee, & preſente Auát-garde. Il luy demanda encores le nómbre de nos Gens-d'armes: car il cognoiſſoit tout, mieux que nous meſmes: car il auoit eſté des noſtres toute la ſaiſó.

L'Allemand fit la compagnie forte, & dit trois cens Hommes-d'armes, & quinze cens Suiſſes: & ledit Comte luy reſpódit qu'il métoit, & qu'en toute l'armee n'auoit que trois mille Suiſſes (parquoy n'en euſſent point enuoyé la moitié là) & fut enuoyé priſonnier au pauillon du Marquis de Mantouë: & parlerent entr'eux d'aſſaillir ledit Mareſchal: & creut ledit Marquis le nombre qu'auoit dit l'Allemand, diſant qu'ils n'auoient point de Gens de pied ſi bons cóme nos Allemans: & auſſi que tous leurs gens n'eſtoient point arriuez: & qu'on leur faiſoit grand tort de cóbatre ſans eux: & ſil y auoit quelque rebut, la Seigneurie ſ'en pourroit courroucer: & qu'il les valoit mieux attendre à la plaine: & que par ailleurs ne pouuoient-ils paſſer que deuát eux: & eſtoient les deux Prouiſeurs de ſon aduis, contre l'opinion deſquels ils n'euſſent oſé combattre. Autres diſoient qu'en rompant ceſte Auant-garde le Roy eſtoit prins: toutesfois aiſement tout ſ'accorda d'attendre la compagnie en la plaine: & leur ſembloit bien que rien n'en pouuoit eſchapper. Ce que i'ay ſceu par ceux meſmes que i'ay nommez, & en auons deuiſé enſemble ledit Mareſchal de Gyé & moy, auec eux, depuis, nous trouuans enſemble. Et ainſi ſe retirerent en leur Oſt, eſtans aſſeurez que le lendemain, ou enuiron, le Roy ſeroit paſſé la montaigne, & logé en ce village, appellé Fournouë: & cependant arriua tout le reſte de leurs gens: & ſi ne pouuions paſſer que deuant eux, tant eſtoit le lieu contraint.

Au deſcendre de la montaigne, on veit le plain païs de la Lombardie, qui eſt des beaux & bons du monde, & des plus abondans: &, cóbien qu'il ſe die plain, ſi eſt-il mal aiſé à cheuaucher, car il eſt tout foſſoyé, cóme eſt Flandres, ou encores plus, mais il eſt bien meilleur & plus fertile, tát en bons fromés, qu'en bons vins & fruiĉts: & ne ſeiournét iamais leurs terres: & nous faiſoit grád bié à le voir, pour la grád faim & peine qu'on auoit enduré en chemin, depuis le partemét de Luques: mais l'artillerie donna vn merueilleux trauail à deſcendre, tant y eſtoit le chemin droiĉt & mal aiſé. Il y auoit, au camp des ennemis, grand nóbre de tentes & pauillons: & ſembloit bien eſtre grand, (auſſi eſtoit-il) & tindrent Venitiés ce qu'ils auoiét mandé au Roy, par moy,

BB

où ils diſoient qu'eux, & le Duc de Milan, mettroient quarante mille hommes en vn camp: car, ſ'ils n'y eſtoient, il ne ſ'en faloit gueres: & eſtoient bien
trente cinq mille, prenans paye (mais, des cinq, les quatre eſtoient de Sainct-
Marc) & y auoit bien deux mille ſix cens Hommes-d'armes, bardez, ayant
chacun vn Arbaleſtrier à cheual, ou autre homme en habillement auec eux,
faiſant le nombre de quatre cheuaux, pour Hommes-d'armes. Ils auoient,
qu'en Eſtradiots qu'en autres cheuaux legers, cinq mille: le reſte en Gens de
pied, & logez en lieu fort bien remparé, & bien garny d'artillerie.

Le Roy deſcendit enuiron midy, de la mótaigne, & ſe logea audit village
de Fornouë: & fut le 5. iour de Iuillet, l'an 1595. par vn Dimanche. Audit logis y auoit grand quantité de farines & de vins, & de viures pour cheuaux.
Le peuple nous faiſoit par tout bonne chere (auſſi nul hóme de bien ne leur
faiſoit mal) & apportoient des viures, cóme pain, petit, & bien noir, & le vé-
doient cher: & au vin mettoient les trois parts d'eau. Ils apporterent auſſi
quelque peu de fruiçt: & firent plaiſir à l'armee. I'en fey acheter, que ie laiſſay deuant moy: car on auoit grand'ſoupçó qu'ils euſſent laiſſé là les viures,

pour empoiſonner l'Oſt: & n'y toucha l'on point de prime face: & ſe tuerét
deux Suiſſes, à force de boire, ou prindrent froid, & moururent en vne caue,
qui mit les gens en plus grand ſoupçon: mais, auant qu'il fut minuiçt, les
cheuaux cómencerent les premiers, & puis les gens: & ſe tint l'on bié aiſe. Et
en ce cas faut parler à l'honneur des Italiens: car nous n'auons point trouué
qu'ils ayent vſé de nulles poiſons: &, ſ'ils l'euſſent voulu faire, à grand'peine
ſ'en fuſt l'on ſceu garder en ce voyage. Nous arriuaſmes (comme auez ouy)
vn Dimanche midy: & maint homme de bien ne mangea qu'vn morceau de
pain au lieu où le Roy deſcendit & beut: & croy que gueres autres viures n'y
auoit pour celle heure, veu qu'on n'oſoit encores manger de ceux du lieu.

Incontinent apres diſner vindrent courir aucuns Eſtradiots, iuſques dedans l'Oſt, & firent vne grande alarme, & nos gens ne les cognoiſſoiét point
encores: & toute l'armee ſaillit aux champs, en merueilleuſement bon ordre,
& en trois batailles, Auant-garde, Bataille, & Arriere-garde; & n'y auoit point
vn ieçt de boule d'vne bataille à autre, & bien aiſement ſe fuſſent ſecouruës
l'vne l'autre. Ce ne fut rien, & on ſe retira au logis. Nous auions des tentes &
des pauillons en petit nóbre, & ſe tendoit noſtre logis en approchát du leur;
parquoy ne faloit que vingt Eſtradiots pour nous faire vne alarme: & auſſi
ne bougeoiét-ils du bout de noſtre logis, car il y auoit du bois (par lequel ils
venoient à couuert) & eſtions en vallee, entre deux petits coſtaux: & en ladite vallee couroit vne riuiere, que l'on paſſoit bien à pied, ſinon quand elle

croiſſoit en ce païs là: qui eſt ayſément, & toſt: & auſſi elle ne dure gueres, &
l'appelle on * torrent. Toute ladite vallee eſtoit grauier, & pierres groſſes, &
mal ayſee pour cheuaux: & eſtoit ladite vallee d'enuiron vn quart de lieuë de
large: & en l'vn des coſtaux (qui eſtoit celuy de la main droite) eſtoiét logez
nos ennemis: & eſtiós cótraints de paſſer vis à vis d'eux (la riuiere entre deux)
& pouuoit auoir demie lieuë iuſques à leur Oſt: & y auoit bié vn autre chemin, à monter le coſtau à gauche (* car nous eſtiós logez dé leur coſté) mais
il euſt ſemblé qu'on ſe fuſt reculé. Enuiron deurs iours deuant, on m'auoit
parlé que i'allaſſe parler à eux (car la crainte cóméçoit à venir aux plus ſages)
                  & qu'auec

& qu'auec moy ie menaſſe quelqu'vn, pour bien nombrer & cognoiſtre de
leur affaire. Cela n'entreprenoye-ie point volontiers (& auſſi que, ſans ſauf-
códuiƈt, ie n'y pouuoye aller) mais reſpondy auoir prins bonne intelligence
auec les Prouiſeurs, à mon partement de Veniſe, & au ſoir que i'arriuay à Padouë, & que ie croyoye qu'ils parleroient bien à moy, à mi-chemin des deux
Oſts: & auſſi, ſi ie m'offroye d'aller vers eux, ie leur dóneroye trop de cœur, &
qu'on l'auoit dit trop tard. Ce Dimanche, dont ie parle, i'eſcriuy aux Proui-
ſeurs (l'vn ſ'appelloit meſſire Luques Piſan, & l'autre meſſire Melchior Treuiſá) & leur prioye que, à ſeureté, l'vn vint parler à moy, & qu'ainſi m'auoit-il
eſté offert, au partir de Padouë, comme a eſté dit deuant. Ils me firent reſpóse qu'ils l'euſſent fait volontiers, ſi n'euſt eſté la guerre encommencee contre
le Duc de Milá: mais que, nonobſtant l'vn des deux (ſeló qu'ils aduiſeroient)
ſe trouueroit en quelque lieu à my-chemin : & eu ceſte reſponſe le Dimáche
au ſoir. Nul ne l'eſtima, de ceux qui auoient le credit. Ie craignoye à trop entreprendre, & qu'on le tint à coüardiſe, ſi i'en preſſoy trop : & laiſſay ainſi la
choſe pour le ſoir : combien que i'euſſe volontiers aydé à tirer le Roy, & ſa
compagnie, de là, ſi i'euſſe peu, ſans peril.

Enuiron minuiƈt me dit le Cardinal de S. Malo (qui venoit de parler au
Roy, & mon pauilló eſtoit ſi prés du ſié) que le Roy partiroit au matin, & iroit
paſſer au long d'eux, & faire donner quelque coup de canó en leur Oſt, pour
faire * la guerre, & puis paſſer outre, ſans y arreſter : & croy bien que ce auoit
eſté l'aduis du Cardinal propre, cóme d'homme qui ſçauoit peu parler de tel
cas, & qui ne ſ'y cognoiſſoit: & auſſi il appartenoit bien que le Roy euſt aſſéblé de plus ſages hómes & Capitaines, pour ſe cóſeiller d'vn tel affaire : mais
ie vey faire aſſemblée pluſieurs fois en ce voyage, dont on fit le contraire des
concluſions qui y furent prinſes. Ie dy au Cardinal, que ſi on ſ'approchoit ſi
pres que de tirer en leur Oſt, il n'eſtoit poſſible qu'il ne ſailliſt des gens à l'eſcarmouche, & que iamais ne ſe pourroient retirer, d'vn coſté ne d'autre, ſans
venir à la bataille , & auſſi que ce ſeroit au contraire de ce que i'auoye commencé, & me deſpleut bien qu'il faloit prendre ce train : mais mes affaires auoient eſté tels, au commencement du regne de ce Roy, que ie n'oſoye fort
m'entremettre , à fin de ne me faire point ennemy de ceux, à qui il donnoit
authorité, qui eſtoit ſi grande (quand il ſ'y mettoit) que beaucoup trop.

Ceſte nuiƈt euſmes encores deux grádes alarmes : le tout pour n'auoir mis
ordre cótre les Eſtradiots, cóme on deuoit, & cóme l'on a accouſtumé de faire
cótre cheuaux legers: car 20. Hómes-d'armes des noſtres, auec leurs Archers,
en arreſteroiét touſiours 200. mais la choſe eſtoit encores fort nouuelle. Il y
fit auſſi ceſte nuiƈt merueilleuſe pluye, eſclairs, & tónerre, & ſi grád, qu'on ne
ſçauroit dire plus: & ſembloit que le ciel, & la terre fondiſſent, ou que cela ſignifiaſt quelque grád inconueniét aduenir. Auſſi nous eſtions au pied de ces
grádes montaignes, & en païs chaud & en Eſté : &, cóbien que ce fuſt choſe
naturelle, ſi eſtoit ce choſe eſpouuentable que d'eſtre en ce peril, & voir tant
de gés au deuant, & n'y auoir nul remede de paſſer, que par cóbatre, & voir ſi
petite cópagnie: car que bós ḡ mauuais hómes, pour cóbatre, n'yauoit point
plus de 9000. hómes: dót ie cópte 2000. pour la ſequelle & ſeruiteurs des gés
de bié de l'Oſt. Ie ne cópte point Pages ne Valets de ſommiers, ne telles gés.

Marginal notes:

*me peu para-
uant, en P.
Iou. Et Aleſ-
ſandro Benediti, qui a eſcrit de ceſte
iournee , &
en Guazzo.*

*le peſe qu'il
faille l'alga-
rade ou au-
tre tel mot, à
ce qui ſuit
peu apres.*

*Cómines di-
minué d'au-
toriſté ſouz le
Roy Charles.*

*De la iournee de Fornouë : de la fuitte des ennemis de France, & comment le Comte de
Petillane, qui durant ce iour rompit la prison du Roy, fit tant qu'il les r'allia.*
CHAPITRE VI.

*La iournee
de Fornouë,
le 6. Iuillet,
1495.

LE Lundy matin, enuiron sept heures, * sixiesme iour de Iuillet, l'an
1495. monta le noble Roy à cheual : & me fit appeller par plusieurs
fois. Ie vein à luy, & le trouuay armé de toutes pieces, & montè sus le
plus beau cheual, que i'aye veu de mó téps, appellé Sauoye : plusieurs disoiét
qu'il estoit cheual de Bresse, le Duc Charles de Sauoye le luy auoit donné : &
estoit noir, & n'auoit qu'vn œil : & estoit moyen cheual, de bonne grandeur
pour celuy qui estoit monté dessus. Et sembloit que ce ieune hóme fust tout
autre que sa nature ne portoit, ne sa taille, ne sa cóplexion, car il estoit fort
craintif à parler, & est encores auiourd'huy. Aussi auoit il esté nourry en grád'
crainte, & auec petites personnes : & ce cheual le monstroit grand : & auoit le
visage bon, & bonne couleur, & la parole audacieuse & sage : & sembloit bié
(& m'en souuient) que frere Hieronyme m'auoit dit vray, quád il me dit que
Dieu le códuisoit par la main, & qu'il auroit bien affaire au chemin, mais que
l'honneur luy en demeureroit. Et me dit le Roy, si ces gens vouloient parleméter, que ie parlasse : &, par ce que le Cardinal estoit present, le nomma, & le
Mareschal de Gié, qui estoit mal paisible : & estoit à cause d'vn different, qui
auoit esté entre le * Comte de Narbonne, & de Guyse, qui quelquefois auoit
mené des bandes : & chacun disoit qu'à luy appartenoit de mener ·l'Auant-
garde. Ie luy dy, Sire, ie le feray volontiers : mais ie ne vey iamais deux si grosses compagnies si pres l'vne de l'autre, qui se departissent sans combatre.

Toute l'armee saillit en ceste greue, & en bataille, & pres l'vn de l'autre cóme le iour de deuát : mais, à voir la puissance, me sembloit trop petite, aupres
de celle que i'auoye veue à Charles de Bourgongne, & au Roy son pere : &,
sur ladite greue, nous tirasmes à part ledit Cardinal & moy : & nommasmes
vnes lettres aux deux Prouiseurs dessusdits, qu'escriuit monseigneur Robertet, vn Secretaire que le Roy auoit, & de qui il se fioit, disant le Cardinal qu'à
son office & estat appartenoit de procurer paix, & à moy aussi, comme celuy
qui de nouueau venoye de Venise, Ambassadeur, & que ie pouuoye encore
estre mediateur, leur signifiant le Roy ne vouloir que passer son chemin, &
qu'il ne vouloit faire dommage à nul : & parce (s'ils vouloient venir à parlementer, cóme il auoit esté entrepris, le iour de deuant) que nous estions contens, & nous employerions en tout bien. Ia estoient escarmouches de tous
costez : &, cóme nous tirions pas à pas nostre chemin, à passer deuant eux, la
riuiere entre deux, cóme i'ay dit, y pouuoit · auoir vn quart de lieuë de nous
à eux : qui tous estoiét en ordre en leur Ost, car c'est leur coustume, qu'ils font
tousiours leur cáp si grand, que tous y peuuent estre en bataille & en ordre.

Ils enuoyerent vne partie de leurs Estradiots, & Arbalestriers à cheual, &
aucuns Hómes-d'armes, qui vindrent du long du chemin, assez couuert, entrer au village, dont nous partions, & là passer ceste petite riuiere, pour venir
assaillir nostre charriage, qui estoit trop grand : & croy qu'il passoit six mille
sommiers, que mulets, que cheuaux, qu'asnes, & auoient ordonné leur bataille

Sauoye, che-
ual du Roy
Charles 8.

* Vicomte
Ferr.
* Arrierre-
garde,
mieux à mö
aduis selon
Ferr. & Iou.
encore que
Iou. la baille
aux deux de-
batans &
Ferró à Nar-
bonne seul,
comme il se
voit sembla-
blement cy
apres.
Robertet Se-
cretaire du
Roy Charles.

Le sommaire
des lettres
aux Proui-
seurs de Ve-
nise pour
moyenner le
passage du
Roy.
* Entendez
apres auoir
marché quel-
que téps, pas
à pas, pour
accorder au
passage de la
situation des
deux camps,
par cy deuát.

taille si tres-bien, que mieux on ne sçauroit dire, & plusieurs iours deuant, &
en façon qu'ils se fioient en leur grand nombre. Ils assailloient le Roy, & son
armee, tout à l'enuiron, & en maniere qu'vn seul homme n'en eust sceu eschapper, si nous eussions esté rompus, veu le païs où nous estiós: car ceux que
i'ay nommez, vindrét sur nostre bagage: & à costé gauche vint le Marquis de
Mátouë, & son oncle le Seigneur Rodolph, le Cóte Bernardin de *Dalmou-
ton, & toute la fleur de leur Ost, en nombre de six cens Hómes-d'armes, comme ils me conterent depuis : & se vindrent ietter en la greue, droict à nostre
queuë, tous les Hómes-d'armes, bardez, bié empanachez, belles bourdónas-
ses, tres-bié accópagnez d'Arbalestriers à cheual, & d'Estradiots, & de Gens de
pied. Vis à vis du Mareschal de Gié, & de nostre Auátgarde, se vint mettre le
Cóte de Caiazze, auec enuiron 400. Hommes-d'armes, accompagnez cóme
dessus, & grand nombre de Gens de pied. Auec luy estoit vne autre compagnie de quelque 200. Hommes-d'armes, que conduisoit le fils de Messire Ieá
de Bentiuolle de Boulongne, homme ieune, qui n'auoit iamais rien veu (& a-
uoit aussi bon besoing de Chefs que nous) & cestuy-là deuoit dóner sus l'A-
uant-garde, apres ledit Comte de Caiazze: & semblablement y auoit vne pareille cópagnie apres le Marquis de Mátouë (& pour semblable occasió) que
menoit vn, appellé Messire Anthoine d'Vrbin, bastard du feu Duc d'Vrbin:
& en leur Ost demeurerent deux grosses compagnies. Cecy i'ay sceu par eux
mesmes (car, dés le lédemain, ils m'en parlerét, & le vey à l'œil) & ne voulurét
point les Venitiens estrader tout à vn coup, ne degarnir leur Ost: toutesfois
il leur eust mieux valu mettre tout aux champs, puis qu'ils commençoient.

Ie laisse vn peu ce propos, pour dire que deuint nostre lettre qu'auions enuoyee le Cardinal & moy par vn Trópette. Elle fut receüe par les Prouiseurs:
&, comme ils l'eurent leuë, comméça à tirer le premier coup de nostre Artillerie, qui encores n'auoit tiré: & incontinent tira la leur, qui n'estoit si bonne.
Lesdits Prouiseurs renuoyerent incontinent nostre Trópette, & le Marquis
vne des siénes: & máderent qu'ils estóiét contés de parleméter, mais qu'on fist
cesser l'artillerie, & aussi qu'ils feroiét cesser la leur. I'estoye pour lors loing du
Roy, qui alloit & venoit: & renuoya les deux Trópettes, dire qu'il feroit tout
cesser, & manda au Maistre de l'artillerie ne tirer plus, & tout cessa des deux
costez vn peu: & puis soudainemét eux tirerét vn coup, & la nostre recóméça
plus que deuát, en approchát trois pieces d'artillerie: &, quand les deux Trópettes leur arriuerent, ils prindrent la nostre, & l'enuoyerent en la tente du
Marquis: & delibererét de cóbatre. Et dit le Cóte de Caiazze (ce me dirét les
presens) qu'il n'estoit point téps de parler, & que ia estiós demy vaincus: & l'vn
des Prouiseurs s'y accorda (qui le m'a compté) & l'autre non: & le Marquis s'y
accorda: & son oncle (qui estoit bó & sage) y contredit de toute sa puissance
(lequel nous aymoit, & à regret estoit contre nous) & à la fin tout s'accorda.

Or faut entendre que le Roy auoit mis tout son effort en son Auant-garde: où pouuoit auoir trois cens cinquante Hommes-d'armes, & trois mille
Suisses (qui estoit l'esperance de l'Ost, & feit le Roy mettre à pied auec eux
trois cens Archers de sa garde (qui luy fut *grande perte) & aucuns Arbalestriers à cheual, des deux cens qu'il auoit de sa garde. D'autres Gens de pied
y auoit peu: mais ce qui y estoit, y fut mis: & y estoit à pied auec les Allemans

* Valmou-tou, en l'au-tre Exem, imprimé, Forte-brac cio en Al. Benediti, Brazzo en Guazzo & Forte-braccio de Montone en l'It. dé Iou.

Le Sieur Rodolph retient qu'on ne cōbatte contre le Roy pour l'amitié qu'il portoit aux François.

C'est à dire diminution de ce qui estoit pour son corps : car il ne les perdit pas comme il se voit apres au nombre des morts.

Engilbert, monsieur de Cleues, frere au Duc de Cleues-Lornay, & le Baillif
de Digeon, Chefs des Allemans, & deuāt eux l'artillerie. Icy feissent bien besoing ceux qu'on auoit laissez aux terres des Florentins , & enuoyez à Gennes, contre l'opinion de tous. Ceste Auantgarde auoit ia marché aussi auant
que leur Ost : & cuidoit-on qu'ils deussent commencer : & nos deux autres
batailles n'estoient point si pres, ne si bien pour s'aider comme ils estoient le
iour deuant. Et (parce que le Marquis s'estoit ia ietté sur la greue, & passé la
riuiere de nostre costé, & iustement estoit à nostre dos, quelque quart de
lieuë derriere l'Arriere-garde, & venoient le petit pas, bien serrez, tant qu'à
merueilles les faisoit beau voir) le Roy fut contraint de tourner le dos à son
Auāt-garde, & le visage vers ses ennemis, & s'approcher de son Arriere-garde, & reculer de l'Auant-garde. I'estoye lors auec monseigneurs le Cardinal
attendant response ; & luy dy que ie voyoye bien qu'il n'estoit plus temps
s'y amuser : & m'en allay là où estoit le Roy : & party d'aupres des Suisses, &
perdy en allant vn Page (qui estoit mō cousin germain) & vn Vallet de chābre, & vn Laquais, qui me suyuoient d'vn petit loing : & ne les vey point tuer.

Ie n'eu point fait cent pas, que le bruit commença de là où ie venoye, au
moins vn peu derriere. C'estoient les Estradiots, qui estoient parmy le bagage, & au logis du Roy (où y auoit trois ou quatre maisons) & y tuerēt, ou bles-
serent, quatre ou cinq hommes : le reste eschapa. Ils tuerēt bien cent Vallets-
de-sommiers : & mirent le charriage en grand desordre. Comme i'arriuoye

là où estoit le Roy, ie le trouuay où il faisoit des Cheualiers , & les ennemis
estoient ia fort pres de luy, & le feit on cesser : & ouy le bastard de Bourbō, Ma-
thieu (à qui le Roy donna du credit) & vn appellé Philippe du Moulin, simple Gentil-homme, mais homme de bien, qui appellerent le Roy, disant passez, Sire, passez : & le feirent venir deuant sa Bataille, & deuant son Enseigne :
& ne voyoye nuls hōmes plus pres des ennemis que luy, excepté ce bastard
de Bourbon, & n'y auoit point vn quart d'heure que i'estoye arriué, & estoiēt
les ennemis à cent pas du Roy, qui estoit aussi mal gardé & conduict que fut

iamais Prince ne grand Seigneur : mais au fort , il est bien gardé que Dieu
garde : & estoit bien vraye la Prophetie du venerable frere Hieronyme , qui
disoit que Dieu le conduisoit par la main. Son Arriere-garde estoit à la main
dextre, de luy vn peu reculee, & la plus prochaine compagnie de luy, de ce

costé, estoit Robinet de Framezelles (qui menoit les gens du Duc d'Orleans,
enuiron quatre vingts Lances) & le Sire de la Trimoille (qui auoit enuiron
quarante Lances) & les cent Archers Escossois y estoient aussi) qui se mirent
en la presse comme hommes-d'armes. Ie me trouuay du costé gauche, où
estoient les Gentils-hommes-des-vingt-escus , & les autres de la maison du
Roy, & les pensionnaires. Ie laisse a nommer les Capitaines, pour briefueté :
mais le Comte de Foix estoit Chef de ceste Arriere-garde.

Comme i'ay dit, vn quart d'heure apres que fu arriué, le Roy estant ainsi
pres d'eux, les ennemis ietterēt les Lances en l'arrest, & se mirent vn peu aux
galops : & , en deux compagnies, donnerent à nos deux compagnies de la
main d'eux, dextre, & aux Archers Escossois , & choquerēt presque aussi tost
l'vn cōme l'autre, & le Roy cōme eux. Le costé gauche, là où i'estoye , leur
donna sus le costé, qui fut auantage grande : & n'est possible au monde de
plus

plus hardiment donner que l'on donna des deux coſtez. Leurs Eſtradiots,
qui eſtoient à leur queuë, veirent fuir mulets & coffres vers noſtre Auant-
garde, & que leurs compagnons gaignoient, tout ils allerent celle part, ſans
ſuiure leurs Hommes-d'armes: qui ne ſe trouuerent point accõpagnez: mais
ſans doute, ſi vn mille cinq cens Cheuaux-legers ſe fuſſent meſlez parmy
nous, auec leurs Cimetteres au poing (qui ſont terribles eſpees) veu le petit
nombre que nous eſtions, nous eſtions deſconfits ſans remede. Dieu nous
donna ceſte aide: & tout auſſi toſt comme les coups de lances furent paſſez,
les Italiens ſe meirent tous à la fuite: & leurs Gens-de-pied ſe ietterent au coſté, ou la pluſpart. A ceſte propre inſtance, qu'ils donnerent ſus nous, donna
le Comte de Caiazze ſus l'Auant-garde: mais ils ne ioignirent point ſi pres:
car, quand vint l'heure de coucher les lances, ils eurent peur, & ſe rompirent
d'eux meſmes. Quinze ou vingt en prindrent là les Allemans, par les bandes, qu'ils tuerét. Le reſte fut mal chaſſé; car le Mareſchal de Gié mettoit grãd
peine à tenir ſa compagnie enſemble: car il voyoit encores grãd' compagnie
aſſez pres de luy: toutesfois quelques vns en chaſſerent: & partie de ces fuyãs
venoient le chemin où nous auions combatu, le long de la greue, les eſpees
au poing: car les lances eſtoient iectees. Or vous faut ſçauoir que ceux qui
aſſaillirent le Roy ſe mirent incontinent à la fuite, & furent merueilleuſement & viuement chaſſez, car tout alla apres: les vns prindrent le chemin du
village, dont eſtions partis, les autres prenoient le plus court en leur Oſt: &
tout chaſſa, excepté le Roy, qui demoura auec peu de gens, & ſe mit en grand
peril, pour ne venir quant & nous. L'vn des premiers hommes qui fut tué, *Radolph de Mãtouë tué en la iournee de Fornouë.*
ce fut le Seigneur Rodolph de Mantoüe, oncle dudit Marquis, qui deuoit
mander à ce meſſire Antoine d'Vrbin quand il ſeroit temps qu'il marchaſt:
& cuidoient que la choſe deuſt durer comme font leurs Faicts-d'armes d'I-
talie: & de cela s'eſt excuzé ledit meſſire Antoine: mais ie croy qu'il ne veit
nuls ſignes pour le faire venir. Nous auions grande ſequelle de valets, & de
ſeruiteurs, qui tous eſtoient à l'enuiron de ces Hommes-d'armes Italiens, &
en tuerent la pluſpart. Preſque tous auoient des haches à coupper bois, en
la main, dequoy ils faiſoient nos logis: dont ils rompirent les viſieres des
armes, & leur en donnoient de grans coups ſus les teſtes: car bien mal-aiſez *Pluſieurs val-lets de l'ar-mee à tuer vn homme de cheual de la ligue.*
eſtoient à tuer, tant eſtoient fort armez: & ne vey tuer nul, où il n'y euſt trois
ou quatre hommes à l'enuirõ: & auſſi les longues eſpees, qu'auoient nos Archers & ſeruiteurs, feirent vn grand exploit. Le Roy demeura vn peu au lieu
où l'on l'auoit aſſailly, diſant ne vouloit point chaſſer, ny auſſi tirer à l'Auant-
garde, qui ſembloit eſtre reculee. Il auoit ordonné ſept ou huict Gentils-
hommes, ieunes, pour eſtre pres de luy. Il eſtoit bié eſchapé au premier choc,
veu qu'il eſtoit des premiers: car ce Baſtard de Bourbon fut prins à moins de
vingt pas de luy, & emmené en l'oſt des ennemis.

Or ſe trouua le Roy en ce lieu, que ie dy, en ſi petite compagnie, qu'il n'a-
uoit point, de toutes gens, qu'vn Vallet-de-Chambre, appellé Antoine des
Ambus, petit homme, & mal armé, & eſtoient les autres vn peu eſpars, comme me compta le Roy, dés le ſoir, deuant eux-meſmes, qui deuoient auoir
grand honte de l'auoir ainſi laiſſé) toutesfois ils arriuerent encores à heure:
car vne bande, petite, de quelques Hommes-d'armes deſrompus (qui venoient

BB iiij

*Le Roy assail-
ly seul auec
vn valet de
chambre.*

au long de la greue, qu'ils voyoient toute nette de gens) vindrent assaillir le Roy & ce Vallet de chambre. Ledit Seigneur auoit le meilleur cheual pour luy du monde, & se remuoit, & se deffendoit: & arriua sus l'heure quelque nombre de ses autres gens, qui n'estoient gueres loing de luy: & lors se miré les Italiens à fuïr: & lors le Roy creut conseil, & tira à l'Auant-garde, qui iamais n'estoit bougee, & au Roy vint bien à point: mais si elle fust marhée cét pas, tout l'Ost des ennemis se fut mis en fuite. Les vns disent qu'elle le deuoit faire, les autres disent que non.

Nostre bande, qui chassa, alla iusques bien pres du bout de leur Ost, tirant iusques vers Fornouë, & ne vei onques receuoir coup, à homme des nostres, qu'à Iulien Bourgneuf, que ie vey cheoir mort d'vn coup, que luy donna vn Italien, en passant (aussi il estoit mal armé) & là on s'arresta, disant, Allons au Roy: & à ceste voix s'arresta tout, pour donner haleine aux cheuaux, qui e- stoient bien-las, car ils auoient longuement couru, & par mauuais chemin & par païs de cailloux. Aupres de nous passa vne compagnie de fuians, de quel-

*En troupe
possible.*

que trente Hommes-d'armes, à qui on ne demanda rien: & estions en dou- te. Si tost que les cheuaux eurent vn peu reprins leur haleine, nous mismes au chemin pour aller au Roy, ne sçachans où il estoit, & allasmes le grãd trot: & n'eusmes gueres allé, que les veismes de loing, & feismes descendre les val- lets, & amasser des lances par le camp, dont il y auoit assez, & par especial de

*Bourdonnas-
ses legieres
bien peintes.*

bourdonnasses, qui ne valoient gueres: & estoient creuses & legeres, ne pe- sans point vne iaueline; mais bien peintes, & fusmes mieux fournis de lances que le matin, & tirasmes droict au Roy, & en chemin trouuasmes vn nom- bre de Gens de pied des leurs, qui trauersoient le camp, & estoient de ceux qui s'estoient cachez aux costaux, & qui auoient mené le Marquis sus le Roy.

*Sus liure 6.
chap. 6.*

Plusieurs en furent tuez, autres eschapperent, & trauerserent la riuiere: & ne s'y amusa l'on point fort. Plusieurs fois auoit esté crié par aucuns des nostres en combatant; Souuienne vous de Guynegate. C'estoit pour vne Bataille perduë, du temps du Roy Louis onziesme, en la Picardie, contre le Roy des Romains, pour soy estre mis à piller le bagage: mais il n'y eut rien prins ne pillé. Leurs Estradiots prindrent des sommiers ce qu'ils voulurent: mais ils n'en emmenerent que cinquante cinq, tous les meilleurs & mieux couuerts (comme ceux du Roy, & de tous ses Chambellans) & vn Vallet-de-chambre du Roy, appellé Gabriel, qui auoit ses reliques sus luy (qui long temps auoiét esté aux Rois) & conduisoit lesdites pieces, par ce que ledit Roy y estoit. Grand nombre d'autres coffres y furent perdus & iettez, & robez par les no- stres mesmes: mais les ennemis n'eurent que ce que ie dy. En nostre Ost y eut grande sequelle de paillards & paillardes à pied, qui faisoient le dommage

*Le nombre
des morts tãt
d'vn costé
que d'autre
en la iournee
de Fornoue.*

des morts. Tant d'vn costé que d'autre, ie croy en dire pres de la verité, apres estre bien informé des deux costez: c'est que nous perdismes Iulien Bourg- neuf, le Capitaine de la Porte du Roy: vn Gentil-home des-vingt-escus: des Archers Escossois neuf morts: d'autres hommes à cheual de ceste Auant-

*Nul prins
prisonnier en
l'armee de la
ligue.*

garde, enuiron vingt: à l'entour des sommiers soixante ou quatre vingts val- lets de sommiers: & eux perdirent trois cens cinquante Hommes-d'armes, morts en la place: & iamais nul ne fut prins prisonnier: ce que par-aduen- ture iamais n'aduint en bataille. D'Estradiots mourut peu: car ils se mi- rent

rent au pillage. En tout y mourut trois mille cinq cens hommes, comme plufieurs, des plus grás de leur cofté, m'ont compté (autres m'ont dit plus) mais
il mourut de gens de bien: & en vey, en vn roolle, iufques à dix-huiét, bons
perfonnagés : entre lefquels en y auoit quatre ou cinq du nom de Gonzague, qui eft le nom du Marquis, qui y perdit bien foixante Gentils-hommes
de fes terres: & à tout cecy ne f'y trouua vn homme à pied. C'eft grand' chofe
auoir efté tué tant de gens de coup de main : car ie ne croy point que l'artillerie des deux coftez tuaft dix hommes : & ne dura point le combat vn quart
d'heure: car dès ce qu'ils eurent rompu ou ietté les lances, tout fuit. La chaffe
dura enuiron trois quarts d'heure. Leurs batailles d'Italie n'ont point accouftumé d'eftre telles: car ils combatent efcadre apres efcadre : & dure quelquefois tout le iour, fans ce que l'vn ne l'autre gaigne.

La fuite de leur cofté fut grande: & fuïrent bien trois cens hómes d'armes,
& la plufpart de leurs Eftradiots. Les vns fuïrent à Rege (qui eft bien loing
de là) les autres à Parme, où y pouuoit bié auoir *huiét lieues: & à l'heure que
la bataille fut ainfi meflee, le matin fuit d'auec nous le Cóte de Petillane, & le
Seigneur Virgile Vrfin: mais ceftuy-cy n'alla qu'en vne maifon d'vn Gentil-
homme, & eftoit là fur fa foy: mais vray eft, qu'on leur faifoit grád tort. Ledit
Comte alla droiét aux ennemis. Il eftoit hóme bien cognu des Gés-darmes:
car toufiours auoit eu charge, tant des Florentins que du Roy Ferrand : & fe
print à crier, Petillane, Petillane, & alla apres ceux qui fuïrent, plus de trois
lieuës, criant que tout eftoit leur, & qu'ils vinffent au gaing : & en ramena la
plufpart, & les affeura, & f'il n'y euft efté, tout f'en fuft fuy (car ce ne leur eftoit
petit recófort d'vn tel hóme, party d'auec nous) & mit en auát, le foir, de nous
affaillir; mais ils n'y voulurét entendre. Depuis le m'a cópté. Auffi le me cópta
le Marquis de Mantoue, difant que ce fut luy qui mit ce party en auant: mais
à dire la verité, fi n'euft efté ledit Comte, ils fuffent tous fuïs la nuiét.

Comme tout fut affemblé aupres du Roy, on voyoit encores hors de leur
Oft grand nombre d'Hommes-d'armes en bataille : & s'en voyoit les teftes
feulement, & les lances: & auffi les Gens-de pied: & y auoient toufiours efté:
mais il y auoit plus de chemin qu'il ne fembloit: & euft falu repaffer la riuiere,
qui eftoit creuë, & croiffoit d'heure en heure; car tout le iour auoit tonné, ef-
clairé, & plu merueilleufemént: & par efpecial en combatant & chaffant. Le
Roy mit en confeil s'il deuoit chaffer contre ceux-là, ou non. Auec luy auoit
trois Cheualiers Italiens. L'vn eft meffire Iean-Iacques de Treuoul (qui encores vit: & fe gouuerna bien ce iour). L'autre auoit nom meffire Francifque
Secco, tref-vaillant Cheualier, fouldoyé des Florentins, homme de foixante
& douze ans. L'autre meffire Camille Vitelly, luy & trois de fes freres eftoiét
à la foulde du Roy: & vindrent, de Ciuita-de-Caftello, iufques vers Serzane,
pour eftre à cefte bataille, fans eftre mandez : où il y a vn grand chemin : &,
quand il veit qu'il ne pouuoit attaindre le Roy, auec fa compagnie, ledit Camille vint feul. Ces deux furét d'opinion que l'on marchaft contre ceux que
l'on voyoit encores. Les François, à qui on en demanda, ne furent point de
cet aduis: mais difoient qu'on auoit affez fait, & qu'il eftoit fort tard, & qu'il
fe falloit loger. Ledit meffire Francifque Secco fouftint fort fon opinion,
monftrant gens qui alloyent & venoient au long d'vn grand chemin, qui

3500. hômes morts en la iournee de Fornouë.

Batailles d'Italie longues, efquadre par efquadre.

*Guazzo dit cinq mils, que ie croy, mieux & péft que le nóbre eft icy cor rompu, comme il fe voit par le Verger d'honneur, qui ne compte que quatre mils: toutes-fois ceux qui ont fait le chemin m'ont dit 15. à 16. mils.

Camille Vitelly viêt feul pour fe trouuer vers le Royàla iournee de Fornoue.

alloit à Parme(qui eſtoit la plus prochaine ville de leur retraicte)& alleguoit
que c'eſtoient fuyans, ou qui en reuenoient : & à ce que ſceuſmes depuis, il
diſoit vray:& à ſa parole & contenance,eſtoit hardy & ſage Cheualier,& qui
euſt marché , tous fuyoient (& tous les Chefs le m'ont confeſſé, & quelcun
deuant le Duc de Milan) qui euſt eſté la plus belle & grande victoire qui ait
eſté depuis dix ans,& la plus profitable:car, qui en euſt bien ſceu vſer, & faire
ſon profit,& ſagemét ſy conduire,& bien traitter le peuple,huict iours apres
le Duc de Milan n'euſt eu,au mieux venir,pour luy,que le chaſteau de Milan,
à l'enuie que ſes ſubiects auoiét de ſe retourner:& tout ainſi en fuſt-il allé des
Venitiens: & n'euſt point eſté beſoin de ſe ſoucier de Naples : car Venitiens
n'euſſent ſceu où recouurer gens, hors Veniſe, Breſſe & Cremone (qui n'eſt
qu'vne petite ville) & tout le reſte euſſent perdu en Italie : mais Dieu nous a-
uoit fait ce que me dit frere Hieronyme, c'eſt que l'honneur nous eſtoit de-

Fraçois n'euſ-
ſent ſceu vſer
du bien s'il
leur fuſt ad-
uenu.

meuré.Car,veu le peu de ſens & ordre qui eſtoit parmy nous,tant de bien ne
nous eſtoit point deu:car nous n'en euſſions ſceu vſer pour lors: mais ie croy
que ſi à ceſte heure (qui eſt l'an mil quatre cens quatre vingts dix ſept)vn tel
bien aduenoit au Roy,il en ſçauroit mieux ordonner.

Eſtans en ce propos,la nuict ſapproche,& ceſte compagnie,qui eſtoit deuant nous,ſe retira en leur camp:& nous,de l'autre coſté,nous allaſmes loger
à vn quart de lieuë de là où auoit eſté la bataille : & deſcendit le Roy en vne
cenſe ou meſtairie, pauuremét edifiee : mais il ſy trouua nombre infiny de
bled en gerbe,dont tout l'Oſt ſe ſentit.Aucunes autres maiſonnettes y auoit
aupres,qui peu ſeruirent : car chacun logea cóme il peut, ſans faire nul quartier. Ie ſcay bien que ie couchay en vne vigne,bien empreſſé ſur la terre, ſans

Le Roy auoit
emprunté le
manteau de
Commines.

autre auátage,& ſans manteau: car le Roy auoit emprunté le mien,le matin:
& mes ſommiers eſtoiét aſſez loing,&eſtoit trop tard pour les chercher.Qui
eut dequoy,feit collation:mais bien peu en auoient,ſi ce n'eſtoit quelque lo-
pin de pain prins au ſein d'vn valet. Ie vey le Roy en ſa chambre,où il y auoit
des gens blecez(comme le Seneſchal de Lyon , & autres) qu'il faiſoit habil-

François
moins en glo-
re voyans en-
cores l'énemy
prés.

ler,& faiſoit bonne chere : & ſe tenoit chacun à bon marchand:& n'eſtions
point tant en gloire comme peu auant la bataille,par ce que nous voyons les
ennemis pres de nous.Ceſte nuict feirent nos Allemans le guet,tous : & leur
dóna le Roy trois cés eſcus,& le feirent bon,& ſonnoiét bié leurs tabourins.

Comment le Seigneur d'Argenton alla luy ſeul parlementer aux ennemis , quand il veit
qu'autres deputeʒ auec luy,n'y vouloient aller:ぴ cóment le Roy paruint ſain ぴ ſauf,
auec ſes gens , iuſques en la ville d'Aſt.   CHAPITRE VII.

E lendemain au matin me deliberay de cótinuer encores noſtre pra-
tique d'appointemét,touſiours deſirát le paſſage du Roy en ſeureté,
mais à peine peu-ie trouuer Trompette,qui vouluſt aller en l'Oſt des

Trompettes
euez n'ayans
eſté cogneus.

ennemis,à cauſe qu'il auoit eſté tué en la bataille neuf de leurs Trópettes (qui
n'auoient point eſté cogneus) & eux en auoient prins vn des noſtres, & ſi en
tuérét vn que i'ay nommé, que le Roy leur auoit enuoyé auát que la bataille
commençaſt : toutesfois vn y alla, & porta vn ſaufconduict du Roy, & m'en
rapporta vn pour parlementer à my-chemin des deux Oſts. Ce qui me
ſembloit

fembloit mal aifé à faire,mais ie ne vouloye rien rompre, ne faire difficile. Le
Roy nomma le Cardinal de Sainct-malo, & le Seigneur de Gyé, Marefchal
de France, le Seigneur de Piennes, fon Chambellan, & moy en leur compagnie:& eux nommerét le Marquis de Mantoue,Capitaine general de la Seigneurie, le Comte de Caiazze (qui plufieurs fois a efté nommé en ces Memoires, & n'agueres eftoit des noftres , & eftoit Capitaine des gens du Duc
de Milan)& meflire Luques Pifan,& meflire Melchior Treuifan,Prouifeurs
de ladite Seigneurie de Venife : & marchiós lors fi pres d'iceux,que nous les
voyons : & n'eftoient qu'eux quatre fur la greue : & la riuiere couroit entre
nous & eux:qui eftoit bien creüe depuis le iour precedent : & n'y auoit rien
hors leur Oft, ny auffi de noftre cofté n'y auoit rien plus que nous, & noftre
guet, qui eftoit à l'endroit. On leur enuoya vn Heraut , fçauoir s'ils voudroient point paffer la riuiere,qui eftoit entre deux,comme i'ay dit. Ie trouuay bien difficile que nous peuffions affembler : & penfoye bien que chacû
y feroit des doubtes: & eux le monftrerent, refpondans qu'il auoit efté dict
que le parlement fe feroit en my-chemin des deux Ofts,& qu'ils auoient fait
plus de la moitié du chemin, & qu'ils ne pafferoient point la riuiere, & qu'ils
eftoiét tous les Chefs de l'Oft,& qu'ils ne fe vouloient point mettre en pe-
ril.Les noftres feirent doute de leur cofté, qui auffi eftimoient leurs perfonnes:& me dirent que i'y allaffe, fans me dire que i'y auoye affaire , ny à y di-
re.Ie dy que ie n'iroye point feul,& que ie vouloye vn tefmoing : & pourtát
vint auec moy vn appellé Robertet,Secretaire du Roy, & vn mien feruiteur,
& vn Heraut:& ainfi paffay la riuiere : & me fembloit que fi ie ne faifoye rié,
qu'au moins ie m'acquiteroye vers eux, qui eftoiét affemblez par mô moyé.
Et quand ie fu arriué pres eux, ie leur monftray qu'ils n'eftoient point venus
iufques à my-chemin,comme ils auoient dit,& que pour le moins, ils vinffent iufques fus le bord de la riuiere: & me fembloit que f'ils eftoient fi pres,
ils ne departiroient point fans parlementer.Ils me dirent que la riuiere eftoit
trop large, & couroit fort,parquoy ils ne s'attendoient point parler de plus
pres:& ne fceu tant faire qu'ils vouluffent venir plus auant:& me dirent que
ie feiffe quelque ouuerture.Ie n'auoye aucune commiffion : & leur dy que
feul ne leur diroye autre chofe,mais que s'ils vouloient rien ouurir, i'en feroye le rapport au Roy:&, nous eftans en ce propos,vint vn de nosHerauts,
qui me dit que ces Seigneurs deffuídits s'en alloient, & que i'ouuriffe ce que
ie voudroye.Ce que ie ne voulu point faire : car ils fçauoient du vouloir du
Roy plus que moy,tant pour en eftre plus prochains,que pour auoir parlé à
luy en l'oreille à noftre partement:mais de fon affaire * prefent , i'en fçauoye
autant qu'eux pourlors.Le Marquis de Mantouë me commença fort à parler de la bataille:& me demanda fi le Roy l'euft fait tuer, f'il euft efté prins. Ie
luy di que non:mais vous euft faict bonne chere : car le Roy auoit caufe de
l'aimer,veu qu'il luy faifoit acquerir grand honeur en l'affaillant.Lors il me
recommanda les prifonniers,& par fpecial fon oncle,le Seigneur Rodolph:
& le cuidoit vif : mais ie fçauoye bien le contraire: toutesfois ie l'affeuroye
que tous les prifonniers feroiét bien traictez : & luy recómanday le Baftard
de Bourbon, qu'il tenoit. Les prifonniers , par nous detenus, eftoient bien
aifez à penfer:car il n'en y auoit point. Ce qui n'aduint par-aduéture iamais

en bataille, comme i'ay dit : & y auoit perdu ledit Marquis plufieurs de fes parens, & iufques à fept ou huiẻt, & de toute fa compagnie bien fix vingts Hommes-d'armes. Apres ces deuis, ie prins congé d'eux, difant qu'auant la nuiẻt ie retourneroye : & feifmes trefues iufques à la nuiẻt.

Apres que ie fu retourné là où eftoit le Roy, & ledit Secretaire auec moy, ils me demanderent des nouuelles: & fe mit le Roy en confeil, en vne pauure chambre: & ne fe conclud rien, ains chacun regardoit fon compagnon. Le Roy parla en l'oreille au Cardinal, & puis me dit que ie retournaffe voir qu'ils voudroyent dire (or l'entreprinfe du parler venoit de moy : parquoy eftoit vray femblable qu'ils vouloient que ie commançaffe à parler) & puis me dit le Cardinal que ie ne concluffe rien. Ie n'auoye garde de rien conclure:car on ne me difoit rien. Ie ne voulu rien repliquer, ne rompre mon allee: car i'efperoye bien ne gafter rien, & pour le moins voir quelque chofe des contenances de nos ennemis, qui fans doute eftoient plus efpouuentez que nous:&, par-aduentute, euffent peu ouurir quelques paroles, qui euffent peu porter feureté aux deux parties. Ainfi me my au chemin, mais ia approchoit la nuiẻt, quand i'arrriuay fus le bord de la riuiere, & là me vint vn de leurs Trompettes, qui me dit que ces quatre, dont i'ay parlé, me mandoient que ie ne vinffe point pour ce iour, à caufe que leur guet eftoit affis des Eftradiots, qui ne cognoiffoient perfonne, & qu'il y pourroit auoir danger pour moy:mais vouloit demourer ladite Trompette la nuiẻt, pour me guider. Ie le renuoyay, difant que le matin, enuiron huiẻt heures, ie feroye fus le bord de ladite riuiere, & que là il m'attendift, ou s'il y auoit quelque mutation, que ie leur réuoieroye vn Heraut, car ie ne vouloye point qu'il cogneuft cefte nuiẻt rien de noftre cas : & fi ne fçauoye quelle conclufion le Roy prendroit, car ie vey des confeils en l'oreille, qui me faifoient douter. Si retournay dire ces chofes audit Seigneur.

Chacun fouppa de ce qu'il auoit, & fe coucha fur la terre : & , toft apres minuiẻt, me trouuay en la chambre dudit Seigneur. Ses Chábellans eftoient là, en eftat de monter à cheual: & me dirét que le Roy deliberoit de tirer en diligence, iufques en Aft, & aux terres de la Marquife de Montferrat : & me parlerent de demourer derriere, pour tenir le parlement:dont ie m'excufay, difant que ne me vouloye point faire tuer à mon efcient, & que ie ne feroye point des derniers à cheual. Tantoft le Roy s'efueilla, & ouït la Meffe, & puis monta à cheual. Vne heure deuant le iour vn Trompette fonna, Faiẻtes bon guet:mais autre chofe ne fut fonné à fe defloger(& croy auffi, qu'il n'en eftoit aucú befoing)toutesfois c'eftoit dóner effroy à l'armee, au moins aux gens de cognoiffance: & puis nous tournions le dos à nos ennemis, & prenions le chemin de fauueté, qui eft chofe bien efpouuétable pour vn Oft:& y auoit bien mauuaife faillie au pattir du logis, cóme chemins creux, & bois, & fi nous tordifmes:car il n'y auoit point de guide pour nous guider:& ouy comme on demanda la guide, à ceux qui conduifoient les enfeignes, & à celuy qui faifoit l'office de grand Efcuyer : mais chacun refpondit, Ie n'en ay

Retraite du Roy apres la iournee de Fornoüe.

point. Notez qu'il ne faloit point de guide:car Dieu feul auoit guidé la cópagnie au venir, &, en enfuiuant ce que m'auoit dit frere Hieronyme, il nous vouloit encores conduire au retour, car il n'eftoit point à croire qu'vn tel

Roy

Roy cheuauchaſt de nuiɛt ſans guide, là où il en pouuoit aſſez finer. Encores monſtra noſtre Seigneur plus grand ſigne de nous vouloir preſeruer:
car les ennemis ne s'apperceurent point de noſtre partemét, qu'il ne fuſt midy, attendant touſiours ce parlement que i'auoye entreprins:& puis la riuiere creut ſi tres-grande, qu'il fut quatre heures apres midy, auát que nul homme s'oſaſt auanturer d'y paſſer pour nous ſuiure : & lors y paſſa le Comte de
Caiazze, auec deux cens Cheuaux-legers Italiens, en grand peril, pour la force de l'eau:&, en paſſant, il s'y noya vn homme ou deux, comme depuis il m'a
compté. Or cheminaſmes nous par chemin boſſu & par bois, & faloit aller à
la file par ce chemin, ſix mils ou enuiron,& apres trouuaſmes vne belle gráde plaine, où ia eſtoit noſtre Auant-garde, artillerie & bagage, qui eſtoit fort
grand,& qui de loin ſembloit vne groſſe bande : & en euſmes effroy de prime-face, à cauſe de l'enſeigne blanche & carree de meſſire Iean-Iacques de
Treuoũl, pareille de celle, qu'auoit porté à la bataille le Marquis de Mantoüë;
& ladite Auant-garde eut doute de noſtre Arriere-garde qu'ils voyoient venir de loing, hors du chemin, pour venir le plus court. Si ſe mit chacun en L'Ital.d'A-
leſſ.Bened.
eſtat de combatre : mais cet effroy dura peu ; car Cheuaucheurs vindrent de le nomme
tous coſtez,& ſe recogneurent incontinent. De là nous allaſmes repaiſtre au Borgo ſan
Domino.
Bourg * ſainɛt Denys, où l'on cria vne alarme, faiɛte à propos, pour en tirer Auſſi fait
Guazzo.
les Allemans, de peur qu'ils ne pillaſſent la ville,& allaſmes coucher à Floren-
ſole,& le ſecõd iour coucher pres Plaiſance,& paſſaſmes la riuiere de Trebia:
mais il demeura de l'autre part deux cens Láces, nos Suiſſes & toute l'artillerie
(excepté ſix pieces que le Roy menoit)& cela fit le Roy,pour eſtre mieux logé
& plꝰ au large, eſperát les faire bié paſſer à l'aiſe,quád il voudroit:car ladite riuiere,par ordinaire,eſt petite,& par eſpecial en ceſte ſaiſõ de lors. Toutesfois,
enuiron dix heures de nuiɛt,ladite riuiere creut ſi fort,que nul hõme n'y euſt
ſceu paſſer à pied,ny à cheual:& l'vne cõpagnie n'euſt ſceu ſecourir l'autre(qui
fut choſe de grãd doute,pour auoir les ennemis pres) & cercha l'on toute la
nuiɛt pour trouuer le remede,d'vn coſté & d'autre:mais il n'y en auoit point,
iuſques à ce qu'il vint de luy-meſme,qui fut enuirõ cinq heures du matin : &
lors on tédit des cordes d'vn bout iuſques à l'autre,pour aider à paſſer les Gés
de pied,qui eſtoiét en l'eau iuſques au deſſus de l'eſtomac. Toſt apres paſſerét
les Gés de cheual & l'artillerie,mais ce fut vne ſoudaine & perilleuſe aduéture,
cõſideré le lieu où nous eſtiõs,& les ennemis aupres de nous:c'eſt à ſçauoir la
garniſõ de Plaiſáce,& le Cõte de Caiazze,qui y eſtoit entré:car aucũs de ladite ville pratiquoiét d'y mettre le Roy,mais ils vouloiét que ce fuſt ſouz le titre
d'vn petit fils demouré de Ieã Galeas, dernier Duc,qui n'agueres eſtoit mort,
cõme auez ouy.Quãd le Roy euſt voulu entédre à ceſte pratique,pluſieurs villes & autres perſonnes,y euſſent entédu, par le moyen dudit meſſire Ieã-Iac-
ques de Treuoul: mais ledit Seigneur ne voulut point faire ce deſplaiſir au
Duc d'Orleãs,ſõ couſin,qui ja eſtoit dedás Nouarre,cõme auez veu. Mais, à
dire verité,de l'autre coſté,il ne deſiroit point fort de voir ſõ dit couſin ſi grãd;
& luy ſuffiſoit de paſſer,& laiſſer aller ce differét,cõme il pourroit.Le troiſieſme iour,apres le partemét du lieu où auoit eſté la bataille,alla le Roy diſner au
Chaſtel ſainɛt-Ieã:& coucha en vn bois. Le quatrieſme,diſna à * Voghera,&
coucha à Põt-Curõ.Le ſ.iour coucha pres Tortone:& paſſa la riuiere,appellee

C C

* Scrinia, que Fracasse defendoit, car les gens, qui estoient à Tortone, estoiét soubs sa charge, pour le Duc de Milá:&, aduerty qu'il fut, par ceux qui faisoiét le logis du Roy, que ledit Seigneur ne vouloit que passer, se retira en la ville: & manda qu'il bailleroit des viures, tát que l'on voûdroit : & ainsi le feit : car toute l'armee passa rasibus de la porte dudit Tortone ; & vint ledit Fracasse au deuant du Roy, armé (mais il n'auoit que deux personnes auec luy) & s'excusa fort au Roy, qu'il ne logeoit en la ville : & feit mettre force viures hors ladite ville:dont tout l'Ost fut bié fourny, & au soir vint au coucher du Roy. Or faut entendre qu'il estoit de ceste maison de S. Seuerin, & frère de ce Cóte de Caiazze, & de messire Galeas, & auoit esté, peu de téps deuát à la soulde du Roy, en la Romanie, comme il a esté dit ailleurs. De là vint le Roy à Nice de la paille, qui est du Marquisat de Mótferrat, que nous desiriós bié trouuer, pour estre en pays d'amis, & en seureté. Car ces Cheuaux-legers, que menoit le Comte de Caiazze, estoiét sans cesse à nostre queuë : & , les premiers iours nous feirent grand ennuy, & auions peu de gens à cheual qui se vouluffent mettre derriere ; car plus approchions du lieu de seureté, & moins mon-stroient les nostres qu'ils eussent vouloir de combatre. Aussi dit-l'on que c'est la nature d'entre nous François, & l'ont escrit les Italiens en leurs Histoires, disans qu'au venir des Fráçois, ils sont plus qu'hommes, mais qu'à leur retrai-

cte sont moins que femmes:& ie le croy du premier poinct:car veritablemét ce sont les plus rudes gens à rencontrer, qui soient en tout le monde (i'enten les gens-de-cheual) mais, à la retraicte d'vne entreprinse, toutes gés du móde ont moins de cœur, qu'au partir de leurs maisons. Ainsi, pour continuer ce present propos, nostre queuë estoit deffenduë de trois cens Allemans, qui a-uoient moult largement de Couleurines, & leur portoit-on beaucoup de haquebutes à cheual:& ceux-là faisoient bien retiter les Estradiots, qui n'e-stoient point grand nombre:& le grand Ost, qui nous auoit combatus, ve-noit tant cóme il pouuoit:mais, pour estre partis vn iour apres nous, & pour leurs cheuaux bardez, ne nous sceurent ioindre, & ne perdismes iamais vn homme au chemin:& ne fut ledit Ost iamais à vn mil pres de nous:&, quand ils veirent qu'ils ne nous pouuoient ioindre (& peut estre aussi qu'ils n'en a-uoient point grand enuie) ils tirerent deuant Nouarre, où estoient les gens du Duc de Milan, & des leurs, comme auez ouy cy-deuant. Mais, s'ils nous eussent peu attaindre pres de nostre retraicte, peut-estre qu'ils en eussent eu meilleur marché, qu'ils n'eurent à la valee de Fornouë.

I'ay dit en plusieurs lieux comme i'auoye ouy dire & monstrer que Dieu le Createur nous auoit guidez en ce present voyage:mais encores me sert-il à le dire icy:car, cóbien que depuis le iour de ladite bataille, iusques audit lieu, les logis fussent mal departis, neátmoins se logeoit chacun cóme il pouuoit en patience, sans trouble ou debat. De viures, nous en auions grand necessi-té: toutesfois quelque peu en apportoient ceux du pays : qui aisément nous eussent empoisonnez, s'ils eussent voulu, tant en leurs viures, qu'en leurs vins, & eauës, qui en vn moment estoient taries, & les puits. Aussi ie ne vey que pe-tites fótaines: mais ils n'y eussent point failly, s'ils y eussét voulu essayer:mais il est de croire que nostre Sauueur & Redépteur Iesus-Christ leur ostoit leur vouloir. I'ay veu la soif si grande, qu'vn monde de Gés-de-pied beuuoient

aux

aux foſſez de ces petites villettes où nous paſſions. Nous faiſions grādes trai-
ctes & lōgues, & beuuions eau orde, & nō courāte: &, pour boire, ſe fourroiēt
dedans iuſques à la ceinture: car il nous ſuiuoit grand peuple (qui n'eſtoient
point gēs de guerre) & vn bien grand nombre de ſommiers. Le Roy partoit auant iour, & ne ſceut oncques qu'il y euſt guide) & touchoit iuſques à
midy là où il repaiſſoit: & chacun prenoit placé: & faloit apporter les viures
des cheuaux entre les bras, & que chacun feiſt repaiſtre ſon cheual: & ſçay bié
que ie l'ay faict, deux fois: & fu deux iours ſans manger que pāin, bien meſ-
chant, & ſi eſtois-ie de ceux qui auoiēt moins de neceſſité. D'vne choſe faut
loüer ceſte armee: c'eſt que iamais ie n'ouy homme ſoy plaindre de neceſſité
qu'il euſt, & ſi fut le plus penible voyage que ie vy oncques iamais en ma vie,
& ſi en ay veu auec le Duc Charles de Bourgógne, de bien aſpres. Nous n'alliós
point pl⁹ fort que ces groſſes pieces d'artillerie, où ſouuét y auoit à beſogner
à leurs affaires, & grand faute de cheuaux: mais, à toute heure qu'il en eſtoit
beſoin, s'en recouuroit en l'Oſt, par les gens de bien, qui volontiers les bail-
loiét, & ne ſe perdit vne ſeule pierre, ny vne liure de poudre: & croy que iamais homme ne veit paſſer artillerie de telle groſſeur, ne de telle diligence,
par les lieux où paſſa ceſte-cy. Et ſi i'ay parlé du deſordre qui eſtoit tātà noſtre
logis qu'aux autres choſes, ce ne fut pas par faute qu'il n'y euſt des gens bien
experimentez en l'Oſt: mais le ſort voulut que ceux-là auoient le moins de
credit. Le Roy eſtoit ieune & volōtaire (comme ailleurs ay dit.) Et, pour conclure l'article, ſéble que noſtre Seigneur Ieſus-Chriſt ait voulu que toute la
gloire du voyage ait eſté attribuee à luy. Le ſeptieſme iour, depuis le partemét du lieu où auoit eſté la bataille, partiſmes de Nice-de-la-paille, & logeaſ-
mes en camp, tous enſemble, aſſez pres d'Alexandrie, & fut fait gros guet, la
nuict: & du matin, deuant le iour, partiſmes, & allaſmes en Aſt: c'eſt à ſçauoir _Armée du_
la perſonné du Roy, & les gens de ſa maiſon (les gens d'armes demourerent _Roy en Aſt._
pres de là, en camp) & trouuaſmes la ville d'Aſt bié garnie de tous viures, qui
feirent grand bien & ſecours à toute la compagnie, qui en auoit bon beſoin:
parce que ladite armee auoit enduré grand faim & ſoif, grand trauail & chaleur, & tres-grand' faute de dormir, & les habillements tous gaſtez & rompus. Si toſt que le Roy fut arriué en Aſt, & ſus l'heure, auant que dormir, i'enuoyay vn Gentil-homme, nommé Philippe de la Coudre (qui autrefois m'a-
uoit ſeruy, & qui pour lors eſtoit au Duc d'Orleans) à Nouarre, là où il eſtoit
aſſiegé de ſes ennemis, comme auez peu entendre. Le ſiege n'eſtoit pas encores ſi contrainct qu'on ne peuſt aller & ſaillir dehors: parce qu'ils ne taſ-
choiét ſinō de l'affamer. Ie luy manday, par ledit Gentil-hóme, que pluſieurs
traictez ſe menoient auec le Duc de Milan, de par le Roy noſtre Sire (dōt i'en
menoye vn par la main du Duc de Ferrare) & que pour ceſte cauſe me ſébloit
qu'il s'en deuoit venir deuers le Roy, en aſſeurāt bien ceux qu'il laiſſeroit dedās, de brief y retourner: où les venir ſecourir: leſquels eſtoient le nombre de
ſept mille cinq cés hommes de ſoulde, de la plus belle compagnie qu'ō ſçauroit dire, touchāt le nóbre tāt Frāçois que Suiſſes. Apres que le Roy eut ſe-
iourné vn iour audit Aſt, il fut aduerti, tant par le Duc d'Orleans, que par autres, cóment les deux Oſts s'eſtoiét aſſemblez deuāt Nouarre; & deſiroit ledit
Duc d'Orleans eſtre ſecouru: parce que ces viures appetiſſoient: là où il auoit

esté dóné mauuais ordre au cómencemét:car il y en auoit assez aux villes d'a-
lentour,& par especial bled: &, si la prouisió eust esté faite de bóne heure, &
bien pourmenee,iamais n'eussent rendu la ville: mais en fussent saillis à leur
hóneur,& les ennemis à grád'honte,s'ils eussent peu tenir encores vn mois.

---

*Comment le Roy feit dresser vne armee de mer, pour cuider secourir les chasteaux de
Naples, & comment ils n'en peurent estre secourus.*

CHAPITRE VIII.

APres que le Roy eut seiourné quelque peu de iours audit Ast,il s'en
alla à Turin:&, au departir que ledit Seigneur feit d'Ast, il depescha
vn maistre d'hostel, nommé Peron de Basche, pour faire vne armee
de mer, pour aller secourir les chasteaux de Naples, qui encores tenoient.
Ce qu'il feit:& mit sus ladite armee monseigneur d'Arban, Chef & Lieutenant d'icelle armee,& alla iusques vers la Cité de *Pruce, où il fut à vne veuë
des ennemis,là où vne fortune de temps le garda d'approcher:&feit ceste armee peu de fruict:pource que ledit d'Arban retourna à Ligorne: là où la plus
part de ses gens s'enfuirent, en terre, & laisserent les nauires vuides : & l'armee des ennemis s'en vint au port de Bougen, pres Plambin, là où elle fut
bien deux moys sans partir : & les gens de nostre armee fussent allez legerement secourir lesdits Chasteaux,parce que le port de *Bengon est de nature
que l'on n'en peut saillir que d'vn vent,lequel regne peu souuent en Hyuer.
Ledit d'Arban estoit vaillant homme,& experimenté en armee de mer.

En ce mesme temps le Roy estant arriué à Thurin, se menoient plusieurs
traitez entre le Roy & le Duc de Milan : & s'en empeschoit la Duchesse de
Sauoye(qui estoit fille de Montferrat, vefue, & mere d'vn petit Duc qui e-
stoit lors) mais par autres,s'en traictoient encores.Ie m'en mesloye aussi : &
desiroient bien ceux de la ligue(c'est à sçauoir les Chefs, qui estoient au cáp
deuant Nouarre) que ie m'en meslasse: & m'enuoyerent vn saufconduict:
mais (comme les enuies sont entre gens de Court) le Cardinal, que tant ay
nommé,rompit que ie ne m'en meslasse point , & vouloit que la pratique de
Madame de Sauoye sortist son effect, que conduisoit son hoste le Tresorier
de Sauoye, homme sage, & bon seruiteur pour sa maistresse. Long temps
traina ceste matiere , & pour ceste cause fut enuoyé le Baillif de Digeon aux
Suisses, Ambassadeur,pour en leuer iusques à cinq mille.

Peu auant ay parlé comme l'armee de mer fut faicte à Nice, pour secourir
les chasteaux de Naples. Ce qui ne se peut faire,pour les raisons dessusdictes.

Incontinent monseigneur de Montpensier,& autres gens de bien, qui e-
stoient dedans lesdits chasteaux,voyans ledit inconuenient,prindrent party,
& saillirét dehors,& par l'armee de ceux qui estoiét demourez ,pour le Roy
Charles, en diuerses places du Royaume(laquelle armee pour lors estoit pres
desdits chasteaux) & les laisserent fournis en nombre suffisant , pour les garder , selon les viures (qui y estoient si estroits,que plus ne pouuoiét) & partirent auec deux mille cinq cens hommes,& laisserent pour Chef, Ognas, &
deux autres gens de bien:& s'en alla ledit Seigneur de Montpensier,le Prince de Salerne, le Seneschal de Beaucaire , & autres, qui là estoient, à Salerne:
& voulut

& voulut dire le Roy Ferrand, qu'ils auoient rompu l'appointement, & qu'il
pouuoit faire mourir les oftages, qu'ils auoient baillez peu de iours auant:
qui eftoient le Seigneur d'Alegre, vn appellé de la Marche-d'Ardaigne, &
le Seigneur de la Chappelle d'Anjou, vn appellé Roquebertin Catelan, &
vn appellé Genly. Et faut entendre qu'enuiron trois mois parauāt, ledit Roy
Ferrand eftoit entré dedans Naples par intelligence, & par le mauuais ordre
des noftres: qui eftoiét bien informez de tout, & n'y feeurent mettre remede. Ie parleroye bien plus auant de ce propos: mais ie n'en puis parler que
par l'auoir ouy dire aux principaux: & ne tient point volontiers long procés
des chofes où ie n'ay point efté prefent. Mais, eftant ledit Roy Ferrād dedans
la ville de Naples, ouyt dire que le Roy eftoit mort à la bataille de Fornoüe:
& fut certifié à nos gens, qui eftoient au chafteau, par les lettres & menfonges que mandoit le Duc de Milan, qu'ainfi eftoit: & y adioufterent foy, & s'y
fierent les Colounois, qui fe tournerent incontinent côtre nous, auec le bon
vouloir qu'ils auoient d'eftre toufiours des plus forts, encores qu'ils fuffent
bien tenus au Roy, comme il eft dit ailleurs. Pour cefdits menfonges, & principalement pource que nos gens fe voyoient retraicts, en grand nombre, dedans le chafteau, & peu de viures, & auoient perdu tous leurs cheuaux & autres biens, qu'ils auoient dedans la ville, composerent, le fixiefme d'Octobre, mil quatre cens quatre vingts quinze (& auoient efté enuironnez trois
mois quatorze iours: & enuiron vingt iours apres, partirent, comme dit eft)
& promirent que, s'ils n'eftoient fecourus dedans certain nombre de iours,
qu'ils s'en iroient en Prouence, & laifferoient les chafteaux, fans plus faire de
guerre, ne par mer, ne par terre, audit Royaume, & baillerent les oftages fuf-
dits. Toutesfois, felon le dit du Roy Ferrand, ils rompirent l'appointement,
à l'heure qu'ils partirent fans congé. Les noftres difoient le contraire: mais
lefdits oftages furent en grand danger, & y auoit caufe, & croy que nos gés
firent fagement de partir, quelque appointement qu'il y euft, mais ils euffent
mieux fait de bailler les chafteaux audit iour qu'ils partirent, & retirer leurs
oftages: car auffi-bien ne tindrent-ils que vingt iours apres leur partement,
à faute de viures, & qu'ils n'auoient aucune efperance de fecours, & fut la
totalle perte du Royaume, que ledit chafteau de Naples.

Le Roy Fer-
rand entré
à Naples
par intelli-
gence.

De la grande famine & peine où eftoit le Duc d'Orleans à Nouarre, auec fes gens: de la
mort de la Marquife de Montferrat, & de celle de monfieur de Vendofme: & com-
ment apres plufieurs deliberations, on entendit à faire paix, pour fauuer les affiegez.

CHAPITRE IX.

Stant le Roy à Thurin (comme i'ay dit) & à Quiers (où quelquesfois
alloit par fon esbat) attendoit nouuelles des Allemans (qu'il auoit
enuoyé querir) & auffi effayoit s'il pourroit reduire le Duc de Milan,
dont il auoit grand vouloir: & ne luy chaloit point trop du fait du Duc d'Orleans: qui cômençoit à eftre preffé, à caufe de la neceffité de viures, & efcriuoit chacun iour pour auoir fecours: & auffi eftoient approchez les ennemis
de plus pres qu'ils n'auoient efté: & eftoit creu l'Oft de mille hômes à cheual,
Allemans, que menoit meffire Federic Capelare, de la Côté de Ferrette, vail-

C C iij

lant Cheualier, & bien experimété, tant en France, qu'en Italie. Auſſi y auoit bien vnze mille Allemans, des terres du Roy des Romains, & Lanſquenets, que conduiſoit meſſire Georges Dabecfin, vaillant Cheualier: & fut celuy qui print Sainct Omer, pour le Roy des Romains, natif d'Auſtriche. Et, voyant croiſtre les ennemis, & que nul accord ne ſe pouuoit trouuer à l'hóneur du Roy, il luy fut conſeillé ſe retirer à Verceil, pour voir la maniere de ſauuer ledit Duc d'Orleans, & ſa compagnie: qui (comme dit eſt ailleurs) auoient mis petites prouiſions en leurs viures, au commencement qu'ils en trerent audit Nouarre: & luy euſt mieux valu auoir faict ce que luy manday, (cóme il ſe voit deſſus) dés qu'arriuaſmes en Aſt, qui eſtoit de partir: & mettre hors toutes gens inutiles, & venir deuers le Roy, car ſa preſence euſt guidé partie de ce qu'il euſt voulu: au moins ceux qu'il euſt laiſſez, n'euſſent point ſouffert ſi extreme neceſſité de faim, comme ils firent: car il euſt prins party pluſtoſt, s'il euſt veu qu'il n'y euſt eu autre remede. Mais l'Archeueſque de Roüen (qui auoit eſté auec luy, au commencement, audit lieu de Nouarre, pour faire ſeruice audit Seigneur) eſtoit venu deuers le Roy: & ſe trouuant preſent aux affaires, luy mandoit touſiours ne partir point, & qu'il ſeroit ſecouru: & ſe fondoit qu'ainſi le diſoit le Cardinal de ſainct Malo (qui auoit le credit) & bóne affection le faiſoit parler: mais i'eſtoye aſſeuré du cótraire: car aucun ne vouloit retourner à la bataille, ſi le Roy n'y alloit: & celuy-là n'en auoit aucune enuie: car la queſtió n'eſtoit que pour ceſte ſeule ville, que ledit Duc d'Orleás vouloit retenir, & le Duc de Milá la vouloit rauoir: car elle eſt à dix lieuës de Milan: & eſtoit force que l'vn euſt tout: car en ladite Duché de Milan ſont neuf ou dix groſſes citez pres l'vne de l'autre, & en petit d'eſpace: mais bien diſoit ledit Duc de Milan, qu'en luy laiſſant Nouarre, & ne luy demandant point Génés, que toutes choſes il feroit pour le Roy.

　Pluſieurs fois on mena farines audit Nouarre, dont il s'en perdit la moitié au chemin: & vn coup furent deſtrouſſez quelque ſoixante Hómes d'armes, que menoit vn appellé Chaſtillon, qui eſtoit ieune Gentil-hóme, de la maiſon du Roy. Aucuns furent prins, autres entrerent: autres eſchapperent de grand'peine: & n'eſt poſſible de croire en quelle deſtreſſe eſtoit ceſte compagnie de Nouarre: car chacun iour en mouroit de faim. Les deux parts eſtoiét malades: & venoit de piteuſes lettres en chiffre, & en grand'difficulté. Touſiours on leur donnoit reconfort, & tout eſtoit abus: mais ceux, qui menoient l'affaire du Roy, deſiroient la bataille, & ne conſideroint point que nul ne la vouloit qu'eux. Car tous les grands Chefs (comme le Prince d'Orenge, qui eſtoit de nouueau arriué, & à qui le Roy donnoit grand credit aux affaires de la guerre) & tous autres chefs de guerre, cherchoient vne honneſte iſſuë par appointement, veu que l'Hyuer approchoit, qu'il n'y auoit point d'argent, & que le nombre des François eſtoit petit, & pluſieurs malades, & s'en alloient chacun iour ſans congé: & d'autres à qui le Roy donnoit cógé. Mais tous les ſages ne pouuoient garder ceux, dont i'ay parlé, de mander au Duc d'Orleans qu'il ne bougeaſt, leſquels le mirent en grád peril: & ſe fioient ſus le nombre des Allemans, dont nous aſſeuroit le Baillif de Digeó: auquel aucuns auoient mandé qu'il amenaſt ce qu'il pourroit: & eſtoit vne compagnie mal vnie, & chacun diſoit, & eſcriuoit ce qu'il vouloit.

Ceux

Ceux qui ne vouloiét point d'accord, ne qu'on se trouuast ensemble pour en parler, disoient que le Roy ne deuoit point commencer, mais deuoit laisser parler ses ennemis: qui aussi disoient ne vouloir commencer les premiers: & tousiours s'auáçoit le temps en la destresse de ceux de Nouarre, & ne parloient plus leurs lettres que de ceux qui mouroient de faim, chacun iour, & que plus ne pouuoient tenir que dix iours, & puis huict, & telle heure les vey à trois: mais auant passerent les termes, qu'ils auoiét baillez. Brief, on n'auoit veu de long temps si grosses necessitez: &, cent ans auant que fussions nez, ne souffrirent gens si grand faim, comme ils souffrirent leans.

Nouarre en extreme necessité de viures.

Estans les choses en ce train, mourut la Marquise de Monferrat: & y eut quelque diuision leans, pour le gouuernement, que demandoit le Marquis de Saluce: &, d'autre part, le Seigneur Constantin, oncle de la feuë Marquise, qui estoit Grec, & elle Grecque, & fille du Roy de Seruie, tous deux destruicts par le Turc. Ledit Seigneur Constantin s'estoit mis fort au chasteau de Casal, & auoit en ses mains les deux fils (dont le plus grád n'auoit que neuf ans) du feu Marquis, & de ceste sage & belle Dame, qui estoit morte en l'aage de 29. ans, grande partisane des François. Autres particuliers taschoient encores audit gouuernement: & en estoit grand question chez le Roy, pour ceux qui les soustenoient. Ledit Seigneur m'ordonna y aller, pour accorder ceste question à la seureté des enfans, & au gré de la pluspart du païs, doutant que le different ne leur fist appeller le Duc de Milan: & le Seigneur de ceste maison nous estoit bien seant. Il me desplaisoit fort de partir, que ie ne misse en train de reprendre ceste paix (veu les maux qu'ay dits, & que l'Hyuer approchoit) & doutoye que ces Prelats ne fussent cause de ramener le Roy à la bataille: car il estoit mal fourny, s'il ne venoit force estrangers, comme Suisses. Encores (s'ils venoient, si forts comme l'on disoit) il n'y auoit que danger pour le Roy de se mettre en leurs mains: & estoient les ennemis fort puissans, & logez en lieu fort de situation, & bien fortifiez. Considerees ces choses, m'aduenturay de dire au Roy, qu'il me sembloit qu'il vouloit mettre sa personne & estat en grand hazard, pour peu d'occasion: & qu'il luy deuoit souuenir qu'il auoit esté en grand peril à Fornouë: mais là auoit esté cótraint, & icy n'y auoit aucune contrainte: & ne deuoit point laisser à prendre quelque honneste appointcmét, pour ces paroles qu'on disoit, qu'il ne deuoit point commencer: & que s'il vouloit, ie le feroye bien parler en sorte, que l'honeur des deux costez y seroit bien gardé. Il me respondit que ie parlasse à móseigneur le Cardinal: ce que ie fey: mais il me faisoit d'estranges responses, & desiroit la bataille, & tenoit la victoire seure, à son dire: & disoit qu'on luy auoit promis dix mille Ducats de rente, pour vn fils, par le Duc d'Orleans, s'il auoit ceste Duché de Milan. Le lendemain ie vein prendre cóge du Roy, pour aller à Casal, & y auoit enuiron iournee & demie. Ie rencontray mósieur de la Trimouille, à qui ie cóptay ceste affaire (parce qu'il estoit des prochains du Roy) demandant si encores luy en deuoye parler. Il me cóforta qu'ouy: cat chacun desiroit de se retirer. Le Roy estoit en vn iardin. Ie reprin les paroles dessusdites, deuant le Cardinal, qui dit que luy (qui estoit hóme d'Eglise) deuoit cómencer. Ie luy dy que, s'il ne cómençoit, ie commenceroye (car il me sembloit bien que le Roy n'en seroit point marry, ne ses plus prochains) & ainsi party:

Mort de la Marquise de Monfetrat.

Cóminis enuoyé par le Roy pour pouruoir à l'Estat de Montferrat, pour les enfans pupilles.

Presomption du Cardinal Brissonnis.

GC iiij

&,au departir, dy à monseigneur le Prince d'Orenge(qui auoit la principale
charge de l'Ost)que si ie cómençoye rien, ie le luy addresseroye:&allay à Casal,ou ie fu bien recueilly,par tous ceux de ceste maison:& les trouuay la plus-
part rengez auec le Seigneur Constantin: & sembloit à tous que c'estoit plus
grád' seureté pour les enfans:car il ne pouuoit venir à la succession:& le Marquis de Saluce y pretédoit droit.Ie fey plusieurs iours assemblee,tát des Nobles que des gés d'Eglise & des villes:&,à leur requeste, ou de la pluspart,de-
claray que le Roy vouloit que ledit Seigneur Cóstátin demourast en só gouuernement;car veu la force du Roy delà les monts, & l'affection que le païs
porte à la maison de France,ils ne pouuoient contredire au vouloir du Roy.

Enuiron le troisiesme iour que i'eu esté là , vint leans vn maistre-d'hostel
du Marquis de Mantoue,Capitaine general des Venitiens,qui,cóme parent,
enuoyoit faire doleance de la mort de ladite Marquise,& celuy là & moy entrasmes en paroles d'appointer ces deux Osts , sans combatre, car les choses
s'y disposoient,&estoit logé le Roy,en camp,pres Verceil:mais,à la verité dire,il ne passa seulement que la riuiere,& logea son Ost,mal fourny de tentes
& de pauillons:car ils en auoient peu porté:& encores ceux là estoiét perdus:
& ia estoit le lieu moite,pource que l'Hyuer approchoit,& que c'est païs bas.

Ledit Seignenr n'y logea qu'vne nuict,&se retira le lendemain en la ville:
mais y demourerent le Prince d'Orenge,le Comte de Foix,& le Comte de
Lettres pas du Comte de Vendosme. Vendosme,qui y print vn mal de flux,dont il mourut,qui fut dommage: car
il estoit beau personnage,ieune & sage: & y estoit venu en poste, par ce qu'il
estoit bruit qu'il y deuoit auoir bataille : car il n'auoit point fait le voyage en
Italie auec le Roy. Auec ceux là y demourerent le Mareschal de Gié , & plusieurs autres Capitaines : mais la principale force estoit des Allemans, qui a-
uoient fait le voyage auec le Roy:car mal volontiers y demouroient les François,estans si pres de la ville: & plusieurs estoient malades,& plusieurs partis,
les vns auec congé,les autres sans cógé,dudit Ost. Iusques à Nouarre y auoit
dix gros mils d'Italie , qui valent bien six lieuës Françoises, fort païs & mol
(comme au païs de Flandres)à cause des fossez,qui sont au long des chemins,
de l'vn costé & de l'autre fort profonds, & beaucoup plus que ceux de Flan-
dres.L'Hyuer les fanges y sot fort grádes,&l'Esté la poudre. Entre nostredit
Ost & Nouarre, y auoit vne petite place,appellee *Bourg*,à vne lieuë de nous,
que nous tenions;& eux en tenoiét vne aure,qu'on appelloit *Camarian*, qui
estoit à vne lieuë de leur Ost:& ia estoient les eauës bien grandes,à aller d'vn
Ost à l'autre.

Comme i'ay commencé à dire,ce maistre-d'hostel du Marquis de Mátouë
qui estoit venu à Casal , & moy,continuasmes nos paroles: & disoye les raisons pourquoy son maistre deuoit euiter ceste bataille, & qu'il auoit veu le
peril en quoy il auoit esté à la premiere , & qu'il combattoit pour gens qui ne
l'accreurent iamais pour seruice qu'il leur fist,&qu'il deuoit entreprédre l'appointement,& moy,que ie luy aideroye de nostre costé. Il me respondit que
son maistre le voudroit,mais il faudroit (cóme autrefois m'auoit esté mandé)
que nous parlassions les premiers , veu que leur ligue (dont estoit le Pape,les
Rois des Romains,& d'Espagne,& le Duc de Milan)estoit plus grande chose que le Roy: & luy disoye que c'estoit folie de mettre ceste ceremonie,

                                     & que

& que le Roy deuoit*aller deuant,estant là en personne,& que les autres n'y
auoient que leurs Lieutenans,& que moy & luy, comme mediateurs , com-
mécerios,s'il vouloit;mais que ie fuſſe ſeur que ſon maiſtre continuaſt,&tint:
& cócluſmes que i'enuoyroye vn Trópette en leur Oſt,le lédemain, & eſcri-
roye aux deux Prouidateurs Venitiés,l'vn appellé meſſire Luques Piſan,l'autre meſſire Melchior Treuiſan, qui ſont Offices deputez pour cóſeiller leurs
Capitaines,& pour pourueoir auxaffaires de leurOſt.En enſuiuát ce quenous
auions conclud,ie leur eſcriuy la ſubſtáce de ce que i'auoye dit audit maiſtre-
d'hoſtel, & auoye occaſion de continuer l'office de bon mediateur: car ainſi
l'auoye conclud,au partir de Veniſe,& auſſi le Roy l'auoit bien agreable:& ſi
me ſembloit neceſſaire: car il ſe trouue touſiours aſſez gens pour troubler vn
affaire:mais il s'en trouue peu,qui ayent l'aduenture, & le vouloir enſemble,
d'accorder ſi grand differét,ne qui voulſiſſent endurer tant de paroles,qui ſe
diſent de ceux,qui traictent tels affaires: car en tels grands Oſts il y a maintes
differentes opiniòns.Leſdits Prouidateurs furent ioyeux de ces nouuelles:&
m'eſcriuirent que toſt me feroiét reſponſe:& par leurs poſtes le firent ſçauoir
à Veniſe:&toſt eurent reſponſe:& vint en l'Oſt du Roy vn Comte,qui eſtoit
de Ferrare:lequel y auoit gés (car ſon fils aiſné y eſtoit, à ſolde du Duc de Milá)& ceſtuy là en eſtoit:&auoit ledit Duc de Ferrare vn autre fils auec le Roy.
Ledit Comte auoit nom le Comte Albertin , & vint voir meſſire Iean-Iacques de Treuoul,ſous couleur d'vn fils, qu'il auoit auec ledit meſſire Ieá-Iacques : & ſ'adreſſa au Prince d'Orenge (ainſi qu'il auoit eſté conclu entre ce
maiſtre-d'hoſtel,dót i'ay parlé,& moy) diſant auoir commiſſion du Marquis
de Mantouë,& des Prouidateurs,& autres Capitaines,eſtans en leur Oſt, de
demander ſauf-conduit pour ledit Marquis, & autres , iuſques à cinquante
cheuaux,à ſe trouuer à parler auec tels perſonnages qu'il plairoit au Roy ordonner : & ceuxlà cognoiſſoient bien que c'eſtoit occaſion qu'ils vinſſent
deuers le Roy,ou les ſiens,les premiers:& auſſi qu'ils luy vouloient bien faire
ceſt honneur. Puis demanda congé de parler au Roy,à part. Ce qu'il fit:&,à
part,conſeilla de n'en faire rien, diſant que cet Oſt eſtoit en grand paour, &
que brief deſlogeroit:&,par ces paroles,il monſtroit vouloir rompre cet accord,&non point de faire,ny aider(combien que ſa charge publique fuſt telle qu'auez ouy)& fut preſent à ces paroles ledit meſſire Ieá-Iacques de Treuoul,grand ennemy du Duc de Milan,& volontiers euſt rópu ladite paix: &
ſus tout,le maiſtre dudit Cóte, meſſire Albertin.Le Duc de Ferrare y deſiroit
fort la guerre,pour la grand' inimitié qu'il auoit aux Venitiés, à cauſe de pluſieurs terres qu'ils tenoiét de luy,cóme le Poleſan,& pluſieurs autres:&eſtoit
venu en l'Oſt du deſſuſdit Duc de Milan, qui auoit ſa fille pour femme. Dés
ce que le Roy eut ouy parler ledit Comte,il me fit appeller: & eut en conſeil
ſil bailleroit ce ſauf-conduict ou non.Ceux,qui vouloiét rópre la paix(comme meſſire Iean-Iacques,&autres qui parloient en faueur duDuc d'Orleans,
ce leur ſembloit) monſtroient vouloir la bataille (mais ils eſtoient gens d'E-
gliſe, & ne s'y fuſſent point trouuez) diſans eſtre bien aſſeurez que les ennemis deſlogeroient, & qu'ils mouroient de faim. Autres diſoient (& i'eſtoye
de ceuxlà)que pluſtoſt nous aurions faim,qu'eux(qui eſtoient en leur païs,&
ſi auoient la puiſſance trop grande pour ſ'enfuïr, & ſe laiſſer deſtruire)& que

ces paroles venoient de gens, qui vouloient qu'on se hazardast & combatist
pour leurs querelles. Toutesfois, pour abbreger, le sauf-conduict fut accordé,
& enuoyé, & dit, que le lendemain, à deux heures apres mydy, ledit Prince
d'Orenge, le Mareschal de Gié, le Seigneur de Piennes, & moy, en leur compagnie, nous trouuerions entre Bourg & Camaria, pres d'vne tour, où ils faisoient le guet, & que là parlerions ensemble: & nous y trouuasmes, bien accópagnez de Gens-d'armes. Ledit Marquis & vn Venitien, qui auoit la charge de leurs Estradiots, y vindrent, & vserent d'honnestes paroles, disans que
de leur part ils desiroient la paix: & fut conclud que, pour parler plus à loisir,
ils viendroiét le lendemain quelques gens des leurs en l'Ost, & que le Roy a-
pres enuoyeroit des siens au leur. Ce qui se fit: & vint le lendemain deuers
nous messire Francisco Bernardin, Vicomte pour le Duc de Milan, & vn Secretaire du Marquis de Mantouë: & nous trouuasmes auec eux, ceux que i'ay
nommez, & le Cardinal de Sainct-Malo: & entrasmes en pratique de la paix:
& demandoient Nouarre, en laquelle cité estoit assiegé le Duc d'Orleans.
Aussi demandions nous Gennes, disans que c'estoit fief de Roy, & que ledict
Duc de Milan l'auoit confisqué. Eux s'excusoient, disans n'auoir rien entreprins contre le Roy, que pour se defendre, & que ledit Duc d'Orleans leur
auoit prinse ladite cité de Nouarre, & commencé la guerre, auec les gens du
Roy, & qu'ils croioient que leurs maistres ne feroient rien de ce que demandions, mais que toute autre chose voudroient faire pour complaire au Roy.
Ils furent là deux iours, & puis retournerent en leur Ost: où nous allasmes ledit Mareschal de Gié, monseigneur de Piennes, & moy, tousiours sur la demande de ceste cité: & bien eussions nous esté contens que Nouarre se fust
mise en la main des gens du Roy des Romains (qui estoient en leur Ost, &
dont estoient Chefs messire Georges de Pietre-plane, & messire Federic Ca-
pellare, & vn nommé Messire Hance) car nous ne la pouuions secourir que
par bataille, que nous ne desirions point: & le disions, par ce que la Duché
de Milan, est tenuë en fief de l'Empereur, & pour honnestement s'en descharger. Plusieurs allees & venuës se firent de nous en leur Ost, & des leurs au nostre, sans conclusion: mais ie demouroye tousiours au giste en leur Ost : car
tel estoit le vouloir du Roy, qui ne vouloit rien rompre. Finalement y re-
tournasmes, & dauantage y vint le President de Gannay (pour porter la parole en Latin) & vn, appellé monseigneur de Moruillier, baillif d'Amiens (car
iusques à lors i'auoye parlé en mauuais Italien) & estoient à coucher nos articles : & estoit nostre façon de proceder que, si tost que nous estions arriuez
au logis dudit Duc, il venoit au deuant de nous, & la Duchesse, iusques au
bout d'vne galerie, & nous mettions tous deuant luy, à l'entree de sa chambre, où nous trouuions deux grands rangs de chaires l'vn deuant l'autre, &
bien pres l'vn de l'autre. Ils se seoiét de l'vn des costez, & nous de l'autre. Premier estoit assis, de son costé, pour le Roy des Romains, l'Ambassadeur d'Espaigne, le Marquis de Mantouë, les deux Prouidateurs Venitiens, vn Ambas-

sadeur Venitien, & puis le Duc de Milan, sa femme, & le dernier l'Ambassadeur de Ferrare: & de leur costé ne parloit nul, que ledit Duc, & du nostre vn:
mais nostre condition n'est point de parler si posément comme ils font : car
nous parlions quelquefois deux ou trois ensemble: & ledit Duc disoit, ho, vn
à vn.

à vn. Venant à coucher les articles, tout ce, qui s'accordoit, estoit escrit incontinent, par vn Secretaire des nostres, & aussi par vn de leur costé: & au departir, le lisoient les deux Secretaires, l'vn en Italié, & l'autre en François: &, quád
on se rassembloit, aussi, à fin de voir si on y auoit point rien mué, & aussi, pour
nous abreger, & est bonne forme pour expedier grand affaire. Ce traicté dura enuiron 15. iours, & plus: mais, dés le premier iour que cómençasmes à traicter, fut accordé que monseigneur d'Orleans pourroit partir de là: & fismes
vne tréue, ce iour, qui continua, iour apres autre, iusques à la paix: &, pour
seureté dudit Duc, se mit en ostage le Marquis de Mantouë, entre les mains
du Comte de Foix: * (qui tres-volontiers le fit, & plus pour faire plaisir, que
pour crainte) & premierement nous firent iurer que nous procederions, à
bon escient, au traicté de paix, & que nous ne le faisions point pour deliurer
ledit Duc d'Orleans seulement.

*Ie me doute qu'il faille ainsi entédre ce passage, lequel Mar q. de Man- touë tres- volon tiers se mit en ostage, & plus pour son plaisir que pour crainte que nous eus- fions de la personne de mósieur d'Orleans.

---

*Comment le Duc d'Orleans & sa compagnie furent deliurez, par appoinctement: de la
dure calamité de Nouarre, où ils estoient assiegez: & de la descente des Suisses,
pour secourir le Roy & monseigneur d'Orleans.*

CHAPITRE X.

LE Mareschal de Gié alla à ladite place, auec d'autres du Duc de Milá:
& fit partir ledit Duc d'Orleans seulement, à petite compagnie, qui à
grád ioye en saillit. Ceux de ladite place estoient tant pressez de faim
& de maladie, qu'il falut que ledit Mareschal laissast son nepueu, appellé mósieur de Romesort en ostage, promettant à ceux de dedans qu'ils partiroient
tous dedans trois iours. Vous auez bien entendu comme parauant le *Baillif*
de Digeon auoit esté enuoyé deuers les Suisses, par tous leurs Cantons, pour
en assembler iusques à cinq mille, qui à l'heure du partement du Duc d'Orleans de la place de Nouarre, n'estoient encores venus: car s'ils eussent esté venus, sans nulle doute, à mon aduis, on eust combatu: &, combien que l'on
fust bien seur qu'il en venoit plus largement que le nombre qu'on demandoit, si n'estoit-il possible d'attendre, pour l'extreme famine qui estoit en ladite place: où il mourut bien deux mille hommes, que de faim que de maladie: & le reste estoit si maigre, qu'ils sembloient mieux morts que vifs: &
croy que iamais hommes n'endurerent plus de faim (ie n'y voudroye alleguer le Siege de Hierusalem) &, si Dieu les eust faits si sages que de vouloir
mettre lés bleds dedans (qui estoient enuiron ladite ville, quand au premier
ils la prindrent) ils ne fussent iamais venus en cet inconuenient: & se fussent
leurs ennemis leuez à leur grand' honte.

Trois iours, ou quatre, apres le partement dudit Duc d'Orleans, dudit
Nouarre, fut accordé des deux costez, que tous les Gés-de-guerre pourroiét
saillir: & furét ordónez le Marquis de Mantouë, & messire Galeas de Sainct-
Seuerin, Chefs de l'armee, tant des Venitiens que du Duc de Milan, pour les
conduire en seureté. Ce qu'ils firent: & demeura la place entre les mains de
ceux de la ville: qui firent serment de n'y mettre ne François n'Italiens, iusques à ce que le tout fust conclud: & demeurerent trente hommes au chasteau, à qui le Duc de Milan laissoit auoir viures, pour leur argent, ce qu'il leur

en falloit, pour chacun iour ſeulement, & ne croiroit-on iamais, ſans l'auoir
veuë, la pauureté des perſonnes qui en ſailloient. Bien peu de cheuaux en

ſaillit (car tout eſtoit mágé) & n'y auoit point ſix cens hommes qui ſe fuſſent
peu deffendre, combien qu'il en ſaillit bien cinq mille cinq cens. Largement
en demeuroit par les chemins, à qui les ennemis propres faiſoient de l'aide.
Ie ſçay bien que i'en ſauuay bien cinquáte pour vn eſcu, au pres du petit chaſteau que les ennemis tenoient, appellé Camarian, qui eſtoient couchez en
vn iardin, & à qui on donna de la ſouppe, & n'en mourut qu'vn. Sus le chemin en mourut enuiron quatre : car il y auoit dix mille de Nouarre à Verceil,
où ils alloient. Le Roy vſa de quelque charité vers ceux qui arriuerent audit
Verceil : & ordonna huiɛt cens Francs, pour les departir en aumoſnes, & auſſi
des payemens de leurs gages : & furent payez les morts & les vifs : & auſſi les
Suiſſes, dont il eſtoit bien mort quatre cens : mais (quelque bien qu'on
leur ſceuſt faire) il mourut bien trois cens hommes audit Verceil, les vns par
trop manger, les autres par maladie, & largement ſur les fumiers de la ville.

Enuiron ce temps que tout fut dehors (exceptez trente hommes, qu'on
auoit laiſſez au chaſteau, & dont chacun iour en ſailloit quelcun) arriuerent
les Suiſſes, le nombre de huiɛt ou de dix mille hommes, en noſtre Oſt, où y en
auoit quelque deux mille, qui auoient ſeruy le voyage de Naples. Tous les

autres demeurerent aupres de Verceil, enuiron à dix mils, & ne fut point có-
ſeillé le Roy de laiſſer ioindre ces deux bandes, où eſtoient bien vingt deux
mille : & croy que iamais ne ſe trouuerent tant de gens de leur païs enſemble : &, ſelon l'opinion des gens qui les cognoiſſoient, il demeura peu de gés
combatans en leurs païs : & vindrent, la plus-part, malgré qu'on en euſt : &
falut defendre l'entree du païs de Piemont, pour n'en laiſſer plus paſſer, ou
bien les femmes & les enfans y fuſſent venus. On pourroit demander ſi ceſte
venuë procedoit de grand amour, veu que le feu Roy Louys leur auoit faiɛt
beaucoup de biens, & les auoit aidez, à eux mettre en la gloire du monde, &
à la reputation. Vray eſt qu'aucuns vieux auoiét amour au Roy Louys vnzieſme : & y vint beaucoup de Capitaines, qui auoient ſoixante & douze
ans paſſez, qui auoient eſté Capitaines contre le Duc Charles de *Bourgon-*
gne : mais la principale cauſe eſtoit auarice, & leurs grandes pauuretez : car, à
la verité, tout ce qu'ils auoient de gens combatás y vindrent. Tant de beaux
hommes y auoit, que ie ne vey iamais ſi belle compagnie, & me ſembloit
impoſſible de les auoir ſceu deſcófire, qui ne les euſt prins par faim, par froid,
ou par autre neceſſité.

Or faut venir au principal poinɛt de ce traiɛté. Le Duc d'Orleans (qui ja
auoit eſté huiɛt ou dix iours à ſon aiſe, & qui eſtoit accompagné de toutes
ſortes de gens, & à qui il ſembloit bien qu'aucuns auoient parlé de ce que tát
de gens, comme il auoit dedans Nouarre auec luy, ſ'eſtoient laiſſez mener à
ceſte neceſſité) parloit fort de la bataille, & vn ou deux auec luy. Móſeigneur
de Ligny, & l'Archeueſque de Rouën (qui ſe meſloit de ſes beſongnes) &
deux ou trois menus perſonnages, forgerent aucuns Suiſſes, qui venoiét ſ'offrir à combatre, & n'alleguoient aucune raiſon, car le Duc d'Orleans n'auoit
plus en la place que trente hommes au chaſteau : & ainſi n'y auoit plus d'occaſion de combatre, car le Roy ne pretendoit aucune querelle, & ne vouloit
combatre

cóbatre que pour fauuer la perſonne du Duc & de ſes ſeruiteurs. Les ennemis eſtoiét bien forts: & eſtoit impoſſible de les prédre dedans leur Oſt, tant
eſtoient bien fermez de foſſez pleins d'eau, & l'aſſiete propre: & n'auoient à
ſe defendre que de nous: car de ceux là de la ville n'auoiét-ils plus de crainte.
Ils eſtoiét bien deux mille huict cens Hommes-d'armes bardez, & cinq mille
Cheuaux-legers, vnze mille cinq cens Allemans, menez par bons Chefs (cóme ce Meſſire George de Pierre plane, meſſire Federic Capelare, meſſire Há-
ce) & autre grand nombre de Gens-de-pied, & ſembloit bien parler par volonté, de dire qu'on les deuſt prendre leans, ne qu'ils deuſſent fuir. Vn'autre
plus grand doute y auoit: c'eſtoit que, ſi tous les Suiſſes ſe trouuoient enſemble, ils ne prinſſent le Roy, & tous les hommes riches de ſa compagnie, qui
eſtoit bié foible, au pris d'eux, & qu'ils ne les menaſſent en leur païs, & quelque apparence ſ'en veit, comme verrez par la concluſion de la paix.

Comment la paix fut concluë entre le Roy & le Duc d'Orleans d'vn coſté, & les ennemis
de l'autre: & des conditions & articles, qui furent contenus en ladite paix.
CHAPITRE XI.

Stans toutes ces queſtions parmy nous, & que ledit Duc d'Orleans
en print debat auec le Prince d'Orenge, iuſques à le deſmentir, nous
retournaſmes ledit Mareſchal, le ſeigneur de Piennes, le Preſident
Gannay, le Seigneur Moruillier, le Vidaſme de Chatres, & moy, en l'Oſt
des ennemis: & concluſmes vne paix, croyans bien, par les ſignes que voyós,
qu'elle ne tiendroit point: mais nous auions neceſſité de la faire, pour maintes raiſons qu'auez entenduës, & pour la ſaiſon d'Hyuer, qui nous y contrai-
gnoit, & auſſi par faute d'argent, & pour nous departir honorablement, a-
uec vne honorable paix par eſcrit, qui ſe pourroit enuoyer par tout, comme
elle fut: & ainſi l'auoit conclud le Roy, en vn grand conſeil, preſent le Duc
d'Orleans. La ſubſtance eſtoit, Que le Duc de Milan ſeruiroit le Roy, de Gennes, contre tout le monde: &, en ce faiſant, il feroit equipper deux nauires, à
ſes deſpens, pour aller ſecourir le chaſteau de Naples (qui encores tenoit) &,
l'annee apres, de trois, & de ſa perſonne, ſeruiroit le Roy, derechef, à l'entrepriſe du Royaume, au cas que le Roy y retournaſt, & donneroit paſſage aux
gens du Roy: &, en cas que les Venitiens n'acceptaſſent la paix dedans deux
mois, & qu'ils vouluſſent ſouſtenir la maiſon d'Arragon, il deuoit ſouſtenir
le Roy contre eux, moyennant que tout ce que le Roy prendroit de leurs
terres, luy ſeroient baillees, & employeroit ſa perſonne, & ſujets, & quittoit
au Roy quatre vingts mille Ducats, de cét vingt-quatre mille, qu'il luy auoit
preſtez en ce voyage, que le Roy auoit fait: & deuoit bailler deux oſtages de
Gennes, pour ſeureté: & fut mis le Chaſtelet entre les mains du Duc de Ferrare, comme neutre, pour deux annees entieres: & payoit ledit Duc de Milan
la moitié de la garde, qui eſtoit audit Chaſteler, & le Roy l'autre: &, en cas
que le Duc de Milan fiſt rien de Gennes contre le Roy, ledit Duc de Ferrare
pouuoit bailler ledit Chaſtelet au Roy: & deuoit bailler deux autres oſtages
de Milan, qu'il bailla: & auſſi euſſent faict ceux des Gennes, ſi le Roy n'euſt
eſté ſi haſtif de partir: mais, dés ce qu'il le veit party, il ſ'excuſa.

Paix auec les
articles entre
le Roy & le
Duc de Mi-
lan.

DD

Dés ce que nous fusmes retournez de faire iurer ceste paix au Duc de Milan, & que les Venitiens eurent prins terme de deux mois de l'accepter ou non (car plus auant ne se voulurét mettre) ledit Seigneur iura aussi ladite paix: &, dés le lendemain, delibera de partir, comme celuy qui auoit grand enuie de retourner en France, & aufsi auoit toute sa compagnie : mais, la nuict, les Suisses qui estoient en nostre Ost, se mirent en plusieurs conseils, chacun auec ceux de son Canton, & sonnerent leurs tabourins, & tindrent leur rang : (qui est la forme de leur conseil) & ces choses, que ie dy, me compta Lornay : qui estoit vn des Chefs d'entr'eux, & tousiours a esté, & qui entend bien la langue, & estoit couché en l'Ost, & vint aduertir le Roy.

Les vns disoient qu'ils prinssent le Roy, & toute sa compagnie, c'est à sçauoir les riches. D'autres ne s'y consentoient point, mais bien qu'on luy demandast le payement de trois mois, disant qu'ainsi leur auoit esté promis, par le Roy son pere, que toutes les fois qu'ils sortiroient de leur païs, auec leurs bannieres, que tel payement deuoient auoir. Autres vouloient qu'on ne prinst que les principaux, sans toucher au Roy : & se disposoient de l'executer : & auoient ia largement gens dedans la ville : mais, auant qu'ils eussent conclu, le Roy partit, & tira vers * Trin, vne ville du Marquis de Montferrat. Toutesfois ils auoient tort, car il ne leur auoit esté promis qu'vn mois de payement, aufsi ne seruirent point. Pour fin de compte, on appointa auec eux : mais auant cet appointement, ceux qui auoient esté auec nous à Naples, prindrent ledit Baillif de Digeon & Lornay (qui tousiours auoient esté leurs Chefs) pour auoir vn payement de quinze iours, pour eux en aller : mais les autres furent payez de trois mois : & monta bien le tout cinq cens mille Francs, desquels ils se firent en pleiges & en ostages : & cela aduint des François propres, qui le leur mirent en auant : car vn de leurs Capitaines en vint aduertir le Prince d'Orenge, qui le dit au Roy : * & c'estoit par despit de ceste paix.

Si tost que le Roy fut arriué à Trin, il enuoya vers le Duc de Milan, ledit Mareschal, le President de Gannay, & moy, à fin qu'il voulust venir deuers ledit Seigneur, pour parler à luy, & luy disines plusieurs raisons pour le faire venir : & que cela seroit la vraye confirmation de la paix. Il nous dit plusieurs raisons au contraire : & s'excusa sus aucunes paroles que monseigneur de Ligny auoit dites (c'est à sçauoir qu'on le deuoit prendre quand il fut deuers le Roy à Pauie) & sur d'autres paroles, qu'auoit dites le Cardinal, qui auoit tout le credit auec le Roy. Il est bien vray que plusieurs foles paroles auoiét esté dites. De qui que ce fut ie ne sçay : mais, pour lors, le Roy auoit enuie d'estre son amy. Il estoit en vn lieu appellé *Bolie*: & vouloit bien parler, vne barriere entre deux, & vne riuiere. Quand le Roy eut sceu ceste response, il tira à Quiers, où il n'arresta qu'vne nuict ou deux : & print son chemin pour passer les monts, & me renuoya à Venise, & d'autres à Gennes, pour armer ces deux naues, que ledit Duc deuoit prester : mais de tout ne fit rien, & leur laissa faire grand despense & grand apprest, & puis les garda de partir : &, au contraire, il en enuoya deux contre nous, en lieu de tenir promesse.

Commens

*Comment le Roy enuoya le Seigneur d'Argenton à Venise, pour les conditions de la paix:
lesquelles refuserent les Venitiens: & des tromperies du Duc de Milan.*

CHAPITRE XII.

Acharge estoit, à Venise, de sçauoir s'ils voudroiét accepter ceste paix,
& passer trois articles. Le premier, rendre Monopoly, qu'ils auoient
prins sus nous. L'autre, de retirer le Marquis de Mantouë, & autres
qu'ils auoiét au Royaume de Naples, du seruice du Roy Ferrād. Le tiers, qu'ils
declarassent que le Roy Ferrād n'estoit de la ligue, qu'ils auoiét faite de nouueau: où estoit nommé seulement le Pape, le Roy des Romains, le Roy d'Espaigne, & le Duc de Milan. Quād i'arriuay audit lieu de Venise, ils me recueillirent honorablemét: mais non point tant qu'ils auoiét fait au premier coup,
aussi nous estiós en inimitié declaree; &, la premiere fois, nous estiós en paix.
Ie dy ma charge au Duc de Venise: & il me dit que ie fusse le tres-bien venu,
& que de brief il me feroit respóse, & qu'il se cóseilleroit auec son Senat. Par
trois iours ils firent processions generales, & grādes aumosnes, & sermós publiques, priāt Nostre-seigneur qu'il leur dónast grace de prédre bon conseil:
& me fut dit que souuét le font en cas séblable. Et, est à la verité, ce me séble
la plus reuerente cité que i'aye iamais veuë, aux choses Ecclesiastiques, & qui
ont leurs Eglises les mieux parees & accoustrees: & en cela ie les tiens assez e-
gaux aux Romains: & croy que de là viét la grādeur de leur Seigneurie, qui
est digne d'augmēter plus que d'appetisser. Pour cóclusió de mó affaire, i'at-
tendy quinze iours, auāt qu'auoir response: qui fut de refus de toutes mes de-
mādes: disans n'auoir aucune guerre auec le Roy, & que ce, qu'ils auoiét fait,
estoit pour aider à leur allié le Duc de Milā, que le Roy vouloit destruire. Si firét parler à part, auec moy, le Duc, qui m'offrit bon appoinctemét: qui fut que
le Roy Ferrād feroit hómage au Roy du Royaume de Naples, & du cósente-
mét du Pape, & qu'il payeroit cinquāte mille Ducats l'an, de cens, & quelque
somme cótent, & qu'ils la presteroient, & entendoient, moyennāt ce prest, a-
uoir entre leurs mains les places qu'ils ont en la Poüille, cóme *Brandis, Otrā-
te, Trany*, & autres. Aussi bailleroit ledit Dom Ferrand, ou laisseroit au Roy,
quelque place au quartier de la Poüille, pour seureté (& vouloiét dire Taréte,
que le Roy tenoit encores) & en eust baillé vne ou deux dauantage: & s'offroiét de les bailler de ce costé là, par ce que c'estoit le plus loing de nous: mais
ils se couuroiét en ce que c'estoit en lieu pour seruir contre le Turc, dót le Roy
auoit fort parlé quand il entra en Italie, disant qu'à ceste fin il faisoit ceste entreprise, & pour en estre plus pres, qui fut vne tres-meschante inuention: car
c'estoit mésonge, & l'on ne sçauroit celer à Dieu les pensees. Outre m'offroit
ledit Duc de Venise, que si ledit Roy vouloit entreprédre cótre le Turc, qu'il
auroit accés en ces places que ie dy, & que toute Italie y contribueroit: & que
le Roy des Romains feroit la guerre de son costé aussi: & que le Roy & eux
tiendroient toute Italie: & qu'aucun ne contrediroit à ce qu'ils en ordonne-
roient:: & que, pour leur part, seruiroient le Roy auec cent galees, à leurs despens, & de cinq mille cheuaux par terre.

Ie prin congé dudit Duc & Seigneurie, disant que i'en ferois le rapport
au Roy. Ie reuein à Milan: & trouuay le Duc de Milan à Vigesue, où estoit

Le Roy a a-
busé l'Italie
de l'inuentió
de vouloir
passer contre
le Turc.

Commines
traitte auec
le Duc de
Milan.

DD ij

vn maiſtre-d'hoſtel du Roy, appellé Rigaut Dorelles, Ambaſſadeur pour le
Roy. Ledit Duc vint au deuant de moy , faignant chaſſer : car ils ſont ainſi
honorables aux Ambaſſadeurs. Il me fit loger en ſon chaſteau, en treſgrand
honneur. Ie luy ſuppliay de pouuoir parler à luy, à part. Il dit qu'il le feroit:
mais il monſtroit ſigne de ne le chercher point. Ie le vouloye preſſer de ſes
nauires, qu'il nous auoit promis par ce traicté de Verceil: qui eſtoient en eſtat
de partir (& encor tenoit ledit chaſteau de Naples) & il faignoit de les bailler:
& eſtoit à Gennes, pour le Roy, Peron de *Baſche , ſon maiſtre-d'hoſtel, &
Eſtienne de Neues) qui ſoudainement m'eſcriuirent , dés ce qu'ils ſceurent
ma venuë là, ſe doulans de la tromperie du Duc de Milã, qui faignoit de leur
bailler les nauires : &, au contraire, en auoit enuoyé deux contre nous. L'vn
iour reſpondit le Gouuerneur de Gennes qu'il ne ſouffriroit point que leſdites nauires fuſſent armees de François, & qu'en chacun n'en mettroit que
vingt-cinq, auec maintes autres excuſes de ceſte ſorte, diſſimulant & attendant des nouuelles que ledit chaſteau de Naples fuſt rendu, où ledit Duc ſçauoit bien qu'il n'y auoit viures que pour vn mois ou enuiron, & l'armee qui
ſe faiſoit en Prouence, n'eſtoit point ſuffiſante pour faire ledit ſecours, ſans
leſdites deux nauires : car les ennemis auoient deuant ledit chaſteau, groſſe
armee de mer, tant d'eux que des Venitiés & du Roy d'Eſpaigne. Trois iours
ie fu auec ledit Duc. L'vn iour il ſe mit en conſeil auec moy, ſe courrouçant
que ne trouuoye pas bonne la reſpóſe qu'il faiſoit touchant leſdites nauires:
& diſoit que par le traicté de Verceil, il auoit bien promis de ſeruir auec deux
nauires , mais qu'il n'auoit point promis de laiſſer monter aucuns François
deſſus. A quoy ie reſpondy que ceſte excuſe me ſembloit bien maigre : &, ſi
d'auenture il me preſtoit vne bonne mule pour paſſer les monts, que feroit-il
pour moy, de la me faire mener, & que ie n'en euſſe que la veuë, ſans pouuoir
monter deſſus ? Apres longs debats , il me retira en vne galerie à part. Là luy
remóſtray la peine que d'autres & moy auiós prins pour ce traicté de Verceil,
& le peril en quoy il nous mettoit d'aller ainſi au cótraire, & faire ainſi perdre
au Roy ſes chaſteaux (qui eſtoit la totale perdition du Royaume de Naples,
& qui feroit haine perpetuelle entre le Roy & luy) & luy offry la Principauté
de Tarente, auec la Duché de Barry, car ia il *là tenoit. Luy diſoye le peril
en quoy il ſe mettoit, & toute l'Italie, de vouloir conſentir que les Venitiés
euſſent ces places en la Pouille. Il confeſſoit que ie diſoye de tout verité, par
eſpecial des Venitiens : mais, pour toute concluſion, il me dit qu'il ne pouuoit trouuer, auec le Roy, aucune ſeureté ne fiance.

Apres ces deuiſes, ie prin congé dudit Duc de Milan : lequel me conduiſit vne lieuë : &, au partir, aduiſa vne plus belle menſonge (ſi on doit ainſi
parler des Princes) que deuant , luy ſemblant bien que ie m'en alloye fort
melancolique. Ce fut qu'il me dit ſoudainement (comme vn homme qui
change propos) qu'il me vouloit monſtrer vn tour d'amy, à fin que le Roy
euſt occaſion de me faire bonne chere, & que le lendemain il feroit partir
meſſire Galeas (qui eſtoit le tout, quand il me nommoit ceſtuy là) pour aller faire partir leſdites nauires , & ioindre auec noſtre armee, & qu'il vouloit faire ſeruice au Roy, tel que de luy ſauuer ſon chaſteau de Naples , &
qu'en ce faiſant il luy ſauueroit le Royaume de Naples (il diſoit vray, s'il l'euſt
fait)

fait) & que, quand elles feroient parties, il m'efcriroit de fa main, à fin que
par moy le Roy en fceuft des nouuelles le premier, & qu'il veift que ie luy auroye fait ce feruice, & que le Courrier me ioindroit auant que ie fuffe à Lyó:
& en cefte bonne efperáce ie party, & me my à paffer les monts, & n'ouy venir pofte derriere moy, que ie ne cuidaffe que ce fuft celuy qui me deuoit apporter les lettres deffufdites (combien que i'en faifoye quelque doute, cognoiffant l'homme) & vein iufques à Chambery, où ie trouuay monfeigneur
de Sauoye, qui me fit bonne chere, & me retint vn iour: & puis ie vein à Lyon
(fans que mon Courrier vinft)du tout faire mon rapport au Roy, qui lors
eftoit entendant à faire bonne chere, & à ioufter: & d'autre chofe ne luy chaloit. Ceux qui auoient efté courroucez de la paix de Verceil, furent fort ioyeux de la tromperie que nous auoit fait le Duc de Milan, & en creut leur authorité, & me lauerent bien la tefte; comme on a accouftumé de faire aux
Cours des Princes en femblable cas.

I'eftoye bien iré, & marry. Ie comptay au Roy, & monftray par efcript, l'offre que les Venitiens luy faifoient, qu'auez entendu deuant: dót il ne feit aucune eftime : & moins encores le Cardinal de Sainct-Malo, qui eftoit celuy
qui conduifoit tout. Toutesfois i'en parlay vne autre fois, & me fembloit
qu'il euft mieux valu accepter cefte offre, que de perdre le tout : & auffi ie ne
voioye point gens pour conduire telle entreprife: & n'appelloient aucun qui
leur peuft aider, ou le moins fouuent qu'ils pouuoient. Le Roy l'euft bien
voulu : mais il eftoit craintif de defplaire à ceux à qui il donnoit le credit, &
par fpecial à ceux qui manioient fes Finances, comme ledit Cardinal, fes freres & parens. Qui eft bel exemple pour les Princes : car il faut qu'ils prennent
la peine de conduire eux mefmes leurs affaires, pour le moins quelquefois,
& en appeller d'autres, felon les matieres, & les tenir prefque egaux : car, f'il
en y a vn fi grand que les autres le craignent (cóme feit le Roy Charles huictiefme, & a faict iufques icy, qui toufiours en a eu vn) ceftuy là eft le Roy &
Seigneur quant à l'effect : & fe trouue le maiftre mal feruy, comme il a efté
de fes gouuerneurs : qui ont tres-bien faict leurs befongnes, & mal les fiennes : & en a efté moins eftimé.

---

*Comment le Roy eftant retourné en France, mit en oubly ceux qui eftoient demeurez à
Naples : & comment monfeigneur le Dauphin mourut, dont le Roy & la Royne
menerent grand dueil.*   CHAPITRE XIII.

On retour à Lyon, fut l'an mil quatre cens quatre vingts & quinze, le douziefme iour de Decembre : auquel lieu eftoit ia arriué le
Roy, auec fon armee : & auoit efté dehors, audit voyage* vn an,
& enuiron deux mois : & tenoient encores les chafteaux de Naples, comme i'ay dit peu plus auant : & eftoit encores, audit Royaume de Naples,
monfeigneur de Montpenfier, Lieutenát du Roy, & à Salerne, auec le Prince du lieu, & monfeigneur d'Aubigny en Calabre (où prefque toufiours il
auoit efte malade: mais bien & grandement y auoit feruy) & meffire Gracien
des Guerres eftoit en l'Abruzzo: Dom Iulian au Mót-fainct-Ange, & Georges de Suilly à Tarente : mais le tout tant pauure, & tant abandonné, que

l'on ne le sçauroit penser, sans auoir, à grand' peine, vne nouuelle ou lettres: & celles qu'ils auoient, n'estoient que mensonges, & promesses sans effect. Car (comme dit est) de soy le Roy ne faisoit rien : & , qui les eust fournis des sommes d'argent à l'heure, dont on a despédu six fois le double, iamais n'eussent perdu le Royaume. Finalement leur vindrent quarante mille Ducats seulement, qui leur furent enuoyez, quand tout fut perdu, pour part de leur soulde d'vn an : & y a plus, que, s'ils fussent arriuez vn mois plustost, les maux & hontes qui leur aduindrent (comme entendez) ne leur fussent pas aduenus, ne les diuisions : & tout par faute que le maistre n'expedioit rien de luy, ny n'escoutoit les gens qui en venoient : & ses seruiteurs, qui s'en mesloient estoient, peu experimentez, & paresseux : & croy que quelqu'vn auoit intelligence auec le Pape, & sembloit que Dieu laissast, de tous poincts, à faire la grace au Roy, qu'il luy auoit faite à l'aller.

Dauphin de Frâce mort.

Apres que le Roy eut seiourné à Lyon deux mois ou enuiró, luy vindrent nouuelles cóme monsieur le Dauphin, son seul fils, estoit en peril de mort, & trois iours apres, luy vindrent nouuelles qu'il estoit trespassé. Ledit Seigneur en eut dueil, cóme la raison le veut, mais peu luy dura le dueil : & la Royne de France, Duchesse de Bretaigne, appellee Anne, en mena le plus grand dueil qu'il est possible que femme peust faire : & longuement luy dura ce dueil : & croy que outre le dueil naturel que les meres ont accoustumé d'auoir de la perte de leurs enfans, le cœur luy iugeoit quelque grand dómage à venir. Au Roy son mary dura peu ce dueil (cóme dit est) & la voulut recóforter de faire dancer deuát elle : & y vindrét aucuns ieunes Gétils-hómes, que le Roy y feit venir pour dancer : & entre les autres, y estoit le Duc d'Orleans, qui pouuoit bien auoir 34. ans. Il luy sembloit bien qu'il auoit ioye de ladite mort (à cause qu'il estoit le plus prochain de la couronne apres le Roy) & furent long téps

Charles 8. apprehéde la grandeur du courage de son fils de trois ans.

apres, sans parler ensemble, pour ceste cause. Ledit Dauphin auoit enuiron trois ans, bel enfant, & audacieux en parole : & ne craignoit point les choses que les autres enfans ont accoustumé de craindre : & vous dy que pour ces raisons, le pere en passa aisemét son dueil, ayát desia doute que tost cest enfát ne fust grand, & que continuant ses conditions, il ne luy diminuast l'authorité & puissance : car ledit Roy ne fut iamais que petit hóme de corps, & peu entendu : mais estoit si bon, qu'il n'est possible de voir meilleure creature.

Bon discours sur les peines & doutes des grands Princes, par l'exemple de trois Rois de France, s'entresuiuans.

Or entendez quelles sont les miseres des grands Roys & Princes, qui ont peur de leurs propres enfans. Le Roy Louys XI. son pere, en auoit eu peur, qui fut si sage & vertueux : mais bien sagement y pourueut : & , apres en l'aage de quatorze ans il le laissa Roy. Ledit Roy Louys auoit fait peur à son pere le Roy Charles septiesme : car il se trouua en armes, & en assemblee contre luy auec aucuns Seigneurs & Cheualiers de ce Royaume, en matiere de brouillis de Court, & de gouuernements (& le m'a maintesfois compté ledit Roy Louys onziesme) ayant enuiron l'aage de treize ans : mais cela ne dura point. Mais depuis qu'il fut homme, il eut grand' diuision auec ledit Charles septiesme, son pere : & se retira au Dauphiné, & de là en Flandres, laissant ledit pays du Dauphiné audit Roy son pere, & est parlé de ce propos au commencement de ces Memoires, touchant le regne dudit Roy Louys onziesme. Aucune creature n'est exempte de passion, & tous

mangent

mangent leur pain en peine & en douleur. Noſtre Seigneur le leur promit, dés ce qu'il feit l'homme *, & loyaument l'a tenu à toutes gens : mais les peines & douleurs ſont differentes, & celles du corps ſont les moindres , & celles de l'entendement les plus grandes. Celles des ſages ſont d'vne façon, & celles des fols d'vne autre : mais trop plus de douleur & paſſion porte le fol que le ſage, (combien qu'à pluſieurs ſemble le contraire,) & ſi y a moins de reconfort. Les pauures gens (qui trauaillent & labourent, pour nourrir eux & leurs enfans, & payent la taille & les ſubſides à leurs Seigneurs) deuroient viure en grand deconfort, ſi les grans Princes & Seigneurs n'auoient que tous plaiſirs en ce monde, & eux trauail & miſere : mais la choſe va bien autremẽt : car (ſi ie me vouloie mettre à eſcrire les paſſions que i'ay veu porter aux grãs, tant hommes que femmes, depuis trente ans ſeulement) i'en feroye vn gros liure (ie n'entends point de ceux qui ſont des conditions de ceux qui ſont nommez au liure de BOCACE * mais i'enten de ceux & celles qu'on voit en toute richeſſe & ſanté, & proſperité) & ceux, qui ne les pratiquoient point de ſi pres comme moy, les reputoient eſtre bien heureux : & ſi ay veu maintesfois leurs deſplaiſirs & douleurs eſtre fondez en ſi peu de raiſon, qu'à grãd peine l'euſſent voulu croire les gens qui ne les hantoient point, & la pluſpart eſtoient fondez en ſoupçons & rapports, qui eſt vne maladie cachee (qui regne aux maiſons des grans Princes) dont maint mal aduient, tant à leurs perſonnes, qu'à leurs ſeruiteurs & ſubiects : & s'en abregent tãt leur vie, qu'à grãd peine s'eſt veu aucun Roy en France depuis Carlemaigne, auoir paſſé ſoixante ans. Pour ceſte ſuſpition, quand le Roy Louys onzieſme vint & approcha du terme, eſtant malade de ceſte maladie, ſe iugeoit deſia mort. Son pere Charles ſeptieſme, qui tant auoit fait de belles choſes en France, eſtant malade, ſe mit en fantaiſie qu'on le vouluſt empoiſonner : parquoy il ne voulut iamais manger. Autres ſuſpicions eut le Roy Charles ſixieſme, qui deuint fol, & tout par rapport. Ce qui doit eſtre reputé à grand' faute aux Princes, quand ils ne les auerent ou font auerer, ſi ce ſont choſes qui leur touchent, encores que ne fuſſent de trop grand' importance (car par ce moyen ils n'en auroient point ſi ſouuent) & faudroit en demãder aux perſonnes l'vn deuant l'autre, l'enté de l'accuſateur & de l'accuſé : & par ce moyé ne ſe feroit aucun rapport, s'il n'eſtoit veritable : mais il en y a de ſi beſtes, qu'ils promettét & iurent n'en dire rien : & par ce moyé ils emportét aucunesfois ces angoiſſes dõt ie parle, & ſi hayent le plus ſouuent les meilleurs, & les plus loyaux ſeruiteurs qu'ils ayét, & leur font des dõmages, à l'appetit & rapport de pluſieurs meſchans : & par ce moyé font de grands torts & de grãds griefs à leurs ſubiets.

Comment les nouuelles de la perte du chaſteau de Naples veindrent au Roy : de la vendition des places des Florentins à diuerſes gens : du traicté d'Atelle en la Poüille, au grãd dommage des François, & de la mort du Roy Ferrand de Naples.

CHAPITRE XIIII.

E treſpas de Monſeigneur le Dauphin, ſeul fils du Roy Charles huictieſme, fut enuirõ le commencement de l'an mil quatre cens quatre vingts & ſeize, qui luy fut la plus grand perte, que iamais luy fuſt aduenu, ne

qui luy peuſt aduenir:car iamais n'a plus eu enfãt qui aitveſcu.Ce mal ne vint
point ſeul:car en ce propre téps,luy vindrét nouuelles que le chaſteau deNaples eſtoit rédu,par ceux queMóſeigneur deMótpéſier y auoit laiſſez par* faueur, & auſſi pour auoir les Oſtages que ledit Seigneur de Mótpenſier auoit
baillez(qui eſtoient móſieur d'Alegre, vn des enfans de la Marche-d'Ardaigne,& vn appellé de la Capelle · de Loudónois, & vn appellé Ieã Roquebertin, Catelan) & reuindrent par mer ceux qui eſtoient audit chaſteau.Vne autre hóte & dómage luy aduint:c'eſt.qu'vn appelé Entragues(qui tenoit la Citadelle de Piſe; qui eſtoit le fort,& qui tenoit ceſte cité en ſubiection) bailla
ladite Citadelle aux Piſans,qui eſtoit allé contre le ſerment du Roy:qui deux
fois iura aux Florétins de leur rédre ladite Citadelle,& autres places, comme
Serzane,Serzanelle,Pietre-ſaincte,Librefacto,& Mortró,que les Florentins
auoient preſté audit Seigneur,à ſon grand beſoing & neceſſité, à ſon arriuee
en Italie,& dóné ſix vingts mille Ducats:dont il n'en reſtoit que trente mille
à payer quand nous repaſſaſmes, comme en quelque autre endroit en a eſté
parlé.Brief toutes ces places furent venduës. Les Geneuois achepterent Serzane & Serzanelle : & les leur védit vn Baſtard de ſainct-Paul.Pietre-ſaincte
vendit encores ledit Entragues aux Luquois,& Librefacto aux Venitiens:le
tout à la grand'honte du Roy, & de ſes ſuiets : & au dommage & conſom-
mation de la perte du Royaume de Naples.Le premier ſerment(cóme dit eſt
ailleurs) que le Roy feit de la reſtitution deſdites places,fut à Florence, ſus le
grand autel,en la gráde Egliſe de Sainct-Iean.Le ſecód fut en Aſt, quád il fut
retourné:& preſterét les Florétins tréte mille Ducats cótent audit Seigneur,
(qui en auoit bié grád beſoing)par códition que ſi Piſe ſe rendoit, le Roy ne
payeroit rien de ladite ſomme,& ſeroient rédus les gages &bagues qu'ó leur
bailloit:& ſi deuoient preſter audit ſeigneur encores ſoixáte mille Ducats,&
les faire payer cótent,au Royaume de Naples,à ceux qui encores eſtoient-là
pour le Roy,& tenir auditRoyaume trois céshómes d'armes cótinuellemét,
à leurs deſpés,au ſeruice dudict ſeigneur,iuſqu'à la fin de l'étreprinſe.Et,pour
ceſte mauuaiſtié dite,rié ne ſe feit de ces choſes,& fallut rendre leſdits trente
mille Ducats que les Florentins auoiét preſtez : & aduint tout ce dommage
par faute d'obeïſſance, & par rapports en l'oreille:car aucuns des plus pres de
luy, donnerent cœur audit Entragues d'ainſi le faire.

En ce meſme téps,deux mois plus ou moins,au cómencement de ceſte annee 1496. voyant móſeigneur de Montpenſier, & le Seigneur Virgile Vrſin,meſſire Camille Vitelly,& autres Capitaines Frãçois,que tout eſtoit ainſi
perdu,ſe mirent aux cháps,& prindrét quelques petites places:& là leur vint
au deuant le Roy Ferrand fils du Roy Alphonſe(qui s'eſtoit voüé de religion
comme auez veu deuant) auec ledit Marquis de Mantoüe, frere de la femme
dudit Montpenſier, & Capitaine general des Venitiens, qui trouuerent logé ledit Mont-penſier en vne ville appellee Atelle , lieu treſ-auantageux
pour eux, pour auoir viures,en vn haut:& y fortifierent leurs logis , comme
ceux qui craignoient la bataille : car ledit Roy Ferrand, & ſes gens auoient
touſiours eſté batus en tous lieux,& ledit Marquis, en venant à Fornoüe, où
nous auions combatu : & l'auoient les Venitiens ʼpreſté au Roy Ferrand,
auquel ils preſterent auſſi quelque ſomme d'argent, qui valoit peu pour les

gages

gages qu'ils en prindrent : car ils en eurent fix places en la Pouille de grand' importance (cóme Brandis, Trani, Galiopoli, Crana, Otrante, & Monopoly, qu'ils auoient prinfe fus nous) & compterent le feruice de leurs Gens-d'armes, qu'ils auoient audit Royaume : & tant qu'ils tiénent lefdites places pour deux cens mille ducats : & puis veulent compter la defpenfe de les garder : & cróy que leur intérion n'eft point de les rendre : car ils ne l'ont point de couftume, quand elles leur font bien feantes, cóme font celles-cy, qui font du cofté de leur Golfe de Venife : & par ce moyen font vrays Seigneurs du Golfe, qui eft vne chofe qu'ils defirent. Et me femble que dudit Otrante (qui eft le bout du Golfe) y a neuf cens mils iufques à Venife. Le Pape y a eu autre place entre deux : mais il faut que tout paye gabelle à Venife, fi on veut nager par ledit Golfe. Or eft-ce grand chofe à eux d'auoir acquis ces places, & plus que beaucoup de gens n'entendent : car ils en tirent grans bleds & huiles, qui leur font deux chofes bien feantes.

Audit lieu dont ie parle, furuint queftion entre les noftres, tant pour les viures (qui fe commencerent à diminuer) que pour faute d'argent : car il eftoit deu aux Gens-d'armes vn an & demy, & plus, & auoient enduré grandes pauuretez. Aux Allemans eftoit auffi deu largement, mais non tant : car tout l'argent, que monfieur de Montpenfier pouuoit finer au Royaume, eftoit pour eux : toutesfois il leur eftoit deu vn an, & plus. Ils auoient pillé plufieurs petites villes, dont ils s'eftoient enrichis. Si les quarante mille Ducats, qu'on leur auoit promis enuoyer, y euffent efté, ou que l'on euft fceu qu'ils euffent efté à Florence, le debat qui y aduint, n'y fuft point aduenu : mais tout eftoit fans efpoir. Plufieurs des chefs m'ont dit que fi nos gés euffent efté d'accord pour cóbatre, il leur fembloit qu'ils euffent gaigné la bataille : & quand ils l'euffent perduë, ils n'euffét point perdu les gés qu'ils perdirét, en faifát vn fi vilain accord qu'ils feirent. Montpenfier & ledit Virgile Vrfin, qui eftoiét les deux Chefs, vouloiét la bataille, & ceux-là font morts en prifó : & ne leur fut point obferué ledit appointement. Ces deux, que ie dy, chargerét monfeigneur de Percy, vn ieune Cheualier d'Auuergne, d'auoir efté caufe que l'on ne combatit : & qu'il eftoit vn tres-mauuais Cheualier, & peu obeïffant à fon Chef.

Il y auoit deux fortes d'Allemans en ceft Oft. Il y pouuoit auoir quinze cés Suiffes, qui y auoiét efté dés ce que le Roy y alla. Ceux-là le feruirét loyaumét iufques à la mort, & tát que plus on ne fçauroit dire. Il y en auoit d'autres que nous appellons communémét Lanfquenets, qui vaut autát à dire comme compagnons du païs, & ceux-là hayét naturellement les Suiffes. Ils font de tous païs, cóme de deffus le Rhin, & du païs de Suaue. Il y en auoit auffi du païs de Vaux en Senonie, & du païs de Gueldres. Tout cecy montoit fept ou huiét cens hommes, qu'on y auoit enuoyez nouuellement, auec payement de deux mois, qui eftoit mangé : & quand ils arriuerent là, ils ne trouuerent autre payement. Ceux-cy fe voyans en ce peril, ne nous porterent point l'amour, que font les Suiffes. Ils pratiquerent, & fe tournerent du cofté dudit Dom Ferrand : & pour cefte caufe, & pour la diuifion des Chefs, nos gens feirent vn vilain appointement auec ledit Dom Ferrand : qui bien iura de le tenir : car ledit Marquis de Mantouë voulut bien affeurer la perfonne de fon beau-frere monfieur de Montpenfier.

Par ledit accord ils se rendirent tous en la main de leurs ennemis, & leur baillerent toute l'artillerie du Roy, & leur promirent faire rendre toutes les places que le Roy auoit audit Royaume, tant en Calabre(où estoit monseigneur d'Aubigny)qu'en l'Abruzzo (où estoit messire Gracien des Guerres) auec Caiette,& Tarente:& par ce moyen ledit Roy Ferrand les deuoit enuoyer en Prouence par mer,leurs bagues sauues:lesquelles ne valoient gueres.Ledit Roy Ferrand,les feit tous mener à Naples : & estoient cinq ou six mille personnes ou plus. . Si deshonneste appointement n'a esté fait de nostre temps:& n'en ay leu de semblable, fors celuy qui fut fait par deux Consuls Romains (comme dit Titus Liuius auec les Samnitiens (qu'on veut dire estre ceux de *Beneuent*)en vn lieu appellé lors les * Furques Caudines, (qui est certain païs de montaignes)lequel appointement les Romains ne voulurent tenir:& renuoyerent prisonniers les deux Consuls aux ennemis.

Quand nos gens eussent combatu, & perdu la bataille , ils n'eussent point perdu tant de morts: car les deux parts des nostres y moururent par famine ou peste, dedans les nauires en l'Isle de Prusse; où ils furent enuoyez depuis par ledit Roy Ferrand : & mesmes y mourut monsieur de Montpensier (aucuns disent de poison , & autres de fieures : ce que ie croy mieux) & ne croy point que de tout ce nóbre reuint iamais quinze cés personnes, car des Suisses,(qui estoiét bien treize cens)n'en reuint point plus de trois cens cinquáte, tous malades : lesquels doiuent estre loüez de loyauté : car iamais ne voulurent prendre le party du Roy Ferrand:& eussent auant enduré la mort:comme plusieurs feirent audit lieu de Prusse,tant de chaleur & de maladie, comme de faim:car on les tint en ces nauires,par long temps,en si grande extremité de viures, qu'il n'est possible de le croire. Ie vey reuenir ceux qui en reuindrent,& par especial les Suisses,qui rapporterét toutes leurs enseignes,& monstroient bien , à leurs visages, qu'ils auoient beaucoup souffert : & tous estoient malades:&, quand ils partirent des nauires,pour vn peu prédre l'air, on leur haussoit les pieds. Ledit Seigneur Virgile s'en pouuoit bien aller en ses terres, par ledit appointemét,& son fils,& tous les Italiens qui seruoiét le Roy:toutesfois ils le retindrent, & sondit fils legitime aussi: car il n'en auoit qu'vn.Bien auoit vn Bastard,homme de bien,appellé le Seigneur Carlo.Plusieurs Italiens,dé leur compagnie, le destrousserét en s'en allant. Si ceste maladuenture ne fust tombee que sus ceux qui auoient fait ledit appointement, on ne les deuoit point plaindre.

Tost apres que ledit Roy Ferrand eut receu cet hóneur,dont i'ay parlé dessus,& que de nouueau auoit esté marié auec la fille de son grand pere le Roy Ferrand(qu'il auoit euë dé la sœur du Roy de Castille , de present regnant:& si estoit sœur du Roy Alphonse son propre pere, estant ieune fille de 13. ou 14.ans)il print vne fieure continuë, dont en peu de iours mourut, & vint la possessió du royaume au Roy Federic(qui de present le tiét) oncle dudit Ferrand.Ce me semble horreur de parler d'vn tel mariage,dót en ont fait ja plusieurs en ceste maison, de fresche memoire, comme depuis trente ans en ça.

Ladite mort fut tost apres ledit appointement,qui fut fait en la ville d'Atelle, l'an mil quatre cens quatre vingts & seize. Ledit Roy Dom Ferrand (quand il viuoit) & ledit Dó Federic, depuis qu'il fut Roy, s'excusoiét sur ce que mósieur

fieur de Montpenfier ne faifoit point rendre lefdites places qu'il auoit promifes, en faifant ledit traicté:car Caiette,& autres n'eftoiét point en fa main:
& combien qu'il fuft Lieutenant du Roy,fi n'eftoient point tenus ceux, qui
tenoiét les places pour le Roy,de les rédre par fon cómádement, cóbien que
le Roy n'y euft gueres perdu:car elles coufterét beaucoup depuis à garder &
auitaller:& fi fe perdirét:& ne péfe métir(car i'eftoye prefent à voir depefcher
trois ou quatre fois ceux qui allerent pour auitailler & fecourit les chafteaux
deNaples,& vn coup,& apres iufques à trois,pour auitailler Caiette)que ces
quatrevoyages coufterét pl⁹ de trois cés milleFrács,& fi furét voyages perd⁹.

Chafteaux
de Naples
cherement
auitaillez, &
perdus.

Comment quelques pratiques menees en faueur du Roy,par aucuns Seigneurs d'Italie, tant
pour Naples que pour dechaffer le Duc de Milan,furét rompues par faute d'y enuoyer,
& comment vne autre entreprife,contre Gennes,ne peut auffi venir à bon effect.
CHAPITRE XV.

Epuis le retour du Roy dudit voyage de Naples, cómme dit eft,il fe
tint à Lyon long temps,à faireTournois & jouftes,defirát toufiours
ne perdre point fes places,dont i'ay parlé:& ne luy chaloit qu'il luy
couftaft:mais aucune peine ne vouloit prendre pour entendre à fon affaire.
Pratiques luy venoient affez d'Italie, & de grádes, &feures ,pour le Royaume de France,qui eft fort de gens,& a largement bleds en Prouence & Languedoc,& autres pays pour y enuoyer argent:mais,à vn autre Prince, que le
Roy de France , feroit toufiours fe mettre à l'hofpital de vouloir *entendre
au feruice des Italiens,& à leurs entreprinfes & fecours,car toufiours y met-
tra ce qu'il aura,& n'acheuera point:car ceux-là ne feruent point fans argent:
& auffi ils ne pourroient , fi ce n'eftoit vn Duc de Milan , ou vne des plus
grandes Seigneuries:mais vn pauure Capitaine(encores qu'il euft bonne affection de feruir vn Prince de la maifon de France, qui pretendift raifon au
royaume de Naples , ou vn autre pretendant droict à la Duché de Milan)
quelque loyauté qu'il tinft,fi ne le vous fçauroit-il feruir gueres longuemét,
apres le payement failly:car fes gens le laifferoient,& le pauureCapitaine auroit perdu fon vaillant:car la plufpart n'ont rien que le credit que leur donnent leurs Gens-d'armes:lefquels font payez de leur Capitaine,& luy fe faict
payer de celuy qu'il fert:& ne fçauroit-on demander en Italie que la partia-
lité.Mais,pour fçauoir quelles ont efté ces pratiques,que i'ay dictes,fi grandes furent qu'elles commencerent auant que Caiette fuft perduë, & durerent encores depuis,deux ans apres le retour du Roy,quand le Duc deMilan
ne tenoit chofes qu'il euft promifes. Ce qu'il ne faifoit point du tout par
tromperie,ne malueillance : mais en partie de crainte : car il craignoit, fi le
Roy eftoit fi grand,qu'il ne le défift.Apres il eftimoit auffi leRoy eftre de peu
de tenuë & feureté.Il fut entrepris finalement que le Duc d'Orleans iroit
en Aft,auec vn nombre de gens,bon & grand:& le vey preft à partir:& tout
fon train partir. Nous eftions affeurez du Duc de Ferrare,auec cinq cens
Hommes-d'armes, & deux mille Hommes-de-pied,cóbien qu'il fuft beau-
pere du Duc de Milá:car il le faifoit pour s'ofter du peril où il fe voyoit eftre
entre les Venitiens & le Duc:pource que pieça (comme a efté autresfois veu

Seruice des
Italiens dã
defpenfe in-
fuportable.

* s'attédre
poffible.

deſſus) leſdits Venitiens luy auoient oſté le Poleſan, & ne demãdoient que
ſa deſtruction. Il euſt preferé ſa ſeureté,& de ſes enfans,à l'amitié de ſon gendre:& par aduenture luy ſembloit que ledit Duc s'appointeroit auecques le
Roy,quand il ſe verroit en ceſte crainte. Le ſemblable euſt fait, par ſa main,
le Marquis de Mantouë,qui n'agueres eſtoit Capitaine des Venitiens,& encores eſtoit,mais en ſuſpition d'eux: & luy mal content d'eux, ſeiournoit a-
uec ſon beau-pere le Duc de Ferrare, auec trois cens Hommes-d'armes: & ſi
auoit pour femme, & a encores, la ſœur de la Ducheſſe de Milan, & fille du
Duc de Ferrare. Meſſire Iean de Bentiuolle(qui gouuerne Boulongne, & eſt
comme Seigneur)euſt fourny cent cinquante Hommes-d'armes,& deux de
ſes fils,qui auoient Gens-d'armes, & de bonnes Gens-de-pied , & ſi eſt aſſis
en lieu où il pouuoit bien ſeruir contre le Duc de Milan. Florentins, qui ſe
voyoient deſtruicts, ſi par quelque grand inconuenient ne ſe reſouldoient,
de paour d'eſtre deſſaiſis de Piſe & autres places dont il a eſté parlé, fournif-
ſoient huict cens Hommes-d'armes,& cinq mille de pied:& cela à leurs deſpens : & auoient prouiſion de leurs payemens pour ſix mois. Les Vrſins,&
auſſi le Prefect de Rome,frere du Cardinal de Sainct-Pietre-ad-vincula,dõt
pluſieurs fois a eſté parlé(car ils eſtoient à la ſoulde du Roy) euſſent bié amené mille Hommes-d'armes: mais entendez que la ſuite de leurs Hommes-
d'armes n'eſt pas telle que celle des noſtres,qui ont Archers:mais la ſoulde eſt
aſſez pareille. Car vn Homme-d'armes, bien payé, couſte cent Ducats l'an,
& il nous faut le double pour les Archers. Ces gens ſouldoyez faloit bien
payer, mais aux Florentins rien. Quant au Duc de Ferrare & au Marquis de
Mantouë,& à Bentiuolle,ils parloient ſeulement de leurs deſpens,car ils pretendoient gaing de terres,aux deſpens du Duc de Milan : &,s'il ſe fuſt trouué ſoudainement aſſailly de ce qu'euſt mené le Duc d'Orleans,& de tous
ceux que i'ay nommez, ceux qui ſe fuſſent ſceu mettre en ordre,pour le de-
fendre(comme les Venitiens)n'euſſent eſté preſts, à moins de quatre vingts
mille eſcus,deuant qu'il euſt eſté cõtraint de ſe tourner du coſté du Roy (qui
euſt tenu tous ces Italiens aux champs long temps.) Et, de faict le Duc de
Milan gaigné,le Royaume de Naples ſe recouuroit de ſoy-meſme.

La faute d'eſprouuer celle belle aduenture,vint de ce que ledit Duc d'Orleans mua de propos:combien qu'on entendoit qu'il deuſt partir du ſoir au
matin,parce qu'il auoit enuoyé deuant toutes choſes qui ſeruoient à ſa perſonne,& ne reſtoit que luy à partir,& l'armee preſte & payee:car en Aſt auoit
huict cens-hommes d'armes François, & bien ſix mille Hommes-de-pied,
dont y en auoit quatre cens Suiſſes. Ledit Duc d'Orleans, ayant ainſi mué
propos, requit au Roy,par deux fois,qu'il luy pleuſt mettre ceſte matiere au
Conſeil. Ce qui fut faict, par deux fois: & m'y trouuay preſent à toutes les
deux fois:& fut conclu,ſans vne voix au contraire(& ſi y auoit touſiours dix
ou douze perſonnes pour le moins) qu'il y deuoit aller, veu qu'on auoit aſſeuré tous les amis en Italie, qui deſſus ſont nommez:leſquels ja auoient fait
groſſe deſpenſe,& ſe tenoient preſts.Lors dit ledit Duc d'Orleans(qui eſtoit

de quelcun conſeillé,ou fuyoit ſon partement,parce qu'il voyoit le Roy aſſez
mal diſpoſé de ſa ſanté, dont il deuoit eſtre propre heritier s'il venoit à mourir) qu'il ne partiroit point pour y aller,pour ſa propre querelle, mais que
treſ-volontiers

tres-volontiers iroit comme Lieutenant du Roy, & par son commandement, & ainsi finit ce conseil. Le lendemain, & plusieurs autres iours a-
pres, presserent fort les Ambassadeurs Florentins, & plusieurs autres, le Roy,
pour faire partir ledit Duc d'Orleans: mais le Roy respondit qu'il ne l'enuoie-
roit iamais à la guerre par force. Parquoy ce voyage fut ainsi rompu : & en
desplaisoit au Roy, qui en auoit fait grand' despense, & auoit grande esperance de se venger du Duc de Milan, veu lesdites intelligences, & nouuelles,
qu'il pouuoit auoir euës à l'heure, d'autres intelligences qu'auoit messire Ieã-
Iaques de Treuoul, qui estoit Lieutenant general pour le Roy & pour le Duc
d'Orleans, & natif de ceux de Milan, & fort aimé & apparenté en ladite Duché de Milan, où auoit largement gens qui auoient bonne intelligence auec
luy, tant de ses parens comme d'autres.

Faillie ceste entreprise, en suruint tost vne autre, voire deux, ou trois, à
vn coup, de Gennes : là où ils sont enclins à toutes mutations. L'vne se dressoit par messire *Baptiste* de Campefourgouse, qui estoit vn grand Chef entre ces partialitez de Gennes : mais il en estoit banny, & n'y pouuoit sa partialité rien, ne ceux d'Orie, qui sont Gentils-hommes, & ceux de Fourgouse
non. Lesdits d'Orie sont partisans desdits Fourgouses : & ne peuuent estre
Ducs, à cause qu'ils sont Gentils-hommes : car vn Gentil-homme ne le peut
estre; & ledit messire Baptiste l'auoit esté, n'y auoit gueres, & auoit esté trompé par son oncle le Cardinal de Gennes : & cestuy-là auoit mis la Seigneurie
de Gennes en la main du Duc de Milan (il n'y a pas encores fort long temps)
& gouuernoient à Gennes les Adornes, qui aussi ne sont point Gentils-hõ-
mes: mais souuent ont esté Ducs de Gennes, aidez par les Spinoles, qui sont
aussi Gentils-hõmes: & ainsi les Nobles font bié vn Duc à Gennes: mais ils ne
le peuuent estre. Ledit messire Baptiste esperoit mettre en armes sa partialité,
tant en la cité, qu'aux champs, & que la Seigneurie seroit au Roy, & que luy
& les siens gouuerneroient & chasseroiét les autres dehors. L'autre entreprinse estoit que plusieurs personnes de Sauonne s'estoient addressez au Cardinal Sainct-Pierre-ad-vincula, asseurant de luy pouuoir bailler ladite ville
de Sauonne, esperant estre en liberté : car elle est sous la ville de Gennes , &
payent les gabelles. Qui eust peu auoir ce lieu , Gennes eust esté fort à destroict : veu que le Roy tient le païs de Prouence, & que Sauoye est à son cõmandement. Pour toutes ces nouuelles manda le Roy à messire Iean-Iaques
de Treuoul, qu'il fist espaule audit messire *Baptiste* de Campefourgouse, &
prestast des gens pour le conduire iusques aux portes de Gennes , pour voir
si partialité se pourroit leuer. D'autre costé fut empressé du Cardinal Sainct-
Pierre-ad-vincula, qui fit tant que le Roy escriuit aussi, audit messire Iean-
Iaques, qu'il enuoyast des gens auec ledit Cardinal, pour le conduire iusques
à Sauonne; & le luy mandoit de bouche, par le Seigneur de * Seruon en Pro-
uence, amy dudit Cardinal, & tres-hardy parleur. Ledit Roy mandoit audit messire Iean-Iaques qu'il se mist en lieu , où il peust faire espaule aux
deux bandes, & qu'il n'entreprint rien sus le Duc de Milan, ne contre la paix
qu'on auoit faite, la saison deuant ; auecques ledict Duc, comme l'on a peu
voir ailleurs. Or estoient ces commandemens bien differens : & ainsi se des-
peschent les affaires des grands Princes, quand ils n'y sont point presens, &

E E

qu’ils font foudains à commander lettres, & expedier gens, fans bien ouyr
debatre deuant les expeditions de fi groffes entreprifes. Or entendez, quant
à ce que demandoit ledit meffire Baptifte de Campefourgoufe, & à ce que
cherchoit ledit Cardinal, que c’eftoit chofe impofsible de fournir aux deux,
à vn coup:car d’aller iufques aux murs de Gennes, fans grand nóbre de gens,
il ne fe pouuoit faire:car il y a grand peuple dedans, hardis, bié armez, & vaillans gens: & en baillant aufsi compagnie au Cardinal, l’armee eftoit departie
en trois (car il falloit qu’il en demeuraft audit meffire Iean-Iacques) & fi arriuerent à Gennes, & à Sauonne, beaucoup de gens que le Duc de Milan y a-
uoit enuoyez, & les Venitiens qui tous auoient bien grand peur que Gennes
tournaft: & fi auoit Dom Federic & le Pape.

Or meffire Iean-Iacques auoit eu vne tierce entreprinfe en fon cœur: car
il euft voulu tout droict tirer contre le Duc de Milan, & laiffer les autres entreprinfes:&, qui l’euft laiffé faire, il euft fait grandes chofes:& cómença. Car,
foubs couleur d’efcrire au Roy qu’il ne pouuoit autrement garder de dómage ceux qui iroient à Gennes, ou à Sauonne, il f’en alla mettre fur le grand
chemin, par où l’on pouuoit venir d’Alexandrie vers Gennes (car par ailleurs
que par ce chemin, ne pouuoit le Duc de Milan enuoyer gés, pour courir fus
aux noftres) & print ledit mefsire Iean-Iacques trois ou quatre petites villes,
qu’ils luy ouurirent: & difoit ne faire point de guerre audit Duc pour cela:
(veu qu’il eftoit neceffaire qu’il fy mift) & aufsi que le Roy n’entendoit point
faire guerre audit Duc, pour auoir Gennes ou Sauonne, f’il euft peu: difant
qu’ils font tenus de luy, & qu’ils auoient forfait. Pour fatisfaire au Cardinal,
ledit meffire Iean-Iacques luy bailla partie de l’armee, pour aller à Sauonne.
Il trouua la place garnie, & fon entreprinfe rópuë, & f’en reuint. On en bailla
d’autres audit meffire Baptifte, pour aller à Gennes, f’affeurant fort de ne faillir point. Quand il eut fait trois ou quatre lieuës, ceux, qui alloient en fa compagnie, entrerent en aucunes doutes de luy, tát Allemans que François. Toutesfois c’eftoit à tort:mais leur compagnie (qui n’eftoit pas grande) fe fuft mife en danger d’y aller, fi la partialité ne fe fuft leuee: & ainfi faillirent toutes ces
entreprinfes:& eftoit ia fort le Duc de Milan(qui auoit efté en grand peril, fi
on euft laiffé faire le Seigneur Iean-Iaques) & luy eftoiét venus beaucoup de
gens des Venitiens. Noftre armee fe retira, & donna l’on cógé aux Gens-de-
pied, & furent laiffées ces petites villes, qu’on auoit prinfes, & ceffa la guerre à
peu de proffit pour le Roy:car fort grand argent fy eftoit defpendu.

De quelques diffentions d’entre le Roy Charles, & Ferrand de Caftille, & des Ambaffadeurs enuoyez de l’vn à l’autre, pour les appaifer.

CHAPITRE XVI.

Epuis le commancement de l’an 1496. que ja le Roy eftoit deçà les
monts, trois ou quatre mois auoit, iufques en l’an 1498. ne feit le Roy
autre chofe en Italie, & me trouuay tout ce temps auec luy: & eftoye
prefent à la plufpart des chofes: & alloit le Roy de Lyon à Moulins, & de
Moulins à Tours, & par tout faifoit des Tournois & des jouftes, & ne penfoit à autres chofes. Ceux qui auoient plus de credit à l’entour de luy, eftoient

tant diuifez que plus ne pouuoient. Les vns vouloiét que l'entreprife d'Italie *Diuifions du côfeil du Roy Charles.* continuaft,(c'eftoient le Cardinal & le Senefchal) voyans leur profit & au-thorité en la continuant:& paffoit tout par eux. D'autre cofté eftoit l'Admi-ral, qui auoit eu toute l'authorité auec le ieune Roy, auant ce voyage. Ce-ftuy-là vouloit que ces entreprifes demouraffét de tous poinéts : & y voyoit fon profit, & moyen de retourner à fa premiere authorité, & les autres la perdre : & ainfi pafferent les chofes vn an & demy ou enuiron.

Durant ce temps alloient Ambaffadeurs deuers le Roy, & Royne de Ca- *Virgile eft de ceux là au 3. liure des E-neid.* ftille:car fort defiroit le Roy d'appaifer ce bout, qui eftoit en guerre:& eftoiét forts par mer & par terre:& combien que par la terre feiffent peu d'exploiét, par mer auoient fort aidé au Roy Ferrand & Federic: car le païs de Cecile eft voyfin au royaume de Naples, d'vne lieuë & demie, à l'endroit de Reges en Calabre:& aucuns veulent dire qu'autresfois fut toute terre:mais que la mer a fait cefte ouuerture,que l'on appelle de prefent le Far de Meffine: & de Ce-cile,dont le Roy & Royne de Caftille eftoient Seigneurs, viennét grands fe-cours à Naples,tant de Carauelles,qu'ils auoient enuoyé d'Efpaigne, que de gens:& en Cecile mefme fe trouua quelque nombre d'hommes d'armes,qui eftoient paffez en Calabre, auec vne quantité de Genetaires : & faifoient la guerre à ceux qui eftoient là pour le Roy. Leurs nauires eftoient fans ceffe a-uec ceux qui eftoient de la ligue : & ainfi,quand tout eftoit affemblé, le Roy eftoit de beaucoup trop foible par la mer. Par ailleurs fit le Roy de Caftille peu de dommage au Roy. Vray eft que grand nombre de gens de cheual en-trerent en Languedoc,& y firent du pillage,& coucherent audit païs,& y en eut plufieurs qui furent fur ledit païs deux ou trois,ou quatre iours,mais au-tre exploit ne firent-ils. Môfeigneur de Sainét-André de Bourbonnois eftoit à cefte frontiere,pour môfeigneur le Duc de Bourbon, gouuerneur de Lan-guedoc. Celui-là entreprint de prendre Sauffes,vne petite ville, qui eftoit en Rouffillon:car de là ils faifoiét la guerre au Roy,deux ans deuât,& leur auoit *Rouffillon rê-du par le Roy Charles.* le Roy rendu ledit païs de Rouffillon,où eft affis le païs de Parpignan : & ce-fte petite ville eft du païs. L'entreprinfe eftoit grâde : par ce qu'il y auoit lar-gemét gens felon le lieu, & des Gentils-hômes de la maifon du Roy de Ca-ftille mefme,& leur armee aux camps, logee à vne lieuë pres,qui eftoit plus groffe que la noftre: toutefois ledit Seigneur de Sainét-André conduifit fon entreprife fi fagement,& fi fecrettement,qu'en dix heures il print ladite pla-ce(comme ie vey)par affaut, & y mourut trente ou quarante Gentils-hômes d'eftime,Efpagnols:& entre les autres,le fils de l'Archeuefque de Sainét-Iac- *Artillerie de France paffe toutes les au-tres.* ques,& trois ou quatre cens autres hommes,lefquels ne s'attendoient point que fi toft on les deuft prendre,car ils n'entendoient point quel exploit fai-foit noftre artillerie,qui à la verité paffe toutes les artilleries du monde.

Voilà tout l'exploiét, qui fut faiét entre ces deux Rois : mais ce fut honte & defcry au Roy de Caftille,veu que fon armee eftoit fi groffe : mais, quand Noftre feigneur veut commencer à punir les gens,il leur aduient volontiers de telles petites douleurs au cômencement:car il en aduint bien de plus grâ- *Rois de Ca-ftille ayans tort du Roy.* des audit Roy & Roine toft apres:& fi feit-il à nous. Grand tort auoiét lefdits Roy & Roine d'ainfi feftre pariurez enuers le Roy, apres cefte grand' bonté qu'il leur auoit faite, de leur auoir rendu ledit païs de Rouffillon , qui tant auoit cousté à reparer, & garder, à son pere, lequel l'auoit en gage pour trois cens mille escus, qu'il leur quitta : & fit tout cecy, afin qu'ils ne l'empeschassent point à la conqueste qu'il esperoit faire dudit royaume de Naples: & referirent les anciennes alliances de Castille (qui sont de Roy à Roy, de royaume à royaume, & d'homme à homme de leurs subiects) & ils promirent de ne l'empescher point à ladite conqueste, & de ne marier aucunes de leurs filles en ladite maison de Naples, d'Angleterre, ne de Fládres : & ceste estroite offre de mariage, vint de leur costé : & en fit l'ouuerture vn Cordelier, appellé Fr. Iean de Mauleon, de par la Roine de Castille: &, dés qu'ils veirét la guerre æncommencee, & le Roy à Rome, ils enuoyerent leurs Ambassadeurs par tout, pour faire alliáces contre le Roy, & mesmes à Venise, où i'estoye: & là se fit la ligue (dont i'ay tant parlé) du Pape, du Roy des Romains, d'eux, de la Seigneurie de Venise, & du Duc de Milan : & incontinét commencerent la guerre au Roy, disans que telle obligatió n'estoit point de tenir: c'est à sçauoir de ne pouuoir marier leurs filles (dont ils en auoient quatre & vn fils) à ces Rois dont i'ay parlé : & d'eux mesmes estoit venuë ceste ouuerture, comme auez veu.

Or, pour retourner à mon propos, quand toutes ces guerres d'Italie furét faillies, & que le Roy ne tenoit plus que Caiette audit Royaume de Naples: (car encores la tenoit il, quád les pratiques de paix cómencerent entre lesdits Rois : mais tost apres fut perduë) & aussi ne se faisoit plus aucune guerre du costé de Roussillon, mais gardoit chacun le sien, ils enuoyerent vers le Roy Charles, vn Gentil-homme, & dés Religieux de Montferrat: car toutes leurs œuures ont fait mener & conduire, par telles gens, ou par hypocrisie, ou à fin de moins despédre: car ce frere Iean de Mauleon, Cordelier, dont a esté parlé, mena le traicté de faire rendre Roussillon. Ces Ambassadeurs, dont i'ay parlé, prierét au Roy, d'entree, qu'il luy pleust iamais n'auoir souuenáce du tort que lesdits Roy & Roine luy tenoient (on nomme tousiours la Roine: parce que Castille est de son costé: & aussi elle en auoit la principale autorité: & a esté vn fort honorable mariage, que le leur.) Apres cómençoient vne trefue, y cópretnant toute leur ligue, & que le Roy demeurast en possessió de Caiette, & autres pieces, qu'il auoit audit Royaume de Naples, & qu'il les pourroit auitailler à son plaisir durant la trefue : & que l'on print vne iournée, où se trouueroiét Ambassadeurs de toute la ligue pour traicter paix, qui voudroit: & apres vouloiét continuer lesdits Rois leur cóqueste, ou entreprinse, sur les Maures, & passer la mer qui est entre Grenade & Afrique, dont la terre du Roy de Fesse leur estoit la plus prochaine: toutesfois aucús ont voulu dire que leur vouloir n'y estoit point, & qu'ils se contenteroient de ce qu'ils auoient fait: qui est d'auoir conquis le royaume de Grenade, qui à la verité, a esté vne belle & grande conqueste, & la plus belle qui ait esté de nostre temps, & que iamais leurs predecesseurs ne sceurent faire : & voudroye, pour l'amour d'eux, que iamais n'eussent entendu à autre chose, & tenu à nostre Roy ce qu'ils luy auoient promis. Le Roy renuoya, auec ses deux Ambassadeurs, le Seigneur de Clerieux, du Dauphiné : & taschoit le Roy de faire paix ou trefue auec eux, sans y comprendre la ligue : mais toutesfois, s'il eust accepté leurdit offre, il eust sauué Caiette, qui estoit assez bien suffisante pour recouurer le Royaume de Naples, veu les amis que le Roy y auoit. Quád ledit de Clerieux reuint,

reuint, il apporta pratique nouuelle : & ja eſtoit perduë Caiette, auant qu'il
fuſt en Caſtille. Ceſte nouuelle ouuerture fut que le Roy & eux retournaſſēt
en leur premiere & ancienne amitié, & qu'eux deux, à butin, entreprinſſent
toute la conqueſte d'Italie, & à communs deſpens, & que les deux Rois y
fuſſent enſemble : mais premierement vouloient la trefue generale, où toute
la ligue fuſt compriſe, & qu'vne iournee ſe tint en Piedemont, où chacun
pourroit enuoyer Ambaſſadeurs : car honneſtement ils ſe vouloient departir de ladite ligue. Toute ceſte ouuerture, à mon aduis, & ainſi qu'on m'a depuis donné à entendre, n'eſtoit que diſſimulation, & pour gaigner temps, &
pour laiſſer repoſer ce Roy Ferrand, quand encores viuoit, & Dom Federic
nouuellement entré en ce Royaume : toutesfois ils euſſent bien voulu ledit Diſſimulatiö du Roy de Caſtille pour amuſer le Roy Charles.
Royaume leur : car ils y auoient meilleur droict que ceux qui l'ont poſſe-
dé : mais la maiſon d'Anjou, dont le Roy a le droict, doit aller deuant : mais à
la nature dont il eſt, & aux gens qui y habitent, il me ſemble qu'il eſt à celuy
qui le peut poſſeder : car ils ne veulent que mutation. Depuis y retourna ledit Naples aime mutation.
Seigneur de Clerieux, & vn, appellé Michel de Grammont, ſur aucunes ou-
uertures. Ledit de Clerieux portoit quelque peu d'affection à ceſte maiſon
d'Arragon : & eſperoit auoir le Marquiſat de Cotron, qui eſt en Calabre, que
ledit Roy d'Eſpaigne tient, de ceſte conqueſte derniere, que ſes gens firent
audit païs de Calabre : & ledit de Clerieux le pretend ſien : & eſt homme bon,
& qui aiſément croit, & par eſpecial tels perſonnages. A la deuxieſme fois
qu'il reuint, il amena vn Ambaſſadeur deſdits Rois : & rapporta ledit de Cle-
rieux, qu'ils ſe contenteroiét d'auoir ce qui eſt le plus prochain de Cecile, qui Clerieux Dauphinois croit aiſémēt
eſt Calabre, pour ledit droict qu'ils pretendoient audit Royaume de Naples,
& que le Roy print le reſte : & qu'en perſonne viédroit ledit Roy de Caſtille
en ladite conqueſte, & payeroit autāt de la deſpenſe de l'armee cōme le Roy :
& ia tenoit, & tient quatre ou cinq places fortes en Calabre : dont Cotron eſt
l'vne, qui eſt cité bóne & forte. Ie fu preſent au rapport : & à pluſieurs ſembla
que ce n'eſtoit qu'abus, & qu'il faloit là enuoyer quelcun bien entendu, &
qu'il ioigniſt ceſte pratique de plus pres, parquoy fut ioinct, auec les pre-
miers, le Seigneur du *Bouchage*, homme bien ſage, & qui auoit eu grand cre- Seigneur du Bouchage homme bien entendu en-uoyé en Eſpa-gne.
dit auec le Roy Louis, & encores de preſét auec le Roy Charles, fils dudit feu
Roy Louis. L'Ambaſſadeur, que ledit de Clerieux auoit amené, ne voulut iamais confermer ce que ledit de Clerieux diſoit : mais diſoit qu'il croyoit que
ledit de Clerieux ne le diroit pas, ſi ſes Seigneurs ne luy euſſent dit, *qui con- *C'eſt à dire faiſoit croi-re qu'il y euſt de l'a-bus.
firmoit l'abuſion : & aucun ne póuuoit croire que le Roy de Caſtille y vinſt
en perſonne, ne qu'il voulſiſt, ou y peuſt autant deſpendre que le Roy.

Apres que ledit Seigneur du *Bouchage*, de Clerieux, & Michel de Grammont, & autres furét venus deuers leſdits Roy & Royne de Caſtille, ils les firent loger en vn lieu où perſonne ne cōmuniquoit auec eux : & auoient gens
qui y prenoient garde : & leſdits Roy & Roine parlerét auec eux, par trois fois :
mais, quand ce vint que ledit du Bouchage leur dit ce qu'auoit rapporté ledit
de Clerieux, & ledit Michel de Grammont, ils firent reſponſe qu'ils en a-
uoient bien parlé par forme de deuis, mais non point autrement, & que tres-
volontiers ſe meſleroient de ladite paix, & de la faire à l'honneur du Roy, Clerieux deſaduoué en preſence.
& à ſon profit. Ledit de Clerieux fut bien mal content de ceſte reſponſe,

& non sans cauſe,& souſtint deuant eux, preſent ledit Seigneur du Bouchage, qu'ainſi luy auoient dit. Lors fut conclu,par ledict Seigneur du Bouchage,& ſes compagnons,vne trefue,à deux mois de deſdit,ſans y comprendre
la ligue:mais bien y comprenoient ceux qui auoiét eſpouſé leurs filles , & les
peres de leurs gendres : c'eſt à ſçauoir les Rois des Romains & d'Angleterre:
car le Prince de Galles eſtoit bien ieune. Ils auoient quatre filles,& l'aiſnee
eſtoit veſue,& auoit eſpouſé le fils du Roy de Portugal, dernier treſpaſſé:le-
quel ſe rompit le col,deuant elle, en paſſant vne carriere, ſus vn Genet, trois
mois apres qu'il l'eut eſpouſée. Ils en ont encores vne à marier. Si toſt que
fut arriué ledit du Bouchage, & eut fait ſon rapport,cognut le Roy qu'il a-
uoit bien fait d'y auoir enuoyé ledit du Bouchage,& qu'au moins il eſtoit aſſeuré de ce dont il eſtoit en doute:& luy ſembloit bien que ledit de Clerieux
auoit creu trop de leger.Outre luy dit ledit duBouchage qu'autre choſe n'a-
uoit peu faire que ladite trefue, & qu'il eſtoit au chois du Roy de l'arreſter
ou refuſer. Le Roy l'arreſta, & auſſi elle eſtoit bonne : veu que c'eſtoit ſepa-
ration de ceſte ligue, qui tant l'auoit deſtourbé en ſes affaires, & qu'aucune
maniere n'auoit ſceu trouuer de la departir, & ſi l'auoit par toutes voyes eſſayé. Encores luy diſt ledit du Bouchage qu'apres luy venoiét Ambaſſadeurs
deuers le Roy:& que leſdits Roy & Roine luy auoient dit, à ſon partement,
qu'ils auroient pouuoir de conclure vne bien bonne paix , & auſſi diſt ledit
du Bouchage qu'il auoit laiſſé malade le Prince de Caſtille,leur ſeul fils.

*Diſcours ſur les fortunes qui aduindrent à la maiſon de Caſtille , au temps du
Seigneur d'Argenton.* CHAPITRE XVII.

DIx ou douze iours apres l'arriuee dudit duBouchage& ſes cópagnós,
vint lettres,audit du Bouchage, d'vn des Heraux du Roy, qu'il auoit
laiſſé là,pour conduire ladite Ambaſſade qui deuoit venir:& diſoient
ces lettres qu'il ne ſ'eſbahiſt point , ſi leſdits Ambaſſadeurs eſtoient retardez
par aucuns iours : car c'eſtoit pour le treſpas du Prince de Caſtille (car ainſi
les appellent) dont les Roy & Royne faiſoient ſi merueilleux dueil, qu'on
ne ſçauroit croire : & par eſpecial la Roine , de qui on eſperoit auſſi toſt la
mort que la vie. Et , à la verité, ie n'ouy iamais parler de plus grand dueil
que celuy qui en a eſté fait par tous leurs Royaumes:car toutes gens de meſtier ont ceſſé quarante iours (comme leurs Ambaſſadeurs me dirent de tout
homme eſtant veſtu de noir, de ces gros büreaux : & les Nobles,& les gens
de bien chargeoient leurs mulets couuerts iuſques aux genoux dudit drap,
& ne leur paroiſſoit que les yeux : & bannieres noires eſtoient par tout ſur
les portes des villes.Quand Madame Marguerite,fille du Roy des Romains,
ſœur de monſieur l'Archeduc d'Auſtriche, & femme dudit Prince, ſceut
ceſte douloureuſe nouuelle , eſtant groſſe de ſix mois, accoucha d'vne fille
toute morte. Quelles piteuſes nouuelles en ceſte maiſon?qui tát auoit receu
de gloire & d'honneur?&qui plus poſſedoit de terre, que ne fit iamais Prince en la Chreſtienté, venant de ſucceſſion ? & puis auoir fait ceſte belle conqueſte de Grenade ? & fait partir vn Roy, tant honoré par tout le monde,
hors d'Italie,& faillir à ſon entrepriſe ? ce qu'ils eſtimoiét à grande choſe : &
le Pape

le Pape mefme: qui fous l'ombre de la conquefte de Grenade, leur auoit voulu attribuer le nom de Tres-chreftien, & l'ofter au Roy de Fráce: & plufieurs
fois leur auoit efcrit ainfi, au deffus de leurs Briefs, qu'il leur enuoyoit: &,
parce qu'aucuns Cardinaux contredifoiét à ce tiltre, leur en donna vn autre,
en les appellát Trefcatholiques: & ainfi leur efcrit encores: & eft à croire que
ce nom leur demeurera à Rome. Quelles douleurs dont receurét-ils de cefte
mort, quád ils auoiét mis leur Royaume en toute obeiffance & iuftice; & lors
qu'il fembloit que Dieu & le móde les vouluft plus honorer que tous les autres Princes viuans: & qu'ils eftoiét en bonne profperité de leurs perfonnes?

Le Pape veut transporter le nom de Tres-Chreftien au Roy d'Efpaigne.

Rois d'Efpaigne nommez par le Pape Tres-catholiques.

Encores ne furent ils point quittes d'auoir eu telles douleurs : car leur fille aifnee (que plus ils aymoient que tout le refte de ce monde, apres leur fils
le Prince de Caftille, qu'ils auoiét perdu) eftoit contrainte à fe departir d'eux,
ayát depuis peu de iours efté efpoufee auec le Roy de Portugal, appellé Ema-
nuel, Prince ieune, & de nouueau deuenu Roy: & luy eftoit aduenuë la couróne de Portugal, par le trefpas du Roy, dernier mort: lequel cruellement fit
couper la tefte au pere de fa féme, & tua le frere d'elle, depuis, fils du deffufdit, & frere aifné de celuy qui de prefent eft Roy de Portugal, qu'il a fait viure en grande peur & crainte: & tua fon frere de fa main, en difnát auec luy,
fa femme prefente, par enuie de faire Roy vn fié baftard: &, depuis ces deux
cruautez, vefquit en grand' peur & fufpition: & toft apres ces deux exploits,
perdit fon feuls fils: qui fe rómpit le col, en courát deffus vn Genet, & paffant
vne carriere, comme i'ay dit: & fut celuy là qui fut le premier mary de cefte
Dame que ie dy: qui maintenant a efpoufé le Roy de Portugal, qui regne: &
ainfi eft retournee deux fois en Portugal, fage Dame & honnefte (ce dit on)
entre les fages Dames du monde. Or donc, pour continuer les miferables
aduentures qui aduindrent en fi peu d'efpace, ce Roy & Roine de Caftille,
qui fi glorieufement & heureufement auoient vefcu iufques enuiron en l'aage qu'ils font, de cinquáte ans tous deux (combien que la Royne auoit deux
ans d'auantage) auoient donné leur fille à ce Roy de Portugal, pour n'auoir
aucun ennemy en Efpaigne, qu'ils tiennent toute, excepté Nauarre, dont ils
font ce qu'il leur plaift: & y tiennent quatre des principales places. Auffi l'a-
uoient faict pour pacifier du doüaire de cefte Dame, & de l'argent baillé, &
pour fubuenir à aucuns Seigneurs de Portugal: car, par ce mariage, ces Seigneurs & Cheualiers (qui furent bannis du païs, quád le Roy mort fit mourir
ces deux Seigneurs dont i'ay parlé: & auoient confifqué leurs biens: & par ce
moyen la confifcation tient de prefent: combien que le cas dont ils eftoient
accufez eftoit de vouloir faire celuy, qui de prefent regne, Roy de Portugal)
font recompéfez en Caftille, du Roy de Caftille, & leurs terres font demeu-
rees à la Royne de Portugal, dont ie parle, mais, nonobftant telles confide-
rations, ces Roy & Royne de Caftille auoient grand douleur de ce mariage:
car il faut entendre, qu'il n'eft nation au monde que les Efpagnols hayent
tant que les Portugalois: & fi les mefprifent & f'en moquent. Parquoy il def-
plaifoit bien aux deffufdits d'auoir baillé leur fille à homme qui ne feroit
point agreable au Royaume de Caftille, & à autres leurs Seigneuries: &, f'ils
l'euffent eu à faire, ils ne l'euffent iamais fait, qui leur eftoit vne amere douleur: & encores vne autre plus grande, en ce qu'il faloit qu'elle fe departift

Cruauté d'vn Roy de Portugal enuers fes plus proches.

Efpagnols haiffans les Portugalois.

d'eux,toutesfois,leurs douleurs paſſees, ils ne les ont menez par toutes les principales citez de leurs Royaumes,&fait receuoir le Roy de Portugal pour Prince,& leur fille pour Princeſſe,& pour leur eſtre Rois,apres leur decez.Et vn peu de reconfort leur eſt venu , c'eſt que ladite Dame, Princeſſe de Caſtille,& Roine de Portugal, a eſté groſſe d'vn enfant bougeant : mais il leur aduint le double de leurs douleurs : & croy qu'ils euſſent voulu que Dieu les euſt oſtez du móde:car ceſte Dame, que tant ils aymoient & priſoient, mourut en accouchant de ſon enfant:& croy qu'il n'y a pas vn mois:& nous ſommes en Octobre l'an 1498. mais le fils eſt demeuré vif,au trauail duquel elle eſt morte, & a nom comme le pere,Emanuel.

Toutes ces grandes fortunes leur ſont aduenuës en trois mois d'eſpace: mais,auant le treſpas de ceſte Dame,dont ie parle , eſt aduenu en ce Royaume autre grand dueil & deſconfort:car le Roy Charles VIII.de ce nom,dót tant i'ay parlé,eſtoit treſpaſſé,cóme ie diray apres,& ſemble que Nóſtre-ſeigneur ait regardé ces deux maiſons de ſon viſage rigoureux, & qu'il ne veut point qu'vn Royaume ſe moque de l'autre, car aucune mutatió ne peut eſtre en vn Royaume,qu'elle ne ſoit bié douloureuſe pour la pluſpart:&, combié qu'aucuns y gaignent, encores en y a il cent fois plus qui y perdent : & faut changer mainte couſtume & forme de viure à celle mutation : car ce qui plaiſt à vn Roy,deſplaiſt à l'autre. Or (comme i'ay dit en vn autre endroit) qui voudroit bien regarder aux * cruelles, & ſoudaines punitions que Dieu a faictes ſur les grands Princes,depuis trente ans en ça, on y en trouueroit plus qu'en deux cens au parauant, à y comprendre France ; Caſtille, Portugal, Angleterre,le Royaume de Naples, Flandres & Bretaigne : &, qui voudroit eſcrire les cas particuliers, que tous i'ay veus, & preſque tous les perſonnages , tant hommes que femmes,on en feroit vn grand liure, & de grande admiration, & n'y en euſt-il ſeulement que ce qui eſt aduenu depuis dix ans ; &, par là, la puiſſance de Dieu deuroit eſtre bien cognuë & entenduë : & ſont les coups, qu'il donne ſur les grands,plus cruels & plus peſans, & de plus longue duree que ne ſont ceux qu'il donne ſur les petites gens. Finalement me ſemble que à tout bien conſiderer , ils n'ont gueres dauantage en ce monde plus que les autres,s'ils veulent bien voir & entendre par eux, ce qu'ils voyent aduenir à leurs voiſins, & auoir crainte que le ſemblable ne leur aduienne : car quant à eux,ils chaſtient les hommes,qui viuent ſous eux,& à leur plaiſir : & Noſtre-ſeigneur diſpoſe d'eux à ſon vouloir:car autre n'ont-ils par deſſus eux : & eſt le païs,ou Royaume,bien-heureux, quand il y a Roy,ou Seigneur, ſage, & qui craint Dieu & ſes commandemens.

Nous auons peu voir, en peu de paroles, les douleurs qu'ont receu ces deux grands & puiſſans Royaumes, en trois mois d'eſpace:qui peu au parauant eſtoient ſi enflambez l'vn contre l'autre,& tant empeſchez à ſe tourméter,& à penſer à s'accroiſtre,& n'eſtoient en rien ſaouls de ce qu'ils auoient.Ie confeſſe bien,comme i'ay dit,que touſiours en y a , en telles mutations , qui en ont ioye, & qui en amendent : mais encores, de prime face, leur eſt celle mort,aduenuë ainſi ſoudainement,fort eſpouuentable.

*Du somptueux edifice que le Roy Charles commença à bastir, peu auant sa mort : du bon
vouloir qu'il auoit de reformer l'Eglise, ses Finances, sa Iustice, & soy-mesme : &
comment il mourut soudainement, sur ce bon propos, en son chasteau d'Amboise.*

CHAPITRE XVIII.

IE veux laisser, de tous poincts, à parler des choses d'Italie, & de Castille, & retourner à parler de nos douleurs & pertes particulieres en
France, & aussi de la ioye que peuuent auoir ceux qui y ont du gain,
& parler du soudain trespas de nostre Roy Charles VIII. de ce nom : lequel
estoit en son chasteau d'Amboise, où il auoit entreprins le plus grand edifice
que cómença (cent ans a) Roy, tant au chasteau qu'à la ville : & se peut voir par
les tours, par où l'on monte à cheual, & parce qu'il auoit entreprins à la ville :
dont les patrós estoient faits de merueilleuse entreprise, & despése, & qui de
long temps n'eussent prins fin : & auoit amené de Naples plusieurs ouuriers
excellens, en plusieurs ouurages : cóme Tailleurs, & Peintres : & sembloit bié
que ce, qu'il entreprenoit, estoit entreprise de Roy ieune, & qui ne pensoit
point à la mort, mais esperoit lógue vie, car il ioignit ensemble toutes les belles choses dót on luy faisoit feste, en quelque païs qu'elles eussent esté veuës,
fust France, Italie ou Flandres : & si auoit son cœur, tousiours, de faire & accó-
plir le retour en Italie : & cófessoit bien y auoir fait des fautes largemét, & les
cóptoit : & luy sembloit, que si vne autrefois il y pouuoit retourner, & recouurer ce qu'il auoit perdu, qu'il pouruoyeroit mieux à la garde du païs qu'il n'a-
uoit fait : &, parce qu'il auoit intelligence de tous costez, pensoit bié d'y pouruoir (pour recouurer & remettre en son obeïssance le Royaume de Naples)
& d'y enuoyer quinze cens Hommes d'armes Italiens, que deuoit mener le
Marquis de Mantouë, les Vrsins, & les Vitellis, & le Prefect de Rome, frere
du Cardinal de Sainct-Pierre-ad-vincula : & monsieur d'Aubigny, qui si bien
l'auoit seruy en Calabre, s'en alloit à Floréce : & ils faisoient la moitié de ceste
despense pour six mois. On deuoit aussi premierement prendre Pise, ou, au
moins, les petites places d'alentour, & puis, tous ensemble, entrer au Royaume : dont à toutes heures venoient messagers. Le Pape Alexandre, qui regne
de present, estoit en grand' pratique, de tous points, à se renger des siens (cóme mal cótent des Venitiens) & auoit messager secret, que ie conduisi en la
chábre du Roy nostre Sire, peu auant sadite mort. Les Venitiés estoiét prests
à pratiquer contre Milan. La pratique d'Espaigne estoit telle que l'auez veuë.
Le Roy des Romains ne desiroit chose en ce monde tant que son amitié, &
qu'eux deux ensemble fissent leurs besongnes en Italie : lequel le Roy des Romains, appellé Maximilian, estoit grand ennemy des Venitiens, aussi ils tiennent grand' chose de la maison d'Austriche (dont il est) & aussi de l'Empire.

Dauantage, auoit mis le Roy de nouueau son imagination de vouloir vi-
ure selon les cómandemens de Dieu, & mettre la Iustice en bon ordre, & l'E-
glise : & aussi de ranger ses Fináces, de sorte qu'il ne leuast, sus son peuple, que
douze cens mille Francs, & par forme de taille, outre son domaine (qui estoit
la sóme que les trois Estats luy auoient accordé en la ville de Tours lors qu'il
fut Roy) & vouloit ladite somme par octroy, pour la defense du Royaume : &
quant à luy, il vouloit viure de son domaine, comme anciennement faisoient

les Rois. Ce qu'il pouuoit bien faire:car le Domaine eſt bien grand(ſil eſtoit bien conduict)cóprins les gabelles, & certaines aides : & paſſe vn million de Francs.S'il l'euſt fait,c'euſt eſté vn grand ſoulagemét pour le peuple,qui paye auiourd'huy plus de deux milliós & demy de Francs de taille. Il mettoit grád peine à reformer les abus de l'ordre de S. Benoiſt,& d'autres religions. Il approchoit de luy bonnes gens de Religion , & les oyoit parler. Il auoit bien vouloir (ſil euſt peu) qu'vn Eueſque n'euſt tenu que ſon Eueſché (ſil n'euſt eſté Cardinal,& ceſtuy-là deux)& qu'ils ſe fuſſent aller tenir ſur leurs Benefices:mais il euſt eu bien affaire à renger les gés d'Eglife.Il fit de grádes aumoſnes aux Mendians,peu de iours auant ſa mort, comme me compta ſon confeſſeur, l'Eueſque d'Angers, qui eſtoit notable Prelat. Il auoit mis ſus, vne audience publique,où il eſcoutoit tout le monde,& par eſpecial les pauures: & ſi faiſoit de bonnes expeditions , & l'y vey, huict iours auant ſon treſpas, deux bonnes heures : & oncques puis ne le vey. Il ne ſe faiſoit pas grandes expeditions à ceſte audience:mais, au moins, eſtoit-ce tenir les gens en crainte, & par eſpecial ſes Officiers : dont aucuns auoit ſuſpendus pour pillerie.

Eſtant le Roy en ceſte grand' gloire, quant au monde, & en bon vouloir, quant à Dieu,le ſeptieſme iour d'Auril, l'an mil quatre cés quatre vingts dixhuict, veille de Paſques Flories, il partit de la chambre de la Royne Anne de Bretaigne, ſa femme , & la mena auec luy, pour voir ioüer à la paulme ceux qui ioüoyent aux foſſez du Chaſteau, où il ne l'auoit iamais menee que ceſte fois:& entrerent enſemble en vne galerie (qu'on appelloit la galerie Haquelebac, parce que ceſtuy Haquelebac l'auoit eüë autrefois en garde) & eſtoit le plus deshonneſte lieu de leans: car tout le monde y piſſoit , & eſtoit rópuë à l'entree:& s'y heurta le Roy, du front, contre l'huis (combié qu'il fuſt bien petit) & puis regarda long temps les ioüeurs, & deuiſoit à tout le monde. Ie n'eſtoye point preſent:mais ſondit confeſſeur,l'Eueſque d'Angers,& ſes prochains Chambelans,le m'ont compté:car i'en eſtoye party huict iours auant, & eſtoye allé à ma maiſon. La derniere parole qu'il prononça iamais en deuiſant, en ſanté, c'eſtoit qu'il dit qu'il auoit eſperance de ne faire iamais peché mortel,ne veniel,s'il pouuoit:& en diſant ceſte parole,il cheut à l'enuers, & perdit la parole (il ne pouuoit eſtre deux heures apres midy) & demoura là iuſques à vnze heures de nuict.Trois fois luy reuint la parole: mais peu luy dura, comme me compta ledit Confeſſeur) qui deux fois ceſte ſepmaine l'auoit confeſſé. L'vne à cauſe de ceux qui venoient vers luy pour le mal des eſcroüelles.Toute perſonne entroit en ladite galerie (qui vouloit) & le trouuoit on couché ſus vne pauure paillaſſe, dont iamais il ne partit, iuſques à ce qu'il euſt rendu l'ame:& y fut neuf heures.Ledit Confeſſeur,qui touſiours y fut, me dit que , lors que la parole luy reuint, à toutes les trois fois il diſoit, Mó Dieu,& la glorieuſe Vierge Marie, móſeigneur S.Claude & móſeigneur S. Blaiſe, me ſoiét en ayde: & ainſi departit de ce monde,ſi puiſſant & ſi grád Roy,& en ſi miſerable lieu,qui tant auoit de belles maiſons, & en faiſoit vne ſi belle, & ſi ne ſceut à ce beſoing finer d'vne pauure chambre. Cóbien donc ſe peut, par ces deux exemples cy deſſus couchez, cognoiſtre la puiſſance de Dieu eſtre grande, & que c'eſt peu de choſe que de noſtre miſerable vie, qui tant nous donne de peine pour les choſes du monde:& que les Rois n'y peuuent reſiſter,non plus que les laboureurs?

Comment le sainct Homme, Frere Hieronyme, fut bruslé à Florence, par enuie qu'on eut
sur luy, tant du costé du Pape, que de plusieurs autres Florentins, & Venitiens.

CHAPITRE XIX.

'Ay dit en quelque endroit de ceste matiere d'Italie, comme il y auoit
vn Frere Prescheur, ou Iacobin, ayant demeuré à Floréce, par l'espace
de quinze ans, renómé de fort saincte vie (lequel ie vey & parlay à luy,
en l'an 1495.) appellé frere Hieronyme: qui a dit beaucoup de choses auant
qu'elles fussent aduenuës, comme i'ay dit cy dessus, & tousiours auoit soustenu que le Roy passeroit les monts, & le prescha publiquement, disant l'auoir
par reuelation de Dieu, tát cela qu'autres choses dont il parloit: & disoit que
le Roy estoit esleu de Dieu pour reformer l'Eglise par force, & chastier les Tyrans: &, à cause de ce qu'il disoit sçauoir les choses par reuelatió, murmuroiét
plusieurs contre luy: & acquit la haine du Pape, & de plusieurs de la ville de
Florence. Sa vie estoit la plus belle du monde (ainsi qu'il se pouuoit voir) &
ses sermons, preschant contre les vices: & a reduit en icelle cité maintes gens
à bien viure, comme i'ay dit. En ce temps, 1498. que le Roy Charles est trespassé & finy, aussi fit frere Hieronyme, à quatre ou cinq iours l'vn de l'autre: &
vous diray pourquoy ie fay ce compte. Il a tousiours presché publiquement
que le Roy retourneroit derechef en Italie, pour accomplir ceste commissió,
que Dieu luy auoit dónée: qui estoit de reformer l'Eglise à l'espee, & de chasser les Tyrans d'Italie: & que, au cas qu'il ne le fist, Dieu le puniroit cruellemét:
& tous ses sermons premiers, & ceux de present, il les a fait imprimer, & se vé-
dent. Ceste menace, qu'il faisoit au Roy, de dire que Dieu le puniroit cruellement, s'il ne retournoit, luy a plusieurs fois escrite ledit Hieronyme, peu de
téps auant son trespas: & ainsi le me dit de bouche ledit Hieronyme, quád ie
parlay à luy (qui fut au retour d'Italie) en me disant que la sentence estoit dónee contre le Roy, au ciel, au cas qu'il n'accomplist ce que Dieu luy auoit ordonné, & qu'il ne gardast ses gens de piller. Or enuiron ledit trespas du Roy,
estoient Florentins en grand different en la cité. Les vns attendoient encores la venuë du Roy, & la desiroient, sur l'esperáce que ledit frere Hieronyme
leur donnoit, & se consommoient, & deuenoiét pauures à merueilles, à cause
de la despense qu'ils soustenoient, pour cuider recouurer Pise, & les autres
places qu'ils auoient baillees au Roy: dont les Venitiens tenoient Pise. Plusieurs de la cité vouloient que l'on print le party dela ligue, & qu'on abandó-
nast de tous poincts le Roy, disans que ce n'estoient qu'abusions & folies de
s'y attédre, & que ledit frere Hieronyme n'estoit qu'vn heretique & vn paillard, & qu'on le deuoit ietter en vn sac en la riuiere: mais il estoit tát soustenu
en la ville, qu'on ne l'osoit faire. Le Pape & le Duc de Milan escriuoient souuent contre ledit frere, asseurans lesdits Florentins de leur faire rendre la cité
de Pise, & autres places, en delaissant l'amitié du Roy, & qu'ils prinssent ledit
frere Hieronyme, & qu'ils en fissent punition: &, par cas d'aduenture, se fit à
l'heure vne Seigneurie en Floréce, où il y auoit beaucoup de ses ennemis (car
ladite Seigneurie se change & se muë de deux mois en deux mois) & se trouua
vn Cordelier forgé, qui de luy-mesme print debat audit frere Hieronyme,
l'appellant heretique & abuseur de peuple, de dire qu'il eust reuelation, ne

chofe femblable:& f'offrit de le prouuer iufques au feu,& eftoient ces paroles
deuant ladite Seigneurie. Ledit frere Hieronyme ne fe voulut point prefenter au feu:mais vn fien compagnon dit qu'il s'y mettroit pour luy,côtre ledit
Cordelier:&alors vn côpagnô dudit Cordelier fe prefenta de l'autre côfté:&
fut prins iour qu'ils deuoient entrer dedãs le feu:& tous deux fe prefenterét,
accôpagnez de leurs religieux,au iour nômé: mais le Iacobin apporta le *Cor-*
pus Domini en fa main: & les Cordeliers, & auffi la Seigneurie vouloient qu'il
l'oftaft,ce qu'il ne voulut point faire.Ainfi f'en retournerét à leur conuét:&le
peuple efmeu par les ennemis dudit frere, par cômiffion de cefte Seigneurie,
l'allerent prendre audit conuent,luy troifiefme, & d'entree le gehennerent à
merueilles.Le peuple tua le principal homme de la ville, amy dudit frere,ap-
pellé Francifque Vallory. Le Pape leur enuoya pouuoir & commiffion pour
faire le procés.En fin de compte,ils les bruflerent tous trois.Les charges n'e-
ftoient finon qu'il mettoit difcord en la ville, & que ce qu'il difoit de prophetie,il le fçauoit par fes amis, qui eftoient du confeil. Ie ne le veux point
accufer ny excufer(car ie ne fçay f'ils ont fait bien ou mal de l'auoir fait mourir) mais il a dit maintes chofes vrayes, que ceux de Florence n'euffent fceu
luy auoir dites:mais touchât le Roy,& des maux qu'il dit luy deuoir aduenir,
luy eft aduenu ce que vous voyez,qui fçeut premier la mort de fon fils, puis
la fienne:& ay veu des lettres qu'il efcriuoit audit Seigneur.

Des obfeques & funerailles du Roy Charles huictiefme: & du couronnemẽt du Roy Loys
douziefme de ce nom, fon fucceffeur : auec les genealogies des Rois de France,
iufques à iceluy.   CHAPITRE XX.

E mal du Roy fut vn caterre ou apoplexie,& efperoient les Medecins
qu'il luy defcendroit fur vn bras,& qu'il en feroit perclus , mais qu'il
n'en mourroit point: toutesfois il aduint autrement. Il auoit quatre
bôs Medecins:mais il n'adiouftoit foy qu'au plus fol, & à celuy là dónoit l'autorité,tant que les autres n'ofoiét parler, qui volôtiers l'euffent purgé quatre
iours auât:car ils y voyoient les occafiós de mort:qui fut & aduint. Tout hôme couroit vers le Duc d'Orleans (à qui aduenoit la couronne, côme le plus
prochain)mais les Chambellans dudit Roy Charles, le firent enfeuelir fort richement:&, fus l'heure, on commença le feruice pour luy , qui duroit iour &
nuict:car,quand les Chanoines auoient acheué,les Cordeliers cômençoient:
&,quand ils auoient finy,les Bons-hommes, qu'il auoit fondez. Il demeura
huict iours à Amboife,tant en vne grand' chambre bien téduë,qu'en l'Eglife:
& toutes autres chofes y furent faictes plus richement qu'elles ne furent iamais à Roy:& ne bougerent d'aupres du corps tous fes Chambellans, & fes
prochains,& tous fes Officiers:& dura ce feruice,& cefte compagnie,iufques
à ce qu'il fut mis en terre:qui dura bien l'efpace d'vn mois:& coufta quarante
cinq mille Francs,comme me dirent les gens des Fináces.I'arriuay à Amboife,
deux iours apres fon trefpas:& allay dire mon oraifon,là où eftoit le corps:&
y fu cinq ou fix heures:&,à la verité,on ne veit iamais femblable dueil,ne qui
tant duraft. Auffi fes prochains (comme Chambellans,& dix ou douze Gétils-hommes,qui eftoient de fa chambre) eftoient mieux traictez, & auoient
plus

plus grands estats, & dons, que iamais Roy ne donna, & trop. Dauantage
la plus humaine & douce parole d'homme que iamais fut, estoit la sienne:
car ie croy que iamais à homme ne dit chose qui luy deust desplaire: & à meilleure heure ne pouuoit-il iamais mourir, pour demeurer en grãd renommee
par Histoires, & en regret de ceux qui l'ont seruy: & croy que i'ay esté l'homme du monde, à qui il a fait plus de rudesse: mais, cognoissant que ce fut en
sa ieunesse, & qu'il ne venoit point de luy, ne luy en sceu iamais mauuais gté.

Quand i'eu couché vne nuict à Amboise, i'allay deuers ce Roy nouueau,
de qui i'auoye esté aussi priué que nulle autre personne: & pour luy auoye
esté en tous mes troubles & pertes: toutesfois pour l'heure ne luy en souuint
point fort, mais sagemét se mit en possession du Royaume: car il ne mua rien
des pensions, pour celle annee, qui auoit encores six mois à durer. Il osta peu
d'officiers: & dit qu'il vouloit tenir tout homme en son entier & estat: &
tout cela luy fut bien seant: &, le plus tost qu'il peut, il alla à son couronnement, là où ie fu: &, pour les Pairs de France, s'y trouuerent ceux qui s'ensui-
uent. Le premier fut le Duc d'Alençon (qui seruoit pour le Duc de Bourgongne.) Le deuxiesme, Monseigneur de Bourbon (qui seruoit pour le Duc de
Normandie) Le troisiesme fut le Duc de Lorraine (qui seruoit pour le Duc de
Guyenne.) Le premier Comte, fut Philippe, monsieur de Rauastin (qui seruoit pour le Comte de Flãdre.) Le deuxiesme Engilbert, monsieur de Cleues,
(qui seruoit pour le Comte de Champaigne.) Le troisiesme, monseigneur de
Foix (qui seruoit pour le Comte de Tholose.) Si fut ledit couronnement, à
Reims, du Roy Loys douziesme, de present regnant, le vingt-septiesme iour
de May, l'an mil quatre cens quatre vingts & dixhuict: * & est le quatriesme
en ligne collaterale. Les deux premiers ont esté Charles Martel, ou Pepin
son fils, & Huë Cappel, tous deux Maistres du Palais, ou Gouuerneurs des
Rois, qui vsurperent le Royaume sur lesdits Rois, & le prindrent pour eux.
Le tiers fut le Roy Philippe de Valois: & le quart, le Roy de present. A ces
deux derniers venoit le Royaume iustement & loyaument. La premiere generation des Rois de France, est à prendre à Meroüee. Deux Rois y auoit eu
en France auant ledit Meroüee: c'est à sçauoir Pharamond (qui fut le premier esleu Roy de France: car les autres auoient esté appellez Ducs, ou Rois
de Gaulle) & vn sien fils, appellé Claudio. Ledit Pharamond fut esleu Roy
l'an quatre cens & * vingt, & regna dix ans. Son fils Claudio en regna dixhuict. Ainsi regnerent ces deux Rois vingt huict ans: & Meroüee (qui vint
apres) n'estoit point fils dudit Claudio, mais son parent: parquoy sembleroit
qu'il y eust eu cinq fois mutation en ces lignes Royales: toutesfois, comme
i'ay dit, on prend la premiere generation à commencer à Meroüee (qui fut
faict Roy en l'an quatre cens quarante huict) & là commença ceste premiere
ligne: & y a eu au Sacre du Roy Loys douziesme, mil cinquante ans que cōmença la generation desdits Rois de France: &, qui le voudra prendre à Pharamond, il y en auroit vingt-huict dauantage, qui seroit mil septante-huict
ans, que premier y a eu Roy, appellé Roy de France. Depuis Meroüee iusques
à Pepin, y eut trois cens trente trois ans, qu'auoit duré ladite ligne de Meroüee. Depuis Pepin iusques à Huë Capel, y a deux cens trente-sept ans, qu'a
duré ladite vraye ligne de Pepin, & de Charlemaigne son fils. Celle de Huë

Capel a duré en vraye ligne, trois cents trente-neuf ans, & faillit au Roy Philippe de Valois: & celle dudit Roy Philippe de Valois a duré en vraye ligne
iuſques au treſpas du Roy Charles huictieſme (qui fut l'an mil quatre cents
quatre vingts dix-huict) & ceſtuy-là a eſté le dernier de ceſte ligne, qui a duré
cent ſoixante-neuf ans, & y ont regné ſept Rois : c'eſt à ſçauoir Philippe de
Valois, le Roy Iean, le Roy Charles cinquieſme, le Roy Charles ſixieſme, le
Roy Charles ſeptieſme, le Roy Louys vnzieſme, & le Roy Charles huictieſme, fin de la ligne droite de Philippe de Valois.

Fin des Memoires de Philippe de Commines.

EPISTRE DE IEAN SLEIDAN, A TRES-MAGNA-
NIME PRINCE, EDOVART DVC DE SOMMERSET,
Comte d'Erford, Protecteur d'Angleterre, &c.

Ce qui eſt
principale-
mēt requis
en l'hiſtoi-
 re.

EVx qui font quelques Prefaces ſur
les liures des Hiſtoriographes, Prince
Tres-magnanime, ont accouſtumé de
reciter pluſieurs choſes en la loüange
de l'hiſtoire : mais d'autant que Marc
Ciceron en a rendu ſi grand & hono-
rable teſmoignage, il n'eſt beſoin d'en cercher, autre : ioint qu'il n'y a celuy auiourd'huy qui ne ſçache combien la cognoiſſance des hiſtoires eſt plaiſante, profitable, & neceſſaire, ie me deporteray
d'inſiſter d'auantage à la recommander: Or le principal requis en icelle, eſt non ſeulement que rien
de faux n'y ſoit couché, mais auſſi qu'on puiſſe apperceuoir, que l'autheur n'y ait eſté mené d'aucune
affection: voire & que les conſeils & deſſeins, de
ceux qui ont conduit les affaires, ſoient clairement
manifeſtez. Mais on trouuera peu de gens qui puiſſent bien & dextrement obſeruer ces trois poincts:
qui ſont toutesfois, neceſſaires en vne vraye hiſtoire. Et de fait, il eſt requis, pour atteindre à ceſte
perfection, que l'homme ſoit doüé de graces ſpe-
ciales, & qu'il ait eu maniement des affaires, ou biē
qu'il ait eſté preſent lors qu'elles ſe demenoient, ou,
pour le moins, qu'il les ait bien au long entenduës
de quelque autre, qui luy ait racompté le tout de
poinct en poinct, & à la verité. Quant à ceux qui
couchent par eſcrit leurs propres actes, comme a
fait Iules Ceſar, il faut qu'ils les deduiſent d'vne bōne grace, s'ils ne veulent ſe monſtrer ridicules à
tout le monde. Car à grand peine ſe peut-il faire,
qu'on n'eſtime d'eux, ou qu'ils ſe loüent par trop,
ou qu'ils ne rauiſſent malicieuſement, ou diſſimu-
lent cauteleuſement la loüange deuë à leurs ennemis. Le meſme danger eſt aduenu aux Hiſtoriographes, qui ont eſté en la ſuite des Empereurs ou
chefs de guerre. Car ſi quelque choſe a eſté deme-
née heureuſement par ceux-là, ils deſployent les ri-
cheſſes de leur eloquence, & paſſent meſure en
loüans ce qu'ils ont en affection : ſe monſtrans en
cela pluſtoſt Orateurs, que Hiſtoriographes. Ceux
auſſi, d'autre coſté, qui ne traitent ne manient eux-
meſmes les affaires, ains ſuiuent en leurs eſcrits la
foy de ceux qui en ont fait le recit, combien qu'on
ne les ait pour ſuſpects de parler par affection, ſi eſt-
ce qu'on doute de la verité de ce qu'ils mettent en

auant. Ciceron loüe principalement les commentaires de Ceſar, d'autant que par iceux Ceſar racō-
te ce qu'il veut dire, auec vne ſimplicité naïfue, vne
grace plaiſante, & ſans cercher aucun affecté langage. Car ſe propoſant de mettre luy meſme par
eſcrit ſes actes, aduiſa ſoigneuſement de dreſſer
tellement ſon ſtile, qu'on n'euſt aucune occaſion
d'eſtimer, qu'il ſe vantaſt par trop: ou qu'il fuſt enuieux des loüanges de ceux leſquels il auoit ſurmō-
tez en fait de guerre. Ce qui doit ſeruir de patron
& formulaire à ceux qui entreprendront d'eſcrire
leurs propres faicts & geſtes. Quant eſt de Criſpe
Saluſte, il eſt bon que ceux l'enſuiuent qui traicterōt
des actes d'autruy : il n'eſtoit gueres bon amy à Ciceron: toutesfois, il n'a laiſſé, pour cela, de racon-
ter fidelement la ſinguliere vertu d'iceluy, l'indu-
ſtrie & diligence qu'il auoit monſtree à eſteindre le
feu de la coniuration qui ſe faiſoit contre la republique de Rome. En le liſant, on ne pourroit apperceuoir aucun indice de malveillance, qu'il portaſt
à Ciceron. Mais il eſt aiſé de voir, & les liures le
monſtrent aſſez, comment bien peu d'hiſtoriens
ont gardé ceſte ſobrieté, ſe deſpoüillans de toute
affection. Car encor que ie ne ſonne mot de ceux
qui eſcriuēt choſes dont ils n'ont eu nulle cognoiſſance, & en parlent comme clers d'armes, combien
en trouuera on d'autres, qui en leurs eſcrits ſe mō-
ſtrent preoccupez de paſſions & preiudices? Et en
ceſt endroit on commet des fautes en diuerſes ſortes & manieres: leſquelles eſtant apperceuës, on a
bonne raiſon de ne croire, & ne faire grand eſtime
de tels eſcrits. Car combien que menſonge ſoit
touſiours vilain & digne de vitupere, en quoy doit-
il eſtre eſtimé plus intolerable qu'en cela? Ie ſuis cō-
tent de dire cecy, comme en paſſant, qu'à grand peine on en trouuera vn ſeul qui mettant quelque
fait en auant, declare les conſeils & deſſeins de ceux
deſquels ils parlent, comme il appartient. De fait
auſſi, il n'y a que ceux qui ſont eux-meſmes pre-
ſens aux affaires, qui puiſſent faire cela heureuſement. Ceux-cy, dy-ie, peuuent par deſſus tous, eſcrire d'vne matiere en perfection : voire moyennant
qu'auec iugement, ils ſe propoſent vn but tel qu'il
faut, c'eſt, de ne dire rien par faueur, ni amitié, haine
ou inimitié : mais, qui eſt le propre d'vn homme de
bien,

Grand
Iules C̄
ſar.

Les com-
mentaires
de Ceſar
propoſes
pour eſtre
imitez.

Saluſte.

bien, d'estre par tout veritable. Ceux donc qui ont desir de se faire cognoistre par leurs escrits, ne doiuent estre aucunement ambitieux; ains aduiser par tout moyen de rendre le lecteur meilleur & plus sçauant: en quoy peu se sont portez comme il seroit à desirer. Or nous pouuons mettre en autre rang Philippe de Commines, comme, à la verité, il le merite: bien est vray qu'il n'estoit que petitement exercé en la langue Latine: mais, au demeurant, homme de grande dexterité, & gentil esprit. Il a descrit les faits des Roys de France Louys onziesme, & de son fils Charles huitiesme, en langage François, & de telle façõ, qu'il merite d'estre imité de tous ceux qui desirent auoir honneur, escriuans quelque histoire. Il auoit aussi grand moyen de ce faire, d'autant qu'en premier lieu il a serui d'Ambassade à l'vn & à l'autre Roy, par deuers grands Princes, & a manié la plus grande part de leurs affaires, qu'il a compris en ses Memoires, tellement qu'il n'a eu besoin de s'attendre au recit d'autruy. D'abondant, il auoit aussi vne singuliere sagesse, & merueilleusement bon naturel. Et pource que de son temps la France estoit fort troublee, il a bien voulu communiquer ce dequoy il auoit bonne cognoissance & experience, à ceux qui viendroient par apres, & auroient charges aux Republiques: Ausquels, specialement, voulant profiter, il a remarqué diligemment les entreprises & conseils qui se sont pris és affaires de grande importance, sans auoir esgard à faueur ne preiudice de chose qui soit. Car il ne loüe nullemẽt ceux de sa patrie ou race, ne mesme les Roys, desquels il a esté esleué en grãd hõneur, sinõ aussi autãt que la verité le porte: monstrant le plus souuent en quoy ils ont failly & cõtreuenu à leur deuoir. Brief, on le trouuera par tout semblable à soy-mesme, entier & veritable, cõme il appartiẽt, &(qui est de bõne grace) il entremesle aussi parmi ses narratiõs force belles sentences. Que s'il tõbe en vn propos entre autres notable, & digne de memoire, il aduertit le lecteur, & nommémẽt les ieunes Princes, d'y aduiser de pres, & se donner garde de ce qui a esté peu honneste & profitable és autres: & monstre tout franchement & honnestement en somme, quel est leur deuoir. Et ne faut penser que i'insiste trop sur sa loüange: car la verité est telle, & on cognoistra mieux la grace qui est en luy, lisant son histoire. Or la cause qui m'a esmeu de le traduire en Latin, & le vous dedier (Prince tres illustre) est, que i'ay consideré la grãdeur de l'estat & dignité, en laquelle vous estes: cõbié qu'il soit parlé en son liure de ce qui s'est fait seulement en Frãce & Italie: toutesfois, il est expedient à celuy qui soustient vne telle pesanteur & grandeur d'affaires, de cognoistre ce qui a esté fait non seulemẽt entre ceux de sa nation, mais aussi és pays estrãges. Et comme le recit des choses qui approchent de plus pres de nostre temps, a plus de force & efficace d'enseigner & donner plaisir, aussi est-il certain qu'auec l'excellente nature, dont estes heureusemẽt doüé, vous aurez par les escrits de Cõmines cognoissance de choses exquises & memorables. De tant plus donc ie me suis mis à le vous recõmander, que peu nous en auõs qui le puissent representer ou imiter. Il y a encor cela qui le vous recommande, c'est, que quand l'occasion se presente en son histoire, il n'a celé la splendeur & magnificence de vostre nation: comme on le peut voir en

son autre histoire, que i'ay aussi par cy deuant mise en Latin. Parquoy ie me persuade que quand vous aurez quelque loisir, vous dõnerez de tant plus volontiers quelque temps à la lecture de ceste histoire: & cõseillerez vostre Roy, que entre autres semblables il lise aussi ceste cy. Et combien qu'il soit encore petit d'aage: toutesfois, par le moyẽ de l'ordõnance de son pere, & par vostre bõne conduite, & sainctes exhortatiõs: ioint son naturel, qui est fort admirable il est jà auancé en la cognoissance des lettres, pour seruir de miroir & patron de vertu royale, au temps où nous sommes. La prudence du Roy Hẽry estoit, au demeurant, excellẽte: mais il en monstra vn iugemẽt singulier, de vous auoir choisi, deuant sa mort, entre tous autres, pour estre cõme gardiẽ de sõ fils, & pour gouuerneur & protecteur d'vn Royaume si florissant, & triõphant en gens de sçauoir, & qui ont la crainte de Dieu, non seulement en Angleterre, mais aussi ailleurs, recognoissant en cela vne bonté de Dieu, d'auoir si bien touché l'esprit & le cœur du feu Roy. Car de plusieurs qui sont esleuez en honneur & dignité, cõme vous, il y en a peu qui prisent les lettres: Et, qui pis est, estimẽt à grand honneur de n'en tenir compte aucunement. Les autres, ne regardans qu'à leur ambition & profit, maintiennent, auec obstination, leur façon de faire accoustumee. Or encor qu'ils voyent plusieurs choses à corriger, & qu'on ne peut plus ne dissimuler ne souffrir: cependant pource qu'ils sont totalemẽt adonnez à se faire grãds, & amasser richesses & s'aduancer aux honneurs, ils ne s'en soucient aucunement. Ce leur est tout vn, que le peuple face, ou cõment il soit enseigné, pourueu qu'ils l'ayent obeissant: & selon leur sagesse mondaine, il leur semble grand folie, si on change tant soit peu vn estat present: comme si la souueraine sagesse, & felicité consistoit en cela, de commãder à gẽs, qui sont du tout plongez en ignorance brutale des choses necessaires, & sur tout de leur salut. Et si le Royaume d'Angleterre, & le Roy presque enfant d'aage, apres le trespas du pere, homme experimenté & sage, eust rencontré quelque ambitieux & mondain pour gouuerneur, qui n'eust dit que cela fust aduenu d'vne iuste vengeãce de Dieu? Mais puis que tel a esté, non pas fortuitement, ains par certain iugemẽt establi, qui ayme les lettres, & incite son Roy, duquel il a la charge à toute honnesteté: desirant vne saincte reformation de tant de corruptions qui sont auiourd'huy, à ce que la gloire de Dieu, soit auancee, & le tout remis en bon ordre: qui est ce qui ne voit clairement, que Dieu veut desployer les thresors de sa grace sur vn Royaume d'Angleterre?

C'est bien raison donc, que vous aduisiez de receuoir de la main de Dieu vn tel benefice, auec la recognoissance, qu'il merite. Il est vray que vous auez à endurer de terribles orages & tempestes, & vous faut en ceste mer de Republique voguer entre d'horribles rochers: car le diable, ennemy commun des hommes, s'escarmouche, & cerche par toutes cautelles & ruses, d'épescher, que riẽ ne luy eschappe pour retenir tousiours sa dominatiõ. Mais si võ perseuerez constãmẽt de gouuerner le peuple auec bon ordre, & crainte de Dieu, cõme il est biẽ necessaire, soyez asseuré que surmõtant toutes tempestes, vous viendrez à bout de tout, & aborderez à bon port, sain & sauf. Et en cela il faut (tres-noble prince)

Admonition notable.

que vous mettiez toute la peine que pourrez, tout voſtre ſouci, diligencē & vigilance. Car comme la charge en laquelle le Roy Henry vous a eſtabli, & apres ſa mort la nobleſſe du Royaume vous a confermé, eſt treſgrande: auſſi eſt-il certain, que Dieu, benira toutes vos entreprises, ſi (cōme ie m'aſſeure qu'en faites voſtre deuoir) vous cōtinuez de plier & fleſchir l'eſprit tendret du Roy à la crainte de Dieu, & d'auoir pour recommandé le ſalut du peuple. Vous voyez auſſi comment le Seigneur Dieu vous a donné pour aydes de grands perſonnages: qui ont

L'Archeuesque de Cāturbie.

bonne volonté, & peuuent, de fait, beaucoup vous ſoulager par leur ſçauoir, conſeil, feauté, cōſtance, & authorité: Deſquels, pour le preſent, ie me contēteray d'en nōmervn, à ſçauoir, l'Archeueſque de Cantorbie; lequel a ſi grand bruit par deça, que les Prelats, en quelque lieu qu'ils ſoient, s'ils veulent eſtre dignes de l'eſtat, pour lequel ils ont ſi grand reuenu, le deuroiēt propoſer pour exéple & miroit de vertu. Au reſte ie vous ſupplie tres-humblemēt de prédre de bōne part ceſte preface & inſcriptiō, que ie vous ay faite & preſentee. De Strasbourg en May 1548.

BRIEFVE DECLARATION D'AVCVNES CHOSES
QVI SE TROVVENT DIFFICILES EN L'HISTOIRE DE
Philippe de Commines, touchant la guerre d'Italie, ſous Charles 8.

IEAN SLEIDAN, AV LECTEVR, SALVT.

Comte de Milan, Sforces.

Ous expoſerons en bref les difficultez qui ſe trouuent en ceſte hiſtoire, & premierement touchant des Vicomtes, & maiſon des Sforces, qui ont poſſedé la Duché de Milan. Il y a enuiron mil ans, que ceux qu'on appelle maintenant Lombards, changeans de lieu d'habitation, laiſſerent la Pannonie, & vindrēt faire demeurance en la côtree d'Italie, nommee Inſubrie, du nom de ceux qui s'en ſont premierement emparez: leſquels enuiron deux cens ans apres y eſtre venus, eſtans vaincus par Charlemagne, perdirent leur Royaume & toute leur cheuance.

Le pays eſtant reduit ſous la puiſſance de l'Empire Romain, eut vn gouuerneur qui eſtoit communément appellé Vicomte: & a eſté gouuerné en ceſte façon, iuſqu'à ce que du temps de l'Empereur Vvenceſlaus le Milanois fut erigé en Duché: car ledit Empereur ayāt reçeu groſſe ſomme d'argent du Vicomte nommé Galeace, qui eſtoit homme cruel, l'ordōna Duc de Milan: à condition, toutesfois, qu'il ne le vendroit, ains en feroit hommage à l'Empire Romain. Ce Galeace auoit deux fils, Iean & Philippe ſurnommé de Marie. Iean eſtoit ſi cortompu en mœurs, & ſi peruers, que s'eſtāt fait hayr de tous, en fin il fut tué par ſes familiers: & d'autāt qu'il n'auoit point d'enfans, Philippe ſucceda à la Duché: lequel eſtāt marié auec Bonne, fille du Roy de Frāce, mourut ſans enfans. Or ſa ſœur Valētine fut mariee auec Louys duc d'Orleans fils du Roy de Frāce, Charles 5. lequel Duc fut tué à Paris de nuict, en trahiſon, par gens apoſtez de Iean Duc de Bourgongne, & laiſſa trois fils, Charles, Philippe, & Iean. Charles eut vn fils, à ſçauoir, Louys Duc d'Orleans, duquel eſt ſouuent parlé en l'Hiſtoire de Philippe de Commines: icceluy paruenu à la couronne, fut nommé Louys 12.

Philippe Comte de Vertus, mourut ſās hoirs: Iean Comte d'Angouleſme eut vn fils, à ſçauoir, Charles, pere de François, Roy de Frāce, premier de ce nom, qui depuis n'agueres eſt mort. Ainſi donc, depuis le temps de ceſte Valentine, Louys xij. & depuis luy les autres Roys de France maintiennent que le Milanois leur appartient.

Voyez de ceci en l'abregé de Froiſſard.

Duc d'Orleans tué à Paris.

Maiſon des Sforces.

Quant à la maiſon des Sforces, il faut entendre, que, combien que Philippe Marie, troiſieſme Duc de Milan, n'euſt enfans legitimes, ſi auoit-il vne fille baſtarde, laquelle fut mariee à François Sforce, duquel eſt parlé aux Commentaires de Philippe de Commines. Iceluy eſtant homme vertueux, & preux

en faits de guerre, print la Duché de Milan, apres la mort de ſon beau pere: ce qui luy fut facile, à cauſe des guerres mortelles qui lors eſtoient en France, tant du coſté de Bourgongne, que d'Angleterre, confederees l'vne auec l'autre. Sforce auoit cinq fils, Galeace, Iean, Philippe, Aſcain, & Louys: duquel ce meſme Autheur parle fort amplement, monſtrant comme il paruint à la Duché.

Louys Sforce & Maximilian ſon fils, priſonniers treſpaſſent en Frāce.

Le Roy de France Louys xij. ayant eu victoire contre luy, & s'eſtant emparé de ſa Duché, l'amena priſonnier en France. Et comme ainſi ſoit qu'iceluy Duc euſt deux fils, Maximilian, & François: Maximilian, qui reprint Milan, lors que le Pape Iule tourmentoit par guerres la France, fut cauſe, que le Roy François premier, ſucceſſeur du Roy Louys xij. ayāt deſployé ſes forces contre Milan, & deſconfit les Suiſſes aupres de Marignan, le print, & l'enuoya priſonnier en France, où il eſt mort cōme ſon pere.

Son frere François, apres auoir eu beaucoup d'affaires & faſcheries de coſté & d'autre: finalement, aidé de l'Empereur Charles cinquieſme, mena long temps guerre contre les François, dont l'iſſuë fut telle, qu'il eut victoire, & r'entra en la ſeigneurie de ſon pere. Il fut donc ſecond de ce nom Duc de Milan, & eut à femme la niepce de l'Empereur, par ſa ſœur Iſabel. Apres la mort dudit François, d'autant qu'il n'auoit laiſſé aucun enfant, l'Empereur retira ſous ſa puiſſance toute la Lombardie, & la tient, y a plus de douze ans. Or faut-il que nous parlions du Royaume de Naples.

Du Royaume de Naples.

Depuis la mort de l'Empereur Federic ſecond, il y a eu continuellemēt guerre, à raiſon de ce Royaume, entre les Arragonnois, & les Ducs d'Anjou. Finalement, Ieanne Royne de Naples, ayant deietté par teſtament Alphonſe Roy d'Arragon, lequel elle auoit auparauant adopté, conſtitua Louys Duc d'Anjou ſon heritier. Tant y a, qu'apres pluſieurs incertaines victoires de coſté & d'autre, les Arragonnois emporterent la derniere, & tindrent Naples, iuſques à ce qu'ils en furent deiettez par le Roy de France, Charles 8. ainſi que Philippe de Commines le racompte. Toutesfois, ils l'ont depuis reconquiſe, & la tiennent encores auiourd'huy: voire que le Roy de France, François premier, ayant eſté pris deuant Pauie, entre autres articles paſſez au traité de paix, il quitta à l'Empereur Charles tout droit de ce Royaume, il y a plus de vingt & deux ans.

Les

Les factions des Guelphes & Gibelins curét leur commencement du temps que Federic fecód eftoit Empereur: & s'efmeurent premierement en la Tufcane, & de là s'efpandit, peu apres, par toute l'Italie. Les Guelphes tiennent le party du Pape, & les Gibelins tiennent pour l'Empire Romain. L'Empereur des Turcs, duquel l'Autheur parle, eftoit Baiazet, le pere-grand de Soliman, qui regne à prefent. Il auoit vn frere nommé Zizim, fon aifné, lequel ne pouuant fupporter qu'iceluy Baiazet euft la fucceffion de l'Empire, (ce qui eftoit aduenu par le moyen des Ianizaires) fe retira deuers le Roy d'Egypte, où ayant obtenu fecours, mena guerre contre fon frere: mais eftant vaincu, & par deux fois, fe retira à Rhodes: dequoy Baiazet eftát aduerti, enuoya Ambaffadeurs, auec magnifiques prefens, au grád maiftre de l'Ordre, le priát qu'il ferraft en prifon eftroite fon frere: quoy faifant, il promettoit non feulement de luy enuoyer quarante mil efcus de penfion annuelle, mais auffi intermiffion de la guerre contre les Chreftiens. Or afin que, cependant, Zizim ne trouuaft quelque moyen pour efchapper, il fut enuoyé en France, & toft apres fut donné au Pape Innocent huictiefme, & mené à Rome. Et quád le Roy Charles huictiefme alla à Naples, Alexandre Pape fixiefme du nom, le luy rendit par certain traité d'accord: mais d'autát que ledit Zizim mourut peu de temps apres auoir efté liuré au Roy de France, aucuns difoient que ce Pape l'auoit fait empoifonner deuant que le rendre. Et puis que noftre Autheur fait mention des Ianizaires, nous en toucherons quelques mots.

On dit que le grand Turc a accouftumé, de quatre en quatre ans, prendre en Grece & Afie la mineur, des enfans aux Chreftiens, entre lefquels il fait choifir les plus beaux & de plus gentil naturel, afin de les mener en fon Palais à Conftantinople: quant aux autres, il les efpart çà & là, & les diftribuë par diuerfes contrees de l'Afie, pour les faire exercer au trauail des champs, les accouftumans à forte nourriture, pour les endurcir, & par mefme moyen apprenant la langue du pays. En apres, on les fait venir à Conftátinople, où ils apprennét fous maiftres, diuers artifices. De là on les met auec gens de guerre, & apres les auoir bien feruis quelque temps, ils paruiennent à l'eftat de ceux qu'on appelle Ianizaires. Cependant qu'ils font entretenus par les cháps, les peres de famille qui fe feruent d'eux, les nourriffent. Ceux qui demeurent au Palais à Conftantinople, font nourris aux defpens de l'Empereur des Turcs. Car on dit qu'il nourrit toufiours en fon Palais enuiron cinq cens iouuenceaux choifis entre plufieurs, lefquels ayant fait exercer tant és lettres qu'aux armes, quand ils font venus en aage, on les ordonne aux gouuernemens & eftats. On dit qu'Amurathes pere-gránd dudit Baiazeth (qui à force d'armes conquit la Moree) fut le premier qui inftitua cette ordonnance.

L'autheur du liure fait mention d'vn homme Grec de nation, nommé Conftantin, qui a gouuerné le pays de Monferrat: mais cela aduint, que les Vénitiens ayans ofté aux Turcs la Moree, auoient bafti vne muraille depuis le port de Corinthe iufques à celuy de Megare, où il y a intermiffion de mer. Mais Mahomet fecód de ce nom, fils d'Amurathes, celuy qui depuis print Conftantinople, venant là,

apres auoir liuré bataille, eut la victoire, & gagna non feulement cefte contree de Grece, mais auffi l'ifle d'Euboce, Lemne, Mitilene, Merite, Zacinthe, Samo, & Croye. D'auantage, il ofta la ville de Scodre à Comnen pere de ce Grec, duquel nous parlós. Il appelle le Roy Charles huictiefme, coufin de Iean de Galeace Duc de Milan. Car le Roy Louys onziefme auoit eu en mariage Charlotte fille du Duc de Sauoye: & Galeace Duc de Milan, & pere de Iean, duquel nous venons de parler, auoit à femme Bonne, l'autre fille dudit Duc de Sauoye.

René Roy de Sicile, Duc d'Anjou, & Comte de Prouence, eftoit frere de Louys, que Ieanne Royne de Naples auoit fait fon heritier, comme nous auós defia dit. Or il eut vn feul fils, affauoir, Iean Duc de Calabre: mais le pere ayát furuefcu fon fils, ordóna le fils de fon frere Charles, (qui auffi fe nommoit Charles) pour fon heritier. Ceftuy-ci, qui mourut fans enfans, ordonna, par teftament, le Roy Louys onziefme, pour fon heritier. Iceluy René eut auffi vne fille, c'eft affauoir, la mere de René Duc de Lorraine, duquel l'autheur fait mention au commencement du liure. Pareillement, il eut vne fœur, qui fut mere de Louys onziefme. Ce René Duc de Lorraine eft celuy qui eftant fecouru des Suiffes, eut la victoire aupres de Nancy, contre Charles Duc de Bourgongne.

Quant au Duc de Venife, duquel il loüe grandement la vertu, c'eft celuy qui fe nommoit Auguftin Barbaric, & fut le feptante & feptiefme Duc de Venife: il y en a eu trois entre ledit Barbaric, & celuy qui l'eft maintenant, Pierre Lande: affauoir, Leonard Loredan, Antoine Griman, & André Gritti.

En ce temps-là François Gonzague, marquis de Mantouë, eftoit chef de l'armee Venitienne. Et Hercules Eftéce eftoit Duc de Ferrare, lequel auoit donné en mariage l'vne de fes filles, affauoir, Elizabeth, à ce marquis de Mantouë: & l'autre nommee Beatrix, à Louys Sforce: car l'Autheur les appelle tous deux gendres d'Hercules Duc de Ferrare. Son fils nommé Alphonfe, éut vn fils, appellé Hercules, qui maintenant domine à Ferrare, & eft gendre de Louys douziefme, Roy de France.

Hieronime, Iacobin, eft ceft homme fçauant, qu'autrement on nomme Sauanarola: & a compofé beaucoup de liures, qui font encores en lumiere.

Ce qu'il efcrit des cheuaux bardez, & des hommes d'armes, il le faut entendre tellement, qu'vn homme d'armes entretienne quatre cheuaux, felon la couftume de Fráce. Ce Cardinal d'Oftie, que fouuent il nomme, a depuis efté Pape Iules fecond. Cofine, qui mourut aagé de quatre vingts ans, l'an mil quatre cens foixante & quatre, a efté le premier qui ennoblit la maifon de Medicis. Il euft deux fils, Pierre & Iean: Pierre eut auffi deux fils, Laurens, & Iulien: Laurens, auquel l'Autheur attribuë grande loüange, laiffa trois fils, Pierre, Iean, & Iulien: Iean fut Cardinal, & depuis Pape de Rome, appellé Leon dixiefme, fucceffeur de Iules. Virgile Vrfin fut reconcilié au Roy Charles huitiefme, apres la reuolte de la maifon des Coulonnois: & apres auoir efté detenu quelque temps prifonnier, eftant deliuré, fut à fes gages. I'ay trouué eftre expedient de noter ceci, afin qu'on ne penfe que l'Autheur fe contredife.

Au refte parlons auffi de l'Autheur; Il eftoit Fla-

FF iij

De Philippe de Commines.

mand de nation, de grande maison, ioinct de parentage & amitié auec les principaux du pays. Dauantage, il auoit de grands biens, non seulement en Flandres, mais aussi en Hainault. Il estoit beau personnage, & de haute stature, & sçauoit assez bien parler en Italien, Allemand, & en Espagnol : mais sur tout il parloit bon François : car il auoit diligemment leu & retenu toutes sortes d'histoires escrites en François, & principalement des Romains. Il conuersoit fort auec gens d'estrange nation, desirât par ce moyen, apprendre d'eux ce qu'il ne sçauoit point. Et d'autant qu'il auoit en singuliere recommandatiô de bien employer son temps, on ne l'eust iamais trouué oisif.

Sa promptitude à escrire.

Sa memoire estoit merueilleuse, voire telle, que souuentesfois il dictoit, en vn mesme temps, à quatre, qui escriuoient sous luy, choses diuerses & concernantes à la Republique, voire auec telle promptitude & facilité, comme s'il n'eust deuisé que d'vne certaine matiere. Comme il vint sur l'aage, il regretoit n'auoit esté dés sa ieunesse instruit en la langue Latine, & souuent déploroit son malheur en cela. Le Roy Louys onziesme l'aimoit fort : ce qui fut cause que du viuant d'iceluy, il eut tousiours grand credit en France, où, en fin, il print à femme Helene, de la maison de Mont-soreau, qui est sur les confins du pays d'Anjou.

Apres la mort du Roy Louys, il eut beaucoup d'assauts. Et d'autant qu'il estoit estranger, l'enuie qu'on luy portoit, augmenta si fort, que ses aduersaires le mirent en prison à Loches, au pays de Berry, ville & chasteau où on mettoit coustumieremét prisonniers ceux qui estoient accusez de leze majesté. Là il fut traité fort rudement, comme luy-mesme le recite en ses histoires. Mais, cependant, sa femme sollicita si bien, qu'on l'amena à Paris, où estant venu, vn peu apres fut appellé deuât la Court de Parlement. Or auoit-il affaire à fortes parties, & à des aduersaires de grande authorité : à cause dequoy il voyoit qui difficilement se pourroit trouuer Procureur ny Aduocat, qui voulsist defendre sa cause : luy-mesme la plaida : & ayant par l'espace de deux heures debatu sa cause en pleine audience, remonstra si bien son innocence, que finalement, il fut absout de ce qu'on le chargeoit. Entre autres choses, il insista fort sur les trauaux & peines qu'il auoit soustenuës pour le Roy & le Royaume, com-

Commines emprisonné.

Plaide sa cause en Parlement à Paris.

bien le Roy Louys s'estoit monstré enuers luy de bonne volonté & liberalité, & qu'il n'auoit rien fait par ambition ou auarice : que s'il se fust voulu enrichir, il en auoit eu autant grand moyen qu'homme de sa qualité & estat. Il fut prisonnier pres de trois ans, & vn apres sa deliurance, il eut de sa femme vne fille nommee Ieanne, laquelle en apres, fut mariee à René, de la maison des Ducs de Bretaigne, & Côte de Pontieure. Ledit René eut d'elle entre autres enfans vn fils nommé Iean, qui a auiourd'huy le gouuernemét de Bretaigne, & est Cheualier de l'ordre du Roy : & entre autres biens qu'il a, qui sont grands, il est Duc d'Estampes. Le seigneur de Commines estant aagé d'enuiron soixante & quatre ans, mourut en vne sienne maison nommee Argenton, l'an mil cinq cens dixneuf, le dixseptiesme iour d'Octobre. Son corps estant de là rapporté à Paris, fut enterré aux Augustins. Au temps de sa prosperité il auoit coustumierement en la bouche ceste sentéce, contre les Gentils-hommes faineans, Celuy qui ne trauaille point qu'il ne mange point. Aussi quâd il estoit en aduersité, il souloit dire, Ie suis venu à la grande mer, & la tempeste m'a noyé.

Iean Côte de Pontieure.

On me pourroit icy demander : Mais comment peux-tu sçauoir ces choses de Philippe de Commines, toy qui es Allemand ? Ie vous diray Matthieu d'Arras, hôme de grande honnesteté & sçauoir, demeurant à Chartres en France, l'a cogneu familierement, & l'a seruy : il a aussi esté precepteur du fils de sa fille, Duc d'Estampes, duquel nous auons parlé. Iceluy ayant leu ma version de l'histoire dudit sieur de Commines, qui est de Louys onziesme, & Charles Duc de Bourgongne, que i'ay ces annees passees traduite en Latin : & y ayant pris, disoit-il, plaisir pour le sujet, en memoire de son maistre, me communiqua ce que dessus, par vn mien amy : & d'autant qu'il me racontoit les loüanges d'iceluy fort sobrement, de tant plus ay-ie estimé qu'il le falloit croire. Et ie fus bien ioyeux d'entendre cela mesme que i'auoye souuent ouy dire en Frâce, presque tout ainsi le sçauoir plus certainement de celuy qui l'a cognu plus familierement. Voila amy Lecteur, ce qu'il me sembloit bon de te communiquer, afin que tu puisses mieux entendre aucunes choses contenuës en ces liures icy. Adieu. De Strasbourg le 26. de May, 1548.

Matthieu d'Arras.

Du premier Liure.

Du ſecond liure.

F iiij

Du ſeptieſme liure.

Du huictieſme liure.